西魏書校注

（清）謝啓昆　撰
唐燮軍　校注

商務印書館
創于1897　The Commercial Press

圖書在版編目（CIP）數據

西魏書校注 /(清) 謝啓昆撰；唐燮軍校注. — 北京：商務印書館，2024
ISBN 978-7-100-22852-7

Ⅰ. ①西… Ⅱ. ①謝… ②唐… Ⅲ. ①中國歷史－西魏－紀傳體 Ⅳ. ①K239.230.42

中國國家版本館CIP數據核字（2023）第162316號

西魏書校注
（清）謝啓昆　撰
唐燮軍　校注

商　務　印　書　館　出　版
（北京王府井大街36號　郵政編碼 100710）
商　務　印　書　館　發　行
三河市尚藝印裝有限公司印刷
ISBN 978－7－100－22852－7

2024年2月第1版　　開本 710×1000　1/16
2024年2月第1次印刷　　印張 40　1/2

定價：258.00元

國家社科基金後期資助項目

出版説明

後期資助項目是國家社科基金設立的一類重要項目，旨在鼓勵廣大社科研究者潛心治學，支持基礎研究多出優秀成果。它是經過嚴格評審，從接近完成的科研成果中遴選立項的。爲擴大後期資助項目的影響，更好地推動學術發展，促進成果轉化，全國哲學社會科學工作辦公室按照“統一設計、統一標識、統一版式、形成系列”的總體要求，組織出版國家社科基金後期資助項目成果。

全國哲學社會科學工作辦公室

序

清人謝啓昆，生於乾隆二年（一七三七），卒於嘉慶七年（一八〇二），字良璧，號蘊山，又號蘇潭。所撰《西魏書》，凡二十四卷，分紀、考、表、傳、載記等五個部分，記述西魏“四帝二十餘年之事”，是一部可以反映乾嘉時期補史、輯佚之風及其實績的史學著作。

據謝氏《西魏書叙録》自謂，他之所以編撰是書，是由於不滿魏收在《魏書》中“党齊毁魏”，而他則認同魏澹在《後魏書》中所力倡的“以西魏爲正，東魏爲僞”觀點，於是乃“搜集舊聞”而成《西魏書》。爲了把這種“以西魏爲正，東魏爲僞”的正統觀念落到實處，謝氏一反《魏書》“党齊毁魏，削孝武謚，名西魏帝”的編纂體例，通過把孝武帝、文帝、廢帝和恭帝納入本紀，從而建構起西魏自成一系而又正朔在兹的統緒，與此同時，又在考、表、列傳和載記等其他部分，以西魏皇業爲經，網羅一代君臣事蹟，以填補“西魏之典故、人物，闕焉無徵”的歷史“空白”。饒有意味的是，謝氏生當考據學風極盛之時，而他的這番“正西魏而僞東魏”的論説，居然能够被最能代表乾嘉史學的錢大昕引爲同調。錢氏在《西魏書叙》中就認爲：“當拓跋氏之衰，朝廷失政而邊鎮横，武夫暴興而國柄移。天子寄居，亟立亟廢，蓋高歡一人，而援立之帝三焉。安定廢而孝武興，孝武奔而孝静立，計其得失之故，雖不甚相遠，而以時論之，則孝静固始爲孝武之臣也。魏收《書》外孝武，而以天平爲正，豈理也哉？”錢氏此言，顯然與謝氏是同一個論調。畢沅在讀《西魏書叙録》之後也説：“承示《西魏書叙録》，雖未讀全史之文，而思議名通，體裁精密，已略見其凡。伯起穢史，當時已未愜衆心，其抑西揚東，祇以身仕高齊，不尊天平，則本朝之得統不正，此與承祚帝魏同一曲筆，史家藉以避禍耳，非百世下之公論也！”由此看來，所謂乾嘉史學“考史而不論史”的定論，顯然有待進一步的思考。唐燮軍教授由此而認爲謝氏該書是“傳統義理派史學在清代中葉的典範之作”，應該説也有相當的理據。

作爲一部史學著作，謝氏此書的最主要價值，還在其網羅文獻、拾遺補缺以及考證辨誤等方面。正像胡虔在《西魏書跋》中所説的那樣：“先生之爲是書也，自正史、傳記、輿地、金石之文以及郡邑之志，流覽者殆數千卷。昨官南河，復討論《四庫書》於揚州，其搜剔補綴之功，最爲勤密。凡所增益改易者，皆有本原。如據庾信《陸逞碑》補《陸政傳》，庾信《辛威碑》補《公主傳》，庾信《請襲封表》補文帝大統十六年格，庾信《鄭常碑》正《周書》本傳‘饒陽侯’之誤。據楊炯《宇文彪碑》補《封爵表》。據《元龜》補《李虎傳》及《五行》。據《御覽》引《典略》補《孝武紀》及《蕭詧傳》。據《長安志》及《陜西志》引《廣五行記》，補《李順興傳》。據《金石録·唐瑾碑跋》正《周書》本傳‘姑臧子’之誤。一部之中，此類甚衆。以著作之體，不能復稱引書目也。雖所紀只四帝二十餘年，然固已卓然爲一家史矣。”該書是否“已卓然爲一家史”，這裏姑且不論，但其搜羅放佚文獻、增豐史實以及考證辨誤之功，顯然值得肯定。

《西魏書》目前比較通行的版本，主要有三種。一爲商務印書館一九三七年本，二是中華書局一九八六年本。這兩個本子都同源於“叢書集成初編本”。此外，“中國基本古籍庫”電子檢索系統近年又收録了“乾隆六十年樹經堂刻本”。遺憾的是，這三種本子，都未經校勘整理，文字上的訛、衍、脱、倒等，所在皆有，使用起來殊爲不便。吾友唐燮軍研究魏晉南北朝史及中古史學史有年，著述頗豐，時有新見。數年前，他遊學臺灣，遍尋史部，訪得鼎文書局所刊之《新校本魏書附西魏書》，遂如獲至寶。經仔細對讀，發現鼎文書局本《魏書》所附《西魏書》，實乃謝氏曾孫謝維會經辦的“乾隆六十年樹經堂刻本”在光緒九年（一八八三）之翻刻本。於是，他便以鼎文書局本的“光緒九年翻刻本”爲工作底本，並參以中華書局本、乾隆六十年樹經堂刻本，重新予以整理和校勘。幾年來，他焚膏繼晷，經之營之，數易其稿，終成《西魏書校注》一書，洋洋凡四十萬言。余嘉其沉潛研摩之志，更感其施惠學林之行，謹屬數言以賀之。

王東

二〇二〇年三月二十七日

於華東師範大學歷史學系

前　言

關於《西魏書》的專題研究，雖始於袁行雲《謝啓昆〈西魏書〉等書爲胡虔代撰》，但該文作旨僅在於實證《西魏書》成於胡虔之手①，且其“代撰”之説早已見諸問世於百餘年前的馬其昶《桐城耆舊傳》②，無論立意構思抑或學術影響，均不及稍後刊出的朱仲玉《試論謝啓昆的〈西魏書〉》。朱氏此文則圍繞正統觀、天命論、編纂體例、史傳斷限諸問題，比較全面而又深入地探討了《西魏書》的成就與不足。③儘管其部分論斷有待商榷，行文之間也夾雜着太多他們那個時代的生活氣息，卻不僅引發學界對謝啓昆生平事迹、史学觀念及名下其他作品如《小學考》《廣西通志》的廣泛關注，而且間接地推動了對謝氏幕僚胡虔治學生涯的研討，遂有黄曙光《謝啓昆〈廣西通志〉考略》、簡碩《謝啓昆與〈小學考〉》、吴中勝《謝啓昆生平、著述略考》、陳居淵《清代乾嘉學者的正統觀念與歷史意識——以謝啓昆〈西魏書〉爲中心》、尚小明《胡虔生平繫年》、張振廣《胡虔學術研究》④等二十餘篇論文之面世。

倘若細加考察，不難發現這二十餘篇論文，不但未能突破朱仲玉對《西

---

① 袁行雲:《謝啓昆〈西魏書〉等書爲胡虔代撰》,《文史》第十四輯，中華書局，一九八四年，頁三五五～三六〇。

② 按：馬其昶《桐城耆舊傳》卷十:“胡徵君諱虔，……與南康謝公啓昆交莫逆，謝爲布政、巡撫，必請與偕，遂相從終始，爲代纂《西魏書》《小學考》《廣西通志》。”

③ 朱仲玉:《試論謝啓昆的〈西魏書〉》,《贛南師範學院學報》一九八五年第三期，頁五四～五九。

④ 《學術論壇》一九八五年第八期，頁五二～五三;《漢語研究》一九九七年第三期，頁八七～八八;《贛南師範學院學報》二〇〇四年第二期，頁九六～九九;《南國學術》二〇一七年第四期，頁六二〇～六二八;《中國典籍與文化》二〇〇五年第四期，頁六三～六八；廣西師範大學碩士學位論文，二〇〇八年。

魏書》的認知框架，且其立論依據大多僅限於錢大昕、姚鼐、翁方綱、凌廷堪諸氏應邀作於《西魏書》成書之前的序跋，以及《西魏書》問世後法式善、焦循、李富孫等人的相關點評。換言之，對《西魏書》及其編纂者缺乏深入細緻的考察，正是這項持續了三十餘年的研究未能取得突破性進展的關鍵所在。

一

謝啓昆至少從任職揚州知府起，就以明於吏事著稱。這一聲譽的確立，離不開兩位幕賓的長期鼎力相助，亦即“自翰林出守揚州”便“延爲書記”且於“刀筆筐篋之學”[①]無所不通的秀水人沈德鴻，以及“判事如流”[②]的石門人吴克諧。與此相類似的是，謝啓昆之所以在繁雜政務之餘尚能領銜編纂《西魏書》《小學考》《廣西通志》等經史著作，則又得益於桐城人胡虔的無私付出。事實上，這對長期搭檔游走於政學兩界且取得突出成果的黄金組合，對於探索學術研究的組織形式，迄今仍具有一定的示範作用和借鑒意義。[③]

但“《西魏書》作者是誰”這個原本不成問題的問題，在桐城人方東樹基於同鄉、同門情誼而倡導謝啓昆“所纂《西魏書》《小學考》《廣西通志》皆出君手”[④]之後，竟成熱點議題。光緒《重修安徽通志》卷三三八《藝文志》更是直接著録：“《西魏書》，胡虔纂。”[⑤]或許也正受此刺激，謝維會在光緒九年（一八八三）九月翻刻樹經堂本《西魏書》時，便稱此書始撰於其曾

① （清）秦瀛撰：《小峴山人詩文集·文集》卷五《沈秋渚墓表》，《續修四庫全書》册一四六四，上海古籍出版社，二〇〇二年，頁二三八。

② （清）謝啓昆撰：《樹經堂文集》卷二《南泉幕游記庚戌》，《續修四庫全書》册一四五八，上海古籍出版社，二〇〇二年，頁二八九。

③ 尚小明先生經深入考察和比較研究，斷定謝啓昆幕府之所以能取得突出貢獻，進而被公認爲嘉慶年間三個重要學人幕府之一，主要得力於陳鱣、錢大昭和胡虔等幕賓的幫助。詳參其《學人游幕與清代學術》，社會科學文獻出版社，一九九九年，頁一〇九～一二一。

④ （清）方東樹撰：《儀衛軒文集》卷十《先友記》，同治七年刊本。

⑤ 據考，此志重修於同治八年（一八六九），光緒三年（一八七七）夏定稿，次年刊行。詳參穆從賀《光緒〈重修安徽通志〉研究》，安徽大學碩士學位論文，二〇一一年，頁七。

祖以編修入職翰林院之初的乾隆三十年（一七六五）①，並最終在乾隆六十年（一七九五）梓行：

> 右西魏書，本紀一，表三，考四，列傳十二，載記一，弁以叙録一，共二十二篇，先曾祖中丞公在史館時屬稿也。及奉諱家居，乃排次成編，於乾隆乙卯年付雕。②

謝維會此説，看似有錢大昕《西魏書序》爲之背書③，但事實上，不僅涉嫌抹殺胡虔協助編纂《西魏書》之功，而且刻意篡改《西魏書》的著述緣起和始纂時間。

目前至少有兩條來源不同但可相互印證的史料，表明編纂《西魏書》的創意其實源自謝啓昆的座師翁方綱。這其中，翁氏《跋隋滎澤令常府君墓志》云："當隋文之世，本有魏澹所撰《西魏書》九十二卷，其書亡佚。愚嘗謂今所行魏收之書宜稱《東魏書》，而西魏典故文物邈焉無聞，爲可惜也。"④而另一條史料，即葉昌熾所撰《緣督廬日記抄》，其語義更爲明確：

> 又翁蘇齋《跋》云："昔見吴門陸謹庭所藏（《隋滎澤令常府君墓志》）舊拓本，字字完好，嘗手摹一通。是碑所稱明帝，即西魏孝武帝也。因與門人謝蘊山言，魏澹之書既亡，宜別撰《西魏書》。蘊山深有志於此，又佐以桐城胡雒君之賅洽，已撰《序録》一卷，而其書至今未成，蓋甚矣取材之難也。因爲秋史跋此本而及之。庚戌（即乾隆五十五年）

---

① 按：謝啓昆《明閣部史公墓祠記》云："今上御極之三十年，啓昆以編修入史館。"詳參《樹經堂文集》卷一，頁二七九。

② （清）謝維會：《西魏書識》，楊家駱校：《新校本魏書附西魏書》，臺灣鼎文書局，一九八三年，第四版，頁八。

③ 按：《潛研堂集》卷二四《西魏書序》云："觀察謝蘊山先生曩在史局，編摹之暇，與閣學翁公議補是書。洎宛陵奉諱家居，乃斟酌義例，排次成編，爲本紀一，表三，考二，列傳十三，載記一。"

④ （清）翁方綱撰：《復初齋文集》卷二一《跋隋滎澤令常府君墓志》，《續修四庫全書》册一四五五，上海古籍出版社，二〇〇二年，頁五五九。

冬十一月十日，北平翁方綱。”[①]

對其恩師宜“别撰《西魏書》”的建議，謝啓昆雖深以爲然并“有志於此”，但在此後二十餘年間，實際上並未付諸實踐。

謝啓昆心動而不曾行動的原因雖史無明言，卻也無外乎以下兩條。一是謝氏在這二十餘年間仕途前景光明（詳參表一），使得他在主觀上更願意從政，翁方綱《馮魚山詩集序》所憶，就是有力的旁證：

> 予與及門諸子論詩，所知之最深者，無若謝、馮二生。謝蘊山自翰林出守，予誡以十年不爲詩，蘊山亦知予勗其吏治，果逾十年，乃與友唱酬。[②]

“果逾十年，乃與友唱酬”之説容或誇張，卻也折射出謝氏對仕進前途的强烈期盼。二是其知識、愛好、能力並不適宜從事繁瑣的史料辨析與史事考證，謝氏本人對此亦有深刻體會，其於嘉慶五年（一八〇〇）所作《上翁覃溪師》云：“啓昆厠師門四十年矣，……經史載籍，浩無涯畔，非不欲從事考據，惟性所不近，抑且功無餘暇，……數年以來，因作咏史詩，遍閲二十一史，又將唐宋金元詩全閲一過，於作官行事及詩文之道，頗覺别有會心。”[③] 至此足以斷言，不但謝維會所持《西魏書》乃其曾祖“在史館時屬稿”之説純系信口開河，就連錢大昕所謂“曩在史局，編摹之暇，與閣學翁公議補是書”云云，也與實情相去甚遠。

---

① （清）葉昌熾著，王季烈輯：《緣督廬日記抄》卷四“光緒丁亥十一月初六”條，臺灣學生書局，一九六四年，頁一四三。

② 《復初齋文集》卷四《馮魚山詩集序》，頁三八二。

③ 《樹經堂文集》卷四《上翁覃溪師庚申》，頁三二九。

表一 乾隆二十五年（一七六〇）至四十三年（一七七八）間謝啓昆履歷表

時間	年齡	宦迹	出處
一七六〇	二十四	始入職翰林院	謝啓昆《外舅李淡初先生暨外姑王太孺人像贊》
一七六一	二十五	以殿試第一名被選爲庶吉士	姚鼐《廣西巡撫謝公墓志銘並序》
一七六五	二十九	任職翰林院編修	謝啓昆《明閣部史公墓祠記乙未》
一七六七	三十一	二月，隨同皇帝釋奠文廟	謝啓昆《文廟工成，聖駕親詣釋奠恭紀》
一七七〇	三十四	元旦，有幸到太和殿參加國宴	謝啓昆《庚寅元日，太和殿賜宴，恭紀二首》
		秋，受詔主持河南鄉試	謝啓昆《金斗歌》
一七七一	三十五	主持“禮部試”	謝啓昆《姚姬傳自金陵來訪，飲於湖上，賦贈二首，兼以送别》詩小字夾注
一七七二	三十六	春，出任鎮江知府	謝啓昆《揚州府知府題名碑記甲午》
一七七四	三十八	調任揚州知府	謝啓昆《揚州府知府題名碑記甲午》
一七七八	四十二	從揚州離任	謝啓昆《秩滿入覲，郡人士餞别，即席口占四首》

二

事實上，謝啓昆自乾隆五十二年（一七八七）秋起，方才着手編纂《西魏書》，且其選擇“創稿於丁未秋”① 的原因，其實也並不複雜。其一，這是謝啓昆與官場漸行漸遠後的必然選擇。在此之前的九年内，謝啓昆始則於乾隆四十三年（一七七八）十月受“東臺書案”的牽連而被革職②，爾後好不容易通過“鍰贖”而重返江南“勾當差務”③，其父母卻又相繼病故，遂在“父憂，奪情署安徽寧國知府”④ 之後，最終被迫於乾隆四十六年（一七八一）七月卸任寧國知府。更令謝啓昆心灰意冷的是，在乾隆四十八年（一七八三）十月服

① 《西魏書》卷末胡虔《跋》，《新校本魏書附西魏書》，頁一七七。

② 按：黄鴻壽《清史紀事本末》卷二十《文字之獄》云：“四十三年……冬十月，戮東台舉人徐述夔及其子徐懷祖屍，其孫徐食田、徐食書並斬。述夔所著《一柱樓詩》中咏正德杯云：‘大明天子重相見，且把壺兒擱半邊。’帝謂‘壺兒’即‘胡兒’。又有‘明朝期振翮，一舉去清都’之句，帝謂其顯有欲興明朝、去清朝之意，遂大怒，命與懷祖俱戮屍，食田、食書及校對徐首發、沈成濯，藩司陶易與幕友陸炎皆坐死，知府謝啓昆、知縣涂濯龍俱革職。”

③ 《樹經堂文集》卷二《南泉幕游記庚戌》，頁二九〇。

④ 趙爾巽等撰：《清史稿》卷三五九《謝啓昆傳》，中華書局，一九七七年，頁一一三五六。

闕後，竟然未能依照慣例重返官場。[①] 也正是在這種背景下，謝氏不得不重新規劃人生，從“立功”調整爲“立言”。其二，也是更爲關鍵的因素，便是丁未年秋，謝氏和胡虔不期相遇在翁方綱的江西提督學院。姚鼐的這位高足，既才堪著述，又頗具團隊合作精神[②]，也願意幫助謝啓昆實現夙願。[③]

從傳世文獻的相關記載來看，在乾隆五十三年（一七八八）秋胡虔參加江南鄉試之前[④]，謝、胡兩人合作至少完成了兩項工作。一是擬訂《西魏書》凡例，此則觀諸凌廷堪的詞作《齊天樂》，尤其是該詞的標題《謝藴山先生招同胡雒君小飲蘇潭上，並示〈西魏書〉凡例》，便可推知：

> 夜涼翦燭蘇潭上，千秋是非同究。羖攊騰天，焦梨齧索，曲直於今誰剖。流傳既久，算驚蝶雄才，尚存紕繆。帝紀尊西，幾人能繼彦深後？
>
> 談餘還撿舊稿，發凡矜且慎，高論稀有。太素遺編，行沖軼簡，可惜飄零難購，風窗對酒。笑褒貶紛紛，見聞都陋。異日書成，玉堂勞大手。[⑤]

此所謂“凡例”，理當就是《緣督廬日記抄》所提到的《序録》、姚鼐《惜抱先生尺牘》所述及的“序例”[⑥]，亦即定稿後的《西魏書叙録》，其核心内容就是交代《西魏書》的政治立場、内部結構、叙事斷限、入傳標準。二是撰成《西魏

---

① 事實上，直到乾隆五十五年（一七九〇）六月初七，謝啓昆才回歸官場。詳參《樹經堂詩初集》卷六《六月七日灤陽行宫引見，奉旨仍發江南，以知府用。次日具摺謝恩，召對良久。感恩紀事，兼别京邸諸同好，即用前韻四首》，《續修四庫全書》册一四五八，上海古籍出版社，二〇〇二年，頁九二。

② 按：《惜抱先生尺牘》卷一《與謝藴山之三》云：“胡生雒君在楚中甚爲章實齋所苦，餘人多去之，雒君勉留以終其事。”

③ 按：謝啓昆《贈胡雒君二首》有云：“賸欲與君商夙業，魏收穢史要重删。”且該詩小字夾注：“時與君有補《魏書》之約。”詳參其《樹經堂詩初集》卷四《蘇潭草中》，頁七一。

④ 按：乾隆五十三年秋，謝啓昆作《送胡雒君還江南鄉試》詩，内稱“胡君去秋來，與余數晨夕。……拓跋書千年，豫章志幾册。搜討窮原委，校勘等讎敵。勝迹欣同探，疑義必分析”。詳參《樹經堂詩初集》卷五《蘇潭草下》，頁七九～八〇。

⑤ （清）凌廷堪：《梅邊吹笛譜》卷下，商務印書館叢書集成初編本，一九三七年，頁五六。

⑥ 按：姚鼐《惜抱先生尺牘》卷一《與謝藴山（其一）》云：“《西魏書》雖未獲捧讀，然其言真天下万世之公論，三長之中已見其識矣，序例極爲允協。”

書》初稿，只是由於當時所能引用的古籍版本不夠精良，且編纂時間短促，故其錯字别句所在多有，姚鼐在乾隆五十六年（一七九一）秋寄給謝啓昆的信件中就曾談到這個問題，内稱："大著《西魏書》敬讀一過，意有所見，妄已記之簡端，伏聽裁定。承命作序已就，便冠良史之首，惶悚惶悚。至於書中誤字，不可勝校，鼐隨以朱筆改定者，恐不過十之二三耳，尚須更命人一番細校也。"[①] 然而，儘管《西魏書》初稿確實存在着諸多缺陷且理當不僅僅限於錯字别句，但謝啓昆、胡虔自從乾隆五十三年（一七八八）秋分别後，既分處兩地，又各自爲生計而奔忙，根本没有時間、精力加以修改，亦未嘗公之於世。

對仕途幾乎已經完全絶望的謝啓昆，在乾隆五十四年冬十一月己亥詔"以翁方綱爲内閣學士"[②] 後迎來了重大轉機，不僅在乾隆五十五年（一七九〇）二月得以重返政壇，而且在同年六月又被"特擢爲江南河道庫"[③]。其《庚戌二月將赴都，留别諸同好四首》之一，就披露了此際他回望來路時的萬千感慨，以及回歸官場前對恩師、對皇上的感激涕零：

浮雲去住原無意，恰逐清風又出山。
病臂已經三折險，殘生却悔十年閒。
重逢草木沾春露，仍許漁樵近聖顔。
恩詔幾行甦久蟄，驚回舊夢繞朝班。[④]

於是此後不久，續纂《西魏書》一事也合乎邏輯地被提上議事日程。首先，姚鼐大概是在謝氏的催促下，始則在乾隆五十六年（一七九一）七月寫成三百六十三字的《西魏書序》[⑤]，爾后又爲之修改《西魏書》初稿，并用"朱筆

① （清）姚鼐撰：《惜抱先生尺牘》卷一《與謝藴山（其三）》，海源閣叢書咸豐五年（一八五五）高均儒手寫本。
② （清）王先謙撰：《東華續録（乾隆朝）》乾隆一百十，光緒十年長沙王氏刻本，南開大學圖書館藏。
③ 《清史稿》卷三五九《謝啓昆傳》，頁一一三五六。
④ 《樹經堂詩初集》卷六《春風樓草》，頁九一。
⑤ 《西魏書》卷首姚鼐《序》，《新校本魏書附西魏書》，頁一。

改定”“書中錯字”約“十之二三”[①]；其次，原本任職於湖廣總督畢沅麾下的胡虔，也在乾隆五十六年秋後或次年春[②]，入職於謝氏的江南河庫道署（位於今江蘇淮安），并就近查閱揚州大觀堂文滙閣所藏的《四庫全書》。[③]

表二　乾隆五十七年（一七九二）至六十年（一七九五）《西魏書》内部結構的變化

時間	内部結構							出處
五十七年六月	紀一	考四	封爵征伐等四表	傳十三	載記一		二十四卷	凌廷堪《校禮堂文集》卷二七《西魏書後序》
五十七年十一月	本紀一	考二	將相大臣征伐三表	列傳十三	載記一			錢大昕《潛研堂文集》卷二四《西魏書序》
六十年正月	帝紀一	考五	封爵大事異域三表	列傳十二	載記一	叙録一	二十二篇	《西魏書》末胡虔《西魏書跋》

然而，儘管經費充裕、人員到位且有文滙閣《四庫全書》可資利用，但續撰《西魏書》的進度相當緩慢，時當乾隆五十九年（一七九四）五月戊戌謝氏調任浙江按察使[④]，仍未定稿，直至次年正月胡虔作《跋》於杭州，這纔宣告全書殺青。該書續撰進展緩慢的原因固然不一而足，但以下兩點無疑尤爲關鍵。其一，自從魏澹《後魏書》亡佚後，對於西魏國史的叙述，所恃不過《魏書》《北史》《周書》《隋書》《通典》《元和郡縣圖志》《太平寰宇記》《資治通鑑》《通志》諸書而已，甚至不得不取材於《藝文類聚》《太平御覽》等古類書和碑刻、墓銘等出土資料，對如此分散的史料進行蒐討、揀擇和拼接，顯然并非短期内所能完成；其二，隨着可用史料的增減，《西魏書》的内部構造也理當發生相應的變動，事實上，假如將凌廷堪《西魏書後序》、錢大昕《西魏書序》、胡虔《西魏書跋》的相關記載加以比對，就不難發現《西魏書》的内部結構，在乾隆五十七年（一七九二）至六十年（一七九五）間確曾發生兩次較大變動（詳參表二）。這兩次變動的顯著結果，就是除“載記”外，

① （清）姚鼐撰：《惜抱先生尺牘》卷一《與謝蘊山（其三）》，海源閣叢書咸豐五年高均儒手寫本。

② 按：《惜抱先生尺牘》卷一《與謝蘊山（其三）》云：“胡生雒君在楚中甚爲章實齋所苦，餘人多去之，雒君勉留以終其事。秋冬之間或來鈐閣，未可知也，計此時其書亦嚮成矣。若今冬不來，必於明春。”

③ 按：《西魏書》卷末胡虔《跋》：“昨官南河，復討論四庫書於揚州。”

④ 《東華續録（乾隆朝）》卷一百十九，光緒十年長沙王氏刻本。

“紀”“考”“表”“傳”及《叙録》都曾被調整，尤其是“表”，不僅卷數有變化，且其名稱（理當還包括内容）有出入。

三

自王應麟“掇拾殘剩，輯爲《詩考》”[①]以來，裒輯佚書之舉寖以成風。[②]降及前清，遂成專門之業，且其成果大體可分爲三類。一是像姚之駰輯成《東觀漢記》那樣[③]，通過多方輯集佚文，將全帙亡佚的前人著述整理成册；二則以鄒炳泰爲代表，將《直齋書録解題》這類卷帙不完的傳世佚書，在元抄殘書四卷本的基礎上，根據《永樂大典》“校纂成編”[④]；三則猶如郭元釪，以元好問《中州集》爲底稿“重爲葺綴”，最終彙編成《全金詩》這部前所未有的金代詩歌總集。[⑤]《西魏書》問世於輯佚之風愈演愈烈之秋，且其主要通過輯録舊史條文而成書的編纂形式又頗相類似於輯佚書，但與這三類輯佚成果至少存在兩點顯著差異。一方面，《西魏書》本無其書，完全是通過對相關史料的搜集、考證、辨析、取捨、拼接而成帙，故其性質相當於今之所稱“專著”；另一方面，《西魏書》在輯録成帙的過程中又講求義理，自覺承擔爲西魏爭正統、定名分等義務，此則胡虔《跋》言之甚明：“至於尚論千載以前，搜集舊聞，摭拾遺逸，以補前史之闕，其義故以詳盡爲宗矣！然編纂刊勒，自有鎔裁通貫之理，非若市儈之記録簿帳，銖兩不遺也。”[⑥]

與《西魏書》“正西僞東”相類似的做法，倘若追本溯源，至少可以前推至東漢末三國紛爭時期，爾后藉由習鑿齒《漢晉春秋》的問世與“晉承漢統

---

① 《四庫全書總目》卷一六《三家詩拾遺》提要，頁一三五。

② 葉德輝《書林清話》卷八“輯刻古書不始于王應麟”條，對梁啓超“最初從事於此者爲宋之王應麟”的論斷不以爲然，轉而據《東觀餘論·跋慎漢公所藏相鶴經後》所云，認定北宋道士陳景元所輯《相鶴經》實乃輯佚元祖。詳參氏著《書林清話 書林餘話》，岳麓書社，一九九九年，頁一八二～一八三。

③ （東漢）劉珍等撰，吴樹平校注：《東觀漢記校注》吴樹平《序》，中華書局，二〇〇八年，頁七～八。

④ （清）鄒炳泰撰：《午風堂叢談》卷一，《續修四庫全書》册一四六二，上海古籍出版社，二〇〇二年，頁一六四。

⑤ 《四庫全書總目》卷一九〇《全金詩》提要，頁一七二五。

⑥ 《西魏書》卷末胡虔《跋》，《新校本魏書附西魏書》，頁一七七。

論”的提出而日益流行，兩宋以還，復又得益於理學的興起而風靡學界内外，并相繼湧現出朱熹《通鑑綱目》、蕭常《續後漢書》、黄震《古今紀要》及元張樞《續後漢書》、明謝陛《季漢書》等諸多本諸《春秋》大義以立言、以扶持綱常名教爲旨歸的翼經之史。[①] 執此而論，《西魏書》無疑是傳統義理派史學在清代中葉的典範之作。

綜觀其《叙録》與全帙，可知《西魏書》爲西魏與東魏爭正統的努力，表現在謀篇佈局上，一是效法《太平御覽》卷一〇四《皇王部二九》所引《後魏書》，爲西魏四帝辟置本紀，并分别尊稱爲“孝武皇帝”“文皇帝”“廢帝”“恭皇帝”[②]，這就建構起自成一系而又正朔斯在的統緒；二是自覺構建西魏國史，對内講究“史裁”“限斷”，確定西魏史與北周史的叙事邊界，并爲此與趙翼書信往還，反復論辯入傳人物的選擇標準，并最終拒絶趙氏“一人二傳”的建議[③]，其中《與趙雲松書》有云：

> 至斷代爲書，列傳自有限斷。……作書之初，搜羅周、隋兩朝之曾仕西魏者，凡三百餘人。《周書》列傳中非西魏臣者，十無一二，勢難廢《周書》而改爲《西魏》，故拙撰列傳，以宇文受禪爲斷，其下仕周、隋者即不立專傳，雖尉遲迥、獨孤信輩功業燦然，亦從删削。然《封爵表》載其爵秩，《大事》《異域》載其勛略，柱國大將軍之制載於《百官考》，似可與列傳互爲補苴，不致闕漏矣。[④]

---

① 王德毅：《蕭常〈續後漢書〉及其影響》，臺灣《東吴歷史學報》第十七期（二〇〇七年六月），頁一～二三。又據考，元郝經《續後漢書》“除自作諸篇外，其餘取材全依舊史”，且其作旨僅在“書法”而“不在史事”，詳參王明蓀《郝經之史學》，臺灣《興大歷史學報》創刊號（一九九一年二月），頁七五～八九。

② 在法式善看來，《西魏書》此舉乃“依《太平御覽》，特著之曰孝武帝，曰文帝，曰廢帝，曰恭帝，而系之以紀”。其實，《北史·魏本紀五》亦如此措置，蓋因《後魏書》成書更早，故法氏獨歸美於《後魏書》。詳參《存素堂文集》卷三《西魏書書後》，《續修四庫全書》册一四七六，上海古籍出版社，二〇〇二年，頁七一四。

③ 柯璟霖：《趙翼史學“斷限”觀念述評——以魏晉南北朝史書爲中心》，台灣《東吴中文綫上學術論文》第二十六期（二〇一四年六月三十日），頁七七～九六。

④ 《西魏書》附録謝啓昆《與趙雲松書》，《新校本魏書附西魏書》，頁一七二。

對外則注重“書法”“義例”，通過選擇性使用特定字詞等“春秋筆法”，區分西魏與東魏的正僞，卷二四《善見載記》更是直接貶斥東魏爲僭僞。浙江烏程（今湖州吴興區）人周中孚對此頗不以爲然：

> 惜其以孝靜爲載記，直稱其名，與蕭詧同爲一卷，較諸伯起出帝之紀，更爲已甚。不知蘇潭何恨於孝靜，而以之續貂也。高歡罵孝靜爲狗脚朕，蘇潭罵孝靜爲狗脚癡人。平心而論，本爲西魏作史，可不必及孝靜，如必欲連類而及，將高歡、高澄當亦入傳矣，可乎？不可也。①

事實上，諸如此類的對於《西魏書》“正西僞東”的政治立場表示異議者，時或可聞。甚至有人基於整個漢魏六朝時期正統在南而不在北的一管之見，認爲根本没有撰寫《西魏書》的必要；當然，這一謬論也隨即招致有識如焦循者的駁斥：

> 議者云：“正統之傳，自漢、魏而晉、宋、齊、梁以至於陳；作《西魏書》，是無梁、陳也。”……《春秋》魯史也，孔子修之，内魯而外諸國，豈謂魯可以統諸國乎，主客之勢然也。……唐得天下於隋，隋承魏、周者也，宜内魏而外梁、陳。……唐時，南北諸史並列，不使偏廢，又何疑於《西魏書》之作乎？況《西魏書》之作，所以奪北齊之統，無與於梁、陳。袒梁、陳之篡竊而外魏，復袒高氏之篡竊而外西魏，爲此論者，不獨於著書主客之體有不明，並大公大義之所在，亦不暇顧也。②

只是焦氏賴以立論的基礎——其自創的“主客之勢”説和唐初的“兩認正統”國策，尚不足以令人信服。其實，爲西魏與東魏爭正統，既是謝啓昆秉自乃師

---

① （清）周中孚著，黄曙輝、印曉峰標校：《鄭堂讀書記》卷十八“西魏書二十四卷”條，上海書店出版社，二〇〇九年，頁三三九。

② （清）焦循撰：《雕菰集》卷八《西魏書論》，《續修四庫全書》册一四八九，上海古籍出版社，二〇〇二年，頁一八六～一八七。

翁方綱的著述緣起和宗旨，也是建構《西魏書》框架、敘述西魏歷史的基本準則，更是有志編纂西魏國家歷史者不可改變的宿命。這是因爲，對“誰是北魏政權的合法繼承者”此一身份的爭奪，不但關乎西魏的得國正當性和統治合法性，而且爭奪過程本身，也業已成爲西魏國家歷史的重要組成部分。

當然，《西魏書》基於正統論的謀篇佈局，並非没有瑕疵。例如卷一《帝紀》，不但卷帙偏少，且其廢帝、恭帝兩紀篇幅短小，而權臣宇文泰的傳記，既多達兩卷，又敘事完整，從而予人以主客易位、本末倒置之惡感；又如卷二三末對寇彌、韋榮茂、曹恪等二十四人的簡介①，既寥寥數語，又無關宏旨，也使得該卷更像是人物傳記資料彙編，從而有損於全書的品位與形象；至如“譜之以見三國盛衰之終始”②的《大事表》，以及依據《正光律》“推得各年之閏朔中節”③的《紀考》，或僅載録“勝負無關興喪”④的戰事，或因受制於曆法知識而所考大多有誤，其實皆可裁撤或併入《帝紀》之中。相比較而言，《西魏書》的史論尤待商榷，全書二十四卷，僅卷一、卷一四、卷一五、卷一九、卷二〇、卷二二、卷二四有作，且部分史論不無可議。⑤對此，《西魏書敘録》辯稱：

> 《紀》《傳》有論贊，必如劉知幾所謂“事無重出，省文可知”者，方合《左氏》“君子曰”之旨。若依附本篇，漫爲論贊，再述乍同銘頌，重敘唯覺繁文，誠不免爲魏澹所譏矣。是書一以澹《書》爲法，澹《書》義例見本傳。凡列傳，必有他事足補正書之闕及有足法戒者，始爲論以著之，餘則否。

---

① 《西魏書》卷二三，《新校本魏書附西魏書》，頁一六五～一六六。

② 《西魏書》卷三《大事表序》，《新校本魏書附西魏書》，頁一九。

③ 《西魏書》卷五《紀象考序》，《新校本魏書附西魏書》，頁三一。

④ 《西魏書》卷首《西魏書敘録》，《新校本魏書附西魏書》，頁三。

⑤ 例如，卷一“論曰”有云：“文帝沈毅有遠略，觀於柔然入寇，竟賜后死，以慰將士之心，其英斷有足難者。”此則誠如李慈銘所剖析，實乃“大謬之言”：“魏之結援蠕蠕，本爲失策，觀其與鄴中高氏交隙之故，利害已明，究之周武滅齊，何嘗藉其犄角之力？文帝始則廢賢后以結狄親，繼則因邊氛以除故劍，忍心害理，冤酷異常！黑獺以操、莽之姿，粉飾《周禮》，而令武王廢其邑姜，請昏獯鬻，古今可耻，孰甚於斯！文帝逼於强臣，蓋非得已，以此稱之，無識甚矣。”詳參（清）李慈銘著，由雲龍輯：《越縵堂讀書記》，上海書店出版社，二〇〇〇年，頁四〇五。

據其“凡列傳，必有他事足補正書之闕及有足法戒者，始爲論”云云，可知在《西魏書》作者的心目中，史論不但僅僅適用於列傳，且其功能不外乎“補闕”“鑒戒”兩種；這種認知，充分表明傳統義理派史學對史論性質乃至史論與史文關係的理解，確實有失偏頗。

四

但《西魏書》的缺陷又不止於此，該書對來源不同、體裁各異的史料的剪裁和運用，也存在着比較明顯的硬傷，并大抵可分爲三類。一曰沿謬承訛，如卷八《地域考下》因襲《魏書·地形志下》之舊文，稱金城郡於“後漢建武十三年，並隴西，孝明復”，事實上，建武十二年十二月雖曾“省金城郡屬隴西”，但次年十二月便“復置金城郡”[1]，故若《地域考下》不曾以訛傳訛，就當寫作“後漢建武十二年，並隴西，次年復”；二曰張冠李戴，例如下文所引，前叙“五郊壇”之制，其後本擬續述“祭配”，結果“皆同”後卻綴以“春分朝日”與“秋分夕月”之禮：

> 五郊壇，其崇及去國，如其行之數。其廣皆四丈，其方俱百二十步。内壝皆半之。祭配皆同以春分朝日於國東門外，爲壇，如其郊。用特牲青幣，青圭有邸。皇帝乘青輅，及祀官俱青冕，執事者青弁。司徒亞獻，宗伯終獻。燔燎如圜丘。秋分夕月於國西門外，爲壇，於埳中，方四丈，深四丈，燔燎禮如朝日。[2]

三曰隨意補綴，其典型例證便是卷五《紀象考一·紀考》對“各年之閏朔中

---

① （南朝宋）范曄撰，（唐）李賢等注：《後漢書》卷一下《光武帝紀》，中華書局，一九六五年，頁六〇、六三。

② 《西魏書》卷九《百官考上》，《新校本魏書附西魏書》，頁九〇。事實上，《西魏書》此文不但張冠李戴，而且將“深四尺”誤抄爲“深四丈”。

節”的推算[①]，除閏朔外，幾乎全部算錯。

儘管如此，《西魏書》問世後，仍頗得時流好評。例如，在彭元瑞看來，該書不但已“得《通鑑》之遺意”，而且“較近世陳霆之《唐餘紀傳》、姚士藟之《後梁春秋》，更爲稱名正而取類宏”[②]；法式善《存素堂文集》卷三《西魏書書後》更是推崇備至：

> 南康謝蘊山先生作《西魏書》，可謂有志於古者矣。正收之謬，删補《北史》之蕪漏，……列傳則以宇文泰標首，清河王世子善見並爲立傳，皆卓識也。若夫典章名物，辨核詳確，足以饜學古者之心，是又其餘事矣。[③]

即便是向來“好對本朝學術表示異見”[④]的李慈銘，也一反常態，予以部分肯定：

> 閱謝蘊山氏《西魏書》，體例謹嚴，自爲佳作，惜其紀傳，疏略相仍，亦有彼此不相照應者，固由其時記載散亡已盡，别無他書可資掇拾，故其五考，如禮樂刑法等，僅存大略。然細求之《册府元龜》《太平御覽》《通典》《通考》諸書，當有更可搜尋者。惟《封爵》《百官》兩表，最爲精覈可傳。其《曆法考》《百官考》，亦補綴細密。[⑤]

除此而外，更有部分學者將《西魏書》視爲信史，并用於學術研究，譬如洪齮孫的《補梁疆域志》，就曾以《西魏書·地域考》爲據，斷定萬川郡乃蕭梁所

---

① 《西魏書》卷五《紀象考》，《新校本魏書附西魏書》，頁三一～三三。

② （清）彭元瑞撰：《恩餘堂輯稿》卷一《謝蘊山詠史詩序》，《續修四庫全書》册一四四七，上海古籍出版社，二〇〇二年，頁四四〇。

③ 《存素堂文集》，《續修四庫全書》册一四七六，上海古籍出版社，二〇〇二年，頁七一四。

④ 朱維錚：《晚清漢學："排荀"與"尊荀"》，載《求索真文明——晚清學術史論》，上海古籍出版社，一九九六年，頁三三八。

⑤ 《越縵堂讀書記》，頁四〇五。《西魏書》雖有《封爵表》《百官考》，但無《百官表》《曆法考》。此云“《封爵》《百官》兩表”“《曆法考》《百官考》”，顯然有誤。

置[①]；而繆荃孫的《隋李女墓志跋》，亦嘗援引《西魏書·封爵表》，用以佐證《隋左武衛將軍吴公李氏女墓志》的相關記載。[②]

《西魏書》之見稱於世，蓋有兩因。其一，得益於謝啓昆的大力推介。謝氏不但於《西魏書》梓行後廣爲贈閲，更在該書定稿前，就已約請翁方綱、姚鼐、錢大昕、畢沅、凌廷堪等座師、老友、同年和幕僚寫序作跋。這些序跋，除翁氏對《西魏書》漏引碑刻資料稍加批評外，餘則莫不稱贊有加，或推崇此書"不獨爲前哲補亡，而《封爵》《大事》諸表，精覈貫串，又補前史所未備"，或提醒"讀者知其網羅放失述作之志存焉，可也"，或有感於作者"復於一千三百年餘，網羅蒐討，勒爲一家"之功而歎服其"載籍博而用力深"[③]，至如凌廷堪《西魏書後序》，雖有過相褒美之嫌疑，但其"補闕""存統""正名""搜軼""嚴界""辨誣"六善之説[④]，可謂概括精到而又耐人尋味。相比較而言，部分受贈閲者對《西魏書》的稱譽則又近乎諛媚，譬如李富孫的《謝方伯啓昆見贈近集〈西魏書〉賦謝二首》之二，不但着力表彰《西魏書》的"正名定分"之功，甚至認定《西魏書》足以媲美《史記》：

彦深舊史已無傳，孰與重操筆削權。
特係太和西竄日，爲餘孝武僭稱年。
正名定分扶君實，謹例嚴須接馬遷。
不獨遠文堪補闕，千秋公論賴斯編。[⑤]

其二，乃自身價值之使然。《西魏書》作爲站在西魏立場、用"正西僞東"筆法叙述西魏國史的紀傳體斷代史，糾正了魏收《魏書》對西魏政權的矮化和對

---

① 按：洪齮孫《補梁疆域志》卷四云："萬川郡，謝啓昆《西魏書·地域考》云梁置。"
② 繆荃孫：《藝風堂文集》卷六，朝華出版社，二〇一七年，頁四五五～四五六。
③ 《西魏書》卷首《西魏書叙》，《新校本魏書附西魏書》，頁一～二。
④ （清）凌廷堪著，王文錦點校：《校禮堂文集》卷二七《西魏書後序》，中華書局，一九九八年，頁二四七～二四八。
⑤ （清）李富孫撰：《校經廎文稿》卷二，《續修四庫全書》册一四八九，上海古籍出版社，二〇〇二年，頁三八四。無獨有偶的是，顧宗泰《月滿樓詩集》所載《謝蘊山方伯見視所著〈西魏書〉，題後得六首卻寄》之一，亦稱《西魏書》足以睥睨《北史》。

西魏歷史的低貶，更在無意間迎合了世人長期以來對魏氏人品及其“穢書”的厭惡心理，此則梁啓超先生亦嘗論及：

> 魏收《魏書》夙稱“穢史”，蕪累不可悉指。其於東西魏分裂之後，以東爲正，以西爲僞，尤不愜人心。故司馬《通鑑》不從之。乾隆末謝蘊山啓昆著《西魏書》二十四卷，糾正收書之一部分。……蘊山實頗具史才，此書於西魏二十餘年間史料採摭殆無已遺漏，結構亦謹嚴有法，固自可稱。[①]

另一方面，該書既内具紀、傳、表、考併列相配的完備體裁和敘事框架，復又盡心盡力於史料的採集與剪裁[②]，遂爲今人瞭解並研討西魏史事（尤其是西魏中前期歷史）提供了足資參考的完整文本，也因此被書商瘋狂盜印：

> （廣西圖書館）館藏的《西魏書》二十四卷十册，爲清代浙江按察使廣西巡撫謝啓昆撰，此書被書商挖改爲十八卷八册本以充全書。版本是乾隆間謝刻《樹經堂集》本。書賈作僞挖改甚是巧妙，其竄剁叙文：“……排次成編，爲本紀一表三考四列傳十二載記一，既蕆事……”爲“……列傳‘七凡一十五’既蕆事……”改了五字；把姚鼐序“撰西魏書二十四卷以正其失”改爲“撰西魏書‘一十八’卷以正其失”；目録頁自卷十九被挖去。全書搞假凡三處，其手法巧僞，用心良苦，殊屬可惡之至。[③]

前史稱其與同期所作之周春《西夏書》、陳鱣《續唐書》，“義例皆精深，非徒矜書法，類史鈔也”[④]。此一評判，誠非妄語。

---

① 梁啓超：《中國近三百年學術史》，崇文書局，二〇一五年，頁二三九。

② 按：《西魏書叙録》自稱“今作是書，於一人之微、一事之細，亦所珍惜採録而不忍遺”。

③ 陳錦釗：《古籍整理雜記》，《圖書館界》一九八六年第二期，頁三四～三五。

④ 《清史稿》卷四八四《文苑傳一》，頁一三三四九。

凡 例

一、《西魏書》始撰於清乾隆五十二年（一七八七）秋，爾後歷經兩個階段、將近八年的編纂，最終定稿於乾隆六十年（一七九五）正月，且成書當年就在謝啓昆主持下刊行于世，是爲“清乾隆六十年樹經堂刻本”（本書簡稱“樹經堂本”①）。時至光緒九年（一八八三）九月，其曾孫謝維會在訪得初刊本後，既於書末增補《西魏書附録》（即謝啓昆、趙翼反復論辯入傳人物選擇標準的四封來往信函），又在《西魏書叙録》的文末，交代其翻刻《西魏書》的來龍去脈②：

> 右《西魏書》，本紀一，表三，考四，列傳十二，載記一，并以叙録一，共二十二篇，先曾祖中丞公在史館時屬稿也。及奉諱家居，乃排次成編，於乾隆乙卯年付雕。
>
> ……
>
> 自遭兵燹，板片焚如，……先人手澤，日就沈湮，每一念及，泚然汗下。壬午之秋，維會入都應京兆試，主中表蔣迪甫農部，家與知交，論文之暇，閒及史事，僉以是書綱羅散佚、體裁謹嚴，實足正伯起之失而補一代之典章，以書不數見爲憾。越日，迪甫爲訪得初印本，校讀一過，喜不自禁，因付剞劂，俾垂久遠。十餘年惶恐之心，於斯稍慰。

---

① 巴蜀書社《中國野史集成續編》本、上海古籍出版社《續修四庫全書》本及“中國基本古籍庫”電子檢索系統所選，實皆“樹經堂本”，而廣東廣雅書局本則與商務印書館本、中華書局本完全一致。

② 本書也因此稱之爲“翻刻本”，而臺灣鼎文書局所刊《新校本魏書附西魏書》，即其典型代表。

刻既竣，爰述顛末，坿識於後，……時光緒九年歲次癸未秋九月，曾孫維會謹識。

據考，上海文瀾書局曾於光緒二十五年（一八九九）將《西魏書》列入“史學叢書”加以石印，同時又在書末增補附録一卷[1]。文瀾書局的這個“史學叢書”本，在筆者看來，很可能就以“翻刻本”爲藍本，因爲根據“史學叢書”本排印的商務印書館一九三七年影印本、中華書局一九八五年影印本（本書分别稱爲“商務本”“中華本”），它們與“翻刻本”的最大差别，就在於《西魏書叙録》有否後綴謝維會所撰寫的《識》（詳參下表）。也正鑒於“樹經堂本”别字較多，而“中華本”與“商務本”又未載謝維會《識》，故本書以“翻刻本”爲底本，以“樹經堂本”“中華本”“商務本”爲通校本，並採用繁體横排的排版方式。

<table>
<tr><td></td><td colspan="3">樹經堂本</td><td colspan="3">翻刻本</td><td colspan="3">商務本</td><td colspan="3">中華本</td></tr>
<tr><td rowspan="9">內部結構</td><td rowspan="4">西魏書叙</td><td colspan="2">錢大昕序</td><td rowspan="4">西魏書叙</td><td colspan="2">錢大昕序</td><td rowspan="4">叙</td><td colspan="2">錢大昕序</td><td rowspan="4">叙</td><td colspan="2">錢大昕序</td></tr>
<tr><td colspan="2">姚鼐序</td><td colspan="2">姚鼐序</td><td colspan="2">姚鼐序</td><td colspan="2">姚鼐序</td></tr>
<tr><td rowspan="2">書二通</td><td>翁方綱</td><td rowspan="2">書二通</td><td>翁方綱</td><td rowspan="2">書二通</td><td>翁方綱</td><td rowspan="2">書二通</td><td>翁方綱</td></tr>
<tr><td>畢沅</td><td>畢沅</td><td>畢沅</td><td>畢沅</td></tr>
<tr><td colspan="3">西魏書叙録，後綴二列文字：“右帝紀一、表三、考四、列傳十二、載記一，凡廿一篇、廿四卷。”“乾隆六十年太歲乙卯三月開雕。”</td><td colspan="3">西魏書叙録，後綴謝維會《識》（詳參上文）</td><td colspan="3">西魏書叙録，後綴一列文字：“右帝紀一、表三、考四、列傳十二、載記一，凡廿一篇、廿四卷。”</td><td colspan="3">西魏書叙録，後綴一列文字：“右帝紀一、表三、考四、列傳十二、載記一，凡廿一篇、廿四卷。”</td></tr>
<tr><td colspan="3">正文二十四卷</td><td colspan="3">正文二十四卷</td><td colspan="3">正文二十四卷</td><td colspan="3">正文二十四卷</td></tr>
<tr><td colspan="3"></td><td colspan="3">西魏書附録：謝啓昆與趙翼四封來往信函</td><td colspan="3">西魏書附録：謝啓昆與趙翼四封來往信函</td><td colspan="3">西魏書附録：謝啓昆與趙翼四封來往信函</td></tr>
<tr><td rowspan="2">西魏書跋</td><td colspan="2">凌廷堪</td><td rowspan="2">西魏書跋</td><td colspan="2">凌廷堪</td><td rowspan="2">跋</td><td colspan="2">凌廷堪</td><td rowspan="2">跋</td><td colspan="2">凌廷堪</td></tr>
<tr><td colspan="2">胡虔</td><td colspan="2">胡虔</td><td colspan="2">胡虔</td><td colspan="2">胡虔</td></tr>
<tr><td>注</td><td colspan="3">乾隆六十年（一七九五）三月刊刻</td><td colspan="3">光緒九年（一八八三）九月刊刻</td><td colspan="3">一九三七年十二月，據“史學叢書”本排印</td><td colspan="3">一九八五年，據“史學叢書”本排印</td></tr>
</table>

① 周谷城、姜義華主編：《中國學術名著提要 · 歷史卷》，復旦大學出版社，一九九四年，頁二四九。

二、《西魏書》完全是通過對相關史料的搜集、考證、辨析、取捨、拼接而成帙，因而本書雖名“校注”，但在注釋與校勘之間更偏重於校勘，且箋釋以考源为主。本書擬通過對校和本校，匡正“翻刻本”之誤。對其改“玄”爲“元”、易“弘”作“宏”等避諱之舉，皆予以回改並出校説明。

三、謝啓昆等人在撰述《西魏書》的過程中，參考了目所能及的幾乎所有相關文獻。這其中，既有諸如《魏書》《北史》《周書》《隋書》《通典》《元和郡縣圖志》《太平寰宇記》《大清一統志》之類的基本古籍，也包括載録於《藝文類聚》《太平御覽》等唐宋類書中的佚史之文和文集遺篇，甚至不乏《後周大宗伯唐瑾碑》等金石資料。此則胡虔《西魏書跋》亦嘗明确交代：

> 先生之爲是書也，自正史、傳記、輿地、金石之文以及郡邑之志，流覽者殆數千卷，昨官南河，復討論四庫書於揚州，其搜剔補綴之功，最爲勤密。凡所增益改易者，皆有本原。如據庾信《陸逞碑》補《陸政傳》，庾信《辛威碑》補《公主傳》，庾信《請襲封表》補文帝大統十六年格，庾信《鄭常碑》正《周書》本傳“饒陽侯”之誤。據楊炯《宇文彪碑》補《封爵表》。據《元龜》補《李虎傳》及《五行》。據《御覽》引《典略》補《孝武紀》及《蕭詧傳》。據《長安志》及《陝西志》引《廣五行記》，補《李順興傳》。據《金石録·唐瑾碑跋》正《周書》本傳“姑臧子”之誤。一部之中，此類甚衆。以著作之體，不能復稱引書目也。雖所紀只四帝二十餘年，然固已卓然爲一家史矣！

對於這些不同來源、不同體裁甚或内容有所抵牾的史料，謝啓昆等人在引用時做了必要的考辨、取捨和剪裁，有時還通過小字夾注的形式，或交代取此捨彼的原因，或補充相異和有益的内容，以力求叙事準確且繁簡得當，諸如此者，充分表明《西魏書》並非徒事抄撮而已。儘管如此，該書仍不乏訛、衍、脱、倒等缺陷。對此，本書將予以重點關注，進而逐卷逐段逐句查考《西魏書》相關條文的史料來源，并依據其原始出處，校正《西魏書》文字之是非。

四、《西魏書》本就置有《西魏書附録》，内收謝啓昆與趙翼反復論辯《西魏書》入傳人物選擇標準的四封往來信函。兹將整理過程中所收集到的顧宗泰《謝藴山方伯見眎所著〈西魏書〉題後得六首却寄》、李富孫《謝方伯啓昆見贈近集〈西魏書〉賦謝二首》、焦循《西魏書論》、法式善《西魏書書後》、姚鼐《廣西巡撫謝公墓志銘並序》、凌廷堪《祭廣西巡撫謝蘇潭先生文》、周中孚《鄭堂讀書記》卷一八《西魏書》條、李慈銘《越縵堂讀書記》史部別史類《西魏書》條悉數編入《西魏書附録》，以爲治學之借鑒。

五、書末《魏澹〈後魏書〉考略》與《謝啓昆行迹與詩文繫年》之作，意在系統考察并全面呈現《西魏書》的著述緣起、編纂始末、學術影響等問題。其中或有參考前哲時賢研究成果之處，恕未能一一具列，謹此先行致謝。

目　録

西魏書叙[一]

錢大昕序

昔元魏之季，孝武不忍賀六渾之逼，播遷關西，終不免黑獺之弒。自是東西對峙，各爲强臣所制，地醜德齊，無以相尚。然天平改元之始，孝武固無恙也，則東魏不如西之正；天保受禪而後，關西猶擁虚號者七八年，則西魏較愈於東之促，此温文正公、徽文公之書法所以抑東而揚西也。乃魏彦深之史無傳，而伯起書獨行，遂加孝武以出帝之稱，而直斥西主之名，偏陂不公，莫此爲甚。李延壽本紀頗采彦深，先西後東，差强人意[二]，而列傳猶承周史舊文，讀史者不無遺憾焉。且志地形者，宜據太和全盛之規，而伯起轉取武定[三]偏安之局，於秦雍諸州，雖云據永熙綰籍，而漏落良多。[四]至西遷廿餘年間，州郡增置紛繁，名目屢易，尤不可以無專書也。

觀察謝藴山先生曩在史局，編摹之暇，與閣學翁公議補是書。洎宛陵奉諱家居，乃斟酌義例，排次成編，爲本紀一，表三，考四，列傳十二[五]，載記一。既蔵事，介翁公屬序於予。讀其凡例，謹嚴有法，洵足奪伯起之席而張涑水、考亭之幟矣。昔平繪撰《中興書》，其體例當類此，而《隋志》不著於録，則唐初已無傳。觀察之書，不獨爲前哲補亡，而《封爵》《大事》諸表[六]，精覈貫串，又補前史所未備。傳諸異日，視蕭常、郝經之續《後漢書》，殆有過之無不及也。

乾隆壬子十一月，嘉定錢大昕序[七]

姚鼐序

當拓跋氏之衰，朝廷失政而邊鎮横，武夫暴興而國柄移。天子寄居，亟立亟廢，蓋高歡一人，而援立之帝三焉。安定廢而孝武興，孝武奔而孝靜立，計其得失之故，雖不甚相遠，而以時論之，則孝靜固始爲孝武之[八]臣也。魏收書外孝武，而以天平爲正，豈理也哉？

南康謝蘊山觀察，舊居史職，出剖郡符，間以退處數年之暇，慨魏收之失當，撰《西魏書》二十四卷以正其失，可謂勤學稽古、雅懷論世者矣！吾觀李延壽《北史·本紀》，録孝武於東魏孝靜之前，而不曰西魏，意蓋以收爲非者。然拓跋自崔浩被誅，史筆回罔，故紀道武以往事多侈辭[九]，又自道武以前二十餘世，率加以皇帝之號，延壽因之，不能正也。今觀察所紀，僅在其末二十五年事，固有延壽之得而無其失者。然延壽《自序》，言見別史千餘卷[一〇]，今時代遠隔，泯亡無一存，不獲使觀察據之，以考稽同異而裁定焉。惜哉惜哉！讀者知其網羅放失，述作之志，存焉可也。

乾隆五十六年七月，桐城姚鼐序[一一]

書二通

翁方綱書

《西魏書》得錢詹事、姚郎中二序，足矣！今既刻《敘録》，惟全書未出者，蓋中間尚有待於取材精覈耳。或就其實可傳信者先刻數卷，徐徐蕆工可也。

愚意永熙、大統以後，直至唐初七八十年之間，梁、陳碑禁未弛而北朝石刻最夥，即如常醜奴志，愚嘗見石本，其孝明之稱，究未能以遽斷也。至若一碑中，因其子孫，溯其祖父官閥時地，頗有足資考據者，若得二三楷書手，且就王侍郎昶、錢詹事二家及愚齋中蓄拓本殘字[一二]，一一録出，以供訂證，豈直如裴松之注《三國》、吴任臣注《十國》之附採而已。心力稍暇，再致書來商之，餘不悉。翁方綱頓首。

畢沅書

承示《西魏書敘録》，雖未讀全史之文，而思議名通，體裁精密，已略見其凡。伯起穢史，當時已未愜衆心，其抑西揚東，衹以身仕高齊，不尊天平，則本朝之得統不正，此與承祚帝魏同一曲筆，史家藉以避禍耳，非百世下之公論也！

大著首傳宇文，旁記清河、蕭詧，暨斛斯椿以下諸人，悉列魏臣，洵足正前賢之謬舛，弭尚論之牴牾。而入關後事迹久湮，復於一千三百年餘，網羅蒐討，勒爲一家，非載籍博而用力深者，曷克至此？幸即付剞劂，早得快讀，是所切跂。畢沅頓首。

【校注】

［一］西魏書叙："中華本"題作"叙"，《潛研堂集》卷二四題作《西魏書序》[①]，"樹經堂本"未載。

［二］差强人意：原作"士强人意"，兹據"中華本"、《潛研堂集》卷二四《西魏書序》改正。

［三］武定：原與"中華本"、《潛研堂集》卷二四《西魏書序》，皆作"武平"，今上海古籍出版社校點本《潛研堂集》卷二四校勘記［四］云："'武定'原作'武平'。按，《魏書》卷一〇六上《地形志》序：'今録武定之世以爲志焉。'另本書本卷《東晉南北朝輿地志序》：'魏則衹據武定而反遺洛陽全盛之規。'而武平，北齊後主高緯年號（公元五七〇—五七五），在魏收《魏書》成書（天保五年，即公元五五四年）之後。因改。"

［四］王鳴盛《十七史商榷》："魏收《魏書·地形志》叙首云：'魏定燕趙，遂荒九服，夷翦逋僞，一國一家，遺之度外，吴蜀而已。正光已前，時惟全盛，户口之數，比夫晉之太康，倍而已矣。孝昌之際，亂離尤甚，恒代而北盡爲丘墟，崤潼已西煙火斷絶；齊方全趙，死如亂麻。於是生民耗減，且將大半。永安末年，胡賊入洛，官司文簿，散棄者多，往時編户，全無追訪。今録武定之世以爲《志》焉。'……魏收之爲此，要亦因盛時文簿已亡，不得已也。此下又言'其淪陷諸州户，據永熙綰籍，永熙是孝武帝紀年，帝於三年即西奔

---

① （清）錢大昕撰，吕友仁校點：《潛研堂集》，上海古籍出版社，二〇〇九年，頁四〇四～四〇五。

長安矣。此志中所列有郡縣名無户口數者，大抵皆他國地而虛言之。”[①]

［五］考四，列傳十二：《潛研堂集》卷二四《西魏書序》作“考二，列傳十三”。

［六］而《封爵》《大事》諸表：《潛研堂集》卷二四《西魏書序》作“而《將相》《大臣》《征伐》諸表”。這表明《西魏書》在最終定稿之前，其三“表”並非《封爵》《大事》《異域》，而是《將相》《大臣》《征伐》。

［七］乾隆壬子十一月，嘉定錢大昕序：《潛研堂集》卷二四《西魏書序》未載。

［八］之：原脱，兹據姚鼐《西魏書序》補[②]。

［九］辭：姚鼐《西魏書序》作“詞”。

［一〇］案：《北史》卷一〇〇《序傳》云：“臣既夙懷慕尚，又備得尋聞，私爲抄録，一十六年，凡所獵略，千有餘卷。”

［一一］乾隆五十六年七月，桐城姚鼐序：姚鼐《西魏書序》未載。

［一二］如翁方綱在《北周造像石刻本二首》詩小字夾注中，就曾交代造像石刻的相關内容。[③]

① （清）王鳴盛著，黄曙輝點校：《十七史商榷》卷六七“魏地形據武定”條，上海書店出版社，二〇〇五年，頁五五九。

② （清）姚鼐：《惜抱軒詩文集》卷三《西魏書序》，上海古籍出版社，一九九二年，頁三五。

③ 詳見（清）翁方綱撰：《復初齋詩集》卷三二《晉觀稿五》，《續修四庫全書》册一四五四，上海古籍出版社，二〇〇二年，頁六六〇。

西魏書叙録

通議大夫浙江按察使司按察使加二級南康謝啓昆撰[一]

魏孝武帝爲其臣高歡逼幸關西，歡猶不敢遽即尊位，故立清河王世子善見，爲抗制關中之具，陰遂其簒弑之謀耳。魏收黨齊毁魏，削孝武謚、名西魏帝，尊卑序失，過莫甚焉。魏澹《後魏書》《崇文總目》稱其正魏收《魏書》、平繪《中興書》之失。《隋經籍志》作一百卷，新舊《唐書・志》俱作一百七卷。《北史》本傳作九十二卷，蓋合十二帝紀、七十八列傳，史論及例目，録一篇，爲九十二篇，一篇爲一卷也。以西魏爲正、東魏爲僞，名始正焉，惜其書亡佚，收書《太宗紀》闕，陳振孫謂補以澹書。《崇文總目》稱澹書亡闕，今纔紀一卷存。案：澹書本紀，《太平御覽》中引之。而收之穢史獨存。是以西魏之典故、人物，闕焉無徵。用是慨然[二]，搜集舊聞，述《西魏書》，竊附彦深之志。

元魏稱後魏，對曹魏言也。永熙三年，善見僭大號於鄴，魏於是有東西之分。温公《通鑑》稱善見爲東魏，紀西魏則曰魏朱文公《綱目》義同，蓋以正統予之，不使與東魏對稱也。第魏澹、張大素、裴安時、盧彦卿及邱悦、元行沖諸書皆佚。收書《天象志》闕，陳振孫謂以張太素《天文志》補之。《崇文總目》云："太素《魏書》凡百篇，惟《天文志》二卷存。"魏之全史既無從補正，今所紀只[三]四帝二十餘年之事，稱《後魏書》，則慮與全史混，故題曰《西魏書》，以著其實。

孝武遷關中即崩，然爲西魏始遷之君，故本紀始孝武。收書本紀，書曰出帝，不著孝武之號，乖謬特甚。隋《常醜奴墓志》又稱明帝，考魏謚"明"者，惟明元、孝明二帝，孝武無"明"謚，疑書《志》者誤也。[四]

紀爲志、傳綱領，義貴謹嚴，然大事必書者，如永熙時《大成樂》成，大統間頒中興永式，廢帝末作九命之典，恭帝初立蕭詧爲附庸，復三十六國、九十九姓等事，《北史》皆失載，殊失重輕，今并補入。至廢帝時改天下州郡名，載《地域考》，紀則不書，猶唐改郡爲州及分天下爲十道，見《地理志》而不書於紀也。

周文承制封拜，進退百官，悉由周室矣。今將相大臣之除罷，詳書於紀者，所以絀僭踰之權，而明威福自天子出也。

西魏二十餘年，日尋干戈，其勝負無關興喪者，紀不書，以其事見於《大事表》。《北史·文帝紀》書沙苑之捷而不書邙山之敗，義無可諱，今補録之。又，西魏臣叛降梁與東魏，及梁與東魏臣來降者，皆州郡得失所繫，并特書於紀。

日食星變等異，具見於《紀象考》者，紀則不書。《孝武紀》書熒惑入斗、衆星北流者，此天變之大、西魏之所由始也。前史紀、志并書，雖一載其事，一載事應，義微有别，然其事應率多悠繆附會之説，實爲無取。《宋史》不書事應，例甚可法，惜其紀、志雷同，尤爲無謂矣。

四夷朝貢，前史書之本紀編年之末，其有不庭之討者，載之《列傳》。今並詳《異域表》，以西魏時事迹甚少，不足立傳。《紀》亦不書者，省複文也。

萬氏史表中，《西魏將相大臣年表》鈎稽史傳，最爲有功。第以《周書》《北史》中列傳核之，不免尚有闕漏。且表至侍中、領軍將軍止，體固應爾，其於效節關中諸臣，自未能一一畢載，故今仿《史記·功臣侯表》爲《封爵表》，差爲賅備。其不爲世表而爲年表者，以始封之人即多身仕異朝，固不能下合周、隋而譜其承襲者矣。

西魏歷年未久，而典制頗爲明備。今參稽往籍，循流討原，宇文之制，悉本西魏，如六官創自大統，成於恭帝。《通典》乃以六官爲周制之類。勒成四考。一朝制作，雖不得其全文，而鉅目宏綱，略可觀覽。

魏武，晉宣、景、文，周文，齊神武，雖殁膺帝號，而生則人臣，求之史義，魏武應入漢傳，晉宣、景、文應入魏傳，周文、齊神武應入後魏傳。然《魏志》不載司馬，北魏《書》不載高歡，及周、隋《書》不載李虎、李昞，皆爲本朝諱耳。若范蔚宗作《後漢書》，知收《魏志》之荀彧諸人而不立《曹操傳》，李延壽作《北史》，尊周文、齊神武爲本紀，而魏史不立宇文泰、高歡二傳，斯爲無識矣。獨《周書》列傳載隋武元[五]，深得史法。故今傳西魏諸臣，以宇文泰爲首也。至清河王世子善見，孝武臣也，梁王蕭詧，魏附庸也，故并立傳。魏收則加晉、宋、齊、梁以“僭僞”“島夷”之目，此與小兒之怒罵無異，亦何取乎？

兩朝興喪之交，編纂列傳，貴有限斷。如陳之袁憲、江總、姚察之屬俱已仕隋，姚思廉載入《陳書》；漢之董卓、陶謙、二袁、劉表、吕布、臧洪、公孫瓚，豈曾臣魏，即荀彧事曹而終非曹臣，陳壽載入《魏志》，此皆違戾史裁者也！考《周書》所載斛斯椿、王盟、賀拔勝等，乃卒於周孝閔受禪之先者，其爲魏臣明矣；雖蘇綽輩效節周文，然周文身以魏臣，終事周文者，反非魏臣乎？《北史》取《周書》之賀拔勝、念賢，入之魏傳，義誠允矣，餘則因《周書》之誤而不改，是其失均也。故今作列傳，以孝武入關爲始，而以宇文受禪爲斷。

西魏臣仕周、隋者，若于謹、尉遲迥諸人，雖功名顯於魏，義不得立傳。然《封爵》《大事》《異域》三表載其爵秩、勛紀，是亦可以互見，不嫌闕略矣。若夫名位淺薄，至周、隋而始著者，自與西魏無與焉，可欲豐其部帙而濫入表、傳邪？

《史記》立《循吏》《儒林》等傳，後之爲史者，名益滋多。今仿《三國志》例，人以類從而已，賢否自見。

紀傳有論贊，必如劉知幾所謂“事無重出，省文可知”者，方合《左氏》“君子曰”之旨。若依附本篇，漫爲論贊，再述乍同銘頌，重叙唯覺繁文，誠不免爲魏澹所譏矣。是書一以澹書爲法，澹書義例見本傳[六]。凡列傳，必有他事足補正書之闕及有足法戒者，始爲論以著之，餘則否。

史家摭採羣書，若司馬之取裁於《世本》《國語》《戰國策》《楚漢春秋》，班氏之本《史記》及《新序》《説苑》《七略》之類，皆馴雅而可徵信。魏晉以降，國史多諱，稗乘多誣，取之不慎，蕪穢貽譏。故嘗謂後世作史者，必義例尤嚴於古，苟人與事無關勸懲者，削之可也。今作是書，於一人之微、一事之細，亦所珍惜採録而不忍遺者，以千餘年文獻放失之後，考古爲難，義各有取，非必以果核、藥滓爲貴也。

李延壽作《南北史》，編次八代之書并雜史千餘卷，其於舊文所安，“因而不改，不敢苟以下愚，自申管見”[七]，誠通人之論。蓋史家之體，不以沿襲爲嫌，子長、孟堅，具有往例。第南北各自爲書，岐異牴牾處自多，延壽一手連綴，頗乏折衷，僅事鈔録，是所短耳。今參校史文，苟事無可增、義無可正者，即無所改易，亦李氏之義也。

右《西魏書》，本紀一，表三，考四，列傳十二，載記一，弁以叙録一，共二十二篇，先曾祖中丞公在史館時屬稿也。及奉諱家居，乃排次成編，於乾隆乙卯年付雕。

先曾祖生平箸述甚夥，已刻者，是書之外，有《小學考》《粤西金石略》《詩文集》；未刻者，有《史籍考》《江右金石略》。而是書及《小學考》五十卷，尤爲當代名儒所推重，讀錢竹汀、姚姬傳、凌次仲、胡雒君諸先生前後序跋，可見一斑。

自遭兵燹，板片焚如，先大夫備兵潼商時，用重梓《小學考》，風行海内，而是書家無藏本，未能續刊。先人手澤，日就沈湮，每一念及，涊然汗下。壬午之秋，維會入都應京兆試，主中表蔣迪甫農部，家與知交，論文之暇，閒及史事，僉以是書網羅散佚、體裁謹嚴，實足正伯起之失而補一代之典章，以書不數見爲憾。越日，迪甫爲訪得初印本，校讀一過，喜不自禁，因付剞劂，俾垂久遠，十餘年惶恐之心，於斯稍慰。

刻既竣，爰述顛末，坿識於後，匪惟自幸，抑願世之讀是書者，咸因是而考西魏以下諸史之源流，知是非得失，必更有得於舊史論定之外者，斯即先曾祖箸書之志也。時光緒九年歲次癸未秋九月，曾孫維會謹識。[八]

【校注】

［一］通議大夫浙江按察使司按察使加二級南康謝啓昆撰：“中華本”作“南康謝啓昆撰”。“樹經堂本”未載《西魏書叙録》。

［二］慨然：“中華本”作“嘅然”。

［三］只：“中華本”作“祇”。

［四］對於謝氏此論，翁方綱不以为然："即如常醜奴《志》，愚嘗見石本，其孝明之稱，究未能以遽斷也。"

［五］隋武元：開皇元年二月甲子楊堅稱帝，次日追尊其父楊忠爲武元皇帝，廟號太祖。事詳《隋書》卷一《高祖紀上》。

［六］按：《隋書》卷五八《魏澹傳》云："澹又以爲司馬遷創立紀傳以来，述者非一，人無善恶，皆爲立論。計在身行迹，具在正書，事既無奇，不足懲勸。再述乍同銘頌，重叙唯覺繁文。案丘明亞聖之才，發揚聖旨，言'君子曰'者，無非甚泰，其間尋常，直書而已。今所撰史，竊有慕焉，可爲勸戒者，論其得失，其無損益者，所不論也。"

［七］此句引自唐李延壽撰《北史》卷一〇〇《序傳》。

［八］自"右《西魏書》"至此：中華本僅作"右帝紀一，表三，考四，列傳十二，載記一，凡廿一篇、廿四卷"。

帝紀一　西魏書一

通議大夫浙江按察使司按察使加二級南康謝啓昆撰[一]

孝武皇帝[二]，諱脩，字孝則，廣平武穆王懷之第三子也，母李氏。性沈厚[三]少言，學涉[四]，好武事，遍體有鱗文。年十八，封汝陽縣公[五]，拜通直散騎侍郎，轉中書侍郎。建義初，除散騎常侍，尋遷平東將軍、兼太常卿，又爲鎮東將軍、宗正卿。永安三年，封平陽王。普泰初，轉侍中、鎮東將軍[六]、儀同三司、兼尚書右僕射，又加侍中、尚書左僕射。[七]

中興二年，高歡[八]既敗尒朱氏，廢帝自以疏遠，未允四海之心，請遜大位。歡乃與百寮議，以孝文不可無後，特召汝南王悦於梁，至，將立之，宿昔而止。[九]又諸王皆逃匿，帝在田舍。先是，嵩山道士潘彌望見洛陽城西有天子氣，候之乃帝也。於是造第密言之。居五旬[一〇]而高歡使斛斯椿求帝。椿從帝所親王思政見帝[一一]，帝變色曰："得無賣我邪？"曰："不也。"曰："敢保之乎？"曰："變態百端，何可保也！"椿馳白歡。[一二]歡遣四百騎奉迎帝入氈帳，陳誠，泣下霑襟。讓以寡德，歡再拜，帝亦拜。歡出，備服御，進湯沐。達夜嚴警。昧爽，文武執鞭以朝，使斛斯椿奉勸進表。椿入帷門，磬折延首而不敢前。帝令思政取表，曰："視此，便不得不稱朕矣。"於是假廢帝安定王詔策禪位焉。即位於東郭之外，用代都舊制，以黑氈蒙七人，歡居其一，帝於氈上拜天訖，自東陽、雲龍門入。[一三]

永熙元年夏四月戊子，皇帝御太極前殿，羣臣朝賀。禮畢，昇閶闔門，詔曰："否泰相沿，廢興代有，元天無所隱，精靈弗能諭。大魏統乾，德漸區宇，牢籠九服，旁礴三光。而上天降禍，運踵多難，禮樂崩淪，憲章漂没。赫赫宗周，翦爲戎寇；肅肅清廟，將成茂草。胡羯乘機，肆其昏虐，殺君害王，刳剔海内。競其吞噬之意，不識醉飽之心。自書契以來，未有若斯者已！大丞相、渤海王忠存本朝，精貫白日，爰舉義旗，志雪國耻。故廣阿之軍，貔虎奪氣；鄴下之師，金湯失險。近者四胡相率，實繁有徒，驅天下之兵，盡華戎之鋭。桴鼓暫交，一朝盪滅，元凶授首，大憝斯擒。揚旆濟河，掃清伊洛，士民安堵，不失舊章。社稷危而復安，洪基毁而還構。朕以托體宸極，猥當樂推，祗握寶圖，承兹大業。得以眇身，托於王公之上，若涉淵水，罔識攸津。思與兆民同兹嘉慶，可大赦天下。改中興二年爲太昌元年。”[一四]詔前御史中尉樊子鵠起復本官，兼尚書左僕射、東南道大行臺，都督儀同三司、徐州刺史杜德討元樹。高歡上言，建義之家枉爲尒朱氏籍殁者，悉皆蠲免。帝[一五]以世易，復除歡爲大丞相、天柱大將軍、太師，世襲定州刺史，增封九萬，并前十五萬户。庚寅，加歡子澄侍中、開府儀同，餘如故。壬辰，歡還鄴，車駕餞别於乾脯山。[一六]

五月丙申，節閔帝殂。[一七]以太傅、淮陽王欣爲太師，改封沛郡王；司徒公、趙郡王諶爲太保；侍中、驃騎大將軍、開府儀同三司、清河王亶儀同三師[一八]；使持節、侍中、驃騎大將軍、開府儀同三司、司州牧、南陽王寶炬爲太尉公；侍中、太保、録尚書事長孫稚爲太傅；侍中、驃騎大將軍、尚書左僕射元羅儀同三司、尚書令；驃騎大將軍、吏部尚書元世儁儀同三司。戊戌，以高歡固讓，聽解天柱大將軍，减封五萬户，餘悉如故。辛丑，復前司空高乾邕位。乙巳，帝幸華林都亭，宴羣臣，班賚有差。羽林隊主唐猛突入稱慶，帝以猛犯禁衛，杖之。猛辭色有忤，斬之階下。丁未，詔曰：“無侮惸獨，事炳前經；惠此鰥寡，聲留往册。朕以薄德，作民父母，乃眷元元，寤言增歎。今理運惟新，哀矜伊始，如有孤老、疾病、無所依歸者，有司明加隱括，依格賑贍。”又詔曰：“理有一準，則民無覬覦；法啓二門，則吏多威福。前主爲律，后主爲令，歷世永久，實用滋章。非所以準的庶品，隄防萬物。可令執事之官四品以上，集於都省，取諸條格，議定一途，其不可施用者，當局停記。新定之格，勿與舊制相連。務在約通，無致冗滯。”己酉，以侍中、驃騎大將軍、儀同三師[一九]、清河王亶爲司徒公。庚戌，詔曰：“頃西土年饑，百姓流徙，或身倚溝渠，或命懸道路，皆見棄草土，取厭鳥鳶。言念於此，有

警夜寐。掩骼之禮，誠所庶幾；行墐之義，冀亦可勉。其諸有露屍，令所在埋覆。可宣告天下。”乙卯，詔内外解嚴。[二〇]

六月癸亥朔，帝於華林園納訟。丁卯，竇炬坐事降爲驃騎大將軍、開府，王如故，歸第，令羽林衛守。改謚武懷皇帝曰孝莊。戊寅，詔内外百司普泛六級。在京百寮加中興四級，義師將士并加軍泛六級，在鄴百官三級，河北同義之州兩級，河橋建義者加五級，關西二級。諸受建明、普泰封爵、泛級、優特之階，悉追。己卯，帝臨顯陽殿納訟。丙戌，以前驃騎大將軍、開府儀同三司斛斯椿還爲前官。詔曰：“間者，凶權誕恣，法令變常，遂立夷貊輕賦，冀收天下之意，隨以箕斂之重，終納十倍之征，掩目捕雀，何能過此。朕屬念蒸黎，無忘寢食，加田桑始事，生業未滋，若頓依常格，或不周展。今歲租調，且兩收一丏，來年復舊。”辛卯，以使持節、衛大將軍、儀同三司、尚書左僕射賈顯度爲驃騎大將軍、開府儀同三司。

秋七月乙未，詔曰：“頃永安馭運，載育皇儲，遂錫泛階，以申國慶。近經普泰，便爾中追。今罪人既殄，舊章斯復。宜述往旨，用卒前恩。皇子泛二級，悉可還授。文穆廟泛，故宜停寢，若已受者，依例追之。”庚子，復以竇炬爲太尉公。壬寅，高歡率衆入自滏口，大都督厙狄干[二一]入自井陘，討尒朱兆。乙巳，歡以尒朱天光、尒朱度律送之京師，斬於都市。己酉，以兼尚書左僕射、東南道大行臺樊子鵠爲儀同三司。庚戌，詔侍中、驃騎將軍、左光禄大夫高隆之爲使持節、驃騎大將軍、儀同三司、兼尚書左僕射、北道行臺，率步騎十萬趨太行[二二]，會高歡。隆之解行臺，仍爲大丞相軍司。歡次於武鄉，尒朱兆大掠晉陽，北走秀容。并州平。乙卯，帝臨顯陽殿，親理冤獄。丙辰，以宗師、東萊王貴平爲車騎大將軍、儀同三司。是月，夏州徙民郭遷據宥州[二三]反，刺史元嶷棄城走。詔行臺侯景率齊州刺史尉景、濟州刺史蔡儁等攻討之。城陷，遷奔梁。東南道大行臺樊子鵠大破梁軍於譙城，擒其鄴王元樹及譙州刺史朱文開。

八月壬戌朔，高澄來朝，燕射，班賚[二四]部下各有差。丁卯，以西中郎將元寧爲高平王。甲戌，以車騎大將軍、左光禄大夫李琰之[二五]爲儀同三司。庚寅，以車騎將軍、左光禄大夫崔秉爲驃騎大將軍、儀同三司。辛卯，以車騎將軍、右光禄大夫高岳爲驃騎大將軍、儀同三司。

九月癸未[二六]，以侍中、驃騎大將軍、左光禄大夫封津爲儀同三司。庚子，帝幸華林都亭，引見元樹及公卿百寮蕃使督將等，宴射，班賚各有差。癸卯，進燕郡開國公賀拔允爵爲王。乙巳，帝幸都水，南過洛汭，遂至瀍澗。己酉，復田[二七]於北原。癸丑，改封沛郡王欣爲廣陵王，節閔子渤海王子恕爲沛郡王。甲寅，以侍中、驃[二八]騎大將軍封陰之[二九]、任祥并爲儀同三司，以車騎大將軍、河南尹元仲景爲驃騎大將軍、儀同三司。乙卯，車駕謁山陵。庚申，以衛將軍、前吏部尚書李神儁，撫軍將軍、右衛將軍婁昭，並爲驃騎大將軍、儀同三司。

冬十月甲子，以使持節、衛將軍、光州刺史高仲密“仲”一誤作“科”。爲車騎大將軍、儀同三司。丁卯，以車騎大將軍、左光禄大夫潘鑾爲儀同三司。己卯，以車騎大將軍、左光禄大夫高琛爲特進、驃騎、開府儀同三司。庚寅，以使持節、驃騎將軍、肆州刺史劉貴爲驃騎大將軍、儀同三司。

十有一月甲午，以車騎將軍、揚州刺史斛斯敦爲驃騎大將軍、儀同三司。丁酉，日南至[三〇]，祀圜丘。戊戌，朝會百官於太極前殿。甲辰，殺安定王朗及東海王曄。[三一]己酉，以前太尉公、汝南王悦爲侍中、大司馬、開府。葬靈太后胡氏。

十有二月丙寅，以驃騎大將軍、領御史中尉綦儁[三二]爲儀同三司。乙亥，以侍中、廣平王贊爲驃騎大將軍、開府儀同三司。丁亥，殺大司馬、汝南王悦。大赦，改太昌爲永興，以太宗號，尋改永熙。

二年春正月庚寅朔，朝饗羣臣於太極前殿。甲午，高歡自晉陽出討尒朱兆。《北齊書·紀》：神武遣竇泰討尒朱兆，自以大軍繼之，在元年冬。丁酉，大破之於赤洪嶺[三三]，兆遁走，自殺。山東平，罷諸行臺。己亥，己亥爲月之十日，“亥”本或作“卯”，誤。是月有辛卯、癸卯、乙卯，無己卯也。車駕幸崧高石窟靈巖寺。庚子，又幸，散施各有差。庚戌，儀同三司李琰之[三四]薨。丁巳，追尊皇考爲武穆帝，皇太妃馮氏爲武穆后，皇妣李氏爲皇太妃。以驃騎將軍、前滄州刺史高聿爲驃騎大將軍、儀同三司。梁勞州刺史曹鳳、東荆州刺史雷能勝等舉城内屬。

二月庚申，以使持節、鎮東將軍、行汾州事張瓊爲驃騎大將軍、儀同三司。辛酉，以司空公高乾邕爲使持節、驃騎大將軍、開府儀同三司、徐州刺史[三五]，咸陽王坦爲司空公。

三月己丑朔，加驃騎大將軍、滄州刺史賈顯智開府儀同三司。辛卯，詔以阿至羅相率降款，復以高歡爲大行臺，隨機裁處。甲午，以車騎將軍、蔚州刺史竇泰爲使持節、車騎大將軍、開府儀同三司、相州刺史。高乾邕坐事賜死，大都督高敖曹奔晉陽。[三六]太師、魯郡王肅薨。戊申，以使持節、都督河渭部①三州諸軍事、驃騎大將軍[三七]、世襲河州刺史梁景叡爲儀同三司。丁巳，以太保、趙郡王諶爲太尉公，加羽葆鼓吹；太尉、南陽王寶炬爲太保、開府、尚書令。尒朱兆之入洛也，焚太常樂庫，鐘磬俱盡。節閔帝詔長孫稚、祖瑩等更造之。至是始成，命曰《大成樂》。[三八]

夏四月戊辰，詔諸參佐自三府以下爰及外州，皆不得復加常侍及兼兩員，雖已授者亦悉追之。是月，青州人耿翔襲據膠州，殺刺史裴粲，降梁。

五月庚寅，詔諸幽枉未申，時經一周以上[三九]，悉集華林，將親覽察；脱事已經年、有司不列者，聽其人各自陳訴；若事連州郡、由緣淹歲者，亦仰尚書總集以聞。壬寅，以使持節、驃騎大將軍、儀同三司、齊州刺史侯淵復爲開府儀同三司。乙巳，詔曰："大夫之職，位秩貴顯；員外之官，亦爲匪賤。而下及胥吏，帶領非一，高卑渾雜，有損彝章。自今以後，京官樂爲稱事小職者，直加散號將軍，願罷卑官者聽爲大夫及員外之職。不宜仍前散實參領。其中旨特加者，不在此例。"東徐州城民王早、簡實等殺刺史崔庠，據州降梁。《梁書·武帝紀》作："六月己卯，魏建義城主蘭寶[四〇]以下邳城降。"

六月壬申，以驃騎大將軍、開府儀同三司、尚書右僕射樊子鵠爲青膠大使，督濟州刺史、大都督蔡儁討耿翔。丁丑，以驃騎大將軍、前行南兗州事念賢爲儀同三司。

秋七月辛卯，以使持節、鎮北將軍、大都督、秦州[四一]刺史万俟普撥爲驃騎大將軍、儀同三司。壬辰，以太師、司州牧、廣陵王欣爲大司馬、侍中，

---

① 《廿二史考異》卷二八云："'部'非州名，恐是'鄯'字之訛。"詳見（清）錢大昕著，方詩銘、周殿傑校點：《廿二史考異》（附《三史拾遺》《諸史拾遺》），上海古籍出版社，二〇〇四年，頁四七二。

以太尉公、趙郡王諶爲太師，並開[四二]府。庚戌，以前司徒公、燕郡王賀拔允爲太尉公。《通鑑考異》曰："《魏帝紀》作賀拔渥。案：允字阿鞠埿，蓋'埿'字誤爲'渥'耳。"啓昆案：今監本、毛本，無作"賀拔渥"者，則司馬時《魏書》，本與今異。

八月乙丑，高澄來朝，帝燕於華林都亭，班賚部下各有差。以驃騎大將軍、前南岐州刺史司馬子如爲儀同三司。戊辰，車駕餞澄於河梁，仍濟河而返。癸酉，高歡上表固讓王爵，不許；請分邑十萬户，節降爲品，回授勛義，從之。

九月壬子，以散騎常侍、車騎大將軍、左光禄大夫崔孝芬爲儀同三司。

冬十月癸未，以衛將軍、瓜州刺史、泰臨縣開國伯、高昌王麴子堅《北史》"麴"誤作"趙"[四三]。爲儀同三司，進爵郡王。《北史》作"郡公"。[四四]

十有一月癸巳，持節、征北將軍、殷州刺史邸珍爲徐州大都督、東道行臺僕射，率將討東徐州。

十有二月丁巳，狩於嵩陽，士卒苦寒。[四五]己巳，遂幸温湯。丁丑，還宫。荆州刺史賀拔勝攻梁雍州，拔下迮戍，及馮翊、安定、沔陽、酇城等城。[四六]

三年春正月壬辰，高歡擊費也頭於河西苦洩河，大破之，獲其帥紇豆陵伊利，遷其部落於内地。帝責讓之。[四七]

二月，東梁州爲夷民侵逼，詔使持節、車騎大將軍、行東雍州事泉企《北史》"企"作"佡"。爲東梁州行臺、都督以討之。己未，梁假節、豫州刺史、南昌王毛香舉城内附，授以持節、安南將軍、信州刺史、義昌王。壬戌，大赦。丙子，帝親釋奠禮先師。辛巳，幸洪池陂，遂游田。壬午，以衛將軍、前徐州刺史元祐爲衛大將軍、儀同三司，以驃騎將軍、左衛將軍元斌之爲潁昌[四八]王。

三月壬寅，以前侍中、車騎大將軍李彧爲驃騎大將軍、儀同三司。

夏四月辛未，高平王寧坐事降爵爲公。

五月丙戌，置勛府庶子，厢别六百人；騎官，厢别二百人，依第出身，騎官秩比直齋。又增閤内部曲數千人。[四九]辛卯，詔曰："大魏得一居宸，乘六馭宇。考風雲之所會，宅日月之所中。自北而南，東征西怨，后來其蘇，無思不偃。而句吴負險，久遺度外。世祖太武皇帝，握金鏡以照耀，擊玉鼓以鏗鏘，神武之所牢籠，威風之所轥轢，莫不雲徹霧卷，瓦解冰消。長江以北，盡爲魏土。頃天步中圮，國綱時屯，凶豎因機，互窺上國，疆埸侵噬，州郡淪胥。乃眷東顧，無忘寢食。自非五牛警旆，七萃按部，何以復文武之舊業，拯塗炭於遺黎？朕將親總六軍，徑臨彭汴。一勞永逸，庶保無疆。内外百寮，便可嚴備。出頓之期，更聽後敕。”時帝内圖高歡，以斛斯椿爲領軍，使與王思政等統之，以爲心膂。軍謀朝政，咸決於椿。分置督將及河南、關西諸刺史。揚聲伐梁，實謀北討。[五〇]丙申，以使持節、侍中、大司馬、開府、司州牧、廣陵王欣爲左軍大都督，太傅、録尚書事長孫稚爲中軍四面大都督。丁酉，帝幸華林都亭，集京畿都督及軍士三千餘人，慰勉之。庚子，幸華林都亭納訟。壬寅，以長孫稚爲後軍大都督。

六月丁卯，大都督源子恭鎮胡陽，汝陽王暹守石濟，儀同三司賈顯智率豫州刺史斛斯壽東趨濟州。丙子，詔曰：“頃年以來，天步時阻[五一]，干戈不戢，荆棘斯生。或徇節感恩，奮不顧命；或臨戎對敵，赴難如歸。身首横分，骸骨不斂。勛誠靡録，榮贈莫加。寤寐矜之，良有嗟悼。可普告内外，所在言列。若無親近，聽故友陳之。尚書檢實，隨狀科贈。庶粗慰冤魂，少申惻隱。”庚辰，以使持節、車駕大將軍、中軍大都督斛律沙門爲開府儀同三司。

秋七月辛巳朔，以鎮東將軍、前大鴻臚卿、太原王昶特[五二]爲車騎大將軍、儀同三司。己丑，帝親總六軍十餘萬次河橋。高歡引軍東渡。丙午，帝率南陽王寶炬、清河王亶、廣陽王湛、斛斯椿以五千騎宿於瀍西南陽王别舍，沙門都維那惠臻負璽持千牛刀以從。有牛百頭，盡殺以食軍士。衆知帝將出，其夜亡者過半。清河、廣陽二王亦逃歸。略陽公宇文泰遣都督駱超、李賢和各領數百騎赴。駱超先至。甲戌，賢和會帝於崤中。己酉，高歡入洛，遣婁昭[五三]及河南尹元子思領左右侍官追帝，請回駕。高昂率勁騎及帝於陝西。[五四]帝鞭馬長鶩，糗漿乏絶，三二日間，從官唯飲澗水。至湖城，飢渴甚，有王思村人以麥飯壺漿獻帝[五五]，帝甘之，復一村十年。[五六]是歲二月，熒惑入南斗，衆星北流。梁武跣而下殿，以禳星變，及聞帝之西，慚曰：“虜亦應天乎？”帝至稠桑，潼關大都督毛鴻賓迎獻食。[五七]

八月，宇文泰遣大都督趙貴、梁禦甲騎二千來赴，乃奉迎。帝過河謂禦曰："此水東流而朕西上，若得重謁洛陽廟，是卿等功也。"帝及左右皆流涕。宇文泰迎帝於東陽，帝勞之，將士皆呼萬歲。遂入長安，以雍州公廨爲宮，大赦。甲寅，高歡推司徒、清河王亶爲大司馬，承制總萬機，居尚書省。歡追車駕至潼關。[五八]

九月己酉，歡東還洛陽。帝親督衆攻潼關，斬其行臺薛瑜，《通鑑考異》曰："《北史》作薛瑾，《典略》作薛長瑜，《北齊紀》作薛瑜。"啓昆案：《太平御覽》引《後魏書》作"華長瑜"。今《北史·魏紀》正同，不作"薛瑾"，而《北史·齊紀》又作"薛瑜"，與《北齊書》同，意薛名瑾，字長瑜，或即名瑜。一稱其名，一稱其字，傳寫者又譌"薛"爲"華"也。《通鑑》作"薛瑜"，今從之。又克華州。[五九]

冬十月，高歡推清河王亶子善見爲主，徙都鄴，是爲東魏。[六〇]

十一月，遣儀同李虎與李弼、趙貴等討曹泥於靈州。明年，泥降。[六一]獨孤信克荆州。[六二]

帝之在洛也，從妹不嫁者三：一曰平原公主明月，南陽王同産也；二曰安德公主，清河王懌女也；三曰蒺藜，亦封公主。帝内宴，令諸婦人詠詩，或詠鮑照樂府曰："朱門九重門九闥，願逐明月入君懷。"帝既以明月入關，蒺藜自縊。宇文泰使元氏諸王取明月殺之。帝不悦，或時彎弓，或時推案，君臣由此不安平。[六三]

閏十二月癸巳，潘彌奏言："今日當甚有急兵。"其夜，帝在逍遥園宴阿至羅，顧侍臣曰："此處彷彿華林園，使人聊增悽怨。"命取所乘波斯騮馬，使南陽王躍之，將攀鞍，蹶而死，帝惡之。日晏還宫，至後門，馬驚不前，鞭折《北史》作"打"，今從《太平御覽》所引《三國典略》改。入。謂潘彌曰："今日幸無他不？"彌曰："過夜半則大吉。"須臾，帝飲酒，遇酖而崩，年二十五。謚曰孝武。殯於草堂佛寺，十餘年乃葬雲陵。[六四]

初，帝夢人有從諱，謂己曰："汝當大貴，得二十五年。"及將即位，使吴遵筮之，遇明夷之賁曰："初登於天，後入於地。"帝曰："何謂也？"遵曰："初登於天，當作天子也；後入於地，不得久也。"此據《太平御覽》所引《三國典略》。《北史》有《吴遵世傳》，文與此小異。至是皆驗。又宣武、孝明《北史》"孝"下有"武"字，疑衍；若作"孝武"，則"明"字當作"民"。間謡曰："狐非狐，貉非貉，焦梨狗子齧斷索。”識者以爲索謂本索髮[六五]，焦梨狗子指宇文泰，俗謂之黑獺也。

文皇帝諱寶炬，孝文皇帝之孫，京兆王愉之子也。母曰楊氏。帝正始初坐父愉罪，兄弟皆幽宗正寺。宣武崩，乃得雪。正光中，拜直閤將軍。時胡太后多嬖寵，常與明帝謀誅之，事泄，免官。武泰中，封邵縣侯。永安三年，進封南陽王。孝武即位，拜太尉，加侍中。永熙二年，進位太保、開府、尚書令。三年，孝武謀誅高歡，以帝爲中軍四面大都督。及從入關，拜太宰、録尚書事。孝武崩，丞相、略陽公宇文泰率羣公卿士奉表勸進，三讓乃許焉。[六六]

大統元年春正月戊申朔，皇帝即位於城西，大赦，改元。追尊皇考爲文景皇帝，皇妣楊氏爲皇后。己酉，進丞相、略陽公宇文泰都督中外諸軍、録尚書事、大行臺，改封安定郡公。[六七]以尚書令斛斯椿爲太保，廣平王贊爲司徒。乙卯，立妃乙弗氏[六八]爲皇后，立皇子欽爲皇太子。甲子，以廣陵王欣爲太傅，以儀同三司万俟壽樂干爲司空。東魏將侯景攻陷荆州。司馬子如寇潼關。安定公宇文泰軍霸上。子如乃[六九]回軍，自蒲津寇華州，刺史王羆擊走之。

二月，前南青州刺史大野拔殺兖州刺史樊子鵠，以州降東魏。

三月[七〇]，宇文泰上新制二十四條，帝詔行之。

夏五月[七一]，降罪人。加安定郡公宇文泰位柱國。

秋七月，以開府儀同三司越勒肱爲司空。東益州刺史傅敬和以州降梁。下詔數高歡二十罪。[七二]

九月，有司請[七三]煎御香澤，須錢萬貫。帝以軍旅在外，停之。

冬十月，太師、上黨王長孫承業薨。

十一月，梁州刺史元羅以州降梁。《通鑑考異》曰：“元羅降梁事，《典略》在七月，今從《梁帝紀》。”啓昆案：《北史·文帝紀》書元羅事於七月内，與《典略》同，而《南史·梁紀》則仍《梁書》，彼此互異，今從《梁紀》。

十二月，以太尉念賢爲太傅，以河州刺史梁景叡爲太尉。

二年春正月辛亥，祀南郊，改以神元皇帝配。[七四]東魏攻陷夏州。靈州

刺史曹泥復叛降東魏。[七五]

二月，儀同三司段敬討叛羌梁仚定，平之。

三月，以涼州刺史李叔仁爲司徒，以司徒万俟壽樂干爲太宰。

夏五月，司空越勒肱薨。秦州刺史、建中王[七六]万俟普撥及其子太宰壽樂干率所部奔東魏。普撥降東魏事，《北齊書·帝紀》在三月甲午，《北史·齊紀》在六月甲午，《通鑑考異》引《典略》亦在六月，惟《周書·帝紀》作"五月"，與《北史·魏紀》同。

秋九月，以扶風王孚爲司空，以太保斛斯椿爲太傅。

冬十一月，追改始祖神元皇帝爲太祖，道武皇帝爲烈祖。

是歲，關中大饑，人相食，死者十七八。

三年春二月，槐里獲神璽，大赦。

夏四月，太傅斛斯椿薨。

五月，以廣陵王欣爲太宰，賀拔勝爲太師。

六月，以司空、扶風王孚爲太保，以太尉梁景叡爲太傅，以司徒、廣平王贊爲太尉，以開府儀同三司王盟爲司空。

秋八月丁丑，命安定公宇文泰率李弼等十二將東伐。

冬十月，宇文泰大破東魏軍於沙苑，《北齊書·帝紀》作"十一月"，誤。拜泰柱國大將軍。

十二月，司徒李叔仁自梁州[七七]通使於東魏，建昌太守賀蘭植攻斬之。

四年春正月辛酉朔，拜天於清暉室。

二月，東魏攻陷南汾、潁、豫、廣四州。《通鑑考異》引《典略》，侯景克廣州，在十一月。廢皇后乙弗氏。

三月，立蠕蠕女郁久閭氏爲皇后，大赦。以司空王盟爲司徒。

秋七月，東魏將侯景等圍洛陽，帝與安定公宇文泰東伐。

九月，車駕至自東伐，《太平御覽》引《後魏書》，作"車駕至陽武"。以撫軍將軍梁仚定爲南洮州刺史，安西蕃。

五年春二月，赦京城内。

夏五月，以開府儀同三司李弼爲司空。免妓樂雜役之徒，皆從編户。

秋七月，詔自今恒以朔望親閲京師見禁囚徒。以司空[七八]、扶風王孚爲太尉。

冬十月，於陽武門外縣鼓，置紙筆，以求得失。

六年春正月庚戌朔，朝羣臣。自西遷至此，禮樂始備。太尉、扶風王孚薨。

二月，降罪人。

五月，行臺宫延和、陝州刺史宫延慶，叛降東魏。[七九]

冬十一月，太師念賢薨。

七年春二月，豳州《北史・帝紀》《通鑑》俱作"幽州"，按：西魏無幽州，今改正。刺史[八〇]、順陽王仲景以罪賜死。

三月，夏州刺史劉平案：《周書・文帝紀》作"劉平伏"，《于謹傳》仍作"劉平"[八一]。謀反，大都督于謹討禽之。

秋九月，詔班政事之法六條。

冬十一月，叛羌梁企定徒黨屯於赤水城，秦州刺史獨孤信擊平之。尚書奏班十二條制。

十二月，御憑雲觀，引見諸王，叙家人之禮，手詔爲宗誡十條以賜之。

八年春三月，初置六軍。

夏四月，鄯見[八二]王兄鄯朱那率衆内附。

秋八月，以太尉王盟爲太保。

冬十月，詔皇太子鎮河東。

十二月，幸華州，大饗將士，起萬壽殿於沙苑北。

九年春正月，降罪人。禁中外及從母兄弟姊妹爲婚。

閏月，車駕至自華州。

二月，東魏北豫州刺史高仲密據虎牢内附，以仲密爲侍中、司徒，封渤海郡公。安定公宇文泰與高歡戰於邙山，不利。泰表請自貶，帝優詔答之。[八三]

秋七月，大赦。以太保王盟爲太傅，以太尉、廣平王贊爲司空。

冬十二月，以司空李弼爲太尉。

十年春正月甲子，詔公卿以下，每月上封事三條，極言得失。刺史二千石銅墨已上，有讜言嘉謀，勿有所諱。

夏五月，太師賀拔勝薨。

秋七月，更權衡度量。又以宇文泰前後所上二十四條及十二條新制，定爲中興永式。命尚書蘇綽更損益之，總爲五卷，頒於天下。[八四]

十一年夏五月，太傅王盟薨。詔諸鞫大辟獄，皆命三公覆審，然後加刑。

冬，始築圜丘於城南。封皇子儉。命申徽執瓜州刺史鄧彦。[八五]

十二年春二月，涼州刺史宇文仲和反。瓜州民張保害刺史成慶，以州應。東魏遣其將侯景侵襄州，開府若干惠率輕騎擊之。至穰，景遁去。[八六]

夏五月，詔女年不滿十三以上，勿得以嫁。夏五月，秦州刺史獨孤信討仲和，平之。瓜州都督令狐延誅張保，瓜州平。[八七]

秋九月，東魏高歡攻玉壁，晉州刺史韋孝寬力戰禦之。

冬十二月[八八]，歡燒營而退。

十三年春正月，開白渠以溉田。東魏渤海王高歡薨。案：歡之薨在正月八日丙午，《北史·文帝紀》書歡薨在二月。

二月，詔自今應宫刑者，直没官，勿刑。亡奴婢應黥者，止科亡罪。以開府儀同三司若干惠爲司空。東魏司徒侯景據潁川率河南六州内附，授景太傅、河南大行臺、上谷郡公。[八九]

三月，大赦。

夏五月，以太傅侯景爲大將軍，開府儀同三司獨孤信爲大司馬。晉王謹薨。

秋七月，司空若干惠薨。大將軍侯景據豫州叛。封王子寧爲趙王。

冬，西狩於岐陽。[九〇]

十四年春正月，赦潁、豫、廣、北[九一]、洛、東荆、襄等七州。以開府儀同三司趙貴爲司空。封安定公宇文泰長子毓爲寧都郡公。[九二]皇孫生，大赦。

夏五月，詔依《周禮》建六官。[九三]以安定公宇文泰爲太師，廣陵王欣爲太傅，太尉李弼爲大宗伯，前太尉趙貴爲大司寇，以司空于謹爲大司空。

十五年案：《北史》"年"下有"己巳"二字，是年忽以甲子紀之，殊失義例，傳寫者誤也。夏五月，侯景殺梁武帝。初詔諸代人太和中改姓者，並令復舊。

六月，東魏渤海王高澄攻陷潁川。

秋八月，高澄爲盜殺。

冬十二月，封雍州刺史、岳陽王蕭詧爲梁王。

十六年春三月，封安定公宇文泰第二子震爲武邑公。[九四]

夏四月，封皇子儒爲燕王，公爲吳王。梁荆州刺史湘東王繹遣其子方平來朝。[九五]

五月，善見遜位於齊。

秋七月，安定公宇文泰東伐，至恒農，齊師不出，乃還。於是河南自洛陽，河北自平陽以東，遂入於齊。[九六]

九月，大赦。詔功臣死王事而絶嗣者，其封爵聽以支子繼襲。非死王事者，不許承封。[九七]

十七年春三月庚戌，帝崩於乾安殿，年四十五。

夏四月庚辰，葬於永陵[九八]，上謚曰文皇帝。

帝性强果，爲太尉時，侍中高隆之恃渤海王高歡之黨，驕狎公卿。因公會，帝勸酒不飲，怒而毆之，曰："鎮兵，何敢尒也！"孝武以歡故，免帝太尉，歸第，命羽林守衛，月餘復位。及歡將改葬其父，朝廷追贈太師，百寮會弔者盡拜。帝獨不屈，曰："安有生三公而拜贈太師耶！"

及躋大位，權歸周室。嘗登逍遥觀望嵯峨山，因謂左右曰："望此，令人有脱屣之意。若使朕年五十，便委政儲宫，尋山餌藥，不能一日萬機也。"既而大運未終，竟保天禄云。

廢帝諱欽，文皇帝之長子也。母曰乙弗皇后。[九九]大統元年正月乙卯，立爲皇太子。十七年三月，即皇帝位。依《周禮》，廢年號。[一〇〇]是月，梁邵陵王蕭綸侵安陸，大將軍楊忠討禽之。

元年春，大將軍王雄平上津、魏興，以其地置東梁州。[一〇一]

夏四月，大將軍達奚武圍南鄭，梁州刺史、宜豐侯蕭循以州降，執循還長安。

秋八月，東梁州民叛，復遣王雄討之。[一〇二]

冬十一月，梁湘東王蕭繹討侯景，禽之。遣其舍人魏彦來告，仍嗣位於江陵。

二年春二月，東涼州平，遷其豪帥於雍州。[一〇三]

秋八月，大將軍尉遲迥克成都[一〇四]，劍南平。

冬十一月，安定公宇文泰殺尚書元烈。

三年春正月，作九命之典，以叙内外官爵。[一〇五]安定公宇文泰廢帝而立齊王廓。帝自元烈之誅，有怨言。淮安王育、廣平王贊等并垂泣諫，帝不聽，故及於辱。出居雍州廨舍。[一〇六]

四月庚戌，帝遇酖崩。《北史·廢帝紀》不書帝崩，今據《通鑑》補。案：是月丁巳朔，無庚戌，傳寫誤也。姑仍之，俟考。

恭皇帝諱廓，文皇帝之第四子也。大統十四年，封爲齊王。廢帝三年正月，即皇帝位，改元。

元年夏四月，大饗羣臣。乙亥，封安定公宇文泰子邕爲輔城公，憲爲安城公。[一〇七]蠕蠕乙旃達官寇廣武。

五月，柱國李弼[一〇八]追擊之，斬首數千級，收輜重而還。直州人樂熾、洋州人黄國等作亂，車騎大將軍李遷哲討平之。南徇地至巴州，刺史牟安民出降。[一〇九]《通鑑考異》引《典略》作"斬牟安民"，今從《周書》。

冬十一月，滅梁，戕梁元帝，立蕭詧爲梁主，居江陵爲附庸。[一一〇]梁太尉王僧辯奉元帝子方智爲王，承制，居建業。復三十六國，九十九姓後。[一一一]

二年秋七月，梁[一一二]太尉王僧辯納貞陽侯蕭淵明於齊，奉爲主。梁王方智爲太子。

九月，梁司空陳霸先殺僧辯，廢淵明，復奉方智爲帝。是歲，梁廣州刺史王琳寇邊，大將軍豆盧寧帥師討之。宗室諸王降爵爲公。[一一三]

三年春正月丁丑朔，六官制成。詔以安定公宇文泰爲太師、大冢宰[一一四]，以柱國李弼爲太傅[一一五]、大司徒，趙貴爲太保、大宗伯，以尚書令獨孤信爲大司馬，以于謹爲大司寇，以侯莫陳崇爲大司空。

秋七月，王琳遣使内附，以琳爲大將軍、長沙郡公。封宇文泰子直爲秦郡公，招爲正平公。[一一六]

冬十月乙亥，安定公宇文泰薨。

十二月丁亥，詔以岐陽之地，封宇文覺爲周公。庚子，帝遜位於周，出

居大司馬府。踰年正月，封帝爲宋公。[一一七]二月殂。[一一八]

論曰：逆臣稱戈，乘輿播越。雖少紓立至之憂，而禍亦旋踵。夫宇文據河山之固，擁兵甲之强，孝武以窮蹙來歸，皇綱之不復振，行路所知矣。然以殺明月之故，而君臣生心，孝武實有過焉。文帝沈毅有遠略，觀於柔然入寇，竟賜后死，以慰將士之心，其英斷有足難者。廢、恭庸弱，國祚以亡。嗟乎！天之厭魏久矣！即令君良弼維持晚運，欲以遏周、齊之興也，其可得哉？

【校注】

［一］帝紀一　西魏書一　通議大夫浙江按察使司按察使加二級南康謝啓昆撰："樹經堂本"作"卷一　帝紀一"。"中華本"作"西魏書卷一　清 南康謝啓昆撰 帝紀一"。

［二］孝武皇帝：《魏書》卷一一《出帝紀》作"出帝"。

［三］沈厚：《魏書》卷一一《出帝紀》作"沉厚"。

［四］學涉：《通志》卷一五下誤作"學步"。

［五］年十八，封汝陽縣公：《北史》卷五《魏本紀五》又續云："夢人有從諱謂己曰：'汝當大貴，得二十五年。'"其校勘記［一六］云："《魏書》卷一一《出帝紀》無此語。按：'從諱'不可解，疑是《北史》避'虎'字改作'諱'。"然則此一推論亦難成立。

［六］鎮東將軍，點校本《魏書》卷一一校勘記［五］引張森楷校勘詞云："上文已書'鎮東'，此不應復爲鎮東，《前廢帝紀》作'征東'，是也。'鎮'字涉上而誤。"今修訂本《魏書》卷一一已改作"征東將軍"。本書所引魏收《魏書》，如無特殊説明，皆指修訂本。

［七］此段本諸《北史》卷五《魏本紀五》，同時參考《魏書》卷一一《出帝紀》。

［八］歡："樹經堂本"誤作"觀"。

［九］《資治通鑑》卷一五五："歡以汝南王悦，高祖之子，召欲立之，聞其狂暴無常，乃止。"

［一〇］㫟："樹經堂本"誤作"句"。

［一一］自“中興二年”至此：本諸《北史》卷五《魏本紀五》，僅改“時召”爲“特召”，兼採《魏書》卷一一《出帝紀》中的“未允四海之心”[①]。

［一二］自“帝變色曰”至此：此從《資治通鑑》卷一五五。

［一三］自“歡遣四百騎奉迎帝入氈帳”至此：本諸《北史》卷五《魏本紀五》，“罄”字，《資治通鑑》卷一五五作“磐”。

［一四］詔書録自《魏書》卷一一《出帝紀》，但文字小異（如改“廢興互有”爲“廢興代有”，又如改“玄天”爲“元天”）。

［一五］帝：“樹經堂本”誤作“常”。

［一六］自“詔前御史中尉樊子鵠起復本官”至此：録自《魏書》卷一一《出帝紀》，《北史》卷五《魏本紀五》簡作：“壬辰，高歡還鄴。”

［一七］節閔帝：《魏書》卷一一《出帝紀》作“前廢帝廣陵王”。

［一八］侍中、驃騎大將軍、開府儀同三司、清河王亶儀同三師：原誤作“侍中、驃驕大將軍、開府儀同三司、清河王亶儀同三司”[②]，兹據《魏書》卷七五《尒朱世隆傳》改後一“儀同三司”爲“儀同三師”，同時據其義徑改“驃驕”爲“驃騎”。

［一九］儀同三師：原作“儀同三司”，案：清河王亶已於本年五月晉位儀同三師，兹徑予以改正。又，“樹經堂本”“驃騎”誤作“驟騎”。

［二〇］此段文字録自《出帝紀》。如無特别説明，《西魏書·孝武帝本紀》皆取材於《出帝紀》。

［二一］厍狄干：原作“庫狄干”，兹據《出帝紀》改正。

［二二］太行：原與“樹經堂本”皆作“大行”，兹據《出帝紀》改正。

［二三］宥州：錢大昕《廿二史考異》卷二八以爲當從《資治通鑑》作“青州”，修訂本《魏書》卷一一校勘記［一三］則謂疑當作“兖州”，其説甚是。

［二四］班賚：“樹經堂本”誤作“班餐”。

［二五］李琰之：原誤作“李炎之”，此從“中華本”。

---

① 《魏書》卷一一《出帝紀》作：“中興二年夏四月，安定王自以疏遠，未允四海之心，請遜大位。齊獻武王与百寮會議，僉謂高祖不可無後，乃共奉王。”

② 按：《魏書》卷一一校勘記［一一］：“‘儀同三師’，原作‘儀同三司’，據本書卷七五《尒朱世隆傳》改。”

［二六］癸未：修訂本《魏書》卷一一校勘記［一四］："按：是月壬辰朔，無癸未。《魏紀時誤》云：'癸未上承八月三十日辛卯，下接本月九日庚子，當係癸巳初二日、乙未初四日之一訛。'"

［二七］田："樹經堂本"誤作"由"。

［二八］驃："樹經堂本"誤作"鰾"。

［二九］封陰之：錢大昕《廿二史考異》以爲當是"封隆之"之訛[①]。今修訂本《魏書》卷一一《出帝紀》已改作"封隆之"。

［三〇］《資治通鑑》卷一五五胡三省注："夏至之日日北至，冬至之日日南至。杜預曰：冬至之日日南極。班《志》：日行光道，夏至至於東井，北近極，故晷短。冬至至於牽牛，遠極，故晷長。司馬彪《志》曰：日道發南，去極彌遠，其景彌長，遠長乃極，冬乃至。日道斂北，去極彌近，其景彌短，近短乃極，夏乃至。"

［三一］自"丁酉"至"殺安定王朗及東海王曄"：《出帝紀》作"丁酉，日南至，車駕有事於圓丘。戊戌，朝會百官於太極前殿。甲辰，安定王朗及東海王曄坐事死"，而《北史》卷五《魏本紀五》云："十一月丁酉，祀圓丘。甲辰，殺安定王朗及東海王曄。"兩相比對，該文當録自《北史》卷五《魏本紀五》。

［三二］綦儁：當從《出帝紀》，改作"綦儁"。

［三三］赤衖嶺：當從《出帝紀》，改作"赤洪嶺"。

［三四］李琰之：原本誤作"李炎之"，兹據"樹經堂本""中華本"改正。

［三五］徐州刺史：原無。按：張森楷在校勘《魏書》時斷言："'儀同三司'下當有'徐州刺史'四字脱去，下文及《高乾傳》(《北齊書》卷二一)可證。"[②] 兹據補。

［三六］高乾邕坐事賜死，大都督高敖曹奔晉陽：考王禕《大事記續編》卷四二云："魏驃騎大將軍、開府、徐州刺史高乾邕伏誅，大都督高敖曹奔晉陽。"此蓋《西魏書》之所本。

---

① 《廿二史考異》(附《三史拾遺》《諸史拾遺》)卷二八《魏書一・出帝紀》，頁四七二。

② 修訂本《魏書》卷一一校勘記［一七］，中華書局，二〇一七年，頁三四五。

［三七］都督河渭部三州諸軍事、驃騎大將軍：原與“樹經堂本”“中華本”皆誤作“都督河渭部三州諸軍、驃騎大將軍事”，兹據《出帝紀》改正。

［三八］自“尒朱兆之入洛也”至“命曰《大成樂》”：考《資治通鑑》卷一五六曰：“魏爾朱兆之入洛也，焚太常樂庫，鐘磬俱盡。節閔帝詔録尚書事長孫稚、太常卿祖瑩等更造之，至是始成，命曰《大成樂》。”《西魏書·孝武帝紀》理當以此爲藍本。

［三九］時經一周以上：當從《出帝紀》作“事經一周已上”。

［四〇］蘭寶：“樹經堂本”誤作“蘭實”。

［四一］秦州：《出帝紀》原誤作“泰州”，今修訂本已改正。

［四二］開：“樹經堂本”脱。

［四三］麴子堅：修訂本《魏書》卷一一校勘記［二二］，據《魏書》卷一〇一《高昌傳》，確定高昌王單名“堅”，疑“子”字乃衍文。

［四四］郡王：除《北史》卷五《魏本紀五》外，《魏書》卷一〇一《高昌傳》亦作“郡公”。修訂本《魏書》卷一一校勘記［二二］云：“指由縣伯進封郡公，非指高昌王號，疑是。”亦即此“郡王”乃“郡公”之誤。

［四五］士卒苦寒：系據《北史》卷五《魏本紀五》補入。

［四六］荆州刺史賀拔勝攻梁雍州，拔下迮戍，及馮翊、安定、沔陽、酇城等城：考《資治通鑑》卷一五六云：“魏荆州刺史賀拔勝寇雍州，拔下迮戍，扇動諸蠻；雍州刺史廬陵王續遣軍擊之，屢爲所敗，漢南震駭。勝又遣軍攻馮翊、安定、沔陽、酇城，皆拔之。”而《魏書》卷八〇《賀拔勝傳》雖載其事，但文字表述與此截然不同，故此文當取材於《資治通鑑》。

［四七］帝責讓之：《魏書》卷一一《出帝紀》、《北史》卷五《魏本紀五》及《通志》卷一五下皆未載其事，《資治通鑑》卷一五六云：“魏主讓之曰：‘伊利不侵不叛，爲國純臣，王忽伐之，詎有一介行人先請之乎！”《西魏書》此文，當取材於《資治通鑑》。

［四八］穎昌：當改作“潁川”。《出帝紀》原本亦誤作“穎昌”，今點校本及修訂本已據《北史》卷五《魏本紀五》改正。

［四九］又增閤内部曲數千人：《出帝紀》未載其事，《北史》卷五《魏本

紀五》作“閤内部曲，數千人”。《西魏書》此文當取材於《北史》。“樹經堂本”“閤”誤作“闔”。

［五〇］自“時帝内圖高歡”至“實謀北討”：《出帝紀》未載其事，《北史》卷五《魏本紀五》作“帝内圖高歡，乃以斛斯椿爲領軍，使與王思政等統之，以爲心膂。軍謀朝政，咸決於椿。分置督將及河南、關西諸刺史。辛卯，下詔戒嚴，揚聲伐梁，實謀北討”，而《出帝紀》曰：“是帝爲斛斯椿、元毗、王思政、魏光等諂佞間阻，貳於齊獻武王，托討蕭衍，盛暑徵發河南諸州之兵，天下怪惡之。”故當録自《北史》。

［五一］天步時阻：原作“天步斯阻”，兹據《出帝紀》改正。

［五二］特：點校本及修訂本《魏書》卷一一皆斷言“特”乃衍文。

［五三］婁昭：“樹經堂本”誤作“數昭”。

［五四］自“高歡引軍東渡”至此：顯然録自《北史》卷五《魏本紀五》，以至於“甲戌”與《北史》同誤[①]；同時又參考了《資治通鑑》的相關記載，并將“楊王别舍”改作“南陽王别舍”[②]。

［五五］謝啓昆《西魏樂府四首》之一《王思飯》云：“洛陽城西天子氣，黑氈蒙拜纔三歲。天柱將軍專廢置，跣而下殿應象緯。六軍親總次河橋，百牛犒士渡函崤。鞭馬長鶩糗漿絶，從官飲水帝腹枵。王思村有滹沱麥，稠桑之民同獻食。租税湖城復十年，豈識長安皆菜色。從而遷者僅萬人，太倉儲粟無擔石。黑獺解貪迎帝功，御騎西上河流東。斷索焦梨民讖起，入懷明月朱門空。都督抽刀思故主，將軍東伐敵心沮。關中饑饉已連年，持糧不念士卒苦。逍遥但記華林事，那見豆粥思馮異。波斯騮蹶酖酒來，初登於天後入地。草堂佛寺殯宫新，一盂麥飯薦何人？不共諸王匿田舍，責我應怨斛斯椿。”[③]

---

① 按：《北史》卷五校勘記［一九］：“諸本‘戊申’作‘甲戌’，《通鑑》卷一五六作‘戊申’。按上有丙午，下有己酉，中間不得有甲戌。是年七月辛巳朔，丙午二十六日，戊申二十八日，己酉二十九日，日序正合。蓋‘戊申’倒誤爲‘甲戌’。今據《通鑑》改。”

② 按：《北史》卷五校勘記［一九］：“《通鑑》卷一五六作‘南陽王’，《通志・後魏紀》作‘廣陽王’。按：‘楊王’不可解，疑誤。”

③ 《樹經堂詩初集》卷一〇《補史亭草上》，《續修四庫全書》册一四五八，上海古籍出版社，二〇〇二年，頁一二三～一二四。

［五六］自“帝鞭馬長騖”至“復一村十年”：録自《資治通鑑》卷一五六，文字小異。

［五七］自“是歲二月”至段末：録自《北史》卷五《魏本紀五》，并在迻録時，既删去“衆星北流，羣鼠浮河向鄴”中的“羣鼠浮河向鄴”，又將“毛洪賓”改爲“毛鴻賓”。

［五八］此段文字与《魏本紀五》無出入，而《出帝紀》則云：“八月甲寅，推司徒公、清河王亶爲大司馬，承制總萬機，居尚書省。辛酉，齊獻武王西迎車駕。”

［五九］《北史》卷五校勘記［二〇］云：“諸本‘薛’作‘華’。按：本書卷六《齊神武紀》云：‘命行臺尚書長史薛瑜守潼關。’本書卷九、《周書》卷一《文帝紀》云：‘神武留其將薛瑾守關而退，帝乃進軍斬瑾。’《魏書》卷四二《薛辯傳》附見薛長瑜云：天平中，‘擊賊潼關，没於陣’。其人當是名瑾字長瑜，‘華’乃‘薛’之誤，今據改。”

［六〇］考《周書》卷一《文帝紀上》云：“冬十月，齊神武推魏清河王亶子善見爲主，徙都鄴，是爲東魏。”此蓋《西魏書》之所本。

［六一］考《周書》卷一《文帝紀上》云：“十一月，遣儀同李虎與李弼、趙貴等討曹泥於靈州，虎引河灌之。明年，泥降，遷其豪帥於咸陽。”此蓋《西魏書》之所本。

［六二］《資治通鑑》卷一五六既系征討曹泥之事於永熙三年十二月，又在閏十二月條中詳述獨孤信克荆州事，疑《西魏書》“獨孤信克荆州”云云，即以《資治通鑑》所述爲藍本。

［六三］相比較而言，《資治通鑑》卷一五六所述更爲直白：“魏孝武帝閨門無禮，從妹不嫁者三人，皆封公主。平原公主明月，南陽王寶炬之同産也，從帝入關，丞相泰使元氏諸王取明月殺之；帝不悦，或時彎弓，或時椎案，由是復與泰有隙。”

［六四］《長安志》卷一九“富平縣”條云：“後魏孝武帝陵在縣東南二十五里。”

［六五］《北史》卷五校勘記［二二］：“《通志》‘謂’下有‘魏’字。按：

當時宋、齊稱北魏爲‘索頭虜’，即因其辮髮之故。此疑脱‘魏’字。”

［六六］此段文字與《北史》卷五《魏本紀五》大同小異，僅有三處更改：一是將“及宣武崩”删爲“宣武崩”，二是將“帝與明帝謀誅之”改爲“常與明帝謀誅之”；三是將“孝武与高歡構難”直書爲“孝武謀誅高歡”。《西魏書・文帝紀》下文，如無備注，皆取材於《北史》卷五《魏本紀五》。

［六七］改封安定郡公：考《周書》卷二《文帝紀下》云：“魏大統元年春正月己酉，進太祖督中外諸軍事、録尚書事、大行臺，改封安定郡王。太祖固讓王及録尚書事，魏帝許之，乃改封安定郡公。”

［六八］乙弗氏：“樹經堂本”“中華本”皆作“弗乙氏”，《北史》卷五《魏本紀五》“乙氏”，《資治通鑑》卷一五七作“乙弗氏”。考《通鑑》胡注云：“乙弗之先世爲吐谷渾渠帥，居青海，即秃髮傉僵所襲者也。魏平涼州，后之高祖莫瓌擁部落入附，其後從孝文遷洛，遂家焉。”故以“乙弗氏”爲是。

［六九］乃：“樹經堂本”誤作“刀”。

［七〇］諸本皆誤系其事於二月，考《周書》卷二《文帝紀下》云：“三月，太祖以戎役屢興，民吏勞弊，乃命所司斟酌今古，參考變通，可以益國利民便時適治者，爲二十四條新制，奏魏帝行之。”兹據改。

［七一］夏五月：原本誤作“夏四月”，兹據《北史》卷五《魏本紀五》改正。

［七二］考《資治通鑑》卷一五七云：“秋，七月，甲戌，魏以……開府儀同三司越勒肱爲司空。……魏東益州刺史傅敬和來降。……魏下詔數高歡二十罪”。此當是《西魏書・文帝紀》之所本。

［七三］請：《北史》卷五《魏本紀五》原本作“詔”，該卷校勘記［二三］云：“諸本‘奏’作‘詔’，《册府》卷五六作‘奏’，《通志》作‘請’。按：作‘詔’不通。‘奏’‘詔’雙聲，‘詔’‘請’形近，都有致誤的可能。今姑從《册府》改。”

［七四］《資治通鑑》卷一五七胡注：“魏高祖太和十六年，以太祖道武皇帝配南郊。神元皇帝，魏之先祖拓跋力微也。”

［七五］考《資治通鑑》卷一五七云：“甲子，東魏丞相歡自將萬騎襲魏

夏州，……留都督張瓊將兵鎮守，遷其部落五千户以歸。魏靈州刺史曹泥與其壻涼州刺史普樂劉豐復叛降東魏，魏人圍之，水灌其城，不没者四尺。東魏丞相歡發阿至羅三萬騎徑度靈州，繞出魏師之後，魏師退。”此當是《西魏書·文帝紀》之所本。

［七六］建中王：《北史》卷五校勘記［二四］、《周書》卷二校勘記［二］，皆以爲當改作“建忠王”。

［七七］梁州：當從點校本《北史》卷五《魏本紀五》，改作“涼州”。

［七八］司空當改作“太保”。按：《北史》卷五校勘記［二六］引張森楷校語云：“‘司空’當作‘太保’。上三年已書‘以司空扶風王孚爲太保’。”

［七九］考《資治通鑑》卷一五八云：“五月，乙酉，魏行臺宫延和、陝州刺史宫延慶降于東魏，東魏以河北馬場爲義州以處之。”此蓋《西魏書·文帝紀》之所本。

［八〇］《北史》卷五校勘記［二七］云：“按：西魏境内無幽州，疑是‘豳州’之訛。但本書卷一七《京兆王子推傳》附見元仲景，也作‘幽州’。”

［八一］考《周書》卷二校勘記［一五］云：“卷一五《于謹傳》作‘劉平’，乃雙名單稱。”且《資治通鑑》卷一五八亦作“劉平伏”，故宜改爲“劉平伏”。

［八二］鄯見：當從《北史》卷五《魏本紀五》改作“鄯善”。

［八三］考《周書》卷二《文帝紀下》云：“三月，齊神武至河北。……果渡河，據邙山爲陣，……趙貴等五將軍居左，戰不利。……太祖又不利，夜乃引還。……太祖以邙山之戰，諸將失律，上表請自貶。魏帝報曰：‘公膺期作宰，義高匡合，仗鉞專征，舉無遺算。朕所以垂拱九載，實資元輔之力，俾九服寧謐，誠賴翊贊之功。今大寇未殄，而以諸將失律，便欲自貶，深虧體國之誠。宜抑此謙光，恤予一人。’”此蓋《西魏書·文帝紀》之所本。

［八四］自“又以宇文泰”至“頒於天下”：顯然録自《周書》卷二《文帝紀下》。

［八五］命申徽執瓜州刺史鄧彦：考《資治通鑑》卷一五九云：“魏東陽王榮爲瓜州刺史，與其壻鄧彦偕行。榮卒，瓜州首望表榮子康爲刺史，彦殺康

而奪其位；魏不能討，因以彦爲刺史，屢徵不至，又南通吐谷渾。丞相泰以道遠難於動衆，欲以計取之，以給事黄門侍郎申徽爲河西大使，密令圖彦。……徽先與州主簿敦煌令狐整等密謀，執彦於坐，……遂送彦於長安。泰以徽爲都官尚書。”此蓋《西魏書・文帝紀》之所本。

［八六］自“瓜州民張保害刺史成慶”至“景遁去”：考《周書》卷二《文帝紀下》云：“十二年春，涼州刺史宇文仲和據州反。瓜州民張保害刺史成慶，以州應仲和。太祖遣開府獨孤信討之。東魏遣其將侯景侵襄州，太祖遣開府若干惠率輕騎擊之。至穰，景遁去。”此蓋《西魏書》之所本。

［八七］瓜州都督令狐延誅張保，瓜州平：顯然録自《周書》卷二《文帝紀下》。又此處两見“夏五月”，當省並。

［八八］十二月：當改作“十一月”。考《北史》卷五校勘記［二八］云：“按：本書卷六《齊神武紀》，言高歡班師在十一月庚子。《魏書》卷一二《孝静紀》也作武定四年十一月。《周書》卷二《文帝紀下》大統十二年稱高歡於九月圍玉壁，六旬而退。也應在十一月。這裏作‘十二月’當誤。”

［八九］自“東魏司徒侯景”至“上谷郡公”：考《北史》卷五校勘記［二九］：“按：本書下文及《魏書》卷一二《孝静紀》，稱高歡死於武定五年正月丙午，侯景即於辛亥降西魏。本書卷九、《周書》卷二《文帝紀》大統十三年，亦記其事於正月。這裏係於二月，誤。”《西魏書》當將之前置於“東魏渤海王高歡薨”之後。

［九〇］考《周書》卷二《文帝紀下》云：“冬，太祖奉魏帝西狩於岐陽。”此蓋《西魏書》之所本。

［九一］《北史》卷五校勘記［三〇］，疑“北”字後脱“荆”字，并稱：“北荆州見《魏書・地形志》中及《隋書》卷三〇《地理志》中河南郡陸渾縣條。此州本東魏武定二年置，治伊陽，……蓋侯景降西魏後，初爲西魏所得，故赦。”

［九二］封安定公宇文泰長子毓爲寧都郡公：考《周書》卷二《文帝紀下》云：“十四年春，魏帝詔封太祖長子毓爲寧都郡公，食邑三千户。初，太祖以平元顥、納孝莊帝之功，封寧都縣子，至是改縣爲郡，而以封毓，用彰勤

王之始也。”此蓋《西魏書·文帝紀》之所本。

［九三］夏五月，詔依《周禮》建六官：此語系《西魏書》自增，但顯然有誤。按：《北史》卷三〇《盧同傳附盧辯傳》云：“初，周文欲行《周官》，命蘇綽專掌其事。未幾而綽卒，乃令辯成之。於是依《周禮》建六官，革漢魏之法。以魏恭帝三年，始命行之。”在石冬梅看來，宇文泰實行六官制度的目的並非標榜神主文化正統，而是意在籠絡五大宿將，以鞏固西魏統治；六官制度亦並非是對尚書省制度的簡單模擬，而是整合了大統十二年以後的中央文官系統和部分武官系統并稍作調整；歸根結底，六官制度屬於形式特殊但實質並不特殊的官制。[①]

［九四］考《周書》卷二《文帝紀下》云：“十六年……三月，魏帝封太祖第二子震爲武邑公，邑二千户。”此蓋《西魏書·文帝紀》之所本。

［九五］考《周書》卷二《文帝紀下》云：“先是，梁雍州刺史、岳陽王詧與其叔父荆州刺史、湘東王繹不睦，乃稱蕃來附，遣其世子嶚爲質。及楊忠擒仲禮[②]，繹懼，復遣其子方平來朝。”是知《西魏書》繫其事於四月，似有不妥。

［九六］考《周書》卷二《文帝紀下》云：“秋七月，太祖率諸軍東伐，……九月丁巳，軍出長安。時連雨，自秋及冬，諸軍馬驢多死。遂於弘農北造橋濟河，自蒲坂還。於是河南自洛陽，河北自平陽以東，遂入於齊矣。”參此，可知《西魏書》繫時有誤，當從《資治通鑑》卷一六三，繫其事於十一月。

［九七］自“詔功臣死王事而絶嗣者”至“不許承封”：考庾信《功臣不死王事請門襲封表》云：“謹案大統十六年格，先有封爵，死於王事絶嗣者，聽以支子繼襲；非死王事，不許承封。”[③]庾信此表或係《西魏書》之所本。

［九八］《太平寰宇記》卷三一《關西道七》耀州富平縣條：“西魏文帝

---

① 石冬梅：《西魏北周六官制度新探》，《西南大學學報》二〇〇七年第一期，頁一八一～一八五。

② 時在大統十六年正月，此則《周書》卷二《文帝紀下》言之甚明：“十六年春正月，柳仲禮率衆來援安陸，楊忠逆擊於漴頭，大破之，擒仲禮，悉虜其衆。”漴頭，《資治通鑑》卷一六三同，而《周書》卷二《文帝紀下》及卷一九《楊忠傳》、《北史》卷一一《隋本紀上》、《南史》卷三八《柳仲禮傳》皆作“淙頭”。

③（唐）歐陽詢撰，汪紹楹校：《藝文類聚》卷五一“尊賢繼絶封”條，上海古籍出版社，一九八二年，頁九三四。又《功臣不死王事請門襲封表》，《漢魏六朝百三家集》卷一一一上題爲《請功臣襲封表》。

陵、後魏武帝陵，二陵俱在縣東南二十五里。”

［九九］乙弗皇后：《北史》卷五《魏本紀五》作“乙皇后”，餘同。《西魏書》廢帝、恭帝两本紀，如無備注，皆取材於《北史》卷五。

［一〇〇］依《周禮》，廢年號：此文當是《西魏書》作者所增，如作“行《周禮》，廢年號”，則更妥。

［一〇一］《周書》卷二校勘記［一九］稱“以其地置東梁州”當改作“以其地置南洛州、東梁州”。其説甚是。

［一〇二］自“元年春”至“復遣王雄討之”：考《周書》卷二《文帝紀下》云：“魏廢帝元年春，王雄平上津、魏興，以其地置東涼州。夏四月，達奚武圍南鄭，月餘，梁州刺史、宜豐侯蕭循以州降。武執循還長安。秋八月，東梁州民叛，率衆圍州城，太祖復遣王雄討之。”此即《西魏書》之所本。

［一〇三］二年春二月，東涼州平，遷其豪帥于雍州：録自《周書》卷二《文帝紀下》，但在抄録時誤書“東梁州”爲“東涼州”。

［一〇四］成都：“樹經堂本”“中華本”皆誤作“城都”。

［一〇五］三年春正月，作九命之典，以叙内外官爵：考《周書》卷二《文帝紀下》云：“三年春正月，始作九命之典，以叙内外官爵。”此即《西魏書》之所本。

［一〇六］出居雍州廨舍：《資治通鑑》卷一六五胡三省注：“泰廢魏主，置之雍州”曰：“置之雍州廨舍。”此即《西魏書》之所本。

［一〇七］乙亥，封安定公宇文泰子邕爲輔城公，憲爲安城公：考《周書》卷二《文帝紀下》云：“魏恭帝元年夏四月……乙亥，詔封太祖子邕爲輔城公，憲爲安城公，邑各二千户。”此即《西魏書》之所本。又“安城公”，“樹經堂本”“中華本”皆誤作“安成公”。

［一〇八］李弼，《周書》卷二《文帝紀下》作“趙貴”，《北史》卷五校勘記［三一］意以“趙貴”爲是。

［一〇九］自“直州人樂熾、洋州人黄國等作亂”至“刺史牟安民出降”：考《資治通鑑》卷一六五云：“五月，魏直州人樂熾、洋州人黄國等作亂，開府儀同三司高平田弘、河南賀若敦討之，不克。太師泰命車騎大將軍李遷哲

與敦共討熾等，平之。仍與敦南出，徇地至巴州，巴州刺史牟安民降之[1]，巴、濮之民皆附於魏。”此蓋《西魏書》之所本。

［一一〇］自“冬十一月”至“居江陵爲附庸”：考《周書》卷二《文帝紀下》曰：“十一月……擒梁元帝，殺之，……立蕭詧爲梁主，居江陵，爲魏附庸。”此蓋《恭帝紀》之所本。

［一一一］復三十六國，九十九姓後：考《周書》卷二《文帝紀下》云：“魏氏之初，統國三十六，大姓九十九，後多絶滅。至是，以諸將功高者爲三十六國後，次功者爲九十九姓後，所統軍人，亦改從其姓。”此言當係《西魏書》之藍本。

［一一二］梁：“樹經堂本”誤作“染”。

［一一三］宗室諸王降爵爲公：考《資治通鑑》卷一六六：“是歲，魏宇文泰諷淮安王育上表請如古制降爵爲公，於是宗室諸王皆降爲公。”此即《西魏書》之藍本。

［一一四］大冢宰：原同《北史》卷五《魏本紀五》，僅作“冢宰”，考《北史》卷五校勘記［三二］云：“本書卷九、《周書》卷二《文帝紀》‘冢宰’上有‘大’字，是。此誤脱。”玆據補。

［一一五］太傅：原與《北史》卷五《魏本紀五》同誤脱，考《北史》卷五校勘記［三三］云：“《周書·文帝紀》及卷一五《李弼傳》並云弼‘爲太傅、大司徒’。按：當時宇文泰爲太師，李弼爲太傅，趙貴爲太保，即所謂三師。這裏宇文泰、趙貴皆書，不應李弼獨否。蓋脱文。”玆據補。

［一一六］考《周書》卷二《文帝紀下》云：“秋七月，渡北河。王琳遣使來附，以琳爲大將軍、長沙郡公。魏帝封太祖子直爲秦郡公，招爲正平公，邑各一千户。”此即《西魏書》之藍本。

［一一七］自“十二月丁亥”至“封帝爲宋公”：考《周書》卷三《孝閔帝紀》云：“孝閔皇帝諱覺，……（魏恭帝三年）十二月丁亥，魏帝詔以岐陽之地封帝爲周公。庚子，禪位於帝。……是日，魏帝遜於大司馬府。元年春正

---

[1] 《西魏書》自注：“《通鑑考異》引《典略》作‘靳牟安民’，今從《周書》。”

月辛丑，即天王位。……大赦天下。封魏帝爲宋公。”此蓋《西魏書》之所本。

［一一八］二月殂：《資治通鑑》卷一六七作“周人殺魏恭帝”，并繫其事於二月。此蓋《恭帝紀》之所本。

封爵表一　西魏書二

通議大夫浙江按察使司按察使加二級南康謝啓昆撰[一]

魏制：元日行朝禮，雖尊官，無封爵者不得預。蓋建國開家之典，必大勛殊績而後賜之。關中諸臣，跋難歸朝，馳驅戎馬，庸勞偉異，茅土之錫，宜矣。其非宗室封王者，惟長孫承業一人。今譜自公以下，悉俱於篇。至子弟以父勛賜襲，及回授之年可考者，並附載之。

（見下頁表）

爵位	公	侯	伯	子	男
永熙元年	賈顯度，石艾縣公[二] 案：顯度封在敬宗朝。永熙三年，雍州刺史。 樊子鵠，南陽郡公[三] 案：子鵠封在敬宗朝，永熙三年兗州刺史，入關。 宇文顯和，城陽縣公[四] 郭琰，新豐縣公[五]	長孫澄，西華縣侯 案：澄封在肅宗朝，大統中，別封永寧縣伯，進覆津縣侯[六]。 鹿悆，定陶縣侯 案：悆封在孝昌初，仕西魏梁州刺史[七]。 王思政，祁縣侯[八]	楊敷，臨貞縣伯 案：敷襲祖鈞爵在建義初，仕西魏至廷尉少卿[九]。 毛遐，始昌縣伯 案：遐封在肅宗朝，仕西魏至驃騎大將軍、開府儀同三司[一〇] 趙貴，魏平縣伯[一一]		梁臺，隴城縣男 案：臺封在普泰朝，仕西魏至驃騎大將軍、開府儀同三司[一二] 董紹，新蔡縣男 案：紹封在肅宗朝，仕西魏至車騎將軍[一三] 徐招，高廣縣男 案：招封在延昌中，仕西魏至驃騎將軍[一四] 楊騰，華陰縣男 案：騰襲父貴爵，在景明初，仕西魏至開府儀同三司[一五]
永熙二年	賀拔勝，以真定縣公進琅邪郡公[一六] 念賢，以平恩縣公進安定郡公[一七] 李和，思陽縣公，後改永豐縣公[一八]	宇文虬，南安縣侯[一九]	史寧，武平縣伯[二〇] 竇熾，進上洛縣伯[二一]	竇熾，行唐縣子[二二]	
永熙三年	斛斯椿，以城陽郡公改常山郡公[二三] 長孫子彥，以槐里縣子進高平郡公[二四] 宇文泰，以寧都子進略陽縣公，尋進郡公[二五] 于謹，以石城縣伯進藍田縣公[二六] 王思政，以祁縣侯進太原郡公[二七] 獨孤信，以爰德縣侯進浮陽郡公[二八] 怡峰，進華陽縣公[二九] 侯莫陳順，以木門縣子進彭城郡公[三〇] 宇文貴，以革融縣侯進化政郡公[三一] 王盟，魏昌縣公[三二] 王勵，梁甫縣公[三三] 楊寬，以澄城縣伯進華山郡公，請以伯讓其兄穆[三四]	趙貴進侯[三五] 宇文導，饒陽縣侯[三六] 楊摽，以肥如縣伯進侯[三七] 鄭孝穆，永寧縣侯[三八] 李康生，長安縣侯[三九]	寇洛，以安鄉縣子進臨邑縣伯[四〇] 侯莫陳崇，以臨涇縣侯，別封廣武縣伯[四一] 若干惠，以北平縣男進魏昌縣伯[四二] 怡峰，以蒲陰縣男進伯[四三] 王德，以深澤縣男進下博縣伯[四四] 王羆，以霸城縣公，別封萬年縣伯[四五] 達奚武，須昌縣伯[四六] 豆盧寧，以靈壽縣男進河陽縣伯[四七] 王雄，臨貞縣伯[四八] 賀蘭祥，撫夷縣伯，尋進公[四九]		韓果，邯鄲縣男[五〇] 薛憕，夏陽縣男[五一] 韋瑱，長安縣男[五二] 王子直，山北縣男[五三] 韋祐，固安縣男[五四]

續表

爵位	公	侯	伯	子	男
永熙三年	李賢，下邽縣公[五五] 宇文顯和，改長廣縣公[五六] 乙弗朗，以蓮勺縣子進長安縣公[五七] 郭炎，進馮翊郡公[五八] 乙速孤佛保，蒲子縣公[五九] 寇洛、宇文測、趙善並進公[六〇]		馮景，高陽縣伯[六一] 李遠，安定縣伯[六二] 赫連達，以長廣鄉男進魏昌縣伯[六三] 韓果，進石縣伯[六四] 蔡祐，萇鄉縣伯[六五] 常善，以房城縣男進武始縣伯[六六] 辛威，白土縣伯[六七] 宇文護，水池縣伯[六八] 宇文測，廣川縣伯[六九] 宇文深，長樂縣伯[七〇] 楊紹，冠軍縣伯[七一] 達奚寔，臨汾縣伯[七二] 陸政，中都縣伯[七三] 陸通，都昌縣伯[七四] 趙善，以山北縣伯改襄城縣伯[七五] 裴俠，清河縣伯[七六] 長孫儉，以索盧侯別封信都縣伯[七七] 陽猛，郃陽縣伯[七八] 楊穆，澄城縣伯[七九] 雷紹，昌國伯[八〇] 婁寶，廣寧縣伯[八一]		

續表

爵位	公	侯	伯	子	男
大統元年	宇文泰，進安定郡公[八二] 梁禦，以白水縣伯進信都縣公[八三] 宇文護，進饒陽縣公[八四] 竇熾，別封真定縣公[八五] 泉企，以涇陽縣侯進上洛郡公[八六] 李虎，以晉壽縣子進隴西郡公[八七] 乙弗繪，魏昌縣公[八八] 宇文導、趙貴、侯莫陳崇、若干惠、王德、達奚武、李遠、韓果、楊紹，並進公[八九]	豆盧寧，進侯，尋進公[九〇] 楊纂，永興縣侯，後進公[九一] 韓雄，武陽縣侯，後進公[九二] 王勇、耿豪、高琳、申徽、陸通、楊荐、辛威，並進侯[九三]	劉亮，以廣興縣子進饒陽縣伯[九四] 蔡襲，平舒縣伯[九五] 梁椿，以盧奴縣男進欒城縣伯[九六] 趙剛，進臨汝縣伯[九七] 王悅，藍田縣伯[九八] 崔猷，平原縣伯[九九] 韓褒，三水縣伯[一〇〇] 薛憕，進伯[一〇一] 唐永，平壽縣伯[一〇二]	李檦，以淝城郡男進晉陽縣子，尋進公[一〇三] 周惠達，文安縣子[一〇四] 王懋，安平縣子[一〇五] 趙剛，陽邑縣子[一〇六] 婁寶，別封平城縣子[一〇七] 竇榮定，宜君縣子[一〇八] 檀翥，高唐縣子[一〇九] 段永，以沃陽縣別封昌平縣子[一一〇] 宇文虨，靈縣子[一一一]	陳忻，霸城縣男[一一二] 冀儁，長安縣男[一一三]
大統二年	侯莫陳崇，改彭城郡公[一一四] 長孫紹遠，進馮翊郡公[一一五] 賀若統，當亭縣公[一一六] 蔡祐、厙狄昌，並進公[一一七]	趙剛，進武城縣侯[一一八] 常善、史寧，並進侯[一一九]	泉元禮，臨洮縣伯[一二〇] 周惠達，進伯[一二一]	崔士約，安昌縣子[一二二]	盧柔，容城縣男[一二三] 崔士謙，千乘縣男[一二四]

續表

爵位	公	侯	伯	子	男
大統三年	李弼，以石門縣伯進趙郡公[一二五] 于謹，進常山郡公[一二六] 趙貴，進中山郡公[一二七] 獨孤信，改河内郡公[一二八] 梁禦，進廣平郡公[一二九] 若干惠，進長樂郡公[一三〇] 怡峰，進樂陵郡公[一三一] 劉亮，進長廣郡公[一三二] 王德，進河間郡公[一三三] 王羆，進扶風郡公[一三四] 達奚武，進高陽郡公[一三五] 楊忠，以小黄縣伯進襄城縣公[一三六] 李遠，進陽平郡公[一三七] 段永、周惠達、赫連達、田弘*、王勇、宇文虯、宇文盛、耿豪、高琳、李穆，並進公[一三八]	楊儉，夏陽縣侯[一三九] 陽雄，安平縣侯[一四〇] 竇毅、崔士約、裴俠、呂思禮，並進侯[一四一]	尉遲綱，廣宗縣伯[一四二] 賀若敦，安陵縣伯[一四三] 薛端，以汾陰縣男進伯，尋改文城縣伯[一四四] 鄭偉，武陽縣伯[一四五] 鄭頂，魏昌縣伯[一四六] 泉仲遵，豐陽縣伯[一四七]	于寔，萬年縣子[一四八] 裴邃，澄城縣子[一四九] 盧柔、崔士謙、冀儁，並進子[一五〇]	劉志，華陰縣男[一五一] 鄭常，永安縣男[一五二]
大統四年	宇文導，進章武郡公[一五三] 侯莫陳順，改河間郡公[一五四] 王盟，進長樂郡公[一五五] 叱列伏龜，長樂縣公[一五六] 盧辯，范陽郡公[一五七] 梁椿，進東平郡公[一五八] 李穆，武安郡公[一五九] 厙狄峙，高邑縣公[一六〇] 尉遲綱、蔡祐、常善、辛威、李惇、陸通，並進公[一六一]	李惇，安平縣侯[一六二] 崔彦穆，千乘縣侯[一六三]	蘇綽，進伯[一六四]	閻慶，安次縣子[一六五] 蘇綽，美陽縣子[一六六] 韋瑱、陳忻，並進子[一六七]	權景宣，顯親縣男，後進伯[一六八]

續表

爵位	公	侯	伯	子	男
大統五年	侯莫陳順，改安平郡公[一六九]	韋孝寬，以山北縣男進侯[一七〇]		唐瑾，永昌縣子，後進臨淄伯案：《周書》本傳作“姑臧子”，今從《金石録》瑾碑跋[一七一]	寇儁，西安縣男[一七二]
大統六年		宇文深，進侯[一七三]	盧光，范陽縣伯[一七四]		柳虯，美陽縣男[一七五]
大統七年	韓果，進褒中郡公[一七六]			柳敏，武城縣子[一七七]	
大統八年				蘇亮，臨涇縣子[一七八]	
大統九年	豆盧寧，進范陽郡公[一七九] 陸通，進綏德郡公[一八〇] 趙剛，進公[一八一] 李棠，廣宗縣公[一八二] 高仲密，勃海郡公[一八三]		王雅，以居庸縣子進伯[一八四] 盧誕，固安縣伯[一八五] 叱羅協、閻慶，並進伯[一八六]	魏玄，廣宗縣子[一八七]	叱羅協，冠軍縣男[一八八]
大統十年	王雄，進武威郡公[一八九] 宇文虯，進公[一九〇]		盧光，改安息縣伯[一九一]		趙文深，白石縣男。案：《北史》作“十二年封”，今從《周書》[一九二]
大統十一年	尉遲迥，以西都侯進魏安郡公[一九三]				
大統十二年	宇文護，進中山郡公[一九四] 侯植，肥城縣公[一九五] 韋孝寬，進建忠郡公[一九六] 蘇威，襲父綽爵美陽縣公[一九七]	豆盧勣，義安縣侯[一九八]		李彦，平陽縣子[一九九] 郭彦，龍門縣子[二〇〇]	令狐整，襄武縣男[二〇一]

續表

爵位	公	侯	伯	子	男
大統十三年	蔡祐，進懷寧郡公[二〇二] 鄭偉，進襄城郡公[二〇三]	馮遷，以獨顯縣伯進侯[二〇四]		郭賢，安武縣子[二〇五] 趙肅，清河縣子[二〇六] 梁昕，安定縣子[二〇七]	柳慶，清河縣男[二〇八]
大統十四年	獨孤善，魏寧縣公[二〇九] 賀蘭祥，進博陵郡公[二一〇] 尉遲綱，進平昌郡公[二一一] 宇文毓，寧都郡公[二一二]	獨孤穆，文侯縣侯[二一三] 獨孤藏，義寧縣侯[二一四] 侯莫陳凱，以下蔡縣男進靈武縣侯[二一五]	獨孤順，項城縣伯[二一六] 獨孤陁，建忠縣伯[二一七]	柳慶，進子[二一八]	裴寬，夏陽縣男[二一九] 辛昂，襄城縣男[二二〇]
大統十五年	王康，襲父思政爵太原郡公[二二一] 王揆，以中都縣侯進公[二二二] 于寔、史寧、韋祐，並進公[二二三]	王邗，西安縣侯[二二四] 王景，晉陽縣侯[二二五]	王恭，忠誠縣伯[二二六] 王幼，顯親縣伯[二二七]		
大統十六年	宇文震，武邑縣公[二二八] 達奚震，昌邑縣公[二二九] 楊忠，進陳留郡公[二三〇] 于翼，以安平縣公進郡公[二三一] 席固，新豐縣公，後進靜安郡公[二三二]	蘇椿，以美陽縣子進侯[二三三] 楊摽，改華陽縣侯[二三四] 尉遲運，安喜縣侯[二三五]			鄭孝穆，金鄉縣男[二三六]
大統十七年		侯莫陳穎，廣平縣侯[二三七] 杜整，武鄉縣侯[二三八]	李遷哲，沌陽縣伯[二三九] 于義，平昌縣伯[二四〇]		

續表

爵位	公	侯	伯	子	男
廢帝元年	李㯗，改封山縣公[二四一] 獨孤伏陁，以魏寧縣公進長安郡公[二四二] 赫連達，進藍田縣公[二四三] 厙狄昌，進方城郡公[二四四] 韓褒，進公[二四五] 任果，南安縣公[二四六]				扶猛，宕渠縣男[二四七]
廢帝二年	王懋，進安寧郡公[二四八] 史寧，進安政郡公[二四九] 賀若敦，進廣鄉縣公[二五〇] 竇毅，進安武縣公[二五一] 申徽，進公[二五二] 楊乾運，安康郡公[二五三] 任果，進普安郡公[二五四] 宇文憲，涪城縣公[二五五]	裴果，冠軍縣侯[二五六]	趙昶，章武縣伯[二五七]	司馬裔，龍門縣子[二五八]	蔡澤，安彌縣男[二五九]
恭帝元年	宇文會，江陵縣公[二六〇] 宇文邕，輔城郡公[二六一] 宇文憲，進安城郡公[二六二] 于謹，別封新野郡公[二六三] 李賢，進河西郡公[二六四] 李基，以清河郡公進燉煌郡公[二六五] 長孫儉，進昌寧郡公[二六六] 王勇，進新陽郡公[二六七] 竇熾，以安武縣公進廣武郡公[二六八] 竇毅，改永安縣公[二六九] 韋孝寬，別封穰縣公[二七〇] 唐瑾，進公[二七一] 蕭撝，歸善縣公[二七二] 蕭圓肅，安化縣公[二七三]	豆盧永恩，進龍支縣侯案：《周書》本傳作“龍來侯”，今據庾信《豆盧永恩碑》、《隋地理志》改正[二七四]	郭賢，進伯[二七五] 侯植，別封一子汧源縣伯[二七六]	蔣昇，高城縣子[二七七]	

續表

爵位	公	侯	伯	子	男
恭帝二年	豆盧寧，改武陽郡公[二七八] 常善，進永陽郡公[二七九] 梁明，豐陽縣公[二八〇] 賀若敦，進武都郡公[二八一] 扶猛，進臨江縣公[二八二] 陽雄，進玉城縣公[二八三]		郭彥、薛寘，並進伯[二八四]	劉祥，漢安縣子[二八五]	
恭帝三年	宇文直，秦郡公[二八六] 宇文招，正平郡公[二八七] 趙貴，改南陽郡公[二八八] 陸騰，以清河縣伯進上庸縣公[二八九] 達奚寔，進平陽縣公[二九〇] 李惇，進安樂郡公[二九一] 厙狄峙，進安豐郡公[二九二] 崔猷，進固安縣公[二九三] 薛善，以龍門縣子進博平縣公[二九四] 梁睿，五龍郡公[二九五] 鄭常，進鐃陽縣公案：《周書》本傳作“鐃陽侯”，今從庾信《鄭常碑》[二九六]	薛端、盧光，並進侯[二九七]	李彥，進伯[二九八]		

* 田弘，原爲避清高宗弘曆諱而作“田宏”，兹據《周書》卷二七《田弘傳》改正。

封爵年月不可知者列表[二九九]

原文	校注
伊婁靈，盧奴縣公	《北史》卷六六《伊婁穆傳》稱乃父伊婁靈“歷衛將軍、隆州刺史、盧奴縣公”。
張煚，虞鄉縣公	據《隋書》卷四六《張煚傳》，可知受爵虞鄉縣公者，實乃其父張羨。
源雄，隴西郡公	《隋書》卷三九《源雄傳》稱源雄在乃父“爲高氏所誅”後，“脱身而遯，變姓名，西歸長安。周太祖見而器之，賜爵隴西郡公”。
李長壽，清河郡公	據《周書》卷四三《李延孫傳》，可知李長壽（延孫之父）在魏孝武帝西遷之前已受爵清河郡公。
李延孫，華山郡公	據《周書》卷四三《李延孫傳》，可知延孫在大統四年被害之前已受爵華山郡公。
李昶，臨黄縣侯	《周書》卷三八《李昶傳》謂其始封臨黄縣伯，後當“六官建，拜内史遐大夫，進爵爲侯，增邑五百户”。
尒朱敞，靈壽縣侯	《隋書》卷五五《尒朱敞傳》：“（周）太祖見而禮之，拜大都督、行臺郎中，封靈壽縣伯，邑千五百户。遷通直散騎常侍，轉車騎大將軍、儀同三司，進爵爲侯。”
毛鴻賓、鴻顯，並縣侯	《北史》卷四九《毛遐傳附弟鴻賓傳》：“後拜岐州刺史、散騎常侍、開國縣侯。……鴻賓弟鴻顯，位散騎常侍，封縣侯。”
伊婁穆，安陽縣伯	《北史》卷六六《伊婁穆傳》云：“伊婁穆字奴干，代人也。……弱冠爲周文帳内親信，以機辯見知。……賜封安陽縣伯。”
杜景仲，平陽縣伯	《魏書》卷四五《杜銓傳》稱杜顒“以守岐州勛，封平陽縣開國伯”，其後“以勛又賞安平縣開國伯”，遂“以平陽伯轉授弟二子景仲”。
柳檜，萬年縣子	《北史》卷六四《柳虯傳附弟柳檜傳》稱“以功封萬年縣子”，《周書》卷四六《柳檜傳》更謂“邑三百户”。
令狐虯，長城縣子	《周書》卷三六《令狐整傳》：“父虯，早以名德著聞仕，歷瓜州司馬、燉煌郡守、郢州刺史，封長城縣子。大統末，卒於家。”
韋彪，陰盤縣男	《北史》卷二六《韋閬傳》稱韋彧卒後，其子韋彪襲爵，“孝莊末，爲藍田太守，因仕關西。”
趙煚，平定縣男	除《北史》卷六三《趙煚傳》稱“以功封平定縣男”外，《隋書》卷四六《趙煚傳》、《册府元龜》卷七二四，更謂“邑三百户”。

《通考》載：斛斯元壽從入關，封桑乾公。[三〇〇]案：《北史·斛斯椿傳》[三〇一]稱孝武踐阼，元壽以桑乾伯進公。是進公在永熙初，非入關時。又《傳》稱車駕西巡，元壽爲部下所殺，是元壽並未入關。

又載：裴文舉西魏時，以略地功，封澄城子，後進伯。[三〇二]案：《北史·文舉傳》，以功封澄城子者，文舉之父邃也。文舉於周孝閔初，始襲父爵。保定六年，乃進伯，與西魏無與。

又載：崔士謙恭帝時，以功封武康郡公；崔説，西魏時，以戰功封至安平公。[三〇三]案：《北史·崔辯傳》，士謙之進武康公，在周保定二年。説之進安平公，其年無明文，然以傳文推之，亦不在西魏。此皆馬氏之誤也。

惟“崔悛，孝武時以預定册功，封武城縣公”[三〇四]一條足據，但悛之入關與否，不可考，故亦不列入表中。

【校注】

［一］封爵表一 西魏書二　通議大夫浙江按察使司按察使加二級南康謝啓昆撰：“樹經堂本”作“卷二　封爵表一”，“中華本”作“西魏書卷二　封爵表一”。

［二］考《魏書》卷八〇《賈顯度傳》云：“隨尒朱榮破葛榮，……封石艾縣開國公，邑一千户。……永熙三年五月，轉雍州刺史、西道大行臺。”而《魏書》卷一〇《孝莊紀》明言尒朱榮破葛榮於永安元年九月，則賈氏受封爲石艾縣公，當在永安元年九月。

［三］考《魏書》卷八〇《樊子鵠傳》云：“督賈智等討吕文欣於東徐州，平之。還，除車騎將軍、左光禄大夫，進封南陽郡開國公。”又，《魏書》卷一〇《孝莊紀》曰：“（永安）三年春正月……辛丑，東徐州城民吕文欣、王赦等殺刺史元太賓[①]，據城反。以撫軍將軍、都官尚書樊子鵠……討之。二月甲寅，克之。東徐平。”是知樊子鵠晉爵南陽郡公，當在永安三年二月。

［四］《周書》卷四〇《宇文神舉傳》稱乃父顯和，早就與孝武帝交往甚密，故“及即位，擢授冠軍將軍、閤内都督，封城陽縣公”。

［五］按：《北史》卷八五《節義·郭琰傳》：“孝武帝之居藩邸，琰以通俠被知。及即位，封新豐縣公，除洛州刺史。”

［六］《北史》卷二二《長孫道生傳》稱長孫澄年十四便隨父征討，以功封西華縣侯。及至魏大統中，“以軍功，别封永寧縣伯，尋進覆津縣侯。”

［七］綜合《魏書》卷九《肅宗紀》、卷七九《鹿悆傳》，《周書》卷二

---

① 修訂本《魏書》卷一〇校勘記［一五］：“本書卷七九《鹿悆傳》、《册府》卷三五四、《通鑑》卷一五四《梁紀》一〇中大通二年正月並作‘元大賓’。”

《文帝紀下》所載，可知鹿悆於蕭綜降魏後的孝昌元年六月受封定陶縣開國子，時至永安中，又進爵爲定陶縣侯；降及大統三年冬，時任梁州刺史的他，被起義的滎陽人鄭榮業送至關西。由此可以確定：

（1）《封爵表》稱"悆封在孝昌初"之説有誤；

（2）因鹿悆未嘗出仕西魏，故不該被列入《西魏書·封爵表》。

［八］按：《周書》卷一八《王思政傳》："時魏孝武帝在藩，素聞其名，……乃引爲賓客，遇之甚厚。及登大位，委以心膂，遷安東將軍。預定策功，封祁縣侯。"

［九］按：《周書》卷三四《楊敷傳》："敷少有志操，重然諾。……魏建義初，襲祖鈞爵臨貞縣伯，邑四百户。"

［一〇］考《北史》卷四九《毛遐傳》云："曾祖天愛，太武時，至定州刺史、始昌子。傳至遐，四世不絶。……後寶夤構逆謀，遐知之，乃寄書與鴻賓，索馬迎接，復於馬祗柵建旗鼓以拒寶夤，攻其將盧祖遷禽之。寶夤以是日拜南郊，竊號，禮未畢而告敗，寶夤懼，口乾色變，不遑部伍，人皆亂還。詔授遐南幽州刺史，進爵爲伯。"又，《魏書》卷九《肅宗紀》明言雍州刺史蕭寶夤反於孝昌三年十月甲寅。是知毛遐之晉爵始昌縣伯，約在孝昌三年十月底。

［一一］考《周書》卷一六《趙貴傳》云："從賀拔岳平關中，賜爵魏平縣伯。"又據《魏書》卷一〇《孝莊紀》，可知賀拔岳平定關中，時在永安三年四月，此亦爲趙貴受爵魏平縣伯之時。

［一二］按：《周書》卷二七《梁臺傳》："孝昌中，從爾朱天光討平關、隴，一歲之中，大小二十餘戰，以功授子都督，賜爵隴城鄉男。普泰初，進授都督。後隸侯莫陳悦討南秦州羣盗，平之。悦表臺爲假節、衛將軍、左光禄大夫，進封隴城縣男，邑二百户。"

［一三］考《北史》四六《董紹傳》云："蕭寶夤反於長安，紹上書求擊之，……以拒寶夤功，賞新蔡縣男。"又據《魏書》卷一〇《孝莊紀》，可知蕭寶夤之亂被平定於永安三年四月。此則董紹之爲新蔡縣男，當不早於永安三年四月。

［一四］據《北史》卷七〇《徐招傳》，可知徐招於"延昌中，從征浮山

堰有功，賜爵高廣男”，爾后在永安初年以前，又“以功進爵爲侯”。準此，則徐招該被列入本年“侯”欄。

［一五］按：《北史》卷八〇《外戚·楊騰傳》：“楊騰，弘農人，文帝之舅也。父貴，琅邪郡守，封華陰男。騰妹爲京兆王愉妃，故騰得處貴游。景明初，襲爵。”

［一六］考《資治通鑑》卷一五六梁武帝中大通五年十二月條云：“魏荆州刺史賀拔勝寇雍州，拔下迮戍，扇動諸蠻，雍州刺史廬陵王續遣軍擊之，屢爲所敗，……於是沔北盪爲丘墟矣。”又，《魏書》卷八〇《賀拔勝傳》：“勝將圖襄陽，攻蕭衍下迮戍，克之，……又使人誘動蠻王問道期，……沔北盪爲丘墟矣。……進爵琅邪郡公。”《封爵表》當據此認定賀拔勝於永熙二年進爵。

［一七］考《周書》卷一四《念賢傳》云：“入爲殿中尚書，加儀同三司。[①]魏孝武欲討齊神武，以賢爲中軍北面大都督，進爵安定郡公”。又，《魏書》卷一一《出帝紀》：“時帝爲斛斯椿、元毗、王思政、魏光等諂佞間阻，貳於齊獻武王，托討蕭衍，……（永熙三年五月）丙申，以使持節、侍中、大司馬、開府、司州牧、廣陵王欣爲左軍大都督，太傅、録尚書事長孫稚爲中軍四面大都督。”兹疑念賢亦當於此際轉任中軍北面大都督、進爵安定郡公。準此，則《封爵表》繫其事於永熙二年，顯然有誤。

［一八］從《周書》卷二九《李和傳》及《北史》卷六六《李和傳》的相關記載來看，《封爵表》將李和由思陽公改爲永豐公繫於永熙元年的這一措置，稍嫌武斷。

［一九］考《周書》卷二九《宇文虬傳》云：“魏孝武初，從獨孤信在荆州，……以功加安西將軍、銀青光禄大夫、員外、直閤將軍、閤内都督，封南安縣侯，邑九百户。及孝武西遷，……尋随信奔梁。”據此以觀，《西魏書》斷定宇文虬受侯爵於永熙二年，似嫌證據不足。

［二〇］考《周書》卷二八《史寧傳》云：“及（賀拔）勝爲大行臺，表

① 據《魏書》卷一一《出帝紀》記載，時在永熙二年六月丁丑。

寧爲大都督。率步騎一萬攻梁下溠戍[1]，破之，封武平縣伯，邑五百户。”據《資治通鑑》繫年，魏軍攻佔下迮戍，時在永熙二年十二月。此蓋《封爵表》繫其事於永熙二年之依據。

［二一］［二二］考《北史》卷六一《竇熾傳》云：“隨東南道行臺樊子鵠追尒朱仲遠，仲遠奔梁。時梁主又遣元樹入寇，據譙城。子鵠令熾擊破之，封行唐縣子，尋進爵上洛縣伯。”據《魏書》卷一一《出帝紀》，可知魏軍於永熙元年七月攻執元樹。故此，竇氏理當受封行唐縣子於永熙元年（下欄“竇熾，行唐縣子”顯然有誤，應上移至永熙元年欄），并有可能於次年又進爵上洛縣伯。

［二三］按：《北史》卷四九《斛斯椿傳》：“孝武帝立，拜椿侍中、儀同開府、城陽郡公。……帝以賈顯智背叛，東師失律，將幸關中，乃遣使命椿，因從入關，拜尚書令，侍中如故，封常山郡公。”

［二四］按：《北史》卷二二《長孫道生傳》：“子彦本名儁，有膂力，以累從父征討功，封槐里縣子。孝武帝與齊神武構隙，加子彦中軍大都督、行臺僕射，鎮恒農，以爲心膂。及從帝入關，封高平郡公，位儀同三司。”

［二五］按：《周書》卷一《文帝紀上》：“及孝莊帝反正，以功封寧都子，邑三百户，……魏帝遣著作郎姚幼瑜持節勞軍，進太祖侍中、驃騎大將軍、開府儀同三司、關西大都督、略陽縣公，承制封拜，使持節如故。”

［二六］按：《周書》卷一五《于謹傳》：“從爾朱天光破万俟醜奴，封石城縣伯，邑五百户。……從魏帝西遷。仍從太祖征潼關，破廻洛城，授使持節、車騎大將軍、儀同三司、北雍州刺史，進爵藍田縣公，邑一千户。大統元年，拜驃騎大將軍、開府儀同三司。”

［二七］按：《周書》卷一八《王思政傳》：“預定策功，封祁縣侯。俄而齊神武潛有異圖，帝以思政可任大事，拜中軍大將軍、大都督，總宿衛兵。思政乃言於帝曰……帝深然之。及齊神武兵至河北，帝乃西遷。進爵太原郡公。”

［二八］按：《周書》卷一六《獨孤信傳》：“元顥入洛，（葛）榮以信爲前

---

① 下溠戍，《魏書》卷八〇《賀拔勝傳》作“下迮戍”。

驅，與顥黨戰於河北，破之。拜安南將軍，賜爵爰德縣侯[①]。……及孝武西遷，事起倉卒，信單騎及之於瀍澗，孝武歎曰：‘武衛遂能辭父母，捐妻子，遠來從我。世亂識貞良，豈虚言哉。’即賜信御馬一匹，進爵浮陽郡公，邑一千户。”

［二九］考《周書》卷一七《怡峰傳》云：“討曹泥有功，進爵華陽縣公。”據《資治通鑑》卷一五七，曹泥在魏軍圍攻下，請降於大統元年正月，則怡峰進爵華陽縣公當在大統元年而非永熙三年。

［三〇］按：《周書》卷一九《侯莫陳順傳》：“普泰元年，除持節、征西將軍，封木門縣子，邑三百户。……從魏孝武入關。順與太祖同里閈，素相友善，且其弟崇先在關中，太祖見之甚歡。乃進爵彭城郡公，邑一千户。”

［三一］按：《周書》卷一九《宇文貴傳》：“元顥入洛，貴率鄉兵從爾朱榮焚河橋，力戰有功。加征虜將軍，封革融縣侯，邑一千户。除郢州刺史，入爲武衛將軍、（關）［閤］内大都督。從魏孝武西遷，進爵化政郡公。”

［三二］按：《周書》卷二〇《王盟傳》：“魏孝武至長安，封魏昌縣公，邑一千户。大統初，復加車騎大將軍、儀同三司。”

［三三］按：《周書》卷二〇《王盟傳》：“子勵，字醜興，性忠果，有才幹。年十七，從太祖入關，及太祖平秦隴，定關中，勵常侍從。太祖嘗謂之曰：‘爲將，坐見成敗者上也，被堅執鋭者次也。’勵曰：‘意欲兼之。’太祖大笑。尋拜平東將軍、散騎常侍，賜爵梁甫縣公。大統初，爲千牛備身直長、領左右，出入卧内，小心謹肅。”

［三四］按：《周書》卷二二《楊寬傳》：“孝莊反正，拜中軍將軍、太府卿、華州大中正，封澄城縣伯，邑三百户。……從孝武入關，兼吏部尚書。録從駕勛，進爵華山郡公，邑一千二百户。……寬二兄，穆、儉。穆字紹叔，魏永安中，除華州别駕。孝武末，寬請以澄城縣伯讓穆，詔許之。”

［三五］據《周書》卷一六《趙貴傳》，可知由魏平縣伯進爵爲魏平縣侯。

［三六］饒陽縣侯，《北史》卷五七《周宗室傳》作“饒陽縣伯”，《周書》卷一〇校勘記［三］，稱“不知孰是”。

---

① 爰德縣侯，《北史》卷六一《獨孤信傳》作“受德縣侯”。

［三七］按:《北史》卷六九《楊批傳》:“（元）顥平，封肥如縣伯，……從孝武入關，進爵爲侯，加撫軍將軍、銀青光禄大夫。”

［三八］按:《周書》卷三五《鄭孝穆傳》:“及魏孝武西遷，從入關，除司徒左長史，領臨洮王友，賜爵永寧縣侯。”

［三九］考《册府元龜》卷一云:“遇靈州刺史曹泥擁兵作亂，太祖率兵擊之。……四旬而克，靈州平。會阿至羅部落別道斷其歸路，太祖親率驍鋭襲擊，大破之，悉虜其衆。進封長安縣侯，食邑五百户。太祖不受，讓於兄子康生，周文帝許之。”據《資治通鑑》卷一五七，可知李虎於大統元年正月克平靈州，故《西魏書·封爵表》將“李康生，長安縣侯”繫於永熙三年，顯然有誤。

［四〇］按:《周書》卷一五《寇洛傳》:“及賀拔岳西征，洛與之鄉里，乃募從入關。……洛每力戰，並有功。加龍驤將軍、都督，進爵安鄉縣子。……魏孝武西遷，進爵臨邑縣伯，邑五百户。”

［四一］按:《周書》卷一六《侯莫陳崇傳》:“除安北將軍、太中大夫、都督，封臨涇縣侯，邑八百户。及岳爲侯莫陳悦所害，崇與諸將同謀迎太祖。……仍從平悦，轉征西將軍。又遣崇慰撫秦州，別封廣武縣伯，邑七百户。”

［四二］按:《周書》卷一七《若干惠傳》:“復以別將從賀拔岳西征，解岐州圍，擒万俟醜奴，平水洛，定隴右，每力戰有功。封北平縣男，……魏孝武西遷，除右衛將軍、大都督，進爵魏昌縣伯，邑五百户。”

［四三］按:《周書》卷一七《怡峰傳》:“峰少從征役，以驍勇聞。永安中，……以功授給事中、明威將軍，轉征虜將軍、都督，賜爵蒲陰縣男。及（賀拔）岳被害，峰與趙貴等同謀翊戴太祖。進爵爲伯。”

［四四］按:《周書》卷一七《王德傳》:“又從賀拔岳討万俟醜奴，平之。別封深澤縣男，邑二百户，……及魏孝武西遷，以奉迎功，進封下博縣伯，邑五百户，行東雍州事。”

［四五］考《北史》卷六二《王羆傳》云:“後以軍功封定陽子，除荆州刺史。梁復遣曹義宗圍荆州，……彌歷三年，義宗方退。進封霸城縣公。……孝武西遷，進車騎大將軍、儀同三司，別封萬年縣伯，乃除華州刺

史。”據此，似難斷定王羆於永熙三年別封萬年縣伯。

［四六］按：《周書》卷一九《達奚武傳》：“從平（侯莫陳）悅，除中散大夫、都督，封須昌縣伯，邑三百户。”

［四七］按：《周書》卷一九《豆盧寧傳》：“又以破万俟醜奴功，賜爵靈壽縣男。……魏孝武西遷，以奉迎勛，封河陽縣伯，邑五百户。”

［四八］按：《周書》卷一九《王雄傳》：“魏孝武西遷，授都督，封臨貞縣伯，邑五百户。”臨貞：《周書》卷一九校勘記［六四］從張森楷之説，以爲當改作“臨真”。

［四九］按：《周書》卷二〇《賀蘭祥傳》：“從平侯莫陳悅，又迎魏孝武。以前後功，封撫夷縣伯，邑五百户。仍從擊潼關，獲東魏將薛長孺。又攻回洛城，拔之。還，拜左右直長，進爵爲公，增邑并前一千三百户。”準此，則“尋進公”三字，宜删。

［五〇］按：《周書》卷二七《韓果傳》：“從太祖討平侯莫陳悅，遷都督，賜爵邯鄲縣男。”

［五一］按：《周書》卷三八《薛憕傳》：“魏孝武西遷，授征虜將軍、中散大夫，封夏陽縣男，邑二百户。”

［五二］按：《周書》卷三九《韋瑱傳》：“太祖爲丞相，加前將軍、太中大夫，封長安縣男，食邑三百户。”“中華本”亦誤作“韋瑱”。

［五三］按：《周書》卷三九《王子直傳》：“魏孝武西遷，封山北縣男，邑二百户。”

［五四］按：《周書》卷四三《韋祐傳》：“韋祐字法保，京兆山北人也。少以字行於世。……及魏孝武西遷，法保從山南赴行在所。除右將軍、太中大夫，封固安縣男，邑二百户。”

［五五］按：《周書》卷二五《李賢傳》：“魏孝武西遷，太祖令賢率騎兵迎衛。時山東之衆，多欲逃歸。帝乃令賢以精騎三百爲殿，衆皆憚之，莫敢亡叛。封下邽縣公①，邑一千户。”

① 《周書》卷二五校勘記［二］：“《北史》本傳‘下’作‘上’。……不論李賢所封是上邽或下邽，‘邽’字都應作‘封’。”

［五六］按：《周書》卷三〇《宇文神舉傳》："父顯和，……孝武以顯和藩邸之舊，遇之甚厚。……及齊神武專政，帝每不自安。謂顯和曰：'天下洶洶，將若之何？'對曰：'當今之計，莫若擇善而從之。'……遂定入關之策。……遷朱衣直閤、閤内大都督，改封長廣縣公，邑一千五百户。從帝入關。"

［五七］按：《北史》卷四九《乙弗朗傳》："孝莊末，北邊擾亂，避地居并、肆間，尒朱榮見而重之，甚相接待，以功封蓮勺子。……及（孝武）帝西入，詔朗爲軍司，先驅靖路。至長安，封長安縣公。"

［五八］按：《北史》卷八五《節義傳》："郭琰字神寶，京兆人也。少喪父，事母以孝聞。孝武帝之居藩邸，琰以通俠被知。及即位，封新豐縣公，除洛州刺史。孝武西入，改封馮翊郡公，授行臺尚書、潼關大都督。"郭炎，當從"中華本"及《北史》卷八五《節義傳》作"郭琰"。

［五九］按：《北史》卷八五《節義傳》："乙速孤佛保，北秀容胡酋也。少驍武，善射。孝武帝時，爲直閤将軍。從入關，封蒲子縣公，并賜弓矢。"

［六〇］按：《周書》卷一五《寇洛傳》："魏孝武西遷，進爵臨邑縣伯，邑五百户。尋進位驃騎大將軍、儀同三司，進爵爲公，增邑五百户。"又，《周書》卷二七《宇文測傳》："及魏孝武疑齊神武有異圖，詔測詣太祖言，令密爲之備。太祖見之甚歡。使還，封廣川縣伯，邑五百户。尋從孝武西遷，進爵爲公。"考《周書》卷三四《趙善傳》云："魏孝武西遷，除都官尚書，改封襄城縣伯，增邑五百户。頃之，爲北道行臺，與儀同李虎等討曹泥，克之。遷車騎大將軍、儀同三司、尚書右僕射，進爵爲公，增邑并前一千五百户。"又，《資治通鑑》卷一五七明言李虎等於大統元年正月攻執曹泥，故趙善進爵襄城縣公，晚於永熙三年。

［六一］按：《周書》卷二二《周惠達傳附馮景傳》："馮景字長明，少與惠達同志相友。……魏孝武西遷，封高陽縣伯，邑三百户。"

［六二］按：《周書》卷二五《李賢傳附弟遠傳》："賢弟遠，字萬歲。幼有器局，志度恢然。……及魏孝武西遷，授假節、銀青光禄大夫、主衣都統，封安定縣伯，邑五百户。"

［六三］按：《周書》卷二七《赫連達傳》："少從賀拔岳征討有功，拜都

將，賜爵長廣鄉男，……魏孝武入關，褒叙勛義，以達首逆元帥，匡復秦、隴，進爵魏昌縣伯，邑五百户。”

［六四］按：《周書》卷二七《韓果傳》：“魏孝武入關，進爵石［城］縣伯[①]，邑五百户。”

［六五］按：《周書》卷二七《蔡祐傳》：“又從迎魏孝武於潼關。以前後功，封萇鄉縣伯，邑五百户。”

［六六］按：《周書》卷二七《常善傳》：“魏孝昌中，從爾朱榮入洛，……封房城縣男，邑三百户。後從太祖平侯莫陳悦，除天水郡守。魏孝武西遷，授武衛將軍，進爵武始縣伯，增邑二百户。”

［六七］按：《周書》卷二七《辛威傳》：“及太祖統（賀拔）岳之衆，見威奇之，引爲帳内。尋授羽林監，封白土縣伯，邑五百户。從迎魏孝武，因攻回洛城，功居最。”

［六八］按：《周書》卷一一《晉蕩公護傳》：“後以迎魏帝功，封水池縣伯，邑五百户。”

［六九］［七〇］按：《周書》卷二七《宇文測傳》：“使還，封廣川縣伯，邑五百户。尋從孝武西遷，進爵爲公。測弟深。……以功賜爵長樂縣伯。……太祖以深有謀略，欲引致左右，圖議政事。大統元年，乃啓爲丞相府主簿，加朱衣直閤。”

［七一］按：《周書》卷二九《楊紹傳》：“魏孝武初，遷衛將軍、右光禄大夫，進爵冠軍縣伯，邑百户。”

［七二］按：《周書》卷二九《達奚寔傳》：“魏孝武初，授都督，鎮弘農。後從西遷，封臨汾縣伯，邑六百户。”

［七三］［七四］按：《周書》卷三二《陸通傳》：“陸通字仲明，吴郡人也。……父政，……初從爾朱天光討伐，及天光敗，歸文帝。文帝爲行臺，以政爲行臺左丞、原州長史，賜爵中都縣伯。大統中，卒。通少敦敏好學，有志節。……後以迎孝武功，封都昌縣伯。”

---

① 《周書》卷二七校勘記［四］認定“石縣伯”乃“石城縣伯”之誤。

［七五］按：《周書》卷三四《趙善傳》："普泰初，賞平關、隴之功，拜驃騎將軍、大行臺[①]、散騎常侍，封山北縣伯，邑五百户。……魏孝武西遷，除都官尚書，改封襄城縣伯，增邑五百户。"

［七六］按：《周書》卷三五《裴俠傳》："及魏孝武與齊神武有隙，徵河南兵以備之，俠率所部赴洛陽。……俄而孝武西遷，……遂從入關。賜爵清河縣伯，除丞相府士曹參軍。"

［七七］按：《北史》卷二二《長孫嵩傳附五世孫儉傳》："太昌中[②]，邊方騷動，儉初假東夏州防城大都督，從尒朱天光破宿勤明達等，以功賜爵索盧侯。周文臨夏州以爲録事參軍事，深敬器之。及賀拔岳被害，周文赴平凉，凡有經綸謀策，儉皆參預。從平侯莫陳悦，留儉爲秦州長史、防城大都督，委以後事，別封信都縣伯。"索慮侯，"中華本"同誤，當改作"索盧侯"。

［七八］按：《周書》卷四四《陽雄傳》："陽雄字元略，上洛邑陽人也。……父猛，……及孝武西遷，猛率所領移鎮潼關。封郃陽縣伯，邑七百户。"

［七九］按：《周書》卷二二《楊寬傳》："孝莊反正，拜中軍将軍、太府卿、華州大中正，封澄城縣伯，邑三百户。……寬二兄，穆、儉。穆字紹叔，魏永安中，除華州別駕。孝武末，寬請以澄城縣伯讓穆，詔許之。"

［八〇］按：《北史》卷四九《雷紹傳》："永熙三年，以紹爲渭州刺史，進爵昌國伯。"

［八一］按：《北史》卷二〇《樓伏連傳附曾孫寶傳》："孝武帝立，敕寶與行臺長孫子彦鎮恒農。後從入關，封廣寧縣伯。大統元年，詔領著作郎，監修國史事，別封平城縣子。"

［八二］按：《周書》卷二《文帝紀下》："魏大統元年春正月己酉，進太祖督中外諸軍事、録尚書事、大行臺，改封安定郡王。太祖固讓王及録尚書事，魏帝許之，乃改封安定郡公。"

---

① 《周書》卷三四校勘記［一］以爲宜加"尚書"二字。

② 太昌，《周書》卷二六《長孫儉傳》作"孝昌"。《北史》卷二二校勘記［七］疑"太"字有誤。

［八三］按：《周書》卷一七《梁禦傳》："共平關右，除鎮西將軍、東益州刺史、第一領民酋長，封白水縣伯[①]，邑三百户。……大統元年，轉右衛將軍，進爵信都縣公，邑一千户。"

［八四］大統元年進爵饒陽縣公者乃宇文導，事詳《周書》卷一〇《邵惠公顥傳附子導傳》；宇文護雖亦進爵，但爵位乃水池縣公，事詳《周書》卷一一《晉蕩公護傳》。《封爵表》混爲一談。鑒於後文"宇文導并進公"云云，此處當改作"宇文護，進水池縣公"。

［八五］按：《周書》卷三〇《竇熾傳》："大統元年，以從駕功，别封真定縣公。"

［八六］按：《周書》卷四四《泉企傳》："永安中，梁將王玄真入寇荆州，加企持節、都督，率衆援之。遇玄真於順陽，與戰，大破之。除撫軍將軍、使持節，假鎮南將軍、東雍州刺史，進爵爲（涇陽縣）侯。……大統初，加開府儀同三司，兼尚書右僕射，進爵上洛郡公。"

［八七］考《册府元龜》卷一《帝王部》云："元顥之入雒也，（太祖李虎）從（賀拔）岳擊平之，以功封晉壽縣開國子，……太祖帥師迎魏武帝於潼關，以功拜驍騎將軍，加儀同三司。……阿至羅部落别道斷其歸路，太祖親率驍鋭襲擊，大破之，悉虜其衆。進封長安縣侯，食邑五百户。太祖不受，讓於兄子康生，周文帝許之。……後徙封趙郡公，歷渭、秦二州刺史。復擊叛胡，平之。徙封隴西公，進拜太尉，遷右軍大都督、柱國大將軍、少師。周受魏禪，録佐命，功居第一，追封唐國公。"準此，可知李虎晉爵隴西郡公，時在大統末，且其晉爵之前的爵位乃趙郡公，而非晉壽縣子。《封爵表》此説，顯誤。

［八八］按：《周書》卷三〇《竇熾傳》："大統元年，以從駕功，别封真定縣公，除東豫州刺史，加衛將軍。"

［八九］按：《周書》卷一〇《邵惠公顥傳附子導傳》："導字菩薩，……以功封饒陽縣侯[②]，……魏文帝即位，以定策功，進爵爲公，增邑五百户。"

---

① 東益州刺史、白水縣伯，《北史》卷五九《梁禦傳》作"益州刺史""白水縣侯"。

② 《周書》卷一〇校勘記［三］："《北史》卷五七《周宗室傳》'侯'作'伯'。'侯'與'伯'未知孰是。"

又，《周書》卷一六《趙貴傳》："時曹泥據靈州拒守，以貴爲大都督，與李弼等率衆討之。進爵爲侯，增邑五百户。又以預立魏文帝勛，進爵爲公，增邑通前一千五百户。"

又，《周書》卷一六《侯莫陳崇傳》："大統元年，除涇州刺史，加散騎常侍、大都督，進爵爲公"。

又，《周書》卷一七《若干惠傳》："大統初，拜儀同三司，進爵爲公，增邑五百户。"

又，《周書》卷一七《王德傳》："大統元年，拜衛將軍、右光禄大夫，進爵爲公"。

又，《周書》卷一九《達悉武傳》："大統初，出爲東秦州刺史，加散騎常侍，進爵爲公。"

又，《周書》卷二五《李賢傳附弟李遠傳》："魏文帝嗣位之始，思享遐年，以遠字可嘉，令扶帝升殿。遷使持節、征東大將軍，進爵爲公，增邑千户，仍領左右。"

又，《周書》卷二七《韓果傳》："大統初，進爵爲公，增邑通前一千户，加通直散騎常侍。"

又，《周書》卷二九《楊紹傳》："大統元年，進爵爲公，增邑六百户。"

［九〇］按：《周書》卷一九《豆盧寧傳》："大統元年，除前將軍，進爵爲侯，增邑三百户。遷顯州刺史、顯州大中正。尋拜撫軍將軍、銀青光禄大夫，進爵爲公，增邑五百户。"

［九一］按：《周書》卷三六《楊纂傳》："大統初，乃間行歸款。……即授征南將軍、大都督，封永興縣侯，邑八百户，加通直散騎常侍。"

［九二］按：《周書》卷四三《韓雄傳》："大統初，……時太祖在弘農，雄至上謁。太祖嘉之，封武陽縣侯，……除河南尹，進爵爲公。"

［九三］按：《周書》卷二九《王勇傳》："及太祖爲丞相，引爲帳内直盪都督，加後將軍、太中大夫，封包信縣子，邑三百户。大統初，增邑四百户，進爵爲侯。"

又，《周書》卷二九《耿豪傳》："從討侯莫陳悦及迎魏孝武，録前後功，封平原縣子，邑三百户，除寧朔將軍、奉車都尉。遷征虜將軍，加通直散騎常侍，進爵爲侯，增邑七百户。”

又，《周書》卷二九《高琳傳》：“魏孝武西遷，從入關。至溱水，爲齊神武所追，拒戰有功，封鉅野縣子，邑三百户。大統初，進爵爲侯，增邑四百户，轉龍驤將軍。”

又，《周書》卷三二《申徽傳》：“以迎孝武功，封博平縣子，本州大中正。大統初，進爵爲侯。”

又，《周書》卷三二《陸通傳》：“後以迎孝武功，封都昌縣伯。大統元年，進爵爲侯。”

又，《周書》卷三三《楊荐傳》：“魏大統元年，蠕蠕請和親。文帝遣荐與楊寬使，并結婚而還。進爵爲侯。”

又，《周書》卷三三《辛威傳》：“大統元年，拜寧遠將軍，增邑二百户。累遷通直散騎常侍，進爵爲侯，增邑三百户。”

［九四］按：《周書》卷一七《劉亮傳》：“大統元年，以復潼關功，進位車騎大將軍、儀同三司，改封饒陽縣伯，邑五百户。”

［九五］考《周書》卷二七《蔡祐傳》云：“蔡祐字承先，……父襲，名著西州。正光中，万俟醜奴亂關中，襲乃背賊，棄妻子，歸洛陽，拜齊安郡守。及孝武西遷，仍在關東。後始拔難西歸，賜爵平舒縣伯。”準此，《封爵表》繫之於大統元年，似有未妥。

［九六］按：《周書》卷二七《梁椿傳》：“（普泰）二年，除高平郡守，封盧奴縣男，邑一百户。太昌元年，進授都督。從太祖平侯莫陳悦，拜衛將軍、右光禄大夫。大統初，進爵欒城縣伯，增邑五百户。”

［九七］［一〇六］按：《周書》卷三三《趙剛傳》：“大統初，剛於霸上見太祖，具陳關東情實。太祖嘉之，封陽邑縣子，邑三百户，除車騎將軍、左光禄大夫。論復東荆州功，進爵臨汝縣伯，邑五百户。”

［九八］按：《周書》卷三三《王悦傳》：“大統元年，除平東將軍、相府刑獄参軍，封藍田縣伯，邑六百户。”

［九九］按：《周書》卷三三《崔猷傳》：“大統初，兼給事黄門侍郎，封

平原縣伯，邑八百户。”

［一〇〇］按：《周書》卷三七《韓褒傳》：“大統初，遷行臺左丞，賜爵三水縣伯。”

［一〇一］考《周書》卷三八《薛憕傳》云：“魏孝武西遷，授征虜將軍、中散大夫，封夏陽縣男，邑二百户。魏文帝即位，拜中書侍郎，加安東將軍，增邑百户，進爵爲伯。”準此，則薛憕進爵當爲夏陽縣伯。

［一〇二］按：《北史》卷六七《唐永傳》：“大統元年，拜東雍州刺史，尋加衛將軍，封平壽伯。”

［一〇三］按：《周書》卷一五《李弼傳附弟檦傳》：“又隨爾朱兆入洛。賜爵洍城郡男[①]，……大統元年，授撫軍將軍，進封晉陽縣子，邑四百户。”

［一〇四］按：《周書》卷二二《周惠達傳》：“太祖爲大將軍、大行臺，以惠達爲行臺尚書、大將軍府司馬，封文安縣子，邑三百户。”且《周書》卷二《文帝紀下》明言宇文泰於大統元年正月晉位大行臺。

［一〇五］按：《周書》卷二〇《王盟傳》：“（王盟次子）懋，字小興。盟之西征，以懋尚幼，留在山東。永安中，始入關，與盟相見，遂從征伐。大統初，賜爵安平縣子，授揚烈將軍。”

［一〇七］按：《北史》卷二〇《婁伏連傳附曾孫寶傳》：“孝武帝立，敕寶與行臺長孫子彦鎮恒農。後從入關，封廣寧縣伯。大統元年，詔領著作郎，監修國史事，别封平城縣子。”

［一〇八］考《隋書》卷三九《竇榮定傳》云：“魏文帝時，爲千牛備身。周太祖見而奇之，授平東將軍，賜爵宜君縣子，邑三百户。”從中顯然難以解讀得出大統元年竇氏被授宜君縣子的信息。

［一〇九］按：《北史》卷七〇《檀翥傳》：“後孝武帝西幸，除兼中書舍人，修國史。大統初，又兼著作佐郎。以守關迎駕勛，封高唐子。”“高唐”原誤作“高堂”，今中華書局點校本已改正。

［一一〇］考《周書》卷三六《段永傳》云：“魏正光末，六鎮擾亂，遂

---

① 儘管誠如張森楷所云，“男例不得食郡，郡字非也”，但僅據《周書》卷一五《李弼傳附弟李檦傳》，難以確定此是“縣男”抑或是“鄉男”。

攜老幼，避地中山。後赴洛陽，拜殿中將軍，稍遷平東將軍，封沃陽縣伯，邑五百户。青州人崔社客舉兵反，永討平之。進爵爲侯，……帝西遷，永時不及從。大統初，乃結宗人，潛謀歸款。密與都督趙業等襲斬西中郎將慕容顯和，傳首京師。以功别封昌平縣子，邑三百户，除北徐州刺史。”準此，段永别封之前的爵位乃縣侯，而非縣伯。《西魏書》誤。

［一一一］按:《文苑英華》卷九二〇楊炯《後周青州刺史齊貞公宇文公神道碑》:“大統元年，授開府儀同三司，封靈縣開國子，邑三百户。”

［一一二］按:《周書》卷四三《陳忻傳》:“大統元年，授持節、伏波將軍、羽林監、立義大都督，賜爵霸城縣男。”

［一一三］按:《周書》卷四七《藝術・冀儁傳》:“大統初，除丞相府城局參軍，封長安縣男，邑二百户。”

［一一四］考《周書》卷一六《侯莫陳崇傳》云:“大統元年，除涇州刺史，加散騎常侍、大都督，進爵爲公，累遷車騎大将軍、儀同三司、驃騎大將軍、開府儀同三司，改封彭城郡公，邑三千户。三年，從擒竇泰，復弘農，破沙苑，增邑二千户。”準此，則其改封彭城郡公，未必就是大統二年。

［一一五］考《北史》卷二二《長孫道生傳附長孫紹遠傳》云:“大統二年，除太常卿，遷中書令，仍襲父爵。後例降爲公，改馮翊郡。”而其父長孫稚在隨孝武帝入關後，受封上黨王，並薨於大統元年。綜此，則長孫紹遠約於大統二年襲父爵上黨王，受爵時又“例降爲公”，遂改爲馮翊郡公。但即便如此，仍不宜稱“進馮翊郡公”。

［一一六］考《周書》卷二八《賀若敦傳》云:“父統，爲東魏潁州長史。大統（二)［三］年，執刺史田迅以州降。……即拜右衛將軍、散騎常侍、兗州刺史，賜爵當亭縣公。”據《周書》卷二《文帝紀下》、卷一九《宇文貴傳》記載，時在大統三年冬。又“當亭縣公”，《金石萃編》卷三九《賀若誼碑》作“當亭子”。

［一一七］《周書》卷二七《蔡祐傳》明言蔡祐於永熙三年受封萇鄉縣伯，至大統初，又進爵爲侯，及河橋戰后，復以軍功進爵爲公。至於河橋之戰，據《資治通鑑》卷一五八繫年，乃在大統四年，此云蔡祐於大統二年進爵爲公，

顯然有誤。

又，《周書》卷二七《厙狄昌傳》："從太祖迎魏孝武，復潼關，改封長子縣子，邑八百户。大統初，進爵爲公，增邑一千户。從破竇泰，授車騎將軍、左光禄大夫。"① 準此，則厙狄昌之進爵爲公，似在大統元年。

［一一八］按：《周書》卷三三《趙剛傳》："初，賀拔勝、獨孤信以孝武西遷之後，並流寓江左。至是剛言於魏文帝，請追而復之。乃以剛爲兼給事黄門侍郎，使梁魏興②，……是年，又詔剛使三荆，聽在所便宜從事。使還，稱旨，進爵武城縣侯"。

［一一九］考《周書》卷二七《常善傳》云："大統初，加平東將軍，進爵爲侯。"此云大統二年，似誤。

又，《周書》卷二八《史寧傳》："大統二年，寧自梁歸闕，進爵爲侯，增邑三百户。"

［一二〇］據《周書》卷四四《泉企傳》載，其父泉企因功進爵上洛郡公於大統元年，則同樣建有戰功的泉元禮，其受爵臨洮縣伯，亦當在大統元年。

［一二一］按：《周書》卷二二《周惠達傳》："太祖出鎮華州，留惠達知後事。於時既承喪亂，庶事多闕。惠達營造戎仗，儲積食糧，簡閲士馬，以濟軍國之務，時甚賴焉。爲安東将軍，拜太子少傅，進爵爲伯，增邑三百户。"

［一二二］按：《周書》卷三五《崔謙傳附弟崔説傳》："説本名士約，……及賀拔勝出牧荆州，以説爲假節、冠軍將軍、防城都督。又隨勝奔梁，復自梁歸國。授衛將軍、都督，封安昌縣子，邑三百户。"

［一二三］按：《周書》卷三二《盧柔傳》："大統二年，至長安。封容城縣男，邑二百户。"

［一二四］按：《周書》卷三五《崔謙傳》："太祖素聞謙名，甚禮之。乃授征西將軍、金紫光禄大夫，賜爵千乘縣男。……大統三年，從太祖擒竇泰，戰沙苑，并有功。"③

---

① 據《資治通鑑》卷一五七之繫年，西魏軍擊破竇泰並使之自殺，時在大統三年正月。

② 《資治通鑑》卷一五七繫其事於梁武帝大同元年（亦即大統元年）八月。

③ 《周書》卷三五校勘記［三］："《魏書》卷五六、《北史》卷三二《崔辯傳》附孫士謙，都以'士謙'爲名，……疑謙本名士謙，後改名謙，字士遜。"

［一二五］按:《周書》卷一五《李弼傳》:“魏永安元年，爾朱天光辟爲别将，從天光西討，破赤水蜀，以功拜征虜将軍，封石門縣伯，邑五百户。……大統初，進位儀同三司、雍州刺史。……與齊神武戰於沙苑，……因大破。以功拜特進，爵趙郡公[①]，增邑一千户。”

［一二六］按:《周書》卷一五《于謹傳》:“齊神武至沙苑，謹從太祖與諸將力戰，破之，進爵常山郡公，增邑一千户。”

［一二七］按:《周書》卷一六《趙貴傳》:“從太祖復弘農，戰沙苑，拜侍中、驃騎大将軍、開府儀同三司，進爵中山郡公，除雍州刺史。”

［一二八］按:《周書》卷一六《獨孤信傳》:“大統三年秋，至長安。……尋拜領軍。仍從太祖復弘農，破沙苑。改封河内郡公，增邑二千户。”

［一二九］按:《周書》卷一七《梁禦傳》:“從太祖復弘農，破沙苑，加侍中、開府儀同三司，進爵廣平郡公，增邑一千五百户。出爲東雍州刺史。爲政舉大綱而已，民庶稱焉。（大統）四年，薨於州。”

［一三〇］按:《周書》卷一七《若干惠傳》:“從擒竇泰，復弘農，破沙苑，惠每先登陷陣。加侍中、開府，進爵長樂郡公，增邑通前二千二百户。”

［一三一］按:《周書》卷一七《怡峰傳》:“又從復弘農，破沙苑，進爵樂陵郡公。”

［一三二］按:《周書》卷一七《劉亮傳》:“從擒竇泰，復弘農及沙苑之役，亮並力戰有功。遷開府儀同三司、大都督，進爵長廣郡公，邑通前二千户。”

［一三三］按:《周書》卷一七《王德傳》:“又從破齊神武於沙苑，加開府、侍中，進爵河間郡公，增邑通前二千七百户。”

［一三四］按:《北史》卷六二《王羆傳》:“沙苑之役，……及神武至（華州）城下，謂羆曰:‘何不早降?’羆乃大呼曰:‘此城是王羆家，死生在此，欲死者来!’神武不敢攻。後移鎮河東，以前後功進爵扶風郡公。（大統四年）河橋之戰，王師不利，趙青雀據長安城，所在莫有固志。羆乃大開州門，召城中戰士謂曰:……軍人見其誠信，皆無異心。”

---

① 《周書》卷二《文帝紀下》繫其事於大統三年十月，並稱戰後論功行賞，“李弼等十二將亦進爵增邑”。

［一三五］按：《周書》卷一九《達悉武傳》："齊神武趣沙苑，太祖復遣武覘之。……具知敵之情狀，以告太祖。太祖深嘉焉。遂從破之。除大都督，進爵高陽郡公，拜車騎大將軍、儀同三司。"

［一三六］考《周書》卷一九《楊忠傳》云："及爾朱兆以輕騎自并州入洛陽，忠時預焉。賜爵昌縣伯，拜都督，又別封小黄縣伯。……從魏孝武西遷，進爵爲侯。……以東魏之逼，與（獨孤）信奔梁。梁武帝深奇之，以爲（大）［文］德主帥、關外侯。大統三年，與信俱歸闕。……從擒竇泰，破沙苑。遷征西將軍、金紫光禄大夫，進爵襄城縣公。"準此，楊忠當由小黄縣侯進爵襄城縣公。

［一三七］按：《周書》卷二五《李賢傳附弟李遠傳》："沙苑之役，遠功居最，除車騎大將軍、儀同三司，進爵陽平郡公，邑三千户。"

［一三八］按：《周書》卷三六《段永傳》："從擒竇泰，復弘農，破沙苑，並有戰功。進爵爲公。"

又，《周書》卷二二《周惠達傳》："時既承喪亂，庶事多闕。惠達營造戎仗，儲積倉糧，簡閲士馬，以濟軍國之務，甚爲朝廷所稱。後拜中書令，進爵爲公。大統四年，兼尚書右僕射。"

又，《周書》卷二七《赫連達傳》："從復弘農，戰沙苑，皆有功。又增邑八百户，除（泉）［白水］郡守，轉帥都督，加持節，除濟州刺史。詔復姓赫連氏。以達勛望兼隆，乃除雲州刺史，即本州也。進爵爲公，拜大都督，尋授儀同三司。"

又，《周書》卷二九《王勇傳》："從擒竇泰，復弘農，戰沙苑，氣蓋衆軍，所當必破。太祖歎其勇敢，賞賜特隆。進爵爲公，邑一千五百户。"

又，《周書》卷二九《宇文虬傳》："大統三年，歸闕。朝廷論前後功，增邑四百户，進爵爲公。"

又，《周書》卷二九《宇文盛傳》："大統三年，兼都督。從擒竇泰，復弘農，破沙苑，授都督、平遠將軍、步兵校尉，進爵爲公，增邑八百户。"

又，《周書》卷二九《耿豪傳》："沙苑之戰，豪殺傷甚多，血染甲裳盡赤。太祖見之，歎曰……於是進爵爲公，增邑通前一千五百户。"

又，《周書》卷二九《高琳傳》："三年，從太祖破齊神武於沙苑，轉安西將軍，進爵爲公，增邑八百户。"

又，《北史》卷五九《李賢傳附弟李穆傳》："從迎魏孝武，封永平縣子。又領鄉兵。禽竇泰，復弘農，並有戰功。沙苑之捷，穆言：'歡今日已喪膽矣，請速逐之，則歡可禽也。'周文不聽。論前後功，進爵爲公。"

［一三九］按：《周書》卷二二《楊寬傳附兄楊儉傳》："儉字景則。……從破齊神武於沙苑，封夏陽縣侯，邑八百户。"

［一四〇］按：《周書》卷四四《陽雄傳》："雄起家奉朝請，累遷至都督、直後、明威將軍、積射將軍。從于謹攻盤豆栅，復從李遠經沙苑陣，並力戰有功。封安平縣侯，邑八百户。"

［一四一］按：《周書》卷三〇《竇熾傳附兄子竇毅傳》："毅字天武。……及孝武西遷，遂從入關，封奉高縣子，邑六百户，除符璽郎，從擒竇泰，復弘農，戰沙苑，皆有功。拜右將軍、太中大夫，進爵爲侯，增邑一千户。"

又，《周書》卷三五《崔謙傳附弟崔説傳》："説本名士約，……從太祖復弘農，戰沙苑，皆有功。進爵爲侯，增邑八百户，除京兆郡守。"

又，《周書》卷三五《裴俠傳》："大統三年，領鄉兵從戰沙苑，先鋒陷陣。俠本名協，至是，太祖嘉其勇決，乃曰'仁者必有勇'，因命改焉。以功進爵爲侯，邑八百户，拜行臺郎中。"

又，《周書》卷三八《吕思禮傳》："從擒竇泰，進爵爲侯，邑八百户。大統四年，以謗訕朝政，賜死。"

［一四二］按：《周書》卷二〇《尉遲綱傳》："大統元年，授帳内都督，從儀同李虎討曹泥，破之。又從破竇泰。以功封廣宗縣伯，邑五百户。"

［一四三］考《周書》卷二八《賀若敦傳》云："從河内［公］獨孤信於洛陽，被圍。敦彎弓三石，箭不虛發。信大奇之，乃言於太祖。太祖異之，引置麾下，授都督，封安陵縣伯，邑四百户。"又據《周書》卷一六《獨孤信傳》，可知獨孤信於大統三年沙苑大捷後改封河内郡公，爾後"率衆與馮翊王元季海入洛陽"。兩相比對，可以認定賀若敦必在大統三年受封安陵縣伯。

［一四四］按：《周書》卷三五《薛端傳》："年十七，司空高乾辟爲參軍，

賜爵汾陰縣男。……從擒竇泰，復弘農，戰沙苑，並有功。加冠軍將軍、中散大夫，進爵爲伯。轉丞相東閤祭酒，加本州大中正，遷兵部郎中，改封文城縣伯，加使持節、平東將軍、吏部郎中。”

［一四五］按：《周書》卷三六《鄭偉傳》：“大統三年，河内公獨孤信既復洛陽，偉乃……率衆来附。因是梁、陳之間，相次降款。偉馳入朝，太祖與語歎美之。拜龍驤將軍、北徐州刺史，封武陽縣伯，邑六百户。”

［一四六］按：《周書》卷三六《鄭偉傳》：“偉族人頂字寧伯，少有幹用。起家員外散騎侍郎，稍遷行臺左丞、陽城陳留二郡守。與偉同謀立義。後隨偉入朝，賜爵魏昌縣伯，除太常少卿。”該卷校勘記［六］：“《文苑英華》卷九一九庾信《宇文常碑》、卷九四七《鄭常墓誌銘》‘頂’作‘頊’。”

［一四七］按：《周書》卷四四《泉企傳》：“（泉）企之東也，（其次子）仲遵以被傷不行。後與（兄）元禮斬（杜）窋，以功封豐陽縣伯，邑五百户。”又，《資治通鑑》卷一五七繫元仲遵兄弟斬杜窋事於大統三年正月。

［一四八］按：《周書》卷一五《于謹傳附子于寔傳》：“大統三年，又從復弘農，戰沙苑。以前後功，封萬年縣子，邑五百户，授主衣都統。”

［一四九］按：《周書》卷三七《裴文舉傳》：“父邃，性方嚴，爲州里所推挹。……大統三年，東魏来寇，邃乃糾合鄉人，分據險要以自固。……及李弼略地東境，邃爲之鄉導，多所降下。太祖嘉之，特賞衣物，封澄城縣子，邑三百户。”

［一五〇］按：《周書》卷三二《盧柔傳》：“與蘇綽對掌機密。時沙苑之後，大軍屢捷，汝、潁之間，多舉義來附。書翰往反，日百餘牒。柔隨機報答，皆合事宜。進爵爲子，增邑三百户，除中書舍人。”

又，《周書》卷三五《崔謙傳》：“大統三年，從太祖擒竇泰，戰沙苑，並有功。進爵爲子，遷車騎大將軍、右光禄大夫，拜尚書右丞。”

又，《周書》卷四七《藝術・冀儁傳》：“大統初，除丞相府城局參軍，封長安縣男，邑二百户。從復弘農，戰沙苑，進爵爲子，出爲華州中正。”

［一五一］按：《周書》卷三六《裴果傳附劉志傳》：“大統三年，太祖遣領軍將軍獨孤信復洛陽。志糾合義徒，舉廣州歸國。拜大丞相府墨曹參軍，封

華陰縣男，邑二百户。”

［一五二］永安縣男：原作“永樂縣男”，考庾信《周兖州刺史廣饒公宇文公神道碑》云：“大統三年，起義華陽，先登廣武，浮潛逾汭，入渭亂河，蒙授永安縣開國男、輔國將軍。”① 兹據改。

［一五三］按：《周書》卷一〇《邵惠公顥傳附子導傳》：“三年，……進位儀同三司。明年，魏文帝東征，留導爲華州刺史。及趙青雀、于伏德、慕容思慶等作亂，導自華州率所部兵擊之，擒伏德，斬思慶，進屯渭橋，會太祖軍。事平，進爵章武郡公，增邑并前二千户。”

［一五四］［一六九］按：《周書》卷一九《侯莫陳順傳》：“南岐州氐苻安壽自號太白王，攻破武都，州郡騷動。復以順爲大都督，往討之。……安壽知勢窮迫，遂率部落一千家，赴軍款附。時順弟崇又封彭城郡公，封順河間郡公。明年，加驃騎大將軍、開府儀同三司、行西夏州事、安平郡公。”其校勘記［九］曰：“按上文叙渭橋之戰和南岐州氐苻安壽事都在大統四年，則明年是五年。……又《北史》‘安平’作‘平原’。……疑作‘平原’是。”

［一五五］按：《周書》卷二〇《王盟傳》：“趙青雀之亂，盟與開府李虎輔魏太子出頓渭北。事平，進爵長樂郡公，增邑并前二千户，賜姓拓（拔）［王］氏。”

［一五六］按：《周書》卷二〇《叱列伏龜傳》：“大統四年，封長樂縣公，邑一千户。”

［一五七］按：《北史》卷三〇《盧同傳附從子盧辯傳》：“趙青雀之亂，魏太子出居渭北，辯時隨從，……尋除太常卿、太子少傅，轉少師，魏太子及諸王等皆行束脩之禮，受業於辯，進爵范陽郡公。”

［一五八］按：《周書》卷二七《梁椿傳》：“從戰河橋，進爵東平郡公，增邑一千户。”

［一五九］按：《周書》卷三〇《于翼傳附李穆傳》：“河橋之戰，太祖所

① 《文苑英華》卷九一九，中華書局，一九六六年，頁四八三六。《文苑英華》卷九四七，庾信《周大將軍上開府廣饒公鄭常墓誌銘》小字注：“《墓誌》作‘鄭常’，而九百十九卷《神道碑》作‘宇文常’，蓋其（役）［後］賜也。”

乘馬中流矢驚逸，太祖墜於地，軍中大擾。敵人追及之，左右皆奔散，……是日微穆，太祖已不濟矣。自是恩眄更隆。……進爵（武）安［武］郡公[①]，增邑一千七百户。”

［一六〇］考《北史》卷六九《厙狄峙傳》云：“大統元年，拜中書舍人，參掌機密，以恭謹見稱。遷黄門侍郎。時與東魏争衡，蠕蠕乘虚，屢爲邊患，朝議欲結和親，乃使峙往。峙狀貌魁梧，善於辭令，蠕蠕主雅信重之，自是不復爲寇。周文謂峙曰：‘昔魏絳和戎，見稱前史。以君方之，彼有愧色。’封高邑縣公。”據此似難得出大統四年被授高邑縣公的結論。

［一六一］按：《周書》卷二〇《尉遲綱傳》：“河橋之戰，太祖馬中流矢，因而驚奔。綱與李穆等左右力戰，衆皆披靡，太祖方得乘馬。以前後功，增邑八百户，進爵爲公，仍拜平遠將軍、步兵校尉。”

又，《周書》卷二七《蔡祐傳》：“又從太祖戰於河橋，……以功進爵爲公，增邑三百户，授京兆郡守。”

又，《周書》卷二七《常善傳》：“四年，從戰河橋，加大都督，進爵爲公，除涇州刺史。”

又，《周書》卷二七《辛威傳》：“又從獨孤信入洛陽，經河橋陣，加持節，進爵爲公，增邑八百户。”

又，《周書》卷三〇《于翼傳附李穆傳》：“穆長子惇，字士宇。大統四年，以穆功賜爵安平縣侯，尋授車騎大將軍、儀同三司、大都督，進爵爲公。”

又，《北史》卷六九《陸通傳》：“屬趙青雀反於長安，周文將討之，以人馬疲弊，不可速行，又謂青雀等一時陸梁，不足爲慮，乃云：‘我到長安，但輕騎臨之，必當面縛。’通進曰……周文深納之，因從平青雀。録前後功，進爵爲公。”

［一六二］按：《周書》卷三〇《于翼傳附李穆傳》：“穆長子惇，字士宇。大統四年，以穆功賜爵安平縣侯。”

---

① 《周書》卷三〇校勘記［二六］云：“《隋書》卷三七《李穆傳》、《北史》卷五九《李賢附弟穆傳》‘武安’作‘安武’。按本傳下文稱李穆一度革去官爵後，世宗即位，復封安武郡公。卷五《武帝紀》保定四年、五年兩見‘安武公李穆’，知作‘安武’是，今乙正。”

［一六三］按:《周書》卷三六《崔彦穆傳》:“四年，兼行右民郎中、潁川邑中正，賜爵千乘縣侯。”

［一六四］［一六六］按:《周書》卷二三《蘇綽傳》:“四年，加衛將軍、右光禄大夫，封美陽縣子，邑三百户。加通直散騎常侍，進爵爲伯，增邑二百户。”

［一六五］按:《周書》卷二〇《閻慶傳》:“河橋之役，以功拜前將軍、太中大夫，遷後將軍，封安次縣子，邑四百户。”

［一六七］按,《周書》卷三九《韋瑱傳》:“又從戰河橋，進爵爲子，增邑二百户。”

又,《周書》卷四三《陳忻傳》:“及河橋戰不利，隨軍西還，復行新安縣事。東魏遣土人牛道恒爲（揚）［陽］州刺史，忻率兵擊破之，進爵爲子。”

［一六八］按:《周書》卷二八《權景宣傳》:“太祖嘉之，徵入朝。録前後功，封顯親縣男，邑三百户。……朝議以景宣威行南服，乃授并安肆郢新應六州諸軍事、并州刺史。尋進驃騎大將軍、開府儀同三司，加侍中，兼督江北司二州諸軍事，進爵爲伯，邑五百户。”

［一七〇］按:《周書》卷三一《韋孝寬傳》:“永安中，授宣威將軍、給事中，尋賜爵山北縣男。……大統五年，進爵爲侯。”

［一七一］按:《周書》卷三二《唐瑾傳》:“從破沙苑，戰河橋，並有功，封姑臧縣子。”準此，則其受封當在大統四年。又,《金石録》卷二三“後周大宗伯唐瑾碑”條:“右《周唐瑾碑》，以《後周書》及《北史》列傳校之，首尾皆□牾不合。……《傳》云初封姑臧縣子，而《碑》云永昌子。……又其改封淄川伯，蓋爲龍驤將軍時，而其爲開府，乃進爵爲公。”

［一七二］按:《周書》卷三七《寇儁傳》:“五年，將家及親屬四百餘口入關，拜祕書監。時軍國草創，墳典散逸，儁始選置令史，抄集經籍，四部羣書，稍得周備。加鎮東將軍，封西安縣男，邑二百户。”

［一七三］按:《周書》卷二七《宇文測傳附弟宇文深傳》:“及齊神武舉兵入洛，孝武西遷。既事起倉卒，人多逃散，深撫循所部，並得入關。以功賜爵長樂縣伯。……四年，從戰河橋。六年，別監李弼軍討白額稽胡，並有戰功。俄進爵爲侯。”

［一七四］按:《周書》卷四五《儒林·盧光傳》:“大統六年，攜家西入。太祖深禮之，除丞相府記室參軍，賜爵范陽縣伯。”

［一七五］考《周書》卷三八《柳虯傳》云:“（獨孤）信出鎮隴右，因爲秦州刺史，以虯爲二府司馬。雖處元僚，不綜府事，唯在信左右談論而已。因使見太祖，被留爲丞相府記室。追論歸朝功，封美陽縣男，邑二百户。”① 又，同書卷一六《獨孤信傳》:“六年，侯景寇荊州，太祖令信與李弼出武關②。景退，以信爲大使，慰撫三荊。尋除隴右十州大都督、秦州刺史。”《封爵表》蓋據此而繫之於大統六年。

［一七六］考《周書》卷二七《韓果傳》云:“（大統）九年，從戰邙山，軍還，除河東郡守。又從大軍破稽胡於北山。……累遷大都督、車騎大將軍、儀同三司、驃騎大將軍、開府儀同三司，出爲宜州刺史。録前後功，進爵褒中郡公。”是知其進爵褒中郡公，時在大統九年之後，《封爵表》卻繫於大統七年，誤甚。

［一七七］考《周書》卷三二《柳敏傳》云:“又與蘇綽等修撰新制，爲朝廷政典。遷禮部郎中，封武城縣子，加帥都督，領本鄉兵。”《封爵表》蓋據“新制”並結合《周書》卷二《文帝紀下》“七年，……冬十一月，太祖奏行十二條制”云云，而繫其事於大統七年。

［一七八］按:《周書》卷三八《蘇亮傳》:“八年，遷都官尚書、使持節、行北華州刺史，封臨涇縣子，邑三百户。”

［一七九］按:《周書》卷一九《豆盧寧傳》:“九年，從太祖迎高仲密，與東魏戰於邙山，遷左衛將軍，進爵范陽郡公，增邑四百户。”

［一八〇］按:《周書》卷三二《陸通傳》:“九年，高仲密以地來附，通從若干惠戰於邙山，衆軍皆退，唯惠與通率所部力戰。至夜中乃陰引還，敵亦不敢逼。進授驃騎大將軍、開府儀同三司、太僕卿，賜姓步六孤氏，進爵綏德郡公。”

---

① “柳虯”原誤作“柳蚪”，兹據《周書》卷三八《柳虯傳》、《北史》卷六四《柳虯傳》改正。

② 《周書》卷二《文帝紀下》繫其事於大統六年春。

［一八一］按:《周書》卷三三《趙剛傳》:“高仲密以北豫州來附，兼大行臺左丞，持節赴潁川節度義軍。師還，剛別破侯景前驅於南陸，復獲其郡守二人。時有流言傳剛東叛，齊神武因設反間，聲遣迎接。剛乃率騎襲其下塢[①]，拔之，露板言狀。太祖知剛無貳，乃加賞賚焉。除營州刺史，進爵爲公。”

［一八二］按:《北史》卷八五《節義・李棠傳》:“高仲密爲北豫州刺史，請棠爲掾。仲密將圖西附。時東魏又遣鎮城奚壽興典兵事。仲密遂與棠謀殺壽興，率其衆據城，遣棠詣關中歸款。周文嘉之，封廣宗縣公。”

［一八三］按:《北史》卷五《魏本紀五》:“九年……二月，東魏北豫州刺史高仲密據武牢内附，以仲密爲侍中、司徒，封勃海郡公。”

［一八四］按:《北史》卷六八《王雅傳》:“有膽勇，善騎射。周文聞其名，召入軍，以功賜爵居庸縣子。……又從戰芒山。時大軍失利，諸將皆退，雅獨拒之。……周文歎曰:‘王雅舉身悉是膽也！’進爵爲伯。”

［一八五］按:《周書》卷四五《儒林・盧誕傳》:“時刺史高仲密以州歸朝，朝廷遣大將軍李遠率軍赴援，誕與文武二千餘人奉候大軍。以功授鎮東將軍、金紫光禄大夫，封固安縣伯，邑五百户。”

［一八六］［一八八］考《周書》卷一一《晉蕩公護傳附叱羅協傳》云:“協歷仕二京，詳練故事。又深自克勵，太祖頗委任之。然猶以其家屬在東，疑其有戀本之望。及河橋戰不利，協隨軍而還。太祖知協不貳，封冠軍縣男，邑二百户。尋加車騎將軍、左光禄大夫。九年，除直閤將軍、恒州大中正，加都督，進爵爲伯，增邑八百户。”據此以觀，叱羅協進爵爲伯，固然是在大統九年，然其受封冠軍縣男，顯然在大統九年之前，《封爵表》誤。

又，《周書》卷二〇《閻慶傳》:“河橋之役，以功拜前將軍、太中大夫，遷後將軍，封安次縣子，邑四百户。及邙山之戰，先登陷陳。拜撫軍將軍、大都督，進爵爲伯，增邑五百户。”

［一八七］按:《周書》卷四三《魏玄傳》:“邙山之役，大軍不利，宜陽、洛州皆爲東魏守。崤東立義者，咸懷異望。而玄母及弟並在宜陽。玄以爲忠孝

① 下塢，《北史》卷六九《趙剛傳》作“丁塢”。

不兩立，乃率義徒還關南鎮撫。太祖手書勞之，除洛陽令，封廣宗縣子，邑四百户。”又，“魏玄”原爲避諱而作“魏元”，兹徑改。

［一八九］考《北史》卷六〇《王雄傳》云：“大統中，進爵武威郡公，累遷大將軍，行同州事。恭帝元年，賜姓可頻氏。”據此，似難認定王雄進爵武威郡公必在大統十年。

［一九〇］按：《文苑英華》卷九二〇楊炯《後周青州刺史齊貞公宇文公神道碑》：“九年遷五兵尚書，十年遷中書監，領驃騎大將軍，加開府儀同三司，進爵爲公，增邑一千户。”

［一九一］按：《周書》卷四五《儒林・盧光傳》：“大統六年，携家西入。太祖深禮之，除丞相府記室參軍，賜爵范陽縣伯。俄拜行臺郎中，專掌書記。十年，改封安息縣伯，邑五百户。”

［一九二］按：《周書》卷四七《藝術・趙文深傳》：“大統十年，追論立義功，封白石縣男，邑二百户。”其校勘記［二四］：“《北史》卷八二《趙文深傳》‘十年’作‘十二年’。”

［一九三］按：《北史》卷六二《尉遲迥傳》：“迥少聰敏，美容儀。及長，有大志，好施愛士。尚魏文帝女金明公主，拜駙馬都尉，封西都侯。大統十一年，拜侍中、驃騎大将軍、開府儀同三司，進爵魏安郡公。”

［一九四］按：《周書》卷一一《晉蕩公護傳》：“十二年，加驃騎大將軍、開府儀同三司，進封中山公，增邑四百户。”《北史》卷五七《周宗室傳》繫其事於大統十三年。

［一九五］考《周書》卷二九《侯植傳》云：“涼州刺史宇文仲和據州作逆，植從開府獨孤信討擒之，拜車騎大將軍、儀同三司，封肥城縣公，邑一千户。”又據《周書》卷二《文帝紀下》，可知宇文仲和始亂於大統十二年春，同年五月被擒。而“縣公”原誤作“郡公”，兹據改。

［一九六］按：《周書》卷三一《韋孝寬傳》：“十二年，齊神武傾山東之衆，志圖西入，以玉壁衝要，先命攻之。……神武苦戰六旬，傷及病死者十四五，智力俱困，因而發疾。其夜遁去。後因此忿恚，遂殂。魏文帝嘉孝寬功，令殿中尚書長孫紹遠、左丞王悦至玉壁勞問，授驃騎大將軍、開府儀同三

司，進爵建忠郡公。”

［一九七］按：《北史》卷六三《蘇綽傳》：“十二年，卒于位，時年四十九。……子威嗣。威字無畏。少有至性，五歲喪父，哀毀有若成人。周文帝時，襲爵美陽縣公，仕郡功曹。”[①]

［一九八］考《北史》卷六八《豆盧寧傳附子勣傳》云：“勣聰悟，有器局。初以勛臣子封義安縣侯。周閔帝受禪，授稍伯下大夫、開府儀同三司，改封丹陽郡公。”據此顯然無從得出豆盧勣於大統十二年受爵義安縣侯的結論。

［一九九］按：《周書》卷三七《李彦傳》：“十二年，省三十六曹爲十二部，改授民部郎中，封平陽縣子，邑三百户。”

［二〇〇］按：《周書》卷三七《郭彦傳》：“大統十二年，初選當州首望，統領鄉兵，除帥都督、持節、平東將軍。以居郎官著稱，封龍門縣子，邑二百户。”

［二〇一］按：《資治通鑑》卷一五九：大統十二年五月，“丞相泰以申徽爲瓜州刺史，召（令狐）整爲壽昌太守，封襄武男。”襄武縣男，原從《周書》卷三六《令狐整傳》作“驤武縣男”，今點校本《周書》已據《北史》卷六七《令狐整傳》、《册府元龜》卷三七三、《資治通鑑》卷一五九改正，玆亦徑改。

［二〇二］按：《周書》卷二七《蔡祐傳》：“十三年，遭父憂，請終喪紀。弗許。遷車騎大將軍、儀同三司，加驃騎大將軍、開府儀同三司、侍中，賜姓大利稽氏，進爵懷寧郡公。”

［二〇三］按：《北史》卷三五《鄭羲傳附鄭偉傳》：“侯景歸款，周文命偉率所部應接。及景叛，偉亦全軍而還。除滎陽郡守，進爵襄城郡公，侍中、驃騎大將軍、開府儀同三司。”據《周書》卷二《文帝紀下》，可知侯景降而復叛，時在大統十二年三月、七月。

---

① 《北史》卷六三《蘇綽傳》續曰：“及太宗平世充，坐於東都閶闔門内，（蘇）威請謁見，稱老病不能拜起。上遣人數之曰：‘公隋朝宰輔，政亂不能匡救，遂令品物塗炭，君弑國亡。見李密、世充皆拜伏舞蹈。今既老病，無勞相見。’尋入長安，至朝堂請見，高祖又不許。終於家，時年八十二。”由西魏文帝大統十二年五歲喪父下推七十七年，可知蘇威卒於唐高祖武德六年，《資治通鑑》卷一八九卻稱卒於武德四年五月，似誤。

［二〇四］考《周書》卷一一《晉蕩公護傳附馮遷傳》云："後從太祖擒竇泰，復弘農，戰沙苑，皆有功。授都督、龍驤將軍、羽林監，封獨顥縣伯，邑六百户。及洛陽之戰，遷先登陷陣，遂中重瘡，僅得不死。以功加輔國將軍、軍師都督，進爵爲侯。"此所謂"洛陽之戰"，當指大統四年河橋之戰，西魏在此戰中失利，而"洛陽亦失守"[①]。果如此，則《封爵表》誤置。

［二〇五］按：《周書》卷二八《權景宜傳》："十二年，除輔國將軍、南［荆］州刺史。及侯景來附，（王）思政遣（郭）賢先出三鵶，鎮於魯陽。加大都督，封安武縣子，邑四百户。"

［二〇六］按：《周書》卷三七《趙肅傳》："十三年，除廷尉少卿。明年元日，當行朝禮，非有封爵者，不得預焉。肅時未有茅土。左僕射長孫儉白太祖請之。……於是封清河縣子，邑三百户。"

［二〇七］考《周書》卷三九《梁昕傳》云："十二年，除河南郡守，鎮大塢。尋又移鎮閻韓。式遏邊壘，甚著誠言。遷東荆州刺史。昕撫以仁惠，蠻夷悦之。流民歸附者，相繼而至。封安定縣子，邑三百户。"由此觀之，梁昕未必於大統十三年受封安定縣子。

［二〇八］［二一八］按：《周書》卷二二《柳慶傳》："十三年，封清河縣男，邑二百户，兼尚書右丞，攝計部。十四年，正右丞。……尋進爵爲子，增邑三百户。十五年，加平南将軍。"

［二〇九］［二一三］［二一四］［二一六］［二一七］按：《周書》卷一六《獨孤信傳》："十四年，進位柱國大將軍。録克下溠、守洛陽、破岷州、平涼州等功，增封，聽回授諸子。於是第二子善封魏寧縣公，第三子穆文侯縣侯，第四子藏義寧縣侯，邑各一千户；第五子順項城縣伯，第六子陁建忠縣伯，邑各五百户。"

［二一〇］按：《周書》卷二〇《賀蘭祥傳》："十四年，除都督三荆南襄南雍平信江随二郢淅十二州諸軍事、荆州刺史，進爵博陵郡公。"

［二一一］按：《北史》卷六二《尉遲迥傳附弟綱傳》："大統十四年，進

---

① 《周書》卷二《文帝紀下》，中華書局，一九七一年，頁二六。

爵平昌郡公。”“平昌郡公”原誤作“昌平郡公”，兹徑改。

［二一二］按：《周書》卷二《文帝紀下》：“十四年春，魏帝詔封太祖長子毓爲寧都郡公，食邑三千户。初，太祖以平元顥、納孝莊帝之功，封寧都縣子，至是改縣爲郡，而以封毓，用彰勤王之始也。”

［二一五］按：《周書》卷一六《侯莫陳崇傳》：“弟凱，字敬樂。性剛正，頗好經史。隨兄崇，以軍功賜爵下蔡縣男。……十四年，兄崇以平原州功，賜爵靈武縣侯，詔聽轉授凱。”

［二一九］按：《周書》卷三四《裴寬傳》：“十四年，與東魏將彭樂、［樂］恂戰於新城，因傷被擒。至河陰，見齊文襄。寬舉止詳雅，善於占對，文襄甚賞異之。……因解鏁付館，厚加其禮。寬乃裁卧氈，夜縋而出，因得遁還，見於太祖。太祖顧謂諸公曰：‘被堅執鋭，或有其人，疾風勁草，歲寒方驗。裴長寬爲高澄如此厚遇，乃能冒死歸我。雖古之竹帛所載，何以加之！’乃手書署寬名下，授持節、帥都督，封夏陽縣男，邑三百户，并賜馬一匹、衣一襲，即除孔城城主。”

［二二〇］按：《周書》卷三九《辛慶之傳附族子昂傳》：“大統十四年，追論歸朝之勛，封襄城縣男，邑二百户，轉丞相府田曹參軍。”

［二二一］［二二二］［二二四］［二二五］［二二六］［二二七］按：《北史》卷六二《王思政傳》：“子康①，沈毅有度量，後爲周文親信。思政陷後，詔以因水城陷，非戰之罪，增邑三千五百户，以康襲爵太原公，……康弟揆，先封中都縣侯，增邑通前一千五百户，進爵爲公。揆弟邗，封西安縣侯。邗弟恭，忠誠縣伯。恭弟幼，顯親縣伯。康姊封齊郡君。康兄元遜亦陷於潁川，封其子景晋陽縣侯。”又，“邗”原誤作“刊”，兹徑改。

［二二三］按：《周書》卷一五《于謹傳附子寔傳》：“十四年，除尚書。是歲，太祖與魏太子西巡，寔時從。太祖刻石於隴山之上，録功臣位，以次鐫

① 王康，《周書》卷六《武帝紀下》同，《周書》卷五《武帝紀上》作“王柬”，《周書》卷一八《王思政傳》與《北史》卷一〇《周本紀下》皆作“王秉”。《周書》卷五校勘記［一七］斷言：“考《北史》避唐諱‘昞’嫌名，‘秉’或改‘執’，而人名‘秉’者常改作‘康’。……王思政之子當名‘秉’，‘康’是諱改，‘柬’乃形訛。”其説甚是。

勒，預以寔爲開府儀同三司。至十五年，方授之。尋除（滑）［渭］州刺史，特給鼓吹一部，進爵爲公，增邑二百户。”

又，《周書》卷二八《史寧傳》：“十五年，遷驃騎大將軍、開府儀同三司，加侍中，進爵爲公。”

又，《周書》卷四三《韋祐傳》：“十五年，加驃騎大將軍、開府儀同三司，尋進爵爲公。”

［二二八］按：《周書》卷二《文帝紀下》：“十六年……三月，魏帝封太祖第二子震爲武邑公，邑二千户。”

［二二九］按：《周書》卷一九《達奚武傳附子震傳》：“十六年，封昌邑縣公，一千户。”①

［二三〇］按：《周書》卷二《文帝紀下》：“十六年春正月，柳仲禮率衆來援安陸，楊忠逆擊於漴頭，大破之，擒仲禮，悉虜其衆。……及楊忠擒仲禮，（梁湘東王蕭）繹懼，復遣其子方平來朝。”又，同書卷一九《楊忠傳》曰：“於是選騎二千，銜枚夜進，遇仲禮於淙頭。忠親自陷陳，擒仲禮，悉俘其衆。……梁元帝遣使送子方略爲質，并送載書，請魏以石城爲限，梁以安陸爲界。乃旋師。進爵陳留郡公。”

［二三一］按：《周書》卷三〇《于翼傳》：“于翼字文若，太師、燕公謹之子。美風儀，有識度。年十一，尚太祖女平原公主，拜員外散騎常侍，封安平縣公，邑一千户。大統十六年，進爵郡公。”

［二三二］按：《周書》卷四四《席固傳》：“大統十六年，以地來附。是時太祖方欲南取江陵，西定蜀、漢，聞固之至，甚禮遇之。乃遣使就拜使持節、驃騎大將軍、開府儀同三司、大都督、侍中、豐州刺史，封新豐縣公，邑二千户。後轉湖州刺史。固以未經朝謁，遂蒙榮授，心不自安，啓求入覲。太祖許之。及固至，太祖與之歡醼，賞賜甚厚。進爵靜安郡公，增邑並前三千三百户。”

---

① 《周書》卷一九校勘記［五］：“《北史》卷六五《達奚武》附子《震傳》‘昌邑’作‘魏昌’。按《魏書》《地形志》無昌邑縣。疑本作‘封魏昌縣公，邑一千户’。……然《太平寰宇》一四濟州金鄉縣有昌邑故城云‘漢爲縣，高齊天保七年省廢’，又似魏有此縣，今不改。”

［二三三］按:《周書》卷二三《蘇綽傳》:“綽弟椿,……正光中,……賜爵美陽子,……(大統)十六年,征隨郡,軍還,除武功郡守。……尋授使持節、車騎大將軍、儀同三司,進爵爲侯。”

［二三四］按:《周書》卷三四《楊摽傳》:“十六年,大軍東討,授大行臺尚書,率義衆先驅敵境,攻其四戍,拔之。時以齊軍不出,乃追摽還。併肥如、郃陽二邑,合一千八百户,改封華陽縣侯。”

［二三五］按:《周書》卷四〇《尉遲運傳》:“尉遲運,大司空、吴國公綱之子也。少彊濟,志在立功。魏大統十六年,以父勛封安喜縣侯,邑一千户。”

［二三六］按:《周書》卷三五《鄭孝穆傳》:“十六年,乃假孝穆散騎常侍,持節策拜(蕭)詧爲梁王。使還稱旨趣,進車騎大將軍、儀同三司,加散騎常侍。是年,太祖總戎東討,除大丞相府右長史,封金鄉縣男,邑二百户。”

［二三七］按:《隋書》卷五五《侯莫陳穎傳》:“魏大統末,以父軍功賜爵廣平侯,累遷儀同三司。”

［二三八］按:《北史》卷七七《杜整傳》:“魏大統末,襲爵武鄉侯。”

［二三九］按:《周書》卷四四《李遷哲傳》:“大統十七年,太祖遣達奚武、王雄等略地山南,遷哲率其所部拒戰,軍敗,遂降於武。然猶意氣自若。武乃執送京師。……太祖深嘉之,即拜使持節、車騎大將軍、散騎常侍,封沌陽縣伯,邑千户。”

［二四〇］按:《隋書》卷三九《于義傳》:“于義字慈恭,……父謹,從魏武帝入關,仕周,官至太師,……大統末,以父功,賜爵平昌縣伯,邑五百户。”

［二四一］按:《周書》卷一五《李弼傳附弟檦傳》:“魏廢帝初,從趙貴征茹茹,論功爲最,改封封山縣公,增邑并前二千一百户。”

［二四二］按:《周書》卷一六《獨孤信傳》:次子“善(子)［字］伏陁,幼聰,慧善騎射,以父勛,封魏寧縣公。魏廢帝元年,又以父勛,授驃騎大將軍、開府儀同三司,加侍中,進爵長安郡公。”長安郡公,《北史》卷六一《獨孤信傳》作“長城郡公”。

［二四三］按:《周書》卷二七《赫連達傳》:“從大將軍達奚武攻漢中。

梁宜豐侯蕭循拒守積時，後乃送款。……師還，遷驃騎大將軍、開府儀同三司，加侍中，進爵藍田縣公。”又，同書卷二《文帝紀下》云：“魏廢帝元年……夏四月，達奚武圍南鄭，月餘，梁州刺史、宜封侯蕭循以州降。”

［二四四］按：《周書》卷二七《厙狄昌傳》：“魏廢帝元年，進爵方城郡公，增邑并前四千一百户。”

［二四五］韓褒進爵爲公，時在廢帝二年，此則《周書》卷三七《韓褒傳》言之甚明：“魏廢帝元年，轉會州刺史。二年，進位車騎大將軍、儀同三司。尋加驃騎大将軍、開府儀同三司，進爵爲公。”《封爵表》此誤，蓋因未能細審《北史》卷七〇《韓褒傳》所致。[①]

［二四六］按：《周書》卷四四《任果傳》：“魏廢帝元年，率所部來附。太祖嘉其遠至，待以優禮。果因面陳取蜀之策，太祖深納之。乃授使持節、車騎大將軍、儀同三司、大都督、散騎常侍、沙州刺史，南安縣公，邑一千户。”

［二四七］按：《周書》卷四四《扶猛傳》：“魏大統十七年，大將軍王雄拓定魏興，猛率其衆據險爲堡，時遣使微通餉饋而已。魏廢帝元年，魏興叛，雄擊破之，猛遂以衆降。太祖以其世據本鄉，乃厚加撫納，授車騎大將軍、儀同三司，加散騎常侍，復爵宕渠縣男。”

［二四八］按：《周書》卷二〇《王盟傳》：“（次子）懋，字小興。……大統初，賜爵安平縣子，……廢帝二年，除南岐州刺史，進爵安寧郡公，增邑并前二千户。”

［二四九］史寧進安政郡公，時在廢帝元年，此則《北史》卷六一《史寧傳》言之甚明：“魏廢帝元年，復除涼甘瓜三州諸軍事、涼州刺史。初蠕蠕與魏和親，後更離叛。尋爲突厥所破，殺其主阿那瓌。部落逃逸者，仍奉瓌之子孫，抄掠河右。寧率兵邀擊，獲瓌子孫二人，并其種落酋長。自是每戰破之，前後降數萬人。進爵安政郡公。二年[②]，吐谷渾通使於齊，寧擊獲之，就拜大將軍。”

---

① 按：《北史》卷七〇《韓褒傳》：“廢帝元年，爲會州刺史。後以驃騎大將軍、開府儀同三司，進爵爲公。”

② 二年，《周書》卷二八《史寧傳》作“三年”，然《周書》卷二八校勘記［八］云：“按卷五〇《吐谷渾傳》記此事在魏廢帝二年。疑《北史》是。”

［二五〇］按：《周書》卷二八《賀若敦傳》："進爵廣鄉縣侯。敦既有武藝，太祖恒欲以將帥任之。魏廢帝二年，拜右衛將軍，俄加驃騎大將軍、開府儀同三司，進爵爲公。"

［二五一］按：《周書》卷三〇《竇毅傳附兄子毅傳》："魏廢帝二年，授車騎大將軍、儀同三司、大都督，進爵安武縣公，增邑一千四百户。"

［二五二］按：《周書》卷三二《申徽傳》："廢帝二年，進爵爲公，正右僕射，賜姓宇文氏。"

［二五三］按：《周書》卷四四《楊乾運傳》："及達奚武圍南鄭[①]，武陵王蕭紀遣乾運率兵援之，爲武所敗。……時紀與其兄湘東王繹爭帝，遂連兵不息。……乾運乃令使人李若等入關送款。太祖乃密賜乾運鐵券，授使持節、驃騎大將軍、開府儀同三司、侍中、梁州刺史，安康郡公。……魏廢帝三年，乾運至京師。"

［二五四］按：《周書》卷四四《任果傳》："及成都平[②]，除始州刺史。在任未久，果請入朝，太祖許之。以其方隅首望，早立忠節，乃進爵安樂郡公，賜以鐵券，聽世相傳襲。"安樂，《北史》卷六六《任果傳》作"樂安"，且其校勘記［二一］據《隋書》卷二九《地理志上》的相關記載，疑"樂安"乃"普安"之誤。其説甚是。

［二五五］按：庾信《周上柱國齊王憲神道碑》稱宇文憲於"後魏二年，封涪城縣開國公，時年五歲"，又謂宇文憲於"宣政元年六月二十八日薨，春秋三十四"[③]。據其生卒年推算，則其受封涪城公，時在大統十五年，而非廢帝二年。

［二五六］按：《周書》卷三六《裴果傳》："魏廢帝三年，授龍州刺史，封冠軍縣侯，邑五百户。"

［二五七］考《周書》卷三三《趙昶傳》云："以功封章武縣伯，邑五百户。十五年，拜安夷郡守。"是知趙昶在大統十五年前就已受爵章武縣伯。《封

---

① 據《周書》卷二《文帝紀下》，可知時在魏廢帝元年四月。

② 據《周書》卷二《文帝紀下》，可知時在魏廢帝二年八月。

③ 《文苑英華》卷八九〇，頁四六八五～四六八六。

爵表》顯誤。

［二五八］按：《周書》卷三六《司馬裔傳》："魏廢帝元年，徵裔，令以本兵鎮漢中。……二年，轉鎮宋熙郡。尋率所部兵從尉遲迥伐蜀，與叱羅協破叛兵趙雄傑於槐林，平鄧朏於梓潼。以功賜爵龍門縣子，行蒲州刺史。"

［二五九］按：《周書》卷二七《蔡祐傳》："祐弟澤，頗好學，有幹能。……從尉遲迥平蜀，授帥都督，賜爵安彌縣男。"

［二六〇］據《隋書》卷一〇《邵惠公顥傳》記載，宇文會乃晉蕩公宇文護之子，出繼宇文護長兄宇文什肥，"魏恭帝二年，以（其父宇文）護平江陵之功，賜爵江陵縣公。"《封爵表》繫之於恭帝元年，顯誤。

［二六一］考《周書》卷五《武帝紀上》云："高祖武皇帝諱邕，字禰羅突，太祖第四子也。母曰叱奴太后。大統九年，生於同州，……年十二，封輔城郡公。"由此推算，其受爵輔城郡公，確實是在西魏恭帝元年。

［二六二］按：《周書》卷一二《齊煬王憲傳》："齊煬王憲字毗賀突，太祖第五子也。……魏恭帝元年，進封安城郡公。"而《文苑英華》卷八九〇庾信《周上柱國齊王憲神道碑》則曰："周元年，進爵安城郡公，食邑二千户。"

［二六三］按：《周書》卷一五《于謹傳》："魏恭帝元年，……（岳陽王蕭詧）以梁元帝殺［其］兄譽，遂結讐隙。據襄陽來附，仍請王師。乃令謹率衆出討。……（梁主）率其太子以下，面縛出降，尋殺之。……立蕭詧爲梁主，振旅而旋。……别封新野郡公，邑二千户。"

［二六四］按：《周書》卷二五《李賢傳》："魏恭帝元年，進爵河西郡公，增邑通前二千户。"河西郡公，《北史》卷五九《李賢傳》作"西河郡公"。

［二六五］按：《周書》卷二五《李賢傳》："（從子）基，字仲和。……大統十年，釋褐員外散騎常侍。後以父勛，封建安縣公，……俄轉大都督，進爵清河郡公。……魏恭帝即位，遷使持節、車騎大將軍、儀同三司，加散騎常侍，進爵燉煌郡公。"

［二六六］按：《北史》卷二二《長孫嵩傳附五世孫儉傳》："及梁元帝嗣位於江陵，外敦隣睦，内懷異計。儉密啓陳攻取之謀。……周文深然之，……尋令柱國于謹伐江陵，事平，以儉元謀，賞奴婢三百口，遂令儉鎮

江陵，進爵昌寧郡公。"

［二六七］按：《周書》卷二九《王勇傳》："魏恭帝元年，從柱國趙貴征茹茹，破之。勇追擊，獲雜畜數千頭。進爵新陽郡公，增邑通前二千户，仍賜姓庫汗氏。"

［二六八］原作"以武安縣公進廣成郡公"，考《周書》卷三〇《竇熾傳》云："改封安武縣公①，進授大將軍。……魏恭帝元年，進爵廣武郡公。"故改作"以安武縣公進廣武郡公"。

［二六九］按：《周書》卷三〇《竇熾傳附兄子毅傳》："魏恭帝元年，進授驃騎大將軍、開府儀同三司、大都督，改封永安縣公，出爲幽州刺史。"幽州刺史，《周書》卷三〇校勘記［九］："按幽州不在西魏境内，疑是豳州之訛。"

［二七〇］按：《周書》卷三一《韋孝寬傳》："恭帝元年，以大將軍與燕國公于謹伐江陵，平之，以功封穰縣公。"

［二七一］按：《北史》卷六七《唐永傳附子瑾傳》："于謹南伐江陵，以瑾爲元帥府長史，軍中謀略，多出瑾焉。江陵既平，衣冠仕伍，並没爲僕隸。瑾察其才行有片善者，輒議免之，賴瑾獲濟者甚衆。……論平江陵功，進爵爲公。"

［二七二］按：《周書》卷四二《蕭撝傳》："魏恭帝元年，授侍中、驃騎大將軍、開府儀同三司，封歸善縣公，邑一千户。"

［二七三］按：《周書》卷四二《蕭圓肅傳》："蕭圓肅字明恭，梁武帝之孫，武陵王紀之子也。……紀率兵下峽，令蕭撝守成都，以圓肅爲之副。及尉遲迥至，圓肅與撝俱降。授驃騎大將軍、開府儀同三司、侍中，封安化縣公，邑一千户。"

［二七四］按：《周書》卷一九《豆盧寧傳》："（弟）永恩少有識度，爲時輩所稱。……以迎魏孝武功，封新興縣伯，……魏恭帝元年，進爵隴（來）［支］縣侯。"《周書》卷一九校勘記［二一］云："《英華》《豆盧永恩碑》'龍來'作'龍支'。按《隋書》卷二九《地理志》上枹罕郡屬縣有龍支，云：

① "安武縣公"原作"武安縣公"，《周書》卷三〇校勘記［四］據多方考證，斷定實乃"安武縣公"之訛。

‘後魏曰北金城，西魏改焉。’‘龍來’，無此縣名。今據改。”這一取捨與《封爵表》可謂不謀而合。

［二七五］按：《周書》卷二八《權景宣傳》：“（郭）賢字道因，……魏恭帝元年，行寧蜀郡事，兼益州長史。以平蜀勛，進爵爲伯，增邑五百户。”

［二七六］按：《周書》卷二九《侯植傳》：“魏恭帝元年，從于謹平江陵，進驃騎大將軍、開府儀同三司，賜奴婢一百口，别封一子汧源縣伯。”

［二七七］按：《周書》卷四七《藝術·蔣昇傳》：“魏恭帝元年，以前後功，授車騎大將軍、儀同三司，封高城縣子，邑五百户。”

［二七八］按：《周書》卷一九《豆盧寧傳》：“魏恭帝二年，改封武陽郡公，遷尚書右僕射。”

［二七九］按：《周書》卷二七《常善傳》：“魏恭帝二年，進爵永陽郡公，增邑二千户。”

［二八〇］按：《周書》卷二七《梁椿傳》稱梁明於恭帝二年，以其父梁椿之功“襲爵豐陽縣公”，《北史》卷六五《梁椿傳》“襲”作“賜”，《周書》卷二七校勘記［三三］稱疑當作“賜”。

［二八一］考《周書》卷二八《賀若敦傳》云：“時岷蜀初開，民情尚梗。巴西人譙淹據南梁州，與梁西江州刺史王開業共爲表裏，扇動羣蠻。太祖令敦率軍討之。……淹乃與開業并其黨泉玉成、侯造等率衆七千，口累三萬，自墊江而下，就梁王琳。敦邀擊，破之。淹復依山立柵，南引蠻帥向白彪爲援。敦設反間，離其黨與，因其懈怠，復破之。斬淹，盡俘其衆。進爵武都公，增邑通前一千七百户，拜典祀中大夫。”① 又，《資治通鑑》卷一六七陳武帝永定元年十二月條云：“譙淹帥水軍七千、老弱三萬自蜀江東下，欲就王琳，周使開府儀同三司賀若敦、叱羅暉等擊之，斬淹，悉俘其衆。”若《通鑑》繫時不誤，則賀若敦進爵武都郡公，時在西魏、北周易代之後。

［二八二］［二八三］據《周書》卷四四《扶猛傳》及同卷《陽雄傳》，可

---

① 《北史》卷六八《賀若敦傳》省作：“時岷蜀初開，人情尚梗。巴西人譙淹據南梁州，與梁西江州刺史王開業共爲表裏，扇動羣蠻。周文令敦討平之，進爵武都郡公，拜典祀中大夫。”《周書》卷二八《賀若敦傳》提到的“泉玉成”，疑當改作“帛玉成”，其依據主要是《周書》卷一九《宇文貴傳》亦作“帛玉成”。

知扶猛進爵臨江縣公、陽雄進爵玉城縣公，皆在追隨賀若敦用兵荆州之後，故當與賀若敦進爵武都郡公同時。

［二八四］考《周書》卷三七《郭彦傳》云："魏恭帝元年，除兵部尚書。仍以本兵從柱國于謹南伐江陵。進驃騎大將軍、開府儀同三司，增邑五百户，進爵爲伯。"而據《周書》卷二《文帝紀下》，可知于謹於恭帝元年十一月攻佔江陵，並因此在恭帝元年加官進爵，故疑郭彦進爵爲伯，亦當在恭帝元年。

又，《周書》卷三八《薛寘傳》："燕公于謹征江陵，以寘爲司録。軍中謀略，寘並參之。江陵平，進爵爲伯，增邑五百户。"

［二八五］考《周書》卷四二《劉璠傳》云："（子）祥字休徵。……解褐梁宜豐侯主簿，遷記室參軍。江陵平，隨例入國。齊公憲以其善於詞令，召爲記室。府中書記，皆令掌之。尋授都督，封漢安縣子，食邑七百户，轉從事中郎。憲進爵爲王，以休徵爲王友。"又據《周書》諸帝紀，可知宇文憲於武成元年九月辛未，由安城公進封齊國公，[①] 至建德三年正月，又進爵爲王。[②] 兩相比對，是知劉祥受封漢安縣子，已在西魏、北周易代之後，《封爵表》顯誤。

［二八六］［二八七］考《周書》卷二《文帝紀下》云："（恭帝三年）夏四月，太祖北巡狩。秋七月，度北河。王琳遣使來附，以琳爲大將軍、長沙郡公。魏帝封太祖子直爲秦郡公，招爲正平公，邑各一千户。"準此，則《封爵表》宜依慣例在三年欄增列"王琳 長沙郡公"。

［二八八］按：《周書》卷一六《趙貴傳》："六官建，以貴爲太保、大宗伯，改封南陽郡公。"而同書卷二《文帝紀下》亦曰："三年春正月丁丑，初行《周禮》，建六官。以太祖爲太師、大冢宰，柱國李弼爲太傅、大司徒，趙貴爲太保、大宗伯，獨孤信爲大司馬，于謹爲大司寇，侯莫陳崇爲大司空。"

［二八九］考《周書》卷二八《陸騰傳》云："從平葛榮，以功賜爵清河縣伯。……及孝武西遷，騰時使青州，遂没於鄴。東魏興和初，徵拜征西將軍，領陽城郡守。大統九年，大軍東討，以騰所據衝要，遂先攻之。……拒

① 《周書》卷四《明帝紀》，頁五八。
② 《周書》卷五《武帝紀上》，頁八三。

守經月餘，城陷被執。太祖釋而禮之，……即拜帳内大都督。……魏恭帝三年，拜驃騎大將軍、開府儀同三司，轉江州刺史，爵上庸縣公，邑二千户。”按慣例，陸氏似不可能遽由縣伯晉升縣公，惟因史傳有闕而不得其詳。

［二九〇］按：《周書》卷二九《達奚寔傳》：“六官建，拜蕃部中大夫，加驃騎大將軍、開府儀同三司，進爵平陽縣公。”

［二九一］考《周書》卷三〇《于翼傳附李穆傳》云：“河橋之戰，太祖所乘馬中流矢驚逸，太祖墜於地，……穆以馬授太祖，遂得俱免。是日微穆，太祖已不濟矣。自是恩盼更隆。……初，穆授太祖以驄馬，其後中廄有此色馬者，悉以賜之。又賜穆世子惇安樂郡公，……太祖令功臣世子並與略陽公游處，惇於時輩之中，特被引接。每有遐方服玩，異域珍奇，無不班錫。俄（受）［授］小武伯，進爵安樂郡公。”又，考同書卷三《孝閔帝紀》云：“孝閔皇帝諱覺，字陁羅尼，太祖第三子也。母曰元皇后。大統八年，生於同州官舍。九歲，封略陽郡公。”綜此，李惇進爵安樂郡公，必在恭帝三年十月乙亥宇文泰卒前。

［二九二］按：《周書》卷三三《厙狄峙傳》：“蠕蠕滅後，突厥强盛。雖與文帝通好，而外連齊氏。太祖又令峙銜命喻之。突厥感悟，即執齊使，歸諸京師。録前後功，拜大將軍、安豐郡公，邑通前二千户。尋除小司空。”考《周書》卷二《文帝紀下》云：“（西魏恭帝）三年春正月丁丑，初行《周禮》，建六官。……初，太祖以漢魏官繁，思革前弊。大統中，乃命蘇綽、盧辯依周制改創其事，尋亦置六卿官，然爲撰次未成，衆務猶歸臺閣。至是始畢，乃命行之。”厙狄峙任職小司空，亦當始於恭帝三年。

［二九三］按：《周書》卷三五《崔猷傳》：“魏恭帝元年，太祖欲開梁漢舊路，乃命猷……率衆開通車路，鑿山堙谷五百餘里，至于梁州。即以猷爲……梁州刺史。及太祖崩，始利沙興等諸州，阻兵爲逆，信合開楚四州亦叛，唯梁州境内，民無貳心。利州刺史崔謙請援，猷遣兵六千赴之。信州糧盡，猷又送米四千斛。二鎮獲全，猷之力也。進爵固安縣公，邑二千户。”準此，則崔猷之進爵，是否果在恭帝三年，不無可議。

［二九四］按：《周書》卷三五《薛善傳》：“時欲廣置屯田以供軍費，乃

除司農少卿，領同州夏陽縣二十屯監。又於夏陽諸山置鐵冶，復令善爲冶監，每月役八千人，營造軍器。……追論屯田功，賜爵龍門縣子，……六官建，拜工部中大夫，進爵博平縣公。”

［二九五］考《隋書》卷一七《梁睿傳》云：“父禦，西魏太尉。……魏恭帝時加開府，改封爲五龍郡公，拜渭州刺史。”由此觀之，《封爵表》稱梁睿於恭帝三年爲五龍郡公，不無疑義。

［二九六］今唐長孺諸先生在點校《周書》卷三六《鄭偉傳》時，與《西魏書》的這一取捨完全一致。①

［二九七］按：《周書》卷三五《薛端傳》：“端久處選曹，雅有人倫之鑒，其所擢用，咸得其才。六官建，拜軍司馬，加侍中、驃騎大將軍、開府儀同三司，進爵爲侯。”

又，《周書》卷四五《儒林·盧光傳》：“六官建，授小匠師下大夫，進授開府儀同三司、匠師中大夫，進爵爲侯，增邑五百户，轉工部中大夫。”

［二九八］按：《周書》卷三七《李彦傳》：“六官建，改授軍司馬，進爵爲伯。”

［二九九］原文爲“封爵年不可知者，録於左”，兹作此表，用省繁文。

［三〇〇］按：《文獻通考》卷二七三《封建考十四》：“元壽，椿弟，從孝武入關，封桑乾公。”

［三〇一］椿傳：“樹經堂本”誤作“春専”。

［三〇二］按：《文獻通考》卷二七三《封建考十四》：“裴文舉，河南聞喜人。西魏時，以掠地功，封澄城縣子。後進爵爲伯。”

［三〇三］按：《文獻通考》卷二七三《封建考十四》：“崔鑒，博陵安平人，……士謙亦鑒族裔，西魏恭帝時，以功，積封武康郡公。……説，士謙弟，西魏時，以戰功，積封至安平縣公。”

［三〇四］按：《文獻通考》卷二七三《封建考十四》：“崔頣，清河武城人。……悛，頣之裔，孝武時以預定册功，封武城縣公。”

---

① 詳參《周書》卷三六校勘記［八］，頁六五二。

大事表二　西魏書三

通議大夫浙江按察使司按察使加二級南康謝啓昆撰[一]

孝武之季，天下三分，而梁最弱。宇文與高氏方興，故其勢常相埒焉。然宇文卒并高齊而一天下者，其將帥皆一時之英傑，又以關中士卒之强，遂能平江漢、克巴蜀，非若東魏之僅守河北已也。二十餘年，兵之所向，往往戰勝攻取，信乎其爲師武臣力者已。譜之以見三國盛衰之終始云。

永熙元年	梁以元法僧爲東魏王。及閔帝即位後，以法僧爲郢州刺史。[二] 梁鄱王元樹都督北討諸軍事，寇陷譙城，命樊子鵠等討之，遂圍樹，分兵攻取蒙縣等五城，以絶梁援兵之路。樹請率衆南歸，以地還朝，子鵠等許之。樹衆半出，子鵠擊之，禽樹歸。[三]
二年	梁勞州刺史曹鳳、東荆州刺史雷能勝等，舉城來降。[四]青州民耿翔殺刺史裴粲降梁。六月，以樊子鵠爲青膠大使，討之。師至青州，翔棄城奔梁。[五] 東徐州民王早、簡實殺刺史崔庠，據下邳降梁。十一月，以邸珍爲徐州大都督、東道行臺僕射，討之。[六] 荆州刺史賀拔勝攻梁雍州，拔下迮戍，招諭諸蠻，蠻王問道期率種起義。梁刺史蕭續擊之，爲道期所敗，漢南大駭。勝又攻梁馮翊、安定、沔陽、酇城，皆拔之，梁沔北盪爲丘墟矣。續遣電威將軍柳仲禮屯酇城，勝攻之不克。帝尋亦詔勝引軍赴洛，乃班師。[七]
三年	高歡舉兵反，八月，帝入關。歡追至宏農，攻潼關，克之，進屯華陰。九月，帝親督衆攻潼關，斬其守將薛瑜。十月，歡自立清河王亶子善見爲主，是爲東魏。[八] 獨孤信克東魏穰城，遂定三荆，殺其刺史辛纂。後高昂等復取之，信奔梁。[九] 靈州刺史曹泥黨於高歡，命李虎討之，明年，泥降。[一〇]
大統元年	梁蕭範寇東益州，拔晉壽，刺史傅敬和降梁。 梁蘭欽拔南鄭，梁州刺史元羅舉州降梁。 東魏司馬子如等寇潼關，襲華州，刺史王熊擊走之。 東魏婁昭克兖州，殺刺史樊子鵠。[一一]
二年	東魏高歡寇夏州，克之，虜刺史解拔彌俄突。[一二] 靈州刺史曹泥與其壻涼州刺史劉豐，叛降東魏，圍之。東魏使阿至羅救之，泥與豐奔東魏。 東魏使阿至羅逼秦州，刺史万俟普奔東魏。[一三] 東魏高歡三道入寇。[一四]

續表

三年	東魏高歡軍蒲津，别遣竇泰襲潼關。[一五]高昂破洛州，執刺史泉企。[一六] 安定公宇文泰襲竇泰於潼關，破之，竇自殺。歡與高昂皆退還，泉企子元禮復取洛州。[一七] 八月，安定公宇文泰帥十二將伐東魏，拔恒農，河北城堡皆降。[一八] 東魏高歡將二十萬人出蒲津，高昂將三萬出河南來寇。安定公宇文泰擊之於沙苑，大破之。於是克秦州，遂略定汾、絳。[一九] 獨孤信克洛陽，李弼克蒲坂，韋孝寬克豫州。潁州、梁州、滎陽皆降。東魏將任祥攻潁川，宇文貴敗之。東魏將是云寶殺揚州刺史來降。東魏河南諸州皆内屬。[二〇]
四年	東魏侯景復取汾、潁、豫、廣四州。[二一] 東魏高歡等圍獨孤信於金墉。帝與安定公宇文泰救之，戰於河橋，斬其將莫多婁貸文、高敖曹、李猛、宋顯等。及獨孤信等戰不利，乃班師。高歡拔金墉，毁之而去。冬，侯景復寇陷廣州，後都督趙剛襲廣州，拔之。是云寶襲洛陽，其將王元軌棄城走，自廣、襄以西城鎮復内屬。[二二] 東魏將段琛等據宜陽，行臺王思政襲取之。[二三]
五年	
六年	東魏侯景欲復荆州，李弼等拒卻之。[二四]
七年	
八年	東魏高歡寇玉壁，王思政拒之。遇大雪，歡士卒多死，乃去。[二五]
九年	東魏北豫州刺史高仲密以虎牢來降，安定公宇文泰將兵應之，及高歡戰於邙山，不利，臨洮王等四十八人爲歡所虜。東魏將彭樂追泰，幾及之。明日復戰，泰與右軍若干惠合擊東魏軍，大破之。賀拔勝追歡，刃垂及而逸，左軍趙貴戰不利，乃退入關。[二六] 東魏侯景拔虎牢，復取北豫、洛二州。[二七]
十年	
十一年	
十二年	東魏高歡入寇，攻玉壁五十日，韋孝寬拒之。歡士卒死者七萬人，不克，發疾而退，尋卒。[二八]
十三年	東魏侯景拔河南來降，景貳於梁。東魏遣韓軌圍景於潁川，復割四城求救，遣王思政赴之。思政入拔潁川，分軍拔景七州十二鎮。[二九]
十四年	東魏遣高岳、慕容紹宗、劉豐生等，將步騎十萬，圍王思政於潁川。[三〇]
十五年	梁帝崩，湘東王繹攻襄陽，岳陽王詧來求援，請爲附庸，以妃及世子爲質。以楊忠及長孫儉救之，拔隨郡，圍安陸。 東魏高岳等攻潁川，踰年不能克，堰洧水以灌城，慕容紹宗、劉豐生乘艦臨城。城上人以長鈎牽船，百弩亂發，二人俱死。高澄乃自將攻之，城陷，思政見執。[三一]
十六年	梁司州刺史柳仲禮救安陸，楊忠禽仲禮於漴頭，安陸、竟陵皆降。忠乘勝至石城，進逼江陵。梁蕭繹遣子方略爲質，請爲附庸，乃班師。[三二] 高洋廢善見，稱帝。安定公宇文泰伐之，至建州，遇雨久而還。[三三]
十七年	梁湘東王繹以南鄭來獻，蕭循不可，遣大將軍達奚武等攻之。 梁侯景襲邵陵王蕭綸，綸奔齊汝南，將圖安陸，楊忠攻拔汝南，執綸，殺之。[三四]
廢帝元年	王雄取梁上津、魏興。李遷哲來降。梁潼州刺史楊乾運救南鄭，達奚武大破乾運於白馬。梁秦州刺史蕭循以州降，獲男女二萬口而還，於是劍北盡平。[三五]

續表

二年	梁蕭紀攻荆州，梁帝來求救。命尉遲迥伐蜀，圍成都，蕭撝降。[三六]
恭帝元年	遣侍中宇文仁恕聘於梁，會齊使亦至梁，梁帝接仁恕不及齊使，又請定疆界，辭不遜，遂命于謹伐梁，圍江陵，梁帝出降，殺之。[三七]
二年	梁廣州刺史王琳寇邊，大將軍豆盧寧討之。明年，琳降。[三八]
三年	四月，以王琳爲大將軍、長沙郡公。[三九]

【校注】

［一］大事表二 西魏書三 通議大夫浙江按察使司按察使加二級南康謝啓昆撰："樹經堂本"作"卷三 大事表二"，"中華本"作"西魏書卷三 大事表二"。

［二］揆諸《資治通鑑》卷一五五，這兩項任命分别發生於梁武帝中大通四年二月和十二月，皆早於永熙元年，故不當列入。

［三］據《資治通鑑》卷一五五，可知元樹攻佔譙城，不晚於中大通四年四月，而樊氏於同年秋活捉元樹。故亦不當列入。

［四］按：《魏書》卷一一《出帝紀》："（永熙二年春正月）蕭衍勞州刺史曹鳳、東荆州刺史雷能勝等舉城内屬。"

［五］按：《魏書》卷一一《出帝紀》："（永熙二年夏四月）青州人耿翔襲據膠州，殺刺史裴粲，通於蕭衍。……六月壬申，以驃騎大將軍、開府儀同三司、尚書右僕射樊子鵠爲青膠大使，督濟州刺史、大都督蔡儁討耿翔。"又，卷八〇《樊子鵠傳》云："初，青州人耿翔聚衆反，亡奔蕭衍，衍資其兵，偷據膠州。除子鵠使持節、侍中、青膠大使，督濟州刺史蔡儁討之。師達青州，翔拔城奔走。"①

［六］按：《魏書》卷一一《出帝紀》："（永熙二年五月）東徐州城民王早、簡實等殺刺史崔庠，據州入蕭衍。……十有一月癸巳，持節、征北將軍、殷州刺史邸珍爲徐州大都督、東道行臺僕射，率將討東徐州。"又，"簡實"，《魏書》卷六七《崔光傳附崔庠傳》、《册府元龜》卷九三一、《梁書》卷三《武帝紀下》皆作"蘭寶"。

① 《資治通鑑》卷一五六稱耿翔於七月間逃離青州（頁四八三三）。

［七］《資治通鑑》卷一五六繫其事於十二月，並云："荆州刺史賀拔勝寇雍州，拔下迮戍，扇動諸蠻；雍州刺史廬陵王續遣軍擊之，屢爲所敗，漢南震駭。勝又遣軍攻馮翊、安定、沔陽、酇城，皆拔之。續遣電威將軍柳仲禮屯穀城以拒之，勝攻之，不克，乃還，於是沔北盪爲丘墟矣。"問道期，修訂本《魏書》卷八〇校勘記［七］疑是"文道期"之訛。

［八］按：《北史》卷五《魏本紀五》："（永熙三年八月）宇文泰迎帝於東陽，……遂入長安，……（高）歡追車駕至潼關。九月乙酉，歡東還洛陽。帝親督衆攻潼關，斬其行臺薛長瑜，又克華州。其冬十月，高歡推清河王亶子善見爲主，徙都鄴，是爲東魏。魏於此始分爲二。"宏農，顯係"弘農"之諱稱。

［九］按：《資治通鑑》卷一五六梁武帝中大通六年閏十二月條："魏賀拔勝之在荆州也，表武衛將軍獨孤信爲大都督。東魏既取荆州，魏以信爲……荆州刺史以招懷之。……城民密召獨孤信。信……乘勝襲穰城，……斬（東魏西荆州刺史辛）纂以徇，城中懾服。信分兵定三荆。居半歲，東魏高敖曹、侯景將兵奄至城下，信兵少不敵，與楊忠皆來奔。"

［一〇］按：《周書》卷一《文帝紀上》："（永熙三年）十一月，遣儀同李虎與李弼、趙貴等討曹泥於靈州，虎引河灌之。明年，泥降，遷其豪帥於咸陽。"十一月，《資治通鑑》作"十二月"。無論是十一月抑或十二月，討伐曹泥顯然在獨孤信平定三荆之前；《大事表》此一編列，前後顛倒。

［十一］揆諸《資治通鑑》卷一五七，可知此四事雖皆發生於大統元年，但先後有别：正月，司馬子如等寇潼關、襲華州；二月，婁昭克兖州，殺樊子鵠；七月，蕭範寇東益州；十一月，蘭欽拔南鄭。《大事表》此一編列，雜亂無章。

［十二］按：《資治通鑑》卷一五七梁武帝大同二年條："（正月）甲子，東魏丞相歡自將萬騎襲魏夏州，……夜入其城，擒刺史斛拔俄彌突，因而用之，留都督張瓊將兵鎮守，遷其部落五千户以歸。"

［十三］按：《資治通鑑》卷一五七梁武帝大同二年條："（正月）魏靈州刺史曹泥與其壻涼州刺史普樂劉豐復叛降東魏，魏人圍之，……東魏丞相歡發阿至羅三萬騎徑度靈州，繞出魏師之後，魏師退。……（二月）東魏丞相歡

令阿至羅逼魏秦州刺史万俟普，……（五月）魏秦州刺史万俟普與其子太宰洛、豳州刺史叱干寶樂、右衛將軍破六韓常及督將三百人奔東魏。”

［十四］《周書》卷二三與《北史》卷六三蘇綽本傳，皆稱“大統三年，齊神武三道入寇”，《資治通鑑》卷一五七更繫其事於大統三年正月。《大事表》繫年顯然有誤。

［一五］《魏書》卷一二《孝静紀》稱時在大統二年十二月，而《周書》卷二《文帝紀下》繫其事於大統三年正月。《大事表》蓋以《周書》爲藍本。

［一六］按：《魏書》卷一二《孝静紀》：“（天平）四年春正月……丁巳，高敖曹攻上洛，克之，擒寶炬驃騎大將軍、洛州刺史泉企。”

［一七］《周書》卷二《文帝紀下》繫其事於大統三年正月。

［一八］考《周書》卷二《文帝紀下》云：“（大統三年）八月丁丑，太祖率李弼……等十二將東伐。”又，《通鑑綱目》卷三二：“秋八月，魏大丞相泰伐東魏，克恒農，遣使諭降河北城堡。”《大事表》當兼取此二説而成。

［一九］二十萬：當從《周書》卷二《文帝紀下》，改作“十萬”。

［二〇］《周書》卷二《文帝紀下》繫其事於大統三年。又，“揚州”，《資治通鑑》卷一五七梁武帝大同三年十一月條作“陽州”，《周書》卷二《文帝紀下》則作“東揚州”，其校勘記［一三］經比對後斷言：“不但《通鑑》作‘陽州’誤，即此處作‘東揚州’亦衍‘東’字。《北齊書》以是云寶是東魏揚州刺史亦誤，刺史是那椿。”①《大事表》“東魏將是云寶殺揚州刺史”云云，無誤。

［二一］考《北史》卷五《魏本紀五》云：“（大統四年）二月，東魏攻陷南汾、潁、豫、廣四州。”《資治通鑑》卷一五八梁武帝大同四年二月條，亦稱“於是南汾、潁、豫、廣四州復入東魏”。《大事表》此文宜改“汾”爲“南汾”。

［二二］《大事表》此文，既本諸《周書》卷二《文帝紀下》，同時又參取《北史》卷六《齊本紀上》“神武遂毁金墉而還”之説。

［二三］考《資治通鑑》卷一五八梁武帝大同四年十二月條云：“東魏將段琛等據宜陽，遣陽州刺史牛道恆誘魏邊民。魏南兗州刺史韋孝寬患之，乃

① 詳參《周書》卷二校勘記［一三］，中華書局，一九七一年，頁四一。

詐爲道恒《與孝寬書》，論歸款之意，使諜人遺之於琛營，琛果疑道恒。孝寬乘其猜阻，出兵擊之，擒道恆及琛，崤、澠遂清。東道行臺王思政以玉壁險要，請築城自恒農[①]徙鎮之，詔加都督汾、晉、并州諸軍事、并州刺史，行臺如故。”是知攻滅段琛者，實乃韋孝寬，而非王思政。

［二四］按：《周書》卷二《文帝紀下》：“（大統）六年春，東魏將侯景出三鵶，將侵荆州，太祖遣開府李弼、獨孤信各率騎五千出武關，景乃退還。”

［二五］按：《資治通鑑》卷一五八梁武帝大同八年條：“東魏丞相歡擊魏，入自汾、絳，連營四十里，丞相泰使王思政守玉壁以斷其道。……冬，十月，己亥，歡圍玉壁，凡九日，遇大雪，士卒飢凍，多死者，遂解圍去。”

［二六］《大事表》此文，當兼取《周書》卷二《文帝紀下》及《資治通鑑》卷一五八的相關記載而成。又，“戰不利”，“中華本”誤作“識不利”。

［二七］按：《資治通鑑》卷一五八梁武帝大同九年四月條：“（侯）景獲高仲密妻子送鄴，北豫、洛二州復入於東魏。”

［二八］考《周書》卷二《文帝紀下》云：“（大統十二年）九月，齊神武圍玉壁，大都督韋孝寬力戰拒守，齊神武攻圍六旬不能下，其士卒死者什二三。會齊神武有疾，燒營而退。”又，《北史》卷六四《韋孝寬傳》：“神武苦戰六旬，傷及病死者十四五，智力俱困，因而發疾。其夜遁去。後因此忿恚，遂殂。”又，《北齊書》卷二《神武紀下》：“頓軍五旬，城不拔，死者七萬人，聚爲一冢。”《大事表》此説，大抵綜合此上所列内容而成文。

［二九］考《周書》卷二《文帝紀下》云：“（大統）十三年春正月，……齊神武薨。其子澄嗣，是爲文襄帝。與其河南大行臺侯景有隙，景不自安，遣使請舉河南六州來附。齊文襄遣其將韓軌、厍狄千等圍景於潁川。[②]……於是遣開府王思政據潁川，弼引軍還。秋七月，侯景密圖附梁。太祖知其謀，悉追還前後所配景將士。景懼，遂叛。”又，同書卷一八《王思政傳》：“十三年侯景叛東魏，擁兵梁、鄭，爲東魏所攻。景乃請援乞師。……思政入守潁川。

---

① 《資治通鑑》卷一五六胡三省注：“恒農，即弘農，後魏避顯祖諱，改弘曰恒，音常。”

② 《資治通鑑》卷一六〇梁武帝太清元年五月條云：“韓軌等圍侯景於潁川。景懼，割東荆、北兗州、魯陽、長社四城賂魏以求救。”

景引兵向豫州，外稱略地，乃密遣送款於梁。思政分布諸軍，據景七州十二鎮。”《大事表》蓋兼取諸説而載其事。“拔”當從《資治通鑑》卷一六〇梁武帝太清元年六月條作“據”字。

［三〇］按：《周書》卷二《文帝紀下》：“（大統十四年）是歲，東魏遣其將高岳、慕容紹宗、劉豐生等，率衆十餘萬圍王思政於潁川。”

［三一］據《資治通鑑》卷一六二梁武帝太清三年條，可知王思政見執於大統十五年六月，而岳陽王蕭詧請爲西魏附庸，則在同年十一月間。故《大事表》此文，前後顛倒。

［三二］按：《周書》卷二《文帝紀下》：“十六年春正月，柳仲禮率衆來援安陸，楊忠逆擊於漴頭，大破之，擒忠禮，悉虜其衆。”又，《資治通鑑》卷一六三梁簡文帝大寶元年條云：“二月，楊忠乘勝至石城，欲進逼江陵，湘東王繹……送子方略爲質以求和，魏人許之。……忠乃還。”

［三三］按：《周書》卷二《文帝紀下》：“（大統十六年）五月，齊文宣廢其主元善見而自立。秋七月，太祖率諸軍東伐，……九月丁巳，軍出長安。時連雨，自秋及冬，諸軍馬驢多死。遂於弘農北造橋濟河，自蒲坂還。”

［三四］據《資治通鑑》卷一六四，可知邵陵王蕭綸被殺於大統十七年二月乙亥，而達奚武奉命攻打蕭循，則又時在該年冬十月。《大事表》此處叙事顛倒。

［三五］按：《周書》卷二《文帝紀下》：“魏廢帝元年春，王雄平上津、魏興，……夏四月，達悉武圍南鄭，月餘，梁州刺史、宜豐侯蕭循以州降。”又，同書卷一九《達奚武傳》：“梁梁州刺史、宜豐侯蕭循固守南鄭，……會梁武陵王蕭紀遣其將楊乾運等將兵萬餘人救循，……乃簡精騎三千，逆擊乾運於白馬，大破之。乾運退走。……循知援軍被破，乃降，率所部男女三萬口入朝，自劍以北悉平。”

［三六］按：《周書》卷二《文帝紀下》明言“三月，太祖遣大將軍、魏安公尉遲迥率衆伐梁武陵王蕭紀於蜀”，而《北史》卷六二《尉遲迥傳》又詳載伐蜀始末。

［三七］按：《周書》卷二《文帝紀下》：“（魏恭帝元年秋七月）梁元帝

遣使請據舊圖以定疆界，又連結於齊，言辭悖慢。太祖曰：‘古人有言，天之所棄，誰能興之，其蕭繹之謂乎。’”而《資治通鑑》卷一六五則繫其事於同年三月。

［三八］按：《周書》卷二《文帝紀下》：“（魏恭帝二年），梁廣州刺史王琳寇邊。冬十一月，[1]遣大將軍豆盧寧帥師討之。”“明年，琳降”，似屬多餘，宜刪。

［三九］按：《周書》卷二《文帝紀下》：“（魏恭帝三年）秋七月，王琳遣使來附，以琳爲大將軍、長沙郡公。”《資治通鑑》卷一六六則繫其事於該年八月。

① 十一月，《資治通鑑》卷一六六同，而《北史》卷六《齊本紀上》則繫其事於十月。

異域表三　西魏書四

通議大夫浙江按察使司按察使加二級南康謝啓昆撰[一]

西魏值喪亂之際，南鄰梁，東接高氏[二]，兵戎日騷然矣，而夷蠻之乘間竊發者，又時勤撻伐焉。然其後莫不賓服，效職貢，其威德之所撫御，豈非得其道乎？獨以蠕蠕歸命，盡種誅夷，斯爲過矣。今以其修蕃職於元氏者，具之於譜。

	高麗、契丹	蠻、獠	氐、吐谷渾	宕昌、鄧至	稽胡、庫莫奚	鄯善、高昌	波斯、噘噠	蠕蠕、突厥
永熙元年	加高麗王延使持節、散騎常侍、車騎大將軍，領護東夷校尉、遼東郡開國公、高句麗王，賜衣冠服物、車旗之飾。[三]契丹遣使朝贡。[四]				庫莫奚遣使朝貢。[五]	高昌遣使朝貢。[六]	噘噠遣使朝貢。[七]	六月，蠕蠕阿那瓌遣烏句蘭樹什伐等朝貢，並爲長子請尚公主。[八]
二年						特除高昌王堅儀同三司，進位郡公。[九]		四月，詔以范陽王誨之長女琅邪公主，許蠕蠕。未及婚，帝入關。[一〇]
三年	高麗遣使朝貢。契丹遣使朝貢。[一一]		吐谷渾遣使朝貢。[一二]	宕昌梁企定入寇。[一三]				

續表

	高麗、契丹	蠻、獠	氐、吐谷渾	宕昌、鄧至	稽胡、庫莫奚	鄯善、高昌	波斯、嚈噠	蠕蠕、突厥
大統元年			氐陽紹先請其所質妻女，詔還之。[一四]					
二年				宕昌梁仚定入寇，詔行臺趙貴，督儀同侯莫陳順等擊破之。仚定懼，稱藩請罪，拜撫軍將軍。[一五]				
三年								蠕蠕爲魏侵東魏三堆，高歡擊退之。[一六]
四年			南岐州氐符安壽反，攻陷武都，自號太白王。詔大都督侯莫陳順與渭州刺史長孫澄討破之，安壽降。[一七]	以宕昌梁仚定爲南洮州刺史，要安蕃王。秦州濁水羌反，州軍討平之。[一八]				以舍人元翌女爲化政公主，妻阿那瓌弟塔寒。帝納阿那瓌女郁九閭氏爲后，廢后乙弗氏。[一九]
五年		蔡陽蠻王魯超明内屬，以爲南雍州刺史。[二十]			稽胡黑水部衆叛。[二一]庫莫奚遣使獻方物。[二二]			
六年								蠕蠕阿那瓌入寇至夏州，以廢后爲言，帝賜廢后死。[二三]

續表

	高麗、契丹	蠻、獠	氐、吐谷渾	宕昌、鄧至	稽胡、庫莫奚	鄯善、高昌	波斯、嚈噠	蠕蠕、突厥
七年				宕昌梁仚定舉兵入寇，詔獨孤信討之。會仚定爲其下所殺，詔以其弟彌定爲宕昌王。[二四]	稽胡帥夏州刺史劉平叛，自是北山諸部連歲寇暴，前後遣李遠、于謹、侯莫陳崇、李弼討平之。[二五]			
八年						鄯善王兄鄯朱，率衆内附。[二六]		
九年			清水氐酋李鼠仁作亂，氐帥梁道顯叛攻南田。遣典籤趙昶諭之，鼠仁等相繼歸附。[二七]					
十年								
十一年		蠻酋梅勒特來貢其方物，尋而蠻帥田杜清及沔漢諸蠻擾動，大將軍楊忠擊破之。其後蠻帥杜清和自稱巴州刺史，以州入附，朝廷因其所稱而授之。清和後遂反，攻圍東梁州。其唐州蠻田魯嘉亦叛，自號豫州伯。王雄、權景宣等前後討平之。[二八]		於武興置東益州，以宕昌楊辟邪爲刺史。[二九]				遣酒泉胡安諾槃陀使突厥，其國相慶曰：“今大國使至，我國將興也。”[三〇]

續表

	高麗、契丹	蠻、獠	氐、吐谷渾	宕昌、鄧至	稽胡、庫莫奚	鄯善、高昌	波斯、囐噠	蠕蠕、突厥
十二年	高麗遣使獻方物。[三一]						囐噠遣使獻方物。[三二]	突厥土門遣使獻方物。[三三]
十三年								蠕蠕寇高平，至於方城。[三四]
十四年						詔高昌世子元喜爲王。[三五]		
十五年			安夷氐叛，郡守趙昶斬其首逆者二十餘人，乃定。於是以昶行南秦州事。氐帥蓋闒作亂，及興州叛氐侵南岐州，昶皆討平之。[三六]					
十六年				宕昌梁彌定宗人獠甘襲奪其位，彌定來奔。先是，羌酋傍乞鐵忽等因企定反叛之際，遂擁衆據渠林川，與渭州民鄭五醜扇動諸羌，阻兵逆命。至是詔大將軍宇文貴、豆盧寧、涼州刺史史寧等率兵討獠甘等，並擒斬之，納彌定而還。其後羌酋東念姐、鞏廉俱和等反，大將軍豆盧寧、王勇等，前後討平之。[三七]				

續表

	高麗、契丹	蠻、獠	氐、吐谷渾	宕昌、鄧至	稽胡、庫莫奚	鄯善、高昌	波斯、嚈噠	蠕蠕、突厥
十七年								突厥土門來求婚，以長樂公主妻之。是歲帝崩，土門遣使來弔，贈馬二百匹。[三八]
廢帝元年		蠻酋樊舍舉落内附，以爲淮北三州諸軍事、淮州刺史、淮安郡公。[三九]	以氐楊法深爲黎州刺史。[四〇]					突厥土門死，子科羅立。[四一]
二年			安定公宇文泰勒大兵至姑臧，吐谷渾夸吕震懼，遣使貢方物。是歲，又通使於齊。涼州刺史史寧覘其還，襲之，獲其僕射乞伏觸扳、將軍翟潘密，商胡二百四十人，駝騾六百頭，雜綵、絲絹以萬計。[四二]氐楊辟邪據州反，羣氐復與同逆。詔叱羅協與趙昶討平之。是歲，楊法深從平蜀回鎮，與其種人楊崇集、楊陳侳各擁城攻擊。趙昶遣使和解之。[四三]				波斯遣使獻方物。[四四]嚈噠遣使獻方物。[四五]	三月，突厥科羅遣使獻馬五萬匹。[四六]

續表

	高麗、契丹	蠻、獠	氐、吐谷渾	宕昌、鄧至	稽胡、庫莫奚	鄯善、高昌	波斯、嚈噠	蠕蠕、突厥
恭帝元年		于謹等平江陵，諸蠻騷動。詔豆盧寧、蔡祐等討破之。蠻酋向五子王陷白帝，車騎大將軍李遷哲討破之。[四七]		鄧至羌檐桁失國來奔，遣宇文導率兵送復之。[四八]				
二年		蠻酋宜民王田興彦、北荆州刺史梅季昌等相繼款附，以興彦、季昌並爲開府儀同三司，加季昌洛州刺史，賜爵石臺縣公。其後巴西人譙淹扇動羣蠻附梁。蠻帥向鎮侯、向日彪等應之。向五子王攻陷信州。田烏度、田都唐等抄斷江路。文子榮據荆州汶陽郡，自稱仁州刺史。并隣州刺史蒲微亦舉兵逆命。詔田弘、賀若敦、潘招、李遷哲討破之。[四九]	史寧與突厥木汗可汗襲吐谷渾夸吕，大破之，虜其妻子，大獲珍物及雜畜。[五〇]			詔以高昌田地公茂嗣王。[五一]		突厥科羅死，弟俟斤立，擊蠕蠕主鄧叔子，滅之。叔子以其餘燼來奔。是年，俟斤請誅鄧叔子等，朝廷許之，收叔子以下三千人，付其使者，殺之於青門外。[五二]
三年		陵州木籠獠反，詔門府陸騰討破之，俘斬萬五千人。[五三]	武興氐反，圍利州。鳳州固道氐魏天王等應之，大將軍豆盧寧討平之。[五四]					

【校注】

［一］異域表三 西魏書四 通議大夫浙江按察使司按察使加二級南康謝啓昆撰：“樹經堂本”作“卷四 異域表三”，“中華本”作“西魏書卷四 異域表三”。

［二］高氏：“樹經堂本”誤作高氏。

［三］《魏書》卷一〇〇《高句麗傳》繫其事於“出帝初”。

［四］據《魏書》卷一一《出帝紀》，時在六月丙寅和六月乙酉。

［五］據《魏書》卷一一《出帝紀》，時在六月丙寅和六月乙酉。

［六］據《魏書》卷一一《出帝紀》，時在九月丙辰。

［七］據《魏書》卷一一《出帝紀》，時在六月丙寅和六月癸酉。

［八］按，《魏書》卷一〇三《蠕蠕傳》：“太昌元年六月，阿那瓌遣烏句蘭樹什伐等朝貢，并爲長子請尚公主。”[①] 烏句蘭樹什伐，《北史》卷九八《蠕蠕傳》作“烏勾蘭樹升代”，而“中華本”《西魏書》誤作“烏句蘭樹什代”。

［九］《魏書》卷一一《出帝紀》與《北史》卷五《魏本紀五》并繫其事於十月癸未。“中華本”《西魏書》脱“王”字。

［一〇］事詳《魏書》《北史》兩書《蠕蠕傳》。琅邪公主，《北史》卷九八《蠕蠕傳》作“瑯琊公主”。

［一一］《魏書》卷一一《出帝紀》分繫其事於四月丙子、四月戊午。

［一二］《魏書》卷一一《出帝紀》繫其事於六月庚午，《北史》卷五《魏本紀五》謂時在該年夏。

［一三］《周書》卷一《文帝紀上》繫其事於四月，而同書卷四九《異域上·宕昌羌傳》，則謂“永熙末，企定引吐谷渾寇金城”。

［一四］按：《周書》卷四九《異域上·氐傳》：“氐者，西夷之別種。……苗裔曰集始，魏封爲武興王。集始死，子紹先立，遂僭稱大號。魏將傅豎眼滅之，執紹先歸諸京師，以其地爲武興鎮。魏氏洛京未定，天下亂，紹先奔還武興，復自立爲王。太祖定秦、隴，紹先稱藩，送妻子爲質。大統元年，紹先請

① 《魏書》卷一一《出帝紀》則謂蠕蠕分別於六月丙寅、六月癸酉、九月丙辰三次遣使朝貢。

其妻女，太祖奏魏帝還之。”[①] 陽紹先，當改作“楊紹先”。

［一五］事詳《周書》卷四九《異域上·宕昌羌傳》。

［一六］考《北史》卷九八《蠕蠕傳》云：“元象元年五月，阿那瓌掠幽州范陽，南至易水。九月，又掠肆州秀容，至於三推。”但此事發生在元象元年（即大統四年），不僅時間不符，且其“三堆”顯係“三推”之誤。

［一七］事詳《周書》卷四九《異域上·氐傳》。符安壽，當改作“苻安壽”。[②]

［一八］事詳《周書》卷四九《異域上·宕昌羌傳》。要安蕃王，《周書》卷一六《獨孤信傳》及《北史》卷六一《獨孤信傳》皆作“赤水蕃王”，《北史》卷五《魏本紀五》作“安西蕃”。

［一九］事詳《北史》卷九八《蠕蠕傳》。據《北史》卷五《魏本紀五》“二月，……廢皇后乙氏。三月，立蠕蠕女郁久閭氏爲皇后”云云，可知時在該年二三月間。又，“郁九閭氏”當從《魏書》卷一〇三《蠕蠕傳》、《北史》卷九八《蠕蠕傳》及本書卷一一《文帝悼皇后傳》作“郁久閭氏”。

［二〇］事詳《周書》卷四九《異域上·蠻傳》。

［二一］事詳《周書》卷四九《異域上·稽胡傳》。

［二二］事詳《周書》卷四九《異域上·庫莫奚傳》。

［二三］事詳《北史》卷九八《蠕蠕傳》。

［二四］事詳《周書》卷四九《異域上·宕昌羌傳》。

［二五］事詳《周書》卷四九《異域上·稽胡傳》。劉平，《周書》卷一五《于謹傳》、《北史》卷五《魏本紀五》同，《周書》卷二《文帝紀下》、卷一七《怡峰傳》、卷一九《豆盧寧傳》、卷二七《厙狄昌傳》、卷三二《陸通傳》、卷四九《異域上·稽胡傳》，以及《北史》卷六八《豆盧寧傳》、卷六九《陸通傳》、卷九六《稽胡傳》皆作“劉平伏”。

［二六］鄯朱：《周書》卷四九《異域下·鄯善傳》作“鄯米”，《北史》

---

① 又可見《北史》卷九六《氐傳》，頁三～七七。

② 除《周書》卷四九《異域傳上·宕昌羌》外，《周書》卷一九《侯陳順傳》亦作“苻安壽”，而《北史》卷九六《氐傳》誤作“苻壽”。

卷五《魏本紀五》作“鄯朱那”，《北史》卷九七《西域·且末傳》作“鄯善米”，《通典》卷一九一“樓蘭”條作“鄯來”，《通志》卷一五下作“鄯朱”。“朱”“米”“來”形近而訛，未知孰是。

［二七］事詳《周書》卷四九《異域上·氐傳》。

［二八］事詳《周書》卷四九《異域上·蠻傳》。田杜清，《周書》卷四九校勘記［二二］云：“卷一九《楊忠傳》作‘日柱清’，卷二七《厙狄昌傳》作‘田社清’，《北史》卷九五《蠻傳》作‘田杜青和’。按《楊忠傳》‘日’是‘田’之訛，‘柱’‘社’‘杜’形近，不知孰是，《北史》多‘和’字，乃涉下‘杜青和’而衍。”

［二九］事詳《周書》卷四九《異域上·氐傳》及《北史》卷九六《氐傳》。

［三〇］事詳《周書》卷五〇《異域下·突厥傳》及《北史》卷九九《突厥傳》。

［三一］事詳《周書》卷四九《異域上·高麗傳》。

［三二］事詳《周書》卷五〇《異域下·嚈噠傳》。

［三三］事詳《周書》卷五〇《異域下·突厥傳》及《北史》卷九九《突厥傳》。

［三四］事詳《周書》卷二《文帝紀下》。

［三五］元喜：《周書》卷五〇《異域下·高昌傳》作“玄喜”，《北史》卷九七《西域·高昌傳》作“玄嘉”，且其校勘記斷言：“按麴堅父名‘嘉’，其子名不當犯祖諱，作‘喜’是。”《西魏書》之所以作“元喜”，蓋爲避清聖祖玄燁之諱。

［三六］事詳《周書》卷四九《異域上·氐傳》及《北史》卷九六《氐傳》。南秦州，“中華本”誤作“南泰州”。

［三七］渠林川，《周書》卷四九《異域上·宕昌羌傳》同，《周書》卷一九《宇文貴傳》、《北史》卷六〇《宇文貴傳》均作“渠株川”，未詳孰是。

［三八］事詳《周書》卷五〇《異域下·突厥傳》。

［三九］事詳《周書》卷四九《異域上·蠻傳》及《北史》卷九五《蠻傳》。

［四〇］事詳《周書》卷四九《異域上·氐傳》。

［四一］事詳《周書》卷五〇《異域下・突厥傳》。

［四二］乞伏觸扳：《北史》卷九六《吐谷渾傳》、《資治通鑑》卷一六五皆作"乞伏觸狀"，而《周書》卷五〇《異域下・吐谷渾傳》作"乞伏觸拔"。《北史》卷九六校勘記稱作乞伏觸拔"疑是"。

［四三］事詳《周書》卷四九《異域上・氐傳》。

［四四］事詳《周書》卷五〇《異域下・波斯傳》；《北史》卷九七《西域・波斯傳》作"恭帝二年，其王又遣使獻方物。"

［四五］事詳《周書》卷五〇《異域下・嚈噠傳》。

［四六］事詳《周書》卷五〇《異域下・突厥傳》。

［四七］事詳《周書》卷五〇《異域下・蠻傳》。

［四八］事詳《周書》卷四九《異域上・鄧至羌傳》。

［四九］事詳《周書》卷四九《異域上・蠻傳》及《北史・蠻傳》。向日彪，《周書》卷二八《賀若敦傳》及《册府元龜》卷九八四作"向白彪"，《北史》卷九五《蠻傳》作"向白虎"；田烏度，"中華本"誤作"由烏度"，當是刊刻失誤所致。又，《西魏書》爲避乾隆帝之諱而將"田弘"改作"田宏"。

［五〇］事詳《周書》卷五〇《異域下・吐谷渾傳》，但《北史》卷九六《吐谷渾傳》、《資治通鑑》卷一六五及《周書》卷五〇《異域下・突厥傳》皆繫其事於魏恭帝三年，《周書》卷五〇校勘記以爲"《北史》作'三年'是"。又"朮汗可汗"顯系"木汗可汗"之誤。

［五一］事詳《周書》卷五〇《異域下・高昌傳》。由麴斌《造寺碑》陰，可見田地公姓麴名寶茂，此僅稱"茂"，正是雙名單稱之例證。[①]

［五二］事詳《周書》卷五〇《異域下・突厥傳》。

［五三］事詳《周書》卷四九《異域上・獠傳》。

［五四］事詳《周書》卷四九《異域上・氐傳》。利州，"中華本"誤作"和州"。

① 《周書》卷五〇校勘記［三一］，頁九二五。

紀象考一　西魏書五

通議大夫浙江按察使司按察使加二級南康謝啓昆撰[一]

魏律有九家，以隆興李業興爲主。[二]肅宗因律成，大赦，改元，名曰正光。[三]東魏興和元年，復命業興改正舊律，立《甲子元律》。[四]而西魏所施行者，猶《正光律》也。推步之術，詳載《魏書》。[五]今依本法，推得各年之閏朔中節，[六]列之爲表，而天象諸異類載之，以資參考焉。

普泰二年

三月癸巳廿九日，火逆行，犯氐。[七]

閏三月庚申廿六日，歲星入鬼，犯天尸。[八]

永熙元年

五月，日暈再重；上有兩背，一尺許。癸丑二十日午時，日南有珥；去日一尺餘有一背，長三丈許，廣五尺，内赤外青。[九]

六月癸未廿一日，月戴珥。[一〇]日初出，有大黄氣成抱。[一一]

九月，太白經天。[一二]甲寅廿三日，月入太微，犯屏星。[一三]

十月辛酉朔，日從地下蝕出，虧從西南角起。[一四]丙子十六日，月在參蝕。[一五]

十一月辛丑十一日，有大流星出昴北，東南流，轢畢貫參，光明照地，有聲如雷。[一六]熒惑入斗十餘日，出而逆行，復入之，六十日乃去。[一七]

二年

四月己未朔，日有蝕之，在丙，虧從正南起。[一八]太白晝見。[一九]

九月丁酉十二日，火、木合於翼，相去一寸，光芒相掩。甲寅廿九日，金、火合於軫，相去七寸，光芒相及。[二〇]

十一月乙丑按：是月無乙丑，乙丑［十］二月十一日。今仍《魏書》本文，附識於下，後並同①，月在畢，暈昴、觜、參兩肩、五車五星。[二一]

三年

三月癸巳十一日，有奔星如三斛甕，起匏瓜，西流入市垣，有光燭地，迸流如珠，尾迹數丈，廣且三尺，凝著天，狀如蒼白雲，須臾屈曲蛇行。[二二]戊戌十六日，月在亢蝕。[二三]庚子十八日，木逆行，在左執法北一寸，光芒相掩。[二四]

四月癸丑朔，日有蝕之。[二五]

五月甲申三日，木逆行，在執法西半寸，乍見乍不見。[二六]己亥十八日，熒惑逆行，掩南斗魁第二星，遂入斗口。[二七]

八月庚午二十日，月在畢，暈昴、畢、觜、參、五車四星。[二八]

十一月己巳，辰時是月無己巳，己巳爲十二月廿一日日暈，南面不合，東西有珥、背；有白虹，至珥不徹。[二九]

十二月庚申十二日，月在畢、暈昴、畢、觜、兩肩、五車五星。[三〇]

閏十二月，月掩心大星。[三一]

大統元年

有星孛於太微月日未聞，歷下台，及室壁而滅月日未聞。[三二]

三月，月暈北斗第二星。壬申廿六日，月在婁，太白在月南一寸許，至明漸漸相離。[三三]

八月己卯五日，月在心，去心中央大星西厢七寸許。[三四]

十一月戊辰廿五日，月在心，掩前小星。[三五]

---

① 修訂本《魏書》卷一〇五之二校勘記［九三］，疑“十一月”爲“十二月”之訛，當是。

二年

正月丁卯廿五日，月掩軒轅大星。

二月丁亥十六日，月蝕。

八月癸未十五日，月蝕。

十月丁丑十日，月在熒惑北，相去五寸許。[三六]

三年

二月壬申七日，月掩五車東南星。庚辰十五日，月連環暈北斗。

八月癸未二十日，月掩五車東南星。[三七]

四年

正月辛丑朔，按：以正光術推，是年正月，大餘五十七，小餘二萬五千一百十一。起甲子算外，得朔日辛酉，非辛丑也。《通鑑目録》載："是年二月庚寅朔。"又，《北史》大統四年載："正月辛酉，拜天於清暉室。"則正月無辛丑矣。① 日有蝕之。[三八]

三月丁卯八日，月掩軒轅大星。[三九] 壬申十三日，太白與月合，相距一寸。[四〇]

六月己丑二日，日暈一重，有兩珥；上有背，長二丈餘。[四一] 癸卯十六日，月蝕。[四二]

七月，太白在柳，晝見。[四三]

八月辛卯四日，有大流星出房、心北，東南行，長且三尺，尾迹分爲三段。[四四]

十月，月犯昴，暈畢胃。[四五] 己亥十三日，陰雲班駁，月在昴，暈胃、昴、畢。丁未廿一日，月在翼，暈太微、軒轅、左角、軫二星。[四六]

十一月己巳十四日辰時，日暈，南面不合，東西有珥、背；有白虹，至珥不徹。[四七] 庚午十五日，月在井，暈五車一星及東井、南北河。[四八]

十二月癸丑廿八日，太白食月。[四九]

---

① 辛丑，修訂本《魏書》卷一〇五之一《天象志一》已改作"辛酉"。

五年

二月己丑五日巳時，日暈帀，白虹貫日不徹。[五〇]壬子廿八日，火犯井。[五一]

四月，火犯鬼。[五二]

五月，火犯軒轅大星。[五三]

七月壬戌十一日，金、土合於七星。癸亥十二日，遂犯七星。[五四]

八月辛丑二十日，月在畢，暈（昴）畢、觜、参兩肩、五車。[五五]

九月丁巳七日，月在斗，犯魁第三星，相去三寸許，光芒相及。丁卯十七日，月掩昴。[五六]

十月辛丑廿一日，有彗星出於南斗，長丈餘；至十一月丙戌是月無丙戌；丙戌爲十二月七日，距太白三尺，長丈餘，東南指；二月乙卯此是六年二月，然二月並無乙卯；乙卯爲三月七日，至婁始滅。[五七]

十二月甲午十五日，月蝕；[五八]有流星從天市垣西流，長且一丈，有尾迹。[五九]

六年

四月己丑十二日，金、木相犯於奎；丙午廿九日，火、木相犯於奎。[六〇]

閏五月丁丑朔，日有蝕之。[六一]

八月己酉四日，月犯心中央大星。[六二]

十月丁丑是月無丁丑，丁丑爲十一月四日，月犯火。[六三]

十一月，熒惑犯歲星。[六四]甲戌朔，太白在氐，與填星相犯。[六五]

七年

正月，客星出於紫宫。[六六]辛巳九日，月在畢，暈東井、参兩肩、畢，西轢昴、五車五星。[六七]正月至八月，再暈昴、畢、觜、五車，歲星在焉。[六八]

二月壬申三十日，月掩五車東南星。[六九]

四月壬辰，按：是月無壬辰，《通鑑目録》疑丙辰，蓋月之十（六）[五]日。①月蝕。[七〇]

---

① 修訂本《魏書》卷一〇五之二校勘記［九六］，亦疑“壬辰”爲“丙辰”之訛，且云：“劉次沅驗證顯示當月十五日丙辰月食。”

八月丁巳十八日，月在胃，暈畢、歲星、昴、婁、胃、五車一星，須臾暈缺復成。[七一]癸未按是月無癸未，月掩五車東南星。[七二]

十一月，太白晝見。[七三]

八年

二月庚戌十四日，填星逆順行，犯上相。

三月甲子按是月無甲子，填星逆順行，犯上相。

六月，太白入東井。[七四]

七月壬午十八日，火、木合於井，相去一尺。[七五]

十一月壬午二十日，月在七星，暈熒惑、軒轅、太微帝座。

十二月壬寅十日，月在昴，暈昴、畢、五車兩星。按：壬午、壬寅月暈兩條，本《魏書·天象志》第二卷。其第四卷注又載是年“十一月，月暈軒轅、太微；壬申，又暈胃、昴、畢、五車”，則十一月内兩次月暈，而第二卷有脱漏也。但壬申或即壬寅之誤，今依第二卷録之。

九年

三月丙午十六日，月蝕。[七六]

十年

四月丁巳三日，熒惑犯南宫上將；戊寅廿四日，熒惑犯右執法。[七七]

十一年

十一月壬申廿八日，日暈兩重，東南角不合；西南、東北有珥；西北有兩重背；東北、西北有白氣，并有兩珥；中間有一白氣，東西横至珥。

十二月乙酉十一日，竟天微有白雲，日暈，東南角不合；西南、東北有珥；西北有一背，去日一尺。[七八]

十二年

正月己未十六日，月蝕軫。[七九]

四月庚午是月無庚午①，金晝見。

六月癸巳廿二日，月入畢中。

九月壬寅二日，太白在左執法東南三寸許。[八〇]癸亥廿三日②，月在翼，暈軒轅、太微帝座、熒惑。[八一]

十三年

正月己亥朔，日有蝕之，從西南角起。[八二]乙巳七日，月犯畢大星、昴、東井、觜、參，五車二星。[八三]

二月，月暈昴、畢、參、井、五車。[八四]

三月辛丑四日，日暈帀，西北交暈貫日，并有一珥一抱。[八五]

五月，月在張，又暈軒轅大星、太微天庭。按：此本《魏書·天象志》第四卷注。③其第二卷武定五年又云："庚辰，月在張"，④則是年五月丁酉朔，並無庚辰，當依四卷注所紀爲正。

十四年

正月，兩月並見。[八六]

七月庚寅朔，日有蝕之，虧從西北角起。[八七]

十五年

九月戊午六日，月在斗，掩歲星。

十一月丁卯十六日，月蝕。[八八]

十六年

三月甲午，今推是年三月辛亥朔，是月無甲午，⑤甲午爲二月十四日。考收書《孝靜紀》，是

---

① 修訂本《魏書》卷一〇五之四校勘記［六一］，亦云該月無庚午。

② 《魏書》卷一〇五之四《天象志四》小字夾注："（武定）四年九月，月在翼，暈軒轅、太微帝坐。"

③ 《魏書》卷一〇五之四《天象志四》小字夾注："五月，在張，又暈軒轅、太微。"

④ 《魏書》卷一〇五之二《天象志二》云："庚辰，月在張，暈軒轅大星、太微天庭。"

⑤ 是月無甲午，"中華本""樹經堂本"皆作"是年無甲子"。

年三月有庚申，[①]爲之十日，與步法合，則甲午非三月矣。《通鑑目録》三月庚戌朔，較先一日，然亦未有甲午也。歲、鎮、太白在虚，熒惑又從而入之，四星聚焉。[八九]

廢帝二年

八月丙申六日，月犯心中星。[九〇]

恭帝元年

五月丙戌朔，赤氣干北斗。[九一]

右象考

永熙元年

四月，京師獲白雀。[九二]

三年

二月癸亥十日，永寧浮圖灾，觀者皆哭，聲振城闕。[九三]羣鼠浮河向鄴。[九四]

大統三年

二月，槐里獲神璽。[九五]

右五行

案：《五行》爲史志專篇，今以事少，附録於此。

【校注】

［一］紀象考一　西魏書五　通議大夫浙江按察使司按察使加二級南康謝啓昆

① 庚申，"樹經堂本"誤作"庚田"。

撰："樹經堂本"作"卷五 紀象考一"，"中華本"作"西魏書卷五 紀象考一"。

［二］按：《魏書》卷八四《儒林·李業興傳》："以世行趙歐曆，節氣後辰下筭，延昌中，業興乃爲《戊子元曆》上之。於時屯騎校尉張洪、盪寇將軍張龍祥等九家各獻新曆，世宗詔令共爲一曆。洪等後遂共推業興爲主，成《戊子曆》，正光三年奏行之。"[①]又，"樹經堂本""隆興"誤作"降興"。

［三］按：《魏書》卷一〇七上《律曆志上》："肅宗以曆就，大赦改元，因名《正光曆》，班於天下。"

［四］按：《魏書》卷八四《儒林·李業興傳》云："興和初，又爲《甲子元曆》，時見施用。"

［五］事詳《魏書》卷一〇七上《律曆志上》（頁二九〇九～二九三三）。

［六］《紀考》除閏朔外，因受制於曆法知識而大多有誤。今將校對結果直接標注在正文下側方框内。

［七］事詳《魏書》卷一〇五之四《天象志四》（頁二六七四）。

［八］事詳《魏書》卷一〇五之四《天象志四》（頁二六七四）。

［九］事詳《魏書》卷一〇五之一《天象志一》（頁二五四五～二五四六）。

［一〇］事詳《魏書》卷一〇五之二《天象志二》（頁二五八九）。

［一一］事詳《魏書》卷一一二下《靈徵志下》（頁三一九八）。

［一二］事詳《魏書》卷一〇五之四《天象志四》（頁二六七四）。

［一三］事詳《魏書》卷一〇五之二《天象志二》（頁二五八九）。又"甲寅"，"樹經堂本"誤作"申寅"。

［一四］事詳《魏書》卷一〇五之一《天象志一》（頁二五四六）。

［一五］事詳《魏書》卷一〇五之二《天象志二》（頁二五八九）。

［一六］事詳《魏書》卷一〇五之四《天象志四》（頁二六七四）。

［一七］事詳《魏書》卷一〇五之四《天象志四》（頁二六七五）。

---

① 戊子曆，修訂本《魏書》卷八四校勘記［一八］，疑爲"壬子曆"之訛："按：本書卷一〇七上《律曆志》上載崔光表云：'總合九家，共成一曆，元起壬子，律始黄鐘。'業興初造之曆起於戊子，爲《戊子曆》，至是'總合九家'則起於壬子，爲《壬子曆》。卷八二《常景傳》亦稱'先是參議《正光壬子曆》'，《隋書》卷三四《經籍志》三曆數家有《壬子元曆》一卷，注云後魏校書郎李業興撰。"

［一八］事詳《魏書》卷一〇五之一《天象志一》（頁二五四六）。

［一九］事詳《魏書》卷一〇五之四《天象志四》（頁二六七四）。

［二〇］事詳《魏書》卷一〇五之四《天象志四》（頁二六七四）。

［二一］事詳《魏書》卷一〇五之二《天象志二》（頁二五八九）。又，“乙丑［十］二月十一日”，“樹經堂本”誤作“乙五二月十一日。”

［二二］事詳《魏書》卷一〇五之四《天象志四》（頁二六七五）。

［二三］事詳《魏書》卷一〇五之二《天象志二》（頁二五八九）。

［二四］事詳《魏書》卷一〇五之四《天象志四》小字夾注（頁二六七五）。

［二五］事詳《魏書》卷一〇五之一《天象志一》（頁二五四六）。

［二六］事詳《魏書》卷一〇五之四《天象志四》小字夾注（頁二六七五）。

［二七］事詳《魏書》卷一〇五之四《天象志四》（頁二六七五）。

［二八］事詳《魏書》卷一〇五之二《天象志二》（頁二五八九）。

［二九］事詳《魏書》卷一〇五之一《天象志一》（頁二五四六）。

［三〇］事詳《魏書》卷一〇五之二《天象志二》（頁二五八九）。

［三一］按:《魏書》卷一〇五之二《天象志二》:“閏月庚子，月掩心中央星。”（頁二五八九）

［三二］事詳《魏書》卷一〇五之四《天象志四》（頁二六七六）。

［三三］事詳《魏書》卷一〇五之二《天象志二》（頁二五八九）。修訂本《魏書》卷一〇五之二校勘記［九五］以爲“三月”後當著干支。

［三四］事詳《魏書》卷一〇五之二《天象志二》（頁二五八九）。

［三五］事詳《魏書》卷一〇五之二《天象志二》（頁二五八九）。

［三六］事詳《魏書》卷一〇五之二《天象志二》（頁二五九〇）。

［三七］事詳《魏書》卷一〇五之二《天象志二》（頁二五九〇）。

［三八］事詳《魏書》卷一〇五之一《天象志一》（頁二五四六）。

［三九］事詳《魏書》卷一〇五之二《天象志二》（頁二五九〇）。

［四〇］事詳《魏書》卷一〇五之四《天象志四》（頁二六七六）。

［四一］事詳《魏書》卷一〇五之一《天象志一》（頁二五四六）。

［四二］事詳《魏書》卷一〇五之二《天象志二》（頁二五九〇）。

［四三］事詳《魏書》卷一〇五之四《天象志四》（頁二六七七）。

［四四］事詳《魏書》卷一〇五之四《天象志四》（頁二六七七）。

［四五］事詳《魏書》卷一〇五之四《天象志四》小字夾注（頁二六七七）。

［四六］事詳《魏書》卷一〇五之二《天象志二》（頁二五九〇）。

［四七］事詳《魏書》卷一〇五之一《天象志一》（頁二五四六）。又，“背”字，“樹經堂本”誤作“皆”。

［四八］事詳《魏書》卷一〇五之二《天象志二》（頁二五九〇）。東井，原誤作“東并”，茲據《魏書》卷一〇五之二《天象志二》，徑予改正。

［四九］事詳《魏書》卷一〇五之四《天象志四》（頁二六七六）。

［五〇］事詳《魏書》卷一〇五之一《天象志一》（頁二五四六）。

［五一］事詳《魏書》卷一〇五之四《天象志四》（頁二六七七）。

［五二］事詳《魏書》卷一〇五之四《天象志四》（頁二六七七）。

［五三］事詳《魏書》卷一〇五之四《天象志四》小字夾注（頁二六七七）。

［五四］此條顯然取材於《魏書》卷一〇五之四《天象志四》：“元象二年七月壬戌，金、土合於七星；癸亥，遂犯七星。”（頁二六七六）但修訂本《魏書》卷一〇五之四校勘記［五三］根據前後文意，斷定“元象二年”實乃“天平二年”之誤。其説甚是，《紀象考》此條記載顯係訛傳。

［五五］考《魏書》卷一〇五之二《天象志二》云：“興和元年八月辛丑，月在畢，暈畢、觜、参兩肩、五車。”（頁二五九〇）兩相比對，可見“昴”字顯係衍文。

［五六］事詳《魏書》卷一〇五之二《天象志二》（頁二五九〇）。

［五七］事詳《魏書》卷一〇五之四《天象志四》（頁二六七八）。修訂本《魏書》卷一〇五之四校勘記［五八］：“劉次沅驗證顯示參據金星天象，‘十一月丙戌’當作‘十月丙午’，‘二月乙卯’當作‘十一月乙卯’。”

［五八］事詳《魏書》卷一〇五之二《天象志二》（頁二五九〇）。

［五九］事詳《魏書》卷一〇五之四《天象志四》（頁二六七六）。

［六〇］事詳《魏書》卷一〇五之四《天象志四》（頁二六七八）。

［六一］事詳《魏書》卷一〇五之一《天象志一》（頁二五四六）。

［六二］事詳《魏書》卷一〇五之二《天象志二》（頁二五九一）。

［六三］事詳《魏書》卷一〇五之四《天象志四》（頁二六七六）。

［六四］揆諸《魏書》卷一〇五之四《天象志四》，仅見有東魏孝静帝興和“三年十一月，熒惑犯歲星”之記載，故《紀象考》此説繫時有誤，理當下移至大統七年。

［六五］事詳《魏書》卷一〇五之四《天象志四》（頁二六七七）。修訂本《魏書》卷一〇五之四校勘記［五六］稱其繫時有誤，應當繫於下年。甚是。

［六六］事詳《魏書》卷一〇五之四《天象志四》（頁二六七七），但興和四年即大統八年，故當移置於下年之首。

［六七］事詳《魏書》卷一〇五之二《天象志二》（頁二五九一）。

［六八］事詳《魏書》卷一〇五之四《天象志四》小字夾注（頁二六七八）。

［六九］考《魏書》卷一〇五之二《天象志二》云：“（東魏孝静帝天平）四年二月壬申，月掩五車東南星。”（頁二五九〇）故此條記載繫時有誤，理當移置於大統三年二月壬申。

［七〇］事詳《魏書》卷一〇五之二《天象志二》（頁二五九一）。

［七一］事詳《魏書》卷一〇五之二《天象志二》（頁二五九一）。

［七二］小字夾注稱“案，是月無癸未。”然考《魏書》卷一〇五之二《天象志二》云：“八月癸未，月掩五車東南星。”（頁二五九〇）此所謂八月癸未，實指東魏静帝天平四年；該年八月甲子朔，癸未乃二十日。故疑《紀象考》此條記載有誤。

［七三］事詳《魏書》卷一〇五之四《天象志四》（頁二六七七）。

［七四］事詳《魏書》卷一〇五之四《天象志四》（頁二六七七）。

［七五］事詳《魏書》卷一〇五之四《天象志四》（頁二六七七）。

［七六］事詳《魏書》卷一〇五之二《天象志二》（頁二五九一）。三月，“中華本”誤作“四月”。

［七七］事詳《魏書》卷一〇五之四《天象志四》（頁二六七八）。修訂本《魏書》卷一〇五之四校勘記［六〇］稱理當繫於大統十一年：“劉次沅《考證》云：驗證顯示武定二年四月初三丁巳，火星在胃，四月二十四日戊寅，火

星在昴，皆不合；武定三年四月初九丁巳，火星犯太微西上將；四月三十日戊寅，犯右執法，合。疑‘二年’爲‘三年’之訛。”

［七八］事詳《魏書》卷一〇五之一《天象志一》（頁二五四六～二五四七）。

［七九］事詳《魏書》卷一〇五之二《天象志二》（頁二五九一）。

［八〇］事詳《魏書》卷一〇五之四《天象志四》（頁二六七九）。

［八一］事詳《魏書》卷一〇五之二《天象志二》（頁二五九一）。

［八二］事詳《魏書》卷一〇五之一《天象志一》（頁二五四七）。

［八三］事詳《魏書》卷一〇五之二《天象志二》（頁二五九一）。修訂本《魏書》卷一〇五之二校勘記［九七］以爲“昴”上疑脱“暈”字。又，“五車二星”顯係“五車三星”之誤。又，“大星”當從“樹經堂本”“中華本”，改作“太星”。

［八四］事詳《魏書》卷一〇五之四《天象志四》小字夾注（頁二六七九）。修訂本《魏書》卷一〇五之四校勘記［六二］，疑“二月”乃“正月”之訛。

［八五］事詳《魏書》卷一〇五之一《天象志一》（頁二五四七）。“市”“并”，原本誤作“市”“井”（“樹經堂本”“中華本”亦誤“并”爲“井”），兹徑改。

［八六］事詳《通志》卷七四《灾祥一·月》，《文獻通考》卷二八五《象緯考八·月食月變》。①

［八七］事詳《魏書》卷一〇五之一《天象志一》（頁二五四七）。

［八八］事詳《魏書》卷一〇五之二《天象志二》（頁二五九二）。

［八九］事詳《魏書》卷一〇五之四《天象志四》（頁二六七九）。修訂本《魏書》卷一〇五之四校勘記［六三］，既疑“三月”爲“二月”之訛，又斷定“四星聚”之天象奇觀乃虛構。

［九〇］［九一］事詳《資治通鑑》卷一六五梁元帝承聖三年五月條：“散騎郎新野庾季才言於上曰：‘去年八月丙申，月犯心中星，今月丙戌，赤氣干

---

① （宋）鄭樵編撰：《通志》卷七四《灾祥一·月》，中華書局，一九八七年，志，頁八五六；（元）馬端臨撰：《文獻通考》卷二八五《象緯考八·月食月變》，中華書局，一九八六年，頁二二六〇。

北斗。心爲天王，丙主楚分，臣恐建子之月有大兵入江陵，陛下宜留重臣鎮江陵，整旆還都以避其患。假令魏虜侵蹙，止失荆、湘，在於社稷，猶得無慮。'上亦曉天文，知楚有灾，歎曰：'禍福在天，避之何益！'"

［九二］按：《魏書》卷一一二下《靈徵志下》："出帝太昌元年四月，京師獲白雀。"

［九三］考《資治通鑑》卷一五六梁武帝中大通六年二月條云："癸亥，上耕籍田；大赦。魏永寧浮圖灾，觀者皆哭，聲振城闕。"此蓋《西魏書》繫其事於二月癸亥之所據。但實際上，其繫時有誤，因爲《洛陽伽藍記》卷一"永寧寺"條、《北史》卷六《齊紀上》，皆僅稱時在永熙三年二月。

［九四］按：《北史》卷五《魏本紀五》："是歲二月，熒惑入南斗，衆星北流，羣鼠浮河向鄴。"

［九五］按：《北史》卷五《魏本紀五》："三年春二月，槐里獲神璽，大赦。"

	正	二	三	四	五	六	七	八	閏八[1]	九[2]	十	十一	十二
永熙元年	大 丙寅 朔 十二 十一 立春 廿七 廿六 雨水	小 丙申 朔 十三 十一 驚蟄 廿八 廿六 春分	大 乙丑 朔 十四十三 清明 廿九廿八 穀雨 閏 小 乙未 朔 十五 十四 立夏	大 甲子 朔 初一 小滿 十六 芒種	小 甲午 朔 初一 初二 夏至 十六 十八 小暑	大 癸亥 朔 初三 初四 大暑 十八 二十 立秋	小 癸巳 朔 初三 初五 處暑 十八 廿一 白露	大 壬戌 朔 初四 初七 秋分 二十 廿二 寒露	小 壬辰 朔 初五 初七 霜降 二十 廿二 立冬		大 辛酉 朔 初六 初七 小雪 廿二 大雪	小 辛卯 朔 初七 冬至 廿二 小寒	大 庚申 朔 初八 大寒 廿三 廿二 立春
永熙二年	小 庚寅 朔 初九 初七 雨水 廿四 廿二 驚蟄	大 己未 朔 初十 初九 春分 廿五 廿四 清明	大 己丑 朔 十一 初十 穀雨 廿六 廿五 立夏	小 己未 朔 十一 小滿 廿六 廿七 芒種	大 戊子 朔 十二 十三 夏至 廿八 廿九 小暑	小 戊午 朔 十三 十五 大暑 廿八 七月初一 立秋	大 丁亥 朔 十四 十七 處暑 廿九 八月初二 白露	小 丁巳 朔 十五 十七 秋分	大 丙戌 朔 初一 初三 寒露 十六 十八 霜降		小 丙辰 朔 初一 初三 立冬 十七 十八 小雪	大 乙酉 朔 初三 大雪 十八 冬至	小 乙卯 朔 初三 小寒 十八 十七 大寒

續表

	正	二	三	四	五	六	七	八	閏八	九②	十	十一	十二
永熙三年	大 甲申 朔 初五 [初四] 立春 二十 [十九] 雨水	小 甲寅 朔 初五 [初四] 驚蟄 二十 [十九] 春分	大 癸未 朔 初七 [初五] 清明 廿二 [廿一] 穀雨	小 癸丑 朔 初七 [初六] 立夏 廿二 小滿	大 壬午 朔 初八 [初九] 芒種 廿四 [廿五] 夏至	小 壬子 朔 初九 [初十] 小暑 廿四 [廿六] 大暑	大 辛巳 朔 初十 [十三] 立秋 廿六 [廿八] 處暑	大 辛亥 朔 十一 [十三] 白露 廿六 [廿八] 秋分	小 辛巳 朔 十一 [十三] 寒露 廿六 [廿八] 霜降		大 庚戌 朔 十三 [十四] 立冬 廿八 [廿九] 小雪	小 庚辰 朔 十三 [十四] 大雪 廿八 冬至	大 己酉 朔 十四 小寒 三十 [廿九] 大寒 — 閏 小 己卯 朔 十五 [十四] 立春
大統元年	大 戊申 朔 初一 [上年閏月廿九] 雨水 十六 [十五] 驚蟄	小 戊寅 朔 初二 [正月三十] 春分 十七 [十六] 清明	大 丁未 朔 初三 [初二] 穀雨 十八 立夏	小 丁丑 朔 初三 小滿 十九 芒種	大 丙午 朔 初五 [初六] 夏至 二十 [廿二] 小暑	小 丙子 朔 初五 [初七] 大暑 廿一 [廿三] 立秋	大 乙巳 朔 初七 [初九] 處暑 廿二 [廿五] 白露	小 乙亥 朔 初七 [初十] 秋分 廿二 [廿五] 寒露	大 甲辰 朔 初九 [十一] 霜降 廿四 [廿五] 立冬		大 甲戌 朔 初九 [初十] 小雪 廿四 [廿五] 大雪	小 [大] 甲辰 [癸卯] 朔 初十 [十一] 冬至 廿五 小寒	大 癸酉 朔 十一 [初十] 大寒 廿六 [廿五] 立春

續表

	大統二年	大統三年
正	小 癸卯 朔 十一 初十 雨水 廿七 廿五 驚蟄	小 丁酉 朔 初七 初六 立春 廿三 廿一 雨水
二	大 壬申 朔 十三 十一 春分 廿八 廿七 清明	大 丙寅 朔 初九 初七 驚蟄 廿四 廿三 春分
三	小 壬寅 朔 十三 十二 穀雨 廿八 立夏	大 丙申 朔 初九 初八 清明 廿五 廿四 穀雨
四	大 辛未 朔 十五 小滿 三十 芒種	小 丙寅 朔 十一 初九 立夏 廿五 小滿
五	小 辛丑 朔 十五 十六 夏至	大 乙未 朔 十一 十二 芒種 廿六 廿七 夏至
六	大 庚午 朔 初一 初三 小暑 十七 十八 大暑	小 乙丑 朔 十二 十三 小暑 廿七 廿九 大暑
七	小 庚子 朔 初二 初四 立秋 十七 十九 處暑	大 甲午 朔 十三 十五 立秋 廿八 八月初一 處暑
八	大 己巳 朔 初三 初六 白露 十八 廿一 秋分	小 甲子 朔 十三 十六 白露 廿九 九月初二 秋分
閏八	小 己亥 朔 初四 初六 寒露 十九 廿一 霜降	大 癸巳 朔 十五 十七 寒露 三十 閏九月初二 霜降 / 閏 小 癸亥 朔 十五 十七 立冬
九②		
十	大 戊辰 朔 初五 初七 立冬 二十 廿一 小雪	大 壬辰 朔 初二 初三 小雪 十七 大雪
十一	小 戊戌 朔 初六 大雪 廿一 冬至	小 壬戌 朔 初二 冬至 十七 小寒
十二	大 丁卯 朔 初七 小寒 廿二 大寒	大 辛卯 朔 初三 初二 大寒 十九 十七 立春

續表

	正	二	三	四	五	六	七	八	閏八	九②	十	十一	十二
大統四年	小 辛酉 朔 初四 初二 雨水 十九 十八 驚蟄	大 庚寅 朔 初五 初四 春分 廿一 十九 清明	小 庚申 朔 初六 初五 穀雨 廿一 二十 立夏	大 己丑 朔 初七 小滿 廿二 廿三 芒種	小 己未 朔 初八 初九 夏至 廿三 廿四 小暑	大 戊子 朔 初九 十一 大暑 廿四 廿六 立秋	大 戊午 朔 初九 十二 處暑 廿五 廿七 白露	小 戊子 朔 初十 十二 秋分 廿五 廿七 寒露	大 丁巳 朔 十一 十三 霜降 廿七 廿八 立冬		小 丁亥 朔 十二 十三 小雪 廿七 廿八 大雪	大 丙辰 朔 十三 冬至 廿八 小寒	小 丙戌 朔 十四 十三 大寒 廿九 廿八 立春
大統五年	大 乙卯 朔 十五 十四 雨水 三十 廿九 驚蟄	小 乙酉 朔 十六 十四 春分	大 甲寅 朔 初二 二月廿九 清明 十七 十六 穀雨	小 甲申 朔 初二 立夏 十七 小滿	大 癸丑 朔 初四 芒種 十九 二十 夏至	小 癸未 朔 初四 初六 小暑 十九 廿一 大暑	大 壬子 朔 初六 初八 立秋 廿一 廿三 處暑	小 壬午 朔 初六 初八 白露 廿一 廿四 秋分	大 辛亥 朔 初七 初十 寒露 廿三 廿五 霜降		大 辛巳 朔 初八 初九 立冬 廿三 廿四 小雪	小 辛亥 朔 初八 初九 大雪 廿三 廿四 冬至	大 庚辰 朔 初十 初九 小寒 廿五 廿四 大寒

續表

	正	二	三	四	五	六	七	八	閏八	九[2]	十	十一	十二
大統六年	小 庚戌 朔 初十 初九 立春 廿五 廿四 雨水	大 己卯 朔 十二 初十 驚蟄 廿七 廿五 春分	小 己酉 朔 十二 十一 清明 廿七 廿六 穀雨	大 戊寅 朔 十三 立夏 廿九 小滿	小 戊申 朔 十四 芒種 廿九 閏五月初一 夏至 閏 大 丁丑 朔 十五 十七 小暑	小 丁未 朔 初一 初二 大暑 十六 十八 立秋	大 丙子 朔 初二 初四 處暑 十七 二十 白露	小 丙午 朔 初二 初五 秋分 十八 二十 寒露	大 乙亥 朔 初四 初六 霜降 十九 廿一 立冬		小 乙巳 朔 初四 初五 小雪 二十 大雪	大 甲戌 朔 初六 冬至 廿一 小寒	小 甲辰 朔 初六 大寒 廿一 二十 立春
大統七年	大 癸酉 朔 初八 初六 雨水 廿三 廿一 驚蟄	大 癸卯 朔 初八 初七 春分 廿三 廿二 清明	小 癸酉 朔 初八 初七 穀雨 廿四 廿三 立夏	大 壬寅 朔 初十 小滿 廿五 廿六 芒種	小 壬申 朔 初十 十一 夏至 廿六 廿七 小暑	大 辛丑 朔 十二 十四 大暑 廿七 廿九 立秋	小 辛未 朔 十四 十五 處暑 廿九 八月初一 白露	大 庚子 朔 十四 十六 秋分 廿九 九月初一 寒露	小 庚午 朔 十四 十六 霜降 廿九 十月初二 立冬		大 己亥 朔 十六 十七 小雪	小 己巳 朔 初一 大雪 十六 冬至	大 戊戌 朔 初二 小寒 十七 十六 大寒

續表

	正	二	三	四	五	六	七	八	閏八	九②	十	十一	十二
大統八年	小 戊辰 朔 初三 初一 立春 十八 十六 雨水	大 丁酉 朔 初四 初三 驚蟄 十九 十八 春分	小 丁卯 朔 初五 初三 清明 二十 十九 穀雨	大 丙申 朔 初六 初五 立夏 廿一 小滿	小 丙寅 朔 初六 初七 芒種 廿二 廿三 夏至	大 乙未 朔 初八 初九 小暑 廿三 廿五 大暑	大 乙丑 朔 初八 初十 立秋 廿三 廿六 處暑	小 乙未 朔 初九 十一 白露 廿四 廿六 秋分	大 甲子 朔 初十 十二 寒露 廿五 廿七 霜降		小 甲午 朔 十一 十二 立冬 廿六 廿七 小雪	大 癸亥 朔 十二 十三 大雪 廿七 冬至	小 癸巳 朔 十二 小寒 廿八 廿七 大寒
大統九年	大 壬戌 朔 十四 十三 立春 廿九 廿八 雨水 閏 小 壬辰 朔 十四 十三 驚蟄	大 辛酉 朔 初一 閏月廿八 春分 十六 十四 清明	小 辛卯 朔 初一 二月三十 穀雨 十六 立夏	大 庚申 朔 初二 小滿 十六 十八 芒種	小 庚寅 朔 初三 初四 夏至 十八 十九 小暑	大 己未 朔 初四 初六 大暑 十九 廿二 立秋	小 己丑 朔 初五 初七 處暑 二十 廿二 白露	大 戊午 朔 初六 初九 秋分 廿一 廿四 寒露	大 戊子 朔 初七 初九 霜降 廿二 廿三 立冬		小 戊午 朔 初七 初八 小雪 廿二 廿三 大雪	大 丁亥 朔 初八 初九 冬至 廿四 廿三 小寒	小 丁巳 朔 初九 初八 大寒 廿四 廿三 立春

續表

	正	二	三	四	五	六	七	八	閏八	九②	十	十一	十二
大統十年	大 丙戌 朔 初十 初九 雨水 廿六 廿四 驚蟄	小 丙辰 朔 十一 初九 春分 廿六 廿五 清明	大 乙酉 朔 十二 十一 穀雨 廿七 立夏	小 乙卯 朔 十三 小滿 廿八 芒種	大 甲申 朔 十四 十五 夏至 廿九 六月初一 小暑	小 甲寅 朔 十五 十六 大暑	大 癸未 朔 初一 初三 立秋 十六 十八 處暑	小 癸丑 朔 初一 初四 白露 十六 十九 秋分	大 壬午 朔 初三 初五 寒露 十八 二十 霜降		小 壬子 朔 初三 初五 立冬 十八 十九 小雪	大 辛巳 朔 初四 初五 大雪 二十 冬至	大 小 辛亥 朔 初五 小寒 二十 大寒
大統十一年	小 辛巳 庚辰 朔 初五 立春 廿一 二十 雨水	大 庚戌 朔 初七 初五 驚蟄 廿二 廿一 春分	小 庚辰 朔 初七 初六 清明 廿二 廿一 穀雨	大 己酉 朔 初九 初八 立夏 廿四 小滿	小 己卯 朔 初九 初十 芒種 廿四 廿五 夏至	大 戊申 朔 十一 十二 小暑 廿六 廿八 大暑	小 戊寅 朔 十一 十三 立秋 廿六 廿九 處暑	大 丁未 朔 十二 十五 白露 廿八 三十 秋分	小 丁丑 朔 十三 十五 寒露 廿八 十月初一 霜降		大 丙午 朔 十四 十六 立冬 三十 閏月初一 小雪 閏 小 丙子 朔 十五 大雪	大 乙巳 朔 初一 冬至 十六 小寒	小 乙亥 朔 初一 十一月 三十 大寒 十七 十五 立春

續表

	正	二	三	四	五	六	七	八	閏八	九②	十	十一	十二
大統十二年	大 甲辰 朔 初三 [初一] 雨水 十八 [十七] 驚蟄	大 [小] 甲戌 朔 初三 [初二] 春分 十八 [十七] 清明	小 [大] 甲辰 [癸卯] 朔 初四 穀雨 十九 立夏	大 [小] 癸酉 朔 初五 小滿 二十 [廿一] 芒種	小 [大] 癸卯 [壬寅] 朔 初六 [初七] 夏至 廿一 [廿三] 小暑	大 壬申 朔 初七 [初十] 大暑 廿二 [廿四] 立秋	小 壬寅 朔 初七 [初十] 處暑 廿三 [廿五] 白露	大 辛未 朔 初九 [十一] 秋分 廿四 [廿六] 寒露	小 辛丑 朔 初九 [十一] 霜降 廿五 [廿六] 立冬		大 庚午 朔 十一 [十二] 小雪 廿六 [廿七] 大雪	小 庚子 朔 十一 冬至 廿六 小寒	大 己巳 朔 十三 [十二] 大寒 廿八 [廿七] 立春
大統十三年	小 己亥 朔 十三 [十二] 雨水 廿八 [廿七] 驚蟄	大 戊辰 朔 十五 [十三] 春分 三十 [廿八] 清明	小 戊戌 朔 十五 [十四] 穀雨	大 丁卯 朔 初一 立夏 十六 小滿	大 [小] 丁酉 朔 初二 芒種 十七 [十八] 夏至	小 [大] 丁卯 [丙寅] 朔 初二 [初四] 小暑 十七 [二十] 大暑	大 [小] 丙申 朔 初三 [初六] 立秋 十九 [廿一] 處暑	小 [大] 丙寅 [乙丑] 朔 初四 [初七] 白露 十九 [廿三] 秋分	大 乙未 朔 初五 [初八] 寒露 廿一 [廿三] 霜降		小 乙丑 朔 初六 [初七] 立冬 廿二 小雪	大 甲午 朔 初七 [初八] 大雪 廿二 [廿三] 冬至	小 甲子 朔 初八 [初七] 小寒 廿三 [廿二] 大寒

續表

	正	二	三	四	五	六	七	八	閏八	九②	十	十一	十二
大統十四年	大 癸巳 朔 初九 初八 立春 廿四 廿三 雨水	小 癸亥 朔 初十 初八 驚蟄 廿五 廿三 春分	大 壬辰 朔 十一 初十 清明 廿六 廿五 穀雨	小 壬戌 朔 十一 立夏 廿七 廿六 小滿	大 辛卯 朔 十三 芒種 廿八 廿九 夏至	小 辛酉 朔 十三 十五 小暑 廿八 七月初一 大暑	大 庚寅 朔 十五 十七 立秋 三十 閏月初二 處暑 閏 小 庚申 朔 十五 十八 白露	大 己丑 朔 初一 初四 秋分 十七 十九 寒露	大 小 己未 朔 初二 初四 霜降 十七 十九 立冬		小 大 己丑 戊子 朔 初二 初四 小雪 十七 十九 大雪	大 小 戊午 朔 初四 冬至 十九 小寒	小 大 戊子 丁亥 朔 初四 初五 大寒 十九 立春
大統十五年	大 丁巳 朔 初六 初四 雨水 廿一 十九 驚蟄	小 丁亥 朔 初六 初五 春分 廿一 二十 清明	大 丙辰 朔 初七 初六 穀雨 廿三 廿二 立夏	小 丙戌 朔 初八 小滿 廿三 芒種	大 乙卯 朔 初九 初十 夏至 廿五 廿六 小暑	小 乙酉 朔 初十 十二 大暑 廿五 廿七 立秋	大 甲寅 朔 十一 十四 處暑 廿六 廿九 白露	小 甲申 朔 十二 十四 秋分 廿七 廿九 寒露	大 癸丑 朔 十三 十五 霜降 廿八 三十 立冬		小 癸未 朔 十三 十五 小雪 廿九 大雪	大 壬子 朔 十五 冬至 三十 小寒	小 壬午 朔 十五 十四 大寒

續表

	正	二	三	四	五	六	七	八	閏八	九[②]	十	十一	十二
大統十六年	大 辛亥 朔 初二 [上年十二月廿九] 立春 十七 [十五] 雨水	大 [小] 辛巳 朔 初二 [初一] 驚蟄 十七 [十六] 春分	小 [大] 辛亥 [庚戌] 朔 初二 清明 十八 穀雨	大 [小] 庚辰 朔 初三 立夏 十九 小滿	小 [大] 庚戌 [己酉] 朔 初四 [初六] 芒種 二十 [廿一] 夏至	大 己卯 朔 初六 [初七] 小暑 廿一 [廿三] 大暑	小 己酉 朔 初六 [初八] 立秋 廿一 [廿四] 處暑	大 戊寅 朔 初八 [初十] 白露 廿三 [廿五] 秋分	小 戊申 朔 初八 [初十] 寒露 廿三 [廿五] 霜降		大 丁丑 朔 初十 [十一] 立冬 廿五 [廿六] 小雪	小 丁未 朔 初十 [十一] 大雪 廿五 冬至	大 丙子 朔 十一 小寒 廿七 [廿六] 大寒
大統十七年	小 丙午 朔 十二 [十一] 立春 廿七 [廿六] 雨水	大 乙亥 朔 十三 [十二] 驚蟄 廿八 [廿七] 春分	小 乙巳 朔 十四 [十二] 清明 廿九 [廿八] 穀雨	大 甲戌 朔 十五 立夏 三十 小滿 — 閏 大 [小] 甲辰 朔 十六 芒種	小 [大] 甲戌 [癸酉] 朔 初一 [初三] 夏至 十六 [十八] 小暑	大 [小] 癸卯 朔 初二 [初四] 大暑 十七 [二十] 立秋	小 [大] 癸酉 [壬申] 朔 初三 [初六] 處暑 十八 [廿一] 白露	大 壬寅 朔 初四 [初七] 秋分 十九 [廿二] 寒露	小 壬申 朔 初五 [初七] 霜降 二十 [廿一] 立冬		大 辛丑 朔 初六 [初七] 小雪 廿一 [廿二] 大雪	小 辛未 朔 初六 [初七] 冬至 廿二 [廿一] 小寒	大 庚子 朔 初八 [初七] 大寒 廿三 [廿二] 立春

續表

	正	二	三	四	五	六	七	八	閏八	九[2]	十	十一	十二
廢帝元年	小 庚午 朔 初八 初七 雨水 廿四 廿二 驚蟄	大 己亥 朔 初十 初八 春分 廿五 廿四 清明	小 己巳 朔 初十 初九 穀雨 廿五 立夏	大 戊戌 朔 十二 十一 小滿 廿七 芒種	小 戊辰 朔 十二 十三 夏至 廿七 廿九 小暑	大 丁酉 朔 十三 十五 大暑 廿九 七月初一 立秋	小 丁卯 朔 十四 十六 處暑 廿九 八月初三 白露	大 丙申 朔 十五 十八 秋分	大 小 丙寅 朔 初一 初三 寒露 十六 十八 霜降		小 大 丙申 乙未 朔 初一 初四 立冬 十六 十八 小雪	大 小 乙丑 朔 初二 初三 大雪 十八 冬至	小 大 乙未 甲午 朔 初三 初四 小寒 十八 十九 大寒
廢帝二年	大 甲子 朔 初四 初三 立春 二十 十八 雨水	小 甲午 朔 初五 初三 驚蟄 二十 十八 春分	大 癸亥 朔 初六 初五 清明 廿一 二十 穀雨	小 癸巳 朔 初七 初六 立夏 廿二 小滿	大 壬戌 朔 初八 芒種 廿三 廿四 夏至	小 壬辰 朔 初八 初十 小暑 廿四 廿六 大暑	大 辛酉 朔 初十 十二 立秋 廿五 廿八 處暑	小 辛卯 朔 初十 十三 白露 廿六 廿八 秋分	大 庚申 朔 十二 十四 寒露 廿七 廿九 霜降		小 庚寅 朔 十二 十四 立冬 廿七 廿九 小雪	大 己未 朔 十四 大雪 廿九 冬至	小 己丑 朔 十四 十三 小寒 廿九 廿八 大寒 閏 大 戊午 朔 十六 十四 立春

續表

	正	二	三	四	五	六	七	八	閏八	九②	十	十一	十二
恭帝元年	大 小 戊子 朔 初一 上年十二月三十 雨水 十六 十四 驚蟄	小 大 戊午 丁巳 朔 初一 春分 十六 清明	大 小 丁亥 朔 初三 初一 穀雨 十八 十七 立夏	小 大 丁巳 丙辰 朔 初三 初四 小滿 十八 十九 芒種	大 丙戌 朔 初五 夏至 二十 廿一 小暑	小 丙辰 朔 初五 初七 大暑 二十 廿二 立秋	小 大 乙酉 朔 初六 初九 處暑 廿二 廿四 白露	大 小 甲寅 乙卯 朔 初八 初九 秋分 廿三 廿四 寒露	大 甲申 朔 初八 初十 霜降 廿三 廿五 立冬		小 甲寅 朔 初九 初十 小雪 廿四 大雪	大 癸未 朔 初十 冬至 廿五 小寒	小 癸丑 朔 十一 初九 大寒 廿六 廿四 立春
恭帝二年	大 壬午 朔 十二 十一 雨水 廿七 廿六 驚蟄	小 壬子 朔 十二 十一 春分 廿八 廿六 清明	大 辛巳 朔 十四 十三 穀雨 廿九 廿八 立夏	大 小 辛亥 朔 十四 小滿 五月初一 芒種	小 大 辛巳 庚辰 朔 十五 十七 夏至	大 小 庚戌 朔 初一 初二 小暑 十六 十八 大暑	小 大 庚辰 己卯 朔 初一 初五 立秋 十七 二十 處暑	大 己酉 朔 初三 初五 白露 十八 廿一 秋分	小 己卯 朔 初三 初六 寒露 十九 二十 霜降		大 戊申 朔 初五 初六 立冬 二十 廿一 小雪	小 戊寅 朔 初五 初六 大雪 二十 冬至	大 丁未 朔 初七 初六 小寒 廿二 廿一 大寒

續表

	正	二	三	四	五	六	七	八	閏八	九[2]	十	十一	十二
恭帝三年	小 丁丑 朔 初七 初六 立春 廿二 廿一 雨水	大 丙午 朔 初八 初七 驚蟄 廿四 廿二 春分	小 丙子 朔 初九 初八 清明 廿四 廿三 穀雨	大 乙巳 朔 初十 立夏 廿六 廿四 小滿	小 乙亥 朔 十一 芒種 廿六 廿七 夏至	大 甲辰 朔 十二 十四 小暑 廿七 廿九 大暑	小 甲戌 朔 十三 十五 立秋 廿八 八月初一 處暑	大 癸卯 朔 十四 十七 白露 廿九 九月初二 秋分	大 小 癸酉 朔 十五 十七 寒露 三十 九月初三 霜降	小 大 癸卯 壬寅 朔 十五 十八 立冬	大 小 壬申 朔 初一 初二 小雪 十六 十七 大雪	小 大 壬寅 辛丑 朔 初二 初三 冬至 十七 十八 小寒	大 辛未 朔 初三 大寒 十八 十七 立春

右紀考。

① “閏八”，原本誤作“九”

② “九”，原本誤作“閏九”。

儀制考二　西魏書六

通議大夫浙江按察使司按察使加二級南康謝啓昆撰[一]

孝武入關，百度廢墜，大統以後，乃慨然修明禮制，思復古道，彬彬乎，視遷洛時，又一變焉，蓋宇文泰、蘇綽之才足多矣。惜其詳不可聞，今録其可考者，稍次第之，具於篇。

大統二年正月，詔以始祖神元皇帝配祀南郊。[二]

案：神元皇帝諱力微，詰汾子，天女所生者也，自道武後，皆配天靈，胡太后乃改以太武配，至是復焉。附録收書《禮志》，以具本末。

《禮志》[三]曰："天興二年正月，帝親祀上帝於南郊，以始祖神元皇帝配。爲壇通四陛，爲壝埒三重。天位在其上，南面，神元西面。五精帝在壇内，壝内四帝，各於其方，一帝在未。[四]日月五星、二十八宿、天一、太一、北斗、司中、司命、司禄、司民在中壝内，各因其方。其餘從食者合一千餘神，餟在外壝内。籍[五]用藁秸，玉用四珪，幣用束帛，牲用黝犢，器用陶匏。上帝、神元用犢各一，五方帝共用犢一，日月等共用牛一。祭畢，燎牲體左於壇南以地，從陽之義。"

熙平二年三月[六]，太常少卿元瑞[七]上言："謹案《禮記·祭法》：'有虞氏褅黄帝而郊嚳[八]，祖顓頊而宗堯。夏后氏亦褅黄帝而郊鯀，祖顓頊而宗禹。殷人褅嚳而郊冥，祖契而宗湯。周人褅嚳而郊稷，祖文王而宗武王。'鄭玄《注》云[九]：'褅郊祖宗，謂祭祀以配食也。有虞氏以上尚德，褅郊祖宗，配用有德者。自夏以下，稍用其姓代之。’是故周人以后稷爲始祖，文武爲二祧。訖於周世，配祭不毀。案《禮》，譽雖無廟，配食禘祭。謹詳聖朝以太祖道武皇帝配圜丘，道穆皇后劉氏配方澤；太宗明元皇帝配上帝，密皇后[一〇]杜氏[一一]配地祇；又以顯祖獻文皇帝配雩祀。太宗明元皇帝之廟既毀，上帝地祇，配祭有式。國之大事，惟祀與戎，廟配事重，不敢專決，請詔羣官集議以聞。”靈太后令曰：“依請。”於是太師、高陽王雍，太傅、領太尉公、清河王懌，太保、領司徒公、廣平王懷，司空公、領尚書令、任城王澄，侍中、中書監胡國珍，侍中、領著作郎崔光等議：“竊以尚德尊功，其來自昔，郊稷宗文，周之茂典。仰惟世祖太武皇帝以神武纂業，尅清禍亂，德濟生民，功加四海，宜配南郊。高祖孝文皇帝大聖膺期，惟新魏道，刑措勝殘，功同天地，宜配明堂。”令曰：“依議施行。”

大統四年正月辛酉，帝於清暉室拜天，終帝世遂爲常。[一二]

西魏宗廟制，師復古之道，右宗廟，左社稷，置太祖之廟，並高祖已下二昭二穆，凡五。親盡則遷，其有德者謂之祧，廟亦不毀。[一三]

西魏用夏時，行《周禮》，以十月爲臘。

永熙中，帝釋奠於國學，又於顯陽殿詔祭酒劉廞講《孝經》，黃門李郁説《禮記》，中書舍人盧景講《大戴禮·夏小正》篇，復置生七十二人。[一四]

大統十年七月，更權衡度量。[一五]

梁王蕭詧來朝[一六]，入畿，大冢宰命有司致積。其餼五牢，米九十筥，醯醢各三十五甕，酒十八[一七]壺，米禾各五十車，薪芻各百車。既至，大司空設九儐以致館。梁王束帛乘馬，設九介以待之。禮成而出。明日，王朝，受享於廟。既致享，大冢宰又命公一人，元[一八]冕乘車，陳九[一九]儐，以束帛乘馬，致食於儐[二〇]及賓之從各有差。致食訖，又命公一人，弁服乘車，執贄，設九儐以勞賓。王[二一]設九介，迎於門外。明日，朝服乘車，還贄於公。公皮弁迎於大門，授贄受贄，並於堂之中楹。又明日，王朝服，設九介，乘車，備儀衛，以見於公。事畢，公致享。明日，三孤一人，又執贄勞於梁王。

明日，王還贄。又明日，王見三孤，如見三公。明日，卿一人，又執贄勞王。王見卿，又如三孤。[二二]於是三公、三孤、六卿，又各饋賓，並屬官之長爲使。牢米束帛同三公。

右禮

普泰中[二三]，前廢帝詔録尚書長孫稚、太常卿祖瑩營理金石。永熙二年春，稚、瑩表曰：

臣聞安上治民莫善於禮，移風易俗莫善於樂。《易》曰："先王以作樂崇德，殷薦之上帝，以配祖考。"《書》曰："戛擊鳴球，搏拊[二四]琴瑟以詠，祖考來格。"詩言志，律和聲，敦叙九族，平章百姓，天神於焉降歆，地祇可得而禮。故夫樂象德，舞象功，[二五]干戚所以比其形容，金石所以發其歌頌，薦之宗廟則靈祇饗其和，用之朝廷則君臣協其志，樂之時義大矣哉！雖復沿革異時，晦明殊位，周因殷禮，百世可知也。

太祖道武皇帝應圖受命，光宅四海，義合天經，德符地緯，九戎荐舉，五禮未詳。太宗、世祖重輝累耀，恭宗、顯祖誕隆丕基，而猶經營四方，匪遑制作。高祖孝文皇帝承太平之緒，纂無爲之運，帝圖[二六]既遠，王度維新。太和中命故中書監高閭草搬古樂，閭尋去世，未就其功。閭亡之後，故太樂令公孫崇續修遺事，十有餘載，崇敷奏其功。時太常卿劉芳以崇所作，體制差舛，不合古義，請更修營，被旨聽許。芳又釐綜，久而申呈。時故東平王元匡共相論駁，各樹朋黨，爭競紛綸，竟無底定。[二七]及孝昌以後，世屬艱虞，内難孔殷，外敵滋甚。永安之季，胡賊入京，燔燒樂庫，所有之鐘悉畢賊手，其餘磬石，咸爲灰燼。普泰元年，臣等奉敕營造樂器，責問太樂前來郊丘懸設之方，宗廟施安之分。太樂令張乾龜答稱芳[二八]所作六格：北厢黄鍾之均，實是夷則之調，其餘三厢，宫商不和，共[二九]用一笛，施之前殿，樂人尚存；又有沽洗、太簇二格[三〇]，用之後宫，檢其聲韻，復是夷則，於今尚在。而芳一代碩儒，斯文攸屬，討論之日，必應考古，深有明證。乾龜之辨，恐是歷歲稍遠，伶官失職。芳久殂没，遺文銷毁，無可遵訪。臣等謹詳《周禮》，分樂而序之。

凡樂：圜鍾爲宫，黄鍾爲角，太蔟爲徵，沽洗爲羽，若樂六變，天神可得而禮；函鍾爲宫，太蔟爲角，沽洗爲徵，南吕爲羽，若樂八變，地祇[三一]可得而禮；黄鍾爲宫，大吕爲角，太蔟爲徵，應鍾爲羽，若樂九變，人鬼可得而禮。至於布置，不得相生之次，兩均異宫，並無商聲，而同用一徵。《書》曰："於！予擊石拊石，百獸率舞，八音克諧，神人以和。"計五音不具，則聲豈成文；七律不備，則理無和韻。八音克諧，莫曉其旨。聖道幽元，微言已絶，漢魏以來，未能作者。案《春秋》魯昭公二十年，晏子言於齊侯曰："先王之濟五味、和五聲也，以平其心，成其政也。聲亦如味，一氣、二體、三類、四物、五聲、六律、七音、八風、九歌以相成也。"服子慎《注》云："黄鍾之均，黄鍾爲宫，太蔟爲商，沽洗爲角，林鍾爲徵，南吕爲羽，應鍾爲變宫，蕤賓爲變徵。一懸十九鐘，十二懸二百二十八鐘，八十四律。"即如此義，乃可尋究。今案《周禮》小胥之職，樂懸之法，鄭《注》云："鐘磬編懸[三二]之，二八十六枚。"漢成帝時，犍爲郡於水濱得古磬十六枚獻呈，漢以爲瑞，復依[三三]《禮圖》編懸十六。去正始中，徐州薛城[三四]送玉磬十六枚，亦是一懸之器。檢太樂所用鐘、磬，各一懸十四，不知何據。魏侍中繆襲云：《周禮》以六律、六同、五聲、八音、六舞大合樂以致鬼神。今之樂官，徒知古有此制，莫有明者。又云：樂制既亡，漢成謂[三五]《韶》《武》《武德》《武始》《大鈞》可以備四代之樂。奏黄鍾，舞《文始》，以祀天地；奏太蔟、舞《大武》，以祀五郊、明堂；奏沽洗、舞《武德》，巡狩以祭四望山川；奏蕤賓，舞《武始》《大鈞》以祀宗廟。祀圜丘[三六]、方澤，羣廟祫祭之時則可兼舞四代之樂。漢亦有《雲翹》《育命》之舞，罔識其源，漢以祭天。魏時又以《雲翹》兼祀圜丘[三七]天郊，《育命》兼祀方澤地郊。今二舞久亡，無復知者。臣等謹依高祖所制尺，《周官·考工記》鳧氏爲鐘鼓之分、磬氏爲磬倨句之法，《禮運》五聲十二律還相爲宫之義，以律吕爲之劑量，奏請制度，經紀營造。依魏晉所用四廂宫懸，鐘、磬各十六懸，塤、篪、箏、筑聲韻區别。蓋理三稔，於兹始就，五聲有節，八音無爽，笙鏞和合，不相奪倫，元日備設，百僚允矚。雖未極萬古之徽蹤，實是一時之盛事。

竊惟古先哲王制禮作樂，各有所稱：黄帝有《咸池》之樂，顓頊作《承雲》之舞，《大章》《大韶》堯舜[三八]之異名，《大夏》《大濩》禹湯之殊稱，周言《大武》，秦曰《壽人》。及焚書絶學之後，舊章淪滅，無可準據。漢高祖時，叔孫通因秦樂人制宗廟樂，迎神廟門奏《嘉至》，皇帝入廟門奏《永至》，登歌再終，下奏《休成》之樂，通所作也。高祖六年，有《昭容樂》《禮容樂》，又有《房中祠樂》，高祖唐山夫人所作也。孝惠二年，使樂府令夏侯寬備其簫管，更名《安世樂》。高祖廟奏《武德》《文始》《五行》之舞，孝文廟奏《昭德》《文始》《四時》《五行》之舞，孝武廟奏《盛德》《文始》《四時》《五行》之舞。《武德》者，高祖四年作也，以象天下樂已行武以除亂也；《文始舞》者，舜《韶舞》，高祖六年更名曰[三九]《文始》，以示不相襲也；《五行舞》者，本周舞，秦始皇二十六年更名曰[四〇]《五行》也；《四時舞》者，孝文所作，以明天下之安和也。孝景以《武德舞》爲《昭德》，孝宣以《昭德舞》爲《盛德》。光武廟奏《大武》，諸帝廟並奏《文始》《五行》《四時》之舞。及卯金不祀，當塗勃興，魏武廟樂改云《韶武》，用虞之《大韶》、周之《大武》，總號《大鈞》也。曹失其鹿，典午乘時，晉氏之樂更名《正德》。自昔帝王，莫不損益相緣，徽號殊别者也。而皇魏統天百三十載，至於樂舞，迄未立名，非所以聿宣皇風，章明功德，贊揚懋軌，垂範無窮者矣。

案今后宫饗會及五郊之祭，皆用兩懸之樂，詳覽[四一]先誥，大爲紕繆。古禮，天子宫懸，諸侯軒懸，大夫判懸，士特懸。皇后禮數，德合王者，名器所資，豈同於大夫哉。《孝經》言："嚴父莫大於配天。"[四二]宗祀[四三]文王於明堂，以配上帝，即五精之帝也。《禮記·王制》"庶羞不踰牲，燕衣不踰祭服"，《論語》"禹[四四]卑宫室，盡力於溝洫"，"惡衣服[四五]致美於黻冕"。何有殿庭之樂過於天地乎！失禮之差，遠於千里。昔漢孝武帝東巡狩封禪，還祀泰一於甘泉，祭后土於汾陰，皆盡用，明其無減。普泰元年，前侍中臣孚及臣瑩等奏求造十二懸，六懸裁訖，續復營造，尋蒙旨判。今六懸既成，臣等思鐘磬[四六]各四，鉦鎛[四七]相從，十六格宫懸已足，今請更營二懸，通前爲八，宫懸兩具[四八]矣。一具備於太極，一具列於顯陽。若圜丘[四九]、方澤、上辛、四時五郊、社稷諸祀雖時日相礙[五〇]，用之無闕。孔子曰：“周道四達，禮樂交通。”《傳》曰：“魯有禘樂，賓祭用之。”然則天地宗廟同樂之明證也。其升斗權量，當時未定，請即刊校，以爲長準。

周存六代之樂，《雲門》《咸池》《韶》《夏》《濩》《武》用於郊廟，各有所施，但世運遥緬，隨時亡缺。漢世唯有虞《韶》、周《武》，魏爲《武始》《咸熙》，錯綜風聲，爲一代之禮。晉無改造，易名《正德》。今聖朝樂舞未名，舞人冠服無準，稱之文、武舞而已。依魏景初三年以來衣服制，其祭天地宗廟：武舞執干戚，著平冕、黑介幘、玄[五一]衣裳、白領袖、絳領袖中衣、絳合幅袴袜、黑韋鞮；文舞執羽籥，冠委貌，其服同上。其奏於廟庭[五二]：武舞，武弁、赤介幘、生絳袍、單衣絳[五三]領袖、皂領袖中衣、虎文畫合幅袴、白布袜、黑韋鞮；文舞者[五四]進賢冠、黑介幘、生黄袍、單衣白合幅袴，服同上。其魏晉相因，承用不改。古之神室，方[五五]各别所，故聲歌各異。今之太廟，連基接棟，樂舞同奏，於義得通。

自中原[五六]喪亂，晉室[五七]播蕩，永嘉已後，舊章湮没。太武[五八]皇帝破平統萬，得古雅樂一部，正聲歌五十曲，工伎相傳，間有施用。自高祖遷居，世宗晏駕，内外多事，禮物未周。今日所有《王夏》《肆夏》之屬二十三曲，猶得擊奏，足以闡累聖之休風，宣重光之盛美。伏惟陛下仁格上皇，義光下武，道契玄[五九]機，業隆寶祚，思服典章，留心軌物，反堯舜之淳風，復文武之境土，飾宇宙之儀刑，納生人於福地，道德熙泰，樂載新聲，天成地平，於是乎在。樂舞之名，乞垂旨判。臣等以愚昧參厠問道，呈御之日，伏增惶懼。

詔：“其樂名付尚書博議以聞。”

其年夏，集羣官議之。瑩復議曰：“夫樂所以乘靈通化，舞所以象物昭功，金石播其風聲，絲竹申其歌詠。郊天祠地之道，雖百世而可知；奉神育民之理，經千載而不昧。是以黄帝作《咸池》之樂，顓頊有《承雲》之舞，堯爲《大章》，舜則《大韶》，禹爲《大夏》，湯爲《大濩》，周曰《大武》，秦曰《壽人》，漢爲《大予》，魏名《大鈞》，晉曰《正德》。雖三統互變，五運代降，莫不述作相因，徽號殊别者也。皇魏道格三才，化清四宇，奕世載德，累葉重光，或以文教興邦，或以武功平亂，功成治定，於是乎在。及主上龍飛載造，景命維新，書軌自同，典刑罔二，覆載均於兩儀，仁澤被於四海，五聲有序，八音克諧，樂舞之名，宜以詳定。案周兼六代之樂，聲律所施，咸有次第。滅學以後，經禮散亡，漢來所存，二舞而已。請以《韶舞》爲《崇德》，《武舞》爲《章烈》，總名曰《嘉成樂》。[六〇]漢樂章云：'高張四縣，神來燕饗。'宗廟所設，宫懸明矣。計五郊天神，尊於人鬼；六宫陰極，體同至尊。理無減降，宜皆用宫懸。其舞人冠服制裁咸同舊式。庶得以光贊鴻功，敷揚大業。"録尚書事長孫稚已下六十人同議申奏，詔曰："王者功成作樂，治定制禮，以'成'爲號，良無間然。又六代之舞者，皆[六一]以大爲名，今可準古爲《大成》也。凡音樂以舞爲主，故干戈[六二]羽籥，禮亦無别，但依舊爲文舞、武舞而已。餘如議。"

武帝入關，樂聲皆闕。[六三]恭帝元年，平荆州，大獲梁氏樂器，以屬有司。及建六官，乃詔曰："六樂尚矣，其聲歌之節，舞蹈之容，寂寥已絶，不可得而詳也。但方行古人之事，可不本於兹乎？自宜依準，制其歌舞，祀五帝日月星辰。"於是有司詳定：郊廟祀五帝日月星辰，用黄帝樂，歌大吕，舞《雲門》；祭九州、社稷、水旱雩禜，用唐堯樂，歌應鍾，舞《大咸》；祀四望，饗諸侯，用虞舜樂，歌南吕，舞《大韶》；祀四類，幸辟雍，用夏禹樂，歌函鐘，舞《大夏》；祭山川，用殷湯樂，歌小吕，舞《大護》[六四]；享宗廟，用周武王樂，歌夾鍾，舞《大武》；皇帝出入，奏《皇夏》。賓出入，奏《肆夏》；牲出入，奏《昭夏》；蕃國客出入，奏《納夏》；有功臣出入，奏《章夏》；皇后進羞，奏《深夏》；宗室會聚，奏《族夏》[六五]；上酒宴樂，奏《陔夏》。諸侯相見，奏《驁夏》；皇帝大射，歌《騶虞》；諸侯歌《貍首》[六六]，大夫歌《采蘋》，士歌《采蘩》。雖著其文，竟未之行也。

廢帝元年，詔尚書蘇綽詳正音律。綽時得宋尺，以定諸管，草創未就。[六七]

案：西魏未得玉尺之前即宋尺，用市尺[六八]，比玉尺一尺九分三釐。蘇綽因玉尺造鐵尺，後周用之，其後爲隋開皇官尺也。[六九]

周宣帝時，達奚震、牛弘[七〇]上議曰：

竊惟權衡度量，經邦懋軌[七一]，誠須詳求故實，考校得衷。謹尋今之鐵尺，是太祖遣尚書故蘇綽所造，當時檢勘，用爲前周之尺。驗其長短，與宋尺符同，即以調鍾律，并用均田度地。今以上黨羊頭山黍，依《漢書·律曆志》度之。若以大者稠累，依數滿尺，實於黄鍾之律，須撼乃容。若以中者累尺，雖復小稀，實於黄鍾之律，不動而滿。計此二事之殊，良由消息未善，其於鐵尺，終有一會。且上黨之黍，有異他鄉，其色至烏，其形圓重，用之爲量，定不徒然。正以時有水旱之差，地有肥瘠之異，取黍大小，未必得中。案許慎解，秬黍體大，本異於常。疑今之大者，正是其中，累百滿尺，即是會古。實籥之外，纔剩十餘，此恐圍徑或差，造律未妙。就如撼動取滿，論理亦通。今勘周漢古錢，大小有合，宋氏渾儀，尺度無舛。又依《淮南》，累粟十二成寸。明先王制法，索隱鉤深，以律計分，義無差異。《漢書·食貨志》[七二]云："黄金方寸，其重一斤。"今鑄金校驗，鐵尺爲近。依文據理，符會處多。且平齊之始，已用宣布，今因而爲定，彌合時宜。至於玉尺累黍，以廣爲長，累既有剩，實復不滿。尋訪古今，恐不可用。其晉、梁尺量，過爲短小，以黍實管，彌復不容，據律調聲，必致高急。且八音克諧，明王盛範，同律度量，哲后通規。臣等詳校前經，斟量[七三]時事，謂用鐵尺，於理爲便。

懸鐘磬之法，七正七倍，合爲十四。蓋準變宫、變徵，凡爲七聲，有正有倍，而爲十四也。長孫紹遠引《國語》泠州鳩云："武王伐殷，歲在鶉火。"自鶉及駟，七位故也。既以七同其數，而以律和其聲，於是有七律。又引《尚書·大傳》"謂之七始"，其注云："謂黄鍾、林鍾、太簇、南吕、姑洗、應鍾、蕤賓也。"歌聲不應此者，皆去之。然據一均言也。宫、商、角、徵、羽

爲正，變宫、變徵爲和，加倍而有十四焉。[七四]

國伎起自苻氏之末[七五]，吕光、沮渠蒙遜等據有涼州時，變龜兹聲爲之，號之曰[七六]秦漢伎。太武帝平河西得之，謂之《西涼樂》。至魏、周之際，謂之《國伎》。其曲項琵琶、豎箜篌[七七]之徒，並出自西域，非華夏之舊器。《楊澤新聲》《神白馬》之類，生於胡戎。胡戎歌非漢魏之遺曲，故其樂器聲調，悉與書史所載不同。其歌曲有《永世樂》，解曲有《萬世豐》，舞曲有《于闐佛曲》。工人平巾幘[七八]，緋褶。白舞一人，方舞四人。白舞一人。下闕[七九]方舞四人，假髻，玉支釵，紫絲布褶，白大口袴，五綵接袖，烏皮靴。[八〇]其樂器用：鐘一架，磬一架，彈箏一，搊箏一，豎箜篌一，琵琶一，五絃琵琶一，笙一，簫一，大篳篥一，小篳篥一，長笛一，横笛一，腰鼓一，齊鼓一，擔鼓一，貝一，銅鈸二。

大統中，高昌款附，得其伎教習，以備饗燕之禮。[八一]

右樂

大統八年，置六軍。[八二]

陳傳良《歷代兵制》曰："宇文泰相魏，輔以蘇綽經濟之略，於軍尤詳。六軍百府，始倣周典，而稍還兵農不分之舊。泰始籍民之才力者爲府兵，身租庸調，一切蠲之。以農隙講閲陣戰，馬畜糧備，六家供之，合爲百府。每府一郎將主之，分屬二十四軍。泰督中外諸軍，六人各督二大將軍，凡十二大將軍。每大將軍各統開府二人，開府各領一軍。蓋至是而廣州、山南、北山，皆勁兵矣。"[八三]

右兵

大統元年，宇文泰上二十四條之制。七年，下十二條制。十年，帝命尚書蘇綽，總三十六條，更損益爲五卷，班於天下。其後以河南趙肅爲廷尉卿，

撰定法律。肅積思累年，感心疾而死。乃以司憲大夫托拔迪掌之。[八四]

按：托拔迪繼趙肅撰律，至周保定三年乃就，謂之《大律》，凡二十五篇：一曰刑名，二曰法例，三曰祀享，四曰朝會，五曰婚姻，六曰户籍[八五]，七曰水火，八曰興繕，九曰衛宫，十曰市廛，十一曰鬭競，十二曰劫盗，十三曰賊叛，十四曰毁亡，十五曰違制，十六曰關津，十七曰諸侯[八六]，十八曰廄牧，十九曰雜犯，二十曰詐僞，二十一曰請求，二十二曰告言，二十三曰逃亡，二十四曰繫訊，二十五曰斷獄。大凡定罪一千五百三十七條。此皆增損魏律成之，則魏律條制，於此尚可考見。

右刑

大統六年二月，鑄五銖錢。十二年復鑄。[八七]

洪尊《泉志》曰："大統時，五銖以赤銅鑄。"[八八]

大統十一年，大旱。十二年，祕書丞李彪上表："請别立農官，取州郡户十分之一爲屯田人。相水陸之宜，料頃畝之數，以贓贖雜物市牛科給，令其肆力。一夫之田，歲責六十斛，甄其正課並征戍雜役。行此二事，數年之中，則穀積而人足矣。"帝覽而善之，尋施行也。自此公私豐贍，雖有水旱，不爲害也。[八九]

大統十三年正月，開白渠溉民田。[九〇]十六年，修造富平堰。[九一]

右食貨

大統十五年，詔復太和中代人改姓者。[九二]

鄭樵《通志·氏族略》曰："代北之人隨後魏遷河南者，後魏獻帝爲之定姓。爲複姓，或爲三字姓，或爲四字姓。其音多似西域梵書二合、三合、四合者，皆指一字之音。故孝文用夏變夷，革以華俗，皆更爲單字之姓。惟賀若氏不改，及乙旃氏改爲叔孫，拓拔氏改爲長孫。"①

① 《通志》卷三〇《氏族略六》，文字略有出入。

案：太和中，詔改國姓曰元氏。於時代人，並詔改姓。其載於收書《官氏志》者，紇骨氏改爲胡氏，普氏改爲周氏，拓拔氏改爲長孫氏，達奚氏改爲奚氏，伊婁氏改爲伊氏，邱敦氏改爲邱氏，侯氏改爲亥氏，乙旃氏改爲叔孫氏，車焜氏改爲車氏，邱穆陵氏[九三]改爲穆氏，步六孤氏改爲陸氏，賀賴氏改爲賀氏，獨孤氏改爲劉氏，賀樓氏改爲樓氏，勿忸于氏改爲于氏，是連氏改爲連氏，僕蘭氏改爲僕氏，若干氏改爲苟氏，拔列氏改爲梁氏，撥略氏改爲略氏，若口引氏改爲寇氏，叱羅氏改爲羅氏，普陋茹氏改爲茹氏，賀葛氏改爲葛氏，是賁氏改爲封氏，阿伏于氏改爲阿氏，可地延氏改爲延氏，阿鹿桓氏改爲鹿氏，他駱拔氏改爲駱氏，薄奚氏改爲薄氏，烏丸氏改爲桓氏，素和氏改爲和氏，胡古口引氏改爲侯氏，谷渾氏改爲渾氏，匹婁氏改爲婁氏，俟力伐氏改爲鮑氏，吐伏盧氏改爲盧氏，牒云氏改爲云氏，是云氏改爲是氏，叱利氏改爲利氏，副吕氏改爲副氏，如羅氏改爲如氏，乞扶氏改爲扶氏，阿單氏改爲單氏，俟幾氏改爲幾氏，賀兒氏改爲兒氏，吐奚氏改爲古氏，出連氏改爲畢氏，賀拔氏改爲何氏，叱吕氏改爲吕氏，莫那婁氏改爲莫氏，奚斗盧氏改爲索盧氏，莫蘆氏改爲蘆氏，出大汗氏改爲韓氏，没路真氏改爲路氏，扈地于氏改爲扈氏，莫輿氏改爲輿氏，紇干氏改爲干氏，俟伏斤氏改爲伏氏，是樓氏改爲高氏，尸突氏改爲屈氏，沓盧氏改爲沓氏，嗢石蘭氏改爲石氏，解枇氏改爲解氏，奇斤氏改爲奇氏，須卜氏改爲卜氏，邱林氏[九四]改爲林氏，大莫干氏[九五]改爲郃氏，尒綿氏改爲綿氏，蓋樓氏改爲蓋氏，素黎氏改爲黎氏，渴單氏改爲單氏，壹斗眷氏改爲明氏，叱門氏改爲門氏，宿六斤氏改爲宿氏，馝邗氏改爲邗氏，土難氏改爲山氏，屋引氏改爲房氏，樹落干氏改爲樹氏，乙弗氏改爲乙氏，茂眷氏改爲茷氏，宥連氏改爲雲氏，紇豆陵氏改爲竇氏，侯莫陳氏改爲陳氏，庫狄氏改爲狄氏，大洛稽氏改爲稽氏，柯拔氏改爲柯氏，尉遲氏[九六]改爲尉氏，步鹿根氏改爲步氏，破多羅氏改爲潘氏，叱干氏改爲薛氏，俟奴氏改爲俟氏，輾遲氏改爲展氏，費連氏改爲費氏，其連氏改爲綦氏，去斤氏改爲艾氏，渴侯氏改爲緱氏，叱盧氏改爲祝氏，和稽氏改爲緩氏，寃賴氏改爲就氏，嗢盆氏改爲温氏，達勃氏改爲褒氏，獨孤渾氏改爲杜氏，賀蘭氏改爲賀氏，郁都甄氏改爲甄氏，紇奚氏改爲嵇氏，越勒氏改爲越氏，叱奴氏改爲狼氏，渴燭渾氏改爲味氏，庫褥官氏改爲庫氏，烏洛蘭氏改爲蘭氏，一那蔞氏改爲蔞氏，羽弗氏改爲羽氏。其不改者惟谷渾氏、賀若氏、那氏、庾氏、宇文氏、慕容氏而已。[九七]

魏氏之初，統國三十六，大姓九十九，後多絶滅。恭帝元年，以諸將功高者爲三十六國後，次功者爲九十九姓後，所統軍人，亦從其姓。[九八]

案：鄭樵《通志》所載[九九]，閻慶之爲大野氏，辛威爲普屯氏，韓裒之爲俟吕鄰氏，李弼之爲徒何氏，田宏之爲紇干氏，王雄之爲可頻氏，王羆之爲柘王氏，蔡氏之爲大利稽氏，陰氏之爲邸目陵氏，張氏之爲叱羅氏，周氏之爲車非氏，南氏之爲宇文氏，皆是時功臣改姓者也。

右氏族

【校注】

［一］儀制考二 西魏書六　通議大夫浙江按察使司按察使加二級南康謝啓昆撰："樹經堂本"作"卷六 儀制考二"，"中華本"作"西魏書卷六 儀制考二"。

［二］按：《北史》卷五《魏本紀五》："（大統）二年春正月辛亥，祀南郊，改以神元皇帝配。"

［三］《禮志》即《魏書》卷一〇八之一《禮志一》。

［四］未："樹經堂本""中華本"皆誤作"末"。

［五］籍：宜從《魏書》卷一〇八之一《禮志一》改作"藉"。

［六］熙平二年三月：《魏書》卷一〇八之二《禮志二》後綴"癸未"。自此至段尾，皆録自《魏書》卷一〇八之二《禮志二》。

［七］元瑞：當從《魏書》卷一〇八之一《禮志一》改作"元端"。

［八］譽："樹經堂本"誤作"譽"。

［九］鄭玄《注》云：《魏書》卷一〇八之二《禮志二》原本皆作“鄭玄《注》大”，今點校本、修訂本皆已據《册府元龜》卷五八二，改爲“鄭玄《注》云”；《西魏書》以訛傳訛，亦作“鄭玄《注》大”，兹徑改正。

［一〇］密皇后：宜從《魏書》卷一〇八之二《禮志二》，改作“明密皇后”。

［一一］氏：“樹經堂本”誤作“氐”。

［一二］按：《北史》卷五《魏本紀五》：“（大統）四年春正月辛酉，拜天於清暉室，終帝世遂爲常。”

［一三］按：《隋書》卷七《禮儀志二》：“後周之制，思復古之道，乃右宗廟而左社稷。置太祖之廟，并高祖已下二昭二穆，凡五。親盡則遷。其有德者謂之祧，廟亦不毁。”又，“社稷”，“樹經堂本”誤作“社稷”。

［一四］按：《北史》卷八一《儒林傳序》：“永熙中，孝武復釋奠於國學，又於顯陽殿詔祭酒劉廞講《孝經》，黄門李郁説《禮記》，中書舍人盧景宣講《大戴禮·夏小正》篇，復置生七十二人。”又，《魏書》卷三六《李順傳附李同軌傳》云：“永熙二年，出帝幸平等寺，……三年春釋菜，詔延公卿學官於顯陽殿，敕祭酒劉廞講《孝經》，黄門李郁講《禮記》，中書舍人盧景宣解《大戴禮·夏小正》篇。”

［一五］按：《北史》卷五《魏本紀五》：“十年……秋七月，更權衡度量。”

［一六］梁王蕭詧來朝：《隋書》卷八《禮儀志三》作“梁王之朝周”。經比對，《西魏書》此文取材於《隋書》卷八《禮儀志三》，迻録時文字略有改動。

［一七］十八：原倒作“八十”，兹據《隋書》卷八《禮儀志三》改正。

［一八］元：原作“玄”，顯系《西魏書》爲避諱而改。

［一九］九：原誤作“陳”，兹據《隋書》卷八《禮儀志三》改正。

［二〇］儐：《隋書》卷八《禮儀志三》作“賓”。

［二一］王：“樹經堂本”誤作“于”。

［二二］三孤：原誤作“三公”，兹據《隋書》卷八《禮儀志三》改正。

［二三］自“普泰中”至“餘如議”，皆録自《魏書》卷一〇九《樂志》。《册府元龜》卷五六七在載録這段文字時，將段首改爲“前廢帝普泰中，詔録

尚書長孫稚、太常卿祖瑩營理金石。出帝永熙二年春，長孫稚等表曰”，其他文字亦有所出入。

［二四］摶拊：《魏書》卷一〇九《樂志》作“拊搏”，宜從之。

［二五］故夫樂象德，舞象功：《魏書》卷一〇九《樂志》作“故樂以象德，舞以象功”。

［二六］帝圖：原誤作“地圖”，兹據《魏書》卷一〇九《樂志》改正。

［二七］厎定：原作“底定”，此從《魏書》卷一〇九《樂志》。

［二八］芳：原誤作“若”，兹據《魏書》卷一〇九《樂志》改正。

［二九］共：“樹經堂本”“中華本”皆誤作“其”。

［三〇］沽洗、太蔟：原本誤作“姑洗、太簇”，兹據《魏書·樂志》改正。下文若有此類訛誤，皆徑改。

［三一］地祇：《魏書》卷一〇九《樂志》作“地示”。

［三二］懸：《魏書》卷一〇九《樂志》作“縣”，通“懸”。後文“用兩懸之樂”“天子之懸”之懸，“樹經堂本”皆作“縣”。

［三三］依：原本作“於”，兹據《魏書》卷一〇九《樂志》改正。

［三四］薛城：原作“薛成”，兹據《魏書》卷一〇九《樂志》改正。

［三五］謂：原誤作“爲”，兹據《魏書》卷一〇九《樂志》改正。

［三六］［三七］［四九］圜丘：《魏書》卷一〇九《樂志》作“圓丘”。

［三八］堯舜：“樹經堂本”誤作“堯舞”。

［三九］［四〇］曰：原闕，兹據《魏書》卷一〇九《樂志》補。

［四一］覽：《魏書》卷一〇九《樂志》作“攬”。

［四二］配天：“樹經堂本”誤作“配大”。

［四三］宗祀：“樹經堂本”誤作“宗礼”。

［四四］禹：“樹經堂本”誤作“禺”。

［四五］衣服：《魏書》卷一〇九《樂志》作“衣食”，且其修訂本校勘記［三三］云：“按此處所引《論語·泰伯》，據原文，作‘衣服’是，然所引乃取大意，文句不盡同。”

［四六］鐘磬：“樹經堂本”誤作“鐘聲”。

［四七］鈲鑮，修訂本《魏書》卷一〇九《樂志》已改作“鈲鏄”，並疑“鈲”乃“瓢”形近而訛，“瓢”即“剽”。

［四八］具：“樹經堂本”誤作“其”。

［五〇］礙：《魏書》卷一〇九《樂志》原本或作“六”並旁注“疑”字，或作“凝”，或作“礙”。今修訂本《魏書》已從《册府元龜》卷五六七改作“交”，並斷言：“按‘六’乃‘交’之殘闕，後人以不可通，旁注‘疑’字。他本作‘凝’或‘礙’，當是誤讀‘疑’爲正文而以意改。”

［五一］［五九］玄：原本爲避清聖祖玄燁之諱而作“元”。

［五二］廟庭：《册府元龜》卷五六七作“朝庭”，疑是；《宋書》卷一九《樂志一》亦作“朝庭”。

［五三］絳：本從《魏書》卷一〇九《樂志》作“練”，今修訂本《魏書·樂志》已據《宋書·樂志》改作“絳”，並云：“按上文已見絳及白、皂領袖，俱以顏色相别，‘練’乃‘絳’形近而訛。”

［五四］者：本作“著”，此從《魏書》卷一〇九《樂志》。

［五五］方：《册府元龜》卷五六七作“房”，修訂本《魏書》卷一〇九校勘記［三九］稱“疑是”。

［五六］中原：本從《魏書》卷一〇九《樂志》誤作“中熉”，今修訂本《魏書·樂志》已據《册府元龜》卷五六七改正爲“中原”，此從之。

［五七］晉室：“樹經堂本”誤作“音室”。

［五八］太武：本作“大武”，當是刊誤，兹徑改。“樹經堂本”與“中華本”無此誤。

［六〇］總名曰《嘉成樂》：此“樂”字顯係衍文。《西魏書》本段文字，亦録自《魏書》卷一〇九《樂志》。

［六一］皆：此字乃《儀制考二》所增。

［六二］干戈：“樹經堂本”誤作“于戈”。

［六三］武帝入關，樂聲皆闕：此段亦録自《隋書》卷一四《音樂志中》，並在迻録時，將其段首“周太祖迎魏武入關，樂聲皆闕”改爲“武帝入關，樂聲皆闕”。

［六四］大護：原本誤作“大濩”（《册府元龜》卷五六七亦作“大濩”），兹據《隋書》卷一四《音樂志中》改正。

［六五］族夏：“樹經堂本”誤作“族复”。

［六六］貍首：《隋書》卷一四《音樂志中》作“狸首”，《册府元龜》卷五六七作“俚首”。

［六七］按：《隋書》卷一六《律曆志上》：“西魏廢帝元年，周文攝政。又詔尚書蘇綽，詳正音律。綽時得宋尺，以定諸管，草創未就。”

［六八］用市尺：“樹經堂本”誤作“宋用市尺”。

［六九］按：《隋書》卷一六《律曆志上》：“後周市尺，比玉尺一尺九分三釐。開皇官尺，即鐵尺，一尺二寸。此後魏初及東西分國，後周未用玉尺之前，雜用此等尺。……及開皇初，著令以爲官尺，百司用之，終于仁壽。”

［七〇］牛弘：原爲避諱而作“牛宏”，此下兩段文字，皆録自《隋書》卷一六《律曆志上》。

［七一］檿軌：“樹經堂本”誤作“檿軋”。

［七二］食貨志：“樹經堂本”誤作“食貸志”。

［七三］酌量：《隋書》卷一六《律曆志上》作“斟量”。

［七四］此段文字録自《隋書》卷一五《音樂志下》，並在迻録時將段首“初後周故事，懸鐘磬法”改爲“懸鐘磬之法”。

［七五］國伎起自苻氏之末：《隋書》卷一五《音樂志下》作“《西涼》者，起苻氏之末”，《通典》卷一四六作“《西涼樂》者，起苻氏之末”。《西魏書》此文蓋以《通典》爲藍本，兼取《隋書·音樂志下》。

［七六］號之曰：原誤作“號之口”，此從“樹經堂本”“中華本”。

［七七］豎箜篌：當改作“豎頭箜篌”。

［七八］工人平巾幘：原作“上人平上幘”，此從《通典》卷一四六。

［七九］白舞一人下闕：《通典》卷一四六作“白舞今闕”。

［八〇］烏皮靴：“樹經堂本”“中華本”皆誤作“烏衣靴”。

［八一］按：《隋書》卷一三《音樂志上》：“太祖輔魏之時，高昌款附，乃得其伎，教習以備饗宴之禮。”

［八二］按:《北史》卷五《魏本紀五》:“八年春三月，初置六軍。”

［八三］此文録自陳傅良《歷代兵制》卷五。

［八四］此文録自《隋書》卷二五《刑法志》。

［八五］户禁：原誤作“户籍”，玆據《隋書》卷二五《刑法志》改正。

［八六］諸侯：原誤作“諸候”，玆據《隋書》卷二五《刑法志》改正。

［八七］按:《北史》卷五《魏本紀五》:“六年……二月，鑄五銖錢。……十二年……三月，鑄五銖錢。”

［八八］按:《六藝之一録》卷一九:“《北史》：西魏文帝大統六年二月，鑄五銖錢。十二年三月，鑄五銖錢。舊譜曰：‘以赤銅鑄。’”

［八九］事詳《魏書》卷一一〇《食貨志》，又可見《魏書》卷六二《李彪傳》。

［九〇］按:《北史》卷五《魏本紀五》:“十三年春正月，開白渠以溉田。”

［九一］按:《玉海》卷二三“後周富平堰”條:“《後周書》：大統十六年西魏文帝，涇州刺史賀蘭祥修富平堰，開渠引水，東注于洛，人獲其利。”[①]

［九二］按:《北史》卷五《魏本紀五》:“十五年己巳五月，……初詔諸代人太和中改姓者，並令復舊。”

［九三］邱穆陵氏：當從《魏書》卷一一三《官氏志》改作“丘穆陵氏”。

［九四］邱林氏：當從《魏書》卷一一三《官氏志》作“丘林氏”。

［九五］大莫干氏：“樹經堂本”誤作“大莫于氏”。

［九六］尉遲氏：“樹經堂本”誤作“尉遲民”。

［九七］事詳《魏書》卷一一三《官氏志》。

［九八］按:《周書》卷二《文帝紀下》:“魏氏之初，統國三十六，大姓九十九，後多絶滅。至是以諸將功高者爲三十六國後，次功者爲九十九姓後，所統軍人，亦改從其姓。”

［九九］事詳《通志》卷三〇《氏族略六・變氏姓第六》。

① （宋）王應麟輯:《玉海》，廣陵書社，二〇〇三年，頁四六五。

地域考三上　西魏書七

通議大夫浙江按察使司按察使加二級南康謝啓昆撰[一]

拓跋起朔方，奄有中夏。永熙棄孝文之業，西都關中，於是河北州郡，高氏竊據，終魏世不能復。然魏以山河四塞之地，訓兵教戰，務穀勸農，遂能撫有三分天下之二。宇文席之以霸，視梁、陳爲强矣。獨其州郡併析改易者二十年餘，名稱紛糾，凡改州五十，郡一百六，縣二百三十，增立者不與焉。[二]魏氏《地形志》雖據永熙綰籍，而漏落已多。後世輿地之書，記載尤爲參錯。今詳證互校，得其可知者，著爲考云。

雍州　《禹貢》黑水、西河之地，舜置十二牧，雍其一也。周自武王剋殷，都於酆鎬，雍州爲王畿。平王東遷洛邑，以岐酆之地賜秦襄公，秦累世都之。秦滅，漢又都之。及武帝置十三州，其地以西偏爲涼州，其餘並屬司隸，不統於州。後漢光武都洛陽，關中復置雍州。後罷，復置司隸校尉，統三輔如舊。獻帝時又置雍州，自三輔距西域皆屬焉。魏文帝即位，分河西爲涼州，分隴右爲秦州，改京兆尹爲太守，馮翊、扶風各除左右，仍以三輔屬司隸。晉初於長安置雍州。[三]愍帝後，劉聰、石勒、苻健、姚萇相繼竊據之，萇孫泓爲劉裕所滅。東晉復置雍州及京兆郡，尋爲赫連勃勃所破，遣子隗鎮長安，號曰南臺。太武帝破赫連昌，復置雍州。[四]領郡四、縣二十三。

京兆尹　秦兼天下，置内史以領關中。項籍滅秦，分其地爲三：以章邯爲雍王，都廢丘；今興平縣[五]司馬欣爲塞王，都櫟陽；今臨潼縣董翳爲翟王，都高奴，今安塞縣[六]謂之三秦。高祖入關定三秦，復併爲内史。景帝分置左、右内史。武帝太初元年，改内史爲京兆尹。後與左馮翊、右扶風，謂之三輔，俱理長安城中，隸司隸校尉。光武初，隸雍州，尋仍舊，屬司隸。魏因之。晉初復隸雍州。東晉滅姚泓[七]，復置京兆郡，隸雍州，尋陷赫連氏。太武帝復置京兆郡。[八]孝武帝永熙三年，自洛陽遷都長安，改京兆尹，領縣八。[九]

長安　州、尹治。初，郡治霸城，永熙三年徙。本周之酆鎬，秦嘗爲縣，始皇弟成蟜封爲長安君，楚懷王封項羽爲長安侯是也，但未詳所在。漢高帝五年入關，置長安縣，屬京兆尹。賈躭《郡國志縣道記》《寰宇記》引云："長安，蓋古鄉聚名，在渭水北，對秦咸陽宫。漢於其地作未央宫，謂大城曰長安城。五年置縣，以長安爲名。"歷後漢、魏、晉、苻、姚不改。[一〇]有昆明池、周靈臺、鎬池、彪池水。[一一]

杜　古杜伯國。周武王滅唐，而遷之於此。秦武公十一年，縣之。漢宣帝以杜東原上爲初陵，改曰杜陵。後魏改杜城[一二]，《魏志》作晉改杜城。考《晉書志》仍作杜陵。《寰宇記》《輿地廣記》作後魏改爲杜城，今從之。又改曰杜。

鄠　本夏之扈國，啓與有扈戰於甘之野。《漢地理志》云："古扈國有扈谷亭，又有甘亭。"[一三]殷爲崇國，文王伐崇，即此。[一四]秦改爲鄠邑，秦文王起萯陽宫於此。[一五]二漢屬右扶風，晉屬始平。魏真君七年，分屬京兆郡。永熙後，屬京兆尹。有終南山，豐水出焉。[一六]

山北　姚興所置。[一七]有風涼原。有苦谷，漨水出焉。有杜城。[一八]

新豐　故驪戎國。秦曰驪邑。漢高祖七年，太上皇思東歸，於是高祖改築城寺街里以象豐，徙民以實之，故號新豐。《元和志》：移枌榆舊社，街衢棟宇，一如舊制。男女老幼，各知其室。雖雞犬混放，亦識其家焉。[一九]有驪山、戲亭、首谷水。[二〇]

霸城　秦芷陽縣。漢文帝更名霸陵，晉改爲霸城。[二一]有軹道亭、長門亭、霸水、《輿地廣記》：霸水，故滋水，秦穆公更名，以顯霸功。温泉、安昌陂。[二二]

陰槃　漢置，屬安定郡。《魏志》誤作"定安"靈帝末，移陰槃寄理於新豐。[二三]晉屬京兆。真君七年，併入新豐。太和十一年《寰宇記》作九年復置。《寰宇記》：治冷水西、戲水東、司馬村。有鴻門亭、靈谷水、戲水。[二四]

藍田　山出美玉。秦孝公置。《元和志》：案：《周禮》，玉之美者曰球，其次曰藍。蓋以縣出美玉，故曰藍田。[二五]漢、晉並屬京兆，真君七年併霸城，太和十一年復。有白鹿原。[二六]

馮翊郡　秦内史，漢高帝元年屬塞國，二年更名河上郡，九年罷，復爲内史。武帝建元六年分爲左内史。後，太初元年更名左馮翊。[二七]《寰宇記》作景帝爲左内史，武帝爲左馮翊。[二八]今從《漢志》，樂氏誤也。魏除“左”字。案：後漢建安初，置馮翊郡，治陵晉。[二九]魏太和中，改置華州。華山郡者，與此異地。領縣六。

高陸　郡治。秦曰高陵。孝公置，漢屬左馮翊。魏文帝改爲高陸。晉屬京兆。明帝改，屬。有薄水。[三〇]

頻陽　秦厲公置。《漢志》注：“應劭曰：在頻水之陽。”案：《元和志》：“美原縣西北有頻山。秦厲公於山南立縣，故曰頻陽。”[三一]與應説異，蓋山水皆得頻名。二漢、晉並屬馮翊。有廣武城、南鹵原、鹽池。[三二]

萬年　漢高帝葬太上皇於櫟陽之萬年陵，遂分櫟陽置萬年縣，以爲陵邑。後漢省櫟陽入萬年。[三三]有漆沮水。[三四]《地形志》云：“二漢、晉屬京兆。”案：《晉志》萬年屬京兆，漢則隸左馮翊，《魏志》誤也。

蓮勺　漢縣。秦姚萇廢。太和三年復。《漢志》注：“蓮勺音輦酌。”《寰宇記》曰：“蓮勺以草爲名。”[三五]有據城。[三六]

廣陽　宣武帝景明元年，分萬年縣置。[三七]

鄠　太和二十二年置。[三八]

扶風郡　故秦内史。漢高帝元年，屬雍國。二年，更爲中地郡。九年罷，復爲内史。武帝爲右内史，太初中更名主爵都尉爲右扶風。魏文帝去“右”字。晉太康八年，爲秦國。世祖真君年中，併始平郡屬焉。[三九]領縣五。

好畤　漢縣，後漢末省，晉元康中復置。有垝山、武都城。[四〇]《通典》：縣因古好畤祠爲名。或曰自上古以雍州積高，神明之奥，立畤，郊上帝，諸神祠皆聚焉。[四一]

始平　郡治。初治好畤，西遷後移治。漢武帝割槐里，置茂陵縣。有昭帝平陵。魏改爲始平。[四二]晉屬始平郡，後改。有温泉、新市城。[四三]

美陽　案：《地形志》，太和十一年分扶風置武功郡，以漢、晉隸扶風之美陽改屬。又，《通典》《元和志》《寰宇記》並云魏於美陽縣置武功郡，則美陽改爲武功郡治，不屬扶風。《地形志》既載美陽於武功郡下，又於扶風郡載領美陽，必記載之誤。今姑仍之。[四四]

槐里　周曰犬邱，懿王都之。秦更名廢邱。漢高祖三年，更名槐里。[四五]晉以前屬治平[四六]，後改。有板橋泉。[四七]

盩厔　漢武帝置屬山曲曰盩，水曲曰厔[四八]，後漢省，晉復立，真君七年併武功屬焉。[四九]

咸陽郡　後魏置。[五〇]領縣四。

石安　石勒置。秦孝公築渭城，名咸陽宫。有四皓祠、安陵城、杜鄠亭、竇氏泉、周文王祠。[五一]

池陽　郡治，漢惠帝四年置。[五二]以在池水之陽，故名。有嶻嶭山、鄭白渠。《元和志》謂後魏廢池陽，於涇陽置咸陽郡，與《魏志》不合，李氏誤也。

靈武　漢置，屬北地郡。後漢罷，晉復，真君七年分屬焉。

涇陽　真君七年併石安，景明二年復屬。[五三]

延壽郡　大統三年置。[五四]案：西魏之改置州郡縣，見於《隋志》及《通典》《元和志》《寰宇記》《輿地廣記》諸書。至其州郡縣之所領隸，十不詳一。今於其不可知者，以形勢次第，少爲聯屬，不敢以臆定質言之也。

下邽　大統三年分蓮勺置。案：下邽，漢縣，至魏廢，故《地形志》馮翊郡蓮勺下，云有下邽城。[五五]後大統三年復置①，兼置延壽郡。《寰宇記》謂太和三年改馮翊爲延壽，蓋"太和"爲"大統"之訛，又"改"字當作"分"，傳寫誤也。

寧夷郡　西遷後置。

寧夷　漢池陽、谷口二縣地。後魏置縣。有甘泉、九嵏山。[五六]

宜州　永熙初，於北地郡兼置北雍州。[五七]廢帝二年改。[五八]

通川郡　魏文帝分馮翊之祋祤置北地郡。[五九]真君七年廢，景明初復，廢帝二年改。《通典》《寰宇記》作宣州郡，傳寫之誤。今據《隋志》[六〇]。領縣六。

富平　州、郡治。漢縣。[六一]真君八年罷泥陽、弋居屬焉。有北地城、漢武帝祠。[六二]案：大統元年移治故懷德城東北。文帝崩，葬於縣東南二十五里。

泥陽《漢志注》泥水出郁郅北蠻中　真君七年併富平，景明元年復。有慈城山。[六三]

弋居　漢縣，晉罷，後復。真君七年併富平，後復。[六四]

---

① 大統元年，"樹經堂本"誤作"大統二年"。

雲陽　漢縣，魏司馬宣王撫慰關中，罷縣，置撫夷護軍，及趙王倫鎮長安，復罷護軍。劉、石、苻、姚因之。後魏罷護軍，復置縣。[六五]有蒲池水、雲陽宮。[六六]

銅官　漢祋祤縣地，晉頻縣地。苻堅於祋祤城東北銅官川置銅官護軍。太武帝真君七年，罷護軍，置縣。[六七]有關山、石盤山。[六八]

土門　景明元年置。有土門山。[六九]

宜君郡　西遷後置。[七〇]

宜君　真君七年置。有宜君水。[七一]

岐州[七二]　太和十一年置，治雍城鎮。案：《元和志》作太武於今岐州理東築雍城鎮，文帝改鎮爲岐州①，與《魏志》不合，“文帝”當作“孝文”。領郡三，縣九。

岐山郡《通典》作“岐陽”②，今從《隋志》③　太延二年置平秦郡，西遷後改名。領縣三。[七三]

雍　秦都、漢縣。有周城、汧水。

周城　真君六年置。

橫水　真君十年分周城置。[七四]

武都郡　太延年中置。領縣五。《魏志》領三縣，今據《寰宇記》增縣二。[七五]

洛邑　西遷後置。[七六]

郿城　真君六年置平陽，西遷後改。[七七]有新谷、五丈原、郿塢。

高車

南由　漢汧縣地。孝明帝於縣西南由谷口置縣，因谷爲名。“由”或誤作“田”[七八]屬武都郡。西遷後改鎮，尋復。[七九]

陳倉　漢縣，晉末廢。苻、姚時於縣界置苑川縣。“苑”，《隋志》作“宛”大

---

① 《元和郡縣圖志》卷二《關内道二》鳳翔府，（唐）李吉甫撰，賀次君點校，中華書局，一九八三年，頁四〇。

② 按：《通典》卷一七三《州郡典三》：“後魏置平秦郡，兼置岐州。……西魏改平秦爲岐陽郡。”

③ 考《隋書》卷二九《地理志上》扶風郡雍縣注：“後魏置秦平郡，西魏改爲岐山郡。”秦平郡，《魏書》卷一〇六下《地形志下》作“平秦郡”。

統十六年移縣治漢古城，改名屬。[八〇]

武功郡[八一]　太和十一年分扶風置。領縣二。

美陽　古有邰國，堯封后稷之地。周平王東遷，以錫秦襄公。孝公作四十一縣，斄、美陽、武功各一也。美陽，二漢、晉屬右扶風。真君七年罷郡屬焉，後屬。① 有岐山、太白山、美原廟、② 駱谷、邵亭。

漢西③　太和十一年分好畤置。有梁山、武都城。

秦州　古西戎地，秦始封之邑，晉置州。領郡三，縣十一。

天水郡　秦爲隴西郡，漢武帝元鼎三年分置天水。《漢志》注：郡前湖水，冬夏無增減，故名。後隗囂據其地。後漢明帝改曰漢陽，晉復。領縣五。[八二]

上封　州、郡治，古邽戎邑。漢置縣，犯太祖嫌名，改"邽"爲"封"。有席水。[八三]

顯新　漢成紀縣地，後漢置顯親侯國，晉改名。真君八年併安夷，後屬。[八四]

平泉

當亭　真君八年置。[八五]

略陽郡　晉武帝分天水置。[八六] 本名廣魏，尋改名。[八七] 領縣三。案：郡初領五縣，西魏省縣諸，又於清水置郡。

安戎　漢縣，曰戎邑。後漢、晉罷，後復置。有董城。[八八]

略陽　郡治。初郡治安戎，西遷後改。案：《地形志》，略陽領隴城，無略陽。考二《漢志》，俱略陽、隴並置。《晉志》有略陽無隴，蓋併隴於略陽。後魏置隴城，省略陽，故《地形志》隴城條下，稱有隴城、略陽城，明爲二縣舊治也。西魏復改隴城曰略陽。[八九]

---

① 修訂本《魏書》卷一〇六下校勘記［九］："此所謂'真君七年罷郡屬焉'，所罷何郡不詳，'屬焉'也不明屬何郡。"

② 修訂本《魏書》卷一〇六下校勘記［一〇］所引温曰鑑《魏書地形志校録》，稱"美原"疑即"姜嫄"，因形似而致誤。

③ 漢西，今點校本《魏書》卷一〇六下《地形志》根據《隋書》卷二九《地理志上》京兆郡上宜縣注、《太平寰宇記》卷三一《關西道七》乾州永壽縣的相關記載和温曰鑑《魏書地形志校録》、楊守敬《隋書地理志考證》的校注成果，已將"漢西"更正爲"莫西"。

阿陽　漢縣，晉罷。太和十一年復。阿，《隋志》秦領下誤作“伯”，今據《魏志》。[九〇]

漢陽郡　真君七年分天水置。領縣三。

黄瓜　真君八年置。有始昌城。

陽廉　有鄧松山。

階陵[九一]

清水郡　西遷後置。

清水　秦仲始所封附庸地。漢置縣，屬天水。後漢罷，晉復。魏初屬略陽，西遷後置郡。[九二]

成州①　古白馬氐國。二漢屬武都郡。晉永嘉後没於楊茂搜等，置北秦州、仇池郡。[九三]真君七年置仇池鎮。太和十一年爲渠州，“渠”一作“梁”正始初置南秦州。《寰宇記》作後魏廢帝元年，改郡爲南秦州②，與《地形志》不合，疑誤。治洛谷。在仇池山[九四]廢帝三年改曰成州。[九五]領郡五，縣十四。

天水郡[九六]　真君七年置。領縣三。

水南　郡治。真君二年置。

平泉　真君三年置。

平原

長道郡[九七]　真君五年置漢陽郡，廢帝改。領縣二。

穀泉

漢陽　郡治。真君三年置蘭倉，廢帝改。有雷牛山、黄帝洞。

武階郡　領縣二。

北部《隋志》武都郡覆津下云：後魏初曰甑當，置武階郡。西魏又置覆津縣。案：《魏志》，武階領北部、南五部、赤萬三縣，無甑當；西魏别置萬郡，領赤方、接難、五部三縣。③赤方當即赤萬，

---

① 據考，成州治洛谷城，在今甘肅隴南市西和縣洛峪鎮樓房里村東二百米。詳參《中國文物地圖集·甘肅分册》，測繪出版社，二〇一〇年，頁二八五。

② 詳參（宋）樂史撰，王文楚等點校：《太平寰宇記》卷一五〇《隴右道一》成州，中華書局，二〇〇七年，頁二九〇五。

③ 按：《隋書》卷二九《地形志上》武都郡覆津縣注：“後魏初曰甑當，置武階郡。西魏又置覆津縣，及置萬郡，統赤萬、接難、五部三縣。”赤萬，原作“赤方”，《隋書》卷二九校勘記［一八］疑“赤方”乃“赤萬”之誤，並已據《魏書》卷一〇六下《地形志下》改正。

五部即南五部。武階所領，僅北部一縣，故置覆津，益之。《隋志》所稱甑當，蓋即北部縣也。

覆津　大統五年置。[九八]

修武郡①　領縣五。

平洛　太和四年置。

和樹②　太和八年置。

下辨　漢、晉俱屬武都，太和四年分屬。

廣長　郡治。太和四年置。《隋志》順政郡脩城下云：後周廢脩城郡，又廢下坂縣入廣長。案《魏志》無下坂，疑即下辨之譌。又脩城郡，"城"字當作"武"。[九九]

柏樹　西遷後置，屬。

仇池郡　真君中，於仇池鎮置。[一〇〇]有仇池山，其土地百頃，四面壁立，峭絶險固，一人守道，萬人莫向。山勢自然，有樓櫓却敵之狀。東西二盤道可七里，上有岡阜泉源。晉末爲氐揚茂搜據，所理處名洛谷。[一〇一]領縣二。

階陵　真君四年置。有牛頭山。

倉泉　太和四年置。[一〇二]案：《隋志》"上録"注稱周廢階陵、豐川、建平、城階四縣入倉泉。③今階陵隸仇池，其三縣所隸，不可考矣。

岷州④　秦隴西郡之臨洮縣地，大統十六年置州。

同和郡　大統十六年置。[一〇三]

溢樂　本臨洮。大統十六年改名。[一〇四]

---

① 修訂本《魏書》卷一〇六下校勘記［一六］："脩城郡，原作'脩武郡'。温校、楊校並引《隋志》（卷二九《順政郡》）作'脩城'。楊守敬《隋書地理志考證》云：'《水經注》（卷二〇《漾水》）：漢水東南，逕脩城道南。'又《周書》（卷三三）《趙昶傳》：世宗初，鳳州人仇周貢、魏興等反，分兵圍廣業、脩城二郡。又《杜杲傳》（卷三九）：世宗初，轉脩城郡守。據此則《地形志》作脩武誤也。按，楊説是，今據改。"準此，則此"修武郡"亦當改作"脩城郡"。

② 修訂本《魏書》卷一〇六下校勘記［一六］引楊守敬《北魏地形志札記》，斷言"和樹"乃"柏樹"之誤。準此，不但"和樹"應改作"柏樹"，且下文"柏樹　西遷後置，屬"，亦當删除。至於上文"領縣五"，也應改爲"領四縣"。

③ 按：《隋書》卷二九《地理志上》漢陽郡上禄縣注："舊置仇池郡，後魏置倉泉縣，後周廢階陵、豐川、建平、城階四縣入焉。"

④ 據考，岷州治溢樂，當在今甘肅定西市岷縣。詳參牟發松等：《中國行政區劃通史·十六國北朝卷》（第二版），復旦大學出版社，二〇一七年，頁八二七。此著，下文皆簡稱《中國行政區劃通史》。

潭水郡　西遷後置。

甘若

相山

武定[一〇五]

武州①　廢帝置。

武都郡　古白馬氐國，天池大澤在其西。漢武帝元鼎六年，闢地置武都郡。後漢因之。蜀漢建興七年伐魏，得武都、陰平二郡。晉永嘉末，爲楊茂搜所據。宋討平之，於仇池仙陵山之東置武都鎮。宣武帝於鎮置武都郡。廢帝復置州。[一〇六]

安育　州、郡治。真君九年置石門。西遷後改。[一〇七]

東平　真君九年置。[一〇八]

白水郡　真君九年置郡。後廢爲縣。西遷後復置郡。

綏戎　郡治。本白水縣改。

洪化[一〇九]

孔提郡　西遷後置。

孔提　初屬武都，西遷後改。[一一〇]

萬郡　西遷後置。[一一一]

赤方　太和四年置赤萬郡，後降縣，屬武階，西遷後改。[一一二]案："赤萬"或從古作"万"，傳寫者誤於"万"上加點，遂爲俗"方"字。

接難　西遷後置。

五部　太和四年置。

南五部　太和四年置郡，後降縣，屬武階。西遷後，去"南"字，改屬。[一一三]

---

① 據考，武州治將利故城，在今甘肅隴南市武都區城關鎮西北一公里。詳參《中國文物地圖集·甘肅分册》，頁二七九。

文州①　漢武帝開西南夷，置陰平道。晉末爲李雄及揚茂搜據。廢帝平蜀，置州。[一一四]

盧北郡　廢帝置屬。

建昌　廢帝置屬。[一一五]

武陽郡　西遷後置。

盤堤　西遷後置南五部縣，尋改。

茄蘆　西遷後置。[一一六]

陰平郡　晉置。

曲水　廢帝置，屬。在南北二江之曲，故名。[一一七]

正西　廢帝置。[一一八]

鄧州②　秦漢已來蕃地。廢帝元年，逐吐谷渾，討定陰平，置州。

鄧寧郡　廢帝元年置。取前鄧羌部落所居，爲州郡名。[一一九]

封統郡

同昌　廢帝元年置屬。有鄧至山，云鄧艾所至。③

帖夷郡

帖夷　廢帝元年置屬。

尚安郡

鉗川　廢帝二年置屬，以山爲名。

武進郡　恭帝二年置。

尚安

龕州　廢帝時，儀同宇文昶殄陰平、鄧至二蕃，置寧州[一二〇]，尋改。[一二一]

昌寧郡[一二二]

---

① 據考，文州治建昌，故城在今甘肅隴南市文縣城關鎮上城。詳參《中國文物地圖集·甘肅分册》，頁二八七。

② 據《中國行政區劃通史》考察，鄧州治尚安，在今四川阿壩藏族羌族自治州九寨溝縣西北。

③ 按：《隋書》卷二九《地理志上》同昌郡銅昌縣注："西魏置。有鄧至山，云鄧艾所至，故名焉。"

鳳州① 孝昌中置南岐州，廢帝三年改名。[一二三] 案：《隋志》河池郡下作後周改"南岐"爲"鳳州"，今從《周書·文帝紀》。② 領郡三。

歸真郡 延興四年置固道郡一作太和初置[一二四]，廢帝三年改名。案：《魏志》固道、廣化、廣業三郡皆缺縣，今據《隋志》補。

梁泉 漢故道縣，後魏置郡，曰固道，改縣曰涼泉，尋改梁泉。

龍安

商樂[一二五]

廣化郡

廣化

思安[一二六]

廣業郡

同谷 舊曰白石，西還後改名。[一二七]

興州③ 白馬氐東境。秦屬蜀郡，漢武都郡沮縣地。晉永嘉末，爲氐楊茂搜所據。其後爲梁所破，置武興蕃王國。④ 楊難當據下辨，自稱大秦王，難當弟伯宜爲茹蘆王，伯宜孫鼠分王武興，鼠子集來稱蕃。正始三年，以謀叛，遂廢武興爲藩鎮⑤，其年改鎮爲東益州，廢帝二年改名。[一二八] 領郡七，縣十七。

順政郡 正始三年改武興鎮爲郡，又僑置略陽郡，後省。[一二九] 廢帝二年，改武興曰順政。領縣四。

---

① 據《中國行政區劃通史》考察，鳳州治梁泉，即今陝西寶雞市鳳州鄉鳳州村。

② 分別詳參《隋書》卷二九《地理志上》河池郡注，中華書局，一九七三年，頁八二一；《周書》卷二《文帝紀》，頁三四。

③ 據《中國行政區劃通史》考察，興州治武興，當今陝西漢中市略陽縣城關鎮。

④ 考《隋書》卷二九《地理志上》順政郡注："後魏置東益州，梁偉武興蕃王國，西魏改爲興州。"但《西魏書》"其後爲梁所破，置武興蕃王國"云云，則取材於（唐）杜佑撰，王文錦等點校：《通典》卷一七六《州郡典六·興州》，中華書局，一九八八年，頁四六一六。

⑤ 按：《魏書》卷八《世宗紀》："（正始二年）冬十有一月戊辰朔，武興國王楊紹先叔父集起謀反，詔光禄大夫楊椿討之。……十有二月庚申，又詔驃騎大將軍源懷慎，令討武興反氐。三年春正月……壬申，梁秦二州刺史邢巒連破氐賊，克武興。"

景昌

漢曲　州、郡治。正始三年，置武興縣。西遷後改。

石門

武安

仇池郡　領縣三。

西鄉

西石門

靈道　西遷後置，曰仇池。尋改。[一三〇]

槃頭郡　因水盤曲爲名。領縣二。[一三一]

武世

萇舉　漢沮縣地。太武帝置縣，以長舉城爲名。[一三二]案：《隋志》《通典》"萇"並作"長"，不加草。又云西魏置長舉及槃頭郡者，誤；《地形志》已有此郡縣矣。

廣萇郡[一三三]　領縣二。

萇廣

新巴

廣業郡　領縣二。

廣業

廣化

梓潼郡　領縣二。

華陽

興宋

洛聚郡《魏志》作洛聚，《隋志》《通典》并作落叢，《寰宇記》謂以落叢山爲名。宣武帝置。領縣二。

武都

落叢　郡治。宣武帝置明水縣，西遷後改名。[一三四]

利州[①]　本晉晉壽郡，正始中得其地，置益州亦曰西益州。永熙三年復入於梁，改爲黎州。廢帝二年克黎州，仍改西益州。[一三五]恭帝元年，又改。[一三六]領郡五，縣十一。

東晉壽郡　晉孝武置，魏因之。案：《魏志》作安帝置。今從《晉志》。領縣四。[一三七]

黃

石亭

興安　晉安帝置。案：《晉志》晉壽郡領興安，無晉安。又《隋志》“緜谷”注：興安置晉壽郡，開皇十八年改興安爲緜谷。今《魏志》“興”作“晉”，傳寫之譌。[一三八]

晉壽　晉惠帝置，屬梓潼，後屬。[一三九]

西晉壽郡　領縣一。

陰平

新巴郡　晉安帝置，領縣二。案：《魏志》郡領新巴一縣。今據《隋志》《寰宇記》增。

晉安　太元中分晉壽置，屬。[一四〇]

新巴　晉安帝置。

南白水郡　領縣二。

始平

京兆

宋熙郡案：《宋志》宋熙郡領興樂、歸安、宋安、元壽、嘉昌五縣；《南齊志》宋熙領興平、宋安、陽安、元壽、嘉昌五縣；《魏志》宋熙所領僅二縣。蓋梁、魏所併省[一四一]。領縣二。

興樂

元壽

平興郡

白水案：《隋志》：景谷舊白水縣，置平興郡，開皇初廢郡，改白水曰平興。蓋廢郡之後，以郡名改縣。《寰宇記》作宋分白水置平興者，誤。[一四二]

東洛郡[一四三]

義城　恭帝二年，分晉壽置。[一四四]

---

① 據《中國行政區劃通史》考察，利州治興安，在今四川廣元市利州區。

岐坪　宋武帝分晉壽置宋安。恭帝末改，以岐坪川爲名。“坪”一作“岼”。[一四五]

集州①　舊東巴州改名。[一四六]

龍州　秦、漢、魏無人之地。魏鄧艾伐蜀，自陰平至江油，即此。晉始置平武縣，至梁爲楊、李二豪族所據。後魏武帝得其地，置江油郡。廢帝二年置州。[一四七]領郡二，縣三。

江油郡

江油　廢帝二年置。[一四八]

馬盤郡　舊置，以山爲名。[一四九]

馬盤　舊置。

平武　梁末，李文智自立爲藩王。[一五〇]廢帝二年復置。

始州②　漢梓潼縣地。梁天監中置南梁州，以在梁州之南。梁末改安州。廢帝二年伐蜀，先下安州，始通巴、蜀，因改安州爲始州，取郡邑更始爲名。[一五一]

普安郡　廢帝二年置屬。

普安　梁曰南安，廢帝二年改。

安都郡　舊曰輔劍。《寰宇記》作宋置武都。今從《隋志》。[一五二]

武連　宋初置下辨，尋改武功。廢帝二年又改。《元和志》作周明帝改。[一五三]今從《隋志》及《寰宇記》。

黄原郡　舊有南安郡，平蜀後廢改。

黄安　宋大明中置華陽，隸南安。恭帝改名。《元和志》作恭帝改華陽爲南安，周武帝改黄安[一五四]。案：《隋志》南安改普安，華陽改黄安，皆西魏改，③最明晰，今從之。

永歸　宋置白水，平蜀後改。《元和志》作周閔帝改。今從《隋志》。[一五五]

---

① 據《中國行政區劃通史》考察，集州治難江，即今四川巴中市南江縣城關。

② 據《中國行政區劃通史》考察，始州治普安，即今四川廣元市劍閣縣普安鎮。

③《隋書》卷二九《地理志上》，頁八二三。

陰平郡　宋太始中置北陰平郡，西遷後改。案：《隋志》“陰平”下稱魏置龍州。蓋西遷後移龍州治於江油。

陰平　西遷後置。[一五六]

潼川郡　漢建安二十二年，昭烈分廣漢置梓潼郡。晉永嘉末徙。西遷後復置郡。

安壽　漢元鼎元年置梓潼縣東倚梓林，西枕潼水，西遷後置郡，移縣於郡南三十里，改名。[一五七]

潼州[①]　廢帝二年置。一作梁置。今從《隋志》。

巴西郡　晉末徙梓潼郡於此。廢帝二年，改置州郡。[一五八]

巴西　漢涪縣。廢帝二年改名。《元和志》作魏改巴中，隋避諱改巴西。今從《隋志》。[一五九]

魏城　恭帝元年，析巴西置。[一六〇]

昌隆　晉孝武自白沙戍移漢昌縣僑理於此。廢帝改名。[一六一]

胡原　梁天監十八年置。[一六二]

涪城郡　舊始平改。[一六三]

涪城

萬安郡　恭帝元年置。

萬安　舊孱亭改。[一六四]

平川　晉孝武僑置西充國縣，梁武陵王蕭紀改名。恭帝時，移治於神泉東。[一六五]

益昌　舊置益昌、晉興二縣，後省晉興入。[一六六]

新州[②]　漢廣漢郡地。梁武陵王蕭紀置州。[一六七]

昌城郡　宋置新城郡，齊廢。平蜀後，復置郡。[一六八]

---

① 據《中國行政區劃通史》考察，潼州治巴西，在今四川綿陽市城區涪江東岸。

② 據《中國行政區劃通史》考察，新州治昌城，在今四川綿陽市三台縣潼川鎮一帶。

昌城 宋分伍城，置北伍城於漢郪縣地。案：《隋志》“郪縣”下作舊曰伍城，無“北”字，遂（於）[與]“元武”下伍城混，①今據《宋（書）·州郡志》增。恭帝三年改名。案：《寰宇記》作魏置新城，恭帝改昌城。[一六九]

射江 恭帝置。[一七〇]

鹽亭郡 梁置北宕渠郡。恭帝改，以近鹽井，故名。[一七一]

鹽亭 古方安縣。梁大同元年置亭，因爲縣。[一七二]

湧泉郡 漢廣漢縣地。宋置西宕渠郡。恭帝移治湧山，改名。

湧泉 梁置通泉。恭帝改。[一七三]

合州② 恭帝三年置，以涪、漢二水合於此，因名。

墊江郡 宋置東宕渠郡。大統初得其地，恭帝三年改名。[一七四]

石鏡 漢墊江，宋改宕渠，恭帝三年又改縣。有青石如鏡，故名。[一七五]

清居郡 梁大同中置新興郡，恭帝三年改名。

漢初 恭帝三年置。案：《寰宇記》作恭帝置清居縣，隋初改漢初。今從《隋志》。[一七六]

東遂寧郡 晉永和中，改廣漢置遂寧郡。宋泰始五年，刺史劉亮（采）[表]分遂寧爲東西二郡。案：《隋志》作梁置，《元和志》作晉（志）[置]。③今從《寰宇記》。[一七七]

方義 齊改廣漢曰小溪，恭帝又改。[一七八]

懷化郡 西遷後置。

青石 晉晉興，屬巴郡，宋屬遂寧郡，西遷後改。案：《元和志》作後魏改始興，開皇十八年改青石。今從《隋志》。[一七九]

長江 宋置巴興，屬遂寧郡，恭帝改，屬。[一八〇]

楚州④ 梁太清四年，武陵王蕭紀於巴郡置。案：《地形志》有巴州，缺郡縣。《寰

① 《隋書》卷二九《地理志上》蜀郡玄武縣注。兹據文意，徑補“志”字，並改“於”爲“與”。
② 據《中國行政區劃通史》考察，合州治石鏡，即今重慶市合川區城區。
③ 據文意及下文所引，可知“采”乃“表”之訛，“晉志”乃“晉置”之誤。
④ 據《中國行政區劃通史》考察，楚州治巴，在今重慶市渝中區。

宇記》謂正始初置大谷郡，延昌中於郡置州。又，"渝州"下稱西魏改梁楚州爲巴州，與《元和志》同。疑同時無並置巴州之事。惟《隋志》《通典》俱云梁置楚州、隋改渝州，無西魏改巴州事，於理爲近，今從之。[一八一]

巴郡　古巴國也。閬、白二水曲折東南流，如巴字形，故謂之巴。武王伐殷，巴人助焉，封爲巴子。其地東至魚復，西至僰道，[北]接漢中，① 南極牂牁，是其界也。春秋時亦爲巴國，戰國時，楚既稱王，巴亦稱王。秦惠王使張儀、司馬錯伐巴、蜀，滅之，分其地爲三十一縣。始皇置巴郡。漢高帝分巴、蜀置廣漢郡，武帝又置犍爲郡。劉璋爲益州牧，分巴郡爲二，墊江已上爲巴郡，墊江已下爲永寧郡。昭烈又以固陵爲巴東郡。於是巴郡分爲三，號曰"三巴"。[一八二]

枳

墊江[一八三]

七門郡　西遷後置。

江陽　舊曰江州，西遷後改。案：《寰宇記》作周閔帝置郡及改縣。今從《隋志》。[一八四]

信州②　梁普通四年置。《寰宇記》作大同三年。今從《梁書·武帝紀》。[一八五]

巴東郡　漢初平初，劉璋分巴郡置固陵郡。章武元年改名。[一八六]

陽口　梁置。廢帝三年，移郡治此。[一八七]

人復　春秋時庸國魚邑，漢置縣曰魚復，西遷後改名。[一八八]

朐䏰　漢縣。[一八九]

梁山　西遷後置。有高梁山。[一九〇]

建平郡　吴孫休分南郡置。

巫山　楚巫郡。秦省爲縣，隸南郡。吴爲郡治。[一九一]

泰昌　晉置，隸建平。

秭歸　漢縣。吴隸建平。

---

① 原脱"北"字，兹據《元和郡縣圖志》卷三三《劍南道下》渝州補。

② 據《中國行政區劃通史》考察，信州治白帝城，在今重慶市奉節縣白帝鎮白帝村西南二百米處。

北井　晉置，屬巴東。後屬。[一九二]

安鄉郡　廢帝元年分朐䏰縣置。[一九三]

魚泉　蜀漢建興八年置南浦，廢帝元年改。以其地多土泉，民賴魚罟爲名。[一九四]案：《隋志》“南浦”下稱周置安鄉郡，後又改萬川。《寰宇記》以安鄉爲魏置，萬川爲周改，今從之。

信陵郡　梁置。

歸鄉　舊置。[一九五]

開江郡　廢帝三年置。

新浦　宋永初中置，屬巴東。改，屬。

新津[一九六]案：《寰宇記》稱開江領新津；《隋志》“蜀郡新津”下稱後周置，意新津當與開江同時置也。

永寧　漢建安二十一年置漢豐，平蜀後改名。《寰宇記》作周武帝改。今從《隋志》。[一九七]

益州①　古蜀國。周武王時，蜀與庸、羌等助伐商。周衰，蜀僭號稱王。秦惠王八年伐蜀，滅之，封公子通爲蜀侯，於成都置蜀郡，因蜀山爲名。始皇三十六郡，蜀郡不改。漢分雍州之南置益州，以統蜀、廣漢等八郡。公孫述據成都，改益州爲司隸，蜀郡爲成都郡。吴漢討述，平之，州郡復舊。靈帝末，劉焉爲益州牧，初理緜竹，後以火灾，徙理成都。子璋以州降昭烈。魏景元四年，平蜀。晉武帝改蜀郡爲成都國，以皇子穎爲王。惠帝已後，爲李雄、苻秦、譙縱所竊據。至梁，武陵王蕭紀僭號於蜀，其兄湘東王繹討之，斬於白帝。廢帝二年，尅蜀地，並入魏，置總管府。案：《隋志》作周置。今從《元和志》。[一九八]

蜀郡　秦置。後漢興平初，益州治。建安中，昭烈建都。[一九九]

成都　秦縣，代爲州、郡治。

郫　蜀望帝郫邑。秦置縣，屬。[二〇〇]

繁　漢置屬，以繁江爲名。[二〇一]

---

①　據《中國行政區劃通史》考察，益州治成都，即今四川成都市城區。

温江　平蜀後，分郫縣置屬。[二〇二]

新都　漢縣。梁置始康郡，平蜀後廢。[二〇三]

寧蜀郡　晉永和中，分巴郡置。[二〇四]

廣都　漢縣，屬巴郡。晉永和中改，屬。[二〇五]

犍爲郡　漢武帝置，屬益州。平蜀後移治。

江原　漢縣，屬蜀郡。李雄據蜀，分爲漢原郡，晉穆帝改晉原，齊改晉康。平蜀後，省晉康入犍爲，而移犍爲治於縣東三十里。案：《隋志》作周置犍爲。今從《元和志》。[二〇六]

僰道　漢縣，犍爲治。平蜀後，與郡並移。案：《元和志》作隋開皇三年移治。今從《寰宇記》。[二〇七]

多融　平蜀後置，在郡西十里。《寰宇記》作晉置多融。案：晉、宋、齊《志》俱無此縣。今從《元和志》。

懷寧郡　晉安帝時置，屬南秦州。宋元嘉十六年改屬。領縣三。[二〇八]

治平

西平

萬年

晉熙郡　領縣二。[二〇九]

長楊

南武都

宋興郡　宋元嘉十年置。領縣三。[二一〇]

南漢

建昌

永川

宋寧郡　宋元嘉十年置。領縣三。

興平

宜昌

永安

汶山郡[二一一]

都安

滖官①

齊基郡　梁置。[二一二]

齊基　齊置，屬汶山，梁改屬。

資州②　恭帝二年置。案：《周書·閔帝紀》作元年置資州，蓋魏末所置，繫之周初。今從《隋志》《元和志》。[二一三]

陽安　漢牛鞞縣，屬犍爲。晉永和中，改屬蜀。恭帝二年改名。[二一四]

婆閏　恭帝二年，分牛鞞置。[二一五]

武康郡　平蜀後置。[二一六]

東益州　梁置。[二一七]

南晉壽郡　宋置。[二一八]案：《元和志》作後魏改南晉壽爲九隴。《隋志》謂周廢州改郡，今從之。

晉壽案：《齊志》作南晉壽；《隋志》無“南”字。[二一九]

隴泉

興固

青陽[二二〇]

廣漢郡　漢置。

雒　漢縣，郡治。[二二一]案：雒爲郡治，自漢及齊不改。《隋志》稱舊曰廣漢，大業初改名雒。豈梁、魏、周三朝嘗改雒爲廣漢耶？

什邡　漢縣。[二二二]

伍城[二二三]

西遂寧郡

南陰平郡[二二四]

---

① “樹經堂本”誤作“漫官”。

② 據《中國行政區劃通史》考察，資州治資陽，即今四川資陽市城區。

金淵郡　晉義熙末，朱齡石於東山置金淵戍，平蜀後，置郡及縣。[二二五]案："淵"《隋志》避作"泉"。

金淵

白牟　平蜀後置屬。[二二六]

邛州①　梁益州刺史蕭范於蒲水口立栅爲城，以税生獠，曰蒲口頓。武陵王蕭紀置邛州，取南界邛來山爲名。案：《隋志》作西魏置邛州。今從《元和志》《寰宇記》。平蜀後，始置郡縣。領郡四，縣六。[二二七]

臨邛郡　廢帝二年置。案：《通典》作周置郡。今從《元和志》《舊唐·地理志》《寰宇記》。[二二八]領縣一。

臨邛　秦縣，屬蜀郡。以臨邛水爲名。邛水出邛來山。魏廢，晉穆帝平李子仁，於益州唐隆縣地又置臨邛縣，而故地爲獠所侵據。廢帝二年，自唐降移治，故地爲郡治。[二二九]

蒲源郡　廢帝二年置。領縣二。

廣定　恭帝置。[二三〇]

蒲溪　恭帝二年分臨邛置。[二三一]案："蒲溪"，《元和志》《寰宇記》俱作"臨溪"。今從《隋志》。

蒲陽郡　梁蒲口鎮。廢帝二年置郡，爲州治。領縣一。

依政　廢帝二年置。[二三二]

蒙山郡　廢帝二年置，以山爲名。《禹貢》"蔡、蒙旅平"，即此。領縣二。[二三三]

始陽　漢青衣地。廢帝二年置，郡治。

蒙山　平蜀後置。

眉州②　漢犍爲郡武陽縣南地。梁太清二年，武陵王蕭紀開通外徼，置青

---

① 據《中國行政區劃通史》考察，邛州治依政，位於四川成都市邛崍市牟禮鎮永豐場。

② 據《中國行政區劃通史》考察，眉州治齊通，在今四川眉山市東坡區太和鎮。

州，取青城山爲名。廢帝二年，改以峨眉山爲名。領郡二。[二三四]

齊通郡　齊建武三年，析武陽，置齊通左郡。梁去“左”字。[二三五]

通義　恭帝二年置屬。[二三六]案：《隋志》作隋改齊通爲通義，今從《元和志》《寰宇記》。

青神郡　漢南安縣地。李雄後，夷獠所據，平蜀後置屬。

青神　恭帝置屬。[二三七]案：《隋志》郡縣俱作後周置。今從《元和志》《寰宇記》。

陵州①　漢武陽縣東地。晉太元中，益州刺史毛璩置西城戍，平蜀後置州，以張道陵所開井爲名。案：《元和志》《寰宇記》俱作周置州。今從《隋志》《通典》。[二三八]

懷仁郡　梁置。[二三九]

普寧　平蜀後置屬。

蒱②　平蜀後置。《寰宇記》作“蒱亭”，今從《隋志》。

仁和郡　平蜀後置并縣。[二四〇]

貴平

可曇

平井

江州③　梁置。[二四一]

江陽郡　宋置。

江陽

隆山　舊犍爲，改名。

瀘州④　漢犍爲之江陽、符陽二縣地，梁大通初置州。[二四二]

---

① 據《中國行政區劃通史》考察，陵州治陵井，在今四川眉山市仁壽縣文林鎮一帶。

② 今點校本《隋書》卷二九《地理志上》隆山郡仁壽縣注已改作“蒲亭”，此處亦當改作“蒲亭”。

③ 據《中國行政區劃通史》考察，江州治江陽，在今四川眉山市彭山區江口鎮一帶。

④ 據考，瀘州治江陽，其明清故城位於今四川瀘州市江陽區濱江路1—3段、三星街、白招牌、太平街、小北城街一帶。詳參《中國文物地圖集·四川分册》，文物出版社，二〇〇九年，頁二九五。

東江陽郡　晉穆帝置並縣。[二四三]

江陽

漢安　晉穆帝置。[二四四]

綿水　晉置。案：《隋志》作梁置。今從《元和志》。[二四五]

戎州①　漢犍爲郡地，晉末荒廢。梁大同十年討定夷獠，置州。[二四六]

六同郡　梁置。[二四七]

南廣　梁置。

巴州②　古巴國地。延昌三年，於大谷郡置。案：《魏志》"巴州"郡縣闕，今補。領郡四，縣五。[二四八]

大谷郡　後漢分巴郡、宕渠置漢昌縣。晉末爲獠據。宋置歸化、北水二郡。案：《寰宇記》"郡"作"縣"。據《通典》改。以領獠户，齊因之。梁增置木門郡。"門"《通典》作"蘭"。正始元年，梁梁州刺史夏侯道遷以地内屬，於漢昌舊理置大谷郡，帶防兵以鎮撫之。領縣一。

梁大　梁普通六年，於梁大溪西三里置縣，以溪爲名。"大"一作"廣"。[二四九]

歸化郡　宋置。領縣二。

歸化

曾口　梁普通六年置，以郡境曾口谷爲名。[二五〇]

木門郡　梁普通六年置，以山爲名。領縣一。[二五一]

伏疆　梁置，以山爲名。

北水郡　宋置。領縣一。[二五二]

盤道　梁普通六年置，曰難江。恭帝三年改。

直州　舊置。

① 戎州治外江（原名僰道），其唐代故城在今四川宜賓市翠屏區安阜街道岷江西路南。詳參《中國文物地圖集·四川分册》，頁二九五。

② 據《中國行政區劃通史》考察，巴州治化成（亦作化城），即今四川巴中市巴州區化城鎮。

洋州①　廢帝二年分直州置，以水爲名。領郡四。[二五三]

洋川郡　廢帝二年置。

黄金　漢安陽縣地。大統十二年置縣，以水爲名，隸直州。廢帝二年改屬。[二五四]

懷昌郡　廢帝二年置。領縣一。

懷寧　廢帝二年置。

洋中郡　廢帝二年置。

豐寧郡　漢南鄉縣，晉改西鄉。正始中廢縣，置豐寧戍。尋置郡，隸直州，後改屬。

豐寧　正始中置。

静州②　《禹貢》梁州。周以梁併雍，漢以梁爲益。魏元帝景元四年平蜀後，立梁州。案：魏景元四年爲漢炎興元年，蓋於是年平蜀置州。《晉志》作泰始三年置。今從宋、齊《志》。晉末爲李特所據，李滅，復舊。[二五五]宋、齊、梁因之，更置秦州。正始元年，梁刺史夏侯道遷以州來降，遂併秦州置梁州。大統元年，爲梁將蘭欽所陷，改北梁州。廢帝元年克復之，仍曰梁州。[二五六]尋改名。[二五七]領郡五，縣十五。

儻城郡　舊曰晉昌，廢帝二年改名。領縣三。[二五八]

龍亭　有安國城、鎮勢山、灙水。[二五九]

興勢　延昌三年置。

南城

褒中郡　正始中，分漢中置。領縣三。

褒中　漢縣。以其當褒斜大路，爲都尉治所。晉義熙末，改曰包中。[二六〇]宋罷。永平四年復置。[二六一]《寰宇記》引《周地圖記》云："後魏分漢中之褒中、武鄉二縣立褒中郡。後周天和元年改武鄉爲白雲縣。"③案：《魏志》"武鄉"下稱延昌元年置；又，兩《漢志》《晉志》漢中

---

① 據《中國行政區劃通史》考察，洋州治所洋川，在今陝西漢中市西鄉縣東南。

② 據《中國行政區劃通史》考察，静州治所在今陝西安康市西北。

③ 《太平寰宇記》卷一三三《山南西道一》興元府褒城縣，頁二六一五。

郡所領俱無武鄉。樂氏誤也。

武鄉　延昌元年置。有牛頭山。[二六二] 案：《寰宇記》南鄭縣有武鄉谷，即諸葛孔明受封之所。① 魏置縣，蓋以此得名。

廉水　延昌中置。

安康郡　宋順帝置。領縣二。[二六三]

安康　二漢曰安陽，屬漢中，漢末省，魏復，武帝更名，屬魏興郡，後屬。有直水。

寧都

漢中郡　秦置。後漢末，張魯竊據，改曰漢寧。建安二十年，魏武帝復置漢中。昭烈破魏將夏侯淵，遂克之。[二六四] 晉末，李特、譙縱相繼據守。宋、齊、梁皆漢中郡。正始元年入魏，大統初復陷，廢帝元年仍克之。領縣四。[二六五]

光義　漢南鄭縣。恭帝元年，移治梁州理東光義府，改曰光義。有旱山，池水所出，東北入漢。[二六六]

漢陰　有胡城。[二六七]

城固　嫣墟，漢置縣。有黑水。

白雲　西遷後置。[二六八]

華陽郡　領縣三。[二六九]

華陽　有黃牛山、廉水、蕭何城。

沔陽　漢縣。有白馬城、黃沙城、諸葛亮廟。

嶓冢　正始中分沔陽置。有嶓冢山，漢水出焉。

隆州 ②　漢巴郡地。建安六年，劉璋改置巴西郡。晉李雄亂後荒蕪。宋元嘉八年，復置北巴西郡。宋末除"北"字。孝昌中，魏昌建啓以巴州隆城鎮立

---

① 《太平寰宇記》卷一三三《山南西道一》興元府，頁二六一三。

② 據《中國行政區劃通史》考察，隆州治閬中，在今四川閬中市。

南梁州。據《魏書·獠傳》。[①]後地入梁。梁天監中，改置南梁、北巴州。廢帝二年平蜀，復改，以隆城鎮爲名。[二七〇]案：《魏志》"南梁州"郡縣缺，今補。

盤龍郡　梁天監中置巴北郡。[②]廢帝二年改置，以郡中盤龍岡爲名。

閬中　漢縣。

南部　舊曰南充國，梁改。《寰宇記》作梁置南部郡，周閔帝罷郡，立南部縣，屬盤龍郡。今從《隋志》。

新安郡　平蜀後置。

漢昌

宕渠郡

安漢

相如　梁置梓潼郡，平蜀後廢。

金遷郡　梁置掌天郡，平蜀後改。案：《寰宇記》作周閔帝改。今從《隋志》。領縣三。

晉安　晉置，郡治。

晉城　舊曰西充國，梁置木蘭郡。平蜀後廢郡，改縣名，屬。

西水

白馬郡　梁武帝置。

奉國　梁武帝置義陽郡。恭帝二年廢郡，改縣，屬。

隆城郡　梁置。

儀隆　梁置，郡治。

大寅　梁置，屬。[二七一]

金州[③]　漢建安二十年，分漢中之安陽、西城爲西城郡。後入蜀。蜀太守

---

① 此云"據《魏書·獠傳》"，其實取材於《大清一統志》卷二九七《保寧府·建置沿革》小字夾注："按《魏書·獠傳》，孝昌中，魏昌建啓以巴州隆城鎮立南梁州。《地形志》南梁州闕，蓋其地尋復入梁也。"但《魏書》卷一〇一《獠傳》所載與此不同，其詞曰："其後朝廷以梁益二州控攝險遠，乃立巴州以統諸獠，後以巴酋嚴始欣爲刺史。又立隆城鎮，……孝昌初，諸獠以始欣貪暴，相率反叛，攻圍巴州。山南行臺魏子建勉諭，即時散罷。自是獠諸頭王相率詣行臺者相繼，子建厚勞賚之。"

② "盤龍郡"之"郡"與"梁天監中置巴北郡"之"監"，"樹經堂本"誤作"君""鹽"。

③ 據《中國行政區劃通史》考察，金州治吉安，在今陝西安康市西北漢水北岸。

申儀降魏，魏改曰魏興。晉、宋、齊不改。梁置北梁州，尋改南梁。正始元年，梁夏侯道遷舉漢中來歸。孝昌三年，改置東梁州於安康郡。大統元年，梁將蘭欽攻取南鄭，其魏興等郡還梁，梁罷梁州。廢帝元年，大將軍達奚武吞併山南，梁刺史李遷哲降魏。魏又於魏興置東梁州。三年，以其地出金，改名。[二七二]領郡三，縣四。永熙户一千二百二十二。

金城郡　領縣一。永熙户二百八十六。

直城

安康郡　領縣一。永熙户六百一十八。

安康

魏明郡　領縣二。永熙户三百一十八。

漢陽

寧都[二七三]

魏興郡　曹魏置。案：《寰宇記》引《輿地志》稱魏興領洵陽等六縣。内興晉，西魏廢；其四縣，今不可考。

洵陽　漢縣，在洵水陽。[二七四]

洵陽郡[二七五]

淯陽郡　本洵陽縣地。晉於縣置淯口戍，大統十七年①改置郡。[二七六]“淯”《隋志》“黄土”注誤作“濟”。②

黄土　大統十七年置。在郡西三十三里，居漢水南黄土山之西，因名。

魏昌郡　晉元帝時平蜀，以巴漢流人立晉昌郡。宋末省，齊復置，梁不改。據晉、宋《志》《通典》。案：《寰宇記》作梁武帝置，誤。正始初入魏，西遷後改名。

石泉　梁長樂改。“長”一作“永”。初，郡治王水口，正始初移治長樂之東陽村，西遷後，以黄衆寶叛，復移舊理，并改郡縣名。[二七七]

魏寧　析石泉置。[二七八]

吉安郡[二七九]

---

① “年”字原脱，兹據“中華本”補。

② 其實未誤，詳參《隋書》卷二九《地理志上》西城郡黄土縣注，頁八一八。

吉安 梁初曰上廉，後曰吉陽。西遷後復改。

豐利郡 梁南上洛。西遷後改。[二八〇]

熊川

陽川

光遷國 春秋時房子國，兩漢爲漢中郡地，蜀漢爲房陵郡。魏文帝爲新城郡。初治上庸，後治房陵。梁天監末，立岐州。侯景之亂，州郡入魏。魏廢州改郡，爲光遷國。[二八一]

房陵 漢縣。[二八二]

大洪 廢帝三年，分房陵置。[二八三]

羅州① 梁上庸郡。大統中廢，置州。[二八四]

竹山 梁安城改。

孔陽 漢上庸，後漢省。曹魏復置。齊改武陽。梁改新豐，又改武陵。魏改京川，廢帝二年改孔陽，以縣西孔陽水爲名。[二八五]案：《隋志》"上庸"注作西魏改上庸、周改孔陽。②今從《元和志》《寰宇記》。

萬榮郡 梁大同中置。以下六郡皆梁置，至隋開皇始廢。在西魏時，不知其所隸之州。今備録之。

永康 梁置屬。[二八六]

遂寧郡 梁普通六年置。[二八七]

諾水 西遷後置屬。[二八八]

始寧 梁置，以山爲名。

平川 梁普通六年置屬，以水爲名。[二八九]《隋志》"川"作"州"。

義陽郡 梁普通六年分閬中置，以山爲名。[二九〇]

義陽 梁置。

---

① 據《中國行政區劃通史》考察，羅州治上庸，在今湖北十堰市竹山縣西南。

② 《隋書》卷二九《地理志上》房陵郡上庸縣注，頁八一八。

哀戎郡　梁普通六年置，以水爲名。[二九一]

其章　梁置，以山爲名。

伏虞郡　梁置。[二九二]

伏虞　梁大同元年置。

安固　梁大同元年置，取安靜永固爲名。

義安郡　梁置。

宣漢　梁大同中，分伏虞置。

通州[①]　古巴國。秦屬巴郡，晉屬巴西郡，宋、齊爲巴渠郡。梁大同二年置萬州，以州内地萬餘頃爲名。廢帝二年，以州居四達之地，改名。領郡五。[二九三]

開巴郡

新寧郡　梁新安改名。[二九四]

三岡　梁置屬。

寧巴郡

壽陽郡

巴中郡

遷州[②]　後漢宣漢縣地。恭帝三年置州。領郡一。[二九五]

臨清郡　恭帝三年置屬。

石鼓　恭帝三年置屬，以山爲名。

石州[③]　恭帝二年置。[二九六]

巴渠郡　恭帝二年置。

東鄉

---

① 據《中國行政區劃通史》考察，通州治石城，即今四川達州市通川區。

② 據《中國行政區劃通史》考察，遷州治石鼓，在今四川達州市宣漢縣東林鄉一帶。

③ 據《中國行政區劃通史》考察，石州治東鄉，位於四川達州市宣漢縣普光鎮一帶。

并州① 廢帝二年置。領郡一。[二九七]

永昌郡 梁置南晉，廢帝改。案：《寰宇記》作周改南晉爲和昌，《隋志》作西魏置并州及永昌郡。今參取之。“和”當爲“永”字之誤。領縣二。

東關

宣漢 後漢和帝分宕渠東境置。[二九八]

開州② 廢帝二年置。[二九九]

東關郡 梁置，後屬。

石城 梁置屬。案：《寰宇記》作廢帝二年改宣漢爲石城。今從《隋志》。[三〇〇]

新寧 析石城置屬。“寧”一作“南”。[三〇一]

固安郡

萬安郡

江會郡

西流 舊曰漢興，西遷後改。[三〇二]

渠州③ 秦巴郡地，漢置宕渠縣。建安二十三年置宕渠郡。晉末④獠據，郡縣悉廢。梁置北宕渠郡。大同三年於郡理置州。大統十三年，其地内屬，州郡因之。[三〇三]案：《通典》作梁置梁州，唐爲渠州，誤。今從《隋志》《寰宇記》。

北宕渠郡 梁普通三年置。《隋志》《通典》作魏置流江郡。案：《寰宇記》，周武成元年乃改北宕渠爲⑤流江，今從之。

流江 梁置。《隋志》作魏置，《通典》作周置，今從《寰宇記》。[三〇四]

鄰山郡 梁大同三年置鄰州，廢帝改郡。[三〇五]

鄰山 梁大同三年置屬。

---

① 據《中國行政區劃通史》考察，并州治東關，位於四川達州市宣漢縣五寶鎮一帶。

② 開州治西流，在今重慶市開縣漢豐街道開縣故城。詳參《中國文物地圖集·重慶分册》，頁一八七。

③ 據《中國行政區劃通史》考察，渠州治流江，即今四川達州市渠縣縣治。

④ 末，“樹經堂本”誤作“未”。

⑤ 原誤作“澙”，兹據“樹經堂本”“中華本”改正。

鄰水　梁大同三年置屬。[三〇六]

晉陽郡　梁置。[三〇七]

宕渠　梁置屬。

綏安　梁置。

容州①

容山郡[三〇八]

墊江　漢臨江縣地。恭帝三年置。[三〇九]

臨州②　漢初平六年置臨江縣，屬永寧郡。梁置郡。廢帝二年置州。領郡二。[三一〇]

臨江郡　梁大同六年置，以臨江川爲名。

臨江　梁置屬。

萬川郡　梁置。

涇州　神䴥三年置，以涇水爲名，治③臨涇城。[三一一]領郡五，縣十二。

安定郡　漢武帝元鼎二年，分秦北地郡置。後漢徙其人以避羌寇，郡寄在美陽。魏、晉皆爲安定郡，太和十一年，又罷石堂郡，以其縣屬。[三一二]領縣四。

安定　漢縣，後漢省，後魏復。有銅城。

臨涇　漢縣。有洪城。案：《寰宇記》稱大統元年自高平移治者，④蓋安定郡初治高平，至是與州并治臨涇。

烏氏　漢縣。有岐山、涇鄉城、陽邑城、撫夷城。

石堂　有自度山。[三一三]

---

① 據《中國行政區劃通史》考察，容州治魏安，在今重慶市墊江縣桂溪鎮。

② 據《中國行政區劃通史》考察，臨州治臨江，在今重慶市忠縣忠州鎮。

③ “治”原誤作“石”，兹據“樹經堂本”“中華本”改正。

④ 《太平寰宇記》卷三二《關西道八》涇州保定縣，頁六九二。

隴東郡　領縣三。

涇陽　漢縣，後廢，後魏復。有薄落山、涇水、白城、方石淵、龍山。

祖厲　漢縣。《漢志》注："祖音置，厲音賴。"《魏志》"厲"作"居"，傳寫誤也。後漢、晉罷，後復置。

撫夷　漢縣。後漢、晉罷，後復置。

趙平郡①　領縣二。

鶉觚②　漢縣。有孤原亭③、臺山。案："觚"《漢志》作"孤"，《後漢》及《晉志》作"觚"。

東槃④

平涼郡　領縣二。

鶉陰　郡治。漢縣，晉罷，後復。有凡亭⑤、涇陽⑥、平涼城。

陰密　古密國。漢置縣，後漢罷，晉復。

平原郡　領縣一。

陰槃　二漢屬安定，晉屬京兆尹，後屬。

豳州　西遷後置。[三一五]領郡二，縣六。

新平郡　後漢建安中置。領縣四。[三一六]

白土　漢屬上郡，晉屬金城，後屬。有岐亭嶺。

爰得　前漢屬安定。後漢、晉罷，後復，屬。有邑城、東魏城。

三水　二漢屬安定，晉罷，後復，屬。西遷後，嘗置恒州，旋廢。⑦有隨

---

① 原作"隨平郡"，點校本《魏書》卷一〇六下校勘記［二〇］，經多方考證，認定"隨平郡"實乃"趙平郡"之訛。此從其説，徑改。

② 今點校本及修訂本皆已採納楊守敬《北魏地形志札記（下）》之説，改作"鶉觚"。此亦當改。

③ 《魏書》卷一〇六下《地形志下》原文作"有□孤原亭"，點校本校勘記［二二］："按《寰宇記》卷三四邠州宜禄縣下云：'鶉觚原一名淺水原。''孤'上當是'鶉'字。'亭'連上讀，也可能上有脱文。"

④ 温曰鑑《魏書地形志校録》以爲當作"東陰槃"。

⑤ 點校本《魏書》卷一〇六下校勘記［二四］，認定"凡亭"乃"瓦亭"之訛。此從其説，徑改。

⑥ 原誤作"經陽"，兹據《魏書》卷一〇六下《地形志下》"涇州平涼郡"條改正。涇陽，或如温曰鑑《魏書地形志校録》所疑，後脱"城"字。

⑦ 按：《隋書》卷二九《地理志上》北地郡三水縣注："西魏置恒州，尋廢。"

意城。

高平　二漢屬安定。晉罷，後復，屬。有石門山。

安武郡　西遷後置。領縣二。[三一七]

朝那　二漢、晉屬安定，西遷後改屬。有當原城、胡城。

安武　西遷後，析朝那置。

【校注】

[一] 地域考三上 西魏書七　通議大夫浙江按察使司按察使加二級南康謝啓昆撰："樹經堂本"作"卷七　地域考三上"，"中華本"作"西魏書卷七 地域考三上"。

[二] 考《周書》卷二《文帝紀下》云："（魏廢帝）三年春正月，始作九命之典，……又改置州郡及縣……凡改州四十六，置州一，改郡一百六，改縣二百三十。"是知"改郡一百六，改縣二百三十"，時在廢帝三年正月後；《西魏書》逕録於此，似有未妥。

[三] 自段首至此，皆據《晉書》卷一四《地理志上》"雍州"條小叙改編而成。[①]

[四] 自"愍帝後"至"復置雍州"，皆録自《太平寰宇記》卷二五《關西道一》雍州。[②]這其中，"苻健""萇孫泓"原本誤作"苻犍""萇孫浤"，今據《晉書》卷一四《地理志上》、《太平寰宇記》卷二五《關西道一》雍州改正。

[五] 廢丘今興平縣：原誤作"廢邱今典平縣"，今據《元和郡縣圖志》卷一《關内道一》京兆府、《太平寰宇記》卷二五《關西道一》雍州改正。

[六] 今安塞縣：《元和郡縣圖志》卷一《關内道一》京兆府、《太平寰宇記》卷二五《關西道一》雍州作"今延州金明縣"。《西魏書》此説，蓋從朱鶴齡《禹貢長注》卷九《黑水西河惟雍州》。[③]

---

① （唐）房玄齡等撰：《晉書》卷一四《地理志上》，中華書局，一九七四年，頁四三〇。

② 《太平寰宇記》，頁五一五～五一六。

③ 按：《禹貢長注》卷九《黑水西河惟雍州》小字注："章邯雍王都廢丘，今興平縣；司馬欣塞王都櫟陽，今咸寧縣；董翳翟王都高奴，今安塞縣。"

［七］姚泓：原誤作“姚浤”，兹據《元和郡縣圖志》卷一《關内道一》京兆府、《太平寰宇記》卷二五《關西道一》雍州改正。

［八］自“秦兼天下”至“太武帝復置京兆郡”，係據《元和郡縣圖志》改編而成。[①]

［九］按：宋敏求《長安志》卷一《總叙》：“京兆郡，領縣八：長安、杜城、鄠、山北、新豐、霸城、陰槃、藍田。孝武永熙三年，自洛遷都長安，號西魏，復置京兆尹。”

［一〇］自“本周之酆鎬”至“歷後漢、魏、晉、苻、姚不改”：係據《太平寰宇記》卷二五《關西道一》雍州長安縣改編而成，但有三處錯誤：

其一，將《郡國縣道記》誤抄爲《郡國志縣道記》；

其二，《太平寰宇記》卷二五所引《郡國縣道記》之文實乃：“長安縣故城，今謂之苑城。漢京兆府在故城内上冠里，其縣理今失其所在。”所謂“長安，蓋古鄉聚名”云云，則是《太平寰宇記》的正文；

其三，在抄録“在渭水南，隔渭水，北對秦咸陽宫”時，誤抄爲“在渭水北，對秦咸陽宫”，今據《太平寰宇記》，改作“在渭水南，北對秦咸陽宫”。

［一一］按：《魏書》卷一〇六下《地形志下》京兆郡長安縣注：“有昆明池、周靈臺、鎬池、彪池水。”

［一二］自段首至此，本諸《輿地廣記》卷一三《陝西永興軍路上》。[②]

［一三］按：《元和郡縣圖志》卷二《關内道二》京兆府鄠縣：“本夏之扈國，啓與有扈戰於甘之野。《地理志》古扈國，有户谷、户亭，又有甘亭。”

［一四］按：《太平寰宇記》卷二六《關西道二》雍州鄠縣：“殷爲崇國，文王伐崇，即此。”

［一五］“秦文王”原誤作“孝文王”，考《漢書》有云：“鄠，古國。……有萯陽宫，秦文王起。”[③] 兹據改。

［一六］按：《魏書》卷一〇六下《地形志下》京兆郡鄠縣注：“二漢屬右

① 《元和郡縣圖志》卷一《關内道一》京兆府，頁一。

② （宋）歐陽忞撰：《宋本輿地廣記》第二册，國家圖書館出版社，二〇一七年，頁二二。

③ （漢）班固撰，（唐）顔師古注：《漢書》卷二八上《地理志上》，中華書局，一九六二年，頁一五二七。

扶風，晉屬始平，真君七年分屬。豐水出焉。”

［一七］此説可見《太平寰宇記》卷二五所引《周地圖記》，其詞云：“後周明帝二年分長安、霸城及姚興所置山北三縣地，始于長安城中置萬年縣，理八角街已東，屬京兆尹，取舊漢縣名也。”[①] 但《隋書》卷二九《地理志上》京兆郡大興縣注，則謂山北縣乃西魏所置：“有後魏杜城縣、西霸城縣、西魏山北縣，並後周廢。”兩説未知孰是。

［一八］顯然録自《魏書》卷一〇六下《地形志下》京兆郡山北縣注。

［一九］按：《太平寰宇記》卷二七《關西道三》雍州昭應縣：“本驪戎國，……秦滅之爲驪邑。漢高帝七年，以太上皇思彭城之豐欲東歸，于是高帝築此以爲新豐縣，……徙豐人以實之，故號新豐。并移枌榆舊社，街衢棟宇，一如舊制。士女老幼，各知其室，雖雞犬混放，亦識其家焉。”

［二〇］顯然録自《魏書》卷一〇六下《地形志下》京兆郡新豐縣注。

［二一］按：《輿地廣記》卷一三《陝西永興軍路上》：“漢霸陵縣，本秦芷陽。文帝葬其上，改曰霸陵。陵在霸水之西。霸水，故滋水也，秦穆公更名，以顯霸功。晉曰霸城，後魏曰西霸城。”[②]

［二二］顯然録自《魏書》卷一〇六下《地形志下》京兆郡霸城縣注。霸水，當從《魏書》改作“灞水”。

［二三］按：《太平寰宇記》卷二七《關西道三》雍州昭應縣：“後漢靈帝末移安定郡陰盤縣寄理于此，今亦謂之陰盤城。後魏太和九年自此移陰盤縣於今昭應縣東三十二里泠水西、戲水東司馬村故城也。”

［二四］有鴻門亭、靈谷水、戲水：考《魏書》卷一〇六下《地形志下》京兆郡陰槃縣注：“二漢屬安定，晉屬。真君七年併新豐，太和十一年復。有鴻門亭、靈谷水、戲水。”是即《西魏書》之所本，且知其所謂“《魏志》誤作定安”之説，並非實情。

［二五］按：《太平寰宇記》卷二六《關西道二》雍州藍田縣：“《漢地理

① 《太平寰宇記》卷二五《關西道一》雍州萬年縣，頁五二一。
② 《宋本輿地廣記》第二册，頁二三。

志》曰：‘藍田，本秦孝公置。山出美玉。’《周禮》注曰：‘玉之美者曰球，其次曰藍。’[①] 蓋以縣出美玉，故名藍田。”

［二六］按：《魏書》卷一〇六下《地形志下》京兆郡藍田縣注：“二漢、晉屬，真君七年併霸城，太和十一年復。有白鹿原。”

［二七］按：《漢書》卷二八上《地理志上》：“左馮翊，故秦内史，高帝元年屬塞國，二年更名河上郡，九年罷，復爲内史。武帝建元六年分爲左内史，太初元年更名左馮翊。”

［二八］按：《太平寰宇記》卷二八《關西道四》同州：“始皇平天下，爲内史地。項羽分爲塞國。漢高帝初置河上郡，九年復罷。……景帝分左右内史，此謂左内史。武帝改爲左馮翊。後漢因之。魏除‘左’字，但爲馮翊郡。”

［二九］臨晉：原誤作“陵晉”。考魚豢《魏略》云：“逮建安初，關中始開。詔分馮翊西數縣爲左内史郡，治高陵；以東數縣爲本郡，治臨晉。”[②] 玆據改。

［三〇］《西魏書》此文，兼取《太平寰宇記》卷二六《關西道二》雍州高陵縣與《魏書》卷一〇六下《地形志下》馮翊郡高陸縣注而成。

［三一］考《漢書》卷二八上《地理志上》云：“頻陽，秦厲公置。”注引‘應劭曰’：“在頻水之陽。”《元和郡縣圖志》卷二《關内道二》京兆府美原縣：“秦、漢頻陽之地，以縣西北十一里有頻山，秦厲公於山南立縣，故曰頻陽。”

［三二］按：《魏書》卷一〇六下《地形志下》馮翊郡頻陽縣注：“秦置，二漢、晉屬。有廣武城、南鹵原、鹽池。”

［三三］按：《太平寰宇記》卷二六《關西道二》雍州櫟陽縣：“高祖既葬太上皇于萬年陵，分櫟陽城置萬年縣以爲陵邑，……後漢省櫟陽入萬年，後魏太和中又分置鄣縣，宣武又分置廣陽縣。”

---

① 《太平寰宇記》卷二六校勘記［一一］：“周禮注曰玉之美者曰球其次曰藍：《萬》本同，《庫》本無‘注’字，《元和郡縣圖志》京兆府亦作‘《周禮》’，按《周禮》及注無此文，《通典》卷一七三《州郡》三有此語而不言《周禮》或《周禮》注。”

② （晉）陳壽撰：《三國志》卷二三《裴潛傳》裴松之注引魚豢《魏略》，中華書局，一九八二年，頁六七四。

［三四］按:《魏書》卷一〇六下《地形志下》馮翊郡萬年縣注:“有漆沮水。”

［三五］按:《太平寰宇記》卷二九《關西道五》華州下邽縣古蓮勺城:“蓮音輦勺音酌,以草爲名。……后秦姚萇廢。後魏太和三年改馮翊爲延壽郡,蓮芍縣仍舊。”

［三六］按:《魏書》卷一〇六下《地形志下》馮翊郡蓮芍縣注:“有據城、下封城。”

［三七］考《太平寰宇記》卷二六《關西道二》雍州櫟陽縣:“后漢省櫟陽入萬年縣,後魏太和中又分置鄣縣,宣武又分置廣陽。”又,《魏書》卷一〇六下《地形志下》馮翊郡廣陽縣注:“景明元年置。”《西魏書》當是參酌二説而成。

［三八］鄣:原作“郭”,修訂本《魏書》卷一〇六下校勘記［二］以爲“郭”乃“鄣”字形近而訛之産物,兹徑改。

［三九］考《宋書》卷三七《州郡志三》云:“扶風太守,故秦内史。高帝元年,屬雍國。二年,更爲中地郡,九年罷。後爲内史。武帝建元六年,分爲右内史,太初元年更名爲右扶風。”又,《魏書》卷一〇六下《地形志下》扶風郡注:“故秦内史,漢高帝二年更名爲中地郡,九年復爲内史,武帝爲右内史,太初中更名主爵都尉爲右扶風,後改。世祖真君年中併始平郡屬焉。”又,《元和郡縣圖志》卷二《關内道二》鳳翔府:“始皇并天下,屬内史。……高祖更名中地郡,復屬内史。景帝更名主爵都尉,武帝太初元年更名右扶風,……魏文帝除‘右’字爲扶風郡,……晉太康八年爲秦國。”《西魏書》蓋兼取三者而爲之。

［四〇］按:《魏書》卷一〇六下《地形志下》扶風郡好畤縣注:“郡治。前漢屬,後漢、晉罷,後復。有武都城。”垝山,見《漢書》卷二八上《地理志上》:“好畤,垝山在東。”

［四一］按:《通典》卷一七三《州郡典三》:“好畤,本漢舊縣,因古好畤祠爲名。或曰自古以雍州積高,神明之奥,故立畤,郊上帝,諸神祠皆聚焉。”

［四二］按:《太平寰宇記》卷二七《關西道三》雍州興平縣:“項羽封章邯爲王,都於此,漢高帝改爲槐里,……武帝又割置茂陵縣,以茂陵在此邑,

昭帝又割其地置平陵縣，以平陵之故也，屬右扶風。魏黄初元年改爲始平縣，因原以建名。”

［四三］按：《魏書》卷一〇六下《地形志下》扶風郡始平縣注：“魏置，晉屬始平。有温泉、新市城。”

［四四］修訂本《魏書》卷一〇六下校勘記［四］：“按下武功郡下亦有‘美陽’，與此重出。武功郡畤美陽下注云：‘二漢、晉屬扶風，真君七年罷郡屬焉，後屬。’太和十一年置武功郡，此縣即屬武功，扶風不應又有‘美陽’。觀扶風屬縣惟美陽下無注，疑此處‘美陽’爲衍文。然無之則五縣闕一，或别脱一縣，或本有注説明重出之故，傳本脱去。”相比較而言，《西魏書》的認知無疑更勝一籌。

［四五］按：《漢書》卷二八上《地理志上》：“槐里，周曰犬丘，懿王都之。秦更名廢丘。高祖三年更名。”[①]“邱”乃清雍正時避聖人諱而造之新字，雍正以前無此字。

［四六］治平：據上文“始平”條所考，可確定此“治平”當改作“始平”。

［四七］按：《魏書》卷一〇六下《地形志下》扶風郡槐里縣注：“二漢屬右扶風，晉屬始平，周曰犬丘，秦更名廢丘，漢高帝改。有板橋泉。”

［四八］按：《太平寰宇記》卷三〇《關西道六》鳳翔府盩厔縣：“本漢舊縣也，武帝置，屬右扶風。山曲曰盩，水曲曰厔，因山水之曲以名之。後漢省，晉武復立，魏因之。”

［四九］按：《魏書》卷一〇六下《地形志下》扶風郡盩厔縣注：“漢武帝置，屬。後漢、晉罷，後復，真君七年併武功屬焉。”

［五〇］考《太平寰宇記》卷二六《關西道二》雍州咸陽縣：“苻堅時，於今縣東北長陵城置咸陽郡。後魏太和二十年，移咸陽郡于涇水北，今涇陽縣也。”準此，則“咸陽郡，後魏置”之説有誤。

［五一］《西魏書》此文，録自《魏書》卷一〇六下《地形志下》咸陽郡

---

① 與此有所不同的是，《太平寰宇記》卷二五《關西道一》雍州長安縣：“槐里一名犬丘城。周衰，懿王自鎬徙都之。秦更名廢丘，章邯爲雍王守此城。漢高二年，章邯自殺，漢收其地改爲槐里。”

石安縣注。

［五二］按：《長安志》卷一七“涇陽”條：“涇陽縣……漢屬安定郡。惠帝四年改池陽縣，屬左馮翊，……以其地在池水之陽，故曰池陽。”

［五三］自“靈武”至“景明二年復，屬”：顯然録自《魏書》卷一〇六下《地形志下》雍州咸陽郡注。

［五四］王仲犖《北周地理志》卷一：“謝氏啓昆曰：‘太和乃大統之誤。’按謝氏説不云出何書，當因《地形志》無此郡，故疑‘太和’爲‘大統’之譌。今按《周書·于謹傳》，子寔，‘孝閔踐阼，進爵延壽郡公’。而《魏書》列傳未有爲延壽郡守者，是至西魏始立延壽郡至確，謝氏之説誠是也。”[①]

［五五］下邽城，《魏書》卷一〇六下《地形志下》馮翊郡蓮芍縣注，實作“下封城”。《太平寰宇記》卷二九《關西道五·華州》“下邽縣”條：“後魏改‘邽’爲‘封’，以‘下’爲‘夏’，避道武帝諱也。”

［五六］考《長安志》卷一六云：“醴泉縣，本漢左馮翊谷口縣地，在九嵕山東仲山西，當涇水出山之處，故謂之谷口。……後漢、魏、晉爲池陽縣，後魏武帝於谷口置温秀、寧夷二護軍，改池陽爲寧夷縣，隸咸陽郡。西魏置寧夷郡。”又，《元和郡縣圖志》卷一《關内道一》京兆府醴泉縣：“本漢谷口縣地，在九嵕山東仲山西，當涇水出山之處，故謂之谷口。……後漢及晉，又爲池陽縣。後魏改爲寧夷縣。”由此可知，“漢池陽、谷口二縣地”及“有甘泉、九嵏山”當改作“漢谷口縣地”“有醴泉、九嵕山”。

［五七］《元和郡縣志》卷一、《太平寰宇記》卷三一皆謂永安元年置北雍州，[②]此云“永熙初”，顯誤。又，“樹經堂本”“中華本”皆脱“置”字。

［五八］《周書》卷二《文帝紀下》明言西魏廢帝三年正月改北雍州爲宜州，此云二年，顯誤。

［五九］魏文帝分馮翊之祋祤置：修訂本《魏書》卷一〇六下校勘記［六］：“按北地郡，秦置，二漢魏晉俱置，下富平、泥陽二縣，亦漢晉北地郡

---

① 王仲犖：《北周地理志》，中華書局，一九八〇年，頁五四。

② 《元和郡縣志》卷一《關内道一》京兆府三原縣，頁七～八；《太平寰宇記》卷三一《關西道七》耀州三原縣，頁六六三。

所屬舊縣，不得言魏文帝置。疑‘魏文帝’云云誤，或有脱文。”

［六〇］考《元和郡縣圖志》卷二《關内道二》京兆府華原縣：“本漢祋祤縣地，屬左馮翊。魏、晉皆於其地置北地郡，元魏廢帝三年改爲通川郡，領泥陽縣。”① 未知《西魏書》此言何據？

［六一］考《太平寰宇記》卷三一《關西道七》耀州富平縣：“本漢舊縣，……後魏大統五年自懷德城移于今理。”準此，則此“大統元年”當改作“大統五年”。

［六二］《西魏書》此文，顯然録自《魏書》卷一〇六下《地形志下》北地郡富平縣注。

［六三］《西魏書》此文顯然録自《魏書》卷一〇六下《地形志下》北地郡泥陽縣注，但疑“慈城山”係“慈峨山”之誤。②

［六四］按：《魏書》卷一〇六下《地形志下》北地郡弋居縣注：“二漢屬，晉罷，後復。真君七年併富平，後復。”

［六五］按：《太平寰宇記》卷三一《關西道七》耀州雲陽縣：“本漢舊縣，……《魏志》曰：‘司馬宣王撫慰關中，罷縣，置撫夷護軍，及趙王倫鎮長安，復罷護軍。後氐羌反，又立護軍，劉、石、苻、姚因之。’後魏罷護軍，更於今理别置雲陽縣，隋因之。”“復罷護軍”，原脱“罷”字，今據補。

［六六］按：《魏書》卷一〇六下《地形志下》北地郡雲縣注：“有蒲池水、雲陽宫。”

［六七］按：《太平寰宇記》卷三一《關西道七》耀州同官縣：“本漢祋祤縣地，屬左馮翊。晉爲頻陽地。苻堅於祋祤城東北銅官川置銅官護軍。後魏太平真君七年罷軍爲銅官縣，屬北地郡。”

［六八］考《魏書》卷一〇六下《地形志下》北地郡銅官縣注：“真君七年置。有關山、石槃山。”是知“石盤山”乃“石槃山”之誤。

---

① 又可見《太平寰宇記》卷三一《關西道七》耀州華原縣，頁六五九。

② 按：《太平寰宇記》卷三一《關西道七》耀州雲陽縣：“巀嶭山，在縣東北十里。一名慈峨山，俗名嵯峨山。”王褒《雲陽宫記》：“東有慈峨山，今土人謂之嵯峨山。頂上有雲起即雨，里人以爲候。昔黄帝鑄鼎於此山。”

［六九］按：《魏書》卷一〇六下《地形志下》北地郡土門縣注："景明元年置。有土門山。"

［七〇］按：畢沅《關中勝蹟圖志》卷三〇："宜君縣，……漢左馮翊祋祤縣地。東晉時，苻秦置宜君護軍。後魏太平真君七年，置宜君縣，屬北地郡。西魏置宜君郡。"

［七一］按：《魏書》卷一〇六下《地形志下》北地郡宜君縣注："真君七年置。有宜君水。"

［七二］按：《魏書》卷一〇六下《地形志下》岐州注："太和十一年置。治雍城鎮。"

［七三］按：《大清一統志》卷一八三《鳳翔府》："後魏太延二年於雍縣置平秦郡，太和十一年兼置岐州。西魏改郡曰岐山。"

［七四］按：《魏書》卷一〇六下《地形志下》："平秦郡太延二年置。領縣三：雍二漢、晉屬右扶風，後屬。有周城。周城真君六年置。横水真君十年分周城置。"

［七五］考《魏書》卷一〇六下《地形志下》云："武都郡太延年置。領縣三：平陽真君六年置，有新谷、五丈原、郿塢，南由高車。"準此，則《西魏書》不但新增洛邑、陳倉二縣，而且述及平陽、郿城的歷史變遷。

［七六］按：《隋書》卷二九《地理志上》扶風郡虢縣注："後魏置武都郡，西魏改縣曰洛邑。"又，《太平寰宇記》卷三〇《關西道六》鳳翔府虢縣："今虢縣，後魏立爲武都郡。大統十三年遷同州洛邑縣入于武都城西，[①]置洛邑縣，還取舊名。"

［七七］西遷後改：《隋書》卷二九《地理志上》扶風郡郿縣注："舊曰平陽縣，西魏改曰郿城，後周廢入周城縣。"又，《太平寰宇記》卷三〇《關西道六》鳳翔府郿縣："後魏廢帝因縣内郿城，改爲郿城縣。"

［七八］按：《太平寰宇記》卷三二《關西道八》隴州吴山縣："廢南由縣，……漢之汧縣地也，後魏明帝孝昌年於縣西南由谷口置縣，[②]因谷爲名。"

① 《太平寰宇記》卷三〇校勘記［五六］斷定此"入"乃衍字，甚是。

② 《太平寰宇記》卷三二校勘記［一八］云："後魏明帝孝昌年《庫》本同，萬本作'後魏孝明帝'，同《元和郡縣圖志》隴州。中大本'孝昌年'作'孝昌二年'。"

此所謂"'由'或誤作'田'"，詳參修訂本《魏書》卷一〇六下校勘記［八］。

［七九］按：《隋書》卷二九《地理志上》扶風郡南由縣注："後魏置，西魏改爲鎮，後周復置縣。"

［八〇］按：《隋書》卷二九《地理志上》扶風郡陳倉縣注："後魏曰宛川，西魏改曰陳倉。"又，《太平寰宇記》卷三〇《關西道六》鳳翔府寶鷄縣引《周地圖記》："陳倉縣，晉末廢。苻姚時於縣界置宛川縣，後魏大統十六年移宛川縣入漢陳倉古城，復爲陳倉縣。"

［八一］考《太平寰宇記》卷二七《隴西道三》雍州武功縣："古有邰國，堯封后稷之地。周平王東遷，以錫秦襄公。孝公作四十一縣，斄、美陽、武功，各其一也。"除此之外，《西魏書》有關武功郡及其下屬諸縣的記載，皆録自《魏書》卷一〇六下《地形志下》岐州武功郡注。

［八二］按：《元和郡縣圖志》卷三九《隴右道上》秦州："古西戎地，周孝王時，其地始爲秦邑。……始皇分天下爲三十六郡，此爲隴西地。漢武帝元鼎三年，分隴西置天水郡。郡前有湖水，冬夏無增減，取天水名，由此湖也。王莽末，隗囂據其地。後漢建武、永平之後，改天水曰漢陽郡。魏分隴右爲秦州，因秦邑以爲名，後省入雍州。晉復改漢陽爲天水郡，武帝泰始中又立秦川郡①，與州同理。"

［八三］按：《魏書》卷一〇六下《地形志下》天水郡上封縣注："前漢屬隴西，後漢屬漢陽，晉屬。犯太祖諱改。有席水。"又，《元和郡縣圖志》卷三九《隴右道上》秦州上邽縣："本邽戎地，秦伐邽戎而置縣焉。漢屬隴西郡，晉屬天水郡。後魏以避道武帝諱，改曰上（邽）［封］，廢縣爲鎮。"準此，則"漢置縣"之説顯然有誤。

［八四］考《魏書》卷一〇六下《地形志下》天水郡顯親縣注："後漢屬漢陽，晉屬，真君八年併安夷，後屬。"故此"顯新"乃"顯親"之誤。又，《資治通鑑》卷一五一梁武帝普通七年條胡注："漢光武置顯親侯國以封竇

---

① 考《晉書》卷一四《地理志上》，有秦州而無秦川郡，其詞云："秦州。案《禹貢》本雍州之域，魏始分隴右置焉，刺史領護羌校尉，中間暫廢。及泰始五年，又以雍州隴西五郡及涼州之金城、梁州之陰平，合七郡置秦州，鎮冀城。太康三年，罷秦州，并雍州。七年，復立，鎮上邽。"

友，……屬漢陽郡。後魏屬天水郡；至唐時秦州成紀縣治顯親川。”

［八五］按：《魏書》卷一〇六下《地形志下》天水郡當亭縣注：“真君八年置。”

［八六］按：《魏書》卷一〇六下《地形志下》秦州略陽郡注：“晉武帝分天水置。”

［八七］按：《宋書》卷三七《州郡志三》“略陽太守”條：“何志故曰漢陽，魏分立曰廣魏，武帝更名。”

［八八］按：《魏書》卷一〇六下《地形志下》略陽郡安戎縣注：“前漢曰戎邑，屬天水，後漢、晉罷，後改，屬。有董城。”

［八九］考《隋書》卷二九《地理志上》天水郡隴城縣注：“舊曰略陽，置略陽郡。開皇初郡廢，縣改爲河陽。六年改曰隴城。”準此，則“西魏復改隴城曰略陽”之説，並非無稽之談。

［九〇］考《隋書》卷二九《地理志上》天水郡秦嶺縣注：“後魏置，曰伯陽縣。”則此“秦領”當改作“秦嶺”。

［九一］《西魏書》有關漢陽郡及其下統諸縣的記載，皆録自《魏書》卷一〇六下《地形志下》南秦州漢陽郡注。

［九二］考《太平寰宇記》卷一五〇《隴右道一》秦州清水縣：“本漢舊縣地，屬天水郡。《晉太康地志》云：‘清水屬略陽郡。’按其地，即秦仲始所封爲附庸於此地。又，《周地圖記》云：‘［文］成帝和平五年分略陽置清水郡，尋廢。至永安三年移于清水城。’”又，《隋書》卷二九《地理志上》天水郡清水縣注：“後魏置，及置清水郡。開皇初郡廢。”又，《宋本輿地廣記》卷一五“清水縣”條：“漢屬天水郡，東漢省之，晉復置，屬略陽郡。元魏因之，後置清水郡。”準此，則清水郡並非西遷後所置。

［九三］按：《宋本輿地廣記》卷一五“成州”條：“秦以前爲白馬氐，漢屬武都郡，東漢及晉爲郡治焉，後爲楊茂搜所據，楊氏數世皆封仇池公，元魏置南秦州，西魏改爲成州。”楊茂搜，原誤作“揚茂搜”，兹據“樹經堂本”“中華本”改正。

［九四］按：《魏書》卷一〇六下《地形志下》南秦州注：“真君七年置仇

池鎮，太和十二年爲渠州，正始初置。治洛谷城。”準此，則“太和十一年”當改作“太和十二年”。

［九五］按：《周書》卷二《文帝紀下》：“（西魏廢帝）三年春正月，……又改置州郡及縣：改……南秦爲成州。”

［九六］《西魏書》有關成州天水郡及其下統諸縣的記載，皆全文録自《魏書》卷一〇六下《地形志下》“南秦州天水郡”條。

［九七］《西魏書》有關成州長道郡及其下統諸縣的記載，除了録自《魏書》卷一〇六下《地形志下》“南秦州”條，又取材於《隋書》卷二九《地理志上》漢陽郡長道縣注。[①]

［九八］按：《太平寰宇記》卷一五四《隴右道五》階州福津縣引《魏志》：“大統五年於今縣東北三十里故萬郡城置覆津縣，屬武階郡。”

［九九］《西魏書》有關修武郡及其下統平洛、和樹、下辨、廣長四縣的記載，皆全文録自《魏書》卷一〇六下《地形志下》“南秦州脩城郡”條。至於其小字夾注“疑下坂即下辨之譌”及“脩城郡當改作脩武郡”的推斷，顯然並不準確。

［一〇〇］按：《元和郡縣圖志》卷二二《山南道三》成州：“晉宋間氐帥楊定、楊難當竊據仇池，自稱大秦王，宋遣將軍裴方明討平之。後魏於此置仇池鎮，理百頃岑上，後又改爲郡。”

［一〇一］按：《太平寰宇記》卷一五〇《隴右道一》成州栗亭縣仇池山引辛氏《三秦記》：“仇池山上有百頃地，平如砥。其南北有山路，東西絶壁萬仞，上有數萬家，一人守道，萬人莫向。山勢自然，有樓櫓卻敵之狀。東西二門，盤道可七里，上有岡阜泉源。……西晉末，爲氐楊茂搜所據，立宮室囷倉，皆爲板屋，乃氐之所理於此。今謂之洛谷道是也。”“楊茂搜”原誤作“揚茂搜”，兹據“樹經堂本”“中華本”改正。

［一〇二］《西魏書》有關階陵、倉泉二縣的記載，顯然取材於《魏書》

---

① 詳參修訂本《魏書》卷一〇六下《地形志下》，中華書局，二〇一七年，頁二八五五；《隋書》卷二九《地理志上》，頁八二〇。

卷一〇六下《地形志下》“南秦州仇池郡”條。

［一〇三］按：《太平寰宇記》卷一五五《隴右道六》岷州：“六國時爲秦地，至始皇初置三十六郡，此即隴西郡之臨洮縣地。……秦末至漢、魏、晉並爲隴西郡地，至後魏大統十年於此置同和郡及岷州，[①]以南有岷山，因以爲名。”

［一〇四］按：《隋書》卷二九《地理志上》臨洮郡臨洮縣注：“西魏置，曰溢樂，并置岷州及同和郡。”《西魏書》顯然根據岷州、同和郡的設置時期而認定溢樂縣置於大統十六年。

［一〇五］按：《隋書》卷二九《地理志上》漢陽郡潭水縣注：“西魏置潭水郡。後周郡廢，并廢甘若、相山、武定三縣入焉。”

［一〇六］按：《元和郡縣圖志》卷三九《隴右道上》武州：“古西戎地也。戰國时，白馬氐居焉，氐即西戎之别種也。元鼎六年，開白馬氐，以其地爲武都郡。……後諸葛亮使將攻武都、陰平，遂克定二郡，其地始入於蜀。蜀平後，晉復以爲郡。及永嘉南遷，中原背叛，武都又爲氐楊茂搜所據，羣氐推以爲王。其後楊難當爲宋所破，其苗裔復擁衆據武都之仇池山，在今成州界。後魏平仇池，於仙陵山東置武都鎮，宣武帝於鎮城復置武都郡，廢帝改置武州。”

［一〇七］按：《魏書》卷一〇六下《地形志下》武都郡石門縣注：“郡治。真君九年置。”又，《隋書》卷二九《地理志上》武都郡將利縣注：“舊曰石門，西魏改曰安育。”

［一〇八］按：《魏書》卷一〇六下《地形志下》武都郡東平縣注：“真君九年置。”

［一〇九］按：《魏書》卷一〇六下《地形志下》武都郡白水縣注：“真君九年置郡，後改。”又，《隋書》卷二九《地理志上》武都郡建威縣注：“後魏

---

① 考《周書》卷一九《宇文貴傳》云：大統十六年，“又有羌酋傍乞鐵忽因梁仚定反後，據有渠株川，擁種類數千家，與渭州民鄭五醜扇惑諸羌同反，憑險置柵者十餘所。太祖令貴與豆盧寧、史寧討之。貴等擒斬鐵忽及五醜。史寧又别擊獠甘，破之，乃納彌定。并於渠株川置岷州。”準此，則“大統十年”當改作“大統十六年”。

置白水郡，後廢，改爲白水縣。西魏復立郡，改爲綏戎。後周郡廢，改爲建威縣，并廢洪化縣入焉。”

［一一〇］按：《隋書》卷二九《地理志上》武都郡建威縣注：“又西魏有孔提郡及縣，後周並廢。”又，《魏書》卷一〇六下《地形志下》明言武都郡下統孔提縣。

［一一一］按：《隋書》卷二九《地理志上》武都郡覆津縣注：“西魏又置覆津縣，及置萬郡，統赤萬、接難、五部三縣。”

［一一二］按：《魏書》卷一〇六下《地形志下》武階郡赤萬縣注：“太和四年置郡，後改。”

［一一三］按：《魏書》卷一〇六下《地形志下》武階郡南五部縣注：“太和四年置郡，後改。”

［一一四］考《通典》卷一七六《州郡典六》文州：“漢開西南夷，置陰平道，屬廣漢郡，後漢因之。……晉置陰平郡，永嘉末，没於楊茂搜。西魏平定，始置文州及盧北郡。”又，《元和郡縣圖志》卷二二《山南道三》文州：“漢開西南夷，置陰平道，以統兵衆，……晉永嘉末，太守王鑒以郡降李雄[①]，自後氐、羌據之，不爲正朔所頒，故江右諸志並不録也。至後魏平蜀，始于此置文州，理陰平郡。”由此可知文州始置於廢帝二年八月西魏軍攻佔成都之際。[②]“楊茂搜”原誤作“揚茂搜”，玆據“樹經堂本”“中華本”改正。

［一一五］按：《隋書》卷二九《地理志上》武都郡長松縣注：“西魏置，初曰建昌，置文州及盧北郡。”

［一一六］按：《隋書》卷二九《地理志上》武都郡盤堤縣注：“西魏置，曰南五部縣，後改名焉；并立武陽郡及茄蘆縣。”

［一一七］按：《隋書》卷二九《地理志上》武都郡曲水縣注：“西魏置。”又，《太平寰宇記》卷一三四《山南西道二》文州曲水縣：“本漢陰平道也，屬

---

① 《晉書》卷五《懷帝紀》所載與此説迥然不同，其語云：永嘉六年八月，“陰平都尉董沖逐太守王鑒，以郡叛降於李雄。”

② 《周書》卷二《文帝紀》：西魏廢帝二年三月，“遣大將軍、魏安公尉遲迥率衆伐梁武陵王蕭紀於蜀。……八月，克成都，劍南平。”

廣漢郡。晉爲陰平縣，屬陰平郡。永嘉末，地陷李雄，縣遂廢。後魏平蜀，置曲水縣，在南白二江之曲以爲名[①]，屬陰平。"

［一一八］按:《隋書》卷二九《地理志上》武都郡正西縣注:"西魏置。"

［一一九］按:《太平寰宇記》卷一三四《山南西道》文州曲水縣:"廢扶州，本同昌郡。……自秦漢迄于魏晉，地屬蕃夷，無所建置。後魏廢帝前元年西逐吐谷渾，討定陰平，於此置鄧州及鄧寧郡，取前鄧羌部落所居爲州郡之名；時又置帖夷縣，以隸帖夷郡，以戎夷寧帖爲義也。……廢同昌縣，本後魏之舊縣也，廢帝前元年置，屬封統郡。……廢帖夷縣，《周地圖》云:'後魏廢帝元年置，屬帖夷郡。'……廢鉗川縣，後魏廢帝二年置，因山爲名。屬尚安郡。……廢尚安縣，《周地圖記》云:'後魏恭帝二年[②]，置武進郡於此地。'"

［一二〇］按:《太平寰宇記》卷一三四《山南西道二》文州曲水縣安昌故城:"後魏廢帝遣儀同宇文昶平殄陰平、鄧至二蕃，立寧州，修築故城。"

［一二一］按:《周書》卷二《文帝紀下》:"（西魏廢帝）三年春正月，……又改置州郡及縣:改……寧州爲麓州。"

［一二二］按:《元和郡縣圖志》卷二二《山南道三》扶州:"自秦、漢迄魏、晉屬蕃夷，無所建置。後魏討定陰平鄧至羌，立爲寧州，分置昌寧、帖夷等郡，後改爲鄧州，因鄧至羌爲名也。"

［一二三］按:《元和郡縣圖志》卷二二《山南道三》鳳州:"後魏太平真君二年，招定仇池，其年於此城立鎮。太和元年置固道郡，孝昌中以固道郡置南岐州，廢帝三年改南岐州爲鳳州，因州境有鸑鷟山爲名。"

［一二四］按:《魏書》卷一〇六下《地形志下》南岐州固道郡注:"延興四年置。"而《元和郡縣圖志》卷二二《山南道三》鳳州梁泉縣:"本漢故道縣地，後魏太和元年於此置梁泉縣，取縣西梁泉爲名，屬固道郡。"

［一二五］按:《隋書》卷二九《地理志上》河池郡梁泉縣注:"舊曰故道，後魏置郡，曰固道，縣曰涼泉，尋改曰梁泉。西魏改郡曰歸真。後周廢

---

① 《太平寰宇記》卷一三四校勘記［三三］經廣征博引，論定"南北二江"非、"南白二江"是。

② 恭帝二年，《元和郡縣圖志》卷二二《山南道三·扶州》"尚安縣"條作"恭帝三年"。

郡，又廢龍安、商樂二縣入。”

［一二六］按：《隋書》卷二九《地理志上》河池郡河池縣注：“後魏曰廣化，并置廣化郡。……又後魏置思安縣，大業初省入。”

［一二七］考《隋書》卷二九《地理志上》河池郡同谷縣注：“舊曰白石，置廣業郡。西魏改曰同谷，後周置康州。”準此，則廣業郡應改名爲同谷郡。

［一二八］按：《元和郡縣圖志》卷二二《山南道三》興州：“戰國時爲白馬氐之東境。秦并天下，屬蜀郡。漢武帝元鼎六年，以白馬氐置武都郡，今州即漢武都郡之沮縣也。晉永嘉末，氐人楊茂搜自號氐王，據武都。……其後楊難當又據下辨，自稱大秦王。難當弟伯宜爲茄盧王。伯宜孫鼠分王武興。……鼠子集始稱藩於魏，後謀叛魏，魏遂廢武興爲藩鎮。其年，改鎮爲東益州。廢帝二年，改東益州爲興州，因武興郡爲名。”又，“楊茂搜”原誤作“揚茂搜”，兹據“樹經堂本”“中華本”改正。

［一二九］按：《太平寰宇記》卷一三五《山南西道三》興州順政縣：“本漢沮縣地，後魏太武帝於此僑立略陽郡。至廢帝三年又省郡，仍改爲漢曲縣，屬順政郡。”又，《西魏書》有關順政郡下統四縣的記載，取材於《魏書》卷一〇六下《地形志下》“東益州武興郡”條。

［一三〇］考《魏書》卷一〇六下《地形志下》，東益州仇池郡下統西鄉、西石門二縣；《西魏書》之所以增加漢曲，顯然緣自《隋書》卷二九《地理志上》順政郡順政縣注的下列記載：“舊曰略陽。西魏置郡，曰順政，縣曰漢曲；又置仇池縣，後改曰靈道。”

［一三一］按：《魏書》卷一〇六下《地形志下》，東益州槃頭郡下統武世、萇舉二縣；又，《太平寰宇記》卷一三五《山南西道三》興州長舉縣：“槃頭故城，在縣南三里。因水盤曲爲名。”

［一三二］按：《太平寰宇記》卷一三五《山南西道三》興州長舉縣：“本漢沮縣地，後魏太武帝於此立長舉縣，以長舉城爲名，屬盤頭郡。”

［一三三］《西魏書》關於廣萇、廣業、梓潼、洛聚四郡及其下統諸縣的記載，皆取材於《魏書》卷一〇六下《地形志下》“東益州”條。

［一三四］落聚，今點校本及修訂本《魏書》卷一〇六下《地形志下》已

改作“落叢”，《西魏書》亦宜改。又，《元和郡縣圖志》卷二二《山南道三》興州鳴水縣：“本漢沮縣地也，後魏宣武帝於此置落叢郡，因落叢山爲名。又置鳴水縣，因谷爲名。”

［一三五］按：《太平寰宇記》卷一三五《山南西道三》利州：“先主改葭萌爲漢壽縣，屬梓潼郡。晉改漢壽縣爲晉壽縣，其屬不改。……後魏正始五年於東晉壽郡立西益州，世號爲小益州。梁大同二年改西益州爲黎州。至西魏復曰西益州。”

［一三六］據《周書》卷二《文帝紀下》，可知在廢帝三年正月西魏“改置州郡及縣”時，西益州改稱利州，《西魏書》繫其事於恭帝元年，顯誤。

［一三七］考《魏書》卷一〇六下《地形志下》東晉壽郡注：“司馬德宗置，魏因之。”同時又載該郡下領黄、石亭、晉安、晉壽四縣。而《晉書》卷一四《地理志上》梁州後序，則稱“孝武分梓潼北界立晉壽郡，統晉壽、白水、邵歡、興安四縣”。

［一三八］分别詳參《晉書》卷一四《地理志上》梁州後序、《隋書》卷二九《地理志上》義城郡緜谷縣注、《魏書》卷一〇六下《地形志下》東晉壽郡晉安縣注。

［一三九］按：《魏書》卷一〇六下《地形志下》東晉壽郡晉壽縣注：“晉惠帝置，屬梓潼，後屬。”然考《晉書》卷一四《地理志上》梁州前序，則稱武帝泰始三年“改漢壽爲晉壽”。點校本《魏書》卷一〇六下校勘記［一四］認定《地形志》“以晉壽爲惠帝置者乃是據何承天《志》，非魏收創誤”。

［一四〇］按：《太平寰宇記》卷一三五《山南西道三》利州葭萌縣：“本漢葭萌縣地，……先主改葭萌爲漢壽。晉武帝改漢壽爲晉壽。太元中分晉壽置晉安縣，屬新巴郡。”

［一四一］分别詳参《宋書》卷三七《州郡志三·梁州》、《南齊書》卷一五《州郡志下·梁州》、《魏書》卷一〇六下《地形志下·益州》。

［一四二］分别詳参《隋書》卷二九《地理志上》義城郡景谷縣注、《太平寰宇記》卷一三五《山南西道三》利州昭化縣。

［一四三］考《隋書》卷二九《地理志上》義城郡景谷縣注：“舊曰白水，

置平興郡。後周省東洛郡入。”但據此認定西魏曾置東洛郡且下統義城、岐坪二縣，論據並不充分。又，《西魏書》有關利州及其諸郡縣的記載，基本上取材於《魏書》卷一〇六下《地形志下》“益州”條。

［一四四］按：《太平寰宇記》卷一三五《山南西道三》利州平蜀縣：“本漢葭萌之地，後魏恭帝二年分晉壽置義城縣。”

［一四五］考《太平寰宇記》卷一三五《山南西道三》利州昭化縣：“宋武帝分晉壽置宋安縣。後魏帝三年改宋安爲岐坪縣，因岐坪川以爲名。”《西魏書》作“恭帝末改”，顯誤。

［一四六］按：《周書》卷二《文帝紀下》云：“（廢帝）三年春正月，……又改置州郡及縣：改……東巴爲集州。”

［一四七］按：《太平寰宇記》卷八四《劍南東道三》龍州：“秦、漢及魏無聞。《魏志》曰：‘景元四年，諸軍攻蜀，鄧艾自陰平行無人之地七百里，鑿山通道，造作橋閣，山高谷深，甚爲險難。艾以氈自裹縛而下，將士自攀木緣崖，魚貫而進，先登至江油。’即此地。晉於此置平武縣，宋、齊皆因之。至梁，有楊、李二姓，各自稱藩於梁。至後魏武帝得其地，置江油郡。西魏廢帝二年定蜀，於此立龍州。”

［一四八］按：《太平寰宇記》卷八四《劍南東道三》龍州江油縣：“西魏廢帝二年置龍州及江油縣，取江水以稱邑兼郡。”

［一四九］按：《太平寰宇記》卷八四《劍南東道三》龍州清川縣：“本後魏於此置馬盤縣及馬盤郡，屬龍州，以界内山名郡邑。”

［一五〇］按：《隋書》卷二九《地理志上》平武郡平武縣注：“梁末，李文智自立爲藩王，西魏廢爲縣。”

［一五一］按：《太平寰宇記》卷八四《劍南東道三》劍州：“漢廣漢郡之梓潼縣，……梁天監中於此立南梁，以在梁州之南故也。梁末改爲安州。後入西魏，廢帝二年先下安州，始通巴、蜀，因改安州爲始州，取郡邑更始爲名，兼置普安郡。”又，《隋書》卷二九《地理志上》普安郡注：“梁置南梁州，後改爲安州。西魏改爲始州。”

［一五二］按：《隋書》卷二九《地理志上》普安郡武連縣注：“舊曰武

功，置輔劍郡。西魏改郡曰安都，縣曰武連。”而《太平寰宇記》卷八四《劍南東道三》劍州武連縣則曰：“宋置武都郡於此，并置下辨縣，又改下辨爲武功縣，後魏廢帝二年改名武連縣。”

［一五三］按：《元和郡縣圖志》卷三三《劍南道下》劍州武連縣：“宋元嘉中，於縣南五里僑立武都郡下辨縣，又改下辨僑置武功縣。周明帝改武功爲武連縣。”

［一五四］按：《元和郡縣圖志》卷三三《劍南道下》劍州黄安縣：“宋於此置華陽縣，屬南安郡。後魏禪帝改爲南安縣，周武帝改爲黄安縣。”

［一五五］按：《隋書》卷二九《地理志上》普安郡永歸縣注：“舊曰白水，西魏改焉。”而《元和郡縣圖志》卷三三《劍南道下》劍州永歸縣：“宋於此置白水縣，周閔帝改爲永歸縣。”

［一五六］考《元和郡縣圖志》卷三三《劍南道下》劍州陰平縣：“宋明帝泰始中於此置北陰平并縣。”此即《西魏書》之所本，而《太平寰宇記》卷八四《劍南東道三》劍州陰平縣引顧野王《輿地志》所載，則與此不同：“晉人流寓于蜀者，仍於益州立北陰平郡。西魏廢帝二年定蜀，改陰平爲龍安。”

［一五七］按：《大清一統志》卷三一三“梓潼故城”條云：“即今梓潼縣，治華陽。《三國志》：建安二十二年，先主分廣漢置梓潼郡，治梓潼縣。[①]《寰宇記》：《華陽國志》云：‘漢武元鼎元年置。’以縣東倚梓林、西枕潼水爲名。西魏於此置潼川郡，移縣於郡南三十里，改爲安壽縣。”[②]

［一五八］按：《隋書》卷二九《地理志上》金山郡注：“西魏置潼州。”又，《元和郡縣圖志》卷三三《劍南道下》緜州：“本漢廣漢郡之涪縣，後魏廢帝二年徙梓潼郡理梓潼舊城，於此別置潼州。”

［一五九］按：《隋書》卷二九《地理志上》金山郡巴西縣注：“舊曰涪，置巴西郡。西魏改縣曰巴西。”而《元和郡縣圖志》卷三三《劍南道下》緜州巴西縣：“後魏改爲巴中縣，隋開皇元年避廟諱，改爲巴西縣。”

---

① 考《三國志》卷四一《蜀書·霍峻傳》云：“先主定蜀，嘉峻之功，乃分廣漢爲梓潼郡，以峻爲梓潼太守、裨將軍。”《資治通鑑》卷六七繫其事於建安二十二年（頁二一三一）。

② 《太平寰宇記》卷八四《劍南東道三》劍州梓潼縣，頁一六七七～一六七八。

［一六〇］按:《元和郡縣圖志》卷三三《劍南道下》緜州鹽泉縣:“後魏禪帝元年割涪縣置魏城縣。”

［一六一］按:《元和郡縣圖志》卷三三《劍南道下》緜州昌明縣:“晉孝武帝自白沙戍移漢昌縣僑理於此,仍屬巴西郡。後魏廢帝改漢昌爲昌隆縣。”

［一六二］考《元和郡縣圖志》卷三三《劍南道下》劍州臨津縣:“南齊於此置胡原縣。”《西魏書》顯誤。

［一六三］按:《隋書》卷二九《地理志上》金山郡涪城縣注:“舊置始平郡,西魏改郡爲涪城。”

［一六四］按:《隋書》卷二九《地理志上》金山郡萬安縣注:“舊曰孱亭,西魏改名焉,屬萬安郡。”又,《太平寰宇記》卷八三《劍南東道二》綿州羅江縣:“晉于梓潼水尾萬安故城置萬安縣。……萬安故城,後魏恭帝元年又於此置萬安郡。”

［一六五］按:《太平寰宇記》卷八三《劍南東道二》綿州神泉縣:“晉太元中置西充國縣。梁武陵王改爲平州縣。後魏恭帝移於今所。”[①]

［一六六］按:《隋書》卷二九《地理志上》金山郡金山縣注:“舊置益昌、晉興二縣,西魏省晉興入益昌。”

［一六七］按:《太平寰宇記》卷八二《劍南東道一》梓州:“晉、宋、齊並爲廣漢郡。至梁初,武陵王蕭紀於郡置新州。西魏又於此立昌城郡。”

［一六八］考《宋書》卷三七《州郡志三》“新城太守”條:“故屬漢中,魏文帝分立,屬荆州。江左還本。”而《隋書》卷二九《地理志上》新城郡注,亦無“宋置新城郡,齊廢”之記載,故疑《西魏書》有誤。

［一六九］揆諸《宋書·州郡志》,並無宋分伍城置北伍城之舉。昌城縣的由來及其演變,當如《太平寰宇記》卷八二《劍南東道一》梓州郪縣所云:“後魏置新城縣於此,恭帝三年改爲昌城縣。”

［一七〇］按:《隋書》卷二九《地理志上》新城郡射洪縣注:“西魏置,

---

① 但揆諸《三國志》,不但譙周已被稱爲巴西西充國人,且梓潼涪人孫德也曾任職西充國長。由此可知,至少蜀漢時就已置有西充國縣。詳參《三國志》卷四二《蜀書·譙周傳》、卷四五附録楊戲《季漢輔臣傳》,頁一〇二七、一〇八六。

曰射江，後周改名焉。”又，《太平寰宇記》卷八二《劍南東道一》梓州射洪縣注：“後魏恭帝于此分置射洪縣。《益州記》：‘郪僂灘東六里有射江，土人語訛以江爲洪。’”

［一七一］按:《元和郡縣圖志》卷三三《劍南道下》梓州鹽亭縣:“梁於此置北宕渠郡及縣，後魏恭帝改爲鹽亭縣，以近鹽井，因名。”

［一七二］按:《太平寰宇記》卷八二《劍南東道一》梓州鹽亭縣:“按李膺《蜀記》云:‘靈江東鹽井亭，古方安縣也。’《周地紀》:‘梁大同元年於此亭置縣，因井爲名。’”

［一七三］按:《元和郡縣圖志》卷三三《劍南道下》梓州涌泉縣:“本漢廣漢縣地，宋於此置西宕渠郡[①]，後魏恭帝移於涌山，改名涌泉郡。”

［一七四］按:《太平寰宇記》卷一三六《山南西道四》合州:“宋於此置東宕渠郡。後魏大統初其地入魏。恭帝三年改東宕渠郡爲墊江郡，改縣爲石鏡，以涪水北有圓石似鏡，因以名之。仍於郡置合州，蓋取涪、漢二水合於此，故爲州稱。”

［一七五］按:《太平寰宇記》卷一三六《山南西道四》合州石鏡縣:“本漢墊江縣，屬巴郡。宋改爲宕渠縣。后魏恭帝三年爲石鏡縣，邑有青石如鏡可照，故以爲名。”

［一七六］按:《隋書》卷二九《地理志上》“涪陵郡漢初縣”條:“梁置新興郡。西魏改郡曰清居，名縣曰漢初。”而《太平寰宇記》卷一三六《山南西道四》合州漢初縣云:“梁武大同中於此立新興郡。後魏至恭帝三年於今縣西北六十里置清居郡及立清居縣，以地勢爽塏，故曰清居以稱邑。隋初郡廢，改縣爲漢初縣，屬合州。”

［一七七］《西魏書》雖稱“此從《寰宇記》”，其實取材於《大清一統志》卷三〇八“小溪廢縣”條:“今遂寧縣治，《晉書·地理志》:桓温平蜀，于德陽界東南立遂寧郡。《隋書·地理志》遂寧郡方義縣:‘梁曰小溪，置東遂寧郡。西魏改縣名。’……《元和志》遂州:……東晉分置遂寧郡。……方義

① 《元和郡縣圖志》卷三三校勘記［九］據《隋書》卷二九《地理志上》，斷定“郡置自蕭梁，‘宋’疑訛”。

縣……本晉小溪縣，永和十一年置，後魏恭帝改曰方義。……案小溪縣，《隋志》以爲梁置，《元和志》以爲晉置。又，《寰宇記》：宋泰始五年，刺史劉亮表分遂寧爲東西二郡。《齊志》有東遂寧郡，不始於梁也。”

［一七八］考《元和郡縣圖志》卷三三《劍南道下》遂州方義縣：“本晉小溪縣，穆帝永和十一年置，屬遂寧郡，後魏恭帝改爲方義。”又，《隋書》卷二九《地理志上》遂寧郡方義縣注：“梁曰小溪，置東遂寧郡。西魏改縣名焉。”參此，則《西魏書》有誤。

［一七九］考《隋書》卷二九《地理志上》遂寧郡青石縣注：“舊曰晉興，西魏改名焉，又置懷化郡。”而《元和郡縣圖志》卷三三《劍南道下》遂州青石縣：“本晉之晉興縣也，本屬巴郡，既置遂寧，乃割屬焉。後魏改爲始興縣。”可見《西魏書》雖稱“今從《隋志》”，實則同時兼取《元和郡縣圖志》。

［一八〇］考《元和郡縣圖志》卷三三《劍南道下》遂州長江縣：“本晉巴興縣，魏恭帝改爲長江縣。”準此，則《西魏書》有誤。

［一八一］分别詳參《魏書》卷一〇六下《地形志下》、《太平寰宇記》卷一三六《山南西道四》渝州及卷一三九《山南西道七》巴州、《元和郡縣圖志》卷三三《劍南道下》渝州、《隋書》卷二九《地理志上》巴郡注、《通典》卷一七五《州郡典五》渝州。《西魏書》雖稱《隋志》《通典》所云“於理爲近，今從之”，實則基本上取材於《元和郡縣圖志》。

［一八二］此段文字顯然取材於《元和郡縣圖志》卷三三《劍南道下》渝州。

［一八三］按：《隋書》卷二九《地理志上》巴郡巴縣注：“舊置巴郡，後周廢枳、墊江二縣入焉。”

［一八四］按：《隋書》卷二九《地理志上》巴郡江津縣注：“舊曰江州縣。西魏改爲江陽，置七門郡。”《太平寰宇記》卷一三六《山南西道四》渝州江津縣：“後周閔帝元年於縣理置七門郡，領江州一縣，尋改江州爲江陽縣。”

［一八五］按：《梁書》卷三《武帝紀下》：“（普通四年）六月乙丑，分益州置信州”。而《太平寰宇記》卷一四八《山南東道七》夔州云：“梁大同三年於郡理立信州。”

［一八六］按：《華陽國志》卷一："獻帝初平元年，征東中郎將安漢趙穎建議分巴爲二郡。穎欲得巴舊名，故白益州牧劉璋：以墊江以上爲巴郡，……以江州至臨江爲永寧郡，朐忍至魚復爲固陵郡。巴遂分矣。……章武元年，朐忍徐慮、魚復蹇機以失巴名，上表自訟，先主聽復爲巴東。"

［一八七］按：《太平寰宇記》卷一四八《山南東道七》夔州："後魏廢帝三年移巴東郡於梁置陽口縣理"。"移郡治此"之"郡"，"樹經堂本""中華本"皆誤作"部"。

［一八八］按：顧棟高《春秋大事表》卷六下"夔州府"條："今府治奉節縣爲庸國魚邑……漢置魚復縣，屬巴郡。"又，《隋書》卷二九《地理志上》巴東郡人復縣注："舊置巴東郡，縣曰魚復。西魏改曰人復。"

［一八九］考《漢書》卷二八上《地理志上》，巴郡下統朐忍縣；又，《隋書》卷二九《地理志上》巴東郡雲安縣注："舊曰朐忍，後周改焉。"

［一九〇］按：《隋書》卷二九《地理志上》巴東郡梁山縣注："西魏置。有高梁山。"

［一九一］考《水經注》云："江水又東逕巫縣故城南，縣，故楚之巫郡也，秦省郡立縣，以隸南郡，吴孫休分爲建平郡，治巫城。"① 此蓋《西魏書》之所本，然則《三國志》卷四八《吴書·三嗣主傳》及《宋書》卷三七《州郡志三》"建平太守"條，皆曰孫休永安三年，分宜都置建平郡。故此"南郡"似當改作"宜都"。

［一九二］按：《宋書》卷三七《州郡志三》"建平太守"條："晉又有建平都尉，領巫、北井、泰昌、建始四縣。"

［一九三］按：《太平寰宇記》卷一四九《山南東道八》萬州："後魏分朐忍縣地置安鄉郡及魚泉縣，後又改安鄉郡爲萬川郡，魚泉縣爲萬川縣。"《輿地紀勝》卷一七七萬州總序："《輿地廣記》以爲後周置安鄉郡，而《圖經》亦書曰後周置安鄉郡。……象之謹按梁元帝末年，武陵王紀敗，地入西魏，次年即禪於周，故書曰後周。《隋志》巴東郡南浦縣下亦云後周置安鄉郡，後改

① 陳橋驛撰：《水經注校釋》卷三四《江水》，杭州大學出版社，一九九九年，頁五九二。

縣曰安鄉，改郡曰萬川，當從《隋志》。”此説甚是。

［一九四］按：《四川通志》卷二六“南浦故城”條：“本名羊渠，季漢建興八年改曰南浦，魏改魚泉。《寰宇記》：魏廢帝元年置魚泉縣，以地土多泉、民賴漁罟爲名。”土，“樹經堂本”“中華本”皆誤作“士”。

［一九五］按：《隋書》卷二九《地理志上》巴東郡巴東縣注：“舊曰歸鄉，梁置信陵郡。”

［一九六］按：《太平寰宇記》卷一三七《山南東道五》開州新浦縣：“蜀爲漢豐縣地，宋武帝永初中分漢豐縣於今縣西北七里置新浦縣，屬巴東郡。後魏恭帝三年於縣置開江郡，領新津一縣。”

［一九七］按：《隋書》卷二九《地理志上》巴東郡盛山縣注：“梁曰漢豐，西魏改爲永寧，開皇末曰盛山。”而《太平寰宇記》卷一三七《山南東道五》開州開江縣曰：“蜀先主建安二十一年於今縣南二里置漢豐縣，以漢土豐盛爲名。至後周武帝改漢豐爲永寧縣。隋開皇中改永寧爲盛山縣。”

［一九八］分别詳參《隋書》卷二九《地理志上》蜀郡注、《元和郡縣圖志》卷三一《劍南道上》成都府。

［一九九］按：《四川通志》卷二《建置沿革·成都府》：“興平元年爲益州治。蜀漢建都於此。”

［二〇〇］按：《元和郡縣圖志》卷三一《劍南道上》成都府郫縣：“本郫邑，蜀望帝理汶山下，邑曰郫，是也。秦滅蜀，因而縣之，不改。”

［二〇一］按：《元和郡縣圖志》卷三一《劍南道上》成都府新繁縣：“本漢繁縣地，屬蜀郡，因繁江以爲名也。”

［二〇二］按：《元和郡縣圖志》卷三一《劍南道上》成都府温江縣：“本漢郫縣地也，後魏於此置温江縣，屬蜀郡。”

［二〇三］按：《隋書》卷二九《地理志上》蜀郡成都縣注：“舊置蜀郡，又有新都縣。梁置始康郡，西魏廢始康郡。”

［二〇四］按：《太平寰宇記》卷七二《劍南西道一》益州華陽縣寧蜀城：“臧榮緒《晉書·穆帝紀》：‘永和八年，平西將軍周撫攻涪，八月戊午克之，斬蕭敬文，益州平，以三蜀流人立寧蜀、晉昌二郡。’”

［二〇五］按:《隋書》卷二九《地理志上》蜀郡雙流縣注:“舊曰廣都,置寧蜀郡。”

［二〇六］按:《元和郡縣圖志》卷三一《劍南道上》蜀州:“秦滅蜀,爲蜀郡。在漢爲郡之江原縣也,李雄據蜀,分爲漢原郡,晉穆帝改爲晉原郡。後魏平蜀後,移犍爲郡理此東三十里,因省晉原郡以併之,仍於此西十里立多融縣,取舊郡名也。”

［二〇七］考《大清一統志》卷二九二“江源廢縣”條:“又《舊唐志》《寰宇記》皆云後魏置犍爲郡及僰道縣,《元和志》則謂隋開皇三年徙僰道縣於此。[①] 豈前此犍爲郡治竟無縣耶?舊志遂謂西魏置犍爲郡兼置江源縣,誤。”參此,則《西魏書》涉嫌斷章取義。

［二〇八］按:《大清一統志》卷二九二“懷寧廢郡”條:“晉安帝時置,屬南秦州。宋元嘉十六年,改屬益州,領治平、西平、萬年三縣,寄治成都。”

［二〇九］按:《隋書》卷二九《地理志上》蜀郡成都縣注:“舊置懷寧、晉熙、宋興、宋寧四郡,至後周並廢。”又,同書同卷蜀郡緜竹縣注:“舊置晉熙郡及長楊、南武都二縣。”

［二一〇］按:《大清一統志》卷二九二“宋興廢縣”條:“宋元嘉十年……立,領南漢、建昌、永川三縣。又有宋寧郡,亦是年……立,領興平、宜昌、永安三縣。”

［二一一］按:《四川通志》卷二六“都安故城”條:“季漢時,分綿虒縣置,屬汶山郡。劉宋爲汶山郡治,隋廢。”

［二一二］按:《四川通志》卷二六“青城廢縣”條:“本漢江原縣地,齊置齊基縣,屬汶山郡,梁置齊基郡。後周天和四年廢郡,改縣曰青城。”

［二一三］考《周書》卷三《孝閔帝紀》云:“(元年正月)丙寅,於劍南陵井置陵州,武康郡置資州,遂寧郡置遂州。”又,《隋書》卷二九《地理志上》資陽郡注:“西魏置資州。”又,《元和郡縣圖志》卷三一《劍南道上》資

① 按:《元和郡縣圖志》卷三一《劍南道上》蜀州唐興縣:“後魏於此立犍爲郡。隋開皇三年罷郡,又徙僰道縣於此。”

州："魏廢帝二年析武康郡之陽安縣置資州，取資水爲名也。"又，《太平寰宇記》卷七六《劍南西道五》簡州："漢犍爲郡之牛鞞縣地，屬益州。……後魏恭帝二年於此置資州。"由此可見，《西魏書》雖稱"今從《隋志》《元和志》"，實則取材於《太平寰宇記》。《大清一統志》卷二九二"陽安廢縣"條："《寰宇記》謂西魏恭帝二年置資州，誤。"

［二一四］按：《元和郡縣圖志》卷三一《劍南道上》簡州陽安縣："本漢牛鞞縣也，後魏恭帝二年，於此置陽安縣，屬武康郡。"

［二一五］按：《元和郡縣圖志》卷三一《劍南道上》簡州平泉縣："本漢牛鞞及符縣地，……後魏恭帝二年於此置婆閏縣，屬益州。"婆閏，《隋書》卷二九《地理志上》蜀郡平泉縣注同，《太平寰宇記》卷七六《劍南西道五》簡州平泉縣作"婆潤"。

［二一六］按：《隋書》卷二九《地理志上》蜀郡陽安縣注："舊曰牛鞞，西魏改名焉，并置武康郡。"

［二一七］按：《隋書》卷二九《地理志上》蜀郡九隴縣注："舊曰晉壽，梁置東益州。"

［二一八］按：《宋書》卷五《文帝紀》："（元嘉十二年八月）於益州立南晉壽、南新巴、北巴西三郡。"又，《大清一統志》卷二九二"彭縣"條："本漢晉繁縣地，劉宋元嘉十二年，置南晉壽郡及晉壽縣，齊因之，梁置東益州。後周廢州改郡縣，俱曰九隴。"

［二一九］分别詳參《南齊書》卷一五《州郡志下·益州》、《隋書》卷二九《地理志上》蜀郡九隴縣注。

［二二〇］按：《隋書》卷二九《地理志上》蜀郡九隴縣注："舊曰晉壽，梁置東益州。後周州廢，置九隴郡，并改縣曰九隴。仁壽初置濛州。開皇初郡廢，并隴泉、興固、青陽三縣入焉。"

［二二一］按：《元和郡縣圖志》卷三一《劍南道上》漢州："秦魏蜀郡地，漢分蜀郡爲廣漢郡，……雒縣，本漢舊縣也，屬廣漢郡，縣南有雒水，因以爲名。"

［二二二］按：《元和郡縣圖志》卷三一《劍南道上》漢州什邡縣："本漢

舊縣，屬廣漢郡，……俗名雍齒城。”

［二二三］按：《隋書》卷二九《地理志上》蜀郡玄武縣注：“舊曰伍城，後周置玄武郡。”

［二二四］按：《隋書》卷二九《地理志上》蜀郡雒縣注：“舊曰廣漢，又置廣漢郡。……又有西遂寧郡、南陰平郡。”

［二二五］按：《元和郡縣圖志》卷三一《劍南道上》簡州金水縣：“本漢廣漢郡之新都縣地也，……東晉義熙末，刺史朱齡石帥建平生［獠］征蜀，仍於東山立金泉戍。後魏平蜀，置金泉縣，隸金泉郡。”

［二二六］按：《大清一統志》卷二九二“白牟廢縣”條：“在金堂縣東。西魏置屬金淵郡，後周廢入金淵縣。”又，《隋書》卷二九《地理志上》蜀郡金泉縣注：“西魏置縣及金泉郡。後周廢，并廢白牟縣入焉。”

［二二七］《西魏書》此文其實取材於《太平寰宇記》卷七五《劍南西道四》邛州：“梁益州刺史蕭範于蒲水口立壘柵爲城，以稅生獠，名曰蒲口頓。《周地圖記》云：‘梁武陵王蕭紀於蒲水口始置邛州，取南界邛來山爲名。’未爲郡縣。後魏廢帝二年定蜀，又置臨邛、蒲源、蒲陽、濛山四郡以屬之。蒲陽郡領依政一縣。”①

［二二八］分别詳參《通典》卷一七六《州郡典六》、《元和郡縣圖志》卷三一《劍南道上》邛州臨邛縣、《舊唐書》卷四一《地理志四》、《太平寰宇記》卷七五《劍南西道四》邛州臨邛縣。

［二二九］《西魏書》此文以《太平寰宇記》卷七五《劍南西道四》邛州臨邛縣爲本，同時兼采《元和郡縣圖志》卷三一《劍南道上》邛州臨邛縣。

［二三〇］按：《隋書》卷二九《地理志上》臨邛郡蒲江縣注：“西魏置，曰廣定，及置蒲原郡。”又，《元和郡縣圖志》卷三一《劍南道上》邛州蒲江縣：“後魏恭帝置廣定縣，隋仁壽元年改廣定爲蒲江縣。”

［二三一］按：《太平寰宇記》卷七五《劍南西道四》邛州臨溪縣：“後魏恭帝二年分臨邛縣置臨溪縣。”

---

① 其“以稅生獠”之“稅”，當從《元和郡縣圖志》卷三一《劍南道上》邛州，改作“備”。

［二三二］按:《元和郡縣圖志》卷三一《劍南道上》邛州依政縣:“後魏於此置依政縣，屬蒲陽郡。”

［二三三］按:《太平寰宇記》卷七七《劍南西道六》雅州:“後魏廢帝二年，始更招遺民，漸墾植，因僑立蒙山郡於此，領始陽、蒙山二縣，屬邛州。……蒙山，在縣西七十里。北連羅繩山，南接嚴道縣。《尚書》云‘蔡、蒙旅平’，即此山也。”

［二三四］考《元和郡縣圖志》卷三二《劍南道中》眉州:“在漢即犍爲郡武陽縣之南境。梁太清二年，武陵王蕭紀開通外徼，於此立青州，取漢青衣縣爲名也。後魏廢帝二年平蜀，改青州爲眉州，因峨眉山爲名也。”“取漢青衣縣爲名也”,《太平寰宇記》卷七四《劍南西道三》眉州作“義取青城山爲稱”。是知《西魏書》此文，兼取《元和郡縣圖志》《太平寰宇記》而成。

［二三五］按:《大清一統志》卷三〇九“首州建置沿革”:“秦爲蜀郡地，漢爲犍爲郡武陽縣地，後漢及晉宋因之。蕭齊建武三年，析置齊通左郡。[①] 梁曰齊通郡，置齊通縣，又於郡置青州。”

［二三六］按:《太平寰宇記》卷七四《劍南西道三》眉州通義縣:“魏恭帝二年置通義縣，在眉州北二十里，屬齊通郡。”

［二三七］按:《元和郡縣圖志》卷三二《劍南道中》眉州青神縣:“本漢南安縣地，李雄之後，夷獠内侵，西魏恭帝遥於此置青衣縣，屬眉州之青城郡。”其“青城郡”，誠如《元和郡縣圖志》卷三二校勘記［二〇］所云，理當改作“青神郡”。

［二三八］分別詳參《元和郡縣圖志》卷三三《劍南道下》陵州、《太平寰宇記》卷八五《劍南東道四》陵州、《隋書》卷二九《地理志上》隆山郡注、《通典》卷一七五《州郡典五》。

［二三九］按:《隋書》卷二九《地理志上》隆山郡仁壽縣注:“梁置懷仁郡，西魏改縣曰普寧。……又西魏置蒲亭。”此“蒲亭”，原作“蒱縣”。

［二四〇］按:《隋書》卷二九《地理志上》隆山郡貴平縣注:“西魏置，

---

① 考《南齊書》卷一五《州郡志下》，益州下統齊通左郡，並稱始置於建武三年。

又立和仁郡。後周又廢可曇、平井二縣入焉。”準此，則《西魏書》“仁和郡”當改作“和仁郡”。

［二四一］按:《隋書》卷二九《地理志上》隆山郡隆山縣注:“舊曰犍爲，置江州。西魏改縣曰隆山。後周省州，置隆山郡。開皇初郡廢，又併江陽縣入焉。”

［二四二］考《元和郡縣圖志》卷三三《劍南道下》瀘州:“武帝分置犍爲郡，今州即犍爲郡之江陽、符二縣之地。……梁大通初，割江陽郡置瀘川，魏置瀘州”；而《太平寰宇記》卷八八《劍南東道七》瀘州曰:“漢爲犍爲郡之江陽、符二縣，……梁大同中置瀘州。”是知：其一，《西魏書》此文，兼取兩者而成；其二，“符陽”之“陽”乃衍文。

［二四三］按:《元和郡縣圖志》卷三三《劍南道下》瀘州瀘川縣:“本漢江陽縣地，屬犍爲郡。……晉穆帝於縣置東江陽郡，領江陽縣。”

［二四四］按:《元和郡縣圖志》卷三三《劍南道下》瀘州江安縣:“本漢江陽縣地也，李雄亂後，没於夷獠。晉穆帝於此［重］置漢安縣，［隋開皇］十八年改爲江安縣。”“［　］”中所加文字，乃據《元和郡縣圖志》卷三三校勘記［一五一］之文意而增補。

［二四五］按:《元和郡縣圖志》卷三三《劍南道下》瀘州綿水縣:“本漢江陽縣地，晉於此置綿水縣。”

［二四六］按:《元和郡縣圖志》卷三一《劍南道上》戎州:“屬犍爲郡，……李雄竊據，此地空廢。梁武帝大同十年，使先鐵討定夷獠，乃立戎州。”

［二四七］按:《隋書》卷二九《地理志上》“犍爲郡南溪縣”條:“梁置，曰南廣，及置六同郡。”又,《元和郡縣圖志》卷三一《劍南道上》戎州南溪縣:“梁於此立南廣縣，屬戎州，隋仁壽二年改爲南溪縣。”

［二四八］按:《太平寰宇記》卷一三九《山南西道七》巴州:“古巴國地，……在漢即巴郡宕渠縣地，後漢分宕渠北界置漢昌縣，……按:《四夷縣道記》云:‘至李特孫壽時，有羣獠十餘萬從南越入蜀漢間，散居山谷，因流布在此地，後遂爲獠所據。’歷代羈縻，不置郡縣。至宋，乃於巴嶺南置歸化、北水二郡，以領獠户，……齊因之。梁置歸化、木門二郡。後魏正始元年，

梁州刺史夏侯通遷以其地内屬，於是分其地於漢昌縣理所置大谷郡，帶防兵以鎮撫之。延昌三年於大谷郡北置巴州，蓋取古巴國以爲名。”

［二四九］按:《太平寰宇記》卷一三九《山南西道七》巴州化城縣：“梁普通六年於梁大溪西三里置梁大縣，屬大谷郡。”又,《隋書》卷二九《地理志上》清化郡化成縣注：“梁曰梁廣，仍置歸化郡。”

［二五〇］按:《太平寰宇記》卷一三九《山南西道七》巴州曾口縣：“宋末于此置歸化郡，以撫獠户。梁普通六年於郡理置曾口縣，以曾口谷爲邑名。後魏因而不改。”

［二五一］按:《太平寰宇記》卷一三九《山南西道七》巴州清化縣：“梁普通六年於今縣北二十里置木門郡，又於郡置伏强縣，並因山爲名。”又,《隋書》卷二九《地理志上》清化郡清化縣注：“梁置，曰伏强，有木門郡。”準此，則《西魏書》“伏疆”顯系“伏强”之訛。

［二五二］按:《太平寰宇記》卷一三九《山南西道七・巴州》“廢盤道縣”條：“宋末於今縣西南十里置北水郡。梁普通六年於北水郡置難江縣，因難江水爲名。梁末其地内屬。後魏恭帝三年改難江爲盤道縣，因龍腹山道路盤曲爲名。”

［二五三］按:《太平寰宇記》卷一三八《山南西道六》洋州：“三國時爲蜀之重鎮，故先主分城固立南鄉縣。……晉改南鄉爲西鄉。後魏正始中廢西鄉縣，仍於今西鄉縣西五十里豐寧戍置豐寧郡及豐寧縣，仍更立龍亭縣，郡屬直州。廢帝二年於今西鄉縣置洋州，以水爲名，領洋川、懷昌、洋中、豐寧四郡，其懷昌郡領懷寧一縣。”

［二五四］按:《太平寰宇記》卷一三八《山南西道六》洋州真符縣：“廢黄金縣，……本漢安陽縣地，屬漢中郡。後魏文帝大統十二年分置黄金縣，因縣界有黄金水爲名，屬直州。廢帝二年分直州置洋川郡，以縣屬焉。”“改屬”,“樹經堂本”“中華本”皆作“置属”。

［二五五］按:《宋書》卷三七《州郡志三》“梁州刺史”條：“《禹貢》舊州，周以梁併雍，漢以梁爲益，治廣漢雒縣。魏元帝景元四年平蜀，復立梁州，治漢中南鄭，而益州治成都。李氏據梁、益，江左於襄陽僑立梁州。李氏

滅，復舊。”[①]

［二五六］考《通典》卷一七五《州郡典五·古梁州》：“宋梁、益、寧三州並因前代，更置秦州。齊及梁初多因之。梁武帝天監三年，刺史夏侯道遷以所部叛降後魏，南至劍閣，悉失之。後魏得漢中，亦曰梁州。西魏亦因之，復入於梁。西魏大統十二年，爲梁將蘭欽所陷。梁滅，再復其地。將達奚武平漢川，尉遲迥平蜀川。”是知《西魏書》在引用時，頗有誤録。

［二五七］按：《周書》卷二《文帝紀下》：“（魏廢帝）三年春正月，……又改置州郡及縣：改……北梁爲静州。”

［二五八］考《太平寰宇記》卷一三八《山南西道六》洋州興道縣引《地記》云：“晉於今西泉縣置晉昌郡，後魏移於今縣置晉昌郡，因晉舊名也。廢帝三年改爲儻城郡。”準此，《西魏書》稱“廢帝二年改名”，顯誤。

［二五九］《西魏書》有關龍亭、興勢、南城的記載，録自《魏書》卷一〇六下《地形志下》“梁州晉昌郡”條。

［二六〇］按：《太平寰宇記》卷一三三《山南西道一》興元府褒城縣：“本漢褒中縣，以其當褒斜大路，故名。……東晉義熙末，梁州刺史理此，仍改爲苞中縣。後魏正始中又於此立褒中郡。”準此，則《西魏書》所謂“包中”當改作“苞中”。又，義熙末之“末”，“樹經堂本”誤作“未”。

［二六一］按：《魏書》卷一〇六下《地形志下》褒中郡褒中縣注：“二漢、晉屬漢中，後罷。永平四年復，屬。”

［二六二］《西魏書》有關武鄉、廉水的記載，録自《魏書》卷一〇六下《地形志下》“梁州褒中郡”條。

［二六三］《西魏書》有關安康郡及其屬縣的記載，録自《魏書》卷一〇六下《地形志下》“梁州安康郡”條。

［二六四］按：《通典》卷一七五《州郡典五·漢中郡》：“秦置漢中郡，二漢因之。後漢末，張魯據其地，改漢中爲漢寧。魏武征漢中，走張魯，復曰漢中郡。後劉備破魏將夏侯妙才，遂有其地，以爲重鎮。”

---

① 又，《南齊書》卷一五《州郡志下》：“梁州，鎮南鄭。魏景元四年平蜀所置也。”

［二六五］按:《大清一統志》卷一八五《漢中府·建置沿革》:“梁天監三年入於魏，曰梁州漢中郡。大同初，還屬梁。西魏廢帝元年，復克之。”

［二六六］考《太平寰宇記》卷一三三《山南西道一》興元府南鄭縣:“本漢舊縣，屬漢中郡。後魏廢帝三年改爲光義縣，移理州東光義府。……旱山，在縣西南二十里。”準此，則《西魏書》轉載有誤，其“恭帝元年”當改爲“廢帝三年”。

［二六七］按:《魏書》卷一〇六下《地形志下》“梁州漢中郡”條:“漢陰有胡城。城固二漢、晉屬。”又,《太平寰宇記》卷一三三《山南西道一》興元府城固縣:“漢舊縣，……黑水，源出縣西北太山。”

［二六八］按:《隋書》卷二九《地理志上》漢川郡南鄭縣注:“舊置漢川郡。開皇初郡廢，大業初置郡。又，西魏置白雲縣，至是併入焉。”

［二六九］《西魏書》有關華陽郡及其屬縣的記載，基本上録自《魏書》卷一〇六下《地形志下》“梁州華陽郡”。

［二七〇］按:《太平寰宇記》卷八六《劍南東道五》閬州:“秦爲巴郡地。後漢建安六年，劉璋改巴郡爲巴西郡，……至李雄之亂，巴郡荒蕪，太守理無定處。宋元嘉八年復於此城立北巴西郡，宋末除‘北’字，齊不改。……梁天監中又於此立南梁州及巴北郡。西魏廢帝二年平蜀，改爲隆州，取其連崗地勢高隆爲名。尋又立盤龍郡，以郡中有盤龍崗爲名。”

［二七一］《西魏書》有關隆州所屬郡縣的記載，皆録自《隋書》卷二九《地理志上》“巴西郡”條。惟“閬中”作“閬内”；又“晉城”,“樹經堂本”“中華本”皆誤作“晉成”。

［二七二］按:《太平寰宇記》卷一四一《山南西道九》金州:“《三國志》云:‘建安二十年分漢中之安陽、西城爲西城郡。’後地入蜀，蜀以申儀爲西城太守。後申儀降魏，……因改爲魏興郡，……梁於魏興郡置北梁州，尋改爲南梁州。按，後魏正始元年，北梁州長史夏侯道遷舉漢中歸魏，……孝昌三年於安康郡置東梁州。西魏大統元年，梁將蘭欽東伐取南鄭，其魏興等諸郡還梁。梁罷梁州。廢帝元年，大將軍達奚武併吞山南，東梁州刺史李遷哲降魏，魏又於魏興置東梁州；三年因其地出金，改爲金州，仍領魏興郡。”

［二七三］自“領郡三，縣四”至“寧都”，皆録自《魏書》卷一〇六下《地形志下》“東梁州”條。

［二七四］按：《太平寰宇記》卷一四一《山南東道九》金州洵陽縣：“本漢舊縣，在洵水之陽，屬漢中郡。後漢省，晉太康四年復立。故魏於此置郡。《輿地志》云：‘魏置魏興郡，領洵陽等六縣於此。’”

［二七五］按：《隋書》卷二九《地理志上》西城郡洵陽縣注：“舊置洵陽郡，開皇初郡廢。”

［二七六］按：《太平寰宇記》卷一四一《山南東道九》金州廢淯陽縣：“本漢洵陽縣地，晉於此置淯口戍。後魏大統十七年改置淯陽郡，又於郡西三十三里置黄土縣，居漢水南黄土山之西爲名。”

［二七七］按：《晉書》卷一四《地理志上》梁州後序：“及桓温平蜀之後，以巴漢流人立晉昌郡”[①]；又，《宋書》卷三七《州郡志三》“新興太守”條：“宋末省晉昌郡”；又，《太平寰宇記》卷一四一《山南東道九》金州石泉縣：“本漢西城縣也，梁武帝立晉昌郡，治王水口，夏侯道遷以梁州入魏，移晉昌郡於所領長樂縣東陽村，即今石泉縣理是也。後值黄衆寶反叛，移晉昌郡於舊理，因改曰魏昌。”

［二七八］按：《隋書》卷二九《地理志上》西城郡石泉縣注：“舊曰永樂，置晉昌郡。西魏改郡曰魏昌，尋改永樂曰石泉，析置魏寧縣。”

［二七九］按：《隋書》卷二九《地理志上》西城郡金川縣注：“梁初曰上廉，後曰吉陽。西魏改曰吉安。”

［二八〇］按：《隋書》卷二九《地理志上》西城郡豐利縣注：“梁置南上洛郡，西魏改郡曰豐利。後周省郡入上津郡，以熊川、陽川二縣入豐利。”

［二八一］按：《太平寰宇記》卷一四三《山南東道二》房州：“春秋爲房子國，……歷兩漢，（漢中）郡如之，後漢末以爲房陵郡。《華陽國志》：‘孟達降魏，魏文帝合三郡爲新城郡，以達爲太守，理上庸。達後歸蜀，司馬宣王

---

① 據《晉書》卷八《穆帝紀》，桓温平蜀，時在東晉穆帝永和三年三月。《地域考上》作“晉元帝時平蜀”，誤甚。《地域考上》此誤，是對何承天《宋書》的以訛傳訛。（按：《宋書》卷三七《州郡志三》“新興太守”條：“何云晉元帝立，本巴、漢流民。”）

討之，仍從新城移理房陵。'歷晉、宋、齊爲新城、上庸二郡。梁天監末立岐州，與郡同理房陵。侯景之亂，地入後魏，廢帝二年改新城郡爲光遷國。"

［二八二］按：《太平寰宇記》卷一四三《山南東道二》房州房陵縣："本漢舊縣，屬漢中郡。初爲'防'字，後漢改爲'房'，以陵爲名。"

［二八三］按：《太平寰宇記》卷一四三《山南東道二》房州房陵縣："廢永清縣……本漢防陵縣地，《周地圖記》云：'後魏廢帝三年分房陵東郡，於今縣東六里置大洪縣，屬光遷國。'"

［二八四］按：《隋書》卷二九《地理志上》房陵郡竹山縣注："梁曰安城，西魏改焉，置羅州。"

［二八五］按：《太平寰宇記》卷一四三《山南東道二》房州竹山縣："廢上庸縣……本漢上庸縣，……後漢省。曹魏更立，屬新城郡，明帝改屬上庸郡。蕭齊改爲武陽縣。梁改立新豐縣，又改爲武陵縣。後魏改爲京川縣，廢帝二年改爲孔陽縣，以西有孔陽水爲名。"

［二八六］按：《隋書》卷二九《地理志上》清化郡永穆縣注："梁置，曰永康，又有萬榮郡。"又，《太平寰宇記》卷一三七《山南西道五》達州永穆縣："梁大同中分宣漢縣置萬榮郡於此，兼立永康縣以屬焉。"

［二八七］按：《太平寰宇記》卷一三九《山南西道七》巴州其章縣："廢始寧縣……本漢宕渠縣地，梁普通六年於此置遂寧郡，又於郡理置始寧縣，因山爲名。"

［二八八］按：《太平寰宇記》卷一四〇《山南西道八》壁州："本漢宕渠縣地，後魏大統中於今州理置諾水縣，屬遂寧郡。"又，同書同卷壁州通江縣："後魏分始寧置諾水縣，因縣南諾水爲名。"

［二八九］按：《太平寰宇記》卷一三九《山南西道七》巴州曾口縣："廢歸仁縣……本漢宕渠縣地。梁普通六年於此置平州縣，屬遂寧郡，因縣界平州水爲名。後魏不改。"

［二九〇］按：《太平寰宇記》卷一三九《山南西道七》巴州恩陽縣："本漢閬中縣地，梁普通六年分閬中置義陽郡，又於郡置義陽縣，因界内山爲名。"

［二九一］按：《太平寰宇記》卷一三九《山南西道七》巴州其章縣："本

漢葭萌縣地，梁武帝普通六年於此置哀戎郡，以界内哀戎水爲名，又置其章縣，取縣東八里其章山爲名。”

［二九二］按：《太平寰宇記》卷一三九《山南西道七》蓬州良山縣：“本漢宕渠縣地，梁大同元年分宕渠之地以置安固縣，取安静永固爲名，屬伏虞郡。”又，同書同卷蓬州伏虞縣：“本漢宕渠縣地，梁大同中於今縣東三十里分置宣漢縣，屬義安郡。”

［二九三］考《太平寰宇記》卷一三七《山南西道五》達州：“春秋、戰國並爲巴子之國。秦併天下，爲巴郡。漢爲宕渠縣之東境。後漢和帝分宕渠置宣漢縣。……晉永熙省宣漢縣，宋武帝又置，屬南宕渠郡。蕭齊又屬巴渠郡。梁大同二年於宣漢縣置萬州，以州界内有地萬餘頃，因以數名之，領開巴、新寧、寧巴、壽陽、巴中五郡。後魏廢帝二年開拓山南，改宣漢爲石城縣，析置新南縣，又於東關縣置并州，仍併東關爲宣漢縣；其年又以萬州居四達之路，改爲通州。”参此，則《西魏書》所録不無問題。

［二九四］按：《太平寰宇記》卷一三七《山南西道五》達州三崗縣：“梁大同二年於此置新安郡，兼立三岡縣，因邑界山有三隴爲名。後魏廢帝二年改新安爲新寧郡。”

［二九五］按：《太平寰宇記》卷一三七《山南西道五》達州石鼓縣：“後魏恭帝三年於此立遷州，領臨清一郡，尋於郡置石鼓縣，因石鼓山爲名。”

［二九六］按：《太平寰宇記》卷一三七《山南西道五》達州東鄉縣：“西魏恭帝二年分新安縣於益遷、下蒲兩水間置石州，……又於州理置巴渠郡。”又，《隋書》卷二九《地理志上》通川郡東鄉縣注：“西魏置石州。”

［二九七］按：《隋書》卷二九《地理志上》通川郡宣漢縣注：“西魏置并州及永昌郡。”又，《太平寰宇記》卷一三七《山南西道五》達州東鄉縣：“廢宣漢縣……後魏廢帝二年於今縣東一百五十里梁所置南晉郡西百步置并州，仍自州移理宣漢縣於南晉郡北二百里，……按：并州領南晉郡，郡領東關、宣漢二縣，理東關。周改南晉郡爲和昌郡，又省郡郭東關入宣漢縣。”

［二九八］按：《太平寰宇記》卷一三七《山南西道五》達州：“後漢和帝分宕渠置宣漢縣。”

［二九九］按:《太平寰宇記》卷一三七《山南西道五》達州新寧縣:“西魏廢帝二年於此置開州，領東關郡，郡領蛇龍、新寧二縣。”

［三〇〇］按:《隋書》卷二九《地理志上》通川郡通川縣注:“梁曰石城，置東關郡。”而《太平寰宇記》卷一三七《山南西道五》達州通川縣則曰:“後魏廢帝二年開拓山南，改宣漢爲石城縣。”

［三〇一］按:《太平寰宇記》卷一三七《山南西道五》達州:“後魏廢帝二年開拓山南，改宣漢爲石城縣，析置新南縣。”

［三〇二］按:《隋書》卷二九《地理志上》通川郡西流縣注:“後魏曰漢興。西魏改焉，又置開州，及周安、萬安、江會三郡。”據此可知《西魏書》“固安郡”實乃“周安郡”之誤。

［三〇三］按:《太平寰宇記》卷一三八《山南西道六》渠州:“秦惠文帝遣張儀、司馬錯伐巴蜀，滅之，因置巴郡。漢初置宕渠縣，屬巴郡，……後漢建安二十三年，蜀先主分巴郡置宕渠郡，尋省。……李壽亂後，地爲諸獠所侵，郡縣悉廢。……普通三年又於漢宕渠縣西南七十里置北宕渠郡，……大同三年於郡理置渠州。後魏文帝十三年其地内屬，仍舊爲渠州，領北宕渠郡。”

［三〇四］考《太平寰宇記》卷一三八《山南西道六》渠州及流江縣，皆未見有梁置流江縣之記載。《西魏書》誤。

［三〇五］按:《太平寰宇記》卷一三八《山南西道六》渠州鄰山縣:“梁大同三年於此置鄰州及鄰山縣。後魏廢帝改爲鄰山郡，以山名之。”廢帝，“樹經堂本”誤作“廢帘”。

［三〇六］按:《太平寰宇記》卷一三八《山南西道六》渠州鄰水縣:“梁武大同三年置鄰水縣，屬鄰山郡，因彼州水以名之，寄理州城。”

［三〇七］考《隋書》卷二九《地理志上》宕渠郡宕渠縣注:“梁置，并置境陽郡。”又，宕渠郡咸安縣注:“梁置，曰綏安。”據此，可以斷定《西魏書》“晉陽郡”顯係“境陽郡”之誤，至於綏安縣是否隸屬於境陽郡，難説。

［三〇八］按:《隋書》卷二九《地理志上》宕渠郡墊江縣注:“西魏置縣及容（川）［州］、容山郡。後周改爲魏安縣。”

［三〇九］按:《太平寰宇記》卷一四九《山南東道八》忠州墊江縣:“後

魏恭帝三年分臨江地於此置墊江。後周天和二年改墊江爲魏安縣。”

［三一〇］按：《太平寰宇記》卷一四九《山南東道八》忠州：“譙周《巴記》云：‘後漢初平元年立臨江縣屬永寧郡，……建安六年改永寧郡爲巴東郡，臨江縣屬焉。’歷晉、宋皆因之。至梁大同六年於此立臨江郡，以郡城臨於江也。後魏廢帝二年改爲臨州，領臨江、萬川二郡。”又，同書同卷忠州臨江縣：“梁立郡於此縣，本以臨江川爲名。”

［三一一］按：《太平寰宇記》卷三二《關西道八》涇州：“春秋屬秦，至始皇併天下，屬北地郡。……及魏神䴥三年於此置涇州，蓋因涇水爲其名。”又，《魏書》卷一〇六下《地形志下》涇州注：“治臨涇城。”

［三一二］《西魏書》此文，兼用《漢書》二八下《地理志下》安定郡注、《魏書》卷一〇六下《地形志下》涇州安定郡注、《太平寰宇記》卷三二《關西道八》涇州而成。

［三一三］《西魏書》有關安定、臨涇、烏氏、石堂的記載，皆本諸《魏書》卷一〇六下《地形志下》“涇州安定郡”條。這其中，“自度山”原誤作“日度山”，兹徑改。

［三一四］《西魏書》有關隴東、趙平、平涼、平原四郡及其下屬諸縣的記載，皆取材於《魏書》卷一〇六下《地形志下》“涇州”條。

［三一五］按：《太平寰宇記》卷三四《關西道十》邠州：“後魏大統十四年分涇州之新平縣置南豳州，以北别有豳，此爲‘南’。廢帝三年廢北豳州，此遂去‘南’字。”

［三一六］《西魏書》有關新平郡及其下屬四縣的記載，取材於《魏書》卷一〇六下《地形志下》“涇州新平郡”條，同時兼取《隋書》卷二九《地理志上》“北地郡三水縣”條。

［三一七］按：《魏書》卷一〇六下《地形志下》安定郡朝那縣注：“二漢、晉屬。有當原城、胡城。”又，《隋書》卷二九《地理志上》安定郡朝那縣注：“西魏置安武郡，及析置安武縣。”《西魏書》此文，顯然雜取此兩説而成。

地域考三下　西魏書八

通議大夫浙江按察使司按察使加二級南康謝啓昆撰[一]

河州　有伏乾□□[二]，真君六年置鎮，後改。治枹罕。① 領郡四，縣十一。[三]

金城郡　漢昭帝始元六年置[四]，後漢建武十三年，併隴西，孝明復。[五] 領縣二。

榆中　二漢、晉屬。

大夏　二漢屬隴西，晉屬晉興。皇興三年改爲郡，後復屬。有白水、金柳城。

武始郡　晉末，張駿分隴西置。[六] 領縣三。

勇田　真君八年置郡，後改。

狄道　二漢、晉屬隴西。[七]

陽素

洪和郡　領縣三。

水池　真君四年置郡，後改。

藍川　真君八年置郡，後改。

蕈川《地形志》“川”作“州”，今從《隋志》《水經注》。[八] 延興四年置。

臨洮郡　二漢、晉屬隴西，真君六年改置。[九] 領縣三。

龍城　太和十年置。

石門　太和九年置。

① 據《中國行政區劃通史》考察，當在今甘肅臨夏一帶。

赤水

交州①　西遷後置北秦州，尋改名。[一〇]

安陽郡　領縣二。[一一]

安陽

烏水

廣安郡　西遷後置。

障

渭州[一二]　領郡三，縣六。

隴西郡　秦置。《漢志》注："郡在隴山之西。"領縣二。

襄武

首陽

南安陽郡[一三]　領縣二。

桓道

中陶

廣安郡　舊曰廣寧，西遷後改。[一四]領縣二。

彰

新興　真君八年罷中陶、禄部、襄武屬焉。

原州②　太延二年置鎮，正光五年改置，並置郡縣。治高平城。領郡二，縣四。

高平郡《隋志》誤作"平高"　初置太平郡，後改名。[一五]領縣二。

高平

里亭

---

① 據《中國行政區劃通史》考察，交州治安陽，當在今甘肅天水市秦安縣一帶。

② 據《中國行政區劃通史》考察，原州治高平城，即今寧夏固原市城區。

長城郡　領縣二。

長城　舊置黄石，西遷後改名。[一六]

白池

會州　古西羌地。宇文泰來巡，會師於此，土人張信罄資饗六軍，泰悦，因置州，以會爲名。[一七]

會寧　漢鶉陰縣地，宇文泰置屬。[一八]

涼州①　《禹貢》雍州西界，周衰，爲狄地。秦逐匈奴得甘泉，匈奴使休屠、渾邪王等居涼州之地。後降漢，漢置河西五郡，張掖、酒泉、敦煌、武威、金城改雍州爲涼州，以地處西方，常寒涼也。晉永寧後，爲張軌、吕光、姚興所據，又分爲三涼[一九]，後入魏。神䴥中爲鎮，太和中復。領郡十，縣二十。永熙户三千二百七十三。

武安郡　領縣一。永熙户三百七十三。

宜盛[二〇]

臨杜郡“杜”一作“社”[二一]太和中置。領縣二。永熙户三百八十九。

安平

和平

建昌郡　領縣三。永熙户六百五十七。

榆中

治城

蒙水

番和郡　領縣二。永熙户一百三十九。

彰

燕支

泉城郡　領縣一。永熙户七十二。[二二]

---

①　據《中國行政區劃通史》考察，涼州治姑臧，在今甘肅武威市城區。

新陽

武興郡　領縣三。永熙户三百八十五。

晏然

馬城

休屠

武威郡　漢武帝開匈奴置，魏晉爲涼州治。領縣二。永熙户三百四十。[二三]

林中

襄城　有休屠城、武始澤。

昌松郡　領縣三。永熙户三百九十七。

温泉

揟次本作“撮沙”，又作“揖次”。[二四]

莫口

東涇郡　領縣一。永熙户一百九十一。

台城[二五]

梁寧郡　領縣二。永熙户三百三十一。

園池

貢澤

甘州　大統十二年置西涼州，廢帝三年改名。[二六]案：舊有西郡，西遷后廢。

張掖郡　故匈奴昆邪王地，漢武帝太初元年開置[二七]，晉末爲涼據，太武平涼，置張掖軍，太和十一年改郡。[二八]

永平　漢觻得，晉改。[二九]

山丹　漢删丹[三〇]，後改。

弱水　漢日勒，舊改永寧，西遷後改。[三一]

鄯州　故西戎地。晉末爲涼據，嘗置西平郡。魏改置鄯善鎮，孝昌二年改立州[三二]。“鄯”一作“膳”。案：《魏志》郡縣闕，今補。

澆河郡　太平真君十六年置屬。《隋志》作西魏置，今從《寰宇記》。[三三]

西都　漢破羌縣，真君中改屬。[三四]

化隆　景明三年置石城，廢帝二年改屬。《隋志》作“魏曰廣威，隋改化隆”，今從《寰宇記》。又，《記》以廣威爲天寶初改，則樂氏誤也。[三五]

浩亹　舊置。[三六]

龍支　後漢龍耆郡，武帝改金城。廢帝二年又改，以縣内龍支谷爲名。[三七]

龍居　西遷後置。

路倉　西遷後置。

瓜州　產美瓜。《春秋傳》“允姓之戎，居於瓜州”，即此。太武帝置鎮，孝明帝改置州。案：《魏志》郡縣闕，今補。[三八]領郡五，縣十三。

敦煌郡　漢武帝後元分酒泉置。[三九]領縣三。

敦煌　漢縣。

鳴沙　舊置。

平康　舊置。

效穀郡　舊置。

效穀　漢元封六年，改漁澤障置。[四〇]

東鄉　舊置。

壽皇郡　舊置。

龍勒　漢縣。有陽關、玉門關。[四一]

常樂郡　舊置。[四二]

涼興　舊置。

大至　漢廣至改。

冥安　漢縣。有冥水。

閏泉　漢淵泉改。

會稽郡　舊置。[四三]

會稽　舊置。

新鄉　舊置。

延興　舊置。

華州[①]　太和十一年分秦州之華山、澄城、白水置據《地形志》。[四四]孝昌二年，改東雍州據《寰宇記》。西遷後，廢帝三年，復改華州。案：《隋志》《通典》《元和志》俱載西魏改東雍爲華州，考《魏志》本有華州，又東魏有東雍州，與此無涉，《隋志》已下頗欠明晰。今據《魏志》《寰宇記》推之，知其嘗三改名，可以弭牴牾之迹矣。領郡三，縣十二。

華山郡　太平真君元年置，領縣五。

華陰　戰國魏之陰邑，秦惠文王五年改寧秦。漢高帝八年更名華陰[四五]，以縣在太華之陰，故名[四六]，屬京兆。後漢、晉屬弘農，後屬。有華山、集仙館、巨靈原、潼關、北鄉城、重泉城。[四七]

鄭　周宣王弟鄭桓公所封邑。[四八]漢置縣，屬京兆，後屬。有廣鄉原、鄭城、赤城。[四九]

夏陽　故少梁，秦惠文王更名。漢置縣，屬馮翊，後屬。有梁山、龍門山、黑水城。[五〇]

敷西　太和十一年分夏陽置。有武平城、高平城。[五一]

郃陽　在郃水之陽。二漢、晉屬馮翊，後罷。太和二十年復，屬。[五二]

澄城郡　真君七年置。領縣五。

澄城　真君七年置。有杏城。

五泉　真君七年置。有五泉水、濕水、石谷城。

三門　真君七年置。有陽苑城、衙城。

宮城　真君七年置。

朝邑　太和十一年置南五泉，西遷後改名。[五三]

白水郡　太和三年分澄城置。領縣二。

---

① 楊守敬《隋書地理志考證》卷一："《周書》：魏廢帝三年正月，改東雍州爲華州。按《後魏·地形志》太和十一年置華州，領華阴、鄭、夏陽、敷西、郃陽五縣，即此東雍州之地。《志》以太和之華州於馮翊郡下，蓋因彼治李閏鎮，此東雍州則在今華州西七里，故《周書》廢帝三年既改東雍州爲華州，又改華州爲同州，明非一地。謝氏啓昆《西魏書》合爲一條，考之未審。"

姚谷　太和二年置。有黄崖山。[五四]

蒲城　太和二年置白水，十一年又分置南白水，西遷後並改。有五龍山、粟邑城。《隋志》“蒲城”注稱舊置南、北二白水，西魏改爲蒲城，置白水郡。案：白水本舊郡，此“置”字當作“屬”。[五五]

同州　初曰華州，西遷後改名。以漆、沮二水，同流入渭，城居其地，故曰同州。[五六]

武鄉郡　西遷後置。

武鄉　西遷後，華陰改。[五七]

鄜州“鄜”一作“敷”　太和十五年置東秦州，孝明帝改北華州，治杏城。廢帝三年，復改名。領郡二，縣七。永熙户一萬一千五百九十七。[五八]

中部郡[五九]　領縣四。永熙户八千九百二十四。

中部　姚興置。

石保　有回女山。

狄道　有狄兔城、淺石山。

三川　漢翟道縣地。苻秦於縣南長城原置長城縣，廢帝三年改三川。以華池、黑沿、洛三川爲名。[六〇]有五郊城。[六一]

敷城郡[六二]　領縣三。永熙户五千六百七十二。

敷城　有女陰山。

洛川　真君中置。

定陽

寧州　皇興二年爲華州，太和十年改爲班州，十四年爲邠州，二十年改豳州，西遷後又改。領郡三，縣十。[六三]

西北地郡　秦昭王置。領縣三。

彭陽　漢縣，屬安定，晉罷，後復，屬。

富平　二漢、晉屬北地，後屬。有神泉、靈州城、彰獵山。

安武　漢縣，屬安定，後漢、晉罷，後復，屬。

趙興郡　真君二年置。領縣五。

陽周　漢縣，屬上郡，後漢、晉罷，後復，屬。有橋山、黃帝冢、泥陽城、高平城、秋水。

獨樂　漢縣，屬上郡，後漢、晉罷，後復，屬。

安定　真君二年置。

趙安　真君二年置。

高望　真君二年置。有高望山。

襄樂郡　太和十一年置。領縣二。

襄樂　漢縣，屬上郡，後漢、晉罷，後復，屬。

膚施　漢縣，屬上郡，晉罷，後復，屬。有五龍山、黃帝祠。

顯州　西遷後，分趙興郡置。

蔚州　西遷後，分西北地郡置。

雲州　西遷後，分西北地郡置。

燕州　西遷後，分襄樂郡置。

朔州　西遷後置。

恒州　西遷後置。[六四]

夏州　赫連氏所都，始光四年平，爲統萬鎮，① 太和十一年改置。治大夏。

---

① 據《中國行政區劃通史》考察，在今陝西靖邊縣白城子村無定河北岸的毛烏素沙漠中（靠近內蒙古鄂爾多斯市烏審旗南境）。

領郡四，縣九。[六五]

宏化郡　太和十二年置化政郡，“政”一作“城”西遷後改名。領縣二。

革融

復緑一本作“巖緑”[六六]

闡熙郡[六七]太和十二年置。《隋志》“長澤”注誤作西魏置領縣二。

山鹿

新園①

金明郡　真君十二年置。領縣三。

永豐　真君十三年置。

啓寧

廣洛　真君十年置。

代名郡　太安二年置。領縣二。

呼酋　太安二年置。有横水。

渠搜　太和二年置。

長州②　舊置南夏州，廢帝三年改名。[六八]

大安郡[六九]

延州　延昌二年置東夏州，西遷後改置總管府。[七〇]領郡四，縣十。

遍城郡　太和元年置。領縣二。

廣武　漢縣，屬太原，後漢、晉屬雁門，後屬。有三城、遍城。

沃野　漢縣，武帝元狩三年城，屬朔方，晉罷，後復，屬。[七一]“沃”一作“泼”。

朔方郡　漢武帝元朔二年開西域置。[七二]領縣三。

魏平

---

① 新園，“樹經堂本”作“新吢”。

② 據《中國行政區劃通史》考察，長州治長澤，當在今内蒙古鄂爾多斯市鄂托克前旗城川鎮一帶。

政和

朔方　漢縣，屬，晉罷，後復。有賁塸澤。

神水郡[七三]　漢定陽縣，在定水陽，屬上郡。太安中改置郡，西遷後改名。領縣三。

臨戎　漢縣，屬朔方，晉罷，後復，屬。

臨真　有丹陽山、白泉。

真川　西遷後置。

上郡[七四]　春秋時白狄所居，戰國屬魏。秦置郡，漢高帝元年更爲翟國，尋復故。後漢至晉荒廢，爲赫連部落所居。神䴥元年復置郡。領縣二。

石城

因城

丹州①　大統三年僑置汾州[七五]，廢帝三年改名。[七六]

義川郡　大統三年置。

義川　大統三年置屬。[七七]

雲巖　大統三年置屬，以山爲名。[七八]

延安　廢帝元年置。

義鄉　廢帝元年置。[七九]

文安郡[八〇]　西遷後置。

文安　西遷後置。

安平　舊置。[八一]

太平　舊永寧改。[八二]

綏州　廢帝元年分上郡置。[八三]

安寧郡　西遷後置。

上　西遷後置，取郡爲名。[八四]

---

① 據《中國行政區劃通史》考察，丹州治丹陽，當在今陝西延安市宜川縣丹州鎮一帶。

安寧　西遷後置。

綏德　大統十二年分上郡南境邱尼谷置。[八五]

安人　西遷後置。

安政郡　西遷後置。

大斌　秦膚施縣地改置。案：《隋志》稱縣爲西魏置，《元和志》謂神龜元年置。[八六]

真鄉　西遷後置。[八七]

城平　治庫仁川。案：《隋志》稱縣爲西魏置，《元和志》《寰宇記》俱謂神龜元年置。[八八]

撫寧郡[八九]　舊置。領縣三。

開疆　西遷後置。

撫寧　廢帝置。

延陵　秦膚施地。廢帝元年改置，治延陵村，因名。[九〇]

鹽州　大統中置西安州，廢帝三年改名。[九一]

大興郡　舊置，大統中改曰五原，尋復。[九二]

靈州①　孝昌中置。[九三]

臨河郡　西遷後置。[九四]

秦州　神䴥元年置雍州，延和元年改，太和中罷，永熙末復置。[九五]領郡二，縣六。

河東郡　秦置。治蒲坂。领縣四。

蒲坂　二漢、晉屬。有華陽城、雷首山。

南解　二漢、晉曰解，屬，後改。又，太和元年置安定縣，西遷後併入。有桑泉城。[九六]

北解　太和十一年置。有張楊城。

桑泉　古猗氏。漢置縣，屬河東，後漢及晉不改屬。恭帝二年改名。有

① 據《中國行政區劃通史》考察，靈州治回樂，位於今寧夏吴忠市西北。

介山塘。[九七]

北鄉郡　領縣二。

北猗氏　太和十一年置。有解城。

汾陰　二漢、晉屬河東，後屬。有北鄉城、后土祠。

隴州　西遷後置東秦州，尋改名。[九八]

隴東郡　西遷後置。

杜陽　西遷後置汧陰，尋改名。

汾州　舊陽都州改名。

勛州　舊南汾州改名。[九九]

邵州　大統三年置。案：是年周文帝以沙苑之捷，乘勝略定汾、絳，故於邵郡置州。《隋志》作後周置，誤，今從《寰宇記》。[一〇〇]

邵郡　皇興四年置邵上郡，太和中併河内，孝昌中改復。領縣四。[一〇一]

白水　有馬頭山。

清廉　有清廉山、白馬山。

蒫平　有王屋山。

西太平

龍門郡　舊置高涼郡，西遷後改。領縣二。

高涼　太和十一年分龍門置。有玉壁，王思政鎮此築城。[一〇二]

龍門　故皮氏，二漢屬河東，晉屬平陽，真君七年改，屬。有臨汾城。

建州　大統中僑置。[一〇三]

絳郡　建義初，置南絳郡，恭帝去“南”字。

絳　太和十八年置南絳，恭帝去“南”字。[一〇四]初治交會川[一〇五]，後移車箱城。《寰宇記》：城在太陰山北，四面懸絶。大統五年脩其城，東西長，形似車箱，

因名。[一〇六]

弘農郡[一〇七]　漢置，以顯祖諱，改曰“恒”。領縣三。案：弘農西、弘農、澠池、石城、河北五郡，舊隸陝州。州爲太和十一年置，八年罷，永熙中復，大統三年又罷。自後此五郡未知其隸何州，今仍舊文，録於此。

陝中

北陝　二漢、晉曰陝，屬。有曲沃城、鄧芝祠。

崤　太和十一年置。有三崤山、白楊谷。

西弘農郡　領縣一。

恒農[一〇八]　二漢、晉屬弘農，後屬。有桃林。

澠池郡　領縣二。

俱利

北澠池　太和十一年置。有馬頭山、俱利城、生耳山。[一〇九]

石城郡　正始二年置縣，後改。領縣二。

同堤

玉城　舊石城，廢帝元年改名。案：《隋志》稱石城郡玉城縣，① 西魏廢；《元和志》《寰宇記》俱作周廢，今從之。[一一〇] 又，《魏志》失載石城縣。

河北郡　姚秦置。領縣五。

北安邑　二漢、晉曰安邑，屬河東，後改。太和十一年置爲郡，十八年復，屬。

南安邑　太和十一年置。有中條山。

河北　二漢、晉屬河東，後屬。有立城、嬀水、首陽山、伯夷叔齊墓。

安戎　古芮國，西遷後分河北置。[一一一]

太陽　二漢、晉屬河東，後屬。有虞城、夏陽城。

洛州　太延五年置荆州，太和十一年改。[一一二] 治上洛城。領郡五、縣七。

---

① 玉城縣，原誤作“王城縣”，今點校本已據《周書》卷四四《陽雄傳》、《元和郡縣圖志》卷六、《太平寰宇記》卷六改。

上洛郡　晉武帝泰始二年置。[一一三]領縣二。

上洛　漢縣，屬弘農，後漢屬京兆，晉屬。有丹水、南秦水、漢高祖祠、四皓祠、高車祠。[一一四]

拒陽

上庸郡　皇興四年置東上洛，永平四年改。領縣二。

商　漢縣，屬弘農，後漢屬京兆，晉屬上洛，後屬。有京城。

豐陽　郡治。太安二年置。有圈地。

魏興郡　太延五年置。領縣一。

陽亭　太和五年置。

始平郡　景明元年置。領縣一。

上洛

萇和郡　景明元年置。領縣一。

南商[一一五]

上州　漢長利縣地，宋置北上洛郡，梁改南洛州，廢帝末①復改。

上津郡　廢帝三年置郡並縣，以晉置洛津戍爲名。

上津

漫川　廢帝三年置。

開化　廢帝三年置。[一一六]

巖州　大統初置東義州，②後改名。[一一七]

義川郡　舊置漢安郡，大統初改。

盧氏　漢縣。[一一八]

長泉　舊置南峽，西遷後改名。[一一九]

朱陽郡　太和十四年蠻人樊磨背梁歸魏，因置郡，屬析州，大統三年改

---

① 末，"樹經堂本"誤作"未"。

② 據《中國行政區劃通史》考察，東義州治盧氏，在今河南三門峽市盧氏縣城關鎮。

屬。[一二〇] 領縣二。

黄水

朱陽

荆州① 後漢治漢壽，魏、晉治江陵，太延中治上洛，太和中治穰城。[一二一] 領郡五，縣二十七。

南陽郡 《禹貢》豫州域。周申國。戰國屬韓。秦昭襄王十五年取其地，置郡，以在中國之南，而居陽地，故曰南陽。[一二二] 領縣十。

宛 二漢、晉屬。有清水、梅溪水。[一二三]

臨湍 太和二十二年置新城，西遷後改名。有覆釜山、赤石山。[一二四]

冠軍 漢武帝置，二漢、晉屬。有湍水、羊角。

舞陰 二漢、晉屬。有横山。

酈 二漢、晉屬。有大鼓谷、懸鼓山。

云陽 二漢、晉曰育陽，屬。司馬昌明改。

西平 有精山、赭山。

涅陽 二漢、晉屬。有涅水。[一二五]

上陌

西鄂 二漢、晉屬。有棘山、華城、張衡碑。

新野郡 晉惠帝置。領縣三。

穰 二漢屬南陽，晉屬義陽，後屬。

新野 二漢屬南陽，晉屬義陽，後屬。

池陽

黄岡郡 舊置郡曰漢廣，西遷後改名。領縣一。

百寧 漢棘陽縣，屬南陽，晉屬義陽。魏加“南”字，又分置西棘陽。西遷後併入，改名。有漢廣城。[一二六]

襄邑郡 齊置郡曰北襄城，魏去“北”字。西遷後改名。[一二七] 領縣九。

---

① 據《中國行政區劃通史》考察，荆州治穰城，在今河南南陽市鄧州市城區。

方城　有赭陽城、七石山。

郟城　有崩石山。

伏城　有廣陽山。

舞陰　有唐山。

清水

翼陽　有招泉。

鄭

北平　有因城。

赭城　有陵中山。

弘農郡　領縣四。

國[一二八]

弘農

南酈

邯鄲

蒙州①　西遷後置。[一二九]

北淯郡[一三〇]

武川　有溠城、鹿鳴山、農山。[一三一]

雉陽郡　西遷後置。[一三二]領縣二。

北雉　二漢、晉曰雉，屬南陽，後改屬。[一三三]

向城　西遷後，分北雉之西鄂城置。[一三四]

襄州[一三五]孝昌中置。領郡六，縣二十。案：河南諸州郡初陷東魏，大統中始內屬，其州郡名稱，未必悉仍永熙之舊。故恭帝初，於襄陽郡復改置襄州也。

襄城郡　齊太祖置，魏因之，治赭陽城。案：赭陽隸建城，此當作赭城。領縣六。

方城

---

① 據《中國行政區劃通史》考察，蒙州治武川，在今河南南陽市南召縣東南。

郟城

伏城

舞陰

翼陽

赭城

舞陰郡　孝昌中置。領縣二。

舞陰

安陽

南安郡[①]　太和十三年置郢州，十八年改爲南中府，東魏天平初罷府置，後内屬。領縣四。

安南

南舞

葉

南定

期城郡　孝昌中置。領縣四。

西舞陽

東舞陽

南陽

新安

北南陽郡　孝昌中置，爲宣義郡，後改。州治。領縣二。

北平

白水

建城郡　太和十八年置，景明末罷郡置戍，永熙二年復。領縣二。

赭陽

北方城

---

① 南安郡，"樹經堂本"作"南郡"，揆諸《地形志下》，顯誤。

湖州[①]　太和二十一年置南襄州，後改南平。西遷後改昇州，尋改曰湖。[一三六]領郡二、縣三。

襄城郡　領縣二。

陳陽《隋志》“陳”作“湖”。

上馬　初置曰石馬，後譌“石”爲“上”，因改焉。

北南陽郡　領縣一。

南陽[一三七]

洞州　西遷後置。[一三八]

洞川郡　舊置西淮郡，隸南襄州。西遷後改屬。領縣二。

鍾離

襄城

淯州[②]　太和中置荆州，旋罷州置郡。永安中置南廣州，西遷後改名。[一三九]領郡五、縣七。

襄城郡　領縣一。

襄城

魯陽郡　領縣二。

冠軍

繁昌

高昌郡　領縣一。

高陽

高陽郡　領縣一。

南陽

襄城郡　領縣二。

---

① 據《中國行政區劃通史》考察，湖州治湖陽，即今河南南陽市湖陽鎮。

② 淯州所領，竟有二“襄城郡”，必有一誤。《西魏書》此誤，顯然源自《魏書》卷一〇六《地形志下》“南廣州”條。

扶城
南陽

鴻州　舊置郢州，西遷後改名。[一四〇]
安陽郡　領縣四。
真陽
安陽
清陰一本作“青邱”①
淮陰

殷州[一四一]
城陽郡　領縣三。
平春
義陽
義興
汝南郡　領縣一。
上蔡

歸州[一四二]舊置南郢州，西遷後改名。領郡十二，縣二十九。
北遂安郡　領縣一。
新安
馮翊郡　領縣四。
山陽
彭城
□城
建安

① 修訂本《魏書》卷一〇六下校勘記［六八］：“清陰下原有注‘一本作清丘’，今删。”

江夏郡　領縣二。

屈陽

郢陽

□子郡　領縣四。

南新陽

西新

北新陽

新興

香山郡　領縣二。

北新安

鄖陽

永安郡[①]　領縣二。

永安

南新興

新平郡　領縣二。

□城

安城

永安郡　領縣二。

劉剛

上城

宕鄀郡　領縣三。

西新化

東平陽

安城

宜民郡　領縣三。

---

① 錢大昕《廿二史考異》卷三〇云："案：南郢州所領十二郡，今刊本殘闕，失其二。又有兩永安郡，所領縣各不同，而不加東、西、南、北以別之。六朝郡縣僑置，雖多重複，然一州領郡若干，未有同名者，獨南廣州有兩襄城，與此兩永安，皆可疑也。"

西新安

新安

平陽

南遂安郡　領縣一。

安興

□□郡　領縣三。

東新市

西新市①

長安

淅州②　漢析縣，以水爲名[一四三]，魏置州。案：《隋志》作西魏置，然《地形志》已載此州。[一四四]

柘林郡　建安中，曹操分南陽置南鄉郡。[一四五]晉太康末，改曰順陽，咸康四年復曰南鄉。宋改順陽。[一四六]齊改從陽。[一四七]魏改順陽，屬荆州。西遷後改南鄉，尋又改屬。[一四八]

南鄉　後漢屬南陽，晉屬南鄉。

臨洮　有洮山。

槐里

順陽　二漢屬南陽，晉屬南鄉。漢哀帝置，即博山也。後漢明帝改清鄉。[一四九]西遷後，析順陽置鄭縣，尋改名。[一五〇]

丹川郡

丹水　前漢屬恒農，後漢屬南陽，晉屬南鄉。[一五一]魏初屬順陽，後改屬。[一五二]

茅城

倉陵

---

① “樹經堂本”脱“西新市”。

② 據《中國行政區劃通史》考察，淅州治修陽，其故址在今河南南陽市西峽縣桑坪鄉柴林扒村。

許昌

秀山郡　舊置左鄉郡，西遷後改名。

安山　舊置左南鄉，屬東恒農郡，西遷後改名，屬。[一五三]

武關　本東恒農郡，太和中置，西遷後降改。[一五四] 案：東恒農領縣六，内左南鄉置郡，其武關及西城[一五五]、北酈、南鄉、上憶、東石五縣，不知隸何郡。今附録左南鄉縣後。

西城[一五六]　二漢屬漢中，晉屬魏興，後屬。

北酈　有長山。

南鄉

上憶

東石

龍泉

湖里

白亭[一五七]

同軌郡　恭帝置。[一五八]

熊耳　初置北宜陽，廢帝二年改名。[一五九]

南澠池[一六〇]

金門郡　東魏置，内屬。[一六一]

長淵　舊曰南峽，廢帝改。[一六二]

脩陽郡　領縣二

蓋陽

脩陽

固郡　領縣三

懷褱

南鄉

固

南上洛郡　領縣二

單水

南上洛

析陽郡

西析陽

内鄉 舊置東析陽，西遷後改名。

淅川

石人[一六三]

豐州① 梁太清元年置興州，廢帝元年改名。案：《隋志》作周改豐州，今從《寰宇記》。[一六四]

齊興郡 舊僑置始平郡，後改。

均陽 梁置。

鄖鄉 漢錫縣地，晉太康五年改名。

武當郡

武當

廣福郡 梁置。

廣福[一六五]

淮州② 梁置華州，魏改置東荊州，西遷後改名。[一六六]

上川郡 梁置。

陽平 漢比陽縣，魏改名，西遷後嘗置重兵以防東魏。[一六七]

淮安 梁置。

淮南 西遷後，分淮安置。

南郭郡 舊置東南陽郡，西遷後改名。[一六八]

輔州 西遷後改北應置。[一六九]

---

① 據《中國行政區劃通史》考察，豐州治武當，故址在今湖北丹江口市均縣鎮關門巖村，現丹江口水庫淹没區内。

② 淮州治比陽，其故城在今河南駐馬店市泌陽縣城關鎮。詳參《中國文物地圖集·河南分册》，中國地圖出版社，一九九一年，頁一九八。

淮陽郡　梁置西義陽郡，西遷後改名。[一七〇]

梁國　恭帝元年平江陵，以江陵一州之地，封梁蕭詧爲附庸，復置江陵總管府。[一七一]案：梁蕃封地，《隋志》所載惟當陽下稱後周置平州，領漳川、安遠二郡，屬梁蕃而已，《通典》《寰宇記》《輿地廣記》諸書皆不詳其境域。考《周書·蕭詧傳》，大定五年，王琳遣將雷又柔襲陷監利郡[一七二]，太守蔡大有死之，知其復有監利郡也。以今縣計之，梁地爲江陵、監利、枝江、當陽四縣之境，廣袤僅千里。詧襄陽之地既入於魏，元帝時舊土若南平、長沙等郡，近江陵者爲王琳所據，復入於陳，宜詧之以土狹爲憾矣。

拓州[一七三]　春秋時，楚夷陵地。梁天監中置宜州，①平江陵後改名，取開拓之義。

宜都郡　魏武帝平荆州，置臨江郡。漢昭烈帝改置宜都郡，理夷陵。

夷陵

夷道　漢置。[一七四]

宜昌　晉末置。[一七五]

鄀州　古鄀國，在若水旁，廢帝元年徙置。

武寧郡　東晉隆安五年置。

樂鄉　東晉隆安五年置若縣，後改。[一七六]

武山　梁置曰旌陽，尋改惠懷，大統後又改。[一七七]

永寧郡　東晉置長寧，宋泰始中改。

長寧　東晉置，郡治。[一七八]

華陵　梁嘗置鄀州，廢帝初徙。

雲澤　梁置。[一七九]

基州　大統後置。[一八〇]

---

① “宜州”原本誤作“宜周”，兹據“樹經堂本”“中華本”改正。

章山郡

豐鄉

章山

上黄郡 大統末置。①

緑麻

汶陽郡 宋置。[一八一]

高安 宋置。

郢州② 大統十七年置。案：《隋志》“竟陵郡”下稱舊置郢州，《通典》《寰宇記》俱作周置，惟《元和志》作西魏置[一八二]，今從之。

竟陵郡 晉惠帝時分江夏置。[一八三]

長壽 漢竟陵縣地，晉武帝改置。郡治。[一八四]

霄城

漢東郡 宋元嘉二年，僑立馮翊郡。[一八五]大統後改。

藍水 宋置蓮勺、郡治。大統末改。

漖水 宋置高陸。[一八六]大統末改。

漖陂 舊置清縣。[一八七]大統末改。

沔陽郡 梁置。

建興 梁置州陵、惠懷二縣。大統末，併省改置。[一八八]

光州[一八九] 大統末置。

建安郡 齊置。

京山 舊置。案：隋大業初改角陵曰京山，此縣廢入竟陵。③

---

① “樹經堂本”，“末”誤作“未”。

② 據《中國行政區劃通史》考察，郢州治長壽，在今湖北荆門市鍾祥市城區。

③ 考《隋書》卷三一《地理志下》安陸郡京山縣注：“舊曰新陽，梁置新州、梁寧郡。西魏改州爲温州，改縣爲角陵，又置盤陂縣。開皇初郡廢，大業初州廢；改角陵曰京山，廢盤陂入焉。”《西魏書》“隋大業初，改角陵曰京山，此縣廢入竟陵”之説，其實混雜了《隋志》沔陽郡竟陵縣注和安陸郡京山縣注有關京山的不同記載。

沔州[①]　舊置，江州改名。

汶川郡　梁置梁安郡，大統末改魏安，尋復改。[一九〇]

襄州[②]　春秋楚地。秦、漢南郡北境，[③]魏、晉置荆州治襄陽，後還治江陵，東晉僑置南雍州。[一九一]宋元嘉二十六年，分荆州置雍州。領襄陽、南陽、新野、順陽、隨五郡。[一九二]恭帝元年改名，置總管府。[一九三]

襄陽郡　漢建安十三年，魏武平荆州置。

襄陽　漢舊縣，屬南郡。後漢末改屬。縣在襄水之陽，故名。[一九四]

漢南　宋置華山。恭帝改屬。[一九五]

鄧城郡案：《隋志》"安養"下稱西魏置河南郡，無鄧城。今從《元和志》。

安養　漢鄧縣地，恭帝置屬。

河南郡　恭帝置。

樊城

山都[一九六]　漢置。

義成郡　晉成帝置。案：梁置興國、義城二郡，恭帝初俱廢。

義成　宋置，有穀城山。

筑陽　漢置。[一九七]

德廣郡　梁置。

上洪　宋僑置略陽，屬南天水郡，梁改屬，恭帝改名。[一九八]

威寧郡　梁置新野郡，恭帝改。[一九九]

率道　漢邔縣，屬南郡，後廢。梁改置，屬。

宜城郡　宋置華山郡，恭帝改置。[二〇〇]

武建郡[二〇一]

惠懷

石梁

---

① 據《中國行政區劃通史》考察，沔州治甑山，在今湖北孝感市漢川市東南十里。

② 據《中國行政區劃通史》考察，襄州治襄陽，在今湖北襄陽市襄城區。

③ 南郡，"樹經堂本"誤作"南劭"。

歸仁

鄢

秦南郡　有秦洲。

武泉郡

武泉

鄧城郡　恭帝置。[二〇二]

陰城　漢置陰縣，恭帝改。

山都郡　梁置南陽郡，恭帝改。

山都　漢置。[二〇三]

歸義郡[二〇四]

義清　梁置穰縣，恭帝改屬。

左安

開南

歸仁

南襄陽郡　齊置南襄郡，屬寧蠻府[二〇五]，恭帝改。

重陽　初南襄郡領新安、武昌、平武、安武、建五縣，恭帝併置。[二〇六]

長湖郡　恭帝置。

義安　恭帝置。[二〇七]

昌州　舊置南荆州，西遷後改。[二〇八]案：西魏嘗置東荆州，尋廢。①

廣昌郡　齊置。[二〇九]

廣昌

豐良　舊置。[二一〇]

蔡州②　舊置南雍州，西遷後改。[二一一]

---

① 《隋書》卷三一《地理志下》春陵郡棗陽縣注："又西魏置東荆州，尋廢。"

② 據《中國行政區劃通史》考察，蔡州治蔡陽，當今湖北襄陽市棗陽市西南蔡陽鎮。

蔡陽郡　梁置。

蔡陽　漢置。

雙泉　西遷後分蔡陽置南陽，尋改名。

千金郡　西遷後置。

漻源　西遷後置，有漻水。

隨州①　古隨國。舊置并州，大統十六年改名。[二一二]

隨郡　晉太康九年分義陽置隨郡[二一三]，宋泰始中更名隨陽[二一四]，齊復舊。[二一五]

隨　漢置。

溳西郡　大統末，分隨郡置。

曲陵郡　梁置。[二一六]

土州②　梁置並郡縣。[二一七]

東永寧郡

西永寧郡

真陽郡

龍巢

石武

阜陵

塘州③　西遷後置肆州，尋改，以古唐國爲名。[二一八]

義陽郡　魏舊置。

下溠　舊置溳西，西遷後改。

① 據《中國行政區劃通史》考察，隨州治隨，在今湖北隨州城區。

② 據《中國行政區劃通史》考察，土州治左陽，位於今湖北隨州市東北五十里。

③ 據《中國行政區劃通史》考察，唐州治下溠，位於今湖北隨州市唐縣鎮。

均州 舊恒州改名。[二一九]

深州 舊沙州改名。[二二〇]

款州 梁置北郢州，大統末改。案：《隋志》“唐城”下稱周省均、款、湞、歸四州，又“安貴”下稱西魏改北郢爲款州，又尋廢爲湞水郡。蓋周省款州，而别置湞水及戟城二郡。

安貴 梁置曰定陽。大統末改。[二二一]

湞州[二二二]

南豫州 東魏置。[二二三]

純州① 舊淮州改。[二二四]

順州② 大統末置冀州，尋改。

淮南郡 大統末置。

南陽 梁置北隨郡，大統末改縣，並析置厲城、順義。

厲城

順義

安化案：安化本齊置，西魏③改爲光化矣。此安化，蓋《隋志》“順義”注所稱西魏置安化，隋改爲寧化者，與齊安化異。[二二五]

上明郡 梁置。

平林 梁置。[二二六]

洛平 大統末置。[二二七]

---

① 據《中國行政區劃通史》考察，純州治淮安，位於今河南南陽市桐柏縣固縣鎮。

② 據《中國行政區劃通史》考察，順州治厲城，位於今湖北隨州市厲山鎮一帶。

③ “樹經堂本”，“西魏”誤作“四魏”。

光化　齊武帝分漢隨縣置安化。文帝改新化，廢帝又改。《隋志》作周改，① 今從《元和志》。[二二八]

安州總管府　梁天監七年置南司州，尋廢。大統十六年置州及府。[二二九]

安陸郡　古鄖國。漢置安陸縣，屬江夏郡。[二三〇] 宋武帝分江夏置郡。《寰宇記》作晉咸和中分置，今從《元和志》。[二三一]

安陸　漢縣，有陪尾山。[二三二]

吉陽　舊曰永陽。大統末改。[二三三]

岳州 ②　大統末置並郡。

岳山郡

澴岳郡[二三四]

孝昌　宋置。[二三五]

重城郡　梁置曰汝南，大統十六年改。案：《隋志》梁有義陽郡，西魏改爲南司州，尋廢。

京池　梁置曰平陽，大統十六年改。[二三六]

城陽郡

應城　宋置。《隋志》作西魏置，今從《元和志》《寰宇記》。又，樂氏稱大統十六年以應城屬河南郡，其年改爲祁水郡，隋大業改應陽縣。考《隋志》應陽下稱置城陽郡，無祁水，《元和志》亦不載，未知樂氏所本。[二三七]

雲夢　大統十六年置屬，以雲夢澤爲名。[二三八]

浮陽　古蒲騷城，舊置縣。[二三九]

温州 ③　梁置新州，大統末改。[二四〇]

梁寧郡　梁置。

---

① 按：《隋書》卷三一《地理志下》漢東郡光化縣注："舊曰安化，西魏改爲新化，後周又改焉。"

② 據《中國行政區劃通史》考察，岳州治孝昌，位於今湖北孝感市孝昌縣。

③ 據《中國行政區劃通史》考察，温州治角陵，在今湖北荆門市京山縣新市鎮。

角陵　宋置新陽，大統末改，以角陵山爲名。

盤陂　大統末分新陽置。[二四一]

富人郡　大統末置。

富水　漢南新市侯國，大統末改名。案：《寰宇記》作隋置富水，① 今從《隋志》。[二四二]

應州②　梁置。

永陽　梁置。

平靖郡　梁置。

平靖　大統後置。[二四三] 案：《元和志》稱大統十七年置平靖關，以古平靖縣爲名，③ 則縣非西魏置，與《隋志》不合，疑“縣”當作“郡”，傳寫之誤。蓋大統末置關，廢、恭時乃置縣也。

潁州　舊揚州改。[二四四]

憲州　舊司州改。[二四五]

【校注】

［一］地域考三下 西魏書八 通議大夫浙江按察使司按察使加二級南康謝啓昆撰：“樹經堂本”作“卷八　地域考三下”，“中華本”作“西魏書卷八　地域考三下”。經比對，可知《地域考下》據《魏書》卷一〇六下《地形志下》改編而成，同時補充了不少作者的考辨成果。

［二］有伏乾□□：錢大昕《廿二史考異》卷三〇《魏書·地形志下》云：“諸本‘乾’下闕二字。案：乞伏國仁嘗自稱河州牧，當云‘乞伏乾歸

① 詳見《太平寰宇記》卷一四四《山南東道三》郢州京山縣，頁二八〇一。該卷校勘記［二五］斷定“此謂隋置，恐非”。

② 據《中國行政區劃通史》考察，應州治永陽，在今湖北隨州市廣水市西北。

③ 《元和郡縣圖志》卷二七《江南道三》安州應山縣，頁六五一。

置'，'有'蓋'乞'之訛。"①

［三］《魏書》卷一〇六下《地形志下》誤作"縣十四"，其實諸郡所領縣合計只有十一個。

［四］考《漢書》卷七《昭帝紀》云：始元六年秋七月，"以邊塞濶遠，取天水、隴西、張掖郡各二縣置金城郡"。《魏書》卷一〇六下《地形志下》僅注"漢昭帝置"，此則顯係《西魏書》作者所增。

［五］《魏書》卷一〇六下《地形志下》河州金城郡注："後漢建武十三年□隴西，孝明復。"但范曄《後漢書》明言漢廷於建武十二年十二月"省金城郡屬隴西"，至建武十三年十二月，"復置金城郡"。②是知《西魏書》此文實乃以訛傳訛，理當改作"後漢建武十二年，併隴西，次年復"。

［六］按：《晉書》卷一四《地理志上·秦州》："惠帝分隴西之狄道、臨洮、河關，又立洮陽、遂平、武街、始興、第五、真仇六縣，合九縣置狄道郡，屬秦州。張駿分屬涼州，又以狄道縣立武始郡。"

［七］當從《魏書》卷一〇六下《地形志下》金城郡大夏縣注，改作"二漢屬隴西，晉屬武始"。

［八］原誤作"水池注"，兹據文意徑改。

［九］"六年"原誤作"二年"，兹據《魏書》卷一〇六下《地形志下》臨洮郡注改。

［一〇］按：《周書》卷二《文帝紀下》："（魏廢帝）三年春正月，……又改置州郡及縣：改……北秦爲交州。"

［一一］按：《甘肅通志》卷二三《古蹟》："長川故城在縣東北。後魏置安陽縣，兼置安陽郡，又領烏水縣。西魏增置北秦州，又改交州。"

［一二］渭州：《廿二史考異》卷三〇《魏書·地形志下》："《志》失書置州之年，《前廢帝紀》有渭州刺史侯莫陳悦，其治所當在隴西襄武縣。"

［一三］南安陽郡：《廿二史考異》卷三〇《魏書·地形志下》："此'陽'

---

① （清）錢大昕著，方詩銘、周殿傑校點：《廿二史考異》（附《三史拾遺》《諸史拾遺》），上海古籍出版社，二〇〇四年，頁五〇三。

② 《後漢書》卷一下《光武帝紀》，頁六〇、六三。

字疑衍。《隋志》，隴西縣舊曰内陶即中陶，置南安郡。”修訂本《魏書》卷一〇六下校勘記［三七］“疑錢説是”。

［一四］按：《甘肅通志》卷三上《建置沿革》：“漢隴西郡襄武縣地，後漢分置鄣縣，俱屬隴西郡。晉廢。後魏復置彰縣，屬廣寧郡。西魏於縣置廣安郡。”

［一五］按：《隋書》卷二九《地理志上》平涼郡高平縣注：“後魏置太平郡，後改爲高平。”

［一六］按：《隋書》卷二九《地理志上》平涼郡百泉縣注：“後魏置長城郡及黄石縣，西魏改黄石爲長城。”

［一七］按：《元和郡縣圖志》卷四《關内道四》會州：“古西羌地。周太祖爲西魏相，來巡，會師於此，土人張信罄資饗六軍，太祖悦，因命置州，以‘會’爲名。”

［一八］按：《元和郡縣圖志》卷四《關内道四》會州會寧縣：“本漢鶉陰縣地，周太祖置會寧縣，屬會州。”

［一九］自“《禹貢》雍州西界”至“又分爲三涼”：係據《晉書》卷一四《地理志上》“涼州”前後序改編而成。①

［二〇］宜盛：自漢魏晉以來，武威郡境内皆置有“宣威縣”，此作“宜盛”，蓋以形近而致誤，宜當改作“宣威”。

［二一］臨杜郡“杜”一作“社”：考《太平寰宇記》卷一五二《隴右道三》甘州張掖縣：“臨松山，一名青松山，……《十六國春秋》：‘……後魏太和中置臨松郡，故城在此山下。’”②是知“杜”“社”皆“松”字之誤。

［二二］户七十二：修訂本《魏書》卷一〇六下校勘記［四〇］：“他本並作‘户七十二’。”

［二三］户三百四十：修訂本《魏書》卷一〇六下校勘記［四一］：“三朝本、殿本作‘户三百四’。”

［二四］揖次本作“撮沙”，又作“揖次”：《廿二史考異》卷一九《晉書

① 詳參（唐）房玄齡等撰：《晉書》卷一四《地理志上》，中華書局，一九七四年，頁四三二～四三四。

② 《太平寰宇記》卷一五二《隴右道三》甘州張掖縣，頁二九四二。

二·地理志上》斷言“當作‘揟次’”。甚是。

［二五］台城：《資治通鑑》卷一二一宋文帝元嘉六年五月條引作“治城”。

［二六］按：《周書》卷二《文帝紀下》：“三年春正月，……又改置州郡及縣：改……西涼爲甘州。”又，《隋書》卷二九《地理志上》張掖郡注：“西魏置西涼州，尋改曰甘州。”

［二七］據《漢書》卷六《武帝紀》，可知時在元鼎六年秋。此云太初元年，顯誤。

［二八］按：《太平寰宇記》卷一五二《隴右道三》甘州：“後魏太武平涼，以爲張掖軍，至太和十一年改軍爲郡。大統十二年分涼州，以居張掖之地爲西涼州。至廢帝三年更名甘州，因東甘峻山以爲名也。”廢帝三年，原誤作“廢帝二年”，今點校本已據《周書》卷二《文帝紀下》改正。又“晋末”，“樹經堂本”誤作“晋未”。

［二九］觻得：原誤“□得”，今據《太平寰宇記》卷一五二《隴右道三》甘州張掖縣改正。[①]《晉書》卷一四《地理志上》涼州張掖郡屬縣已無觻得，惟見永平、臨澤、屋蘭三縣。[②]

［三〇］按：《隋書》卷二九《地理志上》張掖郡删丹注：“後魏曰山丹，又有西郡、永寧縣。西魏郡廢，縣改爲弱水。”

［三一］按：《輿地廣記》卷一七《陝西路化外州》：“漢日勒縣，屬張掖郡。東漢因之，後分立西郡。魏、晉、元魏因之，改縣曰永寧。西魏郡廢，又改縣曰弱水。”[③]

［三二］孝昌二年：原作“孝昌三年”，考《太平寰宇記》卷一五一《隴右道二》鄯州：“古西戎地。……後漢建安中置西平郡，晉因之。自永嘉之後，南涼禿髮烏孤以後魏天興元年自稱武威王，徙居於此。……後魏爲鎮，孝昌二年改鎮爲鄯州。”兹據改。

［三三］考《隋書》卷二九《地理志上》西平郡化隆縣注：“舊魏曰廣威，

① 《太平寰宇記》卷一五二《隴右道三》甘州張掖縣，頁二九四一。
② 《晉書》卷一四《地理志上》，頁四三三。
③ 《宋本輿地廣記》，第二册，頁一〇三。

西魏置澆河郡，後周廢郡，仁壽初改爲化隆。”而《太平寰宇記》卷一五五《隴右道六》廓州引《周地圖記》云：“湟河郡，後魏太平真君十六年置洮河郡，屬鄯州。”是知西魏確曾設置澆河郡於廣威縣城，但太平真君十六年所置洮河郡，雖與澆河郡同屬鄯州，但兩者迥然有别。“澆河郡　太平真君十六年置屬”，當删去“太平真君十六年置屬”。

［三四］考《太平寰宇記》卷一五一《隴右道二》鄯州湟水縣云：“本漢破羌縣地，……後魏於此置鄯州，改破羌爲西都縣。”

［三五］考《隋書》卷二九《地理志上》西平郡化隆縣注：“舊魏曰廣威，西魏置澆河郡，後周廢郡，仁壽初改爲化隆。”又，《太平寰宇記》卷一五五《隴右道六》廓州廣威縣：“本後魏之石城縣地，《周地圖》云：‘後魏景明三年置石城縣。廢帝二年因縣内化隆谷改爲化隆縣，屬澆河郡。’唐先天元年改爲化成，避諱故也。天寶初改爲廣威縣。”

［三六］按：《隋書》卷二九《地理志上》西平郡湟水縣注：“又有舊浩亹縣，又西魏置龍居、路倉二縣，並後周廢。”

［三七］考《元和郡縣圖志》卷三九《隴右道上》鄯州龍支縣：“本漢允吾縣也，屬金城郡。後魏初於此置金城縣，廢帝二年改名龍支縣，西南有龍支谷，因取爲名。”又，《太平寰宇記》卷一五一《隴右道二》鄯州龍支縣：“本漢允吾縣之地，屬金城郡。後漢爲龍耆縣。後魏武帝改爲金城縣。[①]至廢帝二年又改爲龍支縣，取縣西龍支堆爲名。”是知《地域考下》此文，兼取此二書之説。

［三八］考《元和郡縣圖志》卷四〇《隴右道下》沙州：“古戎地也，《左傳》所謂‘允姓之戎，居於瓜州’，注云‘在今敦煌’，是也。……後魏太武帝於郡置敦煌鎮，明帝罷鎮立瓜州，以地［出美瓜］爲名也，[②]尋又改爲義州，莊帝又改爲瓜州。”此蓋《地域考下》之所本，但在抄録時又多有訛誤。

［三九］漢武帝後元分酒泉置：《漢書》卷二八下《地理志下》同，《漢

---

① 後魏武帝改爲金城縣，《隋書》卷二九《地理志上》枹罕郡龍支縣注，作“後魏曰北金城”。

② 《元和郡縣圖志》卷四〇校勘記［六五］以爲“以地”下宜有“出美瓜”三字。兹徑補。

書》卷六《武帝紀》則稱時在元鼎六年秋，當以本紀爲准。

［四〇］《漢書》卷二八下《地理志下》敦煌郡效穀縣注引“師古曰”：“本漁澤障也。桑欽説孝武元封六年濟南崔不意爲魚澤尉，教力田，以勤效得穀，因立爲縣名。”①

［四一］按：《漢書》卷二八《地理志下》敦煌郡龍勒縣注：“有陽關、玉門關，皆都尉治。”

［四二］按：《隋書》卷二九《地理志上》敦煌郡常樂縣注：“後魏置常樂郡。周併涼興、大至、冥安、閏泉，合爲涼興縣。”

［四三］按：《隋書》卷二九《地理志上》敦煌郡玉門縣注：“後魏置會稽郡。後周廢郡，併會稽、新鄉、延興爲會稽縣。”

［四四］華山：原誤作“由山”，兹據《魏書》卷一〇六下《地形志下》華州注改正。又，點校本《魏書》卷一〇六下校勘記［三六］及［五二］以爲“秦州”當改作“泰州”。

［四五］按：《漢書》卷二八上《地理志上》京兆尹華陰縣注：“故陰晉，秦惠文王五年更名寧秦，高帝八年更名華陰。”但《史記》卷五《秦本紀》又明言陰晉更名寧秦，時在秦惠文王六年。

［四六］按：《太平寰宇記》卷二九《關西道五》華州華陰縣：“戰國屬魏，爲陰晉地，……魏納於秦，秦得之改爲寧秦。《漢書》：‘高帝八年更寧秦爲華陰縣。’以在太華山之陰，故名之。”

［四七］顯然録自《魏書》卷一〇六下《地形志下》華山郡華陰縣注。“弘農”《魏書》作“恒農”，《西魏書》作“宏農”，兹徑回改。又“潼關”原作“濕關”，兹據《魏書》改正。

［四八］按：《漢書》卷二八上《地理志上》京兆尹鄭縣注：“周宣王弟鄭桓公邑。”

［四九］按：《魏書》卷一〇六下《地形志下》華山郡鄭縣注：“二漢、晉屬京兆，後屬。有廣鄉原、鄭城、赤城。”

① 《漢書》卷二八下《地理志下》，頁一六一五。

［五〇］顯然録自《魏書》卷一〇六下《地形志下》。“秦惠文王更名”，《漢書》卷二八上《地理志上》左馮翊夏陽縣注，更明言“秦惠文王十一年更名”。

［五一］按：《魏書》卷一〇六下《地形志下》華山郡敷西縣注：“太和十一年分夏陽置。有武平城、高平城。”

［五二］“在郃水之陽”録自《漢書》卷二八上《地理志上》郃陽注引“應劭曰”，[①] 餘皆取材於《魏書》卷一〇六下《地形志下》華山郡郃陽注。

［五三］西遷後改名：考《太平寰宇記》卷二八《關西道四》同州朝邑縣：“在漢爲臨晉故地。後魏文帝分置南五泉縣。西魏廢帝三年改爲朝邑縣，以北據朝坂爲名。”[②] 此外，《地域考下》有關澄城郡及下屬五縣的記載，皆取材於《魏書》卷一〇六下《地形志下》澄城郡。

［五四］“黄崖山”原本誤作“黄巖山”，兹據《魏書》卷一〇六下《地形志下》白水郡姚谷縣注改正。

［五五］《地域考下》此文，顯然兼取《魏書》卷一〇六下《地形志下》白水郡注與《隋書》卷二九《地理志上》馮翊郡注。

［五六］按：畢沅《關中勝蹟圖志》卷九：“後魏太和十一年置華州及華山郡，改縣曰華陰。西魏改郡、縣皆曰武鄉，改州曰同州。《元和郡縣志》：《禹貢》云‘漆、沮既從，灃水攸同’，言二水至此同流入渭，城居其地，故曰同州也。”[③]

［五七］按：《隋書》卷二九《地理志上》馮翊郡馮翊縣注：“後魏曰華陰。西魏改爲武鄉，置武鄉郡。”

［五八］按：《魏書》卷一〇六下《地形志下》“北華州”條：“太和十五年置東秦州，後改。治杏城。領郡二 縣七 户一萬千五百九十七。”又，《隋書》卷二九《地理志中》上郡注：“後魏置東秦州，後改爲北華州。西魏改爲

---

① 《漢書》卷二八上《地理志上》，頁一五四六。

② 《元和郡縣圖志》卷二《關内道二》同州朝邑縣：“本漢臨晉縣之地。……後魏置南五泉縣，西魏改爲朝邑縣，以北據朝坂，故以爲名。”又，《隋書》卷二九《地理志上》馮翊郡朝邑縣注：“後魏曰南五泉，西魏改焉。”

③ 《元和郡縣圖志》卷二、《太平寰宇記》卷二八的相關記載，不但相互出入較大，而且皆有誤載。

敷州。”又,《太平寰宇記》卷三五《關西道十一》鄜州:“後魏太和十五年改（杏陽）鎮爲東秦州，孝明二年又改爲北華州，廢帝二年改爲鄜州。”由此可見,《地域考下》此文兼取上列三説而成。

［五九］《地域考下》有關中部郡及所屬中部、石保、狄道三縣的記載，皆取材於《魏書》卷一〇六下《地形志下》“北華州中部郡”條。

［六〇］考《太平寰宇記》卷三五《關西道十一》鄜州三川縣:“本漢翟道縣地，……苻秦於縣南長城原置長城縣，屬長城郡。後魏廢帝三年改爲三川縣，取古三川郡爲名，屬中部郡。……三川水。謂華池水、黑水[①]、洛水同會，謂之三川水。”《地域考下》作“黑沿”，顯誤。

［六一］有五郊城:《魏書》卷一〇六下《地形志下》中部郡長城縣注:“有五郊城。”

［六二］有關敷城郡及下屬三縣的記載，皆取材於《魏書》卷一〇六下《地形志下》“敷城郡”條。

［六三］考《魏書》卷一〇六下《地形志下》豳州注:“皇興二年爲華州，……太和十一年改爲班州，十四年爲邠州，二十年改焉。”又,《周書》卷二《文帝紀下》:“（西魏廢帝）三年春正月，……又改置州郡及縣:改……南豳爲寧州。”準此，則“太和十年改爲班州”顯然脱“一”字。又,《西魏書》有關寧州屬下西北地郡、趙興郡、襄樂郡及其屬縣的記載，皆本諸《魏書》卷一〇六下《地形志下》“豳州”條。

［六四］按:《隋書》卷二九《地理志上》“北地郡”條:“安定，舊置趙興郡。……羅川，舊曰陽周，……西魏置顯州，……彭原，舊曰彭陽。後魏置西北地郡，有洛蟠城。西魏置蔚州，有豐城。西魏置雲州。……襄樂，……西魏置燕州，……三水，西魏置恒州，尋廢。”

［六五］按:《魏書》卷一〇六下《地形志下》夏州注:“赫連屈孑所都，始光四年平，爲統萬鎮；太和十一年改置。治大夏。”

---

① 黑水，兩《唐志》同,《元和郡縣圖志》卷三作“黑源水”或“黑原水”。賀次君點校本《元和郡縣圖志》卷三校勘記［七五］以爲當作“黑水”。

［六六］考《隋書》卷二九《地理志上》“朔方郡”條云：“巖緑，西魏置弘化郡。”而《魏書》卷一〇六下《地形志下》曰：“化政郡　太和十二年置。領縣二　革融　巖緑。”準此，“宏化郡”當回改爲“弘化郡”，而“復緣”當改作“巖緑”①，但不知其旁注“‘政’一作‘城’”何據？

［六七］《西魏書》有關闡熙、金明、代名三郡及其屬縣的記載，皆録自《魏書》卷一〇六下《地形志下》“夏州”條。

［六八］按：《周書》卷二《文帝紀下》：“（西魏廢帝）三年春正月，……又改置州郡及縣：改……南夏爲長州。”

［六九］按：《隋書》卷二九《地理志上》朔方郡注：“長澤，……又有後魏大安郡，及置長州。”

［七〇］西遷後改置總管府：《元和郡縣圖志》卷三《關内道三》延州：“孝文帝置金明郡，宣武帝置東夏州，廢帝改爲延州，以界内延水爲名，置總管，管丹、延、綏三州。”②此外，《西魏書》有關延州、遍城郡、廣武縣的記載，皆録自《魏書》卷一〇六下《地形志下》。

［七一］考《魏書》卷一〇六下《地形志下》惟云：“沃野　二漢屬朔方，晉罷，後復，屬。”不知其旁注“‘沃’一作‘汥’及“武帝元狩三年城”何據？

［七二］漢武帝元朔二年開西域置：考《漢書》卷六《武帝紀》云：“（元朔二年）春正月，……匈奴入上谷、漁陽，殺略吏民千餘人。遣將軍衛青、李息出雲中，至高闕，遂西至符離，獲首虜數千級，收河南地，置朔方、五原郡。”此外，《地域考下》有關朔方郡及其屬縣的記載，皆取材於《魏書》卷一〇六下《地形志下》“東夏州朔方郡”條。

［七三］按：《隋書》卷二九《地理志上》延安郡臨真縣注：“有西魏神木郡、真川縣。”此外，《西魏書》有關神水郡及臨戎、臨真二縣的記載，皆取材

---

① 修訂本《魏書》卷一〇六下校勘記［五〇］：“巖緑 此下原有旁注‘一本作嚴緣’，南監本旁注作‘一本作嚴緑’。汲本、局本作‘復緑’，旁注‘一本作巖緣’。按，《隋書》卷二九《地理志》上朔方郡有巖緑縣，同書卷五四《李徹傳》謂徹爲‘朔方巖緑人’。《元和志》卷四《夏州朔方縣》云：‘本漢舊縣……漢末荒廢，後魏更置巖緑縣，隋因之。’是此作‘巖緑’無誤，今删旁注。”

② 又可見《太平寰宇記》卷三六《關西道十二》延州，頁七五二。

於《魏書》卷一〇六下《地形志下》“定陽郡”條。

［七四］按:《魏書》卷一〇六下《地形志下》:“上郡，秦置。領縣二 石城 因城。”又,《太平寰宇記》卷三八《關西道十四》綏州:“春秋白翟所居。七國時屬魏。秦爲上郡，……高帝元年，項羽立董翳爲翟王；七月廢，復爲上郡。……後漢末，荒廢年久，俗是稽胡。及赫連勃勃部落所居。後魏明帝於此置上郡。”是知“白狄”當改作“白翟”。又,“上郡”,“樹經堂本”誤作“上君”。

［七五］按:《太平寰宇記》卷三五《關西道十一》丹州:“後魏文帝大統三年，割鄜、延二州地置汾州，理三堡鎮。廢帝以河東汾州同名，改爲丹州，因丹陽川爲名，領義川、樂川郡。”[①] 準此，則丹州下轄並無文安郡，不知《西魏書》何故捨樂川而取文安?

［七六］按:《周書》卷二《文帝紀下》:“(西魏廢帝)三年春正月，……又改置州郡及縣：改汾州爲丹州。”

［七七］按:《太平寰宇記》卷三五《關西道十一》丹州宜川縣:“後魏文帝大統三年置義川縣，屬義川郡，以川爲名。”

［七八］按:《太平寰宇記》卷三五《關西道十一》丹州雲巖縣:“後魏大統二年於今縣西薛河川置永平縣，屬義川郡；三年改永平爲雲巖縣，蓋因邑界雲巖山爲名。”

［七九］考《隋書》卷二九《地理志上》延安郡延安縣注:“西魏置，又置義鄉縣。”《西魏書》稱延安、義鄉二縣皆置於廢帝元年，不知何據?

［八〇］按:《隋書》卷二九《地理志上》延安郡延川縣注:“西魏置，曰文安，及置文安郡。”

［八一］按:《隋書》卷二九《地理志上》延安郡汾川縣注:“舊曰安平。”

［八二］按:《隋書》卷二九《地理志上》延安郡咸寧縣注:“舊曰永寧，西魏改爲太平。”

---

① “領義川、樂川郡”,《元和郡縣圖志》卷三《關内道三》作“領義川、樂川縣”，王仲犖《北周地理考》卷一以爲作“郡”是。

［八三］按：《元和郡縣圖志》卷四《關内道四》綏州："後魏明帝神龜元年，東夏州刺史張卲於此置上郡，廢帝元年於郡内分置綏州。"又，《太平寰宇記》卷三八《關西道十四》綏州："後魏明帝於此置上郡，廢帝元年於郡内分置綏州。"

［八四］按：《隋書》卷二九《地理志上》雕陰郡上縣注："西魏置安寧郡，與安寧、綏德、安人三縣同置。"

［八五］按：《太平寰宇記》卷三八《關西道十四》綏州廢綏德縣："後魏大統十二年分上郡南界丘尼谷置綏德縣。"

［八六］按：《隋書》卷二九《地理志上》彫陰郡大斌縣注："西魏置，仍立安政郡。"而《元和郡縣圖志》卷四《關内道四》綏州大斌縣："本秦膚施縣之地，後魏孝明帝神龜元年，於今縣東五里置大斌縣，屬上郡。"

［八七］按：《隋書》卷二九《地理志上》彫陰郡真鄉縣注："西魏置。"

［八八］考《太平寰宇記》卷三八《關西道十四》綏州廢城平縣："本秦膚施縣地，二漢不改。後魏神龜元年於今縣西三十里庫仁川置城中縣。隋諱'中'，改爲城平縣，仍自庫仁川移於今理。"據此，則"城平"當改作"城中"。

［八九］《西魏書》有關撫寧郡、開疆縣、撫寧縣的記載，取材於《隋書》卷二九《地理志上》"彫陰郡"條。

［九〇］按：《太平寰宇記》卷三八《關西道十四》綏州廢延福縣："亦膚施縣地，後魏廢帝元年於此置延陵縣，屬撫寧郡。"

［九一］按：《太平寰宇記》卷三七《關西道十三》鹽州："漢置五原郡，……後魏太武平赫連昌之後，初置大興郡。置西魏改爲五原郡，復立漢名，尋改爲西安州，東有安州，故此加'西'字。廢帝三年以其地北有鹽池，又改爲鹽州。"

［九二］按：《隋書》卷二九《地理志上》鹽川郡五原縣注："後魏置郡，曰大興。西魏改爲五原，後又爲大興。"

［九三］按：《太平寰宇記》卷三六《關西道十二》靈州："孝昌二年置靈州。"

［九四］按：《隋書》卷二九《地理志上》靈武郡回樂縣注："又西魏置臨

河郡。”

［九五］秦州：點校本及修訂本《魏書》卷一〇六下校勘記，認定“秦”乃“泰”之訛。[①] 又，《西魏書》有關秦州及下屬河東、北鄉二郡及蒲坂、南解、北解、桑泉、北猗氏、汾陰六縣的記載，主要取材於《魏書》卷一〇六下《地形志下》“泰州”條。

［九六］《西魏書》此文明顯雜取《魏書》卷一〇六下《地形志下》與《隋書》卷三〇《地理志中》相關内容而成，[②] 但這一雜取很成問題。

［九七］考《魏書》卷一〇六下《地形志下》河東郡猗氏縣注：“二漢、晉屬河東，後復，屬。有介山塘。”又，《太平寰宇記》卷四六《河東道七》蒲州猗氏縣：“本漢舊縣，……後漢及晉不改，西魏恭帝二年改猗氏爲桑泉縣。”《西魏書》此文，顯然雜取二説而成。

［九八］按：《隋書》卷二九《地理志上》扶風郡汧源縣注：“西魏置隴東郡及汧陰縣，後改縣曰杜陽。……又有西魏東秦州，後改爲隴州。”

［九九］按：《周書》卷二《文帝紀下》：“（西魏廢帝）三年春正月，……又改置州郡及縣：改……陽都爲汾州，南汾爲勛州。”

［一〇〇］按：《太平寰宇記》卷四七《河東道八》绛州垣縣：“西魏大統三年置邵州。”而《隋書》卷三〇《地理志中》絳郡注：“後魏置東雍州，後周改曰绛州。”

［一〇一］《西魏書》有關邵郡及其下屬四縣的記載，顯然取材於《魏書》卷一〇六上《地形志上》“東雍州邵郡”條。又，《太平寰宇記》卷四七校勘記［四七］認定此“邵郡”宜作“邵上郡”，此説其實有誤。又“皇輿”，“樹經堂本”誤作“星輿”。

［一〇二］有玉壁，王思政鎮此築城：《太平寰宇記》卷四七《河東道八》

---

① 點校本《魏書》卷一〇六下校勘記［四〇］，中華書局，一九七四年，頁二六五二；修訂本《魏書》卷一〇六下校勘記［五〇］，頁二八九八～二八九九。

② 《魏書》卷一〇六下《地形志下》河東郡安定縣注：“太和元年置。”又，河東郡南解縣訂：“二漢、晉曰解，屬，後改。有桑泉城。”《隋書》卷三〇《地理志中》河東郡虞鄉縣訂：“後魏曰安定，西魏改曰南解，又改曰綏化，又曰虞鄉。”

绛州稷山縣：“玉壁故城，在縣南一十二里。後魏大統四年東道行臺王思政表築玉壁城，而因自鎮之；八年，高歡寇玉壁，思政有謀略，攻竟不克，即謂此。”除此之外,《西魏書》有關龍門郡及其下屬二縣的記載，皆取材於《魏書》卷一〇六上《地形志上》“東雍州高涼郡”條。①

［一〇三］高士奇《春秋地名考略》卷四云：“今絳州絳縣東南十里有車箱城，相傳爲晉置羣公子之所。西魏於此置建州，以楊標爲刺史，鎮之。”

［一〇四］《西魏書》有關絳郡、絳縣的記載，皆兼取《魏書》卷一〇六上《地形志上》“晉州南絳郡”條及《太平寰宇記》卷四七《河東道八》絳州絳縣。

［一〇五］交會川:《魏書》卷一〇六上《地形志上》晉州南絳郡注作“會交川”，顯係誤抄。又，考《水經注》卷六澮水云：“澮水又西南，與諸水合，謂之澮交。”故此“交會川”，疑當改作“澮交川”。

［一〇六］按:《太平寰宇記》卷四七《河東道八》絳州絳縣：“古理車箱城，去縣東南十里。在太陰山北，四面懸絶。西魏大統五年修其城，東西長，形如車箱，因名。”

［一〇七］如其小字夾注所云,《西魏書》有關弘農郡、西弘農郡、澠池郡、石城郡、河北郡及其下屬諸縣的記載（除石城郡玉城縣外），皆取材於《魏書》卷一〇六下《地形志下》“陜州”條。又,《西魏書》凡“弘”字皆避諱作“宏”，兹予回改。

［一〇八］弘農：原誤作“恒農”，顯係未及細察前文“漢置，以顯祖諱，改曰‘恒’”所致，兹徑改。

［一〇九］生耳山：原誤抄爲“生甘山”，今據《魏書》卷一〇六下《地形志下》澠池郡北澠池縣注改正。

［一一〇］分别詳參《隋書》卷三〇《地理志中》弘農郡弘農縣注、《元和郡縣圖志》卷六《河南道二》虢州玉城縣、《太平寰宇記》卷六《河南道六》虢州玉城縣。

① 《魏書》卷一〇六上《地形志上》，頁二七二三。

［一一一］考《隋書》卷三〇《地理志中》河東郡芮城縣注：“舊置，曰安戎。後周改焉，又置永樂郡，後省入焉。”又，《太平寰宇記》卷六《河南道六》陜州芮城縣：“古魏國附庸邑，……漢以其地爲河北縣，屬河東郡。姚秦於此置河北郡。後魏太和十一年，自此移郡於太陽城。”從中應無法得出“西遷後分河北置”安戎的結論。疑西魏時河北郡所領諸縣中并無安戎縣，《魏書》卷一〇六下《地形志下》就稱河北郡僅“領縣四”。

［一一二］太和十一年：錢大昕《廿二史考異》卷三〇稱“當作太和十八年”；但也可能是“二十一年”之脱訛，因爲太和十八年、二十一年，魏廷均曾對洛陽附近州郡大行改置。[①]

［一一三］按：《晉書》卷一四《地理志上》“司州”條：“上洛郡，泰始二年分京兆南部置。”《魏書》卷一〇六下《地形志下》洛州上洛郡注：“晉武帝置。”

［一一四］“高車祠”原作“高東祠”，按：《太平御覽》卷四三“高車山”條引《高士傳》：“高車山上有四皓碑及祠，皆漢惠帝所立也。漢高后使張良詣南山迎四皓之處，因名‘高車山’也。”[②] 又，“弘農”原作“恒農”，兹改。

［一一五］自“拒陽”至“南商”，皆本諸《魏書》卷一〇六下《地形志下》“洛州”條。

［一一六］考《太平寰宇記》卷一四一《山南西道九》商州上津縣：“本漢長利縣地，屬漢中郡。宋於此置北上洛郡。梁改爲南洛州。後魏廢帝三年爲上州，以晉時於此置洛津戍爲名，仍於州置上津郡及上津縣。……廢開元縣，[③] 在縣東七十里。魏前廢帝二年置，後周保定三年廢。廢漫川縣，在縣北四十五里。魏前廢帝二年置，後周保定三年廢。”《西魏書》有關上州及下屬郡縣的記載，即以此爲本，又旁參《隋書》卷三〇《地理志中》“上洛郡”條。至於稱漫川、開化兩縣皆“廢帝三年置”之説，顯係“廢帝二年置”之訛。

［一一七］考《太平寰宇記》卷六《河南道六》虢州盧氏縣：“漢縣，屬

① 《魏書》卷一〇六下校勘記［五六］，頁二九〇〇。
② 《太平御覽》卷四三“高車山”條，中華書局，一九六〇年，頁二〇六上。
③ 《太平寰宇記》卷一四一校勘記［五七］：“按：《隋書》卷二五《地理志》中作‘開化’，此疑誤。”

弘農郡。……因山以名縣。後魏大統中於此立東義州。”又,《周書》卷二《文帝紀下》云:“(西魏廢帝)三年春正月,……又改置州郡及縣:改……義州爲巖州。”是知巖州始置於大統中,且《周書》所持巖州乃自義州改名而來之説,亦非其實。

［一一八］義川郡舊置漢安郡大統初改盧氏漢縣:此從《隋書》卷三〇《地理志中》“弘農郡”條。漢安郡,《輿地廣記》卷一四作“洛安郡”,其詞云:“盧氏縣,漢屬弘農郡。東漢因之。晉屬上洛郡。元魏置洛安郡,西魏改爲義川郡。”[①]

［一一九］按:《隋書》卷三〇《地理志中》弘農郡長泉縣注:“後魏曰南陜,西魏改焉。”

［一二〇］按:《元和郡縣圖志》卷六《河南道二》虢州朱陽縣:“本漢盧氏縣,屬弘農郡。後魏太和十四年,蠻人樊磨背梁歸魏,立朱陽郡並朱陽縣,令樊磨爲太守。大統三年,分爲朱陽郡,屬東義州。”又,“屬析州”,按《魏書》卷一〇六下《地形志下》,朱陽郡及其所領黄水、朱陽二縣,北魏時皆隸屬於析州,故云。

［一二一］按:《魏書》卷一〇六下《地形志下》荆州注:“後漢治漢壽,魏、晉治江陵,太延中治上洛,太和中治穰城。”

［一二二］按:《元和郡縣圖志》卷二一《山南道二》鄧州:“《禹貢》豫州之域。周爲申國。戰國時屬韓,……秦昭襄王取韓地,置南陽郡,以在中國之南,而有陽地,故曰南陽。”“《禹貢》豫州域。周申國。戰國屬韓”,因删略過當而語義模糊。

［一二三］清水:修訂本《魏書》卷一〇六下校勘記［五九］疑當改作“淯水”。

［一二四］考《魏書》卷一〇六下《地形志下》南陽郡新城縣注:“太和二十二年置。有覆釜山、赤石山。”又,《隋書》卷三〇《地理志中》南陽郡新城注:“西魏改爲臨湍,開皇初復名焉。”《西魏書》此文顯然兼取《魏書》《隋

---

① 《宋本輿地廣記》卷一四《陜西永興軍路下》,第二册,頁五二。

書》而成。

［一二五］有涅水：《魏書》卷一〇六下《地形志下》南陽郡涅陽縣注作“有涅”，楊守敬《北魏地形志札記》以爲當作“有涅水”。

［一二六］按：《魏書》卷一〇六下《地形志下》漢廣郡南棘陽注：“二漢屬南陽，晉屬義陽，二漢、晉曰棘陽，後改，屬。有漢廣城。”又，《隋書》卷三〇《地理志中》南陽郡新野縣注：“舊曰棘陽，置新野郡。又有漢廣郡，西魏改爲黄岡郡。又有南棘陽縣，改爲百寧縣。”《西魏書》兼取二説而成，但“有漢廣”後脱一“城”字，兹據補。

［一二七］按：《大清一統志》卷一六六“堵陽故城”條云：“齊置北襄城於此。永泰元年，地入於魏，改襄城郡。西魏改襄邑郡，尋廢。”

［一二八］國：錢大昕《廿二史考異》卷三〇云：“‘國’當作‘围’，字之訛也。《宋志》，雍州之恒農郡寄治五壟，領邯鄲、围、盧氏三縣。”修訂本《魏書》卷一〇六下校勘記［六三］以爲“錢説疑是”。除此上所列各條外，《西魏書》有關荆州的其餘記載，皆録自《魏書》卷一〇六下《地形志下》“荆州”條。

［一二九］蒙州：原作“藜州”，但《隋書》卷三〇《地理志中》淯陽郡注：“西魏置蒙州。仁壽中，改曰淯州。”且其下列有武川、向城二屬縣。準此，則“藜州”當是“蒙州”之誤。

［一三〇］北淯郡：《魏書》卷一〇六下《地形志下》作“北清郡”，錢大昕《廿二史考異》卷三〇以爲當改作“北淯郡”，其説甚是。

［一三一］按：《魏書》卷一〇六下《地形志下》北清郡武川縣注：“有滍城、鹿鳴山、農山。”

［一三二］按：《隋書》卷三〇《地理志中》淯陽郡向城縣注：“西魏置，又立雉陽郡。”

［一三三］按：《魏書》卷一〇六下《地形志下》北清郡北雉縣注：“二漢、晉曰雉，屬南陽，後改，屬。”

［一三四］考《元和郡縣圖志》卷二一《山南道二》鄧州向城縣：“本漢西鄂縣地，春秋時向邑。江夏有鄂，故此加‘西’。後魏孝文帝於古向城置向

城縣，屬淯陽郡。”準此，則《西魏書》此説有誤。

［一三五］《西魏書》有關襄州及其下屬郡縣的記載，顯然取材於《魏書》卷一〇六下《地形志下》“襄州”條。

［一三六］按：《隋書》卷三一《地理志下》春陵郡湖陽縣注：“後魏置西淮安郡及南襄州，後郡廢，州改爲南平州。西魏改曰昇州，後又改曰湖州。”[①]《西魏書》有關湖州的記載，既以此爲藍本，又不知何據，斷定南襄州始置於太和二十一年。

［一三七］自“襄城郡”至“南陽”：顯然兼取《魏書》卷一〇六下《地形志下》“襄州”條與《隋書》卷三一《地理志下》“春陵郡”條。[②]

［一三八］考《隋書》卷三一《地理志下》春陵郡上馬縣注：“有鍾離縣，置洞州、洞川郡。”又，《魏書》卷一〇六下《地形志下》南襄州西淮郡：“領縣二 鍾離 襄城。”[③]《西魏書》有關洞州及其下屬郡縣的記載，即以此爲本。

［一三九］除“太和中置荆州，旋罷州置郡。永安中置南廣州，西遷後改名”外，《西魏書》有關淯州及其下屬郡縣的記載，皆録自《魏書》卷一〇六下《地形志下》“南廣州”條。

［一四〇］考《隋書》卷三〇《地理志中》淮安郡比陽縣注：“又有比陽故縣，置西郢州。西魏改爲鴻州，[④]後周廢爲真昌郡。”而《魏書》卷一〇六下《地形志下》“郢州”條云：“安陽郡　領縣四　真陽　安陽　清陰　淮陰。”兩相比對，可以確定《西魏書》有關鴻州及其下屬郡縣的記載，實已將“郢州”與“西郢州”混爲一談。

［一四一］與上條錯誤頗相類似的是，《西魏書》不但未曾注意到《隋志》

① 但《隋志》此説又與《周書》卷二《文帝紀下》的下列記載相矛盾：“（西魏廢帝）三年春，……又改置州郡及縣：改……南襄爲湖州，……南平爲昇州。”錢大昕《廿二史考異》卷三三就此推斷：“是南襄與南平明是兩州，《隋志》似混而一。”詳參《廿二史考異》（附《三史拾遺》《諸史拾遺》），頁五五一。

② 詳參《魏書》卷一〇六下《地形志下》，頁二八八〇～二八八二；《隋書》卷三一《地理志下》，頁八九一～八九二。

③ 西淮郡，《隋書》卷三一《地理志下》“春陵郡湖陽縣”條作“西淮安郡”。

④ 《周書》卷二《文帝紀下》的下列記載，即其佐證：“（西魏廢帝）三年春正月，……又改置州郡及縣：改……西郢謂鴻州。”

“又有後魏城陽縣，置殷州、城陽郡”之記載，[①]又誤將《魏書》卷一〇六下《地形志下》有關城陽、汝南二郡的内容，[②]逐録至“殷州”下。

［一四二］《西魏書》有關歸州及其下屬郡縣的記載，悉數録自《魏書》卷一〇六下《地形志下》“南郢州”條。但此“南郢州”，據楊守敬《北魏地形志札記》考證，實乃“西郢州”之誤：“前已有南郢州，治赤石關。此州在郢州之西，當作‘西郢州’。《隋志》（卷三〇淮安郡比陽）‘比陽故城置西郢州，西魏改曰鴻州’，即此也。”

［一四三］按：《大清一統志》卷一六六《南陽府二・古蹟》“析縣故城”條：“漢置郡縣，因析水爲名。”

［一四四］考王仲犖《北周地理志》云：“淅州治修陽，舊置。魏書地形志：析州，領郡五，修陽郡，固郡，朱陽郡，南上洛郡，析陽郡。隋書地理志：西魏置淅州。楊守敬云：地形志有析州，即此淅州也，不始於西魏。”[③]《西魏書》卷八有關脩陽、固、南上洛、析陽四郡及其下轄諸縣的記載，録自《魏書》卷一〇六下《地形志下》“析州”條。

［一四五］按：《晉書》卷一五《地理志下・荆州》：“後漢獻帝建安十三年，魏武帝盡得荆州之地，分南郡以北立襄陽郡，又分南陽西界立南鄉郡。”

［一四六］按：《宋書》卷三七《州郡志三》云：“順陽太守，魏分南陽立曰南鄉，晉武帝更名。成帝咸康四年，復立南鄉，後復舊。”

［一四七］揆諸《南齊書》卷一五《州郡志下》，雍州之下確有從陽郡之置。

［一四八］按：《大清一統志》卷一六六《南陽府二・古迹》“柘林廢縣”條：“後魏置順陽郡，西魏改爲柘林郡。”

［一四九］自“南鄉”至“後漢明帝改清鄉”：顯然取材於《魏書》卷一〇六下《地形志下》“順陽郡”條。

［一五〇］按：《隋書》卷三〇《地理志中》南陽郡順陽縣注：“舊置順陽郡。西魏析置鄭縣，尋改爲清鄉。”

---

① 《隋書》卷三〇《地理志中》淮安郡比陽縣注，頁八四二。

② 其詞曰：“城陽郡　領縣三　平春　義陽　義興；汝南郡　領縣一　上蔡。”

③ 王仲犖：《北周地理志》，中華書局，一九八〇年，頁四二〇。

［一五一］按:《魏書》卷一〇六下《地形志下》順陽郡丹水县注:“前漢屬恒農,後漢屬南陽,晉屬南鄉。”

［一五二］按:《隋書》卷三〇《地理志中》淅陽郡丹水縣注:“舊置丹川郡。後周郡廢,併茅城、倉陵、許昌三縣入。”

［一五三］按:《隋書》卷三〇《地理志中》淅陽郡南鄉縣注:“又有左南鄉縣,并置左鄉郡。西魏改郡爲秀山,改縣爲安山。”

［一五四］考《魏書》卷一〇六下《地形志下》東恒農郡注:“太和中置。”並稱該郡領西城、北酈、南鄉、左南鄉、上憶、東石六縣。而《隋書》卷三〇《地理志中》南陽郡菊潭縣注:“有東弘農郡,西魏改爲武關。”是知《西魏書》此説兼取《魏書》《隋書》而成。

［一五五］［一五六］“西城”原本誤作“西域”,考《魏書》卷一〇六下《地形志下》東恒農郡下統西城縣,據改。又“左南鄉”“四城”,“樹經堂本”誤作“在南鄉”“西域”。

［一五七］按:《隋書》卷三〇《地理志中》淅陽郡南鄉縣注:“舊置南鄉郡,後周併龍泉、湖里、白亭三縣入。”

［一五八］考《隋書》卷三〇《地理志中》河南郡熊耳縣注:“後周置,及同軌郡。開皇初郡廢。”準此,則《西魏書》此文顯然有誤。

［一五九］按:《元和郡縣圖志》卷五《河南道一》河南府永寧縣:“漢澠池縣之西境,後漢、晉、宋不改。後魏文帝於今縣東四十里置北宜陽縣,屬宜陽郡,廢帝二年改爲熊耳縣。”

［一六〇］考《隋書》卷三〇《地理志中》河南郡宜陽縣注:“又復後魏置南澠池縣,後周改曰昌洛。”準此,則《西魏書》此文顯然有誤。

［一六一］按:《隋書》卷三〇《地理志中》河南郡宜陽縣注:“又東魏置金門郡,後周廢。”

［一六二］考《元和郡縣圖志》卷五《河南道一》河南府長水縣:“本漢盧氏縣地,後漢、晉、宋不改。後魏宣武帝分盧氏東境置南陝縣,屬弘農郡,西魏廢帝改爲長淵。”但長淵是否果屬金門郡,似難考定。

［一六三］《西魏書》有關脩陽、固、南上洛三郡及其下屬諸縣的記載,

顯然皆迻録自《魏書》卷一〇六下《地形志下》“析州”條；有關析陽郡及其下屬諸縣的記載，則在抄録“析州”條相應條文的同時，又汲取了《隋書》卷三〇《地理志中》淅陽郡南鄉縣注：“舊曰西淅陽郡，西魏改爲内鄉。後周廢，併淅川、石人二縣入焉。”

［一六四］元年：原本誤作“二年”，按：《太平寰宇記》卷一四三《山南東道二》云：“均州……在漢爲武當縣，屬南陽郡。後漢因之，在荆州部。魏屬南鄉郡。晉屬順陽郡。齊永明七年於今鄖鄉縣置齊興郡。《輿地志》云：‘梁武帝以此郡爲南始平郡，復有武功、武陽二縣，仍屬南雍州。太清元年於梁州之齊興郡置興州。’後魏廢帝元年改興州爲豐州，因以豐城爲名。”

［一六五］《西魏書》有關齊興、武當、廣福三郡及下屬諸縣的記載，顯然本諸《隋書》卷三〇《地理志中》淅陽郡武當縣注、淅陽郡安福縣注，① 同時又據《太平寰宇記》“漢初置錫縣……晉太康五年改錫縣爲鄖鄉縣”② 云云，簡述鄖鄉的政區變遷。

［一六六］考《隋書》卷三〇《地理志中》淮安郡注：“後魏置東荆州，西魏改爲淮州。”③ 又，同書同卷淮安郡桐柏縣注：“梁置，曰淮安，并立華州，又立上川郡。西魏改州爲淮州，後改爲純州，尋廢。”由此可見，西魏境内實有二“淮州”：一則以比陽爲州治，④ 原名東荆州；一則以淮安爲州治，⑤ 廢帝三年正月改稱純州。《西魏書》未及細察，遂將兩者混爲一談。其下所列郡縣，上川郡及淮安、淮南二縣屬於純州，陽平縣和南郭郡屬於東荆州。

［一六七］按：《大清一統志》卷一六六：“泌陽故城在泌陽縣西。……晉屬南陽國，宋屬廣平郡，後魏得其地，置樂陵鎮。太和中，詔樂陵鎮將韋珍移

① 《隋書》卷三〇《地理志中》，頁八四一。

② 《太平寰宇記》卷一四三《山南東道二》均州鄖鄉縣，頁二七八一。

③ 又，《周書》卷二《文帝紀下》云：“（西魏廢帝）三年春正月，……又改置州郡及縣：改……東荆爲淮州”，而《太平寰宇記》卷一四二《山南東道一》唐州引《周地圖記》則稱東荆州於“恭帝元年改爲淮州，因淮水爲名”。

④ 據考，其故城在今河南駐馬店市泌陽縣城關鎮北。詳參《中國文物地圖集·河南分册》，頁一九八、四五七。

⑤ 據考，其故城在今河南南陽市桐柏縣固縣鎮。詳參《中國行政區劃通史·十六國北朝卷》（第二版），復旦大學出版社，二〇一七年，頁九二二。

治泌陽，後置東荆州於此，改縣曰陽平。西魏得之，常置重兵以防東魏。”

［一六八］按：《隋書》卷三〇《地理志中》淮安郡比陽縣注：“又有東南陽郡，西魏改爲南郭郡，後周廢。”

［一六九］按：《周書》卷二《文帝紀下》云：“（西魏廢帝）三年春正月，……又改置州郡及縣：改……北應爲輔州。”

［一七〇］按：《隋書》卷三〇《地理志中》淮安郡桐柏縣注：“又梁置西義陽郡，西魏置淮陽郡及輔州。”

［一七一］按：《隋書》卷三一《地理志下》南郡注：“舊置荆州。西魏以封梁爲蕃國，又置江陵總管府。”又，同書同卷南郡當陽縣注：“後周置平州，領漳川、安遠二郡，屬梁蕃。”

［一七二］雷又柔：原本誤作“盧又柔”，兹據《周書》卷四八《蕭詧傳》改正。

［一七三］考《隋書》卷三一《地理志下》夷陵郡注：“梁置宜州，西魏改曰拓州，後周改曰硤州。”[①] 又，《太平寰宇記》卷一四七《山南東道六》峽州：“春秋及戰國時並爲楚地，……秦將白起攻楚，燒夷陵，即其地。秦以此地屬南郡。二漢因之。魏操平荆州，於此置臨江郡。《吴録》云：‘蜀昭烈皇帝立宜都郡于西陵’，即夷陵也，……歷晉、宋、齊，並爲宜都郡理。……梁武帝天監中於此置宜州，以舊宜都爲州之名。後魏改宜州爲拓州，盖取開拓之意。”據此，可知《西魏書》“平江陵後改名”之説有誤。

［一七四］按：《隋書》卷三一《地理志下》明言夷陵郡所統有夷陵、夷道二縣。

［一七五］考《宋書》卷三七《州郡志三》載宜都郡領有夷道、佷山、宜昌、夷陵四縣，並稱：“宜昌令，何志晉武帝立。按《太康》《永寧地志》並無，疑是此後所立。”《西魏書》所謂“宜昌 晉末置”之説，蓋據此而來。

［一七六］考《太平寰宇記》卷一四五《山南東道四》襄州宜城縣：“廢樂鄉縣，……本春秋鄀國之地，迄今有若鄉，在若水之傍。晉隆安五年於今

---

① 硤州，當是“峽州”之刊誤。

城戍置樂鄉縣，屬武寧郡。後魏廢帝元年置鄀州。”故“東晉隆安五年置若縣，後改”之説有誤，“若縣”當改作“樂鄉縣”。

［一七七］按：《隋書》卷三一《地理志下》竟陵郡樂鄉縣注：“舊置武寧郡，西魏置鄀州。又梁置旌陽縣，後改名惠懷，西魏又改曰武山。”

［一七八］按：《宋書》卷三七《州郡志三》“永寧太守”條：“晉安帝僑立爲長寧郡，宋明帝以名與文帝陵同，改爲永寧。”並稱宋時永寧郡下統長寧、上黄二縣。

［一七九］按：《隋書》卷三一《地理志下》南郡紫陵縣注：“西魏置華陵縣，後周改名焉。其域南面，梁置鄀州，又置雲澤縣。”

［一八〇］按：《隋書》卷三一《地理志下》竟陵郡豐鄉注：“西魏置，又置基州及章山郡。”又同書同卷竟陵郡章山縣注：“西魏置，曰禄麻，及立上黄郡。”

［一八一］考《宋書》卷三七《州郡志三》云：“汶陽太守，何志新立。……高安令，何志新立。”但汶陽郡及高安縣既皆置於東晉末年，[①] 未知《西魏書》又據何斷定汶陽郡隸屬於基州。

［一八二］按：《隋書》卷三一《地理志下》竟陵郡注：“舊置郢州。”《通典》卷一八三《州郡典十三・郢州》云：“歷代所屬與竟陵郡同。二漢屬江夏郡。晉、宋以来竟陵郡地。梁南司、北新二州之境。西魏分屬安州。後周分置石城郡，後於石城置郢州。”[②]《太平寰宇記》卷一四四《山南東道三》郢州：“歷代所屬與竟陵郡同。二漢屬江夏郡地，晉宋以来爲竟陵郡地，梁時即南司、北新二州之境。西魏分屬安州，武帝分置石城郡，後於石城置郢州。”[③]《輿地紀勝》卷八四縣沿革長壽縣下引《元和郡縣圖志》云：“魏文帝大統十七年於縣置郢州，以縣屬焉。”

［一八三］按：《宋書》卷三七《州郡志三》：“竟陵太守，晉惠帝元康九

---

① 按：《太平寰宇記》卷一四七《山南東道六》峽州遠安縣：“本漢臨沮縣地，晉安帝立高安縣，屬汶陽郡。後周明帝武成元年改高安爲遠安縣。”又，《宋書》卷三七校勘記［九］引《廿二史考異》云：“據《南齊書・蠻傳》，汶陽本臨沮西界二百里。桓温時割以爲郡。然則汶陽郡晉時已有之，何承天以爲新立者，非也。”

② 《通典》卷一八三《州郡典十三》，（唐）杜佑撰，王文錦等點校，頁四八六八。

③ 《太平寰宇記》卷一四四校勘記［一一］云：“按《太平御覽》卷一六七引《十道志》云‘後周武帝置郢州’，此‘武帝’宜有‘後周’二字。”

年，分江夏西界立。”

［一八四］《西魏書》此説當本諸《太平寰宇記》卷一四四《山南東道三》郢州長壽縣：“漢爲竟陵縣地，屬江夏郡。晉武帝改爲長壽縣，屬竟陵郡。”然則“晉武帝改爲長壽縣，屬竟陵郡”之説，誠如《太平寰宇記》卷一四四校勘記［一七］所云，顯然有誤：“按《宋書》卷三七《州郡志》三：竟陵郡，‘晉惠帝九年分江夏西界立。’萇壽縣，‘明帝泰始六年立。’《元和郡縣圖志》郢州長壽縣序云‘宋分置長壽縣’，則晉武帝時不應有竟陵郡，亦無長壽縣，此誤。”①

［一八五］考《隋書》卷三一《地理志下》竟陵郡藍水縣注：“宋僑立馮翊郡、蓮芍縣。西魏改郡爲漢東，縣爲藍水。”而《宋書》卷三七《州郡志三》又明言“文帝元嘉六年立”馮翊郡，②此云元嘉二年，顯誤。

［一八六］按：《隋書》卷三一《地理志下》竟陵郡藍水縣注：“又宋置高陸縣，西魏改曰漱水。”

［一八七］按：《隋書》卷三一《地理志下》竟陵郡蔿川縣注：“又置清縣，③西魏改曰漱陂。”

［一八八］按：《隋書》卷三一《地理志下》沔陽郡沔陽縣注：“梁置沔陽、營陽、州城三郡。西魏省州陵、惠懷二縣，置縣曰建興。”

［一八九］考《隋書》卷三一《地理志下》沔陽郡竟陵縣注：“又有京山縣，齊置建安郡，西魏改曰光川，後周郡廢。大業初京山縣又廢入焉。”是知《西魏書》此文，誤甚。其致誤之因，即視“光川”爲“光州”。

［一九〇］按：《周書》卷二《文帝紀下》：“（西魏廢帝）三年春正月，……又改置州郡及縣：改……江州爲沔州。”又，《隋書》卷三一《地理志下》沔陽郡甑山縣注：“梁置梁安郡。西魏改曰魏安郡，置江州，尋改郡曰汶川。”

［一九一］按：《元和郡縣圖志》卷二一《山南道二》襄州：“春秋時地屬楚。秦兼天下，自漢以北爲南陽郡，……漢以南爲南郡，今荆州是也。後漢

① 《太平寰宇記》，頁二八〇七。

② （梁）沈約撰：《宋書》卷三七《州郡志三》“馮翊太守”條，中華書局，一九七四年，頁一一四二。

③ 《隋書》卷三一校勘記［二三］疑“又”字後脱“梁”字。

建安十三年，魏武帝平荆州，置襄陽郡。……永嘉之亂，三輔豪族流於樊、沔，僑於漢水之側，立南雍州。”

［一九二］按：《宋書》卷三七《州郡志三》“雍州刺史”條云：“胡亡氐亂，雍、秦流民多南出樊、沔，晉孝武始於襄陽僑立雍州，并立僑郡縣。宋文帝元嘉二十六年，割荆州之襄陽、南陽、新野、順陽、隨五郡爲雍州，而僑郡縣猶寄寓在諸郡界。”

［一九三］按：《隋書》卷三一《地理志下》襄陽郡注：“江左並僑置雍州。西魏改曰襄州，置總管府。”

［一九四］按：《太平寰宇記》卷一四五《山南東道四》襄州襄陽縣：“本漢舊縣，屬南郡。應劭曰‘在襄水之陽’，縣因名焉。”

［一九五］按：《隋書》卷三一《地理志下》襄陽郡漢南縣注：“宋曰華山，置華山郡。西魏改縣爲漢南，屬宜城郡。”

［一九六］按：《隋書》卷三一《地理志下》襄陽郡安養縣注：“西魏置河南郡，後周廢樊城、山都二縣入。”又，《元和郡縣圖志》卷二一《山南道二》襄州臨漢縣：“本漢鄧縣地，即古樊城，仲山甫之國也。西魏於此立安養縣，屬鄧城郡。周天和五年改屬襄州。”

［一九七］考《宋書》卷三七《州郡志三》云：“義成太守，晉孝武帝立，治襄陽，今治均。”又，《隋書》卷三一《地理志下》襄陽郡注：“穀城舊曰義城，置義城郡。後周廢郡，……又梁有筑陽，開皇初廢。又梁有興國、義城二郡，並西魏廢。有穀城山、闞林山。”是知義成郡和義成縣皆置於東晉孝武帝時。

［一九八］考《隋書》卷三一《地理志下》襄陽郡上洪縣注：“宋僑立略陽縣，梁又立德廣郡。西魏改縣曰上洪。”揆諸《宋書》卷三七《州郡志三》“南天水太守”條，又可見南天水郡確實下統略陽縣。

［一九九］按：《隋書》卷三一《地理志下》襄陽郡注：“又梁置新野郡，西魏改曰咸宁，後周廢。”同時又稱率道縣乃“梁置”。[1]

---

① 《隋書》卷三一《地理志下》，頁八九一。

［二〇〇］按：《太平寰宇記》卷一四五《山南東道四》襄州宜城縣："本楚之鄀都，在漢爲鄀縣地，[①] 宋大明元年以胡人流寓者，立華山郡於大堤村，即今縣也。後魏改華山郡爲宜城郡，分新野郡之池陽縣地因立率道縣，屬威寧郡。"

［二〇一］按：《隋書》卷三一《地理志下》襄陽郡漢南縣注："後周廢武建及惠懷、石梁、歸仁、鄀等四縣入，後省宜城郡入武泉。又梁置秦南郡，後周并武泉縣俱廢。"

［二〇二］按：《隋書》卷三一《地理志下》襄陽郡陰城縣注："西魏置酇城郡，後周廢。又梁置南陽郡，西魏改爲山都郡，後周省。"

［二〇三］考《太平寰宇記》卷一四五《山南東道四》襄州中廬縣："山都縣城，秦之邑名，廢城在今縣東北。"準此，則《西魏書》"山都，漢置"之説有誤。

［二〇四］按：《隋書》卷三一《地理志下》襄陽郡義清縣注："梁置，曰穰縣。西魏改爲義清，屬歸義郡。後周廢郡及左安、開南、歸仁三縣入焉。"

［二〇五］按：《南齊書》卷一五《州郡志下》"寧蠻府領郡如左"云云，其所列有南襄郡。[②]

［二〇六］按：《隋書》卷三一《地理志下》襄陽郡南漳縣注："西魏併新安、武昌、武平、安康、建平五縣置，[③] 初曰重陽，又立南襄陽郡。"

［二〇七］按：《隋書》卷三一《地理志下》襄陽郡常平縣注："西魏置，曰義安，置長湖郡，後改縣曰常平。"

［二〇八］按：《隋書》卷三一《地理志下》春陵郡注："後魏置南荆州，西魏改曰昌州。"

［二〇九］按：《隋書》卷三一《地理志下》春陵郡棗陽縣注："舊曰廣昌，并置廣昌郡。開皇初郡廢，仁壽元年縣改名焉。"又，《南齊書》卷一五

---

① 鄀，《太平寰宇記》卷一四五校勘記［一五］以爲"鄀"乃"邔"字之誤。

② （梁）蕭子顯撰：《南齊書》卷一五《州郡志下》，中華書局，一九七二年，頁二八五。

③ 《隋書》卷三一中華書局校勘記［二五］："'武平'原作'平武'，'建平'原脱'平'字，據《南齊書·州郡志》下補改。"

《州郡志下》寧蠻府列有廣昌郡。

［二一〇］按：《隋書》卷三一《地理志下》春陵郡春陵縣注："又後魏置豐良縣，大業初廢。"

［二一一］按：《隋書》卷三一《地理志下》春陵郡蔡陽縣注："梁置蔡陽郡，後魏置南雍州。西魏改曰蔡州，分置南陽縣，後改曰雙泉；又置千金郡、瀴源縣。開皇初郡並廢，大業初州廢，雙泉、瀴源二縣並廢入焉。有唐子山、大鼓山。有瀴水。"

［二一二］按：《隋書》卷三一《地理志下》漢東郡注："西魏置并州，後改曰隋州。"又，《太平寰宇記》卷一四四《山南東道三》隨州："在周爲隨國，……漢初立爲隨縣，屬南陽郡。後漢如之。晉屬義陽郡，後分置隨郡。宋、齊因之。西魏置并州，尋廢，大統十六年克定隨、安陸二郡，[①] 改隨郡爲隨州。"

［二一三］按：《元和郡縣圖志》卷二一《山南道二》隨州："本春秋時隨國，……漢立爲隨縣，屬南陽郡。晉太康九年，分義陽置隨郡。……後魏文帝大統十六年改隨州，後遂因之。"

［二一四］按：《宋書》卷三六《州郡志二》云："隨陽太守，晉武帝分南陽義陽立義陽國，太康年，又分義陽爲隨國，屬荆州。孝武孝建元年度屬郢，前廢帝永光元年度屬雍，明帝泰始五年還屬郢，改爲隨陽。"

［二一五］按：《南齊書》卷一五《州郡志下》司州下統有隨郡。

［二一六］按：《隋書》卷三一《地理志下》漢東郡隋縣注："舊置隨郡，西魏又析置溳西郡及溳西縣。梁又置曲陵郡。"

［二一七］按：《隋書》卷三一《地理志下》漢東郡土山縣注："梁曰龍巢，置土州、東西二永寧、真陽三郡，及置石武縣。後周廢三郡爲齊郡，改龍巢曰左陽；又有阜陵縣，改爲漳川縣。"

［二一八］考《隋書》卷三一《地理志下》漢東郡唐城縣注："後魏曰溳西，置義陽郡。西魏改溳西爲下溠，又立肆州，尋曰唐州。"此"塘州"當是

---

① 據《周書》卷二《文帝紀下》載，西魏於大統十五年冬十一月攻克隨郡。

“唐州”之刊誤。

［二一九］［二二〇］按：《周書》卷二《文帝紀下》云：“（西魏廢帝）三年春正月，……又改置州郡及縣：改……恒州爲均州，沙州爲深州。”

［二二一］按：《隋書》卷三一《地理志下》漢東郡安貴縣注：“梁置，曰定陽，又置北郢州。西魏改定陽曰安貴，改北郢州爲欵州，又尋廢爲湞水郡，别置戟城郡及戟城縣。”據此可知《西魏書》“蓋周省款州，而别置湞水及戟城二郡”之説無誤。“欵”即“款”。

［二二二］按：《隋書》卷三一《地理志下》漢東郡唐城縣注：“後魏曰溵西，置義陽郡。西魏改溵西爲下溠，又立肆州，尋曰唐州。後周省均、款、湞、歸四州入，改曰唐州。”

［二二三］按：《隋書》卷三一《地理志下》漢東郡唐城縣注：“又有東魏南豫州，至是改爲溵川郡，又置清嘉縣。”

［二二四］按：《周書》卷二《文帝紀下》云：“（西魏廢帝）三年春正月，……又改置州郡及縣：改……淮州爲純州。”

［二二五］按：《隋書》卷三一《地理志下》漢東郡順義縣注：“梁置北隨郡。西魏改爲南陽，析置淮南郡；以厲城、順義二縣立冀州，尋改爲順州；又置安化縣。開皇初郡並廢，十八年改安化曰寧化。”

［二二六］按：《隋書》卷三一《地理志下》漢東郡平林縣注：“梁置上明郡，開皇初廢。”

［二二七］按：《隋書》卷三一《地理志下》漢東郡上明縣注：“西魏置，曰洛平縣，開皇十八年改名焉。”

［二二八］按：《元和郡縣圖志》卷二一《山南道二》隨州光化縣：“本漢隨縣地，南齊武帝分其地立安化縣，屬隨郡。後魏文帝改爲新化縣，廢帝改爲光化縣。”

［二二九］按：《太平寰宇記》卷一三二《淮南道十》安州：“梁天監七年於此置南司州。[①] 後廢州，復爲安陸縣。西魏置安州總管府。”又，《元和郡縣

---

① 天監七年，《輿地紀勝》卷七七德安府引《太平寰宇記》作“天監元年”。

圖志》卷二七《江南道三》安州："後魏大統十六年改爲安州。"

［二三〇］按:《元和郡縣圖志》卷二七《江南道三》安州："春秋時鄖國，後爲楚所滅。漢爲安陸縣，高帝六年分南郡置江夏郡於此。"

［二三一］詳見《元和郡縣圖志》卷二七《江南道三》安州、《太平寰宇記》卷一三二《淮南道十》安州。① 然則揆諸《宋書》"安陸太守，孝武孝建元年，分江夏立"云云，② 可知"宋武帝分江夏置郡"之説，亦非的論。

［二三二］詳見《元和郡縣圖志》卷二七《江南道三》安州、《太平寰宇記》卷一三二《淮南道十》安州。③

［二三三］按:《隋書》卷三一《地理志下》安陸郡安陸縣注："有舊永陽縣，西魏改曰吉陽。"

［二三四］按:《隋書》卷三一《地理志下》安陸郡孝昌縣注："西魏置岳州及岳山郡，後周州郡並廢。又有澴岳郡，開皇初廢。"

［二三五］孝昌宋置:《宋書》卷三七《州郡志三》明言郢州江夏郡設有孝昌縣，並"疑是孝武世所立"。④

［二三六］按:《隋書》卷三一《地理志下》安陸郡吉陽縣注："梁置，曰平陽，及立汝南郡。西魏改郡爲董城，⑤ 改縣曰京池。……又梁置義陽郡，西魏改爲南司州，尋廢。"《太平寰宇記》卷一三二《淮南道十》安州孝感縣："廢吉陽縣，在縣北六十里。本安陸縣地，梁於此置平陽縣，屬汝南郡。后魏大統十六年改汝南郡爲董城郡，又改平陽縣爲京池縣。"

［二三七］按:《元和郡縣圖志》卷二七《江南道三》安州應城縣："本漢

---

① 《元和郡縣圖志》卷二七《江南道三》安州，頁六四九;《太平寰宇記》卷一三二《淮南道十》安州，頁二五九二。

② 《宋書》卷三六《州郡志二》，頁一一〇五。

③ 《元和郡縣圖志》卷二七《江南道三》安州，頁六五〇;《太平寰宇記》卷一三二《淮南道十》安州，頁二五九四。

④ 《宋書》卷三六《州郡志二》，頁一一二四。

⑤ 《隋書》卷三一校勘記［二七］云:"'董'原作'重'，據《梁書·簡文帝紀》、《輿地紀勝》卷七七改。"又,《太平寰宇記》卷一三二校勘記［一五］云:"按:《梁書》卷四《簡文帝紀》:大寶二年，'邵陵王綸走至安陸董城，爲西魏所攻，軍敗，死。'《輿地紀勝》德安府引《舊經》云:'吉陽縣城，本名董城，因小子董黯得名。'《北周地理志》亦作'董城郡'，此'重'爲'董'字之誤，據改。"

安陸縣地，宋於此置應城縣。”[①]《太平寰宇記》卷一三二《淮南道十》安州應城縣：“本漢安陸縣地，宋於此置應城縣。後魏大統十七年改屬河南郡，其年又改爲祁水郡。隋大業二年改應陽縣。”

［二三八］按：《太平寰宇記》卷一三二《淮南道十》安州雲夢縣：“本漢安陸縣地，後魏大統十六年於雲夢古城置雲夢縣，因以爲名，屬陽城郡。”

［二三九］按：《太平寰宇記》卷一三二《淮南道十》安州孝感縣浮城引《郡國志》云：“吉陽縣東有蒲騷城，今俗名浮城，即《左傳》謂‘鄖人軍於蒲騷’，即此也。”

［二四〇］考《元和郡縣圖志》卷二一《山南道二》郢州：“本江夏郡雲杜縣之地。《周地圖記》曰：‘蠻人酋渠田金生代居此地，常爲邊患，梁普通末，遣郢州刺史元樹討平之，因置新州。’後魏廢帝二年改爲温州，因温水爲名也。”是知大統末改稱温州之説有誤。

［二四一］按：《隋書》卷三一《地理志下》安陸郡京山縣注：“舊曰新陽，梁置新州、梁寧郡。西魏改州爲温州，改縣爲角陵，又置盤陂縣。……有角陵山、京山。”

［二四二］按：《隋書》卷三一《地理志下》安陸郡富水縣注：“舊曰南新市。西魏改爲富水，又置富水郡。”

［二四三］按：《隋書》卷三一《地理志下》安陸郡應山縣注：“梁置，曰永陽，仍置應州，又有平靖郡。西魏又置平靖縣。”

［二四四］［二四五］按：《周書》卷二《文帝紀下》云：“（西魏廢帝）三年春正月，……又改置州郡及縣：改……揚州謂潁州，司州謂憲州，……凡改州四十六，置州一，改郡一百六，改縣二百三十。”

---

① 《元和郡縣圖志》卷二七校勘記［六一］引張駒賢《考證》，斷定“《隋志》言西魏置，誤”。

百官考四上　西魏書九

通議大夫浙江按察使司按察使加二級南康謝啓昆撰[一]

西魏徙關中，官品猶依舊制。大統中，以漢魏官繁，思革前弊，乃命蘇綽、盧辯[二]酌《周禮》之文，建六官之職。廢帝作九命之典，以叙官爵。及恭帝三年，典制遂粲然大備矣。而内外衆職，亦頗兼用秦、魏。謂將軍、都督、刺史、太守之類宇文紹統，不復别立憲章。今參稽史文，輯之爲《考》。其武成已後，間有增損者，並著於篇，以見兩代因革之制云。[三]

王、公、侯、伯、子、男。

右爵

太師一人；太傅一人；太保一人。

右三公

少師一人；少傅一人；少保一人。魏初以太師、太傅、太保，謂之三師，上公也；大司馬、大將軍，二大；太尉、司徒、司空，謂之三公。大統後，改三師官爲三公，並置三孤以貳之，以爲論道之官，而以司徒爲地官，大司馬爲夏官，大司空爲冬官，無復太尉、三師之號。[四]又，魏初三師二人有僚屬，玆三公、三孤皆無。

右三孤

天官之屬：

大冢宰卿，一人正七命。[五]小冢宰上大夫正六命。案：上大夫幾人，其數未聞[六]，缺以俟考。後同。

司會中大夫正五命；上士正三命；中士正二命；旅下士正一命。

宗師中大夫正五命；小宗師下大夫正四命；上士正三命。

宗正上士正三命；中士正二命；下士正一命。

太府中大夫正五命；上士正三命；下士。

玉府上士正三命；中士正二命。

内府[七]上士正三命；中士正二命。

外府上士正三命；中士正二命。

左府上士正三命；中士正二命。

右府上士正三命；中士正二命。

御正中大夫正五命；小御正下大夫；上士正三命。

御伯中大夫，二人後周武帝改下大夫；上士。

主膳中大夫，一人正五命；小膳部下大夫正四命；上士正三命。

太醫下大夫正四命。

小醫下大夫正四命；上士正三命。

醫正上士正三命；中士正二命；下士正一命。

瘍醫上士正三命；中士正二命；下士正一命。

典庖中士正二命；下士正一命。

典饍[八]中士正二命；下士正一命。

酒正中士正二命；下士正一命。

餚藏中士正二命；下士正一命。

司鼎俎中士正二命；下士正一命。

掌醢中士正二命；下士正一命。

食醫下士正一命。

内膳上士正三命；中士正二命。

外膳上士正三命；中士正二命；下士正一命。

主寢上士正三命；中士正二命。

司織下大夫。

縫工上士正三命；中士正二命。

染工上士正三命；中士正二命。

掌式上士；中士。

司内上士正三命；小司内中士正二命。

巷伯中士正二命；奄下士。

司内奄上士。

内小臣奄中士正二命；下士正一命。

給事中士，六十人後别置給事中，在六官之外。

計部中大夫正五命；小計部下大夫正四命；上士正三命；中士。

司服上士正三命；二人。中士正二命；二人。[一〇]

内司服奄中士正二命；下士正一命。

掌冰中士正一命；下士正一命。

主藥下士正一命。

典婦功奄中士正二命；下士正一命。

左宫伯中大夫正五命；小左宫伯下大夫正四命；上士正三命。

右宫伯中大夫正五命；小右宫伯下大夫正四命；上士正三命。

左中侍中士；右中侍中士。

左侍中士正二命；右侍中士正二命。

左前侍中士正二命；右前侍中士正二命。

左後侍中士正二命；右後侍中士正二命。

左騎侍下士，六人正一命；右騎侍下士，六人正一命。

左宗侍下士，六人正一命；右宗侍下士，六人正一命。

左庶侍下士，六人正一命；右庶侍下士，六人正一命。

左勛侍下士，六人正一命；右勛侍下士，六人正一命。

主璽下士正一命。[一一]

大冢宰之職，掌邦治，以建邦之六典，佐皇帝治邦國。[一二]皇帝親祀社稷，則亞獻。[一三]案：官俱有掌，今録其可知者，餘俱闕。

宗師掌皇族，定世系，辨昭穆，訓以孝悌。[一四]

太府掌貢賦、貨賂，以供國用。[一五]

御伯掌出入侍從。[一六]

主膳掌飲食。

内膳掌進飲食，先嘗之。[一七]

給事掌理六經，給事左右。[一八]

小計部掌出納。

左宫伯掌侍衛之禁，與右宫伯各更直於内。小左宫伯貳之。臨朝則分在前侍之首，金甲，執龍環長刀，飾以金。行則夾路車。

右宫伯掌同左宫伯。

左中侍，掌御寢之禁。金甲，左執龍環，右執獸環長刀，飾以金。行則帶黄弓矢，巡田則常服，帶短刀[一九]，並飾以金。

右中侍掌同左中侍。

左侍掌陪中侍之後。銀甲，左執鳳環，右執麟環長刀，飾以銀。行則帶黄弓矢，巡田則常服，帶短刀，並飾以金。

右侍掌同左侍。

左前侍掌御寢南門之左。銀甲，執師子環長刀，飾以銀。行則帶黄弓矢，巡田則常服，帶短刀，並飾以金。

右前侍掌御寢南門之右。銀甲，執象環長刀，飾以銀。行則帶黄弓矢，巡田則常服，帶短刀，並飾以金。

左後侍掌御寢北門之左。銀甲，執犀環長刀，飾以銀。行則帶黄弓矢，巡田則常服，帶短刀，並飾以銀。

右後侍掌御寢北門之右。銀甲，執兕環長刀，飾以銀。行則帶黄弓矢，巡田則常服，帶短刀，並飾以銀。

左騎侍掌立寢之東階。銀甲，執熊環長刀，飾以銀，兼執師子彤楯，列左侍之外。行則帶黄弓矢，巡田則常服，帶短刀，並飾以銀。

右騎侍掌立寢之西階。銀甲，執熊環長刀，飾以銀，兼執師子彤楯，列右侍之外。行則帶黄弓矢，巡田則常服，帶短刀，並飾以銀。

左宗侍掌陪左前侍之後，夜則衛於寢庭之中。服金塗甲，執豹環長刀，金塗飾，兼執師子彤楯，列左[二〇]騎侍之外。行則帶黄弓矢，巡田則常服，帶短刀，並飾以金。

右宗侍掌陪右前侍之後，夜則衛於寢庭之中。服金塗甲，執貔環長刀，金塗飾，兼執師子彤楯，列右騎侍之外。行則帶黄弓矢，巡田則常服，帶短刀，並飾以金。

左庶侍掌非皇帝所御門閤之禁。服金塗甲，執獬豸環長劍，金飾，兼執師子彤楯，列左宗侍之外。行則兼帶皓弓矢。

右庶侍掌非皇帝所御門閤之禁。服金塗甲，執麟環長劍，金飾，兼執師子彤楯，列右宗侍之外。行則兼帶皓弓矢。

左勛侍掌陪庶侍而守出入。服金塗甲，執吉良環長劍，兼執師子彤楯，列左庶侍之外。行則帶盧弓矢，巡田則與庶侍，俱常服，佩短劍，如其長劍之飾。

右勛侍掌陪庶侍而守出入。服金塗甲，執猙環長劍，兼執師子彤楯，列右庶侍之外。行則帶盧弓矢，巡田則與庶侍，俱常服，佩短劍，如其長劍之飾。

凡諸侍官，大駕則俱侍，中駕及露寢半之，小駕三分之一。[二一]

主璽掌玉璽之藏。[二二]

右天官

地官之屬：

大司徒卿，一人正七命；小司徒上大夫正六命。[二三]

鄉伯中大夫正五命；小鄉伯下大夫正四命；上士正三命；中士正二命。

鄉大夫每鄉中大夫正四命；鄉正上士正三命；中士正二命。

州長上士正三命；中士正二命。

遂伯中大夫正五命；小遂伯下大夫正四命；上士正三命；中士正二命。

遂大夫每遂中大夫正四命；遂正上士正三命；中士正二命。

稍伯中大夫正五命；小稍伯下大夫正四命；上士正三命；中士正二命。

稍大夫每稍下大夫正四命；稍正上士正三命；中士正二命。

縣伯中大夫正五命。小縣伯下大夫正四命；上士正三命；中士正二命。

縣大夫每縣下大夫正四命；縣正上士正三命；中士正二命。[二四]

大畿伯中大夫正五命[二五]；小畿伯下大夫正四命；上士正三命；中士正二命。
畿大夫每畿下大夫正四命；畿正上士正三命；中士正二命。
載師中大夫正五命；小載師下大夫正四命；上士正三命。
師氏中大夫正五命；小師氏下大夫正四命；上士正三命。
保氏下大夫正四命；上士正三命。
司諫上士正三命；中士正二命。
司救上士正三命；中士正二命。
司媒上士正三命；中士正二命。
司倉下大夫正四命；小司倉上士正三命。
司門下大夫正四命；小司門上士正三命。
司市下大夫正四命；小司市上士正三命。
虞部下大夫，一人正四命；小虞部上士正三命。
民部中大夫，二人正五命；上士正三命；中士正二命。
黨正旅下士正一命。
司封中士正二命；下士正一命。
司農上士，一人正三命；中士正二命。
司均上士正三命；中士正二命。
司賦上士正三命；中士正二命。
司役上士正三命；中士正二命。
掌鹽中士正二命；下士正一命。
掌遺中士正二命。
掌壝下士正一命。
典牧中士正二命；下士正一命。
典牛中士正二命；下士正一命。
土訓[二六]中士正二命；下士正一命。
誦訓中士正二命；下士正一命。
神倉中士正二命；下士正一命。
黍倉中士正二命；下士正一命。

稷倉中士正二命；下士正一命。
稻倉中士正二命；下士正一命。
豆倉中士正二命；下士正一命。
麥倉中士正二命；下士正一命。
米倉中士正二命；下士正一命。
鹽倉中士正二命；下士正一命。
典麴中士正二命；下士正一命。
典舂中士正二命；下士正一命。
典磑中士正二命；下士正一命。
掌節中士正二命；下士正一命。
宫門上士，一人；中士正二命；下士，一人正一命。
城門中士正二命；下士正一命。
司關中士正二命；下士正一命。
均工中士正二命；下士正一命。
平準中士正二命；下士正一命。
泉府中士正二命；下士正一命。
山虞中士正二命；下士正一命。
澤虞中士正二命；下士正一命。
林衡中士正二命；下士正一命。
川衡中士正二命；下士正一命。
掌禽中士正二命；下士正一命。
掌囿中士正二命；下士正一命。
掌圃中士；下士正一命。
掌炭中士正二命；下士正一命。
掌薪下士正一命。
掌芻中士正二命；下士正一命。
大司徒之職，掌邦教，佐皇帝，擾邦國。[二七]
載師掌任土之法，辨夫家田里之數，會六畜車乘之稽，審賦役斂弛之節，

制畿疆脩廣之域，頒施會之要，審牧産之政。[二八]

保氏掌規諫於天子。[二九]

司倉掌辨九穀之物，以量國用。國用足，即蓄其餘，以待凶荒；不足則止。餘用用足，則以粟貸人。春頒之，秋斂之。[三〇]

虞部掌山澤、草木、鳥獸而阜蕃之。[三一]

民部掌承司徒教，以籍帳之法，贊計人民之衆寡。[三二]

司農掌三農、九穀、稼穡之政令。[三三]

司均掌田里之政令。凡人口十以上，宅五畝；口七以上，宅四畝；五口以上，宅三畝。有室者，田百四十畝；丁者田百畝。[三四]

司賦掌功賦之政令。凡人自十八以至六十有四，與輕癃者，皆賦之。其賦之法：有室者，歲不過絹一匹，棉[三五]八兩，粟五斛；丁者半之。其非桑土，有室者，布一匹，麻十斤；丁者又半之。豐年則全賦，中年半之，下年三之一，皆以其時徵焉。若艱凶札，則不徵其賦。[三六]

司役掌力役之政令。凡人自十八以至五十有九，皆任於役。豐年不過三旬，[三七]中年則二旬，下年則一旬。凡起徒役，無過家一人。其人有年八十者，一子不行役；百年者，家不從役。廢疾非人不養者，一人不從役。若凶札，又無力徵。凡役丁歲十二番，匠則六番。[三八]

掌鹽掌四鹽之政令。一曰散鹽，煮海以成之。二曰盬鹽[三九]，引池以化之。三曰形鹽，掘地以出之。四曰飴鹽，於戎以取之。凡盬鹽、形鹽，每地爲之禁，百姓取之，皆税焉。[四〇]案：《周禮》鹽人隸天官，玆掌鹽所職，乃禁税之政，與鹽人不同，故隸地官。

宮門掌皇城十二門之禁令。[四一]

右地官

春官之屬：

大宗伯卿，一人正七命；小宗伯上大夫。

肆師下大夫；上士。

禮部中大夫；上士；中士；旅下士。

典命下大夫；上士後改爲大司禮。
守廟中大夫正五命；小守廟下大夫正四命；上士正三命；奄下士。
典祀中大夫正五命；小典祀下大夫正四命；上士正三命，“祀”一作“祠”。
大司樂中大夫正五命；上士；中士後改爲樂部。
小司樂下大夫正四命；上士正三命。
樂師上士正三命；中士正二命。
樂胥中士正二命；下士正一命。
司歌中士正二命；下士正一命。
司鐘磬中士正二命；下士正一命。
司鼓中士正二命；下士正一命。
司吹中士正二命；下士正一命。
司舞中士正二命；下士正一命。
籥章中士正二命；下士正一命。
掌散樂中士正二命；下士正一命。
掌夷樂中士正二命；下士正一命。
典庸器中士正二命；下士正一命。
太卜下大夫正四命；小卜上士正三命。
龜占中士正二命；下士正一命。
筮占中士正二命；下士正一命。
夢占中士正二命；下士正一命。
視祲中士正二命；下士正一命。
司巫中士正二命；下士正一命。
喪祝中士正二命；下士正一命。
甸祝中士正二命；下士正一命。
詛祝中士正二命；下士正一命。
神士中士正二命；下士正一命。
司車輅下大夫正四命；小司車輅上士正三命。
典路中士正二命；下士正一命。

司車中士正二命；下士正一命。

司常中士正二命；下士正一命。

太祝下大夫[四二]，三人正四命；小祝上士，四人正三命。

理禮中士，一人；下士，一人。

司几筵中士正二命；下士正一命。

司樽彝中士正二命；下士正一命。

掌鬱中士正二命；下士正一命。

司鬯中士正二命；下士正一命。

究犧中士正二命；下士正一命。

司雞中士正二命；下士正一命。

司郊上士正三命；中士正二命；下士正一命。

掌次上士正三命；掌衣下士正一命。

司社中士正二命；下士正一命。

御史中士正三命；下士正一命。

司寂上士正三命；中士正二命。

司元中士正二命；下士正一命。

內史中大夫，二人正五命；小內史下大夫正四命；上士正三命。

太史中大夫正五命。

外史下大夫正四命。

校書下士，十二人正一命。

著作上士，二人正三命[四三]；中士，四人正二命。

典瑞中士正二命；下士正一命。

司服中士正二命；下士正一命。

內司服奄中士。

治禮中士正二命；下士正一命。

司謁中士正二命；下士正一命。

小史下大夫正四命；上士，二人正三命。

馮相上士正三命；中士正二命。

保章上士正三命；中士正二命。

太學博士下大夫，六人正四命；小學博士上士正三命；太學助教上士正三命；小學助教中士正二命。

夏采下大夫正四命；小夏采下士正三命。

守陵上士正三命；中士正二命。

掌墓中士正二命。

職喪中士正二命；下士正一命。

掌幕下士。

大宗伯之職，掌邦禮，以佐皇帝和邦國。[四四]皇帝親祀社稷則終獻。[四五]

典命掌内外九族之差及王器衣服之令、沙門道士之法。[四六]

大司樂掌成均之法。[四七]

司車輅掌公車之政，辨其名品，與其物色。[四八]

皇帝之輅，十有二等：一曰蒼輅，以祀昊天上帝。二曰青輅，以祀東方上帝。三曰朱輅，以祀南方上帝及朝日。四曰黄輅，以祭地祇中央上帝。五曰白輅，以祀西方上帝及夕月。六曰元輅，以祀北方上帝及感帝，祭神州。此六輅，通漆之而已，不用他物爲飾。皆疏面，旒就以方色，俱十有二。頭面[四九]，刻皮當顱七曰玉輅，以享先皇，加元服，納后。八曰碧輅，以祭社稷，享諸先帝，大貞於龜，食三老五更，享食諸侯及耕籍。九曰金輅，以祀星辰，祭四望，視朔，大射，賓射，饗羣臣，巡犧牲，養國老。十曰象輅，以望秩羣祀，視朝，燕諸侯及羣臣，燕射，養庶老，適諸侯家，巡省，臨太學，幸道法門。十一曰革輅，以巡兵即戎。十二曰木輅，以田獵，行鄉畿。此六輅，又以六色漆而畫之，用玉碧金象革物，以飾諸末。皆鍚面、金鉤，就以五采，俱十有二。鍚面，鏤金當顱。銅以屬勒鞏纓。[五〇]

皇后之車，亦十有二等：一曰重翟，以從皇帝，重翟羽爲車蕃祀郊禖，享先皇，朝皇太后。二曰厭翟，以祭陰社。次其羽也三曰翟輅，以采桑。翟羽飾之四曰翠輅，以從皇帝，見賓客。翠羽飾之五曰雕輅，以歸寧。刻諸末也六曰篆輅，以臨諸道法門。篆諸飾也六輅皆鍚面，朱總、總以朱絲爲之，置馬勒，直兩耳與兩鑣也金鉤。七曰蒼輅，以適命婦家。八曰青輅，九曰朱輅，十曰黄輅，十一曰白輅，

十二曰玄輅。五時常出入則供之。六輅皆疏面，繢總。以畫繒爲之。[五一]

皇帝、皇后在喪之車五：一曰木車，初喪乘之。二曰素車，卒哭乘之。三曰藻車，既練乘之。四曰駹車，祥而乘之。五曰漆車，禫而乘之。

諸公之輅九：方輅、各象方之色碧輅、金輅、皆錫面，鞶纓九就，金鉤象輅、犀輅、貝輅、革輅、篆輅、木輅，皆疏面，鞶纓九就。凡就，皆以朱白蒼三采諸侯自方輅而下八，又無碧輅。諸伯自方輅而下七，又無金輅。諸子自方輅而下六，又無象輅。諸男自方輅而下五，又無犀輅。凡就，各如其命。

諸公夫人之輅車九：厭翟、翟輅、翠輅、皆錫面，朱總，金鉤雕輅、篆輅、皆勒面刻白黑韋爲當顱，繢總朱輅、黄輅、白輅、玄輅[五二]，輅皆雕面刻漆韋爲當顱鷖總。總青黑色之繒，其著如朱總諸侯夫人自翟輅而下八，諸伯夫人自翠輅而下七，諸子夫人自雕輅而下六，諸男夫人自篆輅而下五。鞶纓就數，各視其君。

公孤卿大夫，皆以中之色乘祀輅。士乘祀車。

三公之輅車九：祀輅、犀輅、貝輅、篆輅、木輅、夏篆、夏縵、墨車、輚車。自篆以上，金塗諸末，疏錫，鞶纓，金鉤。[五三]木輅以下，銅飾諸末，疏，鞶纓九就。三孤自祀輅而下八，無犀輅。六卿自祀輅[五四]而下七，又無貝輅。上大夫自祀輅而下六，又無篆輅。中大夫自祀輅而下五，又無木輅。下大夫自祀輅而下[五五]四，又無夏篆。士車三：祀車、墨車、輚車。凡就，各如其命之數。自孤下，就以朱緑二采。

三妃、三公夫人之輅九：篆輅、朱輅、黄輅、白輅、玄[五六]輅、皆勒面，繢總夏篆、夏縵、墨車、輚車。皆雕面，鷖總三㚤、三孤内子，自朱輅已下八。六嬪、六卿内子，自黄輅而下七。上媛婦、中大夫孺人，自玄[五七]輅而下五。下媛婦、大夫孺人，自夏篆而下四。御婉、士婦人，自夏縵而下三。其鞶纓就，各以其等。

皆簟第，漆之。君以赤，卿大夫士以玄。[五八]

君駕四，三駒六轡。卿大夫駕三，二駒五轡。士駕二，一駒四轡。

凡輅之制，重輪重較而加耳[五九]焉。皇帝、皇后之輅，輿[六〇]廣六尺有六寸，輪高七尺。畫輪轂、輈衡以雲牙，箱軾以虡文，虡内畫以雜獸。獸伏軾，鹿倚較。諸侯及夫人，命夫、命婦之輅車[六一]，廣六尺有二寸，輪崇六尺有六寸。畫轂以雲牙，軾以虡文，虡内畫以雲華。鹿倚較。士不畫。后、夫人、内子已下，同去獸與鹿。

凡車之蓋圓，以象天。輿方，以象地。輪輻三十，以象日月。蓋橑二十有八，以象列宿。設和鑾[六二]以節趨行，被旗旒以表貴賤。其取象也大，其彰德也明，是以王者尚之。

司常，掌旗物之藏。通帛旗六，以供郊丘之祀。一曰蒼旗，二曰青旗，三曰朱旗，四曰黄旗，五曰白旗，六曰玄[六三]旗。畫繢之旗六，以充玉輅之等。一曰三辰之常，二曰青龍之旗，三曰朱鳥之旟，四曰黄麟之旌，五曰白虎[六四]之旗，六曰玄武[六五]之旐。皆左建旗而右建闟戟[六六]，又有繼旗四，以施軍旅。一曰麾，以供軍將。[六七]二曰旞，以供師帥。三曰旐[六八]，以供旅帥。四曰旆，以供倅長。諸公方輅、碧輅建旂，金輅建旟，象輅建物，木輅建旐。諸侯自金輅而下，如諸公之旗。諸伯自象輅而下，如諸侯之旗。諸子自犀輅而下，如諸伯之旗。諸男自篆輅[六九]而下，如諸子之旗。三公犀輅、貝輅、篆輅建旜，木輅建旐，夏篆、夏縵及輚車建物。孤卿以下，各以其等建其旗。

旌杠，皇帝六刃，諸侯五刃，大夫四刃，士三刃。

旒，皇帝曳地，諸侯及軹，大夫及轂，士及軫。凡注毛於杠首曰綏，析羽曰旌，全羽曰旞。其幓，皇帝、諸侯加以弧韣。闟戟[七〇]，方六尺而被之以黻，唯皇帝諸侯輅建焉。闟戟[七一]、杠綢與旗同。[七二]

凡旗，太常[七三]畫三辰，日、月、五星旂[七四]畫青龍，皇帝升龍，諸侯交龍旟畫朱雀，旌畫黄麟，旗畫白虎[七五]，旐畫玄[七六]武，皆加雲。其旜物在軍，亦書一作“畫”其事一作士號，加之以雲氣。徽幟亦如之。通帛爲旜，雜帛爲物，在軍亦書其人官與姓名之事號。徽幟亦書之，但[七七]畫其所書之例。旌節又畫白虎[七八]，而析羽於其上。

太祝掌大將出征，則以羊一，祭所過名山大川。[七九]

司寂掌法門之政。司元掌道門之政。[八〇]

内史掌王言。[八一]

外史掌書王言及動作之事，以爲國志。著作掌綴國録。[八二]

典瑞掌皇帝八璽。[八三]曰神璽，曰傳國璽，皆寶而不用神璽明受之於天，傳國璽明受之於運。皇帝負扆，則置神璽於筵前之右，置傳國璽於筵前之左。又有六璽。一曰“皇帝行璽”，封命諸侯及三公用之。二曰“皇帝之璽”，與諸侯及三公書用之。三曰“皇帝信璽”，發諸夏之兵用之。其四“天子行璽”，封命蕃國之君用之。其五“天子之璽”，與蕃國之君書用之。其六“天子信璽”，徵蕃國之兵用之。六璽皆白玉爲之，方一寸五分，高寸，螭獸鈕。皇后璽，文曰“皇后之璽”，白玉爲之，方寸五分，高寸，麟鈕。三公諸侯皆金印，方寸二分，高八分，龜鈕。三命以上，銅印銅鼻。其方皆寸，其高六分，文曰“某公官之印”。

皇帝之組綬，以蒼，以青，以朱，以黄，以白，以玄[八四]，以纁，以紅，以紫，以緅，以碧，以緑，十有二色。諸公九色，自黄以下。諸侯八色，自白以下。諸伯七色，自玄[八五]以下。諸子六色，自纁以下。諸男五色，自紅以下。三公之綬，如諸公。三孤之綬，如諸侯。六卿之綬，如諸伯。上大夫之綬，如諸子。中大夫之綬，如諸男。下大夫之綬，自紫以下。士之綬，自緅以下。其璽印之綬，亦如之。

司服掌皇帝[八六]十二服。祀昊天上帝，則蒼衣蒼冕；祀東方上帝及朝日，則青衣青冕；祀南方上帝，則朱衣朱冕；祭皇地祇及祀中央上帝，則黄衣黄冕；祀西方上帝及夕月，則素衣素冕；祀北方上帝及祭神州、社稷，則玄衣玄冕[八七]；享先皇、加元服、納后、朝諸侯，則象衣象冕。十有二章，日月星辰山龍華蟲六章在衣，火宗彝藻粉米黼黻六章在裳，凡十二等。享諸先帝、大貞於龜、食三老五更、享諸侯、耕籍，則服衮冕，自龍以下，凡九章十二等。宗彝以下五章在衣，藻、火以下四章在裳，衣重宗彝。祀星辰、祭四望、視朔、大射、饗羣臣、巡犧牲、養國老，則服山冕，八[八八]章十二等。衣裳各四章，衣重火與宗彝。羣祀、視朝、臨太學、入道[八九]法門、宴諸侯與羣臣及燕射、養庶老、適諸侯家，則服鷩冕，七章十二等。衣三章，裳四章，衣重三章。衮、山、鷩三冕，皆裳重黼黻，俱十有二等。通以升龍爲領褾。冕通十有二旒。巡兵即戎，則服韋弁謂以韎韋爲弁，又以爲裳衣也。田獵行鄉畿，則服皮弁謂以鹿子皮爲弁，白布衣而素裳。皇帝凶服斬衰，父母之喪上下達也其弔服，錫衰以哭三公，緦衰以哭諸侯，皆十五升抽其半。錫者，浣其布，不浣其縷，哀在内。緦者，浣其縷，不浣其布，哀在外也疑衰以哭大夫，十四升皆素弁，如爵弁之數環絰。一服纏絰凡大疫、大荒、大灾，則素服縞冠。凡疫病、荒饑、年灾水旱也。

諸公之服九：一曰方冕。二曰衮冕，九章，宗彝以上五章在衣，藻以下四章在裳。三曰山冕，八章，衣裳各四章，衣重宗彝，爲九等。四曰鷩冕，七章，衣三章，裳四章，衣重火與宗彝。五曰火冕，六章，衣裳各三章，衣重宗彝及藻，裳重黻。六曰毳冕，五章，衣三章，裳二章，衣重藻粉米，裳重黼黻。山冕以下俱九等，皆以山爲領褾，冕俱九旒。七曰韋弁。八曰皮弁。九曰玄[九〇]冠。

諸侯服，自方冕而下八，無衮冕。山冕八章，衣裳各四章。鷩冕七章，衣三章，裳四章，衣重宗彝。火冕六章，衣裳各三章，衣重藻，裳重黼。毳冕五章，衣二章，裳二章，衣重粉米，裳重黼黻。鷩冕以下俱八等，皆以華蟲爲領褾。冕俱八旒。

諸伯服，自方冕而下七，又無山冕。鷩冕七章，衣三章，裳四章。火冕六章，衣裳各三章，裳重黻。毳冕五章，衣三章，裳二章，裳重黼黻。火冕以下俱七等，皆以火爲領褾。冕俱七旒。

諸子服，自方冕而下六，又無鷩冕。火冕六章，衣裳各三章。毳冕五章。衣三章，裳二章，裳重黻。毳冕以下俱六等，皆以宗彝爲領褾。冕俱六旒。

諸男服，自方冕而下五，又無火冕。毳冕五章，衣三章，裳二章。以藻爲領褾。冕五旒。

三公之服九：一曰祀冕。二曰火冕，六章，衣裳各三章，衣重宗彝與藻，裳重黻。三曰毳冕，五章，衣三章，裳二章，衣重藻與粉米，裳重黼黻。四曰藻冕，四章，衣裳俱二章，衣重藻與粉米，裳重黼黻。五曰繡冕，三章，衣一章，裳二章，衣重粉米，裳重黼黻，俱九等，皆以宗彝爲領褾。六曰爵弁。七曰韋弁。八曰皮弁。九曰玄[九一]冠。

三孤之服，自祀冕而下八，無火冕。毳冕五章，衣三章，裳二章，衣重粉米，裳重黼黻。藻冕四章，衣裳各二章，衣重藻與粉米，裳重黼黻，俱八等，皆以藻爲領褾。繡冕三章，衣一章，裳二章，衣重粉米，裳重黼黻，爲八等。

公卿之服，自祀冕而下七，又無毳冕。藻冕四章，衣裳各二章，衣重粉米，裳重黼黻，爲七等，皆以粉米爲領褾，各七。繡冕三章，衣一章，裳二章，衣重粉米，裳重黼黻，爲七等。

上大夫之服，自祀冕而下六，又無藻冕。繡冕三章，衣一章，裳二章，衣重粉米，裳重黼，爲六等。

中大夫之服，自祀冕而下五，又無皮弁。繡冕三章，衣一章，裳二章，衣重粉米，爲五等。

下大夫之服，自祀冕而下四，又無爵弁。繡冕三章，衣一章，裳二章，衣重粉米，爲四等。

士之服三：一曰祀弁，二曰爵弁，三曰玄冠。[九二]玄冠皆玄衣，其裳制，上士以玄，中士以黄，下士雜裳，謂前玄後黄也。庶士之服一：玄冠。[九三]庶士，庶人在官，府史之屬。其服緇衣裳。

皇后衣十二等。其翟衣[九四]六，從皇帝祀郊禖，享先皇，朝皇太后，則服翬衣。素質，五色祭陰社，朝[九五]命婦，則服褕衣。[九六]青質，五色祭羣小祀，受獻璽[九七]，則服鷩衣。赤衣采桑則服鳪衣。[九八]黄色從皇帝見賓客，聽女教，則服鵫衣白色。食命婦，歸寧，則服翐衣。[九九]玄色[一〇〇]俱十有二等，以翬雉爲領褾，各有二。臨婦學及法道門，燕命婦[一〇一]，有時見命婦，則蒼衣。春齋及祭還，則青衣。夏齋及祭還，則朱衣。采桑齋及采還，則黄衣。秋齋及祭還，則素衣。冬齋及祭還，則玄衣。[一〇二]自青衣而下，其領褾以相生之色。

諸公夫人九服，其翟衣雉皆九等，俱以褕雉爲領褾，各九。自褕衣以下五，曰褕衣、鷩衣、鳪衣、鵫衣、翐衣[一〇三]，并朱衣、黄衣、素衣、玄[一〇四]衣而九。自朱衣而下，其領褾亦同用相生之色。

諸侯夫人，自鷩而下八。其翟衣[一〇五]雉皆八等，俱以鷩雉爲領褾。無褕衣。[一〇六]

諸伯夫人，自鳪[一〇七]而下七。其翟衣[一〇八]雉皆七等，俱以鳪[一〇九]雉爲領褾。又無鷩衣。

諸子夫人，自鵫而下六。其翟衣[一一〇]俱以鵫雉爲領褾。又無鳪[一一一]衣。

諸男夫人，自翙[一一二]而下五。其翟衣[一一三]雉皆五等，俱以翙[一一四]雉爲領褾。又無鷂衣。

三妃，三公夫人之服九：一曰褕[一一五]衣，二曰鷂衣，三曰翙[一一六]衣，四曰青衣，五曰朱衣，六曰黄衣，七曰素衣，八曰玄衣[一一七]，九曰髾衣。似髮華皆九樹。其雉衣亦皆九等，以褕[一一八]雉爲領褾，各九。

三㚤，三孤之内子，自鷂衣而下八。雉衣皆八等，以鷂雉爲领褾，各八。

六嬪，六卿之内子，自翙[一一九]衣而下七。雉衣[一二〇]皆七等。以翙[一二一]雉爲领褾，各七。

上媛，上大夫之孺人，自青衣而下六。

中媛，中大夫之孺人，自朱衣而下五。

下媛，下大夫之孺人，自黄衣而下四。

御婉士之婦人，自素衣而下三。

中宫六尚，緅衣。其色赤而微玄。[一二二]

諸命秩之服，曰公服，其餘常服，曰私衣。皇后華皆有十二樹。[一二三]諸侯之夫人，亦皆以命數爲之節。三妃，三公夫人以下，又各依其命。一命再命者，又俱以三爲節。

皇后及諸侯夫人之服，皆舄履。三妃，三公夫人以下，翟衣[一二四]則舄，其餘皆履。舄、履各如其裳之色。

皇后之凶服[一二五]，斬衰、齊衰，降旁期以下弔服。爲妃、嬪、三公之夫人、孤卿内子之喪，錫衰。錫者，十五升去其半。無事其縷，有事其布，哀在内也。爲諸侯夫人之喪，緦衰。緦亦十五升去其半。有事其縷，無事其布，哀在外也。爲媛、御婉及大夫孺人、士之婦人之喪，疑衰。十四升，疑於吉皆吉笄，無首。象笄，去首飾太陰虧則素服。蕩天下之陰事諸侯之夫人及三妃與三公之夫人以下凶事，則五衰：自緦以上皆服之其弔，諸侯夫人於卿之内子、大夫孺人，錫衰。於己之同姓之臣，緦衰。於士之婦人，疑衰。皆吉笄，無首。其三妃以下及媛，三公夫人以下及孺人，其弔服錫衰。御婉及士之婦人，弔服疑衰。疑衰同笄。九族以下皆骨笄。

韠，皇帝三章，龍、火、山；諸侯二章，去龍；卿大夫一章，以山。皆織綵以成之。[一二六]

右春官

夏官之屬：
大司馬卿，一人正七命；小司馬上大夫正六命。
軍司馬中大夫正五命；上士正三命；中士正二命；旅下士正一命。
兵部中大夫正五命；小兵部下大夫正四命；上士正三命。
吏部中大夫，一人正五命；小吏部下大夫，一人正四命；上士正三命。
土方中士正二命[一二七]；下士正一命。
山師中士正二命；下士正一命。
川師中士正二命；下士正一命。
懷方中士正二命；下士正一命。
訓方中士正二命；下士正一命。
司士中士正三命。
司勛上士，一人正三命。
司録上士正三命。
大馭中大夫正五命；小馭下大夫正四命。
戎馭下大夫正四命。
齋馭下大夫正四命。
戎右下大夫正四命。
齋右下大夫正五命。
駕部中大夫正五命；小駕部下大夫正四命；上士正三命。
司射下大夫正四命；小司射上士正三命。
武藏中大夫正五命；小武藏下大夫正四命。
司右中大夫正五命；小司右下大夫正四命；上士正三命。
司甲下大夫。中士正二命；下士正一命。
司弓矢下大夫。中士正二命；下士正一命。
司戈中士；下士。
司稍中士正二命；下士正一命。

司刀盾中士正二命；下士正一命。

司袍襖中士正二命；下士正一命。

大僕[一二八]下大夫。

左廄上士，一人正三命；中士正二命。右廄上士，一人正三命；中士正二命。閑長下士正一命。

典牝上士正三命；中士正二命。

典牡上士正三命；中士正二命。

典駝中士正二命；下士正一命。

典羊中士正二命；下士正一命。

獸醫上士正三命；中士正二命；下士正一命。

職方中大夫正五命；小職方下大夫正四命；上士正三命。

武環率下大夫，二人正四命；上士正三命；長下士正一命。

武候率下大夫，二人正四命；上士正三命；長下士正一命。

武伯中大夫正五命；下大夫正四命；小左武伯上士，二人正三命。左武伯中大夫正五命；下大夫正四命；小右武伯上士正三命。

左虎賁率上士正三命；副率中士；倅長中士正二命；下士正一命；帥長下士。右虎賁率上士正三命；副率中士；倅長中士正二命；下士正一命；帥長下士。

左旅賁率上士正三命；副率中士。倅長中士正二命；下士正一命；帥長下士。右旅賁率上士正三命；副率中士。倅長中士正二命；下士正一命；帥長下士。

左射聲率上士正三命；副率中士。倅長中士正二命；下士正一命；帥長下士。右射聲率上士正三命；副率中士。倅長中士正二命；下士正一命；帥長下士[一二九]。

左驍騎率上士正三命；副率中士。倅長中士正二命；下士正一命；帥長下士。右驍騎率上士正三命；副率中士。倅長中士正二命；下士正一命；帥長下士。

左羽林率上士正三命；副率中士。倅長中士正二命；下士正一命；帥長下士。右羽林率上士正三命；副率中士。倅長中士正二命；下士正一命；帥長下士。

左游擊率上士正三命；副率中士。倅長中士正二命；下士正一命；帥長下士。右游擊率上士正三命；副率中士。倅長中士正二命；下士正一命；帥長下士。

司固上士正三命；中士正二命。

道馭上士正三命。

田馭上士正三命。

賓右上士正三命。

道右上士正三命。

田右上士正三命。

司火中士正二命；下士正一命。

司辰中士正二命；下士正一命。

銜枚中士正二命；下士正一命。

司仗上士正三命；中士正二命。

大司馬之職，掌邦政。以建邦國之九法，佐皇帝平邦国。大祭祀掌其宿衛，廟社則奉羊牲。[一三〇]

仲春教振旅，大司馬建大麾於萊田之所。鄉稍之官，以旂物鼓鐸鉦鐃，各帥其人而致。誅其後至者。建麾於後表之中，以集衆庶。質明，偃麾，誅其不及者。乃陳徒騎，如戰之陣。大司馬北面誓之。軍中皆聽鼓角，以爲進止之節。田之日，於所萊之北，建旗爲和門。諸將帥徒騎序入其門。有司居門，以平其人。既入而分其地，險野則徒前而騎後，易野則騎前而徒後。既陣，皆坐，乃設驅逆騎，有司表狢於陣前。以太牢祭黄帝軒轅氏，於狩地爲壝，建二旗，列五兵於坐側，行三獻禮。遂蒐田致禽以祭社。仲夏教茇舍，如振旅之陣，遂以苗田如蒐法，致禽以享礿。仲秋教練兵，如振旅之陣，遂以獮田如蒐法，致禽以享方。[一三一]仲冬教大閲，如振旅之陣，遂以狩田如蒐法，致禽以享烝。

孟秋迎太白，候太白夕見於西方。先見三日，大司馬戒期，遂建旗於陽武門外。司空除壇兆，有司薦毛血，登歌奏《昭夏》。在位者拜，事畢出。其日中後十刻，六軍十馬，俱介胄集旗下。左右武伯督十二帥嚴街，侍臣文武，俱介胄奉迎。樂師撞黄鐘，右五鐘皆應。皇帝介胄，警蹕以出，如常儀而無鼓角，出國門而軷祭。至則舍於次。太白未見五刻，中外皆嚴，皇帝就位，六軍鼓譟，行三獻之禮。每獻，鼓譟如初獻。事訖，燔燎賜胙，畢，鼓燥而還。

吏部掌羣臣及諸子之簿，辨其貴賤，與其年歲。歲登下其損益之數，依

六勛之賞，頒禄之差。小吏部掌貳吏部之事。[一三二]

司勛掌六勛之賞，以等其功。[一三三]

左武伯掌内外衛之禁令，[一三四]兼六率之士。皇帝臨軒，則備三仗於庭，服金甲，執金釦杖，列於殿上東西階之側。行則列兵於帝之左右，從則服金甲，披繡袍。小左武伯貳之，服執同武伯，分列大武伯下及露門之左右塾。行幸則加錦袍。

右武伯、小右武伯，掌同左。

左武賁[一三五]率掌武賁之士，服金甲師子文袍，執銀釦檀杖。其隊器服皆玄[一三六]，以四色飾之，總持鈒之隊。皇帝臨露寢，則立於左右三仗第一行之南北。出則分在隊之先後。副率貳之，服金甲獸文袍。倅長、帥長[一三七]，相次陪列。行則引前。

右武賁[一三八]率、副率、倅長、帥長[一三九]，掌並同左。

左旅賁率掌旅賁士，服金甲師子文袍，執銀釦檀杖。其隊器服[一四〇]皆青，以朱爲飾，立於三仗第二行之南北。副率服金甲獸文袍。倅長、帥長，相次陪列。行則引前。

右旅賁率、副率、倅長、帥長，掌同左。

左射聲率掌射聲之士，服金甲師子文袍，執銀釦檀杖。其器服[一四一]皆朱，以黄爲飾，立於三仗第三行[一四二]之南北。副率服金甲獸文袍。倅長、帥長，相次陪列。行則引前。

右射聲率、副率、倅長、帥長，掌同左。

左驍騎率掌驍騎之士，服金甲師子文袍，執銀釦檀杖。其隊器服皆黄，以皓爲飾，立於三仗第四行之南北。副率貳之，服金甲獸文袍。倅長、帥長，相次陪列。行則引前。

右驍騎率、副率、倅長、帥長，掌同左。

左羽林率掌羽林之士，服金甲師子文袍，執銀釦檀杖。其隊器服皆皓，以玄[一四三]爲飾，立於三仗第五行之南北。副率貳之，服金甲獸文袍。倅長、率長，相次陪列。行則引前。

右羽林率、副率、倅長、帥長，掌同左。

左游擊率掌游擊之士，服金甲師子文袍，執銀釦檀杖。其隊器服皆玄[一四四]，以青爲飾。副率貳之，服金獸文袍。倅長、帥長，相次陪列。行則引前。

右游擊率、副率、倅長、帥長，掌同左。

凡諸率，大駕則盡行，中駕及露寢則半之，小駕半中駕。常行軍旅，則衣色尚烏。

右夏官

秋官之屬：

大司寇卿，一人正七命；小司寇上大夫正六命。

司憲中大夫，二人正五命；上士正三命；中士正二命；旅下士，八人正一命。

刑部中大夫正五命[一四五]；小刑部下大夫正四命[一四六]；上士正三命；下士正一命。

司刺上士正三命；中士正二命。

鄉法上士正三命；中士正二命。[一四七]

遂法上士正三命；中士正二命。

稍法上士正三命；中士正二命。

縣法上士正三命；中士正二命。

畿法上士正三命；中士正二命。

方憲上士正三命；中士正二命。

掌察上士正三命；中士正二命；下士正一命。

掌囚中士正二命；下士正一命。

司約中士正二命；下士正一命。

司盟中士正二命；下士正一命。

職金中士正二命；下士正一命。

掌璧[一四八]中士正二命；下士正一命。

司厲中士正二命；下士正一命。

修閭中士正二命；下士正一命。

掌墐中士正二命；下士正一命。

禁殺戮中士正二命；下士正一命。
禁游中士正二命；下士正一命。
禁暴中士正二命。
司寤中士正二命；下士正一命。
掌朝下大夫正四命；小掌朝上士正三命。
布憲下大夫正四命；小布憲上士正三命。
司要下大夫正四命；小司要上士正三命。
田正下大夫正四命；小田正上士正三命。
司隸下大夫正四命；小司隸上士正三命。
蕃部中大夫正五命；小蕃部下大夫正四命；上士正三命；下士正一命。
掌交上士正三命；中士正二命。
司匡上士正三命；中士正二命。
賓部中大夫正五命；小賓部下大夫正四命。
東掌客上士正三命；中士正二命；下士。
南掌客上士正三命；中士正二命；下士。
西掌客上士正三命；中士正二命；下士。
北掌客上士正三命；中士正二命；下士。
司儀上士正三命；中士正二命。
司行下士正一命。
掌訝中士正二命；下士正一命。
司環中士正二命；下士正一命。
野廬中士正二命；下士正一命。
象胥中士正二命；下士正一命。
掌財賄中士正二命；下士正一命。
司烜中士正二命；下士正一命。
伊耆氏中士正二命；下士正一命。
司調中士正二命；下士正一命。
司柞中士正二命；下士正一命。

司薙中士正二命；下士正一命。

掌犬中士正二命；下士正一命。

司迹中士正二命；下士正一命。

弋禽中士正二命；下士正一命。

捕獸中士正二命；下士正一命。

掌皮中士正二命；下士正一命。

弭妖中士正二命；下士正一命。

剪蠹中士正二命；下士正一命。

庶蠹中士正二命；下士正一命。

掌罪隸中士正二命；下士正一命。

掌夷隸中士正二命；下士正一命。

掌蠻隸中士正二命；下士正一命。

掌戎隸中士正二命；下士正一命。

掌狄隸中士正二命；下士正一命。

掌徒中士正二命；下士正一命。

大司寇之職，掌邦禁，佐皇帝刑邦國。[一四九]

司憲掌司寇之法，辨國之五禁。[一五〇]

刑部掌五刑之法，附萬人之罪。[一五一]

司隸掌五隸及結者，捕盜賊囚執之事。[一五二]

蕃部掌諸侯朝覲之叙。賓部掌大賓客之儀。[一五三]

右秋官

冬官之屬：

大司空卿，一人正七命；小司空上大夫正六命。

工部中大夫，二人正五命；上士正三命；中士正二命；旅下士正一命。

匠師中大夫正五命；小匠師下大夫正四命；上士正三命。

內匠上士正三命；中士正二命。

外匠上士正三命；中士正二命。

掌林上士；中士。

司木中大夫正五命；小司木下大夫正四命；上士正三命。

司土中大夫正五命；小司土下大夫正四命；上士正三命。

司金中大夫正五命；小司金下大夫正四命；上士正三命。

鍛工上士正三命；中士正二命。

函工上士正三命；中士正二命。

司水中大夫正五命；小司水下大夫正四命；上士正三命。

典壅上士正三命；中士正二命。

司玉下大夫正四命；小司玉上士正三命。

司皮下大夫正四命；小司皮上士正三命。

司色下大夫正四命；小司色上士正三命。

司織下大夫正四命[一五四]；小司織上士正三命。

司卉下大夫正四命；小司卉上士正三命。

司量中士正二命；下士正一命。

司准[一五五]中士正二命；下士正一命。

司度中士正二命；下士正一命。

掌材下士正一命。

車工中士正二命；下士正一命。

角工中士正二命；下士正一命。

彝工中士正二命；下士正一命。

器工中士正二命；下士正一命。

弓工中士正二命；下士正一命。

箭工中士正二命；下士正一命。

盧工中士正二命；下士正一命。

復工中士正二命；下士正一命。

陶工中士正二命；下士正一命。

塗工中士正二命；下士正一命。

典卝中士正二命；下士正一命。

冶工中士正二命；下士正一命。

鑄工中士正二命；下士正一命。

雕工中士正二命；下士正一命。

掌津中士正二命；下士正一命。

舟工中士正二命；下士正一命。

典魚中士正二命；下士正一命。

典彘中士正二命；下士正一命。

瑻工〔一五六〕中士正二命；下士正一命。

磬工中士正二命；下士正一命。

石工中士正二命；下士正一命。

裘工中士正二命；下士正一命。

履工中士正二命；下士正一命。

鞄工中士正二命；下士正一命。

韗工〔一五七〕中士正二命；下士正一命。

韋工中士正二命；下士正一命。

膠工中士正二命；下士正一命。

毳工中士正二命；下士正一命。

缋工中士正二命；下士正一命。

漆工中士正二命；下士正一命。

油工中士正二命；下士正一命。

弁工中士正二命；下士正一命。

織絲中士正二命；下士正一命。

織綵中士正二命；下士正一命。

織枲中士正二命；下士正一命。

織組中士正二命；下士正一命。

竹工中士正二命；下士正一命。

籍工中士正二命；下士正一命。

罟工中士正二命；下士正一命。

紙工中士正二命；下士正一命。

大司空之職，掌邦事，以五材九範之法，佐皇帝，富邦國。大祭祀行灑掃，廟社、四望則奉豕牲。[一五八]

工部掌承司空之事，掌百工之籍，而理其禁令。[一五九]

匠師掌城郭宫室之制。司木掌木工之政令。[一六〇]

司量掌爲壇之制，圓丘三成，成崇一丈二尺，深二丈。上徑六丈，十有二階，每等十有二節。在國陽七里之郊。圓壝徑三百步，内壝半之。方一成，下崇一丈，徑六丈八尺，上崇五尺，方四丈，八方，方一階，階十尺，級一尺。[一六一]方丘在國陰六里之郊。丘一成，八方，下崇一丈，方六丈八尺，上崇五尺，方四丈。方一階，尺一級。其壝八面，徑百二十步，内壝半之。南郊爲方壇於國南五里。其崇一丈二尺，其廣四丈。其壝方百二十步，内壝半之。神州之壇，崇一丈，方四丈，在北郊方丘之右。其壝如方丘。

其祭圓丘及南郊，並正月上辛。南郊以始祖神元皇帝配昊天上帝於其上。[一六二]五方上帝、日月、内官、中官、外官、衆星，並從祀。皇帝[一六三]乘蒼輅，戴玄冕[一六四]，備大駕而行。預祭者皆蒼服。南郊，以始祖獻侯莫那配所感，帝靈威仰於其上。北郊方丘，則以神農配后地之祇。神州則以獻侯莫那配焉。[一六五]其用牲之制，配昊天上帝，祭皇地祇及五帝、日月、五星、十二辰、四望、五官，各以其方色毛。宗廟以黄，社稷以[一六六]黝，散祭祀用純，表狢磔禳用尨。

五郊壇，其崇及去國，如其行之數。其廣皆四丈，其方俱百二十步。内壝皆半之。[一六七]祭配皆同以春分朝日於國東門外，爲壇，如其郊。用特牲青幣，青圭有邸。皇帝乘青輅，及祀官俱青冕，執事者青弁。司徒亞獻，宗伯終獻。燔燎如圓丘。秋分夕月於國西門外，爲壇，於坎中，方四丈[一六八]，深四尺，燔燎禮如朝日。

以十月[一六九]祭神農氏、伊耆氏、后稷氏、田畯、鱗、羽、臝、毛、介、水、墉[一七〇]、坊、郵、表、畷、獸[一七一]、猫之神於五郊。五方上帝、地祇、五星、列宿、蒼龍、朱雀、白虎、玄武[一七二]、五人帝、五官之神[一七三]、岳鎮海瀆、山川林澤[一七四]、丘陵[一七五]墳衍原隰，各分其方，合祭之。日月，五方皆祭之。上帝、地祇、神農、伊耆、人帝於壇上，南郊則以神農，既蜡，無其祀。三辰七宿則爲小壇於其側，岳鎮海瀆、山林川澤、丘陵[一七六]墳衍原隰，則各爲坎，餘則於平地。皇帝初獻上帝、地祇、神農、伊耆及人帝，冢宰亞獻，宗伯終獻。上大夫獻三辰、五官、后稷、田畯、岳鎮海瀆，中大夫獻七宿、山林川澤以下。自天帝、人帝、田畯、羽、毛之類，牲幣玉帛皆從燎；地祇、郵、表、畷之類，皆從埋。祭畢，皇帝如南郊便殿致齋，明日乃蜡祭於南郊，如東郊儀。祭訖，又如黄郊便殿致齋，明日乃祭。祭訖，又如西郊便殿，明日乃祭。祭訖，又如北郊便殿，明日蜡祭訖，還宫。

右冬官

孤、卿、大夫、上士、中士、下士。

右侯國官

【校注】

［一］百官考四上　西魏書卷九　通議大夫浙江按察使司按察使加二級南康謝啓昆撰："樹經堂本"作"卷九　百官考四上"，"中華本"作"西魏書卷九　百官考四上"。

［二］盧辯：原誤作"盧辨"，兹徑改。

［三］按：《隋書》卷二七《百官志中》："周太祖初據關内，官名未改魏號。及方隅粗定，改創章程，命尚書令盧辯，遠師周之建職，置三公三孤，以爲論道之官。次置六卿，以分司庶務。……制度既畢，太祖以魏恭帝三年，始命行之。"又，《北史》三〇《盧同傳附盧辯傳》："初，周文欲行《周官》，命蘇綽專掌其事。未幾而綽卒，乃令辯成之。於是依《周禮》建六官，革漢、魏之法。以魏恭帝三年，始命行之。……自兹厥後，世有損益。……於時，雖行《周禮》，内外衆職，又兼用秦、漢等官，今略舉其名號及命數，附之於左。"又，《通典》卷一九《職官典一》："後周之初據關中，猶依魏制。及平江陵之後，别立憲章，酌《周禮》之文，建六官之職，其他官亦兼用秦漢。他官，謂將軍、都督、刺史、太守之類。"

［四］按：《通典》卷二〇《職官典二》："後魏以太師、太傅、太保謂之三師，上公也。大司馬、大將軍謂之二大，太尉、司徒、司空謂之三公。……後周置六卿之外，又改三師官謂之三公，兼置三孤以貳之少師、少傅、少保。而以司徒爲地官，大司馬爲夏官，司空爲冬官，如姬周之制，無復太尉、三師之號。"

［五］按：《册府元龜》卷六二九《銓選部·總序》："後周置大冢宰卿一人，屬官有吏部中大夫一人，領司勛上士等。"

［六］王仲犖《北周六典》卷二《天官府第七》："小冢宰上大夫，二人，正六命。"

［七］内府："樹經堂本"誤作"丙府"。

［八］饍：《北周六典》卷二《天官府第七》作"饎"，並稱"典饎中士，正二命，典饎下士，正一命"。

［九］"樹經堂本"作"外膳上中士，下士"。

［一〇］按：《通典》卷二六《職官典八》："後周有司服上士二人，中士二人。"

［一一］《北周六典》卷二《天官府第七》考得"主璽下士，四人，正一命。"

［一二］按：《通典》卷二〇《职官典二》："後周文帝又依《周禮》建六官，遂置天官大冢宰卿一人，掌邦治，以建邦之六典，佐皇帝治邦國。"

［一三］按：《通典》卷四五《禮典五》："後周立社稷於左。帝親祠，則冢宰亞獻，宗伯終獻。"

［一四］按：《通典》卷二五《職官典七》："後周有宗師中大夫，掌皇族，定世系，辨昭穆，訓以孝悌。"

［一五］按：《通典》卷二六《職官典八》："後周有太府中大夫，掌貢賦貨賄，以供國用，屬大冢宰。"

［一六］按：《通典》卷二一《職官典三》："後周初，有御伯中大夫二人，掌出入侍從，屬天官府。"

［一七］按：《通典》卷二六《職官典八》："後周有内膳上士、中士，凡進食，先嘗之。"

［一八］按:《通典》卷二一《職官典三》:“後周天官之屬，有給事中士六十人，掌理六經，給事左右。其後别置給事中，在六官之外。”

［一九］刀:“樹經堂本”誤作“力”。

［二〇］左:“樹經堂本”誤作“在”。

［二一］自“左宫伯掌侍衛之禁”至“小駕三分之一”: 取材於《隋書》卷一二《禮儀志七》:“後周警衛之制，置左右宫伯，掌侍衛之禁，各更直於内。小宫伯貳之。臨朝則分在前侍之首，並金甲，各執龍環金飾長刀。行則夾路車左右。中侍，掌御寢之禁，皆金甲，左執龍環，右執獸環長刀，並飾以金。次左右侍，陪中侍之後，並銀甲，左執鳳環，右執麟環長刀。次左右前侍，掌御寢南門之左右，並銀甲，左執師子環，右執象環長刀。次左右後侍，掌御寢北門之左右，並銀甲，左執犀環，右執兕環長刀。左右騎侍，立於寢之東西階，並銀甲，左執羆環，右執熊環長刀，十二人，兼執師子彤楯，列左右侍之外。自左右侍以下，刀並以銀飾。左右宗侍，陪左右前侍之後，夜則衛於寢庭之中，皆服金塗甲，左執豹環，右執貔環長刀，並金塗飾，十二人，兼執師子彤楯，列於左右騎侍之外。自左右中侍已下，皆行則兼帶黄弓矢，巡田則常服，帶短刀，如其長刀之飾。左右庶侍，掌非皇帝所御門閤之禁，並服金塗甲，左執獬豸環，右執貅環長劍，並金飾，十二人，兼執師子彤楯，列於左右宗侍之外。行則兼帶皓弓矢。左右勛侍，掌陪左右庶侍而守出入，則服金塗甲，左執吉良環，右執猙環長劍，十二人，兼執師子彤楯，列於左右庶侍之外。行則兼帶盧弓矢，巡田則與左右庶侍，俱常服，佩短劍，如其長劍之飾。諸侍官，大駕則俱侍，中駕及露寢半之，小駕三分之一。”

［二二］按:《通典》卷二一《職官典三》:“後周有主璽下士，掌國璽之藏。”

［二三］《北周六典》卷三《地官府第八》云:“大司徒卿，一人，正七命。小司徒上大夫，二人，正六命。地官府都上士，正三命。”

［二四］中士: 原脱“士”字，兹據“中華本”補。

［二五］大纖伯中大夫，《北周六典》卷三《地官府第八》作“纖伯每方中大夫”。

［二六］土訓："樹經堂本"誤作"士訓"。

［二七］按：《通典》卷二〇《職官典二》："至後周，以司徒爲地官，謂之大司徒卿，掌邦教，職如《周禮》。"又，《隋書》卷三三《經籍志二》："司徒掌邦之土地之圖，與其人民之教，以佐王擾邦國。"

［二八］按：《隋書》卷二四《食貨志》："後周太祖作相，創制六官。載師掌任土之法，辨夫家田里之數，會六畜車乘之稽，審賦役斂弛之節，制畿疆修廣之域，頒施惠之要，審牧產之政。"

［二九］按：《通典》卷二一《職官典三》："後周地官府有保氏下大夫，規諫於天子，蓋比其任也。"

［三〇］按：《隋書》卷二四《食貨志》："後周太祖作相，創制六官。……司倉掌辨九穀之物，以量國用。國用足，即蓄其餘，以待凶荒；不足則止。餘用足，則以粟貸人。春頒之，秋斂之。"餘用足，原本誤作"餘用用足"，兹徑改。

［三一］按：《淵鑑類函》卷八二"虞部郎中"條："後周有虞部下大夫一人，掌山澤草木鳥獸而阜蕃之。"

［三二］按：《通典》卷二三《職官典五》："後周置大司徒卿一人，……其屬有民部中大夫二人，掌承司徒教，以籍帳之法，贊計人民之衆寡。"

［三三］按：《通典》卷二六《職官典八》："後周有司農上士一人，掌三農、九穀、稼穡之政令，屬大司徒。"

［三四］按：《隋書》卷二四《食貨志》："後周太祖作相，創制六官。……司均掌田里之政令。凡人口十已上，宅五畝；口九已上，宅四畝；口五已下，宅三畝。有室者，田百四十畝，丁者田百畝。"

［三五］棉："樹經堂本"誤作"綿"。

［三六］按：《隋書》卷二四《食貨志》："後周太祖作相，創制六官。……司賦掌功賦之政令。凡人自十八以至六十有四，與輕癃者，皆賦之。其賦之法，有室者，歲不過絹一疋，綿八兩，粟五斛；丁者半之。其非桑土，有室者，布一疋，麻十斤；丁者又半之。豐年則全賦，中年半之，下年一之，皆以時徵焉。若艱凶札，則不徵其賦。"

［三七］旬：“樹經堂本”誤作“句”。

［三八］按：《隋書》卷二四《食貨志》：“後周太祖作相，創制六官。……司役掌力役之政令。凡人自十八以至五十有九，皆任於役。豐年不過三旬，中年則二旬，下年則一旬。凡起徒役，無過家一人。其人有年八十者，一子不從役，百年者，家不從役。廢疾非人不養者，一人不從役。若凶札，又無力征。……周制，役丁爲十二番，匠則六番。”

［三九］鹽鹽：“樹經堂本”誤作“鹽賦”。

［四〇］按：《隋書》卷二四《食貨志》：“後周太祖作相，創制六官。……掌鹽掌四鹽之政令。一曰散鹽，煑海以成之；二曰鹽鹽，引池以化之；三曰形鹽，物地以出之；四曰飴鹽，於戎以取之。凡鹽鹽形鹽，每地爲之禁，百姓取之，皆稅焉。”

［四一］考《通典》卷二一《職官典三》云：“後周地官府置宮門上士一人，下士一人，掌皇城十二門之禁令，蓋並在其任。”但該卷校勘記［一四八］又稱：“據《唐六典》所引，宮門中士、下士所掌乃皇城（疑當作‘宮城’）五門之禁令，掌皇城十二門之禁令者實爲城門中士、下士。”果若此，則《西魏書》所述有誤。

［四二］太祝下大夫：“樹經堂本”誤作“太祝下太夫”。

［四三］二人：“樹經堂本”誤作“三人”。

［四四］按：《通典》卷二五《職官典七》：“後周建六官，置大宗伯卿一人，掌邦禮以佐皇帝和邦國，是爲春官。”

［四五］按：《通典》卷四五《禮典五》：“後周立社稷於左。帝親祠，則冢宰亞獻，宗伯終獻。”

［四六］按：《通典》卷二三《職官典五》：“又春官之屬有典命，掌内外九族之差及玉器衣服之令沙門道士之法。”

［四七］按：《通典》卷二五《職官典七》：“後周有大司樂，掌成均之法。後改爲樂部。有上士、中士。”

［四八］按：《隋書》卷一〇《禮儀志五》：“周氏設六官，置司輅之職，以掌公車之政，辨其名品，與其物色。”準此，則“司車輅”當改作“司輅”。

事實上，自“司車輅掌公車之政”至“而析羽於其上”，皆以《隋書》卷一〇《禮儀志五》爲藍本。

［四九］頭面：當從《隋書》卷一〇《禮儀志五》，改作“疏面”。

［五〇］鏄金當顱。銅以屬勒鞶纓：“鏄”“銅”兩字，當從《隋書》卷一〇《禮儀志五》，改作“鏤”“鉤”。

［五一］以畫繒爲之：“樹經堂本”“中華本”誤“繒”爲“繪”。

［五二］［五六］［五七］［五八］［六三］［六五］［七六］［八四］［八五］［九〇］［九一］［一〇〇］［一〇二］［一〇四］［一一七］玄：原作“元”，玆據《隋書》卷一〇《禮儀志五》改正。

［五三］金鉤：“樹經堂本”誤作“金鉤”。

［五四］祀輅：“樹經堂本”誤作“祀轉”。

［五五］下：“樹經堂本”誤作“十”。

［五九］耳：《通典》卷六四《禮典九》作“茸”。

［六〇］輿：“樹經堂本”誤作“與”。

［六一］諸侯及夫人，命夫、命婦之輅車：原脱“命夫”，玆據《隋書》卷一〇《禮儀志五》改正。

［六二］鑾：原誤作“鸞”，玆據《隋書》卷一〇《禮儀志五》改正。

［六四］［七五］［七八］白虎：《隋書》卷一〇《禮儀志五》作“白兽”，當以“白虎”爲是。

［六六］闟戟：本與《隋書》卷一〇《禮儀志五》同誤作“闒戟”，今點校本《隋書》卷一〇《禮儀志五》已據《續漢志》上及《通典》卷六六改，此從之。“闟戟”即“鈒戟”。

［六七］軍將：原作“軍旅”，玆據《隋書》卷一〇《禮儀志五》改。

［六八］旃：“樹經堂本”誤作“旊”。

［六九］篆輅：《隋書》卷一〇《禮儀志五》作“象輅”，考前文已述及“諸伯自象輅而下”，則此處當再作“篆輅”。

［七〇］［七一］闟戟：原作“搨戟”，玆據《隋書》卷一〇《禮儀志五》改。

［七二］同："樹經堂本"誤作"司"。

［七三］畫："樹經堂本"誤作"晝"。

［七四］旂：原誤作"旃"，兹據《隋書》卷一〇《禮儀志五》改。

［七七］但：原作"俱"，兹據《隋書》卷一〇《禮儀志五》改。

［七九］按：《隋書》卷八《禮儀志三》："周大將出征，遣太祝，以羊一，祭所過名山大川。"

［八〇］按：《通典》卷二五《職官典七》："後周置司寂上士、中士，掌法門之政。又置司玄中士、下士，掌道門之政。"

［八一］按：《通典》卷二一《職官典三》："後周置内史中大夫二人，掌王言，亦其任也。"

［八二］按：《通典》卷二一《職官典三》："後周有外史，掌書王言及動作之事，以爲國志，即起居之職。又有著作二人，掌綴國録，則起居注、著作之任，自此而分也。"

［八三］考《通典》卷二一《職官典三》云："《周官》有典瑞、掌節二官，掌瑞節之事。……後周有主璽下士，掌國璽之藏。"是知典瑞之責及其名稱，歷代有因有革，時至後周，掌其事者乃主璽下士，此云"典瑞掌皇帝八璽"，顯然有誤。又，《西魏書》此文對"皇帝八璽""皇后璽"及"三公諸侯璽"的叙述，顯然取材於《隋書》卷一一《禮儀志六》，且在段末"龜鈕"與"三命以上"之間，删略"七命以上銀，四命以上銅，皆龜鈕"十三字。

［八六］皇帝："樹經堂本"誤作"皇帘"。

［八七］玄衣玄冕：原作"元衣元冕"，兹據《隋書》卷一一《禮儀志六》及"樹經堂本"改。

［八八］八："樹經堂本"誤作"入"。

［八九］入道："樹經堂本"誤作"人道"。

［九二］［九三］"玄冠"之"玄"及其小字自注之"玄"：原皆作"元"，兹據《隋書》卷一一《禮儀志六》改。

［九四］翟衣："樹經堂本"誤作"鶮衣"。

［九五］朝：原誤"廟"，兹據《隋書》卷一一《禮儀志六》及"樹經堂

本”“中華本”改正。

［九六］褕衣：“樹經堂本”誤作“鷩衣”。

［九七］繭：原作“璽”，兹據點校本《隋書》卷一一《禮儀志六》及《通典》卷六二改正。

［九八］鳪衣：“樹經堂本”誤作“幔衣”。

［九九］翓衣：“樹經堂本”誤作“鶡衣”。

［一〇一］燕命婦：原脱“燕”字，兹據《隋書》卷一一《禮儀志六》補。

［一〇三］自“翟衣雉九等”至此：“樹經堂本”誤作“其翟衣雉皆九等，俱以褕雉爲領褾，各九。自褕衣以下五，曰褕衣、鷩衣、鳪衣、翓衣”。

［一〇五］［一〇八］［一一〇］［一一三］［一二四］翟衣：“樹經堂本”誤作“褾衣”。

［一〇六］褕衣：“樹經堂本”誤作“褾衣”。

［一〇七］［一〇九］［一一一］［一一五］［一一八］鳪：“樹經堂本”誤作“褾”。

［一一二］［一一四］［一一六］［一二一］翓：“樹經堂本”誤作“褾”。

［一一九］翓：原誤作“雉”，兹據《隋書》卷一一《禮儀志六》改正。

［一二〇］雉：原誤作“翓”，“樹經堂本”誤作“鳺”。

［一二二］中宫六尚，緅衣：“尚”下原衍“一曰”二字。所謂“六尚”，即是尚食、尚藥、尚衣、尚舍、尚乘、尚輦等六種女官，“緅衣”指其服色。今點校本《隋書》卷一一《禮儀志六》已删去“一曰”二字，此亦從之。又，“玄”字原作“元”，兹據《隋書》卷一一《禮儀志六》“樹經堂本”“中華本”改正。

［一二三］皇后華皆有十二樹：原作“皇后首飾華釵十有二樹”，兹據《隋書》卷一一《禮儀志六》改。

［一二五］凶服：“樹經堂本”脱“凶”字。

［一二六］自“司服掌皇帝十二服”至此，皆本諸《隋書》卷一一《禮儀志六》。

［一二七］“土方”：“樹經堂本”誤作“上方”。

［一二八］大僕：“樹經堂本”作“太僕”。

［一二九］帥長下士：“樹經堂本”誤作“帥長丁士”。

［一三〇］按：《通典》卷二〇《職官志二》：“後周以爲夏官，謂之大司馬卿。掌邦政，以建邦國之九法，佐皇帝，平邦國，大祭祀掌其宿衛，廟社則奉羊牲。”

［一三一］祀方：原誤作“享方”，兹據《隋書》卷八《禮儀志三》改正。事實上，《西魏書》本段文字皆取材於此志。

［一三二］按：《通典》卷二三《職官志五》：“後周有吏部中大夫一人，掌羣臣及諸子之簿，辨其貴賤與其年歲，歲登下其損益之數。依六勛之賞，頒禄之差。小吏部下大夫一人，掌貳吏部之事。領司勛上士等官，屬大司馬。”

［一三三］按：《通典》卷二三《職官志五》小字夾注：“至後周，吏部有司勛上士一人，掌六勛之賞，以等其功，如古之主爵。”

［一三四］自“左武伯掌内外衛之禁令”至“則衣色尚烏”：皆取材於《隋書》卷一二《禮儀志七》。

［一三五］［一三八］武賁：原作“虎賁”，兹據《隋書》卷一二《禮儀志七》改正。

［一三六］其隊器服皆玄：原作“其隊器物皆元”，兹據《隋書》卷一二《禮儀志七》改正。

［一三七］［一三九］帥長：原誤作“率長”，兹據《隋書》卷一二《禮儀志七》改正。

［一四〇］器服：原誤作“器物服”，兹據《隋書》卷一二《禮儀志七》改正。

［一四一］器服：原誤作“器物”，兹據《隋書》卷一二《禮儀志七》改正。

［一四二］第三行：原誤作“第二行”，兹據《隋書》卷一二《禮儀志七》改正。

［一四三］［一四四］玄：原爲避諱而作“元”，兹據《隋書》卷一二《禮儀志七》及“樹經堂本”“中華本”改。

［一四五］刑部中大夫：《通典》卷二三《職官典五》：“後周有秋官大司

寇卿，掌刑邦國；其屬官有刑部中大夫，掌五刑之法。”

［一四六］小刑部下大夫：《通典》卷二三《職官典五》小字注：“後周有小刑部下大夫，屬秋官府。”

［一四七］鄉法上士中士：“樹經堂本”誤作“鄉法上士下士”。

［一四八］掌壁：“樹經堂本”“中華本”誤作“掌壁”。

［一四九］按：《北堂書鈔》卷五四“掌典刑邦國”條引《周禮》：“秋官大司寇之職，掌建邦之三典，以佐王，刑邦國，詰四方。”

［一五〇］按：《通典》卷二四《職官典六》：“後周有司憲中大夫二人，掌司寇之法，辨國之五禁，亦其任也。”

［一五一］按：《通典》卷二五《職官典七》：“後周有刑部中大夫，掌五刑之法，附萬人之罪，屬大司寇，亦其任也。”

［一五二］按：《通典》卷三二《職官典十四》：“後周有司隸下大夫，掌五隸及徒者，捕盜賊囚執之事，屬大司寇。”

［一五三］按：《通典》卷二六《職官典八》：“後周司寇有蕃部中大夫，掌諸侯朝覲之叙；有賓部中大夫，掌大賓客之儀。”

［一五四］司織下大夫：“樹經堂本”誤作“司織下大大”。

［一五五］司准：“樹經堂本”誤作“司量准”。

［一五六］瑑工：“樹經堂本”誤作“式工”。

［一五七］韗工：“樹經堂本”誤作“輯工”。

［一五八］按：《太平御覽》卷二〇八引《後周書》：“冬官謂之大司空卿，掌邦事，以五材九範之徒，佐皇帝，富邦國。大祭祀行灑掃，廟社、四望則奉豕牲。”

［一五九］按：《通典》卷二三《職官典五》：“後周有冬官大司空卿，掌五材九範之法，其屬工部中大夫二人，承司之事掌百工之籍，而理其禁令。”

［一六〇］按：《通典》卷二七《職官典九》：“後周有匠師中大夫，掌城郭宮室之制；又有司木中大夫，掌木工之政令。”

［一六一］自“方一成”至“級一尺”：《隋書》卷六校勘記［七］称“此三十字上無所屬，疑涉下‘方丘’而衍。”又，“階十尺”之“尺”，顯係

“級”字之訛。本段文字取材於《隋書》卷六《禮儀志一》。

［一六二］南郊以始祖神元皇帝配昊天上帝於其上：《隋書》卷六《禮儀志一》作“圓丘則以其先炎帝神農氏配昊天上帝於其上”。

［一六三］皇帝：“樹經堂本”誤作“皇帘”。

［一六四］玄冕：原作“元冕”，兹據《隋書》卷六《禮儀志一》改。

［一六五］自“南郊”至此：原作“北郊方丘，以神元竇皇后配”，兹據《隋書》卷六《禮儀志一》改。

［一六六］以：“樹經堂本”誤作“似”。

［一六七］自“五郊壇”至“内壝皆半之”，显然取材於《隋書》卷七《禮儀志二》，且續云：“祭配皆同後齊。”① 但下文卻張冠李戴載録“春分朝日”與“秋分夕月”禮（見《隋書》卷七《禮儀志二》）。

［一六八］深四尺：原誤作“深四丈”，兹據《隋書》卷七《禮儀志二》改正。

［一六九］十月：《通典》卷四四《禮典四》同，《隋書》卷七《禮儀志二》作“十一月”。

［一七〇］墉：“樹經堂本”誤作“塘”。

［一七一］獸：“樹經堂本”“中華本”皆作“虎”。

［一七二］玄武：原作“元武”，兹從《隋書》卷七《禮儀志二》。

［一七三］五官之神：“樹經堂本”誤作“五宫之神”。

［一七四］山川林澤：“樹經堂本”誤作“山川杯澤”。

［一七五］［一七六］丘陵：原作“邱陵”，兹據《隋書》卷七《禮儀志二》改正。

---

① 《隋書》卷七《禮儀志二》載北齊祭配儀式曰：“後齊五郊迎氣，爲壇各於四郊，又爲黄壇於未地。所祀天帝及配帝五官之神同梁。其玉帛牲各以其方色。其儀與南郊同。帝及后各以夕牲日之旦，太尉陳幣，告請其廟，以就配焉。其從祀之官，位皆南陛之東，西向。壇上設饌畢，太宰丞設饌於其座。亞獻畢，太常少卿乃於其所獻。事畢，皆撤。”

百官考四下　西魏書十

通議大夫浙江按察使司按察使加二級南康謝啓昆撰[一]

柱國大將軍按：柱國大將軍有八，大統中，任者爲宇文泰、元欣、李虎、李弼、獨孤信、趙貴、于謹、侯莫陳崇。時泰總百揆，欣以懿戚，從容禁闥而已，其餘六人各督二大將軍，凡十二大將軍，其時爲元贊、元育、元廓、侯莫陳順、宇文導、達奚武、李遠、豆盧寧、宇文貴、賀蘭祥、楊忠、王雄，又各分統開府。一人一開府，領一軍兵，是爲二十四軍，分掌禁旅。其後功臣，位至柱國，衆矣。咸是散秩，無復統禦。大將軍正九命

驃騎大將軍　開府儀同三司周建德四年，改爲開府儀同大將軍，仍增置上開府儀同大將軍

車騎大將軍　儀同三司周建德四年，改爲儀同大將軍，仍增置上儀同大將軍九命。

驃騎將軍　車騎將軍正八命

四征將軍　中軍鎮軍　撫軍將軍八命

四平將軍　前後左右四將軍[二]　帥都督正七命

冠軍將軍　輔國將軍　都督七命

鎮遠將軍　建忠將軍正六命

中堅將軍　寧朔將軍六命

寧遠將軍　揚烈將軍[三]正五命

伏波將軍　輕軍將軍五命

宣威將軍　虎賁將軍[四]　明威將軍正四命

襄威將軍　厲威將軍四命

威烈將軍　討寇將軍正三命

蕩寇將軍　盪難將軍三命

殄寇將軍　殄難將軍正二命

掃寇將軍　掃難將軍二命

曠野將軍　横野將軍正一命

武威將軍　武牙將軍一命

左中郎將　右中郎將六命

軍主四命

戍主三命

幢主正三命

左光禄大夫　右光禄大夫正八命

左金紫光禄大夫　右金紫光禄大夫八命

左銀青光禄大夫　右銀青光禄大夫正七命

太中大夫　中散大夫七命

諫議大夫　諮議大夫正六命

左員外常侍　右員外常侍正五命

左員外侍郎　右員外侍郎正三命

武騎常侍　武騎侍郎三命

員外司馬　殿中司馬正一命

武騎司馬　武威司馬二命

積弩司馬　强弩司馬正二命

奉騎都尉五命

山林都尉　淮海都尉一命

冗從給事正四命

給事中　奉朝請四命

雍州牧九命

刺史[五]

郡守[六]

京兆尹八命

郡丞[七]

縣令[八]

大呼藥[九]六命

州治中[一〇]

州呼藥[一一]

州别駕[一二]

柱國大將軍府長史、司馬、司録正七命

别將開府[一三]長史、司馬、司録正六命

儀同府、州長史[一四]，司馬、司録六命

統軍驃騎車騎將軍府、八命州長史[一五]，司馬、司録　柱國大將軍府中郎掾屬正五命

四征中鎮撫將軍府、正七命州長史，司馬、司録[一六]開府中郎掾屬[一七]五命

儀同府中郎掾屬　柱國大將軍府列曹參軍　四平前後左右將軍府、七命州長史[一八]、司馬、司録正四命

開府列曹參軍[一九]冠軍輔國將軍府、正六命州長史[二〇]、司馬、司録四命

儀同府、正八命州列曹參軍[二一]鎮遠、建忠、中堅、寧朔將軍府長史、司馬　柱國大將軍參軍[二二]正三命

開府參軍[二三]、驃騎車騎將軍府、八命州列曹參軍[二四]、寧遠、揚烈、伏波、輕車軍府長史三命

四征中鎮撫將軍府、正七命[二五]州列曹參軍正二命

四平前後左右將軍府、七命州列曹軍戍副[二六]二命

冠軍撫國將軍府、正六命[二七]州列曹參軍正一命

鎮遠、建忠、中堅、寧朔[二八]、寧遠、揚烈、伏波、輕車將軍府列曹參軍一命

右内外衆職六官之外，參用秦漢諸官。

廢帝三年正月，始作九命之典，以叙内外官爵。以第一品爲九命，第九

品爲一命。改流外品爲九秩，亦以九爲上。[二九]王朝之臣爲内命，謂公孤卿士大夫諸侯及其臣爲外命。謂五等爵之孤卿大夫士。[三〇]

正九命	太師 太傅 太保 王 國公 柱國大將軍 大將軍
九命	驃騎大將軍 開府儀同三司 車騎大將軍 儀同三司 雍州牧
正八命	少師 少傅 少保 侯 驃騎將軍 左光禄大夫 車騎將軍 右光禄大夫 刺史户三萬以上者
八命	四征將軍 左金紫光禄大夫 中軍將軍 鎮軍將軍 撫軍將軍[三一] 右金紫光禄大夫 大都督 刺史二萬户以上者 京兆尹

續表

正七命	大冢宰 大司徒 大宗伯 大司馬 大司寇 大司空 伯 四平將軍 左銀青光禄大夫 前後左右四將軍 右銀青光録大夫 帥都督 柱國大將軍府長史、司馬、司録 刺史萬户以上者
七命	冠軍將軍 太中大夫 輔國將軍 中散大夫 都督 刺史户五千以上者 郡守萬五千户以上者
正六命	小冢宰、小司徒、小宗伯、小司馬、小司寇、小司空等上大夫 子 鎮遠將軍 諫議大夫 建忠將軍 諮議大夫 别將開府長史、司馬、司録 刺史户不滿五千以下者 郡守萬户以上者
六命	中堅將軍 左中郎將 寧朔將軍 儀同府正八命州長史、司馬、司録 右中郎將 郡守户五千以上者 大呼藥[三二]

續表

<table>
<tr><td rowspan="6">正五命</td><td>天官</td><td>司會、宗師、左宫伯、御正、御伯、主膳、太府、計部等中大夫</td></tr>
<tr><td>地官</td><td>禮部、守廟、典祝、鄉伯、左右遂伯、每方稍伯、每方縣伯、每方畿伯、每方載師、師氏等中大夫</td></tr>
<tr><td>春官</td><td>禮部、守廟、典祝、内史、太史、大司樂等中大夫</td></tr>
<tr><td>夏官</td><td>軍司馬、職方、吏部、右武伯、兵部、大馭、司右、駕部、武藏等中大夫</td></tr>
<tr><td>秋官</td><td>司憲、刑部、蕃部、賓部等中大夫</td></tr>
<tr><td>冬官</td><td>工部、匠師、司木、司土、司金、司水等中大夫
男
寧遠將軍
左員外常侍
揚威將軍
右員外常侍
統軍
驃騎車騎將軍府、八命州長史、司馬、司録
柱國大將軍府中郎掾屬
郡守千户以上者
長安、萬年令</td></tr>
<tr><td>五命</td><td colspan="2">伏波將軍
奉軍都尉
輕車將軍
奉騎都尉
四征中鎮撫軍將軍府、正七命州長史、司馬、司録
開府中郎掾屬[三三]
郡守户不滿一千以下者
縣令户七千以上者
正八命州呼藥</td></tr>
<tr><td rowspan="5">正四命</td><td>天官</td><td>小宗師、小左宫伯、小御正、小膳部、大醫、小醫、小計部等下大夫</td></tr>
<tr><td>地官</td><td>小鄉伯、鄉大夫，每鄉小遂伯、遂大夫，每遂小稍伯、稍大夫，每稍小縣伯、縣大夫，每縣小畿伯、畿大夫，每畿小載師、小師氏、保氏、司倉、司門、司市、虞部等下大夫</td></tr>
<tr><td>春官</td><td>小守廟、小典祀、小内史、外史、典命、小史、小司樂、太學博士、太卜、太祝、司車路、夏采等下大夫</td></tr>
<tr><td>夏官</td><td>小職方、小吏部、小右武伯、小兵部、小馭、戎馭、齊馭、小司右、戎右、齊右、司射、小駕部、小武藏等下大夫</td></tr>
<tr><td>秋官</td><td>小刑部、掌朝、布憲、小蕃部、小賓部、司要、田正、司隸等下大夫</td></tr>
</table>

續表

<table>
<tr><td rowspan="13">正四命</td><td rowspan="13">冬官</td><td>小匠師、小司木、小司土、小司金、小司水、司玉、司皮、司色、司織、司卉等下大夫</td></tr>
<tr><td>公之孤卿</td></tr>
<tr><td>宣威將軍</td></tr>
<tr><td>虎賁將軍[三四]</td></tr>
<tr><td>明威將軍</td></tr>
<tr><td>冗從給事</td></tr>
<tr><td>儀同府中郎掾屬</td></tr>
<tr><td>柱國大將軍府列曹參軍</td></tr>
<tr><td>四平前後左右將軍府、七命州長史、司馬、司録</td></tr>
<tr><td>縣令户四千以上者</td></tr>
<tr><td>八命州呼藥</td></tr>
<tr><td>八命州别駕</td></tr>
<tr><td></td></tr>
<tr><td rowspan="12">四命</td><td colspan="2">襄威將軍</td></tr>
<tr><td colspan="2">給事中</td></tr>
<tr><td colspan="2">厲威將軍</td></tr>
<tr><td colspan="2">奉朝請</td></tr>
<tr><td colspan="2">軍士</td></tr>
<tr><td colspan="2">開府列曹參軍</td></tr>
<tr><td colspan="2">冠軍輔國將軍府、正六命州長史、司馬、司録</td></tr>
<tr><td colspan="2">縣令户三千以上者</td></tr>
<tr><td colspan="2">正七命州呼藥</td></tr>
<tr><td colspan="2">正七命州别駕</td></tr>
<tr><td colspan="2">正八命州治中</td></tr>
<tr><td colspan="2">七命郡丞</td></tr>
<tr><td rowspan="5">正三命</td><td>天官</td><td>司會、小宗師、宗正、小右宫伯、右中侍、小御正、主寢、御伯、掌式、小膳部、内膳、外膳、小醫、醫正、瘍醫、太府、玉府、内府、外府、左府、右府、縫工、染工、小計部、掌納、掌出、司内奄等上士</td></tr>
<tr><td>地官</td><td>民部吏、小鄉伯、鄉正、州長、每州小遂伯、遂正、小稍伯、稍正、小縣伯、縣正、小畿伯、畿正、小載師、司農、司均、司賦、司役、小師氏、保氏、司諫、司救、司媒、小司倉、小司門、小司市、小虞部等上士</td></tr>
<tr><td>春官</td><td>禮部、小守廟、小典祀、司郊、掌次、小内史、著作、小典命、司寂、小史、馮相、保章、小司樂、太學助教、小學博士、樂師、小卜、小祝、小司車路、守陵等上士</td></tr>
<tr><td>夏官</td><td>軍司馬、小職方、小吏部、司士、司勛、司録、小右武伯、右虎賁率、右旅賁率、右射聲率、右驍騎率、右羽林率、右游聲率、小兵部、武環率、武候率、司固、道馭、田馭、小司右、賓右、道右、田右、小司射、司仗、小田駕部、左廐、右廐、典牝、典牡、獸醫等上士</td></tr>
<tr><td>秋官</td><td>司憲、小刑部、司刺、鄉法、遂法、稍法、縣法、畿法、方憲、小掌朝、掌察、小布憲、小蕃部、小掌交、司匡、小賓部、司儀、東掌客、南掌客、西掌客、北掌客、小司要、小田正、小司隸等上士</td></tr>
</table>

續表

<table>
<tr><td>正三命</td><td>冬官</td><td>工部、小匠師、内匠、外匠、掌材[三五]、小司木、小司土、小司金、鍛工、函工、小司水、典壅、小司玉、小司皮、小司色、小司織、小司卉等上士
侯伯之孤卿
公之大夫
威烈將軍
右員外侍郎
討寇將軍
左員外侍郎
幢主
儀同府、正八命州列曹參軍
鎮遠、建忠、中堅、寧朔將軍府長史，司馬
柱國大將軍府參軍
縣令户五百以上者
七命州呼藥
正六命州别駕
正七命州治中
正六命郡丞</td></tr>
<tr><td>三命</td><td colspan="2">蕩寇將軍
武騎常侍
蕩難將軍[三六]
武騎侍郎
戍主
開府參軍
驃騎車騎將軍府、八命州列曹參軍
寧遠、揚烈、伏波、輕車將軍府長史
縣令户不滿五百以下者
正六命州呼藥
正六命州治中
六命郡丞</td></tr>
<tr><td rowspan="2">正二命</td><td>天官</td><td>司會、宗正、右侍、右前侍、右後侍、主寢、司服、給事、掌式、内膳、外膳、典庖、典饎、酒正、餚藏、掌醢、司鼎俎、掌冰、醫正、瘍醫、玉府、内府、外府、左府、右府、縫工、染工、掌納、掌出、小司内、内小臣奄、内司服奄、典婦功奄、巷伯等中士</td></tr>
<tr><td>地官</td><td>民部吏、小鄉伯、鄉正、州長、每州小遂伯、遂正、小稍伯、稍正、小縣伯、縣正、小畿伯、畿正、司封、司農、司均、司賦、司役、掌鹽、每地中士、掌遺、典牧、典牛、司諫、司救、司媒、土訓、誦訓、神倉、黍倉、稷倉、稻倉、豆倉、麥倉、米倉、鹽倉、典麴、典舂、典磑、掌節、宫門、城門、司關、均工、平準、泉府、山虞、澤虞、林衡、川衡、掌禽、掌囿、掌炭、掌芻等中士</td></tr>
</table>

續表

<table>
<tr><td rowspan="4">正二命</td><td>春官</td><td>禮部、司几筵、司罇彝[三七]、掌鬱、司鬯、究犠、司雞、司郊、司社、御史、著作、典瑞、典服、司寂、司玄[三八]、治禮、司謁、馮相、保章、小學助教、樂師、樂胥、司歌、司鐘磬、司鼓、司吹、司舞、籥章、掌散樂、典夷樂、典庸器、龜占、筮占、夢占、視祲、司巫、喪祝、甸祝、詛祝、神士、典路、司車、司常、守陵、掌墓、職喪等中士</td></tr>
<tr><td>夏官</td><td>軍司馬、土方、山師、川師、懷方、訓方、司士、司勛、司録、右虎賁率、右旅賁率、右射聲率、右驍騎率、右羽林率、右游擊率、倅長、司固、司火、司辰、銜枚[三九]、司仗、右廐、左廐、典牝、典牡、典駝、典羊、獸醫、司袍襖、司弓矢、司甲、司稍、司刀盾等中士</td></tr>
<tr><td>秋官</td><td>司憲、司刺、鄉法、遂法、稍法、縣法、畿法、方憲、掌囚、掌察、司約、司盟、職金、掌璧、司厲、修閭、掌墐、禁殺戮、禁游、禁暴、司寤、掌交、司匡、司儀、東掌客、南掌客、西掌客、北掌客、掌訝、司環、野廬、象謂、掌財賄、司烜、伊耆氏、司調、司柞、司薙、掌犬、司迹、弋禽、捕獸、掌皮、弭妖、翦蠹、庶蠹、掌罪隸、掌夷隸、掌蠻隸、掌戎隸、掌狄隸、掌徒等中士</td></tr>
<tr><td>冬官</td><td>工部、内匠、外匠、司量、司量準[四〇]、司度、掌材、車工、角工、彝工、器工、弓工、箭工、盧工、復工、陶工、塗工、典丱、冶工、鑄工、鍛工、函工、雕工、典壅、掌津、舟工、典魚、典僦、□工、磬工、石工、裘工、履工、鞄工、韗工、韋工、膠工、毳工、績工、漆工、油工、弁工、織絲、織綵、織枲、織組、竹工、籍工、罟工、紙工等中士
子男之孤卿
侯伯之大夫
公之上士
殄寇將軍
强弩司馬
殄難將軍
積弩司馬
四征中鎮撫將軍府
正七命州列曹參軍
正五命郡丞</td></tr>
<tr><td>二命</td><td colspan="2">掃寇將軍
武騎司馬
掃難將軍
武威司馬
四平前左右後將軍府、七命州列曹軍戍副[四一]
五命郡丞</td></tr>
</table>

續表

<table>
<tr><td rowspan="2"></td><td>天官</td><td>司會旅、宗正、右騎侍、右宗侍、右庶士、右勛侍、主璽、食醫、外膳、典庖、典饎、酒正、餚藏、掌醢、司鼎俎、掌冰、主藥、正醫、瘍醫、内小臣奄、内司服奄、典婦功奄、巷伯奄等下士</td></tr>
<tr><td>地官</td><td>黨正旅、每黨司封、掌鹽、掌墠、典牧、典牛、土訓、誦訓、神倉、稷倉、黍倉、稻倉、豆倉、麥倉、米倉、鹽倉、典麴、典舂、典磑、掌節、宫門、城門、司關、均工、平準、泉府、山虞、澤虞、林衡、川衡、掌禽、掌囿、掌圃、掌炭、掌薪、掌芻等下士</td></tr>
<tr><td rowspan="5">正一命</td><td>春官</td><td>禮部旅、小守廟奄、司几筵、司罇彝[四二]、掌鬱、司鬯、充犧、司雞、司郊、司社、掌次[四三]、御史、校書、典瑞、典服、司玄[四四]、治禮、司謁、樂胥、司歌、司鐘磬、司鼓、司吹、司舞、籥章、掌散樂、典夷樂、典庸器、龜占、筮占、夢占、視祲、司巫、喪祝、甸祝、詛祝、神士、典路、司車、司常、小夏采、掌幕、職喪等下士</td></tr>
<tr><td>夏官</td><td>軍司馬旅、土方、山師、川師、懷方、訓方、右虎賁倅長、右旅賁倅長、右射聲倅長、右驍騎倅長、右羽林倅長、右游擊倅長、武環倅長、武候倅長、司火、司辰、銜枚[四五]、右廐閑長、典駝、典羊、獸醫、司袍襖、司弓矢、司稍、司甲、司刀盾等下士</td></tr>
<tr><td>秋官</td><td>司憲旅、小刑、掌囚、掌察、司約、司盟、職金、掌璧、司厲、修閭、掌墐、禁殺戮、禁游、司寤、小蕃司行、掌訝、司環、野廬、象謂[四六]、掌貨賄[四七]、司烜、伊耆氏、司調、司柞、司薙、掌犬、司迹、弋禽、捕獸、掌皮、弭妖、翦蠹、庶蠹、掌罪隸、掌蠻隸、掌戎隸、掌狄隸、掌徒等下士</td></tr>
<tr><td>冬官</td><td>工部旅、司量、司量準[四八]、司皮[四九]、掌材、車工、角工、彝工、器工、弓工、箭工、盧工、復工、陶工、塗工、典丱、冶工、鑄工、鍛工、函工、雕工、典甕、掌津、舟工、典魚、典鹺、□工、磬工、石工、裘工、屩工、鞄工、韗工、韋工、膠工、毳工、繢工、漆工、油工、弁工、織絲、織綵、織枲、織組、竹工、籍工、罟工、紙工等下士
子男之大夫
公之中士
侯伯之上士
曠野將軍
殿中司馬
横野將軍
員外司馬
冠軍輔國將軍府、正六命州列曹參軍</td></tr>
<tr><td colspan="2" style="display:none"></td></tr>
<tr><td>一命</td><td colspan="2">山林都尉
武威將軍[五〇]
淮海都尉
武牙將軍[五一]
鎮遠、建忠、中堅、寧朔、寧遠、揚烈、伏波、輕車將軍府列曹參軍</td></tr>
</table>

右命數按：《周書・盧辯傳》所載命數，無六爵、公孤及六卿諸職，今據《通典》録之，閒有傳寫脱誤者[五二]，以《盧傳》補正之。

下士一百二十五石，中士以上，至於上大夫，各倍之。上大夫是爲四千石。卿二分，孤三分，公四分，各益其一。公因盈數爲一萬石。其九秩一百二十石，八秩至於七秩，每二秩六分而下各去其一，二秩一秩俱爲四十石。[五三]凡頒禄，視年之上下，畝至四釜爲上年，上年頒其正。三釜爲中年，中年頒其半。二釜爲下年，下年頒其一。無年爲凶荒，不頒禄。

右禄秩

【校注】

［一］百官考四下　西魏書十　通議大夫浙江按察使司按察使加二級南康謝啓昆撰："樹經堂本"作"卷十　百官考四下"，"中華本"作"西魏書卷十　百官考四下"。

［二］前後左右四將軍：原作"前後左右四征將軍"，玆據《通典》卷三九《職官典二十一・秩品四・後周官品》（此下簡稱《後周官品》）删去"征"字。又"前後左右四征將軍"後列"都督"，今據《後周官品》，將之移至下行"輔國將軍"後。

［三］揚烈將軍：原作"揚威將軍"，但從上下文及《後周官品》來看，顯然是"揚烈將軍"之訛。

［四］［三四］虎賁將軍：當從《後周官品》，改作"虎賁給事"。

［五］據《後周官品》，可知刺史官品依其管轄户數而定：二萬户以上者八命，萬户以上者正七命，五千户以上者七命，不満五千户者正六命。

［六］據《後周官品》，可知郡守官品依其管轄户數而定：萬五千户以上者七命，萬户以上者正六命，五千户以上者六命，千户以上者正五命。

［七］據《後周官品》，可知其官品分爲五等：七命郡丞，四命；正六命郡丞，正三命；六命郡丞，三命；正五命郡丞，正二命；五命郡丞，二命。

［八］據《後周官品》，可知縣令官品依其所處空間位置及管轄户數而定：

長安、萬年令，正五命；户七千以上，五命；户四千以上，正四命；户三千以上，四命；户五百以上，正三命；户不滿五百，三命。

［九］大呼藥：《後周官品》作“大呼藥”，《周書》卷二四《盧辯傳》作“小呼藥”。

［一〇］據《後周官品》，可知州治中官品分爲三等：正八命州治中，四命；正七命州治中，正三命；正六命州治中，三命。

［一一］據《後周官品》，可知州呼藥官品分爲五等：正八命州呼藥，五命；八命州呼藥，正四命；正七命州呼藥，四命；七命州呼藥，正三命；正六命州呼藥，三命。

［一二］據《後周官品》，可知州别驾官品分爲三等：八命州别駕，正四命；正七命州别駕，四命；正六命州别駕，正三命。

［一三］别將開府：原作“别將開府府”，此從《後周官品》。

［一四］儀同府、州長史：《後周官品》作“儀同府、正八命州長史”。

［一五］八命州長史：原作“州長史”，兹據《後周官品》補。

［一六］正七命州長史，司馬、司録：原作“州長史，司馬”，兹據《後周官品》補。《後周官品》原本亦脱“司録”，今據《周書》卷二四《盧辯傳》補。

［一七］［三三］開府中郎掾屬：原作“開府府中郎掾屬”，此從《後周官品》。

［一八］七命州長史：原作“州長史”，兹據《後周官品》補。

［一九］開府列曹參軍：原作“開府府列曹參軍”，此從《後周官品》。

［二〇］正六命州長史：原作“州長史”，兹據《後周官品》補。

［二一］正八命州列曹參軍：原作“州列曹參軍”，兹據《後周官品》補。

［二二］柱國大將軍：《周書》卷二四《盧辯傳》作“參軍柱國府參軍”，此從《後周官品》。

［二三］開府參軍：原作“開府府參軍”，此從《後周官品》。

［二四］八命州列曹參軍：原脱“八命州”三字，兹據《後周官品》補。

［二五］正七命：原脱，兹據《後周官品》補。

［二六］［四一］七命州列曹軍戍副：原作“州列曹參軍戍副”，此從《後

周官品》。

［二七］正六命：原脱，兹據《後周官品》補。

［二八］寧朔：原脱，兹據《周書》卷二四《盧辯傳》補。

［二九］按:《周書》卷二《文帝紀下》:“（西魏廢帝）三年春正月，始作九命之典，以叙内外官爵。以第一品爲九命，第九品爲一命。改流外品爲九秩，亦以九爲上。”

［三〇］按:《隋書》卷二七《百官志中》:“内命，謂王朝之臣。三公九命，三孤八命，六卿七命，上大夫六命，中大夫五命，下大夫四命，上士三命，中士再命，下士一命。外命，謂諸侯及其臣。諸公九命，諸侯八命，諸伯七命，諸子六命，諸男五命，諸公之孤卿四命，侯之孤卿、公之大夫三命，子男之孤卿、侯伯之大夫，公之上士再命，子男之大夫、公之中士、侯伯之上士一命，公之下士、侯伯之中士下士、子男之上不命。”

［三一］中軍將軍鎮軍將軍撫軍將軍：原作“中軍、鎮軍、撫軍將軍”，兹爲便於製表而作如此措置。

［三二］《後周官品》有“大呼藥”，并將之列爲“六命”，而《周書》卷二四《盧辯傳》則作“小呼藥”;《西魏書》作者誤以爲大小呼藥並存，而予以分别列舉於“正六命”和“六命”。此從《後周官品》。

［三五］掌材：原誤作“掌林”，此從《後周官品》。

［三六］蕩難將軍：原本誤作“盪難將軍”，此從《後周官品》。

［三七］［四二］司罇彝：原誤作“司樽彝”，兹據《後周官品》改正。

［三八］［四四］司玄：原爲避諱而作“司元”，今回改。

［三九］［四五］銜枚：原作“銜牧”，兹據《後周官品》改正。

［四〇］司量準：今中華書局點校本《通典》卷三九《職官典二十一》已改爲“司準”。

［四三］掌次：原本誤作“掌衣”，兹據《後周官品》改正。

［四六］象諝：原作“象胥”，兹據《後周官品》改正。

［四七］掌貨賄：原作“掌財賄”，此從《後周官品》。

［四八］司量準:《後周官品》作“司準”。

［四九］司皮：原作“司度”，兹據《後周官品》改正。

［五〇］武威將軍：原作“虎威將軍”，兹據《後周官品》改正。

［五一］武牙將軍：原作“虎牙將軍”，兹據《後周官品》改正。

［五二］者：“中華本”作“此”。

［五三］二秩一秩俱爲四十石：本段文字顯然取材於《隋書》卷二七《百官志中》。該志原脱“一秩”二字，今點校本已據《通典》卷一九及《册府元龜》卷五〇五補入。此從之。

皇后列傳一　西魏書十一

通議大夫浙江按察使司按察使加二級南康謝啓昆撰[一]

孝武皇后高氏，高歡長女也。帝見立，乃納爲后。及帝西幸關中，后未之從。帝崩，歡令爲之服，後降爲彭城王韶妃。[二]魏室奇寶多隨后入韶家。有二玉鉢相盛，轉而不可出。馬腦榼容三升，玉縫之。皆稱西域鬼作也。[三]

文帝文皇后乙弗氏，河南洛陽人也。其先世爲吐谷渾渠帥，居青海，號青海王。涼州平，后之高祖莫瓌擁部落入附[四]，拜定州刺史，封西平公。自莫瓌後，三世尚公主，女乃多爲王妃，甚見貴重。父瑗，儀同三司、兗州刺史。[五]母淮陽長公主[六]，孝文之第四女也。后美容儀，少言笑，年數歲[七]，父母異之，指示諸親曰："生女何妨也。若此者，實勝男。"年十六，文帝納爲妃。及帝即位，以大統元年册爲皇后。后性好節儉，蔬食故衣，珠玉羅綺絶於服玩。又仁恕不爲嫉妒之心[八]，帝益重之。生男女十二人，多早夭，唯太子及武都王戊存焉。

時新都關中，務欲東討，蠕蠕寇邊，未遑北伐，故帝結婚以撫之。於是更納悼后，命后遜居别宫，出家爲尼。悼后猶懷猜忌，復徙后居秦州，依子秦州刺史武都王。帝雖限大計，恩好不忘，後密令養髮，有追還之意。然事秘禁，外無知者。

六年春，蠕蠕舉國度河，前驅已過夏[九]，頗有言虜爲悼后之故興此役。帝曰："豈有百萬之衆爲一女子舉也？雖然，致此物論，朕亦何顔以見將帥耶！"乃遣中常侍曹寵齎手敕令后自盡。后奉敕，揮淚謂寵曰："願至尊享千萬年[一〇]，天下康寧，死無恨也。"因命武都王前，與之决。遺語皇太子，詞皆悽愴，因慟哭久之。侍御咸垂涕失聲，莫能仰視。召僧設供，令侍婢數十人出家，手爲落髮。事畢，乃入室，引被自覆而崩，年三十一。鑿麥積崖爲龕而葬，神柩將入，有二叢雲先入龕中，頃之，一滅一出，後號寂陵。[一一]及文帝山陵畢，手書云萬歲後欲令后配饗，公卿乃議追謚曰文皇后，祔於太廟。廢帝時，合葬於永陵。

文帝悼皇后郁久閭氏，蠕蠕主阿那瓌[一二]之長女也。容貌端嚴，夙有成智。大統初，蠕蠕屢犯北邊，文帝乃與約，通好結婚，扶風王孚受使奉迎。蠕蠕俗以東爲貴，后之來，營幕户席，一皆東向。車七百乘，馬萬匹，駞千頭。[一三]到黑鹽池，魏朝鹵簿文物始至。孚奏請正南面，后曰："我未見魏主，故蠕蠕女也。魏仗向南，我自東面。"孚無以辭。

四年正月，至京師，立爲皇后，時年十四。六年[一四]，后懷孕將産，居於瑶華殿，聞上有狗吠聲，心甚惡之。又見婦人盛飾來至后所，后謂左右："此爲何人？"醫巫旁侍，悉無見者，時以爲文后之靈，産訖而崩，年十六，葬於少陵原。十七年，合葬永陵。當會横橋北，后梓宫先至鹿苑，帝轀輬後來，將就次所，軌折不進。[一五]

廢帝皇后宇文氏，宇文泰女也。后初産之日，有雲氣滿室，芬氲久之。幼有風神，好陳列女圖，置之左右。泰曰："每見此女，良慰人意。"廢帝之爲太子，納爲妃。及即位，立爲皇后。志操明秀，帝深重之，專寵後宫，不置嬪御。帝既廢崩，后亦以忠於魏室罹禍。

恭帝皇后若干氏，司空長樂正公惠之女也。[一六]有容色，恭帝納之爲妃。及即位，立爲皇后。後出家爲尼，在佛寺薨，竟無謚。

【校注】

［一］皇后列傳一　西魏書十一　通議大夫浙江按察使司按察使加二級南康謝啓昆撰："樹經堂本"作"卷十一　皇后列傳一"，"中華本"作"西魏書卷

十一　皇后列傳一”。經比對，可以確定本卷以《北史》卷一三《后妃傳上》爲藍本。

［二］《北史》卷一三《后妃傳上》、《太平御覽》卷一四〇引《後魏書》同。

［三］按：《北史》卷一九《獻文六王傳》云：“（彭城王勰孫）韶，字世胄，好學，美容儀。……襲封彭城王。齊神武後以孝武帝后配之，魏室奇寶多隨后入韶家。有二玉鉢相盛，轉而不可出。馬腦榼容三升，玉縫之。皆稱西域鬼作也。”①

［四］入附：“樹經堂本”誤作“入府”。

［五］兗州刺史：《北史》卷一三校勘記［二九］，據《北史》卷二五《乙瓌傳》及《魏書》卷十二《孝靜紀》、卷八〇《樊子鵠傳》的相關記載，斷言“兗州刺史”前脱“西”字。其説甚是。

［六］淮陽長公主：原脱“長”字，兹據《北史》卷一三《后妃傳上》、《太平御覽》卷一四〇引《後魏書》補。

［七］年數歲：原脱“年”字，兹據《北史》卷一三《后妃傳上》、《太平御覽》卷一四〇引《後魏書》補。

［八］又仁恕不爲嫉妒之心：《太平御覽》卷一四〇引《後魏書》作“又仁恕無嫉妬之心”。

［九］前驅已過夏：《太平御覽》卷一四〇引《後魏書》作“前驅已漸逼”。

［一〇］願至尊享千萬年：《北史》卷十三《后妃傳上》作“願至尊享千萬歲”，而《太平御覽》卷一四〇引《後魏書》作“願至尊享年千萬歲”。

［一一］謝啓昆《西魏樂府四首》之二《麥積雲》曰：“親迎車千乘，東向開幕席。塞上灼灼花，出自蠕蠕國。婚媾豈獲已，重勢匪重色。敵騎不易防，佳人亦難得。佳人來敵騎，催乙弗氏女。長門回秦州，別館尚嫌猜。珠衣繡篋不曾開，禮佛長虚玉鏡臺。萬衆何惜一女子，毋滋物論慰將士。常侍手敕出宫中，大義割情竟賜死。麥積龕，不同穴，二叢雲，滅復出。不作怨女飛霜雪，白練彌霄蔽皎日。但願至尊享國千萬年，妾經溝瀆亦何恤。君不見瑶華殿

① 《北齊書》卷二八《元韶傳》同，但因該篇傳記疑非《北齊書》舊文，故不予載録。

上犬聲狺，少陵原外梓宫折。”[①] 又，袁枚《乙弗后寂陵》詩云：“寂陵雲氣動高秋，積麥厓空雨未收。殿上龍衣憂社稷，宫中鳳輦入山邱。新人妒挾三軍至，故劍恩從一哭休。比到和番更幽咽，斷烟衰草至今愁。”[②]

［一二］阿那瓌：“樹經堂本”誤作“阿那壤”。

［一三］馬萬匹，駞千頭：《太平御覽》卷一四〇引《後魏書》作“騾萬疋，驢千頭”。

［一四］六年：原作“次年”，兹據《北史》卷一三《后妃傳上》、《太平御覽》卷一四〇引《後魏書》改。

［一五］軛折不進：此從《太平御覽》卷一四〇引《後魏書》，《北史》卷一三《后妃傳上》作“軏折不進”。

［一六］司空長樂正公惠之女也：張森楷《南北史校勘記》云：“案《周書》卷一七《若干惠傳》，封長樂郡公，卒謚‘武烈’，不云‘正’，‘正’字疑誤。”

① 《樹經堂詩初集》卷一〇《補史亭草上》，《續修四庫全書》册一四五八，上海古籍出版社，二〇〇二年，頁一二四。
② （清）袁枚撰：《小倉山房詩集》卷八，《續修四庫全書》册一四三一，頁三一二。

諸王列傳二　西魏書十二

通議大夫浙江按察使司按察使加二級南康謝啓昆撰[一]

扶風王孚字秀和，太武曾孫也。祖臨淮王譚，父長鄉侯提。孚少有令譽，侍中游肇、并州刺史高聰、司徒崔光等見孚，咸曰："此子當準的人物，恨吾徒衰暮，不及見耳。"累遷兼尚書右丞。靈太后臨朝，宦者干政，孚乃總括古今名妃賢后，凡爲四卷，奏之。遷左丞。[二]

蠕蠕主阿那瓌既得反國，其人大饑，相率入塞，阿那瓌上表請臺振給。詔孚爲北道行臺，詣彼振恤，孚陳便宜表曰：

皮服之人[三]，未嘗粒食，宜從俗因利，拯其所無。昔漢建武中，單于款塞，時轉河東米糒二萬五千斛、牛羊三萬六千頭以給之。斯則前代和戎、撫新、柔遠之長策[四]也。乞以牸牛產羊，餬其口食。且蓄牧[五]繁息，是其所便，毛血之利，惠兼衣食。

又尚書奏云：

如其仍住七州，隨寬置之。臣謂人情戀本，寧肯徙内[六]？若依臣請，給振雜畜，愛本重鄉，必還舊土。如其不然，禁留益損。假令逼徙，事非久計。何者？人面獸心，去留難測。既易水草，疴恙將多，憂愁致困，死亡必甚。兼其餘類，尚在沙磧[七]，脱出狂勃，翻歸舊巢，必殘掠邑里，遺毒百姓。亂而方塞，未若杜其未萌。

又貿遷起於上古[八]，交易行於中世。漢與胡通，亦立關市。今北人阻饑，命懸溝壑，公給之外，必求市易。彼若願求，宜見聽許。

又云：

營大者不計小名，圖遠者不[九]拘近利。雖戎狄衰盛，歷代不同，叛服之情，略可論討。周之北伐，僅獲中規；漢氏外攘，裁收下策。昔在代京，恒爲重備，將帥勞止，甲士疲力，前世苦之，計未能致。[一〇]今天祚大魏，亂亡在彼。朝廷垂天覆之恩，廓大造之德，鳩其散亡，禮送令反，宜因此時，善思遠策。

竊以理雖萬變，可以一觀；來事雖懸，易以往卜。昔漢宣之世，呼韓款塞，漢遣董忠、韓昌領邊郡士馬，送出朔方，因留衛助。又光武時，亦令中郎將段彬置安集掾史，隨單于所在，參察動靜。斯皆守吉之元龜，安邊之勝策。計今朝廷成功，不減曩時，蠕蠕國弊，亦同疇日。宜準昔成謀，略依舊事，借其所閑地，聽使田牧。粗置官屬，示相慰撫。嚴戒邊兵，以見保衛。馭以寬仁[一一]，縻以久策，使親不至矯詐，疏不容叛反。今北鎮諸將，舊常云一人代外邏[一二]，因令防察。所謂天子有道，守在四夷者也。

又云：

先人有奪人之心，待降如受彊敵。武非專外，亦以防内。若從處分割配，諸州鎮遼遠，非轉輸可到，悔叛之情，變起難測。又居人畜業，布在原野，戎夷性貪，見則思盜，防彼肅此，少兵不堪，渾流之際，易相干犯。驅之還本，未必樂去，配州内徙，復不肯從。既其如此，爲費必大。

朝廷不許。

孚持白虎旛勞阿那瓌於柔元[一三]、懷荒二鎮間。阿那瓌衆號三十萬[一四]，陰有異意，遂拘留孚。載以轀車，日給酪一升、肉一段。每集其衆，坐孚東厢，稱爲行臺，甚加禮敬。阿那瓌遂南過，至舊京。後遣孚等還，因上表謝罪。有司以孚事下廷尉，丞高謙之云孚辱命，處孚流罪。

後拜冀州刺史。孚勸課農桑，境内稱爲慈父，鄰州號曰神君。先是，州人張孟都、張洪建、馬潘、崔獨憐、張叔緒、崔醜、張天宜、崔思哲等八人[一五]，皆屯保林野，不臣王命，州郡號曰八王。孚至，皆請入城，願致死效力。後爲葛榮所陷，爲榮所執。兄祐爲防城都督，兄子子禮[一六]爲録事參軍，榮欲先害子禮，孚請先死以贖子禮，叩頭流血，榮乃捨之。又大集將士，議其死事，孚兄弟各誣己引過，爭相爲死。又孟都、潘紹等數百人皆叩頭就法，請活使君。榮曰："此魏之誠臣義士也。"凡同禁五百人，皆得免。榮卒[一七]，還除冀州刺史。

元顥入洛，授孚東道行臺、彭城郡王。孚封顥逆書送朝廷，天子嘉之。顥卒[一八]，封孚萬年鄉男。

永安末，樂器殘缺，莊帝命孚監儀注。孚上表曰：

昔太和中，中書監高閭、太樂令公孫崇修造金石，數十年間，乃奏成功。時大集儒生，考其得失。太常卿劉芳請别營造，久而方就。復召公卿量校合否，論者沸騰，莫有適從。登被旨敕，並見施用。往歲大軍入洛，戎馬交馳，所有樂器，亡失垂盡。臣至太樂署，問太樂令[一九]張乾龜等，云承前以來，置宫懸四箱，簨簴[二〇]六架。東北架編黄鍾之磬十四，雖器名黄鍾，而聲實夷則，考之音制，不甚諧韻。姑洗懸於東北，太蔟編於西北，蕤賓列於西南，並皆器象差位，調律不和。又有儀鐘[二一]十四，虚懸架首，初不叩擊，今便删廢，以從正則。

臣今據《周禮·鳧氏》修廣之規，《磬氏》倨句之法，吹律求聲，叩鐘[二二]求音，損除繁雜，討論實録。依十二月爲十二宫，各準辰次，當位懸設。月聲既備，隨用擊奏。則會還相爲宫之義，又[二三]得律吕相生之體。今量鐘[二四]磬之數，各以十二架爲定。

奏可。於時搢紳之士[二五]，咸往觀聽，靡不咨嗟嘆服而反。太傅、録尚書長孫承業妙解聲律，特復稱善。

後從孝武帝入關，除尚書左僕射、扶風郡王。尋監國史。歷位司空、兼尚書令、太保。大統四年，與蠕蠕通好結婚。[二六]蠕蠕主與孚相識，先請見孚，然後遣女。於是乃使孚行。蠕蠕君臣見孚，莫不懽悦[二七]，奉皇后來歸。

孚性機辯，好酒，貌短而禿。宇文泰嘗於室内置酒十瓨，瓨餘一斛，上皆加帽，欲戲孚。孚適入室[二八]，見即驚喜，曰："吾兄弟輩[二九]甚無禮，何爲竊入王家，匡坐相對？宜早還宅也。"因持酒歸。泰撫手大笑。後遇風患，手足不隨，口不能言，乃左手畫地作字，乞解所任。三奏不許。遷太傅。薨，帝親臨，百官赴弔。贈大司馬、録尚書事，謚曰文簡。

子端嗣，位大行臺尚書、華州刺史。性疏佷，頗以基地驕物，時論鄙之。

陳郡王元[三〇]，字彦道，昭成裔也，父尚書昭。元以節儉知名。孝莊時，爲洛陽令。及節閔即位，元上表乞葬莊帝，時議善之。後除尚書左丞。孝武即位，以孫騰爲左僕射，騰即高歡心膂，以仗入省[三一]，元依法舉劾，當時咸爲元懼，孝武重其强正，封臨淄縣子。及從入關，封陳郡王，位儀同三司，加開府。謚曰平。

北平王懋，字伯邕[三二]，昭成裔也。祖成陽公忠[三三]，父謁者僕射盛。懋初襲祖爵，降爲侯。從孝武入關，封北平王。薨，贈尚書左僕射，謚曰貞慧。子陟，字景升，開府儀同三司。

弟順，字敬叔，亦從帝入關，封濮陽王，位侍中。及帝崩，祕未發喪，諸人多舉廣平王嗣。順於别室垂泣謂宇文泰曰："廣平雖親，年德未茂[三四]，不宜居大寶。"泰深然之，因宣國諱，上南陽王尊號。以順爲中尉，行雍州事，又加開府儀同三司，秦州刺史。順善射。初，孝武在洛，於華林園戲射，以銀酒卮容[三五]二升許，懸於百步外，命善射者十餘人共射，中者即以賜之。順發矢即中，帝大悦，並賞金帛。順仍於箭孔處鑄一銀童，足蹈[三六]金蓮，手持劾炙，遂勒肩上，序其射工。

子偉，字大猷[三七]，有清才。弱冠，授員外散騎侍郎。以侍從之勞，賜爵高陽縣伯。大統初，拜伏波將軍、度支郎中，領太子舍人，尋拜東南道行臺右丞。十六年，進爵南安郡王。及尉遲迥伐蜀，以偉爲司録，書檄文，言皆偉所爲。六官建，拜師氏下大夫，改淮南縣公。後仕周。

樂平王最[三八]，字幹，成陽公[三九]孫。父贈豫州刺史壽興。最從孝武入關，封洛平王，位侍中，兼尚書左僕射，加特進。[四〇]

壽興弟益生，少亡。

子玭，字休弼。武帝之在藩邸，少親之，及即位，出必陪乘，入於卧内。及帝與高歡有隙，時議者各有異同。或勸天子入夷，或言與歡決戰，或云奔梁。唯玭數人以關中帝王桑梓，殷勤叩頭請西入。策功論賞，玭與領軍斛斯椿等十三人爲首，封魏郡王。時王者邑止一千户，唯玭邑一千五百。歡宣告關東云："將天子西入，事起元玭，雖百赦不在原限。"薨，謚曰景。子綽。

馮翊王季海，字元泉，昭成裔也。父河東太守淑，有子七。季海於兄弟中最有名譽，位洛州刺史。季海妻，司空李沖之女，莊帝從母也，賜爵唐郡君。[四一]政在尒朱，禍難方始，勸季海爲外官以避纖介。及孝莊之難，季海果以在藩得免。從孝武入關，封馮翊王，位中書令、雍州刺史，遷司空。病薨，謚曰穆。

子亨，字德良，一名孝才。季海仕長安，亨與母李氏在洛陽。高歡以亨父在關中，禁固之。其母遂詐稱凍餒，得就食湯陰[四二]，托大豪李長壽，攜亨及孤侄數人，得至長安。宇文泰以功臣子，甚禮之。亨年十二，恭帝在儲宮，引爲交友。釋褐千牛備身。大統末[四三]，襲爵馮翊王，累遷勛州刺史，改封平涼王。後仕周。

固道公羅字仲綱，道武裔也。祖江陽王吐根，父青州刺史繼。[四四]兄乂有寵於靈太后，乂妻太后妹也。[四五]羅處貴盛，而虚己接物。累遷青州刺史。乂當朝專政，羅望傾四海，於時才名之士王元景、邢子才、李獎[四六]等咸爲其賓客，從游青土。罷州，入爲宗正卿。乂死後，羅通乂妻，時人穢之，或云其救命之計也。孝武時，位尚書令、開府儀同三司、梁州刺史。大統初，梁遣將圍逼，羅以州降，封南郡王。侯景自立，以羅爲開府儀同三司、尚書令，改封江陽王。梁元帝滅景，宇文泰求羅，遂得還。除開府儀同三司、侍中、少師，襲爵江陽王。又孫善住，初從父舒奔梁，後得入關，羅乃以爵還善住，改封羅爲固道郡公。

安昌王均，景穆曾孫。父脩義，雍州刺史。均位給事黄門侍郎。後入關，封安昌王，位[四七]開府儀同三司。薨，贈司空，謚曰平。

子則，字孝規，襲爵，位儀州刺史。

則弟矩，字孝矩。襲祖爵始平縣公，①拜南豐州刺史。[四八]時見元氏將危，陰謂昆季[四九]曰："宇文之心，路人所見。顛而不扶，焉用宗子！"爲兄則所遏，乃止。後並仕周。

順陽王仲景，景穆曾孫。祖京兆王子推，父衛尉卿太興。仲景性嚴峭。孝莊時，兼御史中尉，京師肅然。每向臺[五〇]，恒駕赤牛，時人號"赤牛中尉"。太昌初，爲河南尹，奉法無私。時吏部尚書樊子鵠部下縱横，又爲盜竊。仲景密加收捕，悉獲之，咸即行決。於是豪貴寒心。孝武帝將入關，授仲景中軍大都督，留京師。高歡欲至洛陽，仲景遂棄妻子，追駕至長安，仍除尚書右僕射，封順陽王。

仲景既失妻子，乃娶故尒朱天光妻也列氏。本倡女，有美色，仲景甚重之。經數年，前妻叔袁紇氏自洛陽間行至。也列遂徙居異宅。久之，有姦。事

---

① 王昶《金石萃編》卷二七《始平公造像記》："按：《魏書·汝陰王天賜傳》：……第五子修義，……後爲雍州刺史，卒於州，謚曰文。子均，位給事黄門侍郎。是修義之子名均，不名子均，且亦不爲尚書僕射，與《隋書》異。《北史》修義傳所載歷官與《魏書》同，惟修義之子均，仕魏爲給事黄門侍郎，後入西魏，封安昌王，位開府儀同三司。薨，贈司空，謚曰平。均之子則，字孝規，則之弟矩，字孝矩，西魏時，襲祖爵始平縣公，拜南豐州刺史。……以兩書考之，修義未嘗有始平縣公之封，而《北史》乃云孝矩西魏時襲祖爵始平縣公，且矩之父均入西魏封安昌王，矩何以不襲父爵而襲祖爵？此《北史》之可疑者也。又修義、均、矩俱未嘗爲洛州刺史，此碑稱父洛州刺史、始平公。又碑立於太和年，其時未分東西魏，則非西魏時之始平公，或是另一人，非即元均及孝矩也。吾友謝蘊山方伯作《西魏書》，亦未加核證。俟再考之。"

露，詔仲景殺之。仲景寵情愈至，謬殺一婢，蒙其屍而厚葬以代。也列徙於密處，人莫知其詐。仲景三子濟、鐘、奉，叔袁紇氏生也，皆以宗室，早歷清官。仲景以也列尚在，恐妻子漏之，乃謀殺袁紇。袁紇先覺，復欲陰害也列。也列謂從奴曰："若袁紇殺我，必投我厠中；我告丞相，冀或不死。若不理首愆，猶埋我好地，爾爲我告之。"奴遂告宇文泰。泰依奏，詔笞仲景一百，免右僕射，以王歸第。也列以自告而逐之。仲景猶私不已。又有告者，詔重笞一百，付宗正，官爵盡除。仲景仍通焉。後宇文泰[五一]以其歷任有令名，且杖策追駕，乃復官爵。也列、袁紇於是同居。大統五年，除幽州刺史。仲景多内亂，後就州賜死。

博陵王暢，字叔暢，景穆曾孫。祖陽平王新成，父雍州刺史衍。暢從孝武帝入關，拜鴻臚，封博陵王。大統二年東討，没於陣。

子敏，封南武縣公。[五二]

暢弟融，字叔融，貌甚短陋，驍勇過人。莊帝謀殺尒朱榮，以融爲直閣將軍。及尒朱兆入洛，融逃人間。後從孝武帝入關，封魏興王，位侍郎、殿中尚書。

義陽王[五三]子孝，字季業，陽平王孫也。父鉅平公欽。子孝早有令譽。年八歲，司徒崔光見而異之，曰："後生領袖，必此人也。"孝武帝入關，不及從駕。後赴長安，封義陽王。子孝美容儀，善笑謔，好酒愛士，縉紳歸之，賓客常滿，終日無倦。性又寬慈，敦睦親族。乃置學館於私第，集羣從子弟，晝夜講讀。並給衣食，與諸子同。後歷尚書令、柱國大將軍。子孝以國運漸移，深自貶晦，日夜縱酒。後例降爲公，復姓拓拔氏。未幾，卒，子贇襲。

華山王紀，字子綱[五四]，景穆曾孫。祖任成王雲，父司徒公、侍中、尚書令澄。紀隨孝武入關中，位尚書左僕射、華山郡王。

宋安王琰[五五]，字伏寶，景穆曾孫。祖安定王休，父華州刺史燮。大統中，封宋安王。[五六]薨，謚曰懿。子景山，仕周。

廣陵王欣，字慶樂，節閔兄也。性麤率，好鷹犬。孝莊初，封沛郡王，後封淮陽王。孝武時，加太師、開府，復封廣陵王，太傅、司州牧，尋除大司馬。孝武入關中，欣投托人使達長安，爲太傅、録尚書事。欣於中興宗室，禮遇最隆，自廣平諸王，悉居其下。又爲大宗師，進大冢宰、中軍大都督。大統中，爲柱國大將軍、太傅。文帝謂欣曰："王三爲太傅，再爲太師，自古人臣，未聞此例。"欣遜謝而已。後拜司徒。恭帝初，遷大丞相。薨，謚曰容。欣好營產業，多所樹藝，京師名果皆出其園。所汲引及僚佐咸非長者，爲世所鄙。[五七]

潁川王斌之，字子爽，文成曾孫。祖安樂王長樂，父尚書左僕射詮。斌之性險無行，及與兄鑒反，敗，遂奔葛榮。榮滅，得還。孝武帝時，封潁川郡王，委以心腹之任。帝入關，斌之奔梁。大統二年，還長安，位尚書令。薨，贈太尉，謚武襄。[五八]

東陽王榮，大統十一年[五九]，爲瓜州刺史，與其壻鄧彦[六〇]偕行。榮卒，瓜州首望表榮子康爲刺史，彦殺康而奪其位。朝廷不能討，因以彦爲刺史。屢徵不至，宇文泰以申徽爲河西大使，令圖彦。[六一]徽以五十騎行，既至，止於賓館。彦入謁，徽執之，遂送彦於長安。

長湖公定[六二]，字願安。祖比頹，安西將軍、務州刺史。父道龍，征虜將軍、鉅鹿郡守。

定惇厚少言，内沉審而外剛毅。永安初，從尒朱天光討關隴羣賊，並破之。除襄虜將軍。[六三]及賀拔岳被害，定從宇文泰討侯莫陳悦，以功拜平遠將軍、步兵校尉。孝武西遷，封高邑縣男，邑二百户。從擊潼關，拔回洛城，進爵爲伯，增邑三百户，加前將軍、太中大夫。從擒竇泰，復弘農，破沙苑，戰河橋，定皆先鋒，當其前者，無不披靡。以前後功，累遷都督、征東將軍、金紫光禄大夫、帥都督，增邑三百户。邙山之役，敵人如堵，定奪矟衝之，殺傷甚衆，無敢當者，論功爲最。十三年，授河北郡守，加大都督、通直散騎常侍，增邑通前一千户。定有勇略，每戰必陷陣，然未嘗自言其功，諸將亦稱其長者。十五年，遷使持節、車騎大將軍、開府儀同三司，進爵爲公。廢帝二年，以宗室，進封建城郡王。二年[六四]，行《周禮》，爵隨例改，封長湖郡公。後仕周。

齊天寶十年，大誅元氏七百餘人，魏子孫在齊者無孑遺焉。[六五]西魏權歸周室，而元氏戚屬皆布列職，及其移祚，尚獲保全。[六六]今録其名位可知者，附於此。

育，大將軍、淮安王。

替[六七]，大將軍、尚書令、少保、小司徒、廣平郡公。

維[六八]，侍中、驃騎大將軍、開府儀同三司、少保、韓國公。

正，侍中、驃騎大將軍、開府儀同三司、吏部尚書、魯郡公。

顔子，侍中、驃騎大將軍、開府儀同三司、中書監、洵州刺史、宜都郡公。[六九]

壽，侍中、驃騎大將軍、開府儀同三司、鄀州刺史、安樂縣公。

審，侍中、驃騎大將軍、開府儀同三司、武衛將軍、遂州刺史、房陵縣公。

景暄，直閣將軍。從孝武帝入關。[七〇]

僧育，頓邱伯。[七一]

烈，尚書。廢帝二年，以謀殺宇文泰，事洩，泰殺之。[七二]

暉，武伯下大夫。[七三]

臨洮王森、蜀郡王榮宗、江夏王昇、鉅鹿王闡、譙郡王亮，並文帝兄子。大統九年，邙山之戰，爲東魏所擒。[七四]

文七王

晉王謹，大統十三年卒。[七五]

武都王戊，大統六年爲秦州刺史。[七六]

梁王儉，大統十一年封[七七]，後仕爲大將軍。[七八]

趙王寧，大統十三年封。[七九]

燕王儒，大統十六年封。

吴王公，大統十六年封。[八〇]

宜都王式。[八一]

公主

馮翊公主，孝武帝妹。初封平原公主，下嫁開府張歡。歡性貪殘，遇主無禮，又嘗殺主侍婢。主怒，訴之於帝，帝乃執歡殺之，改封馮翊公主。永熙三年，下嫁宇文泰，生子覺。大統七年，薨。[八二]

金明公主，文帝女。下嫁大丞相帳内都督尉遲迥。迥官至柱國大將軍，封蜀公。[八三]

襄樂公主，文帝女。下嫁漢安縣公韋世康。按：世康，孝寬兄敻之子。《周書·韋孝寬傳》作世康尚魏文帝女，《隋書·韋世康》作尚周文帝女，《北史·孝寬傳》從《周書》，《世康傳》從《隋書》，兩傳歧異。考《周書》李基、李暉、于翼三傳，皆稱尚太祖女，不稱文帝，則世康爲尚魏文帝女無疑，《隋書》譌魏爲周耳。

安樂公主，文帝女。下嫁咸陽郡公王弼。[八四]

公主，封號未聞文帝女。下嫁武邑公宇文震。[八五]

晉安公主，名胡摩，文帝第五女。下嫁略陽公宇文覺。覺受魏禪，立主爲皇后。帝廢，主出俗爲尼。建德初，尊爲孝閔皇后，居崇義宫。隋氏革命，出居里第，大業十二年，薨。[八六]

公主，封號未聞文帝女。下嫁白土縣公辛威。[八七]

義陽公主，文帝女。下嫁鉅鹿郡公竇照。[八八]

【校注】

［一］諸王列傳二　西魏書十二　通議大夫浙江按察使司按察使加二級南康

謝啓昆撰："樹經堂本"作"卷十二　諸王列傳二"，"中華本"作"西魏書卷十二　諸王列傳二"。

［二］左丞：原作"右丞"，兹據《北史》卷一六《太武五王傳》改。

［三］皮服之人：原作"服皮之人"，兹據《北史》卷一六《太武五王傳》改。

［四］長策：原作"長利"，兹據《北史》卷一六《太武五王傳》改。

［五］蓄牧：《北史》卷一六《太武五王傳》作"畜牧"。

［六］徙内：原作"從内"，兹據《北史》卷一六《太武五王傳》改。

［七］尚在沙磧：原作"尚多砂磧"，兹據《北史》卷一六《太武五王傳》改。

［八］上古：原誤作"土古"，兹據《北史》卷一六《太武五王傳》改。

［九］不：《北史》卷一六《太武五王傳》作"弗"。

［一〇］前世苦之，計未能致：《北史》卷一六《太武五王傳》作"計前世苦之，力未能致"，此從《魏書》卷一八《太武五王傳》。①

［一一］寬仁：《北史》卷一六《太武五王傳》作"仁寬"，此從《魏書》卷一八《太武五王傳》。

［一二］舊常云一人代外邏：《北史》卷一六校勘記［二三］："按：此語意義不明。疑當作'舊常一人，雲、代外邏'。'云'是'雲'之訛，又誤移於'常'下。"今修訂本《魏書》卷一八校勘記［二三］亦作此解。

［一三］孚持白虎旛勞阿那瓌於柔元：《魏書》卷一八《太武五王傳》作"孚持白虎幡勞阿那瓌於柔玄"，《北史》卷一六《太武五王傳》作"孚持白武幡勞阿那瓌於柔玄"。

［一四］三十萬：原作"十三萬"，兹據《北史》卷一八《太武五王傳》改正。

［一五］八人：此從《北史》卷一六《太武五王傳》，《魏書》卷一八《太武五王傳》作"八家"。

［一六］兄子：此從《魏書》卷一八《太武五王傳》，《北史》卷一六《太

① 修訂本《魏書》卷一八校勘記［一］云："按此卷各傳以《北史》卷一六《太武五王傳》補，間有溢出字句。"

武五王傳》作“兄”。

［一七］卒：理當作“平”。

［一八］顥卒：《北史》卷一六《太武五王傳》原亦作“顥卒”，今已改從《魏書》卷一八《太武五王傳》作“顥平”。

［一九］太藥令：原作“大藥令”，兹《北史》卷一六《太武五王傳》改正。

［二〇］箕簴：《北史》卷一六《太武五王傳》作“栒簴”，此從《魏書》卷一八《太武五王傳》。

［二一］［二二］［二四］鐘：“樹經堂本”同，“中華本”與《魏書》卷一八《太武五王傳》、《北史》卷一六《太武五王傳》皆作“鍾”。

［二三］又：原闕，兹據《北史》卷一六《太武五王傳》補。

［二五］搢紳之士：“樹經堂本”誤作“搢紳士士”。

［二六］大統四年，與蠕蠕通好結婚：考《北史》卷一三《后妃傳上》云：“文帝悼皇后郁久閭氏，……文帝乃與約，通好結婚，扶風王孚受使奉迎。……四年正月，至京師，立爲皇后，時年十四。”故此“大統四年”，當改爲“大統三年”。

［二七］懼悦：《北史》卷一六《太武五王傳》原亦作“懼悦”，今點校本已據《通志》改作“懽悦”。宜作“懽悦”。

［二八］室：“樹經堂本”“中華本”皆作“至”。

［二九］兄弟輩：原作“兄輩”，兹據《北史》卷一六《太武五王傳》改。

［三〇］元：顯係爲諱而改“玄”爲“元”。經比對，可確定《西魏書·陳郡王元傳》取材於《北史》卷一五《魏諸宗室傳》。

［三一］以仗入省：《魏書》卷一五《昭成子孫傳》及《北史》卷一五《魏諸宗室傳》皆作“仗入省”，語義晦澀；《通志》卷八四作“以膂仗入省”，而《北史》卷六《齊本紀上》又稱“孫騰帶仗入省，擅殺御史”，故疑“仗”字前有脱字。《魏書》卷一五校勘記稱脱“帶”字，但難以信從。

［三二］伯邕：原脱“伯”字，兹據《北史》卷一五《魏諸宗室傳》補。經比對，可確定《西魏書·北平王懋傳》及所附《元順傳》，取材於《北史》卷一五《魏諸宗室傳》。

［三三］成陽公：《周書》卷三八《元偉傳》作“城陽王”。考《北史》卷一五《魏諸宗室傳》稱“忠字仙德，以忠謹聞。孝文時，累遷右僕射，賜爵城陽公”。故當改作“城陽公”。

［三四］年德未茂：《北史》卷一五《魏諸宗室傳》作“年德並茂”。兩相比較，當以“年德未茂”爲是。

［三五］容：“樹經堂本”誤作“客”。

［三六］蹈：原作“踏”，兹據《北史》卷一五《魏諸宗室傳》改。

［三七］大猷：《北史》卷一五《魏諸宗室傳》作“子猷”，《周書》卷三八《元偉傳》作“猷道”。經比對，可確定《西魏書》元偉附傳，乃雜糅此兩傳而成。

［三八］樂平王：原作“洛平王”，兹據《北史》卷一五《魏諸宗室傳》改正。《西魏書》有關樂平王及其家人的記載，實皆取材於《魏諸宗室傳》。

［三九］成陽公：宜從《北史》卷一五《魏諸宗室傳》作“城陽公”。

［四〇］“加特進”後原有一“闕”字，顯係衍文。

［四一］賜爵唐郡君：《地形志》無“唐郡”，疑有訛脱。《馮翊王季海傳》，取材於《北史》卷一五《魏諸宗室傳》。

［四二］湯陰：《隋書》卷五四《元亨傳》作“滎陽”。據《周書》卷四三《李延孫傳》，可知其父長壽於孝武西遷後曾任廣州刺史。廣州治魯陽，疑“滎陽”乃“魯陽”之訛，而湯陰在洛陽東北甚遠，非李長壽勢力所能及，疑誤。經比對，可確定《西魏書》有關元亨的記載，實乃雜取《北史》卷一五《魏諸宗室傳》、《隋書》卷五四《元亨傳》而成。

［四三］末：“樹經堂本”誤作“未”。

［四四］按：《北史》卷一六《道武七王傳》云：“京兆王黎，天賜四年封。薨。子吐根襲，改封江陽王。薨，無子。獻文以南平王霄第二子繼字世仁爲後，襲封江陽王。宣武時，爲青州刺史。”吐根，《魏書》卷一六《道武七子傳》作“根”，當以《北史》爲是。經比對，可確定《元羅傳》取材於《北史》卷一六《道武七王傳》。

［四五］按：《北史》卷一六《道武七王傳》云：“叉字伯儁，小字夜叉。

靈太后臨朝，以乂妹夫，除通直郎。乂妻封新平君，後遷馮翊君，拜女侍中。乂女夭，靈太后詔贈鄉主。乂累加侍中、領軍將軍。既在門下，兼總禁兵，深爲靈太后所信委。”

［四六］李獎：《北史》卷一六校勘記［九］：“諸本‘李’作‘季’。按魏末有兩李獎，……别無‘季獎’，今據改。”

［四七］位：原闕，今據《北史》卷一七《景穆十二王傳上》補。

［四八］南豐州刺史：原作“南封州刺史”，玆據《北史》卷一七《景穆十二王傳上》改正。

［四九］昆季：原作“昆弟”，玆據《北史》卷一七《景穆十二王傳上》改正。

［五〇］向臺：原作“上臺”，玆據《北史》卷一七《景穆十二王傳上》改正。

［五一］宇文泰：原作“帝”，考《北史》卷一七《景穆十二王傳上》作“周文帝”，此乃《西魏書》删改未盡之结果，玆據文意改。

［五二］考《北史》卷一七《景穆十二王傳上》云：“子敏，嗜酒多費，家爲之貧。其婿柱國乙弗貴、大將軍大利稽祐家貲皆千萬，每營給之。敏隨即散盡，而帝不之責。貴、祐後遂絶之。位儀同三司，改封南武縣公。”在時隔久遠而傳世史料彌足珍貴的情況下，《西魏書》竟將之删略爲“子敏，封南武縣公”，令人費解。

［五三］義陽王：原誤作“儀陽王”，據後文“封義陽王”及《北史》卷一七《景穆十二王傳上》改正。

［五四］字子綱：原脱“子”字，玆據《北史》卷一八《景穆十二王傳下》補。

［五五］琰：原誤作“炎”（“樹經堂本”“中華本”無此誤），玆據《北史》卷一八《景穆十二王傳下》改正。

［五六］封宋安王：原作“封炎宋安王”，其“炎”字既當改作“琰”，又顯係衍文。

［五七］《西魏書》此傳顯然取材於《北史》卷一九《獻文六王傳》。又

"未聞此例","樹經堂本"誤作"未開此例"。

［五八］《西魏書》此傳取材於《北史》卷一九《文成五王傳》。

［五九］大統十一年：考《周書》卷三二《申徽傳》云："（大統）十年，遷給事黄門侍郎。先是，東陽王元榮爲瓜州刺史，其女壻劉彦隨焉。及榮死，瓜州首望表榮子康爲刺史，彦遂殺康而取其位。屬四方多難，朝廷不遑問罪，因授彦刺史。頻徵不奉詔，又南通吐谷渾，將圖叛逆。文帝難於動衆，欲以權略致之。乃以徽爲河西大使，密令圖彦。徽輕以五十騎行，既至，止於賓館。彦見徽單使，不以爲疑。徽乃遣一人微勸彦歸朝，以揣其意。彦不從。徽又使贊成其住計，彦便從之，遂來至館。徽先與瓜州豪右密謀執彦，遂叱而縛之。彦辭無罪。徽數之曰：'君無尺寸之功，濫居方嶽之重。恃遠背誕，不恭貢職，戮辱使人，輕忽詔命。計君之咎，實不容誅。但授詔之日，本令相送歸闕，所恨不得申明罰以謝邊遠耳。'於是宣詔慰勞吏人及彦所部，復云大軍續至，城内無敢動者。使還，遷都官尚書。"據其"先是"，便可得知東陽王榮爲瓜州刺史必在大統十年之前。

［六〇］鄧彦：《周書》卷三二《申徽傳》、《北史》卷六九《申徽傳》、《册府元龜》卷六五七皆作"劉彦"，唯《北史》卷三六《令狐整傳》、《資治通鑑》卷一五九作"鄧彦"，此乃該傳取材於《資治通鑑》之佐證。

［六一］彦："樹經堂本"誤作"産"。

［六二］《西魏書》有關元定的傳記，取材於《周書》卷三四《元定傳》，而非《北史》卷六九《元定傳》。

［六三］襄虜將軍：今點校本《周書》卷三四《元定傳》已據《册府元龜》卷三五五改作"襄威將軍"。考《魏書》卷一一三《官氏志》，襄威將軍在從第六品。

［六四］《周書》卷三四校勘記［七］："張森楷云：'上有廢帝二年，此不合復有二年。據《太祖紀》（卷二《文帝紀》）行《周禮》是魏恭帝三年事，此二當作三，上脱恭帝二字。'按《北史》正作'三年'，今據改。但《北史》亦無'恭帝'二字，也可能上'廢帝'爲'恭帝'之誤。"

［六五］按：《北史》卷一九《獻文五王傳》："十年，太史奏云：'今年

當除舊布新。'……於是乃誅諸元以厭之。……及七月，大誅元氏，自昭成已下並無遺焉。……前後死者凡七百二十一人，悉投屍漳水。剖魚者多得爪甲，都下爲之久不食魚。"

［六六］按:《周書》卷三八卷末:"太祖天縱寬仁，性罕猜忌。元氏戚屬，並保全之，内外任使，布於列職。孝閔踐祚，無替前緒。明、武纘業，亦遵先志。雖天厭魏德，鼎命已遷，枝葉榮茂，足以逾於前代矣。①然簡牘散亡，事多湮没。今録其名位可知者，附於此云。"此下諸王事迹，自元育至元審，取材於《周書》卷三八卷末。

［六七］替:《周書》卷三八作"贊"。又,《北史》卷五《魏本紀五》云:"（廢）帝自元烈之誅，有怨言。淮安王育、廣平王贊等並垂泣諫，帝不聽，故及於辱。"故當改作"贊"。

［六八］維:《周書》卷四《明帝紀》、卷五《武帝紀上》、卷三八《元偉傳》皆作"羅"。

［六九］宜都郡公:原脱"都"，兹據《周書》卷三八《元偉傳》補。

［七〇］按:《魏書》卷二一上《趙郡王幹傳》:"景暄，直閤將軍。從出帝没於關西。"

［七一］按:《魏書》卷二一上《高陽王雍傳》:"彌陁弟僧育，僧育弟居羅。出帝初，……僧育封頓丘縣，居羅封衛縣，並開國伯，食邑四百户。天平中，並除鎮遠將軍、散騎侍郎。僧育走關西，國除。"

［七二］按:《北史》卷五《魏本紀五》:"（廢帝二年）冬十一月，安定公宇文泰殺尚書元烈。"又,《周書》卷二《文帝紀下》:"（魏廢帝二年）冬十一月，尚書元烈謀作亂，事發，伏誅。"

［七三］事詳《隋書》卷四六《元暉傳》及《北史》卷一五《魏諸宗室·陳留王虔傳》。

［七四］按:《魏書》卷一二《孝静紀》:"（武定元年三月）戊申，齊獻

---

① 又,《北史》卷一九"論曰":"魏自西遷之後，權移周室。而周文天縱寬仁，性罕猜忌，元氏戚屬，並見保全，内外任使，布於列職。孝閔踐阼，無替前緒，明、武纘業，亦遵先志。雖天厭魏德，鼎命已遷，枝葉榮茂，足以愈於前代矣。"

武王討黑獺，戰於邙山，大破之，擒寶炬兄子臨洮王森，蜀郡王榮宗，江夏王昇，鉅鹿王闡，譙郡王亮，驃騎大將軍、儀同三司，太子詹事趙善，督將參寮等四百餘人，俘斬六萬餘，甲仗牛馬不可勝數。豫洛二州平。”森，《北史》卷五三《彭樂傳》、《資治通鑑》卷一五八作“柬”，《通志》卷一五二作“東”。

［七五］按：《北史》卷五《魏本紀五》：“（大統十三年）夏五月，以太傅侯景爲大將軍，以開府儀同三司獨孤信爲大司馬。晉王謹薨。”

［七六］考《北史》卷一三《后妃傳上》云：“文帝文皇后乙弗氏，……生男女十二人，多早夭，唯太子及武都王戊存焉。時新都關中，務欲東討，蠕蠕寇邊，未遑北伐，故帝結婚以撫之。於是更納悼后，命后遜居别宫，出家爲尼。悼后猶懷猜忌，復徙后居秦州，依子秦州刺史武都王。……六年春，蠕蠕舉國度河，前驅已過夏，頗有言虜爲悼后之故興此役。……乃遣中常侍曹寵齎手勅令后自盡。”據此，可知武都王戊早在大統六年春之前就已出爲秦州刺史。此云“武都王戊，大統六年爲秦州刺史”，誤。

［七七］按：《北史》卷五《魏本紀五》：“十一年……冬，始築圜丘於城南。封皇子儉。”

［七八］按：《周書》卷三八卷末：“今録其名位可知者，附於此云。……大將軍、梁王元儉。”

［七九］按：《北史》卷五《魏本紀五》：“十三年……秋七月，司空若干惠薨。大將軍侯景據豫州叛。封皇子寧爲趙王。”

［八〇］按：《北史》卷五《魏本紀五》：“十六年夏四月，封皇子儒爲燕王，公爲吴王。”

［八一］考《北史》卷六三《蘇綽傳附從兄亮傳》云：“魏文帝子宜都王式爲秦州刺史，以亮爲司馬。”① 卷末校勘記［三三］：“按本書一三《文帝皇后乙弗氏傳》見秦州刺史武都王戊，疑此又訛誤。”

［八二］考《周書》卷九《皇后傳》云：“文帝元皇后，魏孝武帝之妹。初封平原公主，適開府張歡。歡性貪殘，遇后無禮，又嘗殺后侍婢。后怒，訴

① 又可見《周書》卷三八《蘇亮傳》，頁六七八。

之於帝，帝乃執歡殺之。改封后爲馮翊公主，以配太祖，生孝閔帝。大統七年，薨。”又，同書卷一《文帝紀上》云：“（永熙三年）七月丁未，帝遂從洛陽率輕騎入關，太祖備儀衛奉迎，謁見東陽驛。……初，魏帝在洛陽，許以馮翊長公主配太祖，未及結納，而帝西遷。至是，詔太祖尚之，拜駙馬都尉。”《西魏書》此文，當是雜糅《周書》之《文帝紀上》與《皇后傳》而成。

［八三］《西魏書》此段文字，取材於《周書》卷二一《尉遲迥傳》。

［八四］按：《周書》卷二〇《王盟傳》：“沙苑之役，（王盟子）勵以都督領禁兵從太祖。勵居左翼，……卒於行間，時年二十六。太祖深悼焉。……追封咸陽郡公，謚曰忠武。子弼襲爵。尚魏安樂公主，官至撫軍將軍、大都督、通直散騎常侍。”

［八五］按：《周書》卷一三《文閔明武宣諸子傳》：“宋獻公震，……大統十六年，封武邑公，二千户。尚魏文帝女，其年薨。”

［八六］事詳《周書》卷九《皇后·孝閔帝元皇后傳》。

［八七］按：庾信《周上柱國宿國公河州都督辛威神道碑》：“保定四年，授寧州總管，掌其北門。……朝廷與公有内外之親，令公從戚里之貴，乃以魏文帝女爲公夫人。遂得長門之左，别開公主之園；濯龍之傍，更有王姬之館。”①

［八八］考《新唐書》卷九五《竇威傳附從孫德玄傳》云：“祖照，尚周文帝義陽公主，封鉅鹿郡公。”準此，則《西魏書》此文有誤。

---

① 《漢魏六朝百三家集》卷一一一中《庾信集》，影印文淵閣《四庫全書》本。

宇文泰列傳三上　西魏書十三

通議大夫浙江按察使司按察使加二級南康謝啓昆撰[一]

宇文泰字黑獺，代武川人也。其先世居遼西。高祖陵，仕燕，拜駙馬都尉，封玄菟公。[二]道武帝將攻中山，陵從慕容寶禦之。寶敗，陵率甲騎五百來歸，拜都牧主，賜爵安定侯。天興初，徙豪傑於代都，陵隨例遷武川焉。曾祖系，祖韜，並以武略稱。父肱，任俠有氣幹。正光末，沃野鎮人破六汗拔陵作亂。[三]其僞署王衛可孤徒黨最盛[四]，肱乃糾合鄉里斬可孤，其衆乃散。後避地中山，遂陷於鮮于脩禮。脩禮令還統其部衆。及爲定州軍破，殁於陣。

泰生有異姿，少隨父在鮮于脩禮軍。及葛榮殺脩禮[五]，泰時年十八[六]，榮遂任以將帥。泰知其無成，將與諸兄謀欲逃避，會爾朱榮擒葛榮，定河北，泰隨例遷晉陽。榮以泰兄弟雄傑，懼或異己，遂托以他罪，誅泰第三兄洛生，復欲害泰。泰自理家冤，辭旨慷慨，榮感而免之。

永安二年[七]，以統軍從榮征燕州。先是，北海王顥奔梁，梁立爲魏主，令率兵入洛。[八]孝莊帝出居河内以避之。榮遣賀拔岳討顥，仍迎孝莊帝。泰與岳有舊，仍以别將從岳。及孝莊帝反正，以功封寧都子，邑三百户，遷鎮遠將軍、步兵校尉。

万俟醜奴作亂關右，孝莊帝遣爾朱天光及岳等討之，泰遂從岳入關，先鋒破僞行臺尉遲菩薩等。及平醜奴，定隴右，泰功居多，遷征西將軍、金紫光禄大夫[九]，增邑三百户，加直閤將軍，行原州事。時關隴寇亂[一〇]，百姓凋殘，泰撫以恩信，民皆悦服。咸喜曰："早值宇文使君，吾等豈從逆亂。"

普泰二年，爾朱天光東拒高歡，留弟顯壽鎮長安。秦州刺史侯莫陳悦從天光，將軍衆東下。岳知天光必敗，欲留悦共圖顯壽，而計無所出。泰謂岳曰："今天光尚邇，悦未有二心，告之[一一]，恐其驚懼。然悦雖爲主將，不能制物，若先説其衆，必人有留心。進失爾朱之期，退恐人情變動，説之，必從。"岳大喜，即令泰入悦軍説之，悦遂不行。乃相率襲長安，泰輕騎爲前鋒。泰策顯壽怯懦，聞諸軍將至，必東走，乃倍道兼行。顯壽果已東走，追至華山[一二]，擒之。

太昌元年[一三]，岳爲關西大行臺，以泰爲左丞，領岳府司馬，加散騎常侍。事無巨細，皆委決焉。

高歡既破爾朱，遂專朝政。泰請往觀之。歡問岳軍事，泰口對雄辯[一四]，歡以爲非常人，欲留之。泰詭陳忠款，乃得反命，遂星言就道。歡果遣追之，至關，不及。泰還謂岳曰："高歡非人臣也。逆謀所以未發者，憚公兄弟耳。然凡欲立大功，匡社稷，未有不因地勢，總英雄，而能克成者也。侯莫陳悦本實庸材，遭逢際會，遂叨任委，既無憂國之心，亦不爲高歡所忌。但爲之備，圖之不難。今費也頭控弦之騎不下一萬，夏州刺史解拔彌俄突勝兵之士三千餘人[一五]，及靈州刺史曹泥，並恃其僻遠，常懷異望。河西流民紇豆陵伊利等，户口富實，未奉朝風。今若移軍近隴，扼其要害，示之以威，服之以德，即可收其士馬，以實吾軍。西輯氐羌，北撫沙塞，還軍長安，匡輔魏室，此桓、文舉也。"岳大悦，復遣泰詣闕請事，密陳其狀。帝深納之。加泰武衛將軍，還令報岳。

岳遂引軍西次平涼，謀於其衆曰："夏州鄰接寇賊，須加綏撫，安得良刺史以鎮之？"衆皆曰："宇文左丞即其人也。"岳曰："左丞吾之左右手也，如何可廢。"[一六]沉吟累日，乃從衆議。於是表泰爲持節、衛將軍[一七]、夏州刺史。泰至州，伊利望風款附，而曹泥猶通使於高歡。

及永熙三年正月，岳欲討曹泥，遣都督趙貴至夏州與泰計事。泰曰："曹泥孤城阻遠，未足爲憂。侯莫陳悦怙衆密邇，貪而無信，必將爲患，願早圖之。"岳不聽，遂與悦俱討泥。二月，至於河曲，岳果爲悦所害。其士衆散還平涼，唯大都督趙貴率部曲收岳屍還營。於是三軍未有所屬，諸將以都督寇洛年最長，相與推洛以總兵事。洛素無雄略，威令不行，乃謂諸將曰："洛智能本闕，不宜統御，近者迫於羣議，推相攝領，今請避位，更擇賢材。"於是趙貴言於衆曰："元帥忠公盡節，暴於朝野，勛業未就，奄罹凶酷。豈唯國喪良宰，固亦衆無所依。必欲糾合同盟，復讐雪恥，須擇賢者，總統諸軍。舉非其人，則大事難集，雖欲立忠建義，其可得乎。竊觀宇文夏州，英姿不世，雄謨冠時，遠邇歸心，士卒用命。加以法令齊肅，賞罰嚴明，真足恃也。今若告喪，必來赴難，因而奉之，則大事集矣。"諸將皆稱善。乃命赫連達馳至夏州，告泰曰："侯莫陳悦不顧盟誓，棄恩背德，賊害忠良[一八]，羣情憤惋，控告無所。公昔居管轄，恩信著聞，今無小無大，咸願推奉。衆之思公，引日成歲，願勿稽留，以慰衆望也。"泰將赴之，夏州吏民咸泣請曰："聞悦今在水洛[一九]，去平涼不遠。若已有賀拔公之衆，則圖之實難。願且停留，以觀其變。"泰曰："悦既害元帥，自應乘勢直據平涼，而反趦趄，屯兵水洛，吾知其無能爲也。且難得易失者時也，不俟終日者幾也，今不早赴，將恐衆心自離。"都督彌姐元進規欲應悦，密圖泰。事發，斬之。

泰乃率帳下輕騎，馳赴平涼。時高歡遣長史侯景招引兵衆，泰至安定，遇之，謂景曰："賀拔公雖死，宇文泰尚存，卿何爲也？"景失色，對曰："我猶箭耳，隨人所射，安能自裁。"景於此即還。泰至平涼，哭岳甚慟。將士且悲且喜曰："宇文公至，無所憂矣。"

於時，帝將圖高歡，聞岳被害，遣武衛將軍元毗宣旨慰勞，追岳軍還洛陽。毗到平涼，會諸將已推泰。侯莫陳悦亦被敕追還，悦既附歡，不肯應召。泰謂諸將曰："侯莫陳悦枉害忠良，復不應詔命，此國之大賊，豈可容之！"乃命諸軍戒嚴，將以討悦。

及元毗還，泰表於帝曰："臣前以故關西大都督臣岳，竭誠奉國，横罹非命，三軍喪氣，朝野痛惜。都督寇洛等，銜冤茹感，志雪讎恥。以臣昔同幕府，苦賜要結。臣便以今月十四日，輕來赴軍，當發之時，已有别表，既爲衆情所逼，權掌兵事。詔召岳軍入京，此乃爲國良策。但高歡之衆，已至河東，侯莫陳悦猶在水洛。况此軍士多是關西之人，皆戀鄉邑，不願東下。今逼以上命，悉令赴闕，悦躡其後，歡邀其前，首尾受敵，其勢危矣。臣殞身王事，誠所甘心，恐敗國殄人，所損更大。乞少停緩，更思後圖，徐事誘導，漸就東引。"泰志在討悦，而未測朝旨，且兵衆未集，假此爲詞。因與元毗及諸將刑牲盟誓，同奬王室。

初，賀拔岳營於河曲，有軍吏獨行，忽見一老翁，鬚眉皓素，謂之曰："賀拔岳雖復據有此衆，然終無所成，當有一宇文家從東北來，後必大盛。"言訖不見。此吏恒與所親言之，至是方驗。

帝詔泰曰："賀拔岳既殞，士衆未有所歸，卿可爲大都督，即相統領。知欲漸就東下，良不可言。今亦徵侯莫陳悅士馬入京。若其不來，朕當親自致罰。宜體此意，不過淹留。"泰又表曰："侯莫陳悅違天逆理，酷害良臣，自以專戮罪重，不恭詔命，阻兵水洛，彊梁秦隴。臣以大宥既班，忍抑私憾，頻問悅及都督可朱渾元等歸闕早晚，而悅並維縶使人，不聽反報。觀其旨趣，勢必異圖。臣正爲此，未敢自拔。兼順衆情，乞少停緩。"泰乃與悅書責之曰：

頃者正光之末，天下沸騰，塵飛河朔，霧塞荆沔。故將軍賀拔公攘袂勃起，志寧宇縣。授戈南指，拯皇靈於已墜；擁旄[二〇]西邁，濟百姓於淪胥。西顧無憂，緊公是賴。勛茂賞隆，遂征關右。此乃行路所知，不藉一二談也。

君實名微行薄，本無遠量。故將軍降遷高之志，篤彙征之理，乃申啓朝廷，薦君爲隴右行臺。朝議以君功名闕然，未之許也。遂頻煩請謁，至於再三。天子難違上將，便相聽許。是亦遐邇共知，不復煩之翰墨。縱使木石爲心，猶當知感；況在生靈，安能無愧。加以王室多故，高氏專權，主上虛心，寄隆晉、鄭。君復與故將軍同受密旨，屢結盟約，期於畢力，共匡時難。而貌恭心很[二一]，妒勝嫉賢，口血未乾，匕首已發。協黨國賊，共危本朝，孤恩負誓，有靦面目。豈不上畏於天，下慚於地！

吾以弱才，猥當藩牧，蒙朝廷拔擢之恩，荷故將軍國士之遇。聞問之日，魂守驚馳。便陳啓天朝，暫來奔赴，衆情所推，遂當戎重。比有赦旨，召吾還闕，亦有别詔，令君入朝。雖操行無聞，而年齒已宿。今日進退，唯君是視。君若督率所部，自山隴東邁，吾亦總勒師徒，北道還闕。共追廉、藺之迹，同慕寇、賈之風。如其首鼠兩端，不時奉詔，專戮違旨，國有常刑，枕戈坐甲，指日相見。幸圖利害，無貽噬臍。

悦既懼泰謀己，詐爲詔書與秦州刺史万俟普撥，令與悦爲黨援。普撥疑之，封詔以呈泰。泰表之曰："臣自奉詔總平涼之師，責重憂深，不遑啓處。訓兵秣馬，唯思竭力。前以人戀本土，侯莫陳悦窺窬進退，量度且宜住此。今若召悦授以内官，臣列旆東轅，匪朝伊夕。朝廷若以悦堪[二二]爲邊扞，乞處以瓜、涼一藩。不然，則終致猜虞，於事無益。"

初，原州刺史史歸爲岳所親任，河曲之變，反爲悦守。悦遣其黨王伯和、成次安將兵二千人助歸鎮原州。泰遣都督侯莫陳崇率輕騎一千襲歸，擒之，并獲次安、伯和等，送於平涼。表崇行原州事。万俟普撥又遣其將叱干保洛[二三]領二千騎來從軍。

三月，泰進軍至原州。衆軍悉集，諭以討悦之意，士卒莫不懷憤。乃表曰："臣聞誓死酬恩，覆宗報主，人倫所急，赴蹈如歸。自大都督臣岳歿後，臣頻奉詔還闕，秣馬戒途，志不俟旦。直以督將已下，咸稱賀拔公視我如子，今讎恥未報，亦何面目以處世間，若得一雪冤酷，萬死無恨。且悦外附彊臣，内違朝旨。臣今上思逐惡之志，下遂節士之心，冀仗天威，爲國除害。小違大順，實在兹辰。克定之後，伏待斧鉞。"

四月，引兵上隴，留兄子導爲都督，鎮原州。軍出木峽關，大雨雪，平地二尺。泰知悦怯而多猜，乃倍道兼行，出其不意。悦果疑其左右有異志者，左右亦不安，衆遂離貳。聞大軍且至，退保略陽，留一萬餘人據守水洛。泰至水洛，命圍之，城降。即率輕騎數百趨略陽，以臨悦軍。悦大懼，乃召其部將議之。皆曰"此鋒不可當"，勸悦退保上邽以避之。時南秦州刺史李弼亦在悦軍，乃間道遣使，請爲内應。其夜，悦出軍，軍中自驚潰，將卒或相率來降。泰縱兵奮擊，大破之。虜獲萬餘人，馬八千匹。悦與其子弟及麾下數十騎遁走。泰曰："悦本與曹泥應接，不過走向靈州。"乃令原州都督導邀其前，都督賀拔潁等追其後。[二四]導至牽屯山追及岳，斬之。泰入上邽，收悦府庫，財物山積，皆以賞士卒，毫釐無所取。左右竊一銀鏤甕以歸，泰知而罪之，即剖賜將士，衆大悦。

時涼州刺史李叔仁爲其民所執，舉州擾擾。宕昌羌梁企定[二五]引吐谷渾寇金城。渭州及南秦州氐、羌連結，所在蜂起。南岐至於瓜、鄯，跨州據郡者，不可勝數。泰乃令李弼鎮原州，夏州刺史拔也惡蚝鎮南秦州，渭州刺史可朱渾元還鎮渭州，衛將軍趙貴行秦州事。徵豳、涇、東秦、岐四州粟以給軍。

高歡聞秦隴克捷，乃遣使於泰，甘言厚禮，深相倚結。泰拒而不納。時高歡已有異志，故帝深仗泰。乃徵二千騎鎮東雍州，助爲聲援，仍令泰稍引軍而東。泰乃遣大都督梁禦率步騎五千鎮河、渭合口，爲圖河東之計。泰之討悦也，悦遣使請援於高歡，歡使其都督韓軌將兵一萬據蒲坂，而雍州刺史賈顯度[二六]送船與軌，請軌兵入關。泰因梁禦之東，乃逼召顯赴軍。禦遂入雍州。

帝遣著作郎姚幼瑜持節勞軍，進泰侍中、驃騎大將軍、開府儀同三司、關西大都督、略陽縣公，承制封拜，使持節如故。於是以寇洛爲涇州刺史，李弼爲秦州刺史，前略陽郡守張猷爲南岐州刺史。盧待伯拒代，遣輕騎襲擒之，待伯自殺。

時帝方圖高歡，又遣徵兵。泰乃令前秦州刺史駱超爲大都督，率輕騎一千赴洛。進授泰兼尚書僕射、關西大行臺，餘官封如故。泰乃傳檄方鎮曰：

蓋聞陰陽遞用，盛衰相襲，苟當百六，無間三五。皇家創歷，陶鑄蒼生，保安四海，仁育萬物。運距孝昌，屯沴屢起，隴、冀騷動，燕、河狼顧。雖靈命重啓，蕩定有期，而乘釁之徒，因生羽翼。

賊臣高歡，器識庸下，出自輿皂[二七]，罕聞禮義，直以一介鷹犬，効力戎行，覼冒恩私，遂階榮寵。不能竭誠盡節，專挾姦回，乃勸爾朱榮行兹篡逆。及榮以專政伏誅，世隆以凶黨外叛，歡苦相敦勉[二八]，令取京師。又勸吐萬兒復爲弑虐，暫立建明，以令天下，假推普泰，欲竊威權。並歸廢斥，俱見酷害。於是稱兵河北，假討爾朱，亟通表奏，云取讒賊。既行廢黜，遂將篡弑。以人望未改，恐鼎鑊交及，乃求宗室，權允人心。天方與魏，必將有主，翊戴[二九]聖明，誠非歡力。而歡阻兵安忍，自以爲功。廣布腹心，跨州連郡，端揆禁闈，莫非親黨。皆行貪虐，窫窳生人。而舊將名臣，正人直士，横生瘡痏，動挂網羅。故武衛將軍伊琳，清貞剛毅，禁旅攸屬；直閣將軍鮮于康仁，忠亮驍傑，爪牙斯在：歡收而戮之，曾無聞奏。司空高乾，是其黨與，每相影響，謀危社稷。但以姦志未從，恐先洩漏，乃密白朝廷，使殺高乾，方哭對其弟，稱天子橫戮。孫騰、任祥，歡之心膂，並使入居樞近，伺國間隙，知歡逆謀將發，相繼逃歸，歡益加撫待，亦無陳白。

然歡入洛之始，本有姦謀。令親人蔡儁作牧河、濟，厚相恩贍，以爲東道主人。故關西大都督、清水公賀拔岳，勛德隆重，興亡攸寄，歡好亂樂禍，深相忌毒，乃與侯莫陳悦陰圖陷害。幕府以受律專征，便即討戮。歡知逆狀已露，稍懷旅距，遂遣蔡儁拒代，令竇泰佐之。又遣侯景等云向白馬，輔世珍等徑趣石濟，高隆之、疋婁昭等屯據壺關，韓軌之徒擁衆蒲坂。於是上書天子，數論得失，訾毁乘輿，威侮朝廷。藉此微庸，冀兹大寶。谿壑可盈，禍心不測。或言徑赴荆楚，開疆於外；或言分詣伊洛，取彼讒人；或言欲來入關，與幕府決戰。今聖明御運，天下清夷，百寮師師，四隩來暨。人盡忠良，誰爲君側？而歡威福自己，生是亂階，緝構南箕，指鹿爲馬，包藏凶逆，伺我神器。是而可忍，孰不可容！

幕府折衝宇宙，親當受脤，鋭師百萬[三〇]，彀騎千羣，裹糧坐甲，唯敵是俟，義之所在，糜軀匪恡。况頻有詔書，班告天下，稱歡逆亂，徵兵致伐。今便分命將帥，應機進討。或趣其要害，或襲其窟宅，電繞蛇擊，霧合星羅。而歡違負天地，毒被人鬼，乘此掃蕩，易同俯拾。歡若渡河，稍逼宗廟，則分命諸將，直取并州，幕府躬自東轅，電赴伊洛；若固其巢穴，未敢發動，亦命羣帥，百道俱前，轘裂賊臣，以謝天下。

其州鎮郡縣，率土人黎，或州鄉冠冕，或勛庸世濟，並宜捨逆歸順，立效軍門。封賞之科，已有别格。凡百君子，可不勉歟。

泰謂諸將曰："高歡雖智不足而詐有餘，今聲言欲西，其意在入洛。吾欲令寇洛率馬步萬餘，自涇州東引；王羆率甲士一萬，先據華州。歡若西來，王羆足得抗拒；若其入洛，寇洛即襲汾晉。吾便速駕，直赴京邑。使其進有内顧之憂，退有被躡之勢。一舉大定，此爲上策。"衆咸稱善。

七月，泰帥衆發自高平，前軍至於弘農。[三一]而高歡稍逼京邑，帝親總六軍，屯於河橋，令左衛元斌之、領軍斛斯椿鎮虎牢[三二]，遣使告泰。泰謂左右曰："高歡數日行八九百里，曉兵者所忌，正須乘便擊之。而主上以萬乘之重，不能決戰，方緣津據守。且長河萬里，扞禦爲難，若一處得度，大事去矣。"即以大都督趙貴爲別道行臺，自蒲坂濟，趣并州。遣大都督李賢將精兵一千赴洛陽。會斌之與斛斯椿爭權不協，斌之遂棄椿還，紿帝云："高歡兵至"。

七月丁未，帝遂從洛陽率輕騎入關，泰備儀衛奉迎，謁見東陽驛，免冠泣涕謝曰："臣不能式遏寇虐，遂使乘輿遷幸。請拘司敗，以正刑書。"帝曰："公之忠節，曝於朝野。朕以不德，負乘致寇。今日相見，深用厚顏。責在朕躬，無勞謝也。"乃奉帝都長安。披草萊，立朝廷，軍國之政，咸取泰決焉。仍加授大將軍、雍州刺史，兼尚書令，進封略陽郡公，別置二尚書，隨機定分，解尚書僕射，餘如故。泰故讓，詔敦諭，乃受。初，帝在洛陽，許以馮翊長公主配泰，未及結納而帝西遷。至是，詔泰尚之，拜駙馬都尉。

八月，高歡襲陷潼關，侵華陰。泰率諸軍屯霸上以待之。歡留其將薛瑾守關而退。泰乃進軍討瑾，虜其卒七千。還長安，進位丞相。

帝之入關也，以從妹平原公主明月從，泰殺明月，由是帝與泰不安。閏十二月，泰弒帝，而立南陽王寶炬爲嗣，是爲文皇帝。[三三]

【校注】

［一］宇文泰列傳三上　西魏書十三　通議大夫浙江按察使司按察使加二級南康謝啓昆撰："樹經堂本"作"卷十三　宇文泰列傳三上"，"中華本"作"西魏書卷十三　宇文泰列傳三上"。

［二］玄菟公：原作"元菟公"，兹據《周書》卷一《文帝紀上》、《北史》卷九《周紀上》改正。

［三］破六汗拔陵：此人之姓，或作"破落汗"（如《魏書》卷九《肅宗紀》），或作"破六韓"（如《北史》卷九《賀拔勝傳》），或作"破六汗"（如《周書》卷一四《賀拔勝傳》），其實皆譯音之異。

［四］衛可孤：《魏書》卷八〇《賀拔勝傳》及《北史》卷九《周本紀上》作"衛可瓌"，《北齊書》卷一一《賀拔允傳》又作"衛可肱"。其實皆譯音之

異。經比對，可確定本段文字取材於《周書》卷一《文帝紀上》。

［五］葛榮殺脩禮：考《魏書》卷九《肅宗紀》云："（孝昌二年八月）癸巳，賊帥元洪業斬鮮于脩禮，請降，爲賊黨葛榮所殺。"是知鮮于脩禮並非葛榮所殺。

［六］年十八：《周書》卷二《文帝紀下》稱宇文泰卒時年五十二，《北史》卷九《周紀上》作"五十"。若孝昌元年宇文泰年僅十八，則由此下推至魏恭帝三年，止得四十八，與五十、五十二皆不合。故此一記載，亦非事實。經比對，可確定本段文字取材於《周書》卷一《文帝紀上》。

［七］永安二年：原從《周書》卷一《文帝紀上》作"孝昌二年"，據《周書》卷一校勘記［七］考辨，此"孝昌二年"實乃"永安二年"之誤。其説甚是，此從之。

［八］令率兵入洛：原無"令"字，兹據《周書》卷一《文帝紀上》補。

［九］金紫光禄大夫：原本倒作"紫金光禄大夫"。

［一〇］亂："樹經堂本"誤作"辭"。

［一一］告之：《周書》卷一《文帝紀上》作"若以此事告之"。又下文"説之，必從"，《周書》卷一《文帝紀上》作"若乘此説悦，事無不遂"。

［一二］華山：此從《周書》卷一《文帝紀上》，《北史》卷九《周本紀上》作"華陰"。

［一三］太昌元年，岳爲關西大行臺：此從《周書》卷一《文帝紀上》，《北史》卷九《周本紀上》僅云"及岳爲關西大行臺"，而未書年月。

［一四］辯：原作"辨"，兹據《周書》卷一《文帝紀上》改。

［一五］解拔彌俄突："解拔"或作"斛拔"，《周書》卷一校勘記［九］以爲當作"解拔"。

［一六］如何可廢：此從《周書》卷一《文帝紀上》，《北史》卷九《周本紀上》作"何可廢也"。

［一七］持節、衛將軍：原作"使持節、武衛將軍"，此從《太平御覽》卷一〇五。案：上文已云魏帝"加太祖武衛將軍"，此處也就無需再行表請。

［一八］忠良："樹經堂本"誤作"忠艮"。

［一九］水洛：原作“永洛”，此從點校本《周書》卷一《文帝紀上》改正。以下徑改。

［二〇］旍：原作“旌”，兹據《周書》卷一《文帝紀上》改。

［二一］狠：原作“很”，兹據《周書》卷一《文帝紀上》改。

［二二］堪：“樹經堂本”誤作“鍖”。

［二三］叱干保洛：“樹經堂本”誤作“叱于保洛”。

［二四］賀拔纈：原誤“賀拔穎”，兹據《周書》卷一《文帝紀上》改。

［二五］梁仚定：原作“梁企定”，兹據《周書》卷一《文帝紀上》改。

［二六］費顯度：原作“費顯”，此從《資治通鑑》卷一五六，《周書》卷一校勘記［一八］亦稱此費顯即費顯度。以下徑改。

［二七］輿皂：原作“輿臺”，兹據《周書》卷一《文帝紀上》改。

［二八］若相敦勉：原作“若相敦勉”（“樹經堂本”無此誤），兹據《周書》卷一《文帝紀上》改。

［二九］翊戴：原誤“翌戴”，兹據《周書》卷一《文帝紀上》改。

［三〇］“樹經堂本”誤將自“鋭師百萬”至“而主上以萬乘之重”間共四百三十六字，插入到後文“免冠泣涕”之“泣”與“涕”間。

［三一］弘農：原爲避諱而改作“宏農”，今回改。

［三二］虎牢：《周書》卷一《文帝紀上》、《北史》卷九《周本紀上》皆爲避李唐先祖之諱，而改作“武牢”。

［三三］此段文字，當是《西魏書》根據傳世文獻的相關記載而概言之。除此以外，《宇文泰傳上》皆以《周書》卷一《文帝紀上》爲藍本。

宇文泰列傳三下　西魏書十四

通議大夫浙江按察使司按察使加二級南康謝啓昆撰[一]

大統元年，進泰督中外諸軍事、録尚書事、大行臺，改封安定郡王。泰固讓王及録尚書事，帝許之，乃改封安定郡公。

三年正月，東魏寇龍門，屯軍蒲坂，造三道浮橋度河。又遣其將竇泰趣潼關，高敖曹[二]圍洛州。泰出軍廣陽，召諸將曰："賊今掎[三]吾三面，又造橋於河，示欲必度，是欲綴吾軍，使竇泰得西入耳。久與相持，其計得行，非良策也。且歡起兵以來，泰每爲先驅，其下多鋭卒，屢勝而驕。今出其不意，襲之必克。克泰則歡不戰而自走矣。"諸將咸曰："賊在近，捨而遠襲，事若蹉跌，悔無及也。"泰曰："歡前再襲潼關，吾軍不過霸上。今者大來，兵未出郊。賊顧謂吾但自守耳，無遠鬬意。又狃於得志，有輕我之心。乘此擊之，何往不克。賊雖造橋，不能徑度。此五日中，吾取竇泰必矣。公等勿疑。"庚戌，泰率輕騎六千還長安，聲言欲保隴右。辛亥，謁帝而潛出軍。癸丑旦，至小關。竇泰卒聞軍至，惶懼，依山爲陣，未及成列，泰縱兵擊破之，盡俘其衆萬餘人。斬泰，傳首長安。高敖曹適陷洛州，執刺史泉企，聞泰之殁，焚輜重棄城走。高歡亦撤橋而退。企子元禮尋復洛州，斬東魏刺史杜密。[四]泰還軍長安。

六月，遣儀同于謹取楊氏壁。泰請罷行臺，帝復申前命，泰受録尚書事，餘固讓，乃止。

七月，徵兵會咸陽。

八月丁丑，帝命泰率李弼、獨孤信、梁禦、趙貴、于謹、若干惠、怡峰、劉亮、王惪、侯莫陳崇、李遠、達奚武等十二將東伐。至潼關，泰乃誓於師曰："與爾有衆，奉天威，誅暴亂。惟爾士[五]，整爾甲兵，戒爾戎事，無貪財以輕敵，無暴民以作威。用命則有賞，不用命則有戮。爾衆士其勉之。"遣于謹居軍前，徇地至槃豆。東魏將高叔禮守柵不下，謹急攻之，乃降。獲其戍卒一千，送叔禮於長安。戊子，至弘農[六]，東魏將高千[七]、陝州刺史李徽伯拒守。於時連雨，泰乃命諸軍冒雨攻之。庚寅，城潰，斬徽伯，虜其戰士八千。高千走度河，令賀拔勝追擒之，並送長安。於是宜陽、邵郡皆來歸附。先是河南豪傑多聚兵應東魏，至是各率所部來降。

高歡懼，率衆十萬出壺口，趨蒲坂，將自后土[八]濟。又遣其將高敖曹以三萬人出河南。是歲，關中饑。泰既平弘農[九]，因館穀五十餘日。時戰士不滿萬人，聞歡將度，乃引軍入關。歡遂度河，逼華州。刺史王羆嚴守。知不可攻，乃涉洛，軍於許原西。泰據渭南，徵諸州兵未會。[一〇]乃召諸將，謂之曰："高歡越山度河，遠來至此，天亡之時也。吾欲擊之，何如？"[一一]諸將咸以衆寡不敵，請待歡更西，以觀其勢。泰曰："歡若得至咸陽，人情轉騷擾。今及其新至，便可擊之。"即造浮橋於渭，令軍人齎三日糧，輕騎度渭，輜重自渭南夾渭而西。

十月壬辰，至沙苑，距高歡軍六十餘里，歡引軍來會。癸巳旦，候騎[一二]告高歡軍且至。泰召諸將謀之。李弼曰："彼衆我寡，不可平地置陣。此東十里有渭曲，可先據以待之。"遂進軍至渭曲，背水東西爲陣。李弼爲右拒，趙貴爲左拒。命將士皆偃戈於葭蘆中，聞鼓聲而起。申時，高歡至，望我軍少，競馳而進，不爲行列，總萃於左軍。兵將交，泰鳴鼓，士皆奮起。于謹等六軍與之合戰，李弼等率鐵騎横擊之，絶其軍爲二，遂大破之[一三]，斬六千餘級，臨陣降者二萬餘人。高歡夜遁，追至河上，復大克獲。前後虜其卒七萬。留其甲士二萬，餘悉縱歸。收其輜重兵甲，獻俘長安。[一四]還軍渭南，於是所徵諸州兵始至。乃於戰所，準當時兵士，人種樹一株，以旌武功。進泰柱國大將軍，增邑并前五千户。李弼等十二將亦進爵增邑。并其下將士，賞各有差。

遣左僕射、馮翊王元季海爲行臺，與開府獨孤信率步騎二萬向洛陽；洛州刺史李顯趨荆州；賀拔勝、李弼度河圍蒲坂。牙門將高子信開門納勝軍，東魏將薛崇禮棄城走，勝等追獲之。泰進軍蒲坂，略定汾、絳。於是許和殺張瓊，以夏州降。初，泰自弘農[一五]入關後，東魏將高敖曹圍弘農[一六]，聞其軍敗，退守洛陽。獨孤信至新安，敖曹復走度河，信遂入洛陽。東魏潁川長史賀若統[一七]，與密縣人張儉執刺史田迅舉城降。滎陽鄭榮業、鄭偉等攻梁州，擒其刺史鹿永吉；清河人崔彦穆、檀琛攻滎陽，擒其郡守蘇定：皆來附。自梁、陳以西[一八]，將吏降者相屬。

於是東魏將堯雄、趙育、是云寶出潁川，欲復降地。泰遣儀同宇文貴、梁遷等逆擊，破之。趙育來降。東魏復遣將任祥率河南兵與雄合，儀同怡峰與貴、遷等復擊破之。又遣都督韋孝寬取豫州。是云寶殺其東揚州刺史那椿，一作椿以州來附。[一九]

四年三月，泰率諸將入朝。禮畢，還華州。

七月，東魏遣其將侯景、庫狄干、高敖曹、韓軌[二〇]、可朱渾元、莫多婁貸文等圍獨孤信於洛陽。高歡繼其後。先是，帝將幸洛陽拜園陵，會信被圍，詔泰率軍救信，帝亦東征。[二一]

八月庚寅，泰至穀城，莫多婁貸文、可朱渾元來逆，臨陣斬貸文，元單騎遁免，悉虜其衆送弘農。[二二]遂進軍瀍東。是夕，帝幸泰營，於是景等夜解圍去。及旦，泰率輕騎追之，至於河上。景等北據河橋，南屬邙山爲陣，與諸軍合戰。泰馬中流矢，驚逸，遂失所之，因此軍中擾亂。都督李穆下馬授泰，軍以復振。於是大捷，斬高敖曹及其儀同李猛、西兖州刺史宋顯等，虜其甲士一萬五千，赴河死者以萬數。

是日置陣既大，首尾懸遠，從旦至未，戰數十合，氛霧四塞，莫能相知。獨孤信、李遠居右，趙貴、怡峰居左，戰並不利，又未知帝及泰所在，皆棄其卒先歸。開府李虎、念賢等爲後軍[二三]，遇信等退，即與俱還。由是乃班師，洛陽亦失守。大軍至弘農[二四]，守將皆已棄城西走。所虜降卒在弘農者[二五]，因相與閉門拒守。進攻拔之，誅魁首數百人。

大軍之東伐也，關中留守兵少，而前後所虜東魏士卒，皆散在民間，乃謀爲亂。及李虎等至長安，計無所出，乃與公卿輔太子出次渭北。關中大震恐，百姓相剽劫。於是沙苑所俘軍人趙青雀、雍州民于伏德等遂反。青雀據長安子城，伏德保咸陽，與太守慕容思慶各收降卒，以拒還師。長安大城民皆相率拒青雀，每日接戰。帝留止閿鄉，遣泰討之。長安父老見泰至，悲且喜曰："不意今日復得見公！"士女咸相賀。華州刺史導率軍襲咸陽，斬思慶，擒伏德，南度渭與泰會攻青雀，破之。太傅梁景睿先以疾留長安，遂與青雀通謀，至是亦伏誅。關中於是乃定。帝還長安，泰復屯華州。

五年冬，大閲於華陰。

六年春，東魏將侯景出三鵶，將侵荆州，泰遣開府李弼、獨孤信各率騎五千出武關，景乃退還。

夏，茹茹度河至夏州，泰召諸軍屯沙苑以備之。

七年冬[二六]，泰奏行十二條制，恐百官不勉於職事，又下令申明之。

八年十月，高歡侵汾、絳，圍玉壁。泰出軍蒲坂，將擊之。軍至皂莢[二七]，歡退。泰度汾追之，遂遁去。

十二月，帝狩於華陰，大饗將士。泰率諸將朝於行在所。

九年春，東魏北豫州刺史高仲密舉州來附[二八]，泰帥師迎之，令開府李遠爲前軍。至洛陽，遣開府于謹攻柏谷塢，拔之。

三月，高歡至河北。泰還軍瀍上以引之。歡果度河，據邙山爲陣，不進者數日。泰留輜重於瀍曲，士皆銜枚，夜登邙山。未明，擊之，歡單騎爲賀拔勝所逐，僅而獲免。泰率右軍若干惠等大破歡軍，悉虜其步卒。趙貴等五將軍居左，戰不利。歡軍復合，泰又不利，夜乃引還。既入關，屯渭上。歡進至陝，開府達奚武等率軍禦之，乃退。泰以邙山之戰，諸將失律，上表請自貶。帝報曰："公膺期作宰，義高匡合，仗鉞專征，舉無遺算。朕所以垂拱九載，實資元輔之力，俾九服寧謐，誠賴翊贊之功。今大寇未殄，而以諸將失律，便欲自貶，深虧體國之誠。宜抑此謙光，恤予一人。"於是廣募關隴豪右，以增軍旅。

十月，大閲於櫟陽，還屯華州。

十年五月，泰入朝。

十月，大閲於白水。

十一年三月，令曰：

古之帝王所以外建諸侯内立百官者，非欲富貴其身而尊榮之，蓋以天下至廣，非一人所能獨治，是以博訪賢才，助己爲治。若其知賢也，則以禮命之。其人聞命之日，則慘然曰："凡受人之事，任人之勞，何捨己而從人。"又自勉曰："天生儁士，所以利時。彼人主者，欲與我爲治，安可苟辭。"於是降心而受命。及居官也，則晝不甘食，夜不甘寢，思所以上匡人主，下安百姓；不遑恤其私而憂其家，故妻子或有饑寒之弊而不顧也。於是人主賜之以俸禄，尊之以軒冕，而不以爲惠也。賢臣受之，亦不可以爲德也。位不虚加，禄不妄賜。爲人君者，誠能以此道授官，爲人臣者，能以此情受位，則天下之大，可不言而治矣。昔堯、舜之爲君，稷、契之爲臣，用此道也。及後世衰微，此道遂廢，乃以官職爲私恩，爵禄爲榮惠。人君之命官也，親則授之，愛則任之。人臣之受位也，可以尊身而潤屋者，則迂道而求之；損身而利物者，則巧言而辭之。於是至公之道没，而姦詐之萌生。天下不治，正爲此矣。

今聖主中興，思去澆僞。諸在朝之士，當念職事之艱難，負闕之招累，夙夜兢兢，如臨深履薄。才堪者，則審己而當之；不堪者，則收短而避之。使天官不妄加，王爵不虚受，則淳素之風，庶幾可反。

十月，大閲於白水，至岐陽。

十二年七月，泰大會諸軍於咸陽。

十三年正月，東魏高歡薨。其子澄嗣，與其河南大行臺侯景有隙。景不自安，遣使請舉河南六州來附。澄遣其將韓軌、庫狄干等圍景於潁川。[二九]

三月，泰遣開府李弼率軍援之，軌等遁去。景請留收輯河南，遂徙鎮豫州。於是遣開府王思政據潁川[三〇]，弼引軍還。

七月，侯景密圖附梁。泰知其謀，悉追還前後所配景將士。景懼，遂叛。

十四年春[三一]，帝詔封泰長子毓爲寧都郡公，食邑三千户。初，泰以平元顥、納孝莊帝之功，封寧都縣子，至是改縣爲郡，而以封毓，用彰勤王之始也。

五月，進授泰太師。泰奉太子巡撫西境，自新平出安定，登隴，刻石紀事。下安陽，至原州，歷北長城，大狩。將東趣五原，至蒲川[三二]，聞帝不豫，遂還。既至，帝疾已愈，於是還華州。

是歲，東魏遣其將高岳、慕容紹宗、劉豐生等，率衆十餘萬圍王思政於潁川。

踰年春，泰遣大將軍趙貴帥軍至穰，兼督東南諸州兵援思政。高岳起堰，引洧水以灌城，自潁川以北皆爲陂澤，救兵不得至。

六月，潁川陷。初，侯景自豫州附梁，後遂度江，圍建業。梁司州刺史柳仲禮以本朝有難，率兵援之。梁竟陵郡守孫暠舉郡來附，泰使大都督符貴往鎮之。及景克建業，仲禮還司州，率衆來寇，暠以郡叛。遣開府楊忠率兵與行臺僕射長孫儉討之，攻克隨郡。忠進圍仲禮長史馬岫於安陸。[三三]

踰年正月，柳仲禮率衆來援安陸，楊忠逆擊於漴頭，大破之，擒仲禮，悉虜其衆。馬岫以城降。

三月，帝封泰第二子震爲武邑公，邑二千户。先是，梁雍州刺史、岳陽王詧與其叔父荊州刺史、湘東王繹不睦，乃稱蕃來附，遣其世子嶚爲質。及楊忠擒仲禮，繹懼，復遣其子方平來朝。

七月，泰率諸軍東伐，拜章武公導爲大將軍，總督留守諸軍事，屯涇北以鎮關中。

九月，軍出長安。時連雨，自秋及冬，諸軍馬驢多死。遂於弘農北造橋濟河[三四]，自蒲坂還。

十七年三月，帝崩，皇太子嗣位，泰以冢宰總百揆。

二年，帝詔泰去丞相大行臺，爲都督中外諸軍事。

三月，泰遣大將軍、魏安公尉遲迥率衆伐梁武陵王蕭紀於蜀。

四月，泰勒鋭騎三萬西踰隴，度金城河，至姑臧。吐谷渾震懼，遣使獻其方物。

五月，蕭紀潼州刺史楊乾運以州降，引迥軍向成都。至八月，克之。

七月，泰自姑臧至長安。

十一月，尚書元烈謀殺泰，事發，泰誅之。

帝自是有怨言，泰於是廢帝，立齊王廓，是爲恭帝。[三五]初，羣臣有勸泰踐極者，泰以問薛端，以爲三方未一，遽正名號，示天下以不廣，請待龕剪僭僞，然後俯順樂推。泰撫其背曰："成我者卿也。"[三六]

元年四月，帝大饗羣臣。柳虯執簡書於朝曰："廢帝，文皇帝之嗣子。年七歲，文皇帝托於安定公曰：'是子才，由於公，不才，亦由於公，宜勉之。'公既受兹重寄，居元輔之任，又納女爲皇后，遂不能訓誨有成，致令廢黜，負文皇帝付屬之意。此咎非安定公而誰？"泰乃令太常盧辯作告諭公卿曰[三七]："嗚呼！我羣后暨衆士，維文皇帝以襁褓之嗣托於予，訓之誨之，庶厥有成。而予罔能革變厥心，庸暨乎廢，墜我文皇帝之志。嗚呼！兹咎予其焉避。予實知之，矧爾衆人之心哉。惟予之顔，豈惟今厚，將恐來世以予爲口實。"乙亥，詔封泰子邕爲輔城公，憲爲安城公，邑各二千户。

七月，泰至原州。梁元帝遣使請據舊圖[三八]以定疆界，又結連於齊，言辭悖慢。泰曰："古人有言'天之所棄，誰能興之'，其蕭繹之謂乎。"

十月壬戌，遣柱國于謹、中山公護、大將軍楊忠、韋孝寬等步騎五萬討之。

十一月癸未，師濟於漢。中山公護與楊忠率鋭騎先屯其城下，據江津以備其逸。丙申，謹至江陵，列營圍守。辛亥，進攻城，其日克之。擒梁元帝，殺之，并虜其百官及士民以歸。没爲奴婢者十餘萬，其免者二百餘家。

三年[三九]，行《周禮》，建六官。泰爲太師、大冢宰。初，泰以漢魏官繁，思革前弊。大統中，乃命蘇綽、盧辯[四〇]依周制改創其事，尋亦置六卿官，然爲撰次未成，衆務猶歸臺閣。至是始畢，乃命行之。

四月，泰北巡。

七月，度北河。帝封泰子直爲秦郡公，招爲正平公，邑各一千户。

九月，泰有疾，還至於雲陽。

十月乙亥，薨，還長安發喪。時年五十二。謚文公，子覺嗣。按：《北史》《通志》俱作年五十。今從《周書》。

論曰[四一]：泰以微賤起關中，攘逐羣凶，匡復魏室，功豈不大哉？然天子守府而已，政權悉自己出，卒成篡弑之謀者，泰爲之也。泰母王氏孕五月，夢抱子升天，纔不至而止，及生。有黑氣如蓋，覆其地，其生固異矣。觀其施措開造，卓然有度越百世之規，然則值水德之衰，而崛生聰明英武之人於其時者，豈非天所啓與？

【校注】

［一］宇文泰列傳三下　西魏書十四　通議大夫浙江按察使司按察使加二級南康謝啓昆撰："樹經堂本"作"卷十四　宇文泰列傳三下"，"中華本"作"西魏書卷十四　宇文泰列傳三下"。

［二］高敖曹：《北史》卷九《周本紀上》均作"高昂"。

［三］掎：原作"犄"，兹據《周書》卷二《文帝紀下》、《北史》卷九《周本紀上》改。

［四］杜密：《周書》卷四四《泉企傳》"密"作"窋"。

［五］惟爾士：《北史》卷九《周本紀上》、《太平御覽》卷三〇七皆作"惟爾衆士"，疑是。

［六］［九］［一五］［一六］［二二］［二四］［二五］［三四］弘農：原爲避諱而作"宏農"，今皆回改。

［七］干：《周書》卷二《文帝紀下》諸本作"干"，汲本作"于"；《北史》卷九《周本紀上》作"千"，《北史》卷六九《趙昶傳》百衲本作"千"，殿本作"于"。點校本《周書》卷三三校勘記［一七］以爲"疑當作'干'"。"翻刻本"正作"千"，而"樹經堂本""中華本"作"干"。

［八］后土："樹經堂本"誤作"后十"。

［一〇］徵諸州兵未會：此從《北史》卷九《周本紀上》，而《周書》卷二《文帝紀下》原作"徵諸州兵皆會"。

［一一］何如："樹經堂本"誤作"何知"。

［一二］候騎："樹經堂本"誤作"侯騎"。

［一三］遂：《周書》卷二《文帝紀下》作"隊"，《北史》卷九《周本紀上》、《册府元龜》卷一二五、《太平御覽》卷三〇九、《通典》卷一五六、《資治通鑑》卷一五七皆作"遂"，屬下讀爲"遂大破之"，文義較長。

［一四］謝啓昆《西魏樂府四首》之三《沙苑樹》云："沙苑之戰何雄哉，三日館穀士銜枚。敖曹百萬軍如雷，熊羆當道不敢來。白棒一呼示必死，以少

擊多敵披靡。偃戈葭蘆聽鼓聲，鐵騎蕭蕭渡渭水。猘狗噬人誰能制？黑獺之威真可畏。指麾幕府氣凌雲，翩聯一十二將軍，左拒右拒背水陣，蒲津棄甲山同峻。長安奏凱獻生俘，旌功詔樹柳千株。未封鯨鯢筑京觀，勝鑄騕褭標銅模。升天不至占夢逢，終恢魏室攘羣凶。登隴刻石彰偉績，何用行人灞上紀。春風異日長條拂，十圍樹，猶如此，事已非。黑氣之祥，竟應陀羅尼。河曲之柳，曾見御馬歸。"[①]

［一七］東魏潁川長史賀若統：《周書》卷二校勘記［一一］歷考《魏書》《周書》《北齊書》《北史》，斷定"潁川長史"當改作"潁州長史"。

［一八］自梁、陳以西：原作"自梁城以西"，茲據《周書》卷二《文帝紀下》、《北史》卷九《周本紀下》改正。

［一九］據《周書》卷二校勘記［一三］考證，此"東揚州"實衍"東"字，此其一；其二，刺史姓名爲那椿而非那椿。[②]所謂"椿一作椿"云云，正表明《西魏書》所據，乃明末毛氏汲古閣本《周書》。[③]

［二〇］韓軌：原作"元軌"，而宋本與南本《周書》卷二《文帝紀下》、《册府元龜》卷六則作"韓軌"。《周書》卷二校勘記［一四］云："按韓軌，《北齊書》卷一五、《北史》卷五四有傳，雖不載攻圍洛陽事，然此處與侯景等諸將並列，應即其人，今據改。"此從之。

［二一］帝亦東征：《周書》卷二《文帝紀下》作"魏帝亦東"。此乃《西魏書》"正統在西魏"史觀的具體表現。

［二三］開府李虎、念賢等爲後軍："中華本"作"開府李□、□賢等爲後軍"。

［二六］七年冬：《周書》卷二《文帝紀下》、《北史》卷九《周本紀上》卷一七繫其事於七年冬十一月。

---

① 《樹經堂詩初集》卷一〇《補史亭草上》，《續修四庫全書》册一四五八，上海古籍出版社，二〇〇二年，頁一二四。

② 詳參《周書》，頁四〇～四一。

③ 胡虔於所作《西魏書跋》，自稱在入職江南河庫道署後，曾據揚州文滙閣所藏《四庫全書》修改《西魏書》初稿。

［二七］皂莢：原作“阜莢”，疑刊誤所致，今據《周書》卷二《文帝紀下》改正。

［二八］九年春，東魏北豫州刺史高仲密舉州來附之“春”“高仲密”：《北史》卷九《周本紀上》分别作“二月”“高慎”。

［二九］庫狄干：《周書》卷二《文帝紀下》作“厙狄干”，其校勘記［一七］云：“諸本‘厙’都作‘庫’。按‘厙’亦音舍，後人因爲有兩種讀法，始以去點者讀作舍（《北朝胡姓考》頁一八二有説）。《周書》原文恐當作‘庫’，但異讀已久，今不改。”

［三〇］潁川：“樹經堂本”誤作“穎川”。

［三一］春：原脱，兹據《周書》卷二《文帝紀下》補。

［三二］蒲川：原作“蒲州”，今據《周書》卷二《文帝紀下》改。

［三三］遣開府楊忠率兵：《周書》卷二《文帝紀下》明言時在“冬十一月”。

［三五］帝自是有怨言，泰於是廢帝，立齊王廓，是爲恭帝：據《周書》卷二《文帝紀下》繫年，時在恭帝元年春。

［三六］黿剪：當從“樹經堂本”作“黿翦”，按《北史》卷三六《薛辯傳附五世孫端傳》云：“魏帝廢，近臣有勸文帝踐極，文帝召端告之。端以爲三方未一，遽正名號，示天下以不廣。請待黿翦僭僞，然後俯順樂推。文帝撫端背曰：‘成我者卿也。卿心既與我同，身豈與我異。’遂脱所著冠帶袍袴並以賜之。”

［三七］盧辯作告諭：盧辯原誤“盧辨”，今據《周書》卷二《文帝紀下》改正。又“告”，《周書》卷二《文帝紀下》原亦作“告”，後據《北史》卷九《周本紀上》改作“誥”。

［三八］舊圖：“樹經堂本”誤作“奮圖”。

［三九］三年：當從《周書》卷二《文帝紀下》、《北史》卷九《周本紀上》作“三年春正月丁丑”。

［四〇］盧辯：原誤作“盧辨”，今據《周書》卷二《文帝紀下》改。

［四一］《周書》卷二“史臣曰”：“太祖田無一成，衆無一旅，驅馳戎馬

之際，躡足行伍之間。屬與能之時，應啓聖之運，鳩集義勇，糾合同盟，一舉而殄仇讐，再駕而匡帝室。於是内詢帷幄，外仗材雄，推至誠以待人，弘大順以訓物。高氏籍甲兵之衆，恃戎馬之彊，屢入近畿，志圖吞噬。及英謀電發，神旆風馳，弘農建城濮之勛，沙苑有昆陽之捷。取威定霸，以弱爲彊。紹元宗之衰緒，創隆周之景命。南清江漢，西舉巴蜀，北控沙漠，東據伊瀍。乃擯落魏晉，憲章古昔，修六官之廢典，成一代之鴻規。德刑並用，勛賢兼敘，遠安邇悦，俗阜民和。億兆之望有歸，揖讓之期允集。功業若此，人臣以終。盛矣哉！非夫雄略冠時，英姿不世，天與神授，緯武經文者，孰能與於此乎。昔者，漢獻蒙塵，曹公成夾輔之業；晉安播蕩，宋武建匡合之勛。校德論功，綽有餘裕。至於渚宫制勝，闔城孥戮；茹茹歸命，盡種誅夷：雖事出於權道，而用乖於德教。周祚之不永，或此之由乎。"[1]

① 並見《北史》卷九"論曰"，頁三三九。

斛斯長孫賈樊賀拔念列傳四　西魏書十五

通議大夫浙江按察使司按察使加二級南康謝啓昆撰[一]

斛斯椿字法壽，廣牧富昌人也。其先世爲莫弗大人。[二]父足，一名敦，明帝時爲左牧令。時河西賊起，牧民不安，椿乃將家投爾朱榮。征伐有功，稍遷中散大夫，署外兵事。軍之密謀，頗亦關預。[三]莊帝初，封陽曲縣公，除大將軍府司馬。後爲東徐州刺史。

及爾朱榮死[四]，適梁以汝南王悦爲魏主，資其士馬，次於境上，遂棄州歸悦。悦授尚書左僕射、司空公，封靈邱郡公[五]，又爲大行臺前驅都督。會爾朱兆入洛，悦知不逮，南旋，椿復率所部歸兆。

以參立節閔謀，拜侍中、驃騎大將軍、儀同三司，封城陽郡公。尋加開府。時椿父足先在秀容，忽有傳足死問，請減己階以贈之。尋知其父猶在，詔復官，仍除其父爲車騎將軍、揚州刺史。

椿以爾朱兆擅權，懼禍，乃與賀拔勝俱説世隆以正道。世隆不悦，欲害椿，賴爾朱天光救，得免。及世隆、度律與兆自相疑，椿與賀拔勝和之，兆執椿、勝還營。椿又陳以正理，兆謝而遣之。椿謂勝曰："天下皆怨毒爾朱，吾等附之，亡無日矣，不如圖之。"勝曰："天光與兆，各據一方，今俱禽爲難。"椿曰："易致耳。"乃説世隆追天光等赴洛，討高歡。及韓陵之敗，椿謂都督賈顯智等曰："若不先執爾朱，我等死無類矣。"遂與顯智等夜於桑下盟約，倍道兼行。椿入北中城，收爾朱部曲，盡殺之。令弟元壽與張歡、長孫承業、賈顯智等襲世隆、彦伯兄弟，並斬於閶闔門外。椿入洛，懸世隆兄弟首於其門樹。[六]椿父出見，謂椿曰："汝與爾朱約爲兄弟，今何忍懸其首於家門，寧不愧負天地！"椿乃傳世隆等首，並囚度律、天光，送於高歡。

及歡入洛，椿謂賀拔勝曰："今天下事在吾與君，若不先制人[七]，將爲人所制。高歡初至，圖之不難。"勝曰："彼有心於人，害之不祥。比數夜與歡同宿，具叙往昔之懷，兼荷兄恩意甚多，何苦憚之！"椿乃止。孝武帝立，拜椿侍中、儀同開府、城陽郡公。父足亦加開府，子悦太中大夫[八]，同日拜受，當時榮之。

椿遂密勸孝武帝置閣内都督部曲[九]，又增武直人數，自直閣[一〇]已下員别數百，皆選天下輕剽以充之。又説帝數出游幸，號令部曲，别爲行陣，椿自約勒，指麾其間。從此以後，軍謀朝政，一決於椿。又勸帝徵兵，詭稱南討，將以伐高歡。帝從之，以椿爲前驅大都督。椿因奏請率精騎二千，夜度河掩其勞弊。帝始然之，黄門侍郎楊寬説帝曰："高歡以臣伐君，何所不至？今假兵於人，恐生他變。今度河萬一有功，是滅一高歡復生一高歡矣。"帝遂勅椿停行。椿嘆曰："頃熒惑入南斗，今上信左右間搆，不用吾計，豈天道乎！"

帝勒兵河橋，命椿自洛而東，至虎牢。帝以賈顯智背叛，東師失律，將幸關中，乃遣使命椿，因從入關。拜尚書令，侍中如故，封常山郡公。歷位司徒、太保，仍尚書令。時寇難未息，内外戒嚴，唯椿得列威儀，鳴騶清路。遷太傅，薨，年四十三。帝親臨弔，百寮赴哭。詔賜東園祕器，遣尚書、梁郡王景略監護喪事。贈大將軍、録尚書、三十州諸軍事、侍中、恒州刺史、常山郡王，謚曰文宣，祭以太牢。又詔改大將軍，贈大司馬，給轀輬車。及葬，車駕臨於渭陽，止紼慟哭。

帝[一一]嘗給椿店數區，耕牛三十頭，椿以國難未平，不可與百姓爭利，辭店受牛，日烹一頭，以饗軍士。及死，家無餘資。

有四子，悦、恢、徵、演。演爲高歡所殺，三子入關。

長孫冀歸，代人。曾祖上黨王道生。祖旃[一二]，位少卿。父觀，征南大將軍。

冀歸六歲襲爵，降爲公。孝文以其幼承家業，賜名稚，《北史》避作"幼"字承業。聰敏有才藝，虚心愛士。爲前將軍，從孝文南討，授承業七兵尚書、太常卿、右將軍。[一三]

出爲撫軍大將軍，領揚州刺史，假鎮南大將軍，都督淮南諸軍事。梁將裴邃、虞鴻襲據壽春，承業諸子驍果，邃頗難之，號曰“鐵小兒”。詔河間王琛總衆援之。琛欲決戰，承業以雨久，更須持重。琛弗從，遂戰，爲賊所乘，承業後殿。初，承業既總强兵，久不決戰，議者疑有異圖。朝廷遣河間王琛及臨淮王彧、尚書李憲等三都督，外聲助承業，内實防之。

會鮮于修禮反於中山，以承業爲大都督北討。尋以本使達鄴城。詔承業解行臺，罷大使，遣河間王琛爲大都督，酈道元爲行臺。承業遣子子裕奉表，稱與琛同在淮南，俱當國難，琛敗臣全，遂生私隙。且臨機奪帥，非策所長。書奏，不納。琛與承業前到呼沲，承業未欲戰，而琛不從。行達五鹿，爲修禮邀擊，琛不赴之。賊總至，遂大敗。承業與琛並除名。

尋而正平郡蜀反，復假承業鎮西將軍、討蜀都督。頻戰有功，除平東將軍，復本爵。後除尚書右僕射。未幾，雝州刺史蕭寶夤據州反，復以承業爲行臺討之。承業時背疽未愈，靈太后勞之曰：“卿疹源如此，朕欲相停，更無可寄，如何？”承業答曰：“死而後已，敢不自力。”時子彦亦患脚痹，扶杖入辭。尚書僕射元順顧相謂曰：“吾等備位[一四]大臣，各居寵位，危難之日，病者先行，無乃不可乎？”莫有對者。

時薛鳳賢反於正平，薛修義屯聚河東，分據鹽池，攻圍蒲坂，東西結連，以應寶夤。承業乃據河東。時有詔廢鹽池税，承業上表曰：“鹽池天資賄貨，密邇京畿，唯須寶而護之，均贍以理。今四境多虞，府藏罄竭。然冀定二州且亡且亂，常調之絹，不復可收。仰惟府庫，有出無入，必須經綸，出入相補。略論鹽税，一年之内，準絹而言，猶不應減三十萬匹也，便是移冀定二州置於畿甸。今若廢之，事同再失。臣前仰違嚴旨，不先討關賊而解河東者[一五]，非是閑長安而急蒲坂。蒲坂一陷，没失鹽池，三軍口命，濟贍理絶。天助大魏，兹計不爽。昔高祖昇平之年，無所乏少，猶創置鹽官而加典護，非爲物而競利，恐由利而亂俗也。況今王公素餐，百官尸禄，租徵六年之粟，調折來歲之資，此皆出人私財，奪人膂力。豈是願言，事不獲已。臣輒符司監將尉還率所部，依常收税，更聽後敕。”及雝州平，除雝州刺史。

孝莊初，封上黨王，尋改馮翊王，後降爲郡公。遷司徒公，加侍中，兼尚書令、大行臺，仍鎮長安。節閔立，遷太尉公，録尚書事。及韓陵之敗，斛斯椿先據河橋，謀誅爾朱。使承業入洛，啓節閔誅世隆兄弟之意。孝武初，轉太傅，以定策功，更封開國子。承業表請回授其姨兄廷尉卿元洪超次子惲。初，承業生而母亡，爲洪超母所撫養，是以求讓，許之。

孝武入關，承業時鎮虎牢[一六]，亦隨赴長安，位太師、録尚書事，封上黨王。大統元年，薨，贈假黄鉞、大丞相、都督三十州諸軍事、雝州刺史。謚曰文宣。

承業少輕俠，鬬鷄走馬，力爭殺人，因亡抵龍門將陳興德家。會赦，乃免。因以後妻羅前夫女吕氏妻興德兄興恩以報之。羅年大承業十餘歲，酷妒忌。承業雅相敬愛，無姬妾。童侍之中在承業左右嫌疑致死者，乃有數四。前妻張氏二子：子彦、子裕。羅生三子：紹遠、士亮、季亮。兄弟皆雄武。

子彦本名儁，有膂力，以累從父征討功，封槐里縣子。孝武帝與高歡搆隙，加子彦中軍大都督、行臺僕射，鎮弘農[一七]，以爲心膂。及從帝入關，封高平郡公，位儀同三司。以從征竇泰、戰沙苑功，加開府、侍中。及東復舊京，以子彦兼尚書令、行司州牧，留鎮洛陽。後以不利，班師。大統七年，拜太子太傅。

子彦少常墜馬折臂，肘上骨起寸餘。乃命開肉鋸骨，流血數升，言戲自若。時以爲踰於關羽。末年石發，舉體生瘡，雖親戚兄弟以爲惡疾。子彦曰："惡疾如此，難以自明。世無良醫，吾其死矣！嘗聞惡疾蝮蛇螫之不痛，試爲求之，當令兄弟知我。"乃於南山得蛇，以股觸之，痛楚號叫，俄而腫死。文帝聞之，慟哭曰："失我良將！"贈雍州刺史。

子裕位衛尉少卿。啓捨泛階十七級，爲子義貞求官。除左將軍，加通直散騎常侍。又以父勛，封平原縣伯。

紹遠字師，少名仁。寬容有大度，雅好墳籍，聰慧過人。父承業作牧壽春，時紹遠年十三。承業管記有王碩者，文學士也，聞紹遠强記，遂白承業，求驗之。碩乃試以《禮記·月令》。於是紹遠讀數紙，纔一遍，誦之若流。碩嘆服之。起家司徒府參軍事。後以別將討平河東蜀薛，封東阿縣伯。

孝武西遷，紹遠隨承業奔赴，以功別封文安縣子。大統二年，除太常卿，遷中書令，襲父爵。例降爲公，改馮翊郡。恭帝二年，累遷録尚書事。六官建，拜大司樂。後仕於周。

澄字士亮，年十歲，司徒李琰之見而奇之，以女妻焉。十四從父承業征討，有智謀，勇冠諸將。以功封西華縣侯。及長，容貌魁岸[一八]，風儀温雅。大統中，歷位豫、渭二州刺史，以軍功，別封永寧縣伯，尋進覆津縣侯。

文帝與羣臣宴，從容曰："《孝經》一卷，人行之本，諸君宜各[一九]引《孝經》之要言。"澄應聲曰："夙夜匪懈，以事一人。"坐中有人[二〇]次云："匡救其惡。"既出西閤，宇文泰深嘆澄之合機，而譴其次答者。

後從宇文泰援玉壁[二一]，又從戰邙山，進位驃騎大將軍、開府。後仕周。

賈顯度，中山無極人。父道監，沃野鎮長史。

顯度形貌偉壯，有志氣。初爲別將，防守薄骨律鎮。正光末，北鎮擾亂，爲賊攻圍。顯度拒守多時，以賊勢轉熾，不可久立，乃率鎮民浮河而下。既達秀容，爲爾朱榮所留。尋表授直閣將軍、左中郎將。

建義初，除汲郡太守，假平東將軍。隨爾朱榮破葛榮，又除撫軍將軍、光禄大夫、都督，封石艾縣開國公，邑一千户。從上黨王天穆破邢杲。值元顥入洛，仍與天穆渡河赴行宫於河内。顥平，以本將軍除廣州刺史、假鎮南將軍，轉南兗州刺史。爾朱榮之死也，顯度奔梁，梁厚待之。

普泰初，還朝，授衛大將軍、儀同三司、左光禄大夫，又行濟州事。復隨爾朱度律等敗於韓陵，與斛斯椿及弟顯智等率衆先據河橋，誅爾朱氏。

孝武帝初，除尚書左僕射，尋加驃騎大將軍、開府儀同三司、定州大中正。未幾，以本官行徐州刺史、東道大行臺。永熙三年五月，轉雍州刺史、西道大行臺。[二二]親故祖餞於張方橋，顯度執酒曰："顯智性輕躁，好去就，覆敗吾家，其此人也！"孝武帝[二三]入關後，顯智果同於高歡。帝怒，賜顯度死。[二四]

樊子鵠，代郡平城人。其先荆州蠻酋，被遷於代。父興，平城鎮長史，歸義侯。普泰中，子鵠貴顯，乃贈征虜將軍、荆州刺史。

子鵠值北鎮擾亂，南至并州，爾朱榮引爲都督府倉曹參軍。孝昌三年冬，榮使子鵠詣京師。靈太后見之，問榮兵勢，子鵠應對稱旨，太后嘉之。除直齋，封南和縣開國子，邑三百户，令還赴榮。榮以爲行臺郎中，行上黨郡。及榮向洛，以爲假節、假平南將軍、都督河東正平軍事、行唐州事。刺史崔元珍閉門拒守，子鵠攻克之。

建義初，拜平北將軍、晉州刺史，封永安縣開國伯，食邑千户，又兼尚書行臺。治有威信，山胡率服。元顥入洛，薛脩義及降蜀陳雙熾等受顥處分，率衆攻州城。子鵠出與戰，大破之，又破脩義等於土門。以功拜撫軍將軍。尋徵授都官尚書、西荆州大中正。後兼右僕射，爲行臺，督賈智[二五]等討吕文欣於東徐州，平之。還，除車騎將軍、左光禄大夫，進封南陽郡開國公，增户六百，尚書如故，仍假驃騎大將軍，率所部爲都督。時爾朱榮在晉陽，京師之事，子鵠頗預委寄，故在臺閣，征官不解。後出除散騎常侍、本將軍、殷州刺史。屬歲旱儉，子鵠恐民流亡，乃勸有粟之家分貸貧者，并遣人牛易力，多種二麥，州内以此獲安。

及爾朱榮之死，世隆等遣書招子鵠[二六]，欲與同趨京師，子鵠不從。以母在晉陽，啓求移鎮河南。莊帝嘉之，除車騎大將軍、豫州刺史、假驃騎大將軍、都督二豫郢三州諸軍事、兼尚書右僕射[二七]、二豫郢潁四州行臺。子鵠到相州，又勅賚絹五百匹。行達汲郡，聞爾朱兆入洛，乃渡河見仲遠，仲遠遣鎮汲郡。兆徵子鵠赴洛，既見，責以乖異之意，奪其部衆，將還晉陽。及紇豆陵步藩起，以子鵠爲都督，徵發糧仗。元曄以爲侍中、御史中尉、中軍大都督，隨曄向洛。普泰初，仍除舊任。趙脩延叛於荆州，詔子鵠通三鵶道而還。遭母憂去職，廢帝聞其在洛無宅，凶費不周，賚絹四百疋，粟五百石，以本官起之。

太昌初，兼尚書左僕射、東南道大行臺，總大都督杜德等追討爾朱仲遠。仲遠已奔梁，收其兵馬甲仗。時梁遣元樹入寇，陷據譙城。詔子鵠與德討之。樹屯兵梁國，欲來迎戰，見子鵠軍盛，夜退還譙。子鵠引兵追躡，樹又背城爲陳。子鵠勒兵直趣城下，縱騎衝突，樹衆大敗，奔入城内，城門隘塞，多自殺害。於是斬千餘級，獲馬數百匹，大收鎧仗，遂圍城。加儀同三司。樹勒兵出戰，輒被摧衄，遂不敢出，自守而已。子鵠恐梁遣救，乃分兵擊梁苞州、然州、宕州、大澗、蒙縣等五城，並望風逃散。樹既無外援，計無所出，子鵠又令人説之，樹遂請率衆歸南，以地還國。子鵠等許之，共結盟約。及樹衆半出，子鵠中擊，破之，擒樹及梁譙州刺史朱文開，俘馘甚衆。班師，孝武賚馬匹。遷吏部尚書，轉尚書右僕射。尋加驃騎大將軍、開府，典選。

初，青州人耿翔聚衆反，亡奔梁，梁資其兵，偷據膠州。除子鵠使持節、侍中、青膠大使，督濟州刺史蔡儁討之。[二八]師達青州，翔拔城奔走。在軍遇病，詔遣醫給藥。仍除兖州刺史，餘官如故，便道之州。子鵠先遣腹心緣歷民間，採察得失。及入境，太山太守彭穆參候失儀，子鵠責讓穆，并數其罪狀，穆皆引伏，於是州内震悚。

及帝入關，子鵠據城爲應，南青州刺史大野拔、徐州人劉粹各率衆就子鵠。高歡遣儀同三司婁昭等率衆攻之。子鵠先使前膠州刺史嚴思達鎮東平郡，昭攻陷之，仍圍子鵠。城久不拔，昭以水灌城。善見欲招慰下之，遣散騎常侍陸琛、兼黄門郎張景徵齎璽書勞子鵠，而大野拔因與相見，令左右斬子鵠以降。[二九]

賀拔勝字破胡，神武尖山人也。其先與魏氏同出陰山。有如回者，國初爲大莫弗。祖爾頭[三〇]，驍勇絶倫，以良家子鎮武川，因家焉。獻文時，茹茹數爲寇，北邊患之。爾頭將游騎深入覘候，前後以八十數，悉知虜之倚伏。[三一]後雖有寇至，不能爲害。以功賜爵龍城侯。[三二]父度拔，性果毅，爲武川軍主。

正光末，沃野鎮人破六汗拔陵反，南侵城邑。懷朔鎮將楊鈞聞度拔名，召補統軍，配以一族。[三三]其賊僞署王衛可孤徒[三四]黨尤盛，既圍武川，又攻懷朔。勝少有志操，善騎射，北邊莫不推其膽略。時亦爲軍主，從度拔鎮守。既被圍經年，而外援不至，勝乃慷慨白鎮將楊鈞，請告急於大軍，鈞許之，乃募勇敢少年十餘騎，夜伺隙潰圍而出。賊追及之，曰："我賀拔破胡也。"賊不敢逼。至朔州，白臨淮王元彧曰："懷朔被圍，旦夕淪陷，士女延首，企望官軍。大王帝室藩維，與國休戚，受任征討，理宜唯敵是求，今乃頓兵不進，猶豫不決。懷朔若陷，則武川隨亦危矣。逆賊因兹，鋭氣百倍，雖有韓、白之勇，良、平之謀，亦不能爲大王用也。”或以勝辭義懇至，許以出師，還令報命。勝復突圍而入，賊追之，射殺數人。至城下，大呼曰：“賀拔破胡與官軍至矣。”城中乃開門納之。鈞復遣勝出覘武川，而武川已陷，勝乃馳還。懷朔亦潰，勝父子遂爲賊所虜。[三五]

後隨度拔與宇文肱等襲殺可孤，衆令勝馳告朔州，未反而度拔已卒。刺史費穆奇勝才略，厚禮留之，委以兵事。[三六]時廣陽王元淵在五原[三七]，爲破六汗賊所圍，召勝爲軍主。勝乃率募二百人，開東城門出戰，斬首百餘級。賊遂退軍數十里。廣陽以賊稍卻，因拔軍向朔州，勝常爲殿。以功拜統軍，加伏波將軍。又隸僕射元纂鎮恒州。時有鮮于阿胡擁[三八]朔州流民，南下爲寇，恒州城人應之。勝與兄允、弟岳相失，南投肆州，允、岳投爾朱榮。榮與肆州刺史尉慶賓搆隙，引兵攻肆州。肆州陷，榮得勝，大悦曰：“吾得卿兄弟，天下不足平也。”

勝委質事榮。時杜洛周阻兵幽、定，葛榮據有冀、瀛。榮謂勝曰：“井陘險要，我之東門。意欲屈君鎮之，君意如何？”勝曰：“是所願也。”榮乃表勝爲鎮遠將軍、別將[三九]，領步騎五千鎮井陘，以所乘大馬并銀鞍遺之。[四〇]武泰初[四一]，從榮入洛，以定策立孝莊帝功，封易陽縣伯，邑四百户。累遷直閤將軍、通直散騎常侍、平南將軍、光禄大夫、撫軍將軍。從太宰元穆北征葛榮，爲前鋒大都督。戰於滏口，大破之，虜獲數千人。時洛周餘燼韓婁在薊城結聚，復以勝爲大都督，鎮中山。婁素聞勝威名，竟不敢南寇。元顥入洛陽，孝莊帝出居河内。榮徵勝爲前軍大都督，領千騎與爾朱兆自硤石度，大破顥軍，擒其子領軍將軍冠受[四二]及梁將陳思保等，遂前驅入洛。拜武衛將軍、金紫光禄大夫，增邑六百户，進爵真定縣公，遷武衛將軍[四三]，加散騎常侍。

爾朱榮之被誅也，勝與田怡[四四]等奔走榮第。於時宫殿未加嚴防，怡等議即攻門。勝止之曰：“天子既行大事，必更有奇謀，吾等衆旅不多，何可輕爾？”怡乃止。及世隆夜走，勝從至河橋，勝以爲臣無讐君之義，遂勒所部還都，莊帝大悦。[四五]仲遠逼東郡，詔以本官假驃騎大將軍、東征都督，率騎一千，會鄭先護討之。爲先護所疑，置之營外，人馬未得休息。俄而仲遠兵至，與戰不利，乃降之。復與爾朱氏同謀立節閔帝，以功拜右衛將軍[四六]，進

車騎大將軍、儀同三司、左光禄大夫。[四七]

及爾朱氏將討高歡，度律自洛陽引兵，兆起并州，仲遠從滑臺，三帥會於鄴東。時勝從度律，度律與兆不平，勝以臨敵搆嫌，取敗之道，乃與斛斯椿詣兆營和解之，反爲兆所執。度律大懼，遂引軍還。兆將斬勝，數之曰："爾殺可孤，罪一也；天柱薨後，不與世隆等俱來而東征仲遠，罪二也。我欲殺爾久矣！"勝曰："可孤作逆，勝父子誅之，其功不小，反以爲罪。天柱被戮，以君誅臣，勝寧負王，不負朝廷。今日之事，生死[四八]在王。但去賊密邇，内搆嫌隙，自古迄今，未有不破亡者。勝不憚死，恐王失策。"兆乃捨之。勝既得免，行百餘里，方追及度律軍。高歡既克相州，兵威漸盛，於是兆及天光、仲遠、度律等衆十餘萬陣於韓陵。兆使鐵騎陷陣，出高歡後，將乘其背而擊之。度律惡兆之驕悍，懼其陵己，勒兵不進。勝以其攜貳，率麾下降高歡。度律以此先退，遂大敗。[四九]

太昌初，以勝爲領軍將軍，尋除侍中。孝武帝[五〇]將圖高歡，以勝弟岳擁衆關西，欲廣其勢援，乃拜勝爲都督三荆二郢南襄南雍七州諸軍事，進位驃騎大將軍、開府儀同三司、荆州刺史，加授南道大行臺尚書左僕射。勝攻梁下溠戍，擒其戍主尹道珍等。[五一]又使人誘動蠻王文道期[五二]，率其種落歸款。梁雍州刺史蕭續擊道期不利，漢南大駭。勝遣大都督獨孤信、軍司馬史寧攻歐陽酇城[五三]，南雍州刺史長孫亮、南荆州刺史李魔憐、大都督王元軌取久山、白洎，都督拔略昶、史仵龍取義城、均口，擒梁將莊思延，獲甲卒數千人。攻馮翊、安定、沔陽，並平之。勝軍於樊、鄧之間。梁武勅續曰："賀拔勝北間驍將，爾宜慎之。"續遂城守不敢出。尋進位中書令[五四]，增邑二千户，進爵琅琊郡公。[五五]

會高歡與帝有隙，詔勝引兵赴洛，至廣州，猶豫未進，而帝已西遷。勝還軍南陽，遣右丞陽休之[五六]奉表入關，又令府長史元穎行州事，勝自率所部，將西赴關中，進至淅陽，詔封勝太保[五七]、録尚書事。時高歡已陷潼關，屯軍華陰。勝乃還荆州。州民鄧誕執元穎，北引侯景。勝至，與戰，勝敗，中流矢，奔梁。

在南三年[五八]，梁武帝遇之甚厚。勝常乞師北討高歡，既不果，乃求還。

梁武帝許之，親餞於南苑。勝自是之後，每行執弓矢，見鳥獸南向者，皆不射之，以申懷德之意。既至長安，詣闕謝罪。帝握勝手，歔欷久之，曰："初平西徙，永嘉南度，漢、晉皆爾，事乃關天，非公之咎也。"乃授太師。

後從宇文泰擒竇泰於小關，加授中軍大都督。又從泰攻弘農。[五九]勝自陝津先度河，東魏將高干遁，勝追獲，囚之。下河北，擒郡守孫晏。摧破東魏軍於沙苑[六〇]，追奔至河上。仍與李弼别攻河東，略定汾、絳。增邑并前五千户。河橋之役，勝大破東魏軍。泰命勝收其降卒而還。及高歡悉衆攻玉壁，勝以前軍大都督從泰追之於汾北。又從戰邙山。時泰見高歡旗鼓，識之，乃募敢勇三千人，配勝以犯其軍。適與歡遇，連叱而字之曰[六一]："賀六渾，賀拔破胡必殺爾也！"時募士皆用短兵接戰，勝持矟追歡數里，刃垂及之。歡汗流，氣殆盡。[六二]會勝馬爲流矢所中，死，比副騎至，歡已逸去。勝嘆曰："今日之事，吾不執弓矢者，天也！"

是歲，勝諸子在東者，皆爲歡所害。勝憤恨，因動氣疾。大統十年，薨於位。臨終，手書與泰曰："勝萬里杖策，歸身闕庭，冀望與公掃除逋寇。不幸殞薨，微志不申。願公内先協和，順時而動。若死而有知，猶望魂飛賊庭，以報恩遇耳。"泰覽書，流涕久之。

勝長於喪亂之中，尤工武藝，走馬射飛鳥，十中其五六。泰每云："諸將對敵，神色皆動，唯賀拔公臨陣如平常，真大勇也。"自居重位，始愛墳籍。乃招引文儒，討論義理。[六三]性又通率，重義輕財，身死之日，唯有隨身兵仗及書千餘卷而已。

初，勝至關中，自以年位素重，見泰不拜，尋而自悔，泰亦有望焉。後從宴昆明池，時有雙鳧游池中，泰乃授弓矢於勝曰："不見公射久矣，請以爲歡。"勝射之，一發俱中。因拜泰曰："使勝得奉神武，以討不庭，皆如此也。"泰大悦。自是恩禮日重，勝亦盡誠推奉焉。贈定冀等十州諸軍事、定州刺史、太宰、録尚書事，謚曰貞獻。

勝無子，以弟岳子仲華爲嗣。大統三年，賜爵樊城公。廢帝時，爲通直郎、散騎常侍，遷黄門郎，加車騎大將軍、儀同三司、驃騎大將軍、開府儀同三司。六官建，拜守廟下大夫。

兄弟三人，並以豪俠知名。兄允字阿泥[六四]，孝武時，位至太尉，封燕郡王，爲高歡所害。

念賢字蓋盧，金城枹罕人也。父求就，以大家子戍武川鎮，仍家焉。[六五]

賢美容質，頗涉書史。[六六]爲兒童時，在學中讀書，有善相者过學，諸生競詣之，賢獨不往，笑謂諸生曰："男兒死生富貴在天也，何遽相乎？"少遭父憂，居喪有孝稱。後以破衛可孤功，除别将。尋招慰雲州高車、鮮卑等，皆降下之。[六七]除假節、平東將军，封屯留縣伯，邑五百户。建義初，为大都督，鎮井陘，加撫軍將軍、黎陽郡守。爾朱榮入洛，拜車騎將軍、右光禄大夫、太僕卿，兼尚書右僕射、東道行臺，進平恩縣公，增邑五百户。普泰初，除使持節、瀛州諸軍事、驃騎將军、瀛州刺史。永熙中，拜第一領民酋長，加散骑常侍，行南兗州事。尋進號驃騎大將軍[六八]，入爲殿中尚書，加儀同三司。孝武欲討高歡，以賢爲中軍北面大都督，進爵安定郡公，增邑一千户，加侍中、開府儀同三司。大統初，拜太尉，出爲秦州刺史，加太傅，給後部鼓吹。三年，轉太師、都督河涼瓜鄯渭洮沙七州諸軍事、大將軍、河州刺史。久之還朝，兼録尚書事。後與廣陵王欣、扶風王孚[六九]等同爲正直侍中。時行殿初成，未有題目。帝詔近侍各名之，對者非一，莫允帝心。賢乃爲圓極，帝笑曰："正與朕意同。"即名之。河橋之役，賢不力戰，乃[七〇]先還，自是名譽頗減。五年，除都督秦渭原涇四州諸軍事、秦州刺史。薨於州。謚曰昭定。

賢於諸公皆爲父黨，自宇文泰以下，咸拜敬之。子華，性和厚，有長者風。官至開府儀同三司、合州刺史。

論曰：永熙之季，高歡思逞不軌而未敢遽發者，老臣宿將若斛斯椿、念賢輩，有以維繫牽制之也。孝武將討高歡，既以斛斯爲心膂，乃楊寬間之，至於主辱國分而不能復振，其時會爲可惜已。然觀其同心戮力，濟於艱難，諸臣洵忠藎之士哉。[七一]

【校注】

［一］斛斯長孫賈樊賀拔念列傳四　西魏書卷十五　通議大夫浙江按察使司按察使加二級南康謝啓昆撰："樹經堂本"作"卷十五　斛斯長孫賈樊賀拔念列傳四"，"中華本"作"西魏書卷十五 斛斯長孫賈樊賀拔念列傳四"。

［二］莫弗：原本倒作"弗莫"，兹據《北史》卷四九《斛斯椿傳》改正。

［三］當如《魏書》卷八〇《斛斯椿傳》及《北史》卷四九斛斯椿本傳，在"軍之密謀"前置"椿性佞巧，甚得榮心"。

［四］當如《魏書》卷八〇《斛斯椿傳》及《北史》卷四九斛斯椿本傳，後綴以"椿甚憂懼"。

［五］靈邱：《魏書》卷八〇《斛斯椿傳》及《北史》卷四九斛斯椿本傳皆作"靈丘"。

［六］門樹：原脱"樹"字，兹據《魏書》卷八〇《斛斯椿傳》及《北史》卷四九《斛斯椿傳》補。

［七］先：原作"能"，兹據《北史》卷四九《斛斯椿傳》改。

［八］太中大夫：原誤作"大中大夫"，兹據《北史》卷四九《斛斯椿傳》及"樹經堂本"改正。

［九］椿遂密勸孝武帝置閣内都督部曲：《北史》卷四九《斛斯椿傳》作"椿自以數反，意常不安，遂密勸孝武帝置閣内都督部曲"。

［一〇］自直閣："樹經堂本"作"百置閣"，"中華本"作"自置閣"，兹據《魏書》卷八〇《斛斯椿傳》改。

［一一］帝："樹經堂本"誤作"市"。又經比對，可以认定《斛斯椿傳》主要取材於《北史》。

［一二］旂：此從《北史》卷二二《長孫道生傳》，而《魏書》卷二五《長孫道生傳》作"抗"。

［一三］此文改編自《魏書》卷二五《長孫道生傳》，但"授承業七兵尚書"中的"承業"兩字，當删。又"承業"，"樹經堂本"誤作"冡業"。

［一四］位：原作"爲"，兹據《魏書》卷二五《长孫道生傳》改。

［一五］不先討關賊而解河東者：此從《魏書》卷二五《長孫道生傳》，

《北史》卷二二《長孫道生傳》作“不先討關賊，徑解河東者”，《西魏書》作“而先討關賊，徑解河東者”。按承業原本受詔赴關中討蕭寶夤，結果却違詔出師河東。

［一六］虎牢：《北史》卷二二《長孫道生傳》因避諱而作“武牢”。

［一七］弘農：原爲避諱而作“宏農”，《北史》卷二二《長孫道生傳》亦因避諱而作“恒農”。今回改。又“孝武帝”，“樹經堂本”誤作“考武帝”。

［一八］容貌魁岸：原作“容貌魁舉”，兹據《周書》卷二六《長孫紹遠傳附弟澄傳》、《北史》卷二二《長孫道生傳》改。

［一九］各：原脱，兹據《周書》卷二六《長孫紹遠傳附弟澄傳》、《北史》卷二二《長孫道生傳》補。

［二〇］人：原誤作“一”，兹據《周書》卷二六《長孫紹遠傳附弟澄傳》、《北史》卷二二《長孫道生傳》改正。

［二一］援：“樹經堂本”“中華本”皆誤作“授”。

［二二］自傳首至此，取材於《魏書》卷八〇《賈顯度傳》。

［二三］孝武帝：原誤作“武帝”，兹據文意改正。

［二四］自“親故祖餞於張方橋”至傳末，據《北史》卷四九《賈顯度傳》改編而成。

［二五］賈智：“樹經堂本”誤作“買智”。

［二六］遺：原誤作“遣”，今據《魏書》卷八〇《樊子鵠傳》及“樹經堂本”“中華本”改正。

［二七］兼：原脱，兹據《魏書》卷八〇《樊子鵠傳》補。

［二八］蔡儁：原作“蔡儁”，今據《魏書》卷八〇《樊子鵠傳》改。

［二九］令：《魏書》卷八〇《樊子鵠傳》無“令”字，此據《北史》卷四九《樊子鵠傳》補。

［三〇］爾頭：《魏書》卷八〇《賀拔勝傳》作“爾逗”，此從《周書》卷一四《賀拔勝傳》。事實上，《西魏書》此文就取材於《周書》卷一四《賀拔勝傳》。

［三一］倚伏：原作“倚仗”，今點校本《周書》卷一四《賀拔勝傳》已

改作“倚伏”，此從之。

［三二］龍城侯：《魏書》卷八〇《賀拔勝傳》，《北史》卷四九《賀拔允傳》作“龍城男”。

［三三］配以一族：《周書》卷一四作“配以一旅”，其校勘記［四］云：“宋本、南本、北本、汲本‘旅’都作‘族’。《北史》卷四九《賀拔允傳》作‘旅’。……‘配以一族’是命他統率賀拔本族成員。原本恐是‘族’字。但‘旅’字亦通，今不回改。”

［三四］衛可孤：《魏書》卷八〇《賀拔勝傳》、《北史》卷九《周本紀上》作“衛可瓌”，《北齊書》卷一一《賀拔允傳》又作“衛可肱”，此從《周書》卷一四《賀拔勝傳》。

［三五］虜：“樹經堂本”誤作“盧”。

［三六］委以兵事：《周書》卷一四《賀拔勝傳》作“遂委其事”，此從《北史》卷四九《賀拔允傳附弟勝傳》。

［三七］元淵：《周書》卷一四《賀拔勝傳》，《北史》卷四九《賀拔允傳附弟勝傳》，因避唐高祖李淵諱而作“元深”，此從《魏書》卷八〇《賀拔勝傳》。

［三八］擁：原誤作“據”，玆據《周書》卷一四《賀拔勝傳》、《北史》卷四九《賀拔允傳附弟勝傳》改正。

［三九］榮乃表勝爲鎮遠將軍、別將：《魏書》卷八〇《賀拔勝傳》作“轉積射將軍，爲別將”。

［四〇］以所乘大馬并銀鞍遺之：此句録自《北史》卷四九《賀拔允傳附弟勝傳》。

［四一］武泰初：原作“孝昌末”，按：“孝昌”作爲孝明帝的第四個年號，歷時三年，次年便改爲“武泰”。又，據《魏書》卷一〇《孝莊紀》，可知爾朱榮入洛，時在武泰元年四月，然後立孝莊帝，改元“建義”。故此改作“武泰初”。

［四二］冠受：“樹經堂本”誤作“寇受”。

［四三］遷武衛將軍：上文云“拜武衛將軍”，此又謂“遷武衛將軍”，顯

誤。考《魏書》卷一〇《孝莊紀》云："（永安三年十一月）癸未，以右衛將軍賀拔勝爲東征都督。"此外，同書卷一一《前廢帝紀》普泰元年三月、四月，又兩見"右衛將軍賀拔勝"，故疑此"遷武衛將軍"乃"遷右衛將軍"之誤。

［四四］田怡：此從《北史》卷四九《賀拔允傳附弟勝傳》。《魏書》卷八〇《賀拔勝傳》及《資治通鑑》卷一五四作"田怙"，《北史》卷二六《宋隱傳》作"田估"，《北史》卷四八《爾朱榮傳》作"田帖"。

［四五］遂勒所部還都，莊帝大悦：原同《周書》卷一四《賀拔勝傳》，作"遂勒所部還都謁帝，大悦"，兹據《北史》卷四九《賀拔允傳附弟勝傳》改。

［四六］右衛將軍：《周書》卷一四校勘記［一四］以爲當改作"鎮軍將軍"。

［四七］左光禄大夫：《魏書》卷八〇《賀拔勝傳》"左"作"右"。

［四八］生死："樹經堂本"誤作"牛死"。

［四九］大敗："樹經堂本"誤作"人敗"。

［五〇］孝武帝："樹經堂本"誤作"孝武帘"。

［五一］尹道珍：《魏書》卷八〇《賀拔勝傳》作"尹道玩"。

［五二］文道期：原誤作"問道期"（《魏書》卷八〇《賀拔勝傳》亦有此誤），《周書》卷一四《賀拔勝傳》、《北史》卷八九《陸法和傳》、《陳書》卷一一《淳于量傳》並作"文道期"。文氏乃當時蠻中大姓，故改。

［五三］軍司馬史寧攻歐陽酇城：按：《周書》卷一四校勘記［一八］云："'史寧'下當脱'攻'或'取''平'等字。"故增"攻"字。

［五四］中書令：此從《周書》卷一四《賀拔勝傳》、《北史》卷四九《賀拔允傳附弟勝傳》、《册府元龜》卷三五五作"尚書令"。

［五五］琅琊：《魏書》卷八〇《賀拔勝傳》、《周書》卷一四《賀拔勝傳》、《北史》卷四九《賀拔允傳附弟勝傳》均作"琅邪"。此段文字顯然取材於《周書》卷一四《賀拔勝傳》。

［五六］陽休之：《周書》卷一四《賀拔勝傳》、《北史》卷四九《賀拔允傳附弟勝傳》誤作"楊休之"（今兩書點校本已改正），惟《通志》卷一五六《賀拔勝傳》不誤。

［五七］封：太保非爵，不當用"封"；《北史》卷四九《賀拔允傳附弟勝

傳》作“授”。

［五八］在南三年：原僅云“三年”，《周書》卷一四《賀拔勝傳》作“在江表三年”，《北史》卷四九《賀拔允傳附弟勝傳》作“在南三年”。

［五九］弘農：原爲避諱而作“宏農”，今回改。

［六〇］摧破東魏軍於沙苑：此從《北史》卷四九《賀拔允傳附弟勝傳》；《周書》卷一四《賀拔勝傳》“摧破”作“崔乂從破”，當是傳抄致誤。

［六一］連叱而字之曰：此從《北史》卷四九《賀拔允傳附弟勝傳》，《周書》卷一四《賀拔勝傳》作“因告之曰”。

［六二］汗流氣殆盡：録自《北史》卷四九《賀拔允傳附弟勝傳》。

［六三］義理：原作“義禮”，今據《周書》卷一四《賀拔勝傳》、《北史》卷四九《賀拔允傳附弟勝傳》改。

［六四］阿泥：《魏書》卷八〇《賀拔勝傳附兄允傳》作“阿斗泥”，《北齊書》卷一九《賀拔允傳》及《北史》卷四九《賀拔允傳》則皆作“可泥”。考《北史》卷六《齊本紀上》載高歡稱賀拔允爲“阿鞠泥”，《北朝胡姓考》頁一一九注五以爲“阿鞠泥”乃賀拔允之本名，“阿泥”則爲省稱。

［六五］金城枹罕人也。父求就，以大家子戍武川鎮，仍家焉：此從《北史》卷四九《念賢傳》，《周書》卷一四《念賢傳》無此語。

［六六］頗涉書史：此從《周書》卷一四《念賢傳》，《北史》卷四九《念賢傳》作“頗涉經史”。

［六七］皆降下之：原脱“下”字，今據《周書》卷一四《念賢傳》補。

［六八］尋進號驃騎大將軍：“樹經堂本”作“进驃騎大將軍”。

［六九］扶風王孚：原誤作“扶風王季”，兹據《北史》卷四九《念賢傳》改正。

［七〇］乃：“樹經堂本”誤作“刀”。

［七一］《北史》卷四九“論曰”：“斛斯椿屢踐危機，終獲貞吉，豈人謀之所致也？……樊子鵠等並驅馳風塵之際，但自陷夷戮，觀其遺迹，雖獲罪於霸政，求之有魏，得失未可知也。賀拔允昆季以勇略之資，當馳競之日，並邀時投隙，展効立功。始則委質爾朱，中乃結款高氏，太昌之後，即帝圖高，

察其所由，固非守節之士。及勝垂翅江左，憂魏室之危亡，奮翼關西，感梁朝之顧遇，有長者之風矣。終能保榮持寵，良有以焉。[①]……念賢有始有卒，取敬羣公。”

《魏書》卷八〇“史臣曰”：“斛斯椿姦佞爲心，讒慝自口，取譬蒼蠅，交亂四國，投於豺虎，天實棄之。……（賀拔）破胡器小謀大，終於顛蹶。子鵲迷機寡算，竟以殲殄。……觀其亡滅，自取之也。”

① 《北史》卷四九“論曰”對賀拔勝兄弟的評價，又可見《周書》卷一四“史臣曰”，頁二二七。

王二宇文婁毛楊列傳五　西魏書十六

通議大夫浙江按察使司按察使加二級南康謝啓昆撰[一]

王羆字熊羆，京兆霸城人，漢河南尹遵之後，世爲州郡著姓。羆質直木彊[二]，處物平當，州閭敬憚之。[三]太和中，除殿中將軍，稍遷雍州别駕，清廉疾惡，勵精公事。刺史崔亮[四]有知人之鑒，見羆雅相欽挹。亮後轉定州，啓羆爲長史，執政者恐羆不稱，不許。及梁人寇硤石，亮爲都督南討，復啓羆爲長史，帶鋭軍。朝廷以亮頻舉羆，故當可用。及克硤石，羆功居多。先是南岐、東益氐羌反叛，乃拜羆冠軍將軍，鎮梁州，討平諸賊。還授西河内史，辭不拜。時人謂曰："西河大邦，俸禄優厚，何爲致辭？"羆曰："京洛材木，盡出西河，朝貴營第宅者，皆有求假。如其私辦，則力所不堪，若科發人間，又違犯憲法，以此致辭耳。"

後以軍功封定陽子。梁將曹義宗圍荆州，勑羆與别將裴衍率兵赴救。遂與梁人戰，大破之。時諸方鼎沸，所在彫殘。荆州新經寇難，尤藉慰撫。以羆爲荆州刺史。梁復遣曹義宗圍荆州，堰水灌城，不没者數版。時既内外多虞，未遑救援，乃遺羆鐵券，云城全當授本州刺史。城中糧盡，羆乃煮粥於將士均分食之。[五]每出戰，常不擐甲胄，大呼告天曰："荆州城，孝文皇帝所置。天若不祐國家，使箭中王羆額；不爾，王羆須破賊。"屢經戰陣，亦不被傷。彌歷三年，義宗方退。進封霸城縣公。元顥入洛，以羆爲左軍大都督。顥敗，莊帝以羆受顥官，故不得本州，更除岐州刺史。

時南秦數叛，以羆行南秦州事。羆至州，召其魁帥爲腹心，擊捕反者略盡。乃謂魁帥等曰："汝黨皆死盡，何用活爲！"乃以次斬之。自是南秦無復反者。又詔羆行秦州事。尋還涇州刺史。未及之部，屬宇文泰徵兵爲勤王之舉，羆請前驅効命，遂爲大都督，鎮華州。

孝武西遷，進車騎大將軍、儀同三司，别封萬年縣伯，乃除華州刺史。高歡率軍潼關，人懷危懼，羆勸勵將士，衆心乃安。歡退，拜驃騎大將軍，加侍中、開府。嘗脩州城未畢，梯在城外。歡遣韓軌、司馬子如從河東宵濟襲羆，羆不覺。比曉，軌衆已乘梯入城。羆尚卧未起，聞閤外洶洶有聲，便袒身露髻徒跣，持一白棒，大呼而出，謂曰："老羆當道卧，貉子那得過！"敵見，驚退。逐至東門，左右稍集，合戰破之。軌遂投城遁走。文帝聞而壯之。時關中大饑，徵税人間穀食，以供軍費。或隱匿者，令遞相告，多被篣捶，以是人有逃散。唯羆信著於人，莫有隱者，得粟不少諸州，而無怨讟。沙苑之役，高歡士馬甚盛。宇文泰以華州衝要，遣使勞羆，令加守備。及歡至城下，謂羆曰："何不早降？"羆大呼曰："此城是王羆冢[六]，死生在此，欲死者來！"歡不敢攻。

後移鎮河東，以前後功進爵扶風郡公。河橋之戰，王師不利，趙青雀據長安城，所在莫有固志。羆乃大開州門，召城中戰士謂曰："如聞天子敗績，不知吉凶，諸人相驚，咸有異望。王羆受委於此，以死報恩。諸人若有異圖，可來見殺。必恐城陷没者，亦任出城。如有忠誠，能與王羆同心，可共固守。"軍人見其誠信，皆無異心。

及軍還，徵拜雍州刺史。時蠕蠕度河南寇，候騎已至豳州。朝廷慮其深入，乃徵發士馬，屯守京城，塹諸街巷，以備侵軼。右僕射周惠達召羆議之。羆不應命，卧而不起，謂其使曰："若蠕蠕至渭北者，王羆率鄉里自破之，不煩國家兵。何爲天子城中，遂作如此驚動！由周家小兒恇怯致此。"羆輕侮權貴，守正不回，皆此類也。未幾，還鎮河東。

羆性儉率，不事邊幅。嘗有臺使至，羆爲設食，使乃裂去薄餅緣。羆曰："耕種收穫，其功已深。舂爨造成，用力不少，爾之選擇[七]，當是未飢。"命左右撤去之。使者愕然大慙。又客與羆食瓜，客削瓜皮，侵肉稍厚，羆意嫌之。及瓜皮落地，乃引手就地，取而食之。客甚有愧色。性又嚴急，嘗有吏挾私陳事者，羆不暇命捶撲，乃手自取鞾履，持[八]以擊之。每至享會，自稱量酒肉，分給將士。時人尚其均平，嗤其鄙碎。羆舉動率情，不爲巧詐，凡所經處，雖無當時功迹，咸去後見思。大統七年[九]，卒於鎮，贈太尉、都督、相冀等十州刺史，謚曰忠。

羆安於貧素，不營生業，後雖貴顯，鄉里舊宅，不改衡門，身死之日，家甚貧罄。

子慶遠，弱冠以功臣子拜直閣將軍，先羆卒。孫述，襲扶風郡公，仕周。

宇文顯和，泰之族兄。[一〇]曾祖晉陵[一一]，祖求男[一二]，位並顯達。父金殿，兖州刺史、吉縣侯。[一三]

顯和少襲爵，性矜嚴，頗涉經史，膂力絶人，彎弓數百斤，能左右馳射。孝武之在藩也，顯和早蒙眷遇。時屬多難，嘗問計於顯和。顯和具陳宜杜門晦迹，相時而動。孝武深納焉。及即位，擢授冠軍將軍、閣内都督，封城陽縣公，邑五百户。孝武以顯和藩邸之舊，遇之甚厚。時顯和所居宅隘陋，乃撤[一四]殿省，賜爲寢室。其見重如此。

及高歡專政，帝每不自安。謂顯和曰："天下洶洶，將若之何？"對曰："當今之計，莫若擇善而從之。"因誦詩云："彼美人兮，西方之人兮。"帝曰："是吾心也。"遂定入關之策。帝以顯和母老，家累又多，令預爲計。對曰："今日之事，忠孝不可並立。然臣不密則失身，安敢預爲私計。"帝愴然改容[一五]曰："卿即我之王陵也。"遷朱衣直閣、閣内大都督，改封長廣縣公，邑一千五百户。

從帝入關。至溱水，宇文泰素聞其善射而未之見也。俄而水傍有一小鳥，顯和射而中之。泰笑曰："我知卿工矣。"其後，引爲帳内大都督。俄出爲持節、衛將軍、東夏州刺史。以疾去職，深爲吏民所懷。尋進位車騎大將軍、儀同三司，加散騎常侍。恭帝元年，卒，年五十七。子神舉。

宇文測字澄鏡，泰之族子。曾祖豆頽、祖麒麟、父永，位並顯達。

測性沈密，少篤學，每旬月不窺户牖。起家奉朝請、殿中侍御史，累遷司徒右長史、安東將軍。尚宣武女陽平公主，拜駙馬都尉。及孝武疑高歡有異圖，詔測詣泰言，令密爲之備。泰見之甚歡。使還，封廣川縣伯，邑五百户。

尋從孝武西遷，進爵爲公。

泰爲丞相，以測爲右長史，軍國重事，多委任之。又令測詳定宗室昭穆遠近，附於屬籍。除通直散騎常侍、黄門侍郎。

大統四年，拜侍中、長史。[一六]六年，坐事免。尋除使持節、驃騎大將軍、開府儀同三司、大都督、行汾州事。測存性簡惠[一七]，頗得民和。地接東魏，數相鈔竊，或有獲其爲寇[一八]者，多縛送之。測皆命解縛，置之賓館，然後引與相見，如客禮焉。仍設酒餚宴勞，放還其國，并給糧餼，衛送出境。自是東人大慙，乃不爲寇。汾、晉之間，各安其業。兩界之民，遂通慶弔，不復爲仇讎矣。時方之羊叔子。或有告測與外境交通，懷貳心者。泰怒曰："測爲我安邊，吾知其無貳志，何爲間我骨肉，生此貝錦！"乃命斬之。仍許測以便宜從事。

八年，加金紫光禄大夫，轉行綏州事。每歲河冰合後，突厥即來寇掠，先是常預遣居民入城堡以避之。測至，皆令安堵如舊。乃於要路幾百處並多積柴，仍遠斥候[一九]，知其動靜。是年十二月，突厥從連谷入寇，去界十里。測命積柴之處，一時縱火。突厥謂有大軍至，懼而遁走，自相蹂踐，委棄雜畜及輜重不可勝數。測徐率所部收之，分給百姓。自是突厥不敢復至。測因請置戍兵以備之。

十年，徵拜太子少保。十二年十月，卒於位，時年五十八。贈本官，謚曰靖。

測性仁恕，好施與，衣食之外，家無蓄積。在洛陽之日，曾被竊盜，所失物，即其妻陽平公主之衣服也。州縣擒盜，並物俱獲。測恐此盜坐之以死，乃不認焉。遂遇[二〇]赦得免。盜既感恩，因請爲測左右。及測從孝武西遷，事極狼狽，此人亦從測入關，竟無異志。子該嗣。

婁寶字道成[二一]，代人也。代爲酋帥。曾祖恭王伏連[二二]，祖大拔，鉅鹿子。

寶性淳樸，好讀書。明帝時，仕至朔州刺史。時邊事屢興，人多流散，及寶至，稍安集之，殘壞舊宅，皆命葺構，人歸繼路，歲考爲天下最。

後隨大都督源子邕討擊葛榮。王師敗績，寶因於榮軍，變姓名，匿於戎伍，以免害。久之，賊中有朔州人識寶者，謂寶曰："使君寧自苦至此？"遂將詣榮。笑曰："婁公，吾方圖事，何相見之晚！"因顧謂人曰："此公行善，天道報之，得免亂兵，即其驗也。"寶遇逃者，密啓賊形勢，規爲内應。天子感其壯志，召寶第二子景賢，授員外散騎常侍郎。[二三]葛榮滅，寶始得還。

永安中，除假員外散騎常侍，使蠕蠕。先是，蠕蠕稱藩上表，後以中州不競，書爲敵國之儀。寶責之。蠕蠕主大驚，自知惡，謝曰："此作書人誤。"遂更稱藩。

孝武帝立，勑寶與行臺長孫子彦鎮弘農。[二四]後從入關，封廣寧縣伯。大統元年，詔領著作郎，監修國史事，别封平城縣子。後授國子祭酒、侍中，進儀同三司，兼太子太傅，攝東宫詹事。寶爲人清簡少言，頗諳舊事，位歷師傅，守靖謙恭，以此爲人所敬。後行涇州事，卒於州。

毛遐字鴻遠，北地三原人也。世爲酋帥。曾祖天愛，太武時，至定州刺史、始昌子。傳至遐，四世不絶。

正光中，蕭寶夤爲大都督，討關中諸賊，咸陽太守韋邃時爲都督，以遐爲都督府長史。寶夤敗還長安，三輔騷擾。遐因辭遂還北地，與弟鴻賓聚鄉曲豪傑，遂東西略地，氐、羌多赴之，共推鴻賓爲盟主。既而賊帥宿勤買奴自號京兆王於北地，遐詐降之，而與鴻賓攻其壁。賊自相砍射，縱兵追擊[二五]，七柵皆平。

後寶夤搆逆謀，遐知之，乃寄書與鴻賓，索馬迎接，復於馬祇柵建旗鼓以拒寶夤，攻其將盧祖遷，擒之。寶夤以是日拜南郊，竊號，禮未畢而告敗，寶夤懼，口乾色變，不遑部伍，人皆亂還。詔授遐南豳州刺史[二六]，進爵爲伯。遐又攻破其將侯終德。寶夤知内外勢異，輕將十數騎走巴中。冬，万俟醜奴陷秦州，詔以遐兼尚書，二州行臺。孝武入關，勑置二尚書，分掌機事，遐與周惠達始爲之。稍遷驃騎大將軍、儀同三司，卒。

遐少任俠，有智謀。世爲豪右，貲産巨億，士流貧乏者，多被賑贍。故中書郎檀翥、尚書郎公孫範等，常依托之。至於自供衣食，粗弊而已。死之日，鄉黨赴葬，咸共痛惜。

楊儉字景則，弘農[二七]華陰人。祖恩，鎮遠將軍、河間内史。父鈞，恒州刺史、懷朔鎮將軍[二八]，謚恭。

儉偉容儀，有才行。正始中，起家侍御史，加奉朝請，遷員外散騎侍郎。孝昌中，除鎮遠將軍、頓丘[二九]太守，未及述職，元顥啓請隨軍。建義初，兼給事黄門侍郎、左將軍、太府少卿。元顥入洛，授撫軍將軍。孝莊反正，廢於家。尋拜散騎常侍[三〇]、都督潁州諸軍事、潁州刺史。建明中，加征南將軍、金紫光禄大夫。孝武初，除衛將軍、北雍州刺史。政尚寬惠，夷夏安之。孝武西遷，除侍中、驃騎將軍。大統初，以本官行東秦州事，加使持節、當州大都督。從破高歡於沙苑，封夏陽縣侯，邑八百户。七年，領大丞相府諮議參軍，出爲都督東雍華二州諸軍事、驃騎大將軍、開府儀同三司、華州刺史。八年，卒於家。贈本官，謚曰靜。

論曰：王羆剛峭有餘，弘雅未之聞也。情安儉率，志在公平。既而奮節危城，抗辭勍敵，梁人爲之退舍，高氏不敢加兵。以此見稱，信非虚矣。①宇文測昆季，政績謀猷，咸有可述，其當時之良臣歟。②

【校注】

［一］王二宇文婁毛楊列傳五　西魏書十六　通議大夫浙江按察使司按察使加二級南康謝啓昆撰："樹經堂本"作"卷十六　王二宇文婁毛楊列傳五"，"中華本"作"西魏書卷十六　王二宇文婁毛楊列傳五"。又，卷末"論曰"乃校注者所彙聚。

［二］質直木彊：此從《北史》卷六二《王羆傳》，《周書》卷一八《王羆傳》作"剛直木彊"。且其校勘記［一］云："疑《周書》此卷已缺，後人以

① 《北史》卷六二"論曰"，頁二二二二。弘雅未之聞也，《周書》卷一八"史臣曰"作"弘雅未足"。
② 《周書》卷二七"史臣曰"，頁四五七。

某種節本補。”是故,《西魏書》王羆傳便以《北史》本傳爲藍本。

［三］州閭:此從《北史》卷六二《王羆傳》,《周書》卷一八王羆傳作“州郡”。

［四］崔亮:“樹經堂本”誤作“雀亮”。

［五］均分食之:原遵《北史》卷六二《王羆傳》作“均令食之”,今點校本《北史》已據《周書》卷一八《王羆傳》改作“均分食之”,故亦從之。

［六］《周書》卷一八《王羆傳》、《資治通鑑》卷一五七亦作“冢”,而《北史》卷六二《王羆傳》、《册府元龜》卷四〇〇、《太平御覽》卷三一九則作“家”。“冢”字含有“城亡與亡”之意,疑作“冢”是。

［七］爾之選擇:原作“爾乃選擇”,玆據《北史》卷六二《王羆傳》改。

［八］持:玆據《北史》卷六二《王羆傳》補。

［九］大統七年:原作“大統十年”,玆據《周書》卷一八《王羆傳》改。《北史》卷六二《王羆傳》未載其卒於何年。

［一〇］泰之族兄:原作“泰之族子”。考《北史》卷五七《周宗室傳》云:“東平公神舉,文帝之族子也。……父顯和。”是知宇文顯和宇文泰乃從兄弟,故而改作“泰之族兄”。

［一一］晉陵:此從《周書》卷四〇《宇文神舉傳》,《北史》卷五七《周宗室·東平公神舉傳》作“普陵”。

［一二］求男:《文苑英華》卷四七庾信《周車騎大將軍贈小司空宇文顯墓誌銘》單作“求”。

［一三］吉縣侯:《周書》卷四〇《宇文神舉傳》作“安吉縣侯”,《北史》卷五七《周宗室·東平公神舉傳》作“安喜縣侯”,庾信《周車騎大將軍贈小司空宇文顯墓誌銘》作“征南將軍、定州刺史”。可見《西魏書》此文雖本諸《周書》,卻脱“安”字。

［一四］撤:“樹經堂本”“中華本”皆誤作“撒”。

［一五］改容:“樹經堂本”誤作“政客”。

［一六］拜侍中、長史:此從《周書》卷二七《宇文測傳》,《北史》卷五七《周宗室·廣川公測傳》但云“歷位侍中”,不舉“長史”。但前文既已

稱“太祖爲丞相，以測爲右長史”，故疑“侍中”下脱“仍兼”二字。

［一七］存性簡惠：《周書》卷二七《宇文測傳》作“政存簡惠”，《北史》卷五七《周宗室・廣川公測傳》作“政在簡惠”。

［一八］寇：“樹經堂本”誤作“冦”。

［一九］仍遠斥候：《册府元龜》卷三九〇“遠”字下有“道”字，《通典》卷一五三“道”作“遣”。綜此，當作“仍遠道斥候”。

［二〇］遇：原脱，今據《周書》卷二七《宇文測傳》補。《西魏書》此傳，實亦據《周書》卷二七《宇文測傳》改編而成。

［二一］婁寶：當改作“樓寶”。按：《北史》卷二〇校勘記［三〇］云：“諸本‘樓’作‘婁’，《魏書》卷三〇作‘樓’。按：《元和姓纂》輯本卷九作‘賀連伏連’，又云：‘孝文改爲樓氏。’按：《魏書》卷一一三《官氏志》，賀樓氏改爲樓氏，匹婁氏改爲婁氏。兩姓不同。今從《魏書》作‘樓’。”

［二二］曾祖恭王伏連：考《北史》卷二〇《樓伏連傳》云：“樓伏連，代人也。代爲酋帥。……太武即位，封廣陵公，再遷光禄勛，進爵爲王。後鎮統萬。薨，謚恭王。”參此，則此“曾祖恭王伏連”當改作“曾祖廣陵恭王伏連”。

［二三］員外散騎常侍郎：無此官名，疑衍“常”或“郎”字。

［二四］［二七］弘農：原爲避諱作“宏農”，今回改。

［二五］縱兵追擊：原作“縱兵追之擊”，兹據《北史》卷四九《毛遐傳》删。《西魏書》毛遐傳即以《北史》此傳爲藍本。

［二六］南豳州刺史：“豳”原作“幽”。錢大昕《廿二史考異》卷三九以爲“幽”當作“豳”。今點校本《北史》卷四九《毛遐傳》已改，此亦從其説。

［二八］懷朔鎮將：原作“懷朔鎮將軍”，此從《北史》卷四一《楊敷傳》作“懷朔鎮將”，今據删。

［二九］頓丘：原作“頓邱”，兹據《周書》卷二二《楊寬傳附兄儉傳》改。

［三〇］散騎常侍：原脱“常侍”兩字，兹據《周書》卷二二《楊寬傳附兄儉傳》補。《西魏書》楊儉傳即據《周書》此傳改編而成。

董乙弗寇梁若干怡劉雷耿陸唐列傳六
西魏書十七

通議大夫浙江按察使司按察使加二級南康謝啓昆撰[一]

董紹字興遠，新蔡鮦陽人也。少好學，頗有文義。起家四門博士，歷殿中侍御史、國子助教、積射將軍、兼中書舍人。辯於對問，爲世宗所賞。

豫州城人白早生以城南叛，詔紹慰勞。至上蔡，爲賊所襲，囚送江東，仍被鏁禁。梁領軍將軍吕僧珍槧與紹言，便相器重。梁武聞之，遣使勞紹云：“忠臣孝子，不可無之。[二]今當聽卿還國。”紹對曰：“老母在洛，無復方寸，既奉恩貸[三]，實若更生。”梁武又遣主書霍靈超謂紹曰：“今放卿還，令卿通兩家之好，彼此息民，豈不善也。”對曰：“通好息民，乃兩國之事，既蒙命及，輒當奏聞本朝。”梁武賜紹衣物，引入見之，令其舍人周捨慰勞，並稱：“戰爭多年，民物塗炭，是以不耻先言，與魏朝通好。比亦有書，都無報旨。卿宜備申此意，故遣傳詔周靈秀送卿至國，遲有嘉問。”又令謂紹曰：“卿知所以得不死不？今者獲卿，乃天意也。夫千人之聚，不散則亂，故須立君以治天下，不以天下養一人。凡在民上，胡不思此？若欲通好，今以宿豫還彼，彼當以漢中見歸。”先是，詔有司以所獲梁將齊苟兒等十人欲以換紹，及紹還，世宗愍之，永平中，除給事中，仍兼舍人。紹雖陳説和計，朝廷不許。久之，加輕車將軍，正舍人，又除步兵校尉。

肅宗初，紹上《御天馬頌》，帝賞其辭，賜帛八十匹。又除龍驤將軍、中散大夫，舍人如故。加冠軍將軍，出除右將軍、洛州刺史。紹好行小惠，頗得民情。梁將軍曹義宗、王玄[四]真等寇荆州，據順陽馬圈，裴衍、王羆討之。既復順陽，進圍馬圈。城堅，裴、王糧少，紹上書言其必敗。未幾，裴衍等果失利，順陽復爲義宗所據。紹有氣病，啓求解州，詔不許。

蕭寶夤反於長安也，紹上書求擊之，云：“臣當出瞎巴三千，生噉蜀子。”肅宗謂黄門徐紇曰：“此巴真瞎也？”紇曰：“此是紹之狀辭，云巴人勁勇，見敵無所畏懼，非實瞎也。”帝大笑，敕紹速行。又加平西將軍。以拒寶夤之功，賞新蔡縣開國男，食邑二百户。[五]

永安中，代還。於是除安西將軍、梁州刺史、假撫軍將軍、兼尚書[六]，爲山南行臺，頗有清稱。前廢帝以元孚代之。紹至長安，時爾朱天光爲關右大行臺[七]，啓紹爲大行臺從事、兼吏部尚書，又除征西將軍、金紫光禄大夫。天光赴洛，留紹於後。天光敗，賀拔岳復請紹爲其開府諮議參軍。永熙中，加車騎將軍。岳後攜紹於高平牧馬，紹悲而賦詩曰：“走馬山之阿，馬渴飲黄河。寧謂胡關下，復聞楚客歌。”岳死，宇文泰亦重之。

及孝武[八]西遷，除御史中丞，非其好也，鬱鬱不得志，或行戲街衢，或與少年游聚，不自拘持，頗[九]類失性。孝武崩，宇文泰與百官推奉文帝，上表勸進。令吕思禮、薛憕作表，前後再奏，帝尚執謙沖不許。泰曰：“爲文能動至尊，唯董公耳。”乃命紹爲弟三表。操筆便成，表奏。泰曰：“開進人意，不當如此也？”及登阼，方任用之，而紹議論朝廷，賜死。[一〇]

乙弗朗字通照，其先東部人也。世爲部落大人，與魏徙代，後因家上樂焉。[一一]

朗少有俠氣，在鄉里以善騎射稱。孝明末[一二]，北邊擾亂，避地居并、肆間。爾朱榮見而重之，甚相接待，以功封蓮勺子。後隸賀拔岳，從爾朱天光西討，爲岳左厢都督。孝武帝之禦高歡，授朗閤内大都督。及帝西入，詔朗爲軍司，先驅靖路。至長安，封長安縣公。卒於岐州刺史。

初，朗患積冷，宇文泰以三石東生散，按：三石東生散，《通志》“三”作“二”令朗法服之，使人問疾，朝夕相繼，見重如此。臨終惟云“恨不見河、洛清平，重反京縣”，以此爲恨，三舉手搥牀，而便氣盡。贈太尉。

子鳳，仕周。

寇洛，上谷昌平人也。累世爲將吏。父延壽，和平中，以良家子鎮武川，因家焉。[一三]

洛性明辯[一四]，不拘小節。正光末，以北邊賊起，遂率鄉親避地於并、肆，因從爾朱榮征討。及賀拔岳西征，洛與岳鄉里，乃募從入關。破赤水蜀，以功拜中堅將軍、屯騎校尉、别將，封臨邑縣男，邑二百户。又從岳獲賊帥尉遲菩薩於渭水，破侯伏侯元進[一五]於百里細川，擒万俟醜奴於長坑。洛每力戰，並有功。加龍驤將軍、都督，進爵安鄉縣子，累遷征北將軍、衛將軍。及岳爲大行臺[一六]於平凉，以洛爲右都督。

侯莫陳悦既害岳，欲並其衆。時初喪元帥，軍中惶擾，洛於諸將之中，最爲舊齒，素爲衆所信，乃收集將士，志在復讎，共相糾合，遂全衆而反。既至原州，衆咸推洛爲盟主，統岳之衆。洛復自以非才，乃固辭，與趙貴等議迎宇文泰。帝以洛有全師之功，除武衛將軍。[一七]泰至平凉，以洛爲右大都督。從討侯莫陳悦，平之，拜涇州刺史。帝西遷，進爵臨邑縣伯，邑五百户。尋進位驃騎大將軍、儀同三司，進爵爲公，增邑五百户。

大統初，詔曰："往者侯莫陳悦遠同逆賊，潛害故清水公岳，志在兼併。當時造次，物情驚駭。使持節、驃騎大將軍、儀同三司、前涇州刺史、大都督[一八]、臨邑縣開國公寇洛，忠款自心，勛誠卓立[一九]，遂能糾合義軍，以待大丞相。見危授命，推賢而奉，此而不賞，何以勸勵將來。可加開府，進爵京兆郡公。"封洛母宋氏爲襄城郡君。又轉領軍將軍。三年，出爲華州刺史，加侍中。與獨孤信復洛陽，移鎮弘農。[二〇]四年，從泰與東魏戰於河橋。軍還，洛率所部鎮東雍。五年，卒於鎮，時年五十三。贈使持節、侍中、都督雍華豳涇原三秦二岐十州諸軍事、太尉、尚書令、驃騎大將軍、雍州刺史，謚曰武。

子和嗣，仕周。

梁禦字善通，其先安定人也。後因官北邊，遂家於武川，改姓爲紇豆陵氏。高祖俟力提，從太武征討，位至揚武將軍、定陽侯。

禦少好學，進趨詳雅。及長，好弓馬。爾朱天光西討，知禦有志略，引爲左右，授宣威將軍、都將。共平關右[二一]，除鎮西將軍、東益州刺史[二二]、第一領民酋長，封白水縣伯[二三]，邑三百户。轉征西將軍、金紫光禄大夫。

後從賀拔岳鎮長安。及岳被害，檗與諸將同謀翌戴宇文泰。從征侯莫陳悦，遷武衛將軍。泰既平秦隴，方欲引兵東下，雍州刺史賈顯度[二四]持兩端，通使於高歡。泰微知其意，以檗爲大都督、雍州刺史，領前軍先行。既與顯度相見，因説顯度曰："魏室陵遲，天下鼎沸。高歡志在凶逆，梟夷非遠。宇文夏州英姿不世，算略無方，方欲扶危定傾，匡復京洛。公不於此時建功立效[二五]，乃懷猶豫，恐禍不旋踵矣。"顯度即出迎泰，檗遂入鎮雍州。授車騎大將軍、儀同三司。

大統元年，轉右衛將軍，進爵信都縣公，邑一千户。尋授尚書右僕射。從泰復弘農[二六]，破沙苑，加侍中、開府儀同三司，進爵廣平郡公，增邑一千五百户。出爲東雍州刺史。爲政舉大綱而已，民庶稱焉。四年，薨於州。臨終唯以國步未康爲恨，言不及家。贈太尉、尚書令、雍州刺史。謚曰武昭。

子睿襲爵，仕周。

若干惠字惠保，代郡武川人也。其先與魏氏俱起，以國爲姓。父樹利周，從廣陽王深征葛榮，戰没，贈冀州刺史。

惠年弱冠，從爾朱榮征伐，定河北，破元顥，以功拜中堅將軍。復以別將從賀拔岳西征，解岐州圍，擒万俟醜奴，平水洛[二七]，定隴右，每力戰有功。封北平縣男，邑二百户。累遷鎮遠將軍、都督、直寢、征西將軍、金紫光禄大夫。及岳爲侯莫陳悦所害，惠與寇洛、趙貴等同謀翊戴宇文泰。仍從平悦，拜直閤將軍。

孝武西遷，除右衛將軍、大都督，進爵魏昌縣伯，邑五百户。出爲北華州刺史，加使持節、驃騎將軍。大統初，拜儀同三司，進爵爲公，增邑五百户。從擒竇泰，復弘農[二八]，破沙苑，惠每先登陷陣。加侍中、開府，進爵長樂郡公，增邑通前二千二百户。四年，帝東巡洛陽，與高歡戰於河橋，惠力戰破之，大收降卒。七年，遷中領軍。

及高仲密舉北豫州來附，泰帥師迎之。軍至洛陽，高歡屯兵邙山[二九]，及戰，惠爲右軍，與中軍大破之，逐北數里，虜其步卒。歡兵乃萃於左軍，軍將趙貴等戰不利，諸軍因之並退。會日暮，歡進兵攻惠，惠擊之，皆披靡。至夜中，歡騎復來追惠，惠徐乃下馬，顧命廚人營食。食訖，謂左右曰："長安死，此中死，異乎？"乃建旗鳴角，收軍而還。[三〇]歡追騎憚惠，疑有伏兵，不敢逼。至弘農[三一]，見泰，陳賊形勢，恨其垂成之功覆於一簣，於是欷歔[三二]不能自勝。泰壯之。

尋拜秦州刺史，未及之部，遷司空。[三三]惠性剛質，有勇力，容貌魁岸。善於撫御，將士莫不懷恩。十二年，東魏將侯景侵襄州，惠率兵擊走之。明年，景請内附，朝議欲收輯河南，令惠以本官鎮魯陽，以爲聲援。遇疾，薨於軍。

惠於諸將年最少。早喪父，事母以孝聞。泰嘗[三四]造射堂新成，與諸將宴射。惠竊嘆曰："親老矣，何時辦此乎？"泰聞之，即日徙堂於惠宅。其見重如此。及薨，爲流涕者久之。贈本官，加秦州刺史，謚曰武烈。

子鳳嗣，仕周。

怡峰字景阜，遼西人也。本姓默台，因避難改焉。高祖寬，燕遼西郡守，道武時歸朝，拜羽真，賜爵長蛇公。曾祖文，冀州刺史。

峰少以驍勇聞。永安中，假龍驤將軍，爲都將，從賀拔岳討万俟醜奴，以功授給事中、明威將軍，轉征虜將軍、都督，賜爵蒲陰縣男。岳被害，峰與趙貴等同謀翌戴宇文泰，進爵爲伯。時原州刺史史歸猶爲侯莫陳悦守，泰令峰與侯莫陳崇討擒之。

及高歡與孝武帝構隙，泰令峰與都督趙貴赴洛陽。至潼關，值孝武西遷，峰即從泰拔回洛，復潼關。拜安東將軍、華州刺史。尋轉[三五]大都督。討曹泥有功，進爵華陽縣公，邑一千户。大統三年[三六]，從破竇泰於小關。還，拜散騎常侍、車騎大將軍、儀同三司。又從復弘農[三七]，破沙苑，進爵樂陵郡公。仍與元季海、獨孤信復洛陽。峰率奇兵至成皋，入其郛，收其户口而還。東魏行臺任祥率步騎萬餘攻潁川，峰復以輕騎五百邀擊之，自是威名轉盛。加授開府儀同三司。東魏圍洛陽，峰與季海守金墉。及與東魏戰河橋。時峰爲左軍，不利，與李遠先還，泰遂班師。詔原其罪。拜東西北三夏州諸軍事、夏州刺史。後與于謹討劉平伏[三八]，又從解玉壁圍，平柏谷塢，並有功。涼州刺史宇文仲和反，峰與于謹討之。[三九]大統十五年，東魏圍潁川，峰與趙貴赴援。至南陽，病卒，年五十。

峰沉毅有膽略，得士卒心，當時號爲驍將。贈華州刺史，謚曰襄威。

子昂嗣，昂弟光、春，並仕周。

劉亮，中山人也，本名道德。祖祐連，蔚州刺史。父持真[四〇]，鎮遠將軍、領民酋長。大統中，以亮著勛，追贈車騎大將軍、儀同三司、恒州刺史。

亮少倜儻，有從横計略，姿貌魁傑，見者憚之。以都督從賀拔岳西征，解岐州圍，擊侯伏侯元進、万俟道洛、万俟醜奴、宿勤明達及諸賊[四一]，亮常先鋒陷陣。以功拜大都督，封廣興縣子，邑五百户。

侯莫陳悦害岳，亮與諸將謀迎宇文泰。悦平，悦黨豳州刺史孫定兒仍據州不下，涇、秦、靈等諸州應之，衆至數萬，泰令亮襲之。定兒以義兵猶遠，未爲之備。亮乃將二十騎，先豎纛於近城高嶺，即馳入城中。定兒方置酒高會，卒見亮至，衆皆駭愕。亮乃麾兵斬定兒，縣首，號令賊黨。仍遥指城外纛，命二騎曰："出迎大軍。"[四二]賊黨恟懼，一時降服。諸州羣賊，皆即歸款。

及泰置十二軍，簡諸將以將之，亮領一軍。每征討，常與怡峰俱爲騎將。孝武西遷，以迎駕功，除使持節、右光禄大夫、左大都督、南秦州刺史。大統元年，以復潼關功，進位車騎大將軍、儀同三司，改封饒陽縣伯，邑五百户。尋加侍中。從擒竇泰，復弘農[四三]，戰沙苑，並力戰有功。遷開府儀同三司、大都督，進爵長廣郡公，邑通前二千户。以母憂去職，居喪毁瘠。俄起復本官。

亮以勇敢見知，爲時名將，兼屢陳謀策，多合機宜。泰乃謂之曰："卿文武兼資，即孤之孔明也。"乃賜名亮，並賜姓侯莫陳氏。十年，出爲東雍州刺史。爲政清淨，百姓安之。在職三歲，卒於州，時年四十。喪還京師，泰親臨之，泣而謂人曰："股肱喪矣，腹心何寄！"令鴻臚卿監護喪事。追贈太尉，謚曰襄。

子昶，娶泰女，仕周。

雷紹字道宗，武川鎮人也。九歲而孤。有膂力，善騎射。年十八，給事鎮府。嘗使洛陽，見京都禮義之美[四四]，還[四五]謂同僚曰："徒知邊備尚武，以圖富貴；不謂文學，身之寶也。生世不學，其猶穴處，何所見焉？"遂逃歸，辭母求師，經年，通《孝經》《論語》。嘗讀書至"人行莫大於孝"，乃投卷嘆曰："吾離違侍養，非人子之道。"即還鄉里，躬耕奉養。遭母憂，哀毁骨立，由是知名。鎮將召補鎮佐。

後隨賀拔岳征討，爲岳長史。岳有大事，常訪而後行。及高歡起兵，岳耻居其下。紹乃勸岳迎孝武西都長安，以順討逆。岳曰："吾本意也。"後岳信諸將言，欲保關中，坐觀成敗，紹知計不用，請爲邊州，建功效。岳曰："君有毗佐之力，當總大州。"遂以紹爲京兆太守。清平理物，甚得人和。

在郡踰年，岳被害。初，紹見岳數與侯莫陳悦宴語，嘗謂岳曰："公其慎之！"岳不從，果及於難。紹乃棄郡，馳赴岳軍，與寇洛等迎宇文泰。悦平，以功授大都督、涼州刺史。紹請留所領兵以助東討，請單騎赴州。刺史李叔仁擁州逆命，紹遂歸。永熙三年，以紹爲渭州刺史，進爵昌國伯。初紹爲岳長史，泰爲岳左丞，及居相，常以恩舊接之。卒於州。

紹性好施，禄賜皆分贍親故，及死日，無以送終。兼敬信佛道，遺敕其子曰："吾本鄉葬法，必殺大馬[四六]，於亡者無益，汝宜斷之，斂以時服，事從約儉。"還葬長安，天子素服臨弔，贈太尉，賜東園秘器。子渙。

耿豪，鉅鹿人也。本名令貴。其先避劉、石之亂，居遼東，因仕於燕。曾祖超，率衆歸魏，遂家於神武川。[四七]

豪少麤獷，有武藝，好以氣陵人。賀拔岳西征，引爲帳内。岳被害，歸宇文泰，以武勇見知。豪亦自謂所事得主。從討侯莫陳悦及迎孝武，録前後功，封平原縣子，邑三百户，除寧朔將軍、奉車都尉。遷征虜將軍，加通直散騎常侍，進爵爲侯，增邑七百户。從擒竇泰，復弘農[四八]，豪先鋒陷陣，加前將軍、中散大夫。沙苑之戰，豪殺傷甚多，血染甲裳盡赤。泰見之，嘆曰：

“令貴武猛，所向無前，觀其甲裳，足以爲驗，不須更論級數也。”於是進爵爲公，增邑通前一千五百户。除鎮北將軍、金紫光禄大夫、南郢州刺史。

九年，從戰邙山，豪謂所部曰：“大丈夫見賊，須右手拔刀，左手把矟，直刺直斫，慎莫皺眉畏死。”遂大呼獨入，敵人鋒刃亂下，當時咸謂豪殁。俄然奮刀而還。戰數合，當豪前者，死傷相繼。又謂左右曰：“吾豈樂殺人，但壯士除賊，不得不爾。若不能殺賊，又不爲人所傷，何異逐坐人也。”拜北雍州刺史。十三年，論前後戰功，進授車騎大將軍、儀同三司，增邑通前一千八百户。十五年，賜姓和稽氏，進位侍中、驃騎大將軍、開府儀同三司。

豪性凶悍，言多不遜。泰惜其驍勇，每優容之。豪亦自謂義氣冠羣，終無所屈。李穆、蔡祐初與豪同時開府，後並居豪之右。豪意不平，謂泰曰：“外間物議，謂豪勝李穆、蔡祐。”泰曰：“何以言之？”豪曰：“世言李穆、蔡祐，丞相髆髀[四九]；耿豪、王勇，丞相咽項。以咽項在上，故爲勝也。”豪之麤猛，皆此類。十六年，卒，時年四十五。贈本官，加朔州刺史。

子雄嗣，位至大將軍。

陸政，吴郡人。祖載，從宋武帝平關中，軍還，留載隨其子義真鎮長安，遂没赫連氏。太武帝平赫連氏，載仕魏任中山郡守。

政性至孝。其母吴人，好食魚，北土魚少，政求之常苦難。後宅側忽泉出而有魚，遂得供膳。時人以爲孝感所致，因謂其泉爲孝魚泉。初從爾朱天光，及敗，歸宇文泰。爲行臺左丞、原州長史，賜爵中都縣伯。泰以高平霸業所基，委命留事，官至驃騎大將軍、儀同三司、恒州刺史，進爵爲公。[五〇]大統中，卒。子通。

唐永，北海平壽人也。本居晉昌之懫安縣，晉亂，徙於丹陽。[五一]祖揣，始還魏，官至北海太守，因家焉。父倫，青州刺史。

永身長八尺，少耿介，有將帥才，讀《班超傳》，慨然有萬里之志。正光中，爲北地太守，當郡别將。俄而賊將宿勤明達、車金雀[五二]等寇郡境，永擊破之，境内稍安。永善馭下，士人競爲之用。臨陣常著帛裙襦[五三]，把角如意以指麾處分，辭色自若。在北地四年，與賊數十戰，未嘗敗北。時人語曰：“莫陸梁，恐爾逢唐將。”永所營處，至今猶稱唐公壘也。行臺蕭寶夤表勇爲南幽州刺史[五四]，夷人送故者，莫不垂淚，當路遮留，隨數日，始得出境。

大統元年，拜東雍州刺史，尋加衛將軍，封平壽伯。卒，贈司空公。永性清廉，家無蓄積，妻子不免饑寒，世以此稱之。

子陵、瑾。

論曰：董紹身遭際會，得効其所能，苟曰非才，亦何能致於此也。① 雷紹馳騖雲雷之秋，乙弗朗展轉擾攘之中，卒獲歸順，美矣！② 寇洛撫緝散亂，抗禦仇讐。全師而還，敵人絶覬覦之望；度德而處，霸王建匡合之謀。此功故不細也。③ 梁禦等負將率之材，藴驍鋭之氣，遭逢喪亂，馳騖干戈，艱難險阻備嘗，而功名未立。及殷憂啓聖，豫奉興王，參謀締構之初，宣力經綸之始，遂得連衡灌、酈，方駕張、徐，可謂遇其時也。並中年即世，遠志未申，惜哉！惠、德本以果毅知名，而能率由孝道，難矣。圖史所歎，何以加焉。勇者不必有仁，斯不然矣。④ 夫文士懷温恭之操，其弊也愞弱；武夫禀剛烈之質，其失也敢悍。故有使酒不遜之禍，拔劍争功之尤。大則莫全其生，小則僅而獲免，耿豪不其然乎？⑤ 唐永良能之名，所在著美，清白之譽，顯於累職，所謂幹能之士也！⑥

【校注】

［一］董乙弗寇梁若干怡劉雷耿陸唐列傳六　西魏書十七　通議大夫浙江按察使司按察使加二級南康謝啓昆撰："樹經堂本"作"卷十七　董乙弗寇梁若

---

① 《北史》卷四六“論曰”，頁一七〇八。

② 《北史》卷四九“論曰”，頁一八一一。

③ 《周書》卷一五“史臣曰”，頁二五二。又可見《北史》卷五九“論曰”，頁二一二二。

④ 《周書》卷一七“史臣曰”，頁二八六。又，《北史》卷五九“論曰”：“梁禦豫奉興王，參謀締構，驅馳畢力，夷險備嘗，雖遠志未申，亦云遇其時矣。”

⑤ 《周書》卷二九“史臣曰”，頁五〇七。

⑥ 《北史》卷六七“論曰”，頁二三六一。

干劉雷耿陸唐列傳六”，“中華本”作“西魏書卷十七　董乙弗寇梁若干劉雷耿陸唐列傳六”。又，卷末“論曰”乃校注者所彙聚。

［二］不可無之：《魏書》卷七九《董紹傳》作“不可無人”，《北史》卷四六《董紹傳》亦作“不可無之”。修訂本《魏書》校勘記［六］疑以“不可無之”爲是。

［三］恩貸：“樹經堂本”誤作“恩貨”。

［四］玄：原爲避諱而改作“元”，今回改。

［五］食邑二百户：原作“食邑二千户”。考彼時“縣開國男”食邑二百户似爲通例；同一等級，封户雖或有多少，但不至於相去懸殊。兹據南監本及局本《魏書》卷七九《董紹傳》改。

［六］尚書：“樹經堂本”誤作“向書”。

［七］關右大行臺：原脱“大”字，《魏書》卷七九及《北史》卷四六本傳皆作“關右大行臺”，兹據補。

［八］孝武：“樹經堂本”誤作“考武”。自開篇至此，皆本諸《魏書》卷七九《董紹傳》。

［九］頗：“樹經堂本”誤作“頤”。

［一〇］《西魏書》此傳，以“岳死”爲界，前此本諸《魏書》卷七九《董紹傳》，此後皆據《北史》卷四六《董紹傳》改編而成。

［一一］《史糾》卷六“書陳梁二史後”條云：“《魏書》無傳而《北史》有傳者，念賢以及乙弗朗六人是也。”《西魏書》乙弗朗傳即以《北史》卷四九《乙弗朗傳》爲藍本。

［一二］孝明：原作“孝莊”，《北史》卷四九校勘記［二二］稱“孝莊”係“孝明”之訛，此從之。

［一三］焉：“樹經堂本”誤作“馬”。

［一四］辨：《周書》卷一五本傳同，《北史》卷五九本傳作“辯”。

［一五］侯伏侯元進：“伏”原誤作“服”，今據《周書》卷一五《寇洛傳》改正。事實上，《西魏書》寇洛傳即以《周書》卷一五本傳爲藍本。

［一六］及岳爲大行臺：原無，兹據《北史》卷五九《寇洛傳》補。

［一七］武衛將軍：寇洛既已升任位列第二品的衛將軍，也就絶不可能在此因功遷除之時，反而降爲位列從第三品的武衛將軍。故而前後必有一誤。

［一八］大都督："樹經堂本""中華本"作"大將軍"。

［一九］卓立:《周書》卷一五《寇洛傳》作"早立"。

［二〇］［二六］［二八］［三一］［三七］［四三］［四八］弘農：原爲避諱而作"宏農"，今皆回改。

［二一］關右:《北史》卷五九《梁禦傳》作"關隴"。

［二二］東益州刺史:《北史》卷五九《梁禦傳》作"益州刺史"。

［二三］白水縣伯:《北史》卷五九《梁禦傳》作"白水縣侯"。

［二四］賈顯度：原脱"度"字，兹據《魏書》卷六八及《北史》卷四九賈顯度傳補。下文"與度相見，因説度""顯即出迎泰"，亦徑予改正。

［二五］建功立效：當從《周書》卷一七《梁禦傳》，改作"建立功効"。

［二七］水洛：原作"永洛"，今據《周書》卷一七《若干惠傳》改。《西魏書》若干惠傳實以《周書》此傳爲藍本。

［二九］邙山:《北史》卷六五《若干惠傳》作"芒山"。

［三〇］收軍而還：語意不明，當從《周書》卷一七《若干惠傳》，改作"收諸敗軍而還"。

［三二］歔欷：原本倒作"欷歔"，"樹經堂本"無此誤。

［三三］遷司空:《北史》卷五《魏本紀五》繫其事於大統十三年二月，此謂大統十二年之前，未知孰是。

［三四］嘗：原誤"常"，此從《周書》卷一七《若干惠傳》改正。

［三五］轉："樹經堂本""中華本"皆誤作"輔"。

［三六］大統三年：原誤作"大統二年"。按：破竇泰時在大統三年。

［三八］劉平伏：原脱"伏"，兹據《周書》卷一七《怡峰傳》補。

［三九］涼州刺史宇文仲和反，峰與于謹討之:《周書》卷二《文帝紀下》、卷一六《獨孤信傳》、卷二五《李賢傳》、卷二八《史寧傳》皆謂獨孤信乃此戰主將，並無于謹、怡峰主持定亂的任何記載。

［四〇］持真：《北史》卷六五《劉亮傳》作“特真”。《西魏書》此傳以《周書》卷一七《劉亮傳》爲藍本。

［四一］宿勤明達：原作“宿勒明達”，《周書》卷一七校勘記［一二］以爲“勒”當改作“勤”。“按：‘勤’‘勒’《周書》《北史》中常多混淆。但《魏書》都作‘宿勤’，……没有作‘宿勒’的。”又，本句應前添“普泰初”三字。

［四二］出迎大軍：《周書》卷一七《劉亮傳》、《北史》卷六五皆作“出追大軍”。

［四四］禮義之美：原作“禮儀之美”，今據《北史》卷四九《雷紹傳》改。就文義而言，“禮義”更佳。

［四五］還：原作“遂”，兹據《北史》卷四九《雷紹傳》改。

［四六］大馬：原誤作“犬馬”，兹據《北史》卷四九《雷紹傳》改。《西魏書》雷紹傳實以此傳爲藍本。

［四七］神武川：此從《周書》卷二九《耿豪傳》，《北史》卷六六《耿豪傳》作“武川”。

［四九］髆髀：此從《北史》卷六六《耿豪傳》，《周書》卷二九《耿豪傳》作“臂膊”。

［五〇］自“泰以高平霸業所基”至此：庾信《周太子太保步陸逞神道碑》云：“公諱逞，字季明，本姓陸，吴郡人也。……父政，驃騎大将軍、儀同三司、恒州刺史、中都獻公。太祖扶危濟傾，經綸夷阻，報君之耻，遠襲平原，以高平霸業所基，委命留事關中。”[1] 除此之外，《西魏書》陸政傳皆取材於《周書》卷三二及《北史》卷六九《陸通傳》。

［五一］本居晉昌之憤安縣，晉亂，徙於丹陽：“丹陽”，當從《北史》卷六七《唐永傳》作“丹楊”，位於西北。又據《北史》卷六七校勘記［一二］考辨，此“憤安”當改作“冥安”。

［五二］車金雀：“樹經堂本”誤作“里金雀”。

［五三］裙：《通志》卷一五八《唐永傳》同，而《北史》卷五五《唐永

① 《文苑英華》卷九〇〇《職官八》，頁四七三七。

傳》原本作“展”(“樹經堂本”亦作“展”)，今點校本已改作“裙”，此從之。

［五四］南豳州：原作“南幽州”，但魏時無南幽州之置。《北史》卷六七校勘記［一四］綜合已有相關考述，認定“南幽州”即“南豳州”之誤。此從其說。

三王李宇文張令狐趙蔡徐裴叱列檀列傳七
西魏書十八

通議大夫浙江按察使司按察使加二級南康謝啓昆撰[一]

王德字天恩，代郡武川人也。少善騎射，雖不經師訓，以孝悌稱。初從爾朱榮討元顥，以功除討夷將軍，進爵内官縣子。[二]又從賀拔岳討平万俟醜奴，别封深澤縣男，邑二百户，加龍驤將軍、中散大夫。及侯莫陳悦害岳，德與寇洛等定議，翊戴宇文泰。加征西將軍、金紫光禄大夫、平涼郡守。德雖不知書，至于斷決處分，良吏無以過也。涇州所部五郡[三]，德常爲最。

及孝武西遷，以奉迎功，進爵下博縣伯，邑五百户，行東雍州事。在州未幾，百姓懷之。賜姓烏丸氏。大統元年，拜衛將軍、右光禄大夫，進爵爲公，增邑一千户，加車騎大將軍、儀同三司、北雍州刺史。其後常從征伐，累有戰功。又從破沙苑，加開府、侍中，進爵河間郡公，增邑通前二千七百户。先是河、渭間種羌屢叛，以德有威名，除河州刺史。羣羌率服。十三年，授大都督、原靈顯三州五原蒲川二鎮諸軍事。十四年，除涇州刺史。卒於州，謚曰獻。

德性厚重廉慎，言行無擇。母年幾百歲，後德終。

子慶，小名公奴，性謹厚。官至開府儀同三司。初德喪父，貧無以葬，乃賣公奴并一女以營葬事。因遭兵亂，不復相知。及德在平涼始得之，遂名曰慶。

王盟字仵明[四]，宇文泰之舅氏也。其先樂浪人。六世祖波，前燕太宰。祖珍，黄門侍郎，贈并州刺史、樂浪公。父羆，伏波將軍，以良家子鎮武川，因家焉。

正光中，破六汗拔陵攻陷諸鎮，盟亦爲其所擁。拔陵破後，流寓中山。孝昌初，除積射將軍，從蕭寶夤西征。寶夤僭逆，盟遂逃匿民間。及爾朱天光入關，盟從之。隨賀拔岳爲前鋒，擒万俟醜奴，平秦隴，常先登力戰。拜征西將軍、平秦郡守。宇文泰將討侯莫陳悦，徵盟赴原州，以爲留後大都督，鎮高平。悦平，除原州刺史。

孝武至長安，封魏昌縣公，邑一千户。大統初，復加車騎大將軍、儀同三司。三年，徵拜司空，尋轉司徒。迎文帝悼后於蠕蠕。[五]加侍中，遷太尉。文帝東征，以留後大都督行雍州事，節度關中諸軍。趙青雀之亂，盟與開府李虎輔魏太子出頓渭北。事平，進爵長樂郡公，增邑并前二千户，賜姓拓跋氏。[六]東魏侵汾川，圍玉壁，盟以左軍大都督守蒲坂。軍還，遷太保。九年，進位太傅，加開府儀同三司。

盟姿度宏雅，仁而泛愛。雖位居師傅，禮冠羣后，而謙恭自處，未嘗以勢位驕人。文帝甚尊重之。及有疾，數幸其第，親問所欲。其見禮如此。大統十一年，薨，贈本官，謚曰孝定。子勱[七]、懋。

勱[八]字醜興，性忠果，有才幹。年十七，從宇文泰入關。及平秦隴，定關中，勱常侍從。嘗謂之曰："爲將，坐見成敗者上也，被堅執鋭者次也。"勱曰："意欲兼之。"泰大笑。尋拜平東將軍、散騎常侍，賜爵梁甫縣公。大統初，爲千牛備身直長、領左右，出入卧内，小心謹肅。文帝嘗曰："王勱可謂不二心之臣也。"沙苑之役，勱以都督領禁兵，居左翼[九]，當其前者，死傷甚衆。勱亦被傷重，遂卒於行間，年二十六。泰深悼焉。贈使持節、太尉、領尚書令、十州諸軍事、雍州刺史，追封爲咸陽郡公，謚曰忠武。

子弼，襲爵。尚安樂公主。官至撫軍將軍、大都督、通直散騎常侍。

王子直字孝正，京兆杜陵人。父琳，州主簿、東雍州長史。

子直性節儉，有幹能。正光中，起家奉朝請。除太尉府水曹行參軍，加明威將軍。時梁圍壽春，臨淮王彧赴援，以子直參軍事。與梁戰，斬其軍主夏侯景超，梁人乃退。[一〇]淮南民因兵後聚爲盜，彧令子直招撫之。自合肥以北，安堵如舊。永安初，拜員外散騎常侍、鴻臚少卿。普泰初，進後軍將軍、太中大夫。[一一]賀拔岳入關，以子直爲行臺郎中。[一二]孝武西遷，封山北縣男。

大統初，漢熾屠各阻兵南山，與隴東屠各共爲脣齒。子直破之，除尚書左外兵郎中。三年，進車騎將軍。四年，從解洛陽圍，經河橋戰，兼尚書左丞，出爲秦州總管府司馬。涼州刺史宇文仲和逆命，子直從獨孤信討平之。入爲大行臺郎中。吐谷渾寇西平，子直出隴右，破之於長寧川，賊遁走。十五年，進左光禄大夫，領齊王友，尋行馮翊郡事。十六年，齊王廓出牧秦隴，以子直爲秦州别駕，仍領王友。隨、陸初平，授安州長史，領别駕。轉并州長史。

廢帝元年，拜使持節、大都督，行瓜州事。子直性清靜，以德政化民，西土悦服。[一三]恭帝初，徵拜黄門侍郎[一四]，卒官。子宣禮。

李虎字文彬，成紀人。[一五]五世祖[一六]涼武昭王暠子歆，爲沮渠蒙遜所滅。曾祖重耳，始仕魏爲弘農[一七]太守。祖熙，金門鎮將，戍武川，因家焉。父天賜，爲幢主。

虎少倜儻，有大志，好讀書，不存章句[一八]，尤善射，輕財重義，深爲賀拔岳所重。從岳平元顥，封晉壽縣子，拜寧朔將軍、屯騎校尉。岳破万俟醜奴，留鎮隴西，累遷東雍州刺史。岳鎮隴右，以虎爲左厢大都督。[一九]

岳死，虎奔荆州，説岳兄勝收岳衆復讎，不從。聞宇文泰統岳衆，乃還。至閿鄉，爲高歡將所獲，送雒陽。帝方收關右，見虎甚喜，拜衛將軍，賜金帛，使就泰。以迎帝功，拜驍騎將軍，加儀同三司。靈州刺史曹泥黨於高歡，虎往討之，招諭費也頭之衆[二〇]，并力攻泥，四旬而尅。阿至羅斷其歸路，虎襲擊，破之。進長安縣侯，虎不受，讓兄子康生。從破沙苑，斬級居多。賊帥梁仚定[二一]據河州作亂，虎以本官兼尚書左僕射，爲隴右行臺，討之。部將烏軍長命潛與賊應，虎斬之。賊聞大懼，遁走河北。虎師將濟河，賊率衆降，獲男女數萬口。進位開府儀同三司，餘如故。

師還，擊南岐州反兵楊盆生、馬僧等，破之。盆生遣使僞降，虎亦僞令軍曰："賊既降，可休士放馬，以俟還期。"[二二]使反白，盆生大喜，不爲備，放兵外營求食。虎夜趨之，比曉，圍城已合，外兵不得還，城中大擾。遣壯士排闥入，無敢動者。俘盆生以歸。尋授岐州刺史。莫折後熾寇秦州，虎討[二三]

降之。

母卒，哀毁過禮。及葬，特給輼輬車。廬墓側，負土成墳。優詔起之。嘗與宇文泰閲武北山下，有爲豹[二四]噬者，莫敢救，虎直趨捉豹，殺之。泰大悦曰："公之名虎，信不虚也。"後進封趙郡公，歷渭、秦二州刺史。復擊叛胡，平之。徙封隴西公。十四年，拜太尉，遣右軍大都督、柱國大將軍、少師公。十六年，爲八柱國之一，賜姓大野氏。恭帝元年五月，薨。子昞。

宇文導字菩薩，泰從子。少雄豪，有仁惠。初與諸父在葛榮軍，榮敗，入關，從征伐。泰討侯莫陳悦，導鎮原州。悦敗走，導率騎追之，至牽屯山及悦，斬之，傳首京師。以功封饒陽縣侯[二五]，邑五百户，拜冠軍將軍，加通直散騎常侍。文帝即位，以定策功，進爵爲公，增邑五百户，拜使持節、散騎常侍、車騎大將軍、左光禄大夫。三年，宇文泰東征，導入宿衛，拜領軍將軍、大都督。高歡度河侵馮翊，泰自弘農[二六]引軍入關，導督左右禁旅會於沙苑，與歡戰，大破之。進位儀同三司。明年，帝東征，留導爲華州刺史。及趙青雀、于伏德、慕容思慶等作亂，導自華州率所部兵繫之，擒伏德，斬思慶。進屯渭橋，會泰軍。事平，進爵章武郡公，增邑并前二千户。尋加侍中、開府、驃騎大將軍、太子少保。高仲密以北豫降，皇太子東征，復以導爲大都督、華東雍二州諸軍事，行華州刺史。[二七]導治兵訓卒，得守悍之方。及大軍不利，東魏軍追至稠桑，知關中有備，乃退。會侯景舉河南來附，遣使請援，朝議將應之，乃徵爲隴右大都督、秦南等十五州諸軍事[二八]、秦州刺史。及齊氏稱帝，帝命宇文泰發關中兵討之。遣齊王廓鎮隴右，徵導還朝。拜大將軍、大都督、三雍二華等二十三州諸軍事，屯咸陽。大軍還，乃旋舊鎮。

導性寬明，善於撫御，凡所引接，人皆盡誠。臨事敬慎，常若弗及。宇文泰每出征討，導恒居守，深爲吏民所附，朝廷亦以此重之。恭帝元年十二月，薨於上邽，年四十四。帝遣侍中、漁陽王繩監護喪事。贈本官，加尚書令、秦州刺史，謚曰孝。朝議以導撫和西戎，威恩顯著，欲令世鎮隴右，以彰厥德。乃葬於上邽城西無疆原。華戎會葬者萬餘人，奠祭於路，悲號滿野，皆曰"我君捨我乎"。大小相率，負土成墳[二九]，高五十餘尺，周回八十餘步，爲官司所止，然後泣辭而去。其遺愛見思如此。

導五子，廣、亮、翼、椿、衆。

張軌字元軌，濟北臨邑人也。父崇，高平令。

軌少好學，志識開朗。初在洛陽，家貧，與樂安孫樹仁爲莫逆之友，每易衣而出，以此見稱。永安中，隨爾朱榮擊元顥，除討寇將軍、奉朝請。[三〇]軌常謂所親曰："秦雍之間，必有王者。"爾朱氏敗後，遂杖策入關。賀拔岳以軌爲記室參軍，典機務。尋轉倉曹，加鎮遠將軍。時穀糴湧貴，或有請貸官倉者。軌曰："以私害公，非吾宿志。濟人之難，詎得相違？"乃賣所服衣物，糴粟以賑其乏。

及岳被害，宇文泰以軌爲都督，從征侯莫陳悦。悦平，使於洛陽，見領軍斛斯椿，椿曰："高歡逆謀，已傳行路。人情西望，以日爲年。未知宇文何如賀拔也？"軌曰："宇文公文足經國，武可定亂。至于高識遠度，非愚管所測。"椿曰："誠如卿言，真可恃也。"泰爲行臺，授軌郎中。孝武西遷，除中書舍人，封壽張縣子，邑三百户，加左將軍、濟州大中正，兼著作佐郎，修起居注。遷給事黄門侍郎，兼吏部郎中。六年，出爲河北郡守。在郡三年，聲績甚著。臨人治術，有循吏之美。大統閒，言宰人者多推尚之。入爲丞相府從事中郎，行武功郡事。宇文導出鎮秦州，以軌爲長史。加撫軍將軍、大都督、通直散騎常侍。廢帝元年，進車騎大將軍、儀同三司、散騎常侍。二年，賜姓宇文氏，行南秦州事。恭帝二年，徵拜度支尚書，復除隴右府長史。卒於位，年五十五。謚曰質。軌性清素，臨終之日，家無餘財，唯有書數百卷。子肅。

令狐虬，敦煌人也。[三一]世爲西土冠冕。祖嗣，父紹安，官至郡守，咸爲良二千石。

虬早以名德著聞，仕歷瓜州司馬、敦煌郡守、郢州刺史，封長城縣子。大統末，卒於家。帝遣使者監護喪事，又敕鄉人爲營墳壟。[三二]贈龍驤將軍、瓜州刺史。子整。

趙肅字慶雍，河南洛陽人也。世仕河西。及沮渠氏滅，曾祖武始歸朝，賜爵金城侯。祖興，中書博士。父申侯，舉秀才，爲後軍府主簿。[三三]

肅早有操行，知名於時。正光五年，酈元爲河南尹，辟肅爲主簿。孝昌中，起家[三四]殿中侍御史，加威烈將軍、奉朝請、員外散騎侍郎。尋除直後，轉直寢。永安初，授廷尉（天）平，二年，轉監。後以母憂去職，起爲廷尉正。[三五]以疾免。久之，授征虜將軍、中散大夫，遷左將軍、太中大夫。[三六]東魏天平初，除新安郡守。[三七]秩滿，還洛。

大統三年，獨孤信東討。肅率宗人爲鄉導。授司州治中，轉別駕。監督糧儲，軍用不匱。宇文泰聞之，謂人曰："趙肅可謂洛陽主人也。"七年，加鎮南將軍、金紫光禄大夫、都督，仍别駕。領所部義徒，據守大塢。又兼行臺左丞，東道慰勞。九年，行華山郡事。

十三年，除廷尉少卿。明年元日，當行朝禮，非有封爵者，不得預焉。肅時未有茅土，左僕射長孫儉請之。宇文泰乃謂肅曰："歲初行禮，豈得使卿不預！然何爲不早言也？"于是令肅自選封名。肅曰："河清乃太平之應，竊所願也。"於是封清河縣子，邑三百户。十六年，除廷尉卿，加征東將軍。肅久在理官，執心平允，凡所處斷，咸得其情。廉慎自居，不營産業，時人以此稱之。十七年，進位車騎大將軍、儀同三司、散騎常侍，賜姓乙弗氏。

先是，肅撰定法律[三八]，積思累年，遂感心疾。去職，卒於家。子正禮[三九]，仕周。

蔡襄，其先陳留圉人也。祖紹，爲夏州鎮將，徙居高平，因家焉。父護，景明初，爲陳留郡守。[四〇]

襄名著西州。正光中，万俟醜奴寇亂關中，襄乃背賊，棄妻子，歸洛陽，拜齊安郡守。及孝武西遷，乃[四一]在關東。後始拔難西歸，賜爵平舒縣伯，除岐、雍二州刺史。[四二]大統十三年，卒。贈原州刺史。[四三]子祐。[四四]

徐招字思賢，高平金鄉人也。[四五]世爲著姓。招少好法律及朝廷舊事，發言措筆，常欲辨析秋毫。初入洛陽，雖未登仕，已爲時知，朝廷疑事多預議焉。延昌中，從征浮山堰有功，賜爵高廣男。及廣陽王深北討鮮于脩禮，啓爲員外散騎侍郎、深府長流參軍。招陳策請離間之，葛榮竟殺脩禮，自爲魁帥。以功進爵爲侯。永安初，射策甲科，除員外散騎常侍，領尚書儀曹郎中。招少習吏事，未能精究朝儀，常恨才達，恐名迹不立。久之，方轉二千石郎中。

爾朱榮死，爾朱世隆屯兵河橋，莊帝以招爲行臺左丞，自武牢[四六]北度，引馬場、河内之衆以抗世隆。後爾朱兆得招，鎖送洛陽，仲遠數招罪，將斬之。招曰："不虧君命，得死爲幸。"仲遠重之，曰："凡人受命，理各爲主。今若爲戮，何以勸人臣？"乃釋之，用爲行臺右丞。及仲遠南奔，招獨還洛。

永熙末，從孝武入關中，拜給事黄門侍郎，兼尚書右丞。[四七]時朝廷播遷，典章遺闕，至於臺省法式，皆招所記，論者多焉。大統三年，拜驃騎將軍、侍中。時丞相宇文泰舅子王起化犯罪死，詔追贈，招執奏正之。尋[四八]遷度支尚書。卒。子山雲嗣。

裴邃，河東聞喜人。父秀業，天水郡守。

邃性方嚴[四九]，爲州里所推挹。解褐散騎常侍、奉車都尉[五〇]，累遷諫議大夫、司空從事中郎。大統三年，東魏來寇，邃乃糾合鄉人，分據險要以自固。時東魏以正平爲東雍州，遣其將司馬恭鎮之。每遣間人，扇動百姓。邃密遣都督韓僧明入城，諭其將士，即有五百餘人，許爲内應。期日未至，恭知之，乃棄城夜走。因是東雍遂内屬。及李弼略地東境，邃爲鄉導，多所降下。特賞衣物，封澄城縣子，邑三百户，進安東將軍、銀青光禄大夫，加散騎常侍、太尉府司馬，除正平郡守。尋卒官。贈儀同三司、定州刺史。

叱伏列龜字摩頭陁[五一]，代郡西部人也。世爲部落大人，國初入附，遂世爲第一領民酋長。

龜[五二]容貌瓌偉，腰帶十圍，進止詳雅，兼有武藝。嗣父業，復爲領民酋長。正光五年，廣陽王深北征，請以爲寧朔將軍，委以帳内兵事。尋除善無郡守。孝昌三年，又除别將，從長孫稚西征。以戰功，累遷征西將軍、金紫光禄大夫。後還洛，授都督，遂爲高歡所寵任，加授大都督。沙苑之敗，隨例來降。宇文泰以其豪門，解縛禮之。仍以其兄顥女妻之。大統四年，封長樂縣公，邑一千户。自此常從征討，亟有戰功。八年，出爲北雍州刺史，加大都督。尋進位車騎大將軍、儀同三司，除恒州刺史[五三]，增邑通前一千四百户。十七年，卒。子椿嗣，仕周。

檀翥字鳳翔，高平金鄉人也。六世祖毓，晉步兵校尉。父江，始還北，仕至太常少卿，贈兖州刺史。

翥十歲喪父，還京師宅，與營人雜居。雖幼孤寒，不與隣人往來。好讀書，解屬文，能鼓琴，早爲琅邪王誦所知。年十九，以名家子爲魏明帝挽郎。後客游三輔。時毛遐爲行臺，鎮北雍[五四]，表翥爲行臺郎中。莊帝既誅爾朱榮，遐使翥詣京師，因除著作佐郎，郎中如故。

後孝武帝西幸，除兼中書舍人，修國史。大統初，又兼著作佐郎。以守關迎駕勳，封高唐子。[五五]後坐談論輕躁，爲黄門侍郎徐招所糾，死於廷尉獄。[五六]

論曰：王德本以果毅知名，而能率由孝道，難矣。圖史所歎，何以加焉。勇者不必有仁，斯不然矣。① 王盟等始以親黨升朝，終以才能進達，勤宣運始，位列周行。實參迹於功臣，蓋弗由於恩澤也。② 導性寬明，善於撫御。③ 趙肅平允當官，張軌循良播美，并當時之選也。④ 徐招、檀翥各以才學自業，又加之以清介，並志能之士也。⑤

① 《周書》卷一七“史臣曰”，頁二八六。又可見《北史》卷六五“論曰”，頁二三一五。
② 《周書》卷二〇“史臣曰”，頁三四三。又可見《北史》卷六一“論曰”，頁二一九三。
③ 《周書》卷一〇《邵惠公顥傳附子導傳》，頁一五五。
④ 《周書》卷三七“史臣曰”，頁六六五。又可見《北史》卷七〇“論曰”，頁二四四四。
⑤ 《北史》卷七〇“論曰”，頁二四四五。

【校注】

［一］三王李宇文張令狐趙蔡徐裴叱列檀列傳七　西魏書十八　通議大夫浙江按察使司按察使加二級南康謝啓昆撰："樹經堂本"作"卷十八　三王李宇文張令狐趙蔡徐裴叱列檀列傳七"，"中華本"作"西魏書卷十八　三王李宇文張令狐趙蔡徐裴叱列檀列傳七"。又，卷末"論曰"乃校注者所彙聚。

［二］内官縣子：《周書》卷一七校勘記［一四］以爲當從《北史》卷六五《王德傳》，改作"同官縣子"。

［三］涇州所部五郡：錢大昕《廿二史考異》卷三二："案：《魏志》，涇州領安定、隴東、新平、隨平、平涼、平原六郡，未知此時省何郡也。"①

［四］字仵明：《周書》卷二〇《王盟傳》作"字子仵"，《北史》卷六一《王盟傳》作"字仵"，當以《北史》爲是。

［五］考《北史》卷五《魏本紀五》云："（大統四年）三月，立蠕蠕女郁久閭氏爲皇后，大赦。以司空王盟爲司徒。"是知王盟迎悼后於前，轉司徒在後。此處叙事頗有前後顛倒之嫌疑。《周書》卷二〇校勘記［三］，也因此推斷《周書》本傳"叙王盟遷官似都提前"。

［六］拓拔氏：考《元和姓纂》卷一〇拓王氏條："狀云，本姓王，樂浪人。祖羆，後魏伏波將軍，鎮武川，賜姓拓王氏焉。"② 準此，當改作"拓王氏"。

［七］勱：此從《北史》卷六一《王盟傳》，《周書》卷二〇《王盟傳》作"勵"。

［八］勱："樹經堂本"誤作"勘"。

［九］翼：原本誤作"翌"，兹據《周書》《北史》王盟傳改正。

［一〇］自"時梁圍壽春"至"梁人乃退"：據《周書》卷三九校勘記［一七］考辨，此文所述，當是孝昌元年攻打徐州事，而非兵援壽春事。

［一一］太中大夫：原作"大中大夫"，兹據《周書》卷三九《王子直傳》改。

［一二］賀拔岳入關，以子直爲行臺郎中：考《周書》卷三九《王子直傳》云："賀拔岳入關，以子直爲開府主簿，遷行臺郎中。"由此觀之，《西魏

---

① 《廿二史考異》（附：《三史拾遺》《諸史拾遺》），頁五二八。

② （唐）林寶撰，岑仲勉校記：《元和姓纂》（附四校記），中華書局，一九九四年，頁一五七五。

書》刪節不無問題。又如下文“子直破之，除尚書左外兵郎中”，《周書》卷三九《王子直傳》原文則是：“太祖令子直率涇州步騎五千討破之，南山平。太祖嘉之，賜書勞問。除尚書左外兵郎中。”

［一三］悦服：當從《周書》卷三九《王子直傳》、《北史》卷七〇《王子直傳》作“悦附”。

［一四］侍郎：“樹經堂本”誤作“侍即”。

［一五］成紀人：按：下文稱李虎乃涼武昭王李暠之後，而《晉書》卷八七《涼武昭王李玄盛傳》云：“武昭王諱暠，字玄盛，小字長生，隴西成紀人，姓李氏，漢前將軍廣之十六世孫也。”① 經比對，《西魏書》李虎傳全據《冊府元龜》卷一相關内容爲藍本，但因刪略過多，其轉承起合頗成問題。

［一六］五世祖：原誤作“七世祖”，考兩《唐書·高祖紀》皆稱李暠乃唐高祖李淵的七世祖（暠—歆—重耳—熙—天賜—虎—昞—淵），順此以推，則李暠顯係李虎的五世祖。

［一七］弘農：原爲避諱而改作“宏農”，兹回改。又，此處叙事過簡，當從《冊府元龜》卷一作：“曾祖重耳，奔於江南，仕宋爲汝南郡守，復歸於魏，拜弘農太守，贈豫州刺史。”

［一八］不存章句：常見之説，或如《後漢書·班彪傳》，稱班固“不爲章句”，或如《三國志·蜀書·尹默傳》，作“不崇章句”，他如《周書》本傳稱韓褒“好學而不守章句”，而《周書·崔謙傳》則謂崔氏“歷觀經史，不持章句，志在博閒而已”；“不存章句”，僅此一見，疑誤。

［一九］左廂大都督：《冊府元龜》卷一作“左相大都督”，此一改動甚是，見諸《資治通鑑》卷一五六，即有賀拔岳“以東雍州刺史李虎爲左廂大都督”之記載。

［二〇］賁也頭：此從《資治通鑑》卷一五七，《冊府元龜》卷一作“破野頭”。

［二一］梁讼定：《冊府元龜》卷一作“梁企定”。

① 此外，《新唐書》卷一《高祖紀》亦作“隴西成紀人”。

［二二］以俟還期：原誤作“以俟還朝”，兹據《册府元龜》卷一改。

［二三］討：“樹經堂本”誤作“計”。

［二四］豹：“樹經堂本”誤作“約”。

［二五］饒陽縣侯：此從《周書》卷一〇《邵惠公顥傳附子導傳》，《北史》卷五七《周宗室傳》“侯”作“伯”，未知“侯”“伯”孰是。

［二六］弘農：原爲避諱而作“宏農”，兹回改。

［二七］此乃《西魏書》敘事以西魏爲正統的又一例證。《周書》卷一〇《邵惠公顥傳附子導傳》原文作：“高仲密以北豫降，太祖率諸將輔魏皇太子東征，復以導爲大都督、華東雍二州諸軍事，行華州刺史。”

［二八］秦南等十五州諸軍事：《周書》卷一〇校勘記［五］：“按：《隋書》卷二九《地理志》上巴東郡武寧縣條云：‘後周置南州’，然和秦州不相連接，且置於周代，疑此‘南’字下有脱文。”《北史》卷五七《周宗室傳》載其事曰：“侯景來附，詔徵隴右大都督獨孤信東下，令導代信爲秦州刺史、大都督、十五州諸軍事。”《西魏書》理當結合《北史》此文而敘其事。

［二九］負土成墳：《西魏書》誤作“負十成墳”。

［三〇］永安中，隨爾朱榮擊元顥，除討寇將軍、奉朝請：《北史》卷七〇《張軌傳》無此句，餘皆類同於《周書》卷三七《張軌傳》。《西魏書·張軌傳》大抵兼取兩傳而成。

［三一］《西魏書》令狐虯傳顯然主要取材於《北史》卷六七《令狐整傳》，其依據是“虯”和“敦煌”，皆與此傳同，而《周書》卷三六《令狐整傳》則作“虬”和“燉煌”。①

［三二］帝遣使者監護喪事，又敕鄉人爲營墳壠：考《周書》卷三六《令狐整傳》云：“周文帝傷悼之，遣使者監護喪事，又敕鄉人爲營墳壠。”是知《西魏書》删略有誤，此“帝”字當改作“宇文泰”。

［三三］爲後軍府主簿：原無“爲”字，按前作“舉秀才”，則後文亦當有動詞，故據《北史》卷七〇《趙肅傳》增一“爲”字。但綜觀全文，可知

① 此外，《册府元龜》卷一三八作“虴”“墩煌”。

《西魏書》趙肅傳取材於《周書》卷三七《趙肅傳》。

［三四］起家：原誤作“起加”。

［三五］永安初，授廷尉（天）平，二年，轉監。後以母憂去職，起爲廷尉正：張森楷云：“‘天’字衍，‘平’字屬廷尉爲句，是官名。平卑於監，故二年轉監。設如本文，則已爲廷尉矣，安得轉監！且其時未仕東魏，又安得於天平二年轉監也。‘天’字誤衍無疑。”甚是，此從之。

［三六］太中大夫：原作“大中大夫”，兹據《周書》《北史》趙肅傳改正。

［三七］除新安郡守：原脱“除”字，兹據《周書》《北史》趙肅傳補。

［三八］肅撰定法律：《周書》卷三七《趙肅傳》作“太祖命肅選定法律”，《北史》卷七〇《趙肅傳》作“周文命肅撰法律”，準此，“肅撰定法律”之説，顯然有誤。

［三九］子正禮：此從《周書》卷三七《趙肅傳》，《北史》卷七〇《趙肅傳》作“子軌”，且有趙軌附傳。《周書》卷三七校勘記［一七］推斷趙正禮、趙軌“或非一人”。

［四〇］父護，景明初，爲陳留郡守：此從《周書》卷二七《蔡祐傳》，《北史》卷六五《蔡祐傳》無。

［四一］當從《周書》卷二七《蔡祐傳》，改作“仍”。

［四二］除岐、雍二州刺史：此從《北史》卷六五《蔡祐傳》，《周書》卷二七《蔡祐傳》“雍”作“夏”。

［四三］大統十三年，卒。贈原州刺史：事見《周書》卷二七《蔡祐傳》，《北史》卷六五《蔡祐傳》未載。

［四四］祐：“樹經堂本”誤作“祜”。

［四五］高平金鄉人也：原作“高平鄉人也”，兹據点校本《北史》卷七〇《徐招傳》補。又，徐招《周書》无傳，其生前行迹附録於《赵肅傳》，故《西魏書》此文係據《北史》改編而成。[①]

---

① 按：《周書》卷三七《趙肅傳》云：“時有高平徐招少好法律。發言措筆，常欲辨析秋毫。歷職内外，有當官之譽。從魏孝武入關，爲給事黄門侍郎、尚書右丞。時朝廷播遷，典章有闕，至於臺閣軌儀，多招所參定。論者稱之。尋遷侍中、度支尚書。大統初，卒。”

［四六］武牢：原作“虎牢”，兹據《北史》卷七〇《徐招傳》改。

［四七］尚書右丞：“樹經堂本”誤作“尚書名丞”。

［四八］尋：“樹經堂本”誤作“壽”。

［四九］性方嚴：原作“性尤嚴”，兹據《周書》卷三七《裴文舉傳》、《北史》卷三八《裴文舉傳》改。

［五〇］奉車都尉：原作“奉車騎都尉”，兹從《周書》卷三七《裴文舉傳》。《西魏書》裴邃傳實以《周書》卷三七《裴文舉傳》为藍本。

［五一］叱伏列龜字摩頭陁：“叱伏列”，原作“叱列伏”，姚薇元《北朝胡姓考》根據《元和姓纂》《廣韻》諸書，斷定《周書》“列”“伏”二字誤倒。《周書》卷二〇校勘記［二三］以爲姚氏所論甚是，此亦從其説。又“摩頭陁”，“樹經堂本”“中華本”皆作“摩頭陀”，此從《周書》卷二〇《叱列伏龜傳》、《北史》卷六一《叱列伏龜傳》。

［五二］“龜”：原作“伏龜”，如前所考，其人姓“叱伏列”，則其名爲“龜”，而非“伏龜”或“列龜”。

［五三］尋進位車騎大將軍、儀同三司，除恒州刺史：此處省略過當，應從《周書》卷二〇《叱列伏龜傳》，改作“尋進位車騎大將軍、儀同三司、散騎常侍。十四年，徵拜侍中，加驃騎大將軍、開府儀同三司，除恒州刺史”。

［五四］雍：原作“維”。考《北史》卷七〇校勘記［九］云：“諸本‘雍’作‘維’，《周書》卷三八《李昶》附《檀翥傳》作‘雍’。按本書卷四九《毛鴻賓傳》云：‘明帝以鴻賓兄弟所定處多，乃改北地郡爲北雍州，鴻賓爲刺史。’又見《隋書·地理志》上京兆郡華原縣條。作‘維’誤，今據改。”此從之。

［五五］高唐子：原作“高堂子”，考《北史》卷七〇校勘記［一〇］云：“諸本‘唐’作‘堂’，《周書》作‘唐’。按：《魏書·地形志》無高堂縣。高唐見《地形志》中齊州東平原郡。今據改。”兹據改。

［五六］《西魏書》檀翥傳雖本諸《北史》卷七〇《檀翥傳》，但《周書》卷三八《李昶傳附檀翥傳》至少有兩條記載，可補《北史》卷七〇之闕：一是在“年十九，爲魏明帝挽郎”至“客游三輔”間，可補入“其後司州牧、城陽

王元徽以翥爲從事，非其好也。尋謝病”；二是在“表翥爲行臺郎中”後，可接續“會爾朱天光東拒齊神武，翥隨赴洛。除西兖州録事參軍，歷司空田曹參軍，加鎮遠將軍，兼殿中侍御史。臺中表奏，皆翥爲之。尋副毛鴻賓鎮潼關，加前將軍、太中大夫”。

李韋郭沓乙速孤李柳宋列傳八　西魏書十九

通議大夫浙江按察使司按察使加二級南康謝啓昆撰[一]

李長壽，伊川人也。父伯扶，太和末，從征懸瓠有功，爲汝南郡守。

長壽性雄豪，少與蠻酋結托，侵滅關南。[二]孝昌中，朝議恐其爲亂，乃以長壽爲防蠻都督，給其鼓節，以慰其意。長壽冀得任用，亦盡其智力，防遏羣蠻。伊川左右，寇盜爲之稍息。永安之後，盜賊蜂起，長壽乃招集叛亡，徒侶日盛。帝藉其力用，因而撫之。乃授持節、大都督，轉鎮張白塢。後爲河北郡守，轉河内郡守。所歷之處，咸以猛烈聞。討捕諸賊，頻有功。授衛大將軍、北華州刺史，賜爵清河郡公。及孝武西遷，長壽率勵義士拒東魏。孝武嘉之，復授潁川[三]郡守，遷廣州刺史。東魏遣行臺侯景率兵攻之，長壽衆少，城陷，遂[四]遇害。大統元年，追贈[五]太尉、使持節、侍中、驃騎大將軍、冀定等十二州諸軍事、定州刺史。子延孫。

延孫雄武，有將帥才略。少從長壽征討，以勇敢聞。賀拔勝爲荆州刺史，表延孫爲都督。肅清鵶路，頗有功力焉。及長壽被害，延孫乃還，收集其父之衆。

自孝武西遷之後，朝士流亡。廣陵王欣[六]、録尚書長孫稚、潁川王斌之、安昌王子均及建寧、江夏、隴東諸王并百官等攜持妻子來投延孫者，延孫即率衆衛送，并贈以珍玩，咸達關中。高歡深患之，遣行臺慕容紹宗等數道攻之。延孫獎勵所部出戰，遂大破之，臨陣斬其揚州刺史薛喜。於是義軍更振。乃授延孫京南行臺、節度河南諸軍事、廣州刺史。尋進車騎大將軍、儀同三司、大都督，賜爵華山郡公。延孫既荷重委，每以尅清伊、洛爲己任。頻以少擊衆，威振敵境。

大統四年，爲其長史楊伯蘭[七]所害。後贈司空、冀定等六州刺史。子人傑，有祖、父風。官至開府儀同三司、和州刺史，改封潁川郡公。延孫弟義孫，亦官至開府儀同三司。

韋祐字法保，京兆山北人也，以字行。世爲州郡著姓。祖駢，雍州主簿。舉秀才，拜中書博士。父義，前將軍、上洛郡守。[八]大統中，以法保著勛，追贈秦州刺史。

法保少好游俠，而質直少言。所與交游，皆輕猾亡命。人有[九]急難投者，多保存之。雖屢被追捕，終不改其操。父没，事母兄以孝敬聞。慕李長壽之爲人[一〇]，遂娶其女，因寓居關南。正光末，四方雲擾。王公避難者[一一]或[一二]依之，多得全濟，以此爲貴游所德。乃拜員外散騎侍郎，加輕車將軍。及孝武西遷，法保從山南赴行在所。除右將軍、太中大夫[一三]，封固安縣男，邑二百户。

及長壽被害，其子延孫收長壽餘衆，守禦東境。朝廷恐延孫兵少不能自固，乃除法保東洛州刺史，配兵數百人，以援[一四]延孫。法保至潼關，弘農[一五]郡守韋孝寬謂法保曰："恐子此役，難以吉還[一六]也。"法保曰："古人稱不入虎穴，不得虎子。安危之事，未可預量。"遂倍道兼行。東魏陝州刺史劉貴以步騎千餘邀之。法保命所部爲圓陣[一七]，且戰且前。數日，得與延孫兵接，乃并勢置柵於伏流。未幾，詔法保與延孫率衆還朝，賞勞甚厚。乃[一八]授法保大都督。四年，除河南尹。及延孫被害，法保乃率所部，據延孫舊柵。頻與敵人交兵，每身先士卒，單馬陷陣，是以戰必被傷。嘗至關南，與東魏人戰，流矢中頸，從口中出，當時氣絶。輿至營，久之乃蘇。九年，拜車騎大將軍、儀同三司，鎮九曲城。

及侯景以豫州來附，法保率兵赴景。景欲留之，法保疑其有貳心[一九]，乃固辭還所鎮。十五年，加驃騎大將軍、開府儀同三司，尋進爵爲公。會東魏遣軍送糧饋宜陽，法保潛邀之。轉戰數十里，兵少不敵，爲流矢所中，卒於陣。謚曰莊。

子初嗣，仕周。

郭琰[二〇]字神寶，京槃人也。少喪父，事母以孝聞。孝武帝之居藩邸，琰以通俠被知。及即位，封新豐縣公，除洛州刺史。孝武西入，改封馮翊郡公，授行臺尚書、潼關大都督。大統中，高歡遣竇泰襲弘農。[二一]時琰爲行臺，衆少戰敗，乃奔洛州。至，刺史[二二]泉企城守力窮，城將陷，乃仰天哭曰："天乎！天乎！何由縱此長蛇，而不助順也？"言發流涕，不能自止。兵士見之，咸自厲憤。竟爲東魏將高敖曹所擒。復謂敖曹曰："天子之臣，乃爲賊所執。"敖曹素聞其名，義不殺之，送於并州。見高歡，言色不屈，見害。

沓龍超，晉壽人也。性尚義俠，少爲鄉里所重。永熙中，梁將樊文熾來寇益州，刺史傅和孤城固守。龍超每出戰，輒破之。時攻圍既久，糧矢方盡，刺史遣龍超夜出，請援於漢中，遂爲文熾所得。許以封爵，使告城中曰："外無援軍，宜早降。"乃置龍超於攻樓上。龍超乃告刺史曰："援軍數萬，近在大寒。"文熾大怒，火炙殺之，至死，辭氣不撓。大統二年，詔贈龍驤將軍、巴州刺史。[二三]

乙速孤佛保，北秀容胡酋也。少驍武，善射。孝武帝時，爲直閤將軍。從入關，封蒲子縣公，并賜弓矢。大統初，梁將蘭欽來寇，遂陷漢中。佛保時爲都督，統兵力戰。知將敗，乃先城未陷，仰天大哭曰："此馬吾常所乘，此弓矢天恩賜我，豈可令賊得吾弓馬乎！"遂斬馬及弓，自刎而死。三軍莫不壯之。黄門郎趙僧慶時使漢中，乃收運其屍致長安。天子感歎，詔著作録之。[二四]

李棠字長卿，勃海蓨人也。祖伯貴，宣武時，官至魯郡守。有孝行，居父喪，哀感過禮，遂以毁卒。宣武嘉之，贈勃海相。父元胄，員外散騎侍郎。

棠幼孤，好學，有志操。年十七，屬爾朱之亂，與司空高乾兄弟，舉兵信都。中興初，辟衛軍府功曹參軍。太昌中，以軍功除征虜將軍，行東萊郡事。孝武帝西遷，棠時在凹北，遂仕東魏。

及高仲密爲北豫州刺史，請棠爲掾。[二五]仲密將圖内附。時東魏又遣鎮城奚壽興典兵事，仲密但知民務而已，遂與棠謀執壽興。仲密乃置酒延壽興，陰伏壯士。壽興辭而不赴。棠遂往見之曰："君與高公，義符昆季。今日之席，以公爲首。豈有賓客總萃，而公無事不行？將恐遠近聞[二六]之，竊有疑怪。"壽興遂與俱赴，便發伏執之。乃帥[二七]其士衆據城，遣棠詣闕歸款。帝嘉之，拜衛將軍[二八]、右光禄大夫，封廣宗縣公，邑一千户。棠固辭曰："臣世荷朝恩，義當奉國。而往者見拘逆命，不獲陪駕西巡。今日之來，免罪爲幸，何敢以此微庸，冒受天爵。"如此者再三，優詔不許。俄遷給事黄門侍郎，加車騎大將軍、儀同三司、散騎常侍。

廢帝二年，從魏安公尉遲迥伐蜀。棠乃應募，諭之。既入成都，蕭撝問迥軍中委曲，棠不對。撝乃苦笞辱之，棠曰："爾亡國餘燼，不識安危。奉命論爾，反見躓頓。我王者忠臣，有死而已，義不爲爾移志也。"遂害之。子敞嗣。

柳檜字季華，祕書監虯[二九]之次弟也。性剛簡任氣，少文，善騎射，果於斷決。年十八，起家奉朝請。居父喪，毁瘠骨立。服闋，除陽城郡丞、防城都督。大統四年，從戰於河橋，先登有功。授檜[三〇]都督，鎮鄯州。八年，拜湟河[三一]郡守，仍典軍事。尋加平東將軍、太[三二]中大夫。吐谷渾入寇郡境，時檜[三三]兵少，人懷憂懼。檜撫而勉之，衆心乃安。因率數十人先擊之，渾人潰亂，餘衆乘之，遂大敗而走。以功封萬年縣子，邑三百户。時吐谷渾强盛，數侵疆埸。自檜[三四]鎮鄯州，屢戰必破之。數年之後，不敢爲寇。十四年，遷河州别駕，轉帥都督。俄拜使持節、撫軍將軍、大都督。居三載，徵還京師。

時檜[三五]兄虯爲祕書丞，弟慶爲尚書左丞。檜嘗謂兄弟曰："兄則職典簡牘，褒貶人倫；弟則管轄羣司，股肱朝廷。可謂榮寵矣。然而四方未静，車書不一，檜唯當蒙矢石，履危難，以報國恩耳。"頃之，宇文泰謂檜曰："卿昔在鄯州，忠勇顯著。今西境肅清，無勞經略。九曲，國之東鄙，當勞君守之。"遂令檜鎮九曲。

尋從大將軍王雄討上津、魏興，平之，即除魏興、華陽二郡守。安康人黃衆寶謀反，結連黨與，將圍州城。[三六]乃相謂曰："嘗聞柳府君勇悍，其鋒不可當。今既在外，方爲吾徒腹心[三七]之疾也，不如先擊之。"遂圍檜。郡城卑下，士衆寡弱，又無守禦之備。連戰積十餘日，士卒僅有存者，於是力屈城陷，身被十餘創，遂爲賊所獲。既而衆寶等進圍東梁州，乃縛檜置城下，欲令檜誘説城中。檜乃大呼曰："羣賊烏合，糧食已罄。行即退散，各宜勉之！"衆寶大怒，乃臨檜以兵曰："速更汝辭！不爾，便就戮矣"。檜守節不變。遂害之，棄屍水中。城中人皆爲之流涕。衆寶解圍之後，檜兄子止戈方收檜屍還長安。贈東梁州刺史。子斌嗣。

宋球，永熙時爲諫議大夫。宇文泰弑孝武帝，球慟哭嘔血，漿粒不入口者數日。泰以其名儒，不之罪。[三八]

論曰[三九]：南北區分，三雄鼎峙。其時擇君委贄者，籌帷幄與執斧鉞，功相埒焉。及其勢危事迫，奮其氣矜，慷慨殉國，非古所稱烈丈夫哉！長壽諸人，死東魏者三，死梁者三，死叛酋者一，致身抗志，大節稜然。[四〇]至球以孱儒忤丞相，而忠義[四一]之氣，足感動之，球可謂不畏彊禦者矣。

【校注】

［一］李韋郭沓乙逮孤李柳宋列傳八　西魏書十九　通議大夫浙江按察使司按察使加二級南康謝啓昆撰："樹經堂本"作"卷十九　李韋郭沓乙孤李柳宋列傳八"，"中華本"作"西魏書卷十九　李韋郭沓乙逮孤李柳宋列傳八"。

［二］關南：此從《周書》卷四三《李延孫傳》，而《北史》卷六六《李延孫傳》則作"闕南"，其校勘記［九］云："據《魏書·地形志》中，洛州陽城郡有陽城關，則所謂'關南'，當即指陽城關之南。疑《周書》是。"事實上，《西魏書》李長壽傳即以《周書》爲藍本。

［三］潁川："樹經堂本""中華本"誤作"潁州"，兹據《周書》卷四三《李延孫傳》改正。

［四］遂："樹經堂本"誤作"逐"。

［五］追贈："樹經堂本"誤作"詔贈"。

［六］廣陵王欣：原本誤作"廣陵王忻"，茲據《周書》卷四三《李延孫傳》、《北史》卷六六《李延孫傳》改正。

［七］楊伯蘭：《周書》卷三三《趙剛傳》作"楊伯簡"，其校勘記［一〇］以爲當改作"楊伯簡"。

［八］郡守：原誤作"郡人"，茲據《周書》卷四三《韋祐傳》及"樹經堂本""中華本"改正。《西魏書》韋祐傳即取材於《周書》此傳。

［九］有：原作"以"，茲據《周書》卷四三《韋祐傳》改。

［一〇］爲人：原作"爲守"，茲據《周書》卷四三《韋祐傳》及"樹經堂本""中華本"改正。

［一一］避難者：原作"被難者"，茲據《北史》卷六六《韋祐傳》改。

［一二］或："樹經堂本"作"咸"，誤。

［一三］太中大夫：原作"大中大夫"，茲據《周書》卷四三《韋祐傳》改。

［一四］援：原作"授"（《北史》卷六六《韋祐傳》同誤），茲據《周書》卷四三《韋祐傳》改正。

［一五］弘農：原爲避諱而改作"宏農"，今回改。

［一六］還："樹經堂本"誤作"遠"。

［一七］圓陣："樹經堂本"誤作"圖陣"。

［一八］乃：《周書》卷四三校勘記［三］疑當作"仍"。

［一九］貳心：原作"二心"，茲據《周書》卷四三《韋祐傳》改。

［二〇］郭琰：原本誤作"郭炎"，茲據《北史》卷八五《節義・郭琰傳》及"樹經堂本"改正。下同。事實上，《西魏書・郭琰傳》即以《北史》此傳爲藍本。

［二一］弘農：原作"宏農"，《北史》卷八五《節義・郭琰傳》作"恒農"，蓋皆爲避諱而改，今回改。

［二二］刺史："樹經堂本""中華本"誤作"則史"。

［二三］此段文字録自《北史》卷八五《節義・沓龍超傳》。

［二四］此段文字録自《北史》卷八五《節義・乙速孤佛保傳》。

［二五］掾："樹經堂本"誤作"據"。

［二六］聞："樹經堂本"誤作"間"。

［二七］帥："樹經堂本"誤作"師"。

［二八］衛將軍：原誤作"武衛將軍"，兹據《周書》卷四六《孝義·李棠傳》改正。事實上，《西魏書·李棠傳》即以此傳爲藍本。

［二九］虯：《周書》卷四六《柳檜傳》作"虬"。

［三〇］［三三］［三四］［三五］檜："樹經堂本"誤作"槍"。

［三一］湟河：原本倒作"河湟"，兹據《周書》卷四六《柳檜傳》、《北史》卷六四《柳虯傳附弟檜傳》改正。又，《周書》卷四六校勘記［二］、《北史》卷六四校勘記［二七］，皆疑"湟河"當改作"澆河"。

［三二］太：原作"大"，兹據《周書》卷四六《柳檜傳》、《北史》卷六四《柳虯傳附弟檜傳》改正。

［三六］將圍州城：此從《北史》卷六四《柳虯傳附弟檜傳》，《周書》卷四六《柳檜傳》作"攻圍州城"，其校勘記［三］稱當以"將圍州城"爲是。

［三七］腹心：原倒作"心腹"，兹據《周書》卷四六《柳檜傳》、《北史》卷六四《柳虯傳附弟檜傳》改。

［三八］按：《資治通鑑》卷一五六梁武帝中大通六年閏十二月條："殯孝武帝於草堂佛寺，諫議大夫宋球慟哭嘔血，漿粒不入口者數日，泰以其名儒，不之罪也。"此蓋《西魏書》之所本。

［三九］《周書》卷四三"史臣曰"："二國爭彊，四郊多壘，鎮守要害，義屬武臣。李延孫（及韋祐）等以勇略之姿，受扞城之寄。……禦侮折衝，足方駕於前烈。"

《北史》卷八五"論曰"：郭琰、沓龍超、乙速孤佛保等人，"或臨危不撓，視死如歸；或赴險如夷，唯義所在。其大則光國隆家，其小則損己利物。故其盛烈所著，與河海而爭流；峻節所標，共竹栢而俱茂。並蹈履之所致，身没名立，豈徒然也！"

《周書》卷四六"史臣曰"："李棠、柳檜並臨危不撓，視死如歸，其壯志貞情可與青松白玉比質也。然檜恩隆加等，棠禮闕飾終，有周之政，於是乎偏矣。”

［四〇］稜然：“樹經堂本”誤作“棱然”。

［四一］忠義：“樹經堂本”誤作“忘義”。

蘇綽列傳九　西魏書二十

通議大夫浙江按察使司按察使加二級南康謝啓昆撰[一]

蘇綽字令綽，武功人，曹魏侍中則之九世孫。累世二千石。父協，武功郡守。

綽少好學，博覽羣書，尤善算術。從兄讓爲汾州刺史[二]，宇文泰餞於東都門外。[三]臨別，謂讓曰："卿家子弟之中，誰可任用者？"讓因薦綽。泰乃召爲行臺郎中。在官歲餘，未見知。[四]然諸曹疑事，皆詢於綽而後定。所行公文，綽又爲之條式。臺中咸稱其能。泰嘗與僕射周惠達論事，惠達不能對，請出外議之。乃召綽告之[五]，綽即爲量定。惠達入呈，泰稱善，謂惠達曰："誰與卿爲此議者？"惠達以綽對，因稱其有王佐之才。泰曰："吾亦聞之久矣。"尋除著作佐郎。

屬泰與公卿往昆明池觀魚[六]，行至城西漢故倉池[七]，顧問左右，莫有知者。或曰："蘇綽博物多通，請問之。"乃召綽，具以狀對。泰大悦，因問天地造化之始，歷代興亡之迹。綽既有口辯，應對如流。泰益嘉之。[八]乃與綽並馬徐行至池，竟不設網罟而還。遂留綽至夜，問以治道[九]，卧而聽之。綽於是指陳帝王之道，兼述申、韓之要。泰乃起，整衣危坐，不覺膝之前席。語遂達曙不厭。詰朝，謂周惠達曰："蘇綽真奇士也，吾方任之以政。"即拜大行臺左丞，參典機密。自是寵遇日隆。綽始制文案程式，朱出墨入，及計帳、户籍之法。

大統三年，高歡三道入寇，諸將咸欲分兵禦之，獨綽與泰同。遂並力拒竇泰，擒之於潼關。四年，加衛將軍、右光禄大夫，封美陽縣子，邑三百户。加通直散騎常侍，進爵爲伯，增邑二百户。十年，授大行臺度支尚書，領著

作，兼司農卿。[一〇]

泰方欲革易時政，務宏强國富民之道[一一]，故綽得盡其智能，贊成其事。減官員，置二長，並置屯田[一二]以資軍國。又爲六條詔書，泰施行之。其一，先治心[一三]，曰：

凡今之方伯守令，皆受命天朝，出臨下國，論其尊貴，並古之諸侯也。是以前世帝王，每稱共治天下者，唯良宰守耳。明知百僚卿尹，雖各有所司，然其治民之本，莫若宰守之最重也。凡治民之體，先當治心。《北史》作"先理已心"心者，一身之主，百行之本。心不清淨，則思慮妄生。思慮妄生[一四]，則見理不明。見理不明，則是非謬亂。是非謬亂，《北史》"謬"作"既"則一身不能自治，安能治民也！是以治民之要，在清心而已。夫所謂清心者，非不貪貨財[一五]之謂也，乃欲使心氣清和，志意端靜。心和志靜，則邪僻之慮，無因而作。邪僻不作，則凡所思念，無不皆得至公之理。率至公之理以臨其民，則彼下民孰不從化。是以稱治民之本，先在治心。

其次又在治身。凡人君之身者，乃百姓之表，一國之的也。表不正，不可求直影；的不明，不可責射中。今君身不能自治，而望治百姓，是猶曲表而求直影也；君行不能自修，而欲百姓修行者，是猶無的而責射中也。故爲人君者，必心如清水，形如白玉。躬行仁義，躬行孝悌，躬行忠信，躬行禮讓，躬行廉平，躬行儉約，然後繼之以無倦，加之以明察。行此八者，以訓其民。是以其人畏而愛之，則而象之，不待家教日見而自興行矣。

其二，敦教化，曰：

天地之性，惟人爲貴。明其有中和之心，仁恕之行，異於木石，不同禽獸，故貴之耳。然性無常守，隨化而遷。化於敦樸者，則質直；化於澆僞者，則浮薄。浮薄者，則衰弊之風；質直者，則淳和之俗。衰弊則禍亂交興，淳和則天下自治。[一六]《北史》“治”下有“自古”二字治亂《北史》作“安危”興亡，無不皆由所化也。

然世道彫喪，已數百年。大亂滋甚，且二十歲。民不見德，唯兵革是聞；上無教化，惟刑罰是用。而中興始爾，大難未平，《北史》“平”作“弭”加之以師旅，因之以饑饉，凡百草創，率多權宜。致使禮讓弗興，風俗未改《北史》“改”作“反”。比年稍登稔，徭賦差輕，衣食不切，則教化可脩矣。凡諸牧守令長，各[一七]宜洗心革意，上承朝旨，下宣教化矣。

夫化者，《北史》無“矣夫化”三字貴能扇之以淳風，浸之以太和，被之以道德，示之以樸素。使百姓亹亹，日[一八]遷於善，邪僞之心，嗜慾之性，潛以消化，而不知其所以然，此之謂化也。然後教之以孝悌，使民慈愛；教之以仁順，使民和睦；教之以禮儀[一九]，使民敬讓。慈愛則不遺其親，和睦則無怨於人，敬讓則不競於物。三者既備，則王道成矣。此之謂教也。先王之所以移風易俗，還淳反[二〇]素，垂拱而治天下以至太平者，莫不由此。此之謂要道也。

其三，盡地利，曰：

人生天地之閒，以衣食爲命。食不足則飢，衣不足則寒。飢寒切體，而欲使民興行禮讓者，此猶逆坂走丸，勢不可得也。是以古之聖王，知其若此，故先足其衣食，然後教化隨之。夫衣食所以足者，在於地利盡。地利所以盡者，由於勸課有方。主此教者，在乎牧守令長而已。民者冥也，智不自周，必待勸教，然後盡其力。諸州郡縣，每至歲首，必戒敕部民，無問少長，但能操持農器者，皆令就田，墾發以時，勿失其所。及布種既訖，嘉苗須理，麥秋在野，蠶停於室，若此之時，皆宜少長悉力，男女并功。若援溺，《北史》作“揚湯”救火、寇盜之將至，然後可使農夫不廢其業，蠶婦得就其功。若有游手怠惰，早歸晚出，好逸惡勞，不勤事業者，則正長牒名郡縣，守令隨事加罰，罪一勸百。此則明宰之教也。

夫百畝之田，必春耕之，夏種之，秋收之，然後冬食之。此三時者，農之要也。《北史》“要”下有“月”字若失其一時，則穀不可得而食。故先王之戒曰：“一夫不耕，天下必有受其飢者；一婦不織，天下必有受其寒者。”若此之時[二一]，不務省事，而令民廢農者，是則絶民之命，驅以就死然。單劣之户，及無牛之家，勸令有無相通，使得兼濟。三農之隙，及陰雨之暇，又當教民種桑、植果，藝其菜蔬，修其園圃，畜育雞豚，以備生生之資，以供養老之具。

夫爲政不欲過碎，碎則民煩；勸課亦不容太簡，簡則民怠。善爲政者，必消息時宜而適煩簡之中。故《詩》曰：“不剛不柔，布政優優，百禄是求。”如不能爾，則必陷於刑辟矣。

其四，擢賢良，曰：

天生蒸民，不能自治，故必立君以治之。人君不能獨治，故必置臣以佐之。上至帝王，下及郡國，置臣得賢則治，失賢則亂，此乃自然之理，百王不能易也。

今刺史守令，《北史》“守”作“縣”悉有僚吏，皆佐治之人也。刺史府官則命於天朝，其州吏以下，并牧守自置。自昔以來，州郡大吏，《北史》作“大夫”但取門資，多不擇賢良；末曹[二二]小吏，唯試刀筆，並不問志行。夫門資者，乃先世之爵禄，無妨子孫之愚瞽；刀筆者，乃身外之末材，不廢性行之澆僞。若門資之中而得賢良[二三]，是則策騏驥而取千里也；若門資[二四]之中而得愚瞽，是則土牛木馬，形似而用非，不可以涉道也。若刀筆之中而得志行，是則金相玉質，内外俱美，實爲人寶也；若刀筆之中而得澆僞，是則飾畫朽木，悦目一時，不可以充榱椽之用也。今之選舉者，當不限資蔭，唯在得人。苟得其人，自可起厮養而爲卿相，伊尹、傅説是也，而況州郡之職乎。苟非其人，則丹朱、商均雖帝王之嗣[二五]，不能守百里之封，而況於公卿之胄乎！由此而言，官[二六]人之道可見矣。

凡所求材藝者，爲其可以治民。若有材藝而以正直爲本者，必以其材而[二七]爲治也；若有材藝而以姦僞爲本者，將由其官而爲亂也，《北史》

“由”作“因”，無“爲”字何治之可得乎。《北史》作“何致化之可得乎”是故將求材藝，必先擇志行。其志行善者，《北史》無“其志行”三字則舉之；其志行不善者，則去之。

而今擇人者，多云“邦國無賢，莫知所舉”。此乃未之思也，非適理之論。所以然者，古人有言：明主聿興，不降佐於昊天；大人基命，不擢才於后土。常引一世之人，治一世之務。故殷、周不待稷、契之臣，魏、晉無假蕭、曹之佐。仲尼曰：“十室之邑，必有忠信如某[二八]者焉。”豈有萬家之都，而云無士，但求之不勤，擇之不審，或用之不得其所，《北史》“用”作“授”任之不盡其材，故云無耳。古人云：“千人之秀曰英，萬人之英曰儁。”今之智效一官，行聞一邦者，豈非近英儁之士也。但能勤而審察，去虛取實，各得州郡之最而用之，則民無多少，皆足治矣。孰云無賢！

夫良玉未剖，與瓦石相類；名驥未馳，與駑馬相雜。及其剖而瑩之，馳而試之，玉石駑馬[二九]，然後始分。彼賢士之未用也，混於凡品，竟何以異？要任之以事業，責之以成務，方與彼庸流較然不同。昔吕望之屠釣，百里奚之飯牛，甯生之扣角，管夷吾之三敗，當此之時，悠悠之徒，豈謂其賢。及升王朝，登霸國，積數十年，功成事立，始識其奇士也。於是後世稱之，不容於口。彼瓌偉之材，不世之傑，尚不能以未遇之時，自異於凡品，況降此者哉。若必待太公而後用，是千載無太公；必待夷吾而後任，是百世無夷吾。所以然者，士必從微而至著，功必積小以至大，豈有未任而已成，不用而先達也。若識此理，則賢可求，士可擇。得賢而任之，得士而使之，則天下之治，何向而不可成也。

然善官人者，必先省其官。官省，則善人易充，善人易充，則事無不理；官煩，則必雜不善之人，雜不善之人，則政必有得失。故語曰：“官省則事省，事省則民清；官煩則事煩，事煩則民濁。”清濁之由，在於官之煩省。案今吏員，其數不少。昔民殷事廣，尚能克濟，況今户口減耗，依員而置，猶以爲少。如聞在下州郡，尚有兼假，擾亂細民，甚爲無理。諸如此輩，悉宜罷黜，無得習常。

非直州郡之官，宜須善人，爰至黨族閭里正長之職，皆當審擇，各得一鄉之選，以相監統。夫正長者，治民之基。基不傾者，上必安。

凡求賢之路，自非一途。然所以得之審者，必由任而試之，考而察之。起於居家，至於鄉黨，訪其所以，觀其所由，則人道明矣，賢與不肖别矣。率此以求，則庶無愆悔矣。

其五，恤獄訟，曰：

人受陰陽之氣以生，有情有性。性則爲善，情則爲惡。善惡既分，而賞罰隨焉。賞罰得中，則惡《北史》"惡"作"怨"止而善勸；賞罰不中，則民無所措手足。民無所措手足，《北史》無此六字則怨叛之心生。是以先王重之，特加[三〇]戒慎。夫戒慎者，《北史》無"夫戒慎"三字欲使治獄之官，精心悉意，推究事源。先之以五聽，參之以證驗，妙覩情狀，窮鑒隱伏，使姦無所容，罪人必得。然後隨事加刑，輕重皆當，赦《北史》"赦"作"舍"過矜愚，得情勿喜。又能消息情理，斟酌禮律，無不曲盡人心，遠明大教，使獲罪者如歸。此則善之上也。然守宰非一，不可人人皆有通識，推理求情，時或難盡。唯當率至公之心，去阿枉之志，務求曲直，念盡平當。聽察之理，必窮所見，然後栲訊以法，不苛不暴，有疑則從輕，未審不妄罰，隨事斷理，獄無停滯。此亦其次。若乃不以[三一]仁恕而肆其殘暴，同民木石，專任《北史》"任"作"用"捶楚。巧詐者雖事彰而獲免，辭弱者乃無罪而被罰。有如此者，斯則下矣，非共治所寄。今之宰守，當勤於中科，而慕其上善。如在下條，則刑所不赦。

又，《北史》"（各）[又]"作"各"當深思遠大，念存德教。先王之制曰："與殺無辜，寧赦有罪；與其害善，寧其利淫。"明必不得中，寧濫捨有罪，不謬害善人也。《北史》無"善"字今之從政者則不然。深文巧劾，寧致善人於法，不免有罪於刑。所以然者，非皆[三二]好殺人也，但云爲吏寧酷，可免後患。此則情存自便，不念至公，奉法如此，皆姦人也。夫人者，天地之貴物，一死不可復生。然楚毒之下，以痛自誣，不被申理，遂陷刑戮者，將恐往往而有。是以自古以來，設五聽三宥之法，著明慎庶獄之典，此皆愛民甚也。凡伐木殺草，田獵不順，尚違時令而虧帝道；況刑罰不中，濫害善人，寧不傷天心、犯和氣也！天心傷，《北史》無“也天心傷”四字和氣損，而欲陰陽調適，四時順序，萬物阜安，蒼生悦樂者，不可得也。故語曰“一夫吁嗟，王道爲之傾覆”，正謂此也。凡百宰守，可無慎乎？

若有深姦巨猾，傷化敗俗，悖亂人倫，不忠不孝，故爲背道者，《北史》無“者”字殺一利[三三]百，以清王化，重刑可也。識此二途，則刑政盡矣。

其六，均賦役，曰：

聖人之大寶曰位。何以守位曰仁，何以聚人曰財。明先王必以財聚人，以仁守位。國而無財，位不可守。是故三五[三四]以來，皆有徵稅之法。雖輕重不同，而濟用一也。今逆寇未平，軍用資廣，《北史》作“軍國費廣”，雖未遑減省以恤民瘼，然宜令平均，使下無匱。《北史》“匱”作“怨”夫平均者，不捨豪强而徵貧弱，不縱姦巧而困愚拙，此之謂均也。故聖人曰：“蓋均無貧。”

然財貨之生，其功不易。《北史》“功”作“均”織紝紡績，起於有漸，非旬日之間所可造次。必須勸課，使預營理。絹鄉先事織紝，麻土早脩紡績。先時而備，至時而輸，故王賦獲供，下民無困。如其不預勸戒，臨時迫切，復恐稽緩，以爲己過，捶撲交至，取辦目前。富商大賈，緣兹射利，有者從之貴買，無者與之舉息。輸稅之民，於是弊矣。

租稅之時，雖有大式，至於斟酌貧富，差次先後，皆事起於正長，而繫之於守令。若斟酌得所，則政和而民悦；若檢理無方，則吏姦而民怨。又差發徭役，多不存意。致令貧弱者或重徭而遠戍，富强者或輕使而近防。守令用懷如此，不存恤民之心，皆王政之罪人也。

泰甚重之，常置諸座右。又令百司習誦之。其牧守令長，非通六條及計帳者，不得居官。

自有晉之季，文章競爲浮華，遂成風俗。泰欲革其弊，因帝祭廟，羣臣畢至，乃命綽爲《大誥》，奏行之。其詞曰：

惟中興十有一年，仲夏，庶邦百辟，咸會於王庭。柱國泰案：《周書》作“虎”，李虎也。《周書》尊泰爲紀，故諱之，今從《北史》。洎羣公列將，罔不來朝。時乃大稽百憲，敷於庶邦，用綏我王度。皇帝若曰[三五]：“昔堯命羲和，允釐百工。舜命九官，庶績咸熙。武丁命説，克號高宗。時惟休哉，朕其欽若。格爾有位，胥暨我太祖之庭，朕將丕命女以厥官。”

六月丁巳，皇帝朝格於太廟，凡厥具僚，罔不在位。

皇帝若曰：“咨我元輔，羣公、列將、百辟、卿士、庶尹、御事，朕惟寅敷祖宗之靈命，稽于先王之典訓，以大誥于爾在位。昔我太祖神皇，肇膺明命，以創我皇基。烈祖景宗，廓[三六]開四表，底定武功。暨乎文祖，誕敷文德，龔惟武考《北史》“龔”作“襲”，“武考”作“孝武”，不霣其舊。自時厥後《北史》“時”作“將”，陵夷之弊，用興大難於彼東邱《北史》“邱”作“土”，則我黎人，咸墜塗炭。惟台一人，纘戎下武，夙夜祗畏，若涉大川，罔識攸濟。是用稽於帝典，揆於王庭[三七]，拯我民瘼。惟彼哲王，示我通訓[三八]，曰天生蒸民，罔克自乂，上帝降鑒叡聖，植元后以乂之。惟時元后弗克獨乂，博求明德，命百辟羣吏以佐之。肆天之命辟，辟之命官，惟以恤民，弗惟逸念《北史》“念”作“豫”。辟惟元首，庶黎惟趾，股肱惟辟。[三九]上下一體，各勤攸司，兹用克臻于皇極。故《北史》“故”下有“皇”字其彝訓曰：“后克艱厥后，臣克艱厥臣，政乃乂。”今台一人，膺天之嘏，既陟元后。股肱百辟乂[四〇]服我國家之命，罔不咸守厥職。嗟夫，后弗艱厥后，臣弗艱厥臣，於政何弗斁《北史》“於政”作“政於”，嗚呼艱哉！凡爾在位，其敬聽命。

皇帝若曰：“柱國，唯四海之不造，載繇二紀。天未絶我太祖列祖之命《北史》無“天未絶”三字，用錫我以元輔。國家將墜，公惟棟梁。皇之弗極，公惟作相。[四一]百揆諐度，公惟大録。公其允文允武，克明克乂，迪七德，敷九功，龕暴除亂[四二]，下綏我蒼生，旁施於九土。《北史》"土"作"正"若尹[四三]之在商，周之有吕，説之相丁，用保我無疆之祚。"

皇帝若曰："羣公、太宰、太尉、司徒、司空。惟公作朕鼎足，以弼乎朕躬。宰惟天官，克諧六職。尉惟司武，《北史》"武"作"徒"武在止戈。徒惟司衆，敬敷五教。空惟司土，利用厚生。惟時三事，若三階之在天；惟兹四輔，若四時之成歲。天工人其代諸。"

皇帝若曰："列將，汝惟鷹揚，作朕爪牙，寇賊姦宄，蠻夷猾夏，汝徂征，綏之以惠，董之以威。刑期於無刑，萬邦咸寧。俾八表之内，莫違朕命，時汝功。"

皇帝若曰："庶邦列辟，汝惟守土，作民父母。民惟不勝其飢，故先王重農；不勝其寒，故先王貴女功。[四四]民之不率於孝慈，則骨肉之恩薄；弗惇於禮讓，則爭奪之萌生。於兹六物，[四五]實爲教本。嗚呼！爲上在寬，寬則民怠。齊之以禮，不剛不柔，稽極於道。"

皇帝若曰："卿士、庶尹、凡百御事，王者[四六]惟歲，卿士惟月，庶尹惟日，御事惟時。歲月日時，罔易其度，百憲咸貞，庶績其凝。嗚呼！惟若王官，陶均萬國，若天之有斗，斟元氣，酌陰陽，弗失其和，蒼生永賴；悖其序，萬物以傷。時惟艱哉！"

皇帝若曰："惟天地之道，一陰一陽；禮俗之變，一文一質。爰自三五，以迄於兹，匪惟相革，惟其救弊，匪惟相襲，惟其可久。惟我有魏，承乎周之末流，接秦漢遺弊，襲魏晉之華誕，五代澆風，因而未革，將以穆俗興化，庸可暨乎。嗟我公輔、庶僚、列侯，朕惟否德，其一朕[四七]心力，祗慎厥艱，克遵前王之丕顯休烈，弗敢怠荒。咨爾在位，亦協乎朕心，惇德允元，惟厥艱[四八]是務。克捐厥華，即厥實，背厥僞，崇厥誠。勿䜣[四九]勿忘，一乎三代之彝典，歸於道德仁義，用保我祖之丕命。荷[五〇]天之休，克綏我萬方，永康我黎庶。戒之哉！戒之哉[五一]！朕言不再。"

柱國泰《周書》作"虎"洎庶僚百辟拜手稽首曰："'亶聰明作元后，元后作民父母。'惟三五之王，率由此道，用臻於刑措。自時厥後，歷千載而未聞。惟帝念功，將反叔世，逖至於雍，《北史》"雍"下有"熙"字庸錫降丕命於我羣臣。博哉王言，非言之難，行之實難。罔不有初，《北史》“罔”作“靡”，“靡”上有“臣聞”二字鮮克有終。《商書》曰：‘終始惟一，德乃日新。’惟帝[五二]敬厥始，慎厥終，以躋日新之德，則我羣臣，敢不夙夜對揚休哉！惟兹大誼，未光於四表，以邁種德，俾九域幽遐，咸昭奉元后之明訓，率遷於道，永膺無疆之休。”

帝曰：“欽哉”。

自是之後，文筆皆依此體。

綽性儉素，不治産業，家無餘財。以海内未平，常以天下爲己任。博求賢俊，共宏治道，凡所薦達，皆至大官。泰亦推心委任，而無間言。泰或出游，常預署空紙以授綽，若須有處分，則隨事施行，及還，啓知[五三]而已。綽嘗謂治國之道，當愛民如慈父，訓民如嚴師。每與公卿議論，自晝達夜，事無巨細，若指諸掌。積思勞倦，遂成氣疾。十二年，卒於位，時年四十九。

泰痛惜之，哀動左右。及將葬，乃謂公卿等曰：“蘇尚書平生謙退，敦尚儉約。吾欲全其素志，便恐悠悠之徒，有所未達；如其厚加贈謚，又乖宿昔相知之道。進退維[五四]谷，孤有疑焉。”尚書令史麻瑶越次而進曰：“昔晏子，齊之賢大夫，一狐裘三十年。及其死也，遣[五五]車一乘。齊侯不奪其志。綽既操履清白，謙挹自居，愚謂宜從儉約，以彰其美。”泰稱善，因薦瑶於朝廷。及綽歸葬武功，唯載以布車一乘。泰與羣公，皆步送出同州郭門外。泰與軍後[五六]酹酒而言曰：“尚書平生爲事，妻子兄弟不知者，吾皆知之。惟爾知吾心，吾知爾意。方欲共定天下，不幸遂捨我去，奈何！”因舉聲慟哭，不覺卮[五七]墜於手。至葬日，又遣使祭以太牢，泰自爲其文。

綽又著《佛性論》《七經論》，並行於世。子威嗣。

論曰[五八]：孝明以降，母后凶淫，爾朱逆亂，高歡置廢人主若除拜，然綱絶維弛，亦已甚矣。逮乎孝武西奔，凡百穨喪。《易》曰：“雲雷屯，君子以經綸。”《詩》曰：“終其永懷，又窘陰雨。”其永熙之際乎？綽以經世之略，值大亂之時，改弦而更張之。尊王進霸，秉道乘權，六條、計帳之法行，而庶績用以治理。推其志意，駸駸乎欲越百王而躋三五。方之管子治齊、諸葛相蜀，殆庶幾焉。其所制文案朱墨出入之式，後世奉爲憲章。豈非負名世之才，而年壽短促，不盡其用與？至綽作《大誥》，以正文體浮華之弊，乃必規橅《尚書》，以爲程度，勦襲雷同，固其所短耳。

【校注】

［一］蘇綽列傳九　西魏書二十　通議大夫浙江按察使司按察使加二級南康謝啓昆撰："樹經堂本"作"卷二十　蘇綽列傳九"，"中華本"作"西魏書卷二十　蘇綽列傳九"。

［二］汾州刺史：《周書》卷三八《蘇亮傳附弟讓傳》作"南汾州刺史"。

［三］東都門外：《周書》卷二三《蘇綽傳》同，《北史》卷六三《蘇綽傳》作"都門外"。

［四］未見知：此從《北史》卷六三《蘇綽傳》，《周書》卷二三《蘇綽傳》作"未深知之"。

［五］乃召綽告之：《周書》卷二三《蘇綽傳》、《北史》卷六三《蘇綽傳》皆作"乃召綽，告以其事"。

［六］魚：《周書》卷二三《蘇綽傳》、《北史》卷六三《蘇綽傳》皆作"漁"。

［七］倉池：原地"倉地"，兹據《資治通鑑》卷一五七改。胡注引《水經注》云："泬水枝渠至章門西，飛渠引水入城，東爲倉池。池在未央宫西。"又，胡注："《蘇綽傳》亦云：'行至長安城西漢故倉池。'"是知司馬光與胡三省所見《周書》和《北史》"倉地"作"倉池"。胡氏之所以特意注明"《蘇綽傳》亦云"，或許就因當時諸本已多訛作"倉地"。

［八］益嘉之：此從《北史》卷六三《蘇綽傳》，《周書》卷二三《蘇綽傳》作"益喜"。

［九］治道：此從《周書》卷二三《蘇綽傳》，《北史》卷六三《蘇綽傳》作"政道"。

［一〇］本段文字録自《周書》卷二三《蘇綽傳》。

［一一］《北史》卷六三《蘇綽傳》爲避諱而改"富民之道"爲"富人之道"。

［一二］屯田：原誤作“屯日”，兹據《周書》《北史》蘇綽本傳及“樹經堂本”“中華本”改正。

［一三］治心：此從《周書》卷二三《蘇綽傳》、《北史》卷六三《蘇綽傳》作“修心”。經比對，《西魏書》所載六條詔書，皆迻録自《周書》卷二三。

［一四］妄生：“樹經堂本”誤作“安生”。

［一五］貨財：“樹經堂本”誤作“貸財”。

［一六］淳和則天下自治：“樹經堂本”脱“淳”“則”兩字。

［一七］各：此字乃《西魏書》所增。

［一八］日：《北史》卷六三《蘇綽傳》、《册府元龜》卷四七三亦作“日”，而《周書》卷二三《蘇綽傳》作“中”。是知《西魏書》在載録六條詔書時，雖以《周書》爲藍本，卻也同時參考《北史》。

［一九］禮儀：“樹經堂本”作“禮義”。

［二〇］反：“樹經堂本”誤作“及”。

［二一］若此之時：當從《周書》卷二三《蘇綽傳》，改作“若此三時”。按：前文有“此三時者，農之要也”。

［二二］曹：“樹經堂本”脱。

［二三］良：“樹經堂本”誤作“艮”。

［二四］門資：“樹經堂本”誤作“刀筆”。

［二五］嗣：《周書》卷二三《蘇綽傳》、《北史》卷六三《蘇綽傳》皆作“胤”。

［二六］官：《北史》卷六三《蘇綽傳》同，今《周書》卷二三《蘇綽傳》雖作“觀”，中華書局校勘記懷疑《周書》原本亦作“官”。

［二七］而：“樹經堂本”脱。

［二八］某：《周書》卷二三《蘇綽傳》、《北史》卷六三《蘇綽傳》皆作“丘”。

［二九］駑馬：當從《周書》卷二三《蘇綽傳》、《北史》卷六三《蘇綽傳》，改作“駑驥”，而“樹經堂本”更是誤作“駑爲”。

［三〇］加：“樹經堂本”誤作“先”。

［三一］以：原無，兹據《册府元龜》卷四七三補。

［三二］非皆：原作“皆非”，《周書》卷二三校勘記［一三］以爲當作“非皆”，兹據《北史》卷六三《蘇綽傳》及《册府元龜》卷四七三改。

［三三］利：原作“礪”，兹據《周書》卷二三《蘇綽傳》、《北史》卷六三《蘇綽傳》改。

［三四］三五：原倒作“五三”，《周書》卷二三《蘇綽傳》原本亦作“五三”，今其點校本已改從《北史》卷六三《蘇綽傳》、《册府元龜》卷四七三作“三五”，此亦徑予改正。

［三五］皇帝若曰：此從《北史》卷六三《蘇綽傳》、《周書》卷二三《蘇綽傳》及《册府元龜》卷六三皆無“若”字。

［三六］廓：“樹經堂本”誤作“廟”。

［三七］庭：《周書》卷二三《蘇綽傳》作“廷”，《北史》卷六三《蘇綽傳》、《册府元龜》卷六三皆作“度”。

［三八］通訓：今點校本《周書》卷二三《蘇綽傳》已改作“彝訓”。

［三九］股肱惟辟：《周書》卷二三《蘇綽傳》作“股肱惟弼”。

［四〇］乂：《北史》卷六三《蘇綽傳》、《册府元龜》卷六三同，《周書》卷二三《蘇綽傳》作“义”。

［四一］公惟作相：《北史》卷六三《蘇綽傳》、《册府元龜》卷六三同，《周書》卷二三《蘇綽傳》作“公作相”，其校勘記［二五］疑脱“惟”字。

［四二］龕暴除亂：“樹經堂本”作“龕亂”。

［四三］尹：《周書》卷二三《蘇綽傳》作“伊”。

［四四］女功：原作“女工”，兹據《周書》卷二三《蘇綽傳》改。

［四五］於兹六物：《周書》卷二三《蘇綽傳》作“惟兹六物”。

［四六］王者：原作“王省”，兹據《册府元龜》卷六三改。

［四七］朕：此字乃《西魏書》所增，似無此必要。

［四八］艱：《周書》卷二三《蘇綽傳》作“難”。

［四九］譽：《周書》卷二三《蘇綽傳》原作“信”，今點校本已從《北

史》《册府元龜》改作“儁”。

［五〇］荷：《周書》卷二三《蘇綽傳》同，《北史》卷六三《蘇綽傳》、《册府元龜》卷六三作“符”。

［五一］戒之哉：《北史》卷六三《蘇綽傳》作“戒之哉”。

［五二］帝：“樹經堂本”作“帘”。

［五三］啓知：《北史》卷六三《蘇綽傳》、《資治通鑑》卷一五九同，《周書》卷二三《蘇綽傳》作“啓之”，當以“啓知”爲優。

［五四］維：《周書》《北史》蘇綽傳皆作“惟”。

［五五］遺：原誤作“遣”，兹據《周書》卷二三《蘇綽傳》改。

［五六］與軍後：當從《周書》卷二三《蘇綽傳》改作“親於車後”。

［五七］巵：原作“卮“，兹據《周書》卷二三《蘇綽傳》改正。

［五八］《周書》卷二三“史臣曰”：“太祖提劍而起，百度草創。施約法之制於競逐之辰，脩治定之禮於鼎峙之日。終能斲彫爲樸，變奢從儉，風化既被，而下肅上尊；疆埸屢擾，而内親外附。斯蓋蘇令綽之力也。名冠當時，[①]慶流後嗣，宜哉。”

① 《北史》卷六三“論曰”亦云：“周文提劍而起，百度草創，施約法之制於競逐之辰，修太平之禮於鼎峙之日，終能斲雕爲樸，變奢從儉，風化既被，而下肅上尊，疆埸屢動，而内安外附，斯蓋蘇綽之力也。”

周辛蘇柳吕列傳十　西魏書二十一

通議大夫浙江按察使司按察使加二級南康謝啓昆撰[一]

周惠達字懷文，章武文安人也。父信，歷樂鄉、平舒、平成三縣令[二]，皆以廉能稱。

惠達幼有志操，好讀書，美容貌。齊王蕭寶夤爲瀛州刺史，召惠達及河間馮景同在閤中，甚禮之。及寶夤還朝，惠達隨入洛陽。領軍元乂[三]勢傾海内，惠達嘗因寶夤與乂言論，乂歎重之，於座遺惠達衣物。孝昌初，臨淮王彧北討，以惠達爲府長流參軍。及万俟醜奴等構亂，蕭寶夤西征，惠達復隨入關。及寶夤除雍州刺史，令惠達使洛陽。未還，而寶夤反謀聞於京師。有司以惠達是其行人，將執之。乃私馳還，至潼關，遇大使楊侃。侃謂惠達曰："蕭氏逆謀已成，何爲故入虎口？"[四]惠達曰："蕭王爲左右所誤，今往，庶其改圖。"及至，寶夤反形已露，不可彌縫，遂用惠達爲光禄勛、中書舍人。寶夤既敗，唯惠達等數人從之。寶夤語惠達曰："人生富貴，左右咸言盡節，及遭厄難，乃知歲寒也。"

賀拔岳獲寶夤送洛，留惠達爲府祭酒，給其衣馬，即與參議。岳爲關中大行臺，以惠達爲從事中郎。嘗使至洛，孝武帝與惠達語及世難。惠達陳天下事勢，述岳有誠節，唯以憂國[五]定亂爲事。言詞激切，帝甚嘉之。及還，具以白岳。岳曰："人生於天，受命於君，豈有利人榮禄，而不憂其禍難？卿之所奏，實獲我[六]心。"自是更被親禮。岳每征討，恒命惠達居守。又轉岳府屬。

岳爲侯莫陳悦所害，悦得惠達，欲官之。惠達乃遁入漢陽之麥積崖。悦平，惠達歸宇文泰，用爲秦州司馬，安輯隴右。及泰爲大都督總管兵起雍[七]，復以惠達爲府司馬，便委任焉。孝武詔泰尚馮翊長公主，以惠達爲長史，赴洛陽奉迎。至潼關，遇孝武已西，即令惠達先。泰謂惠達曰："昔周之東遷，晉鄭是依。今乘輿播越，降臨關右，吾雖猥當其任，而才愧昔人。卿宜勠力，共成功業，以取富貴也。"對曰："惠達宦游有年，屬明公一匡之運，富貴之事，非所敢望。但願明公威德加於天下，惠達得效其尺寸，則志願畢矣。"

泰爲大將軍、大行臺，以惠達爲行臺尚書、大將軍府司馬，封文安縣子[八]，邑三百户。泰出鎮華州，留惠達知後事。時既承喪亂，庶事多缺。惠達營造戎仗，儲積食糧，簡閲士馬，以濟軍國之務，時甚賴焉。爲安東將軍，拜太子少傅，進爵爲伯，增邑三百户。尋除中書令，進爵爲公，增邑通前九百户，加衛大將軍、左光禄大夫。

四年，兼尚書右僕射。[九]其年，泰與文帝東征，惠達輔太子居守，總留臺事。惠達前後辭讓，帝手詔答曰："西顧無憂，唯公是屬。蕭、寇之重，深所寄懷。"及邙山失律，人情駭動。趙青雀率東人據長安子城反，惠達奉太子出渭橋北以禦之。軍還，青雀等伏誅。拜吏部尚書。久之，復爲右僕射。

自關右草創，禮樂缺然。惠達與禮官損益舊章，至是儀軌稍備。文帝因朝奏樂，顧謂惠達曰："此卿之功也。"尋拜儀同三司。

惠達雖居顯職，性謙退，善下人，盡心勤公，進拔良士。以此人皆敬而附之。十年，薨。子題嗣。

辛慶之字慶之，《北史》作"字餘慶"隴西狄道人也。世爲隴右著姓。[一〇]父顯崇[一一]，馮翊郡守，贈雍州刺史。

慶之少以文學[一二]徵詣洛陽，對策第一，除祕書郎。屬爾朱氏作亂，孝莊帝令司空楊津爲北道行臺，節度山東諸軍以討之。津啓慶之爲行臺左丞，與參謀議。至鄴，聞孝莊帝暴崩，遂出兖、冀間，謀結義徒，以赴國難。尋而節閔帝立，乃還洛陽。普泰二年，遷平北將軍、太中大夫。[一三]及賀拔岳爲行臺，復啓慶之爲行臺吏部郎中、開府掾。[一四]尋除雍州别駕。

大統初，加車騎將軍，俄遷衛大將軍、左光禄大夫。從[一五]宇文泰東討，爲行臺左丞。時初復河東，以本官兼鹽池都將。四年，東魏陷正平郡，遂欲經略鹽池。慶之守禦有備，乃引軍退。河橋之役，大軍不利，河北守令棄城走，慶之獨因鹽池，抗拒彊敵。時論稱其仁勇。六年，行河東郡事。九年，入爲丞相府右長史，兼給事黄門侍郎，除度支尚書。復行河東郡事。遷通直散騎常侍、南荆州刺史，加儀同三司。

慶之位遇雖隆，而率性儉素，車馬衣服，亦不尚華侈。志量淹和，有儒者風度，特爲當時所重。又以其經明行偹，令與盧誕等教授諸王。廢帝二年，拜祕書監，尋卒於位。子加陵，主寢上士。

慶之族子昂，字進君。年數歲，便有成人志行。有善相人者，謂其父仲略曰："公家雖世載冠冕，然名德富貴，莫有及此兒者。"仲略亦重昂志氣，深以爲然。年十八，侯景辟爲行臺郎中，加鎮遠將軍。景後來附，昂遂入朝。除丞相府行參軍。大統十四年，追論歸朝之勛，封襄城縣男，邑二百户，轉丞相府田曹參軍。

及尉遲迥伐蜀，昂占募[一六]從軍。蜀平，以功授輔國將軍、魏都督。[一七]迥仍表昂爲龍州長史，領龍安郡事。州帶山谷，舊俗生梗。昂威惠洽著，吏民畏而愛之。成都一方之會，風俗舛雜。迥以昂達於從政，復表昂行成都令。昂到縣，即與諸生祭文翁學堂，因共歡宴。謂諸生曰："子孝臣忠，師嚴友信，立身之要，如斯而已。若不事斯語，何以成名。各宜自勉[一八]，克成令譽。"昂言切理至，諸生等並深感悟，歸而告其父[一九]曰："辛君教誡如此，不可違之。"於是井邑肅然，咸從其化。遷梓潼郡守，進位帥都督，加通直散騎常侍。六官建，入爲司隸上士，襲爵繁昌縣公。後仕周。

蘇亮字景順，武功人也。祖權[二〇]，中書侍郎、玉門郡守。父祐，泰山郡守。

亮少通敏，博學，好屬文，善章奏。初舉秀才，至洛陽，遇河内常景。景深器之，退而謂人曰："秦中才學可以抗山東者，將此人乎。"齊王蕭寶夤引爲參軍。後寶夤開府，復爲其府主簿。從寶夤西征，轉記室參軍。寶夤遷大將軍，仍爲之掾。寶夤雅知重亮，凡有文檄謀議，皆委之。尋行武功郡事，甚著聲績。寶夤作亂，以亮爲黄門侍郎。亮善處人間，與物無忤。及寶夤敗，從之者遇禍，唯亮獲全。及長孫稚、爾朱天光等西討，并以亮爲郎中，專典文翰。累遷鎮軍將軍、光禄大夫、散騎常侍、岐州大中正。賀拔岳爲關西大行臺[二一]，引亮爲左丞、典機密。

孝武西遷，除吏部郎中，加衛將軍、右光禄大夫。大統二年，拜給事黄門侍郎，領中書舍人。文帝子宜都王[二二]式爲秦州刺史，以亮爲司馬。帝謂亮曰："黄門侍郎豈可爲秦州司馬，直以朕愛子出藩[二三]，故以心腹相委，勿以爲恨。"[二四]臨辭，賜以御馬。七年，復爲黄門侍郎，加驃騎將軍。八年，遷都官尚書、使持節、行北華州刺史，封臨涇縣子，邑三百户。除中書監，領著作[二五]，修國史。亮有機辯，善談笑。有所籌議，率多會旨。記人之善，忘人之過。薦達後進，常如弗及。[二六]故當世敬慕焉。十四年，除祕書監、車騎大將軍、儀同三司，尋拜大行臺尚書，出爲岐州刺史。朝廷以其作牧本州[二七]，特給路車、鼓吹，先還其宅，并給騎十三千。列羽儀，游鄉黨，經過故人，歡飲旬日，然後入州。世以爲榮。十七年，徵拜侍中。卒於位，贈本官。

亮少與從弟綽俱知名，然綽文章少不逮亮，至於經畫進趣，亮又減之。故世稱二蘇焉。亮自大統以來，無歲不轉官，一年或至三遷。僉曰才至，不怪其速也。所著文章數十篇，頗行於世。子師嗣，以亮名重於時，起家爲黄門侍郎。亮弟湛、讓。

湛字景儁。少有志行，與亮俱著名西土。年二十餘，舉秀才，除奉朝請，領侍御史，加[二八]員外散騎侍郎。蕭寶夤西征，以湛爲行臺郎中，深見委任。及寶夤將謀叛逆，湛時卧疾於家。寶夤乃令湛從母弟天水姜儉謂湛曰："吾不能坐受死亡，今便爲身計，不復作魏臣也。與卿死生榮辱，方當共之，故以相報。"湛聞之，舉聲大哭。儉遽止之曰："何得便爾？"湛曰："闔門百口，即時屠滅，云何不哭。"哭數十聲，徐謂儉曰："爲我白齊王，王本以窮而歸人，賴朝廷假王羽翼，遂得榮寵至此。既屬國步多虞，不能竭誠報德，豈可乘人間隙，便有問鼎之心乎！今魏德既衰[二九]，天命未改。王之恩義，未洽於民，破亡之期，必不旋踵，蘇湛終不能以積世忠貞之基，一旦爲王族滅也。"寶夤復令儉謂湛曰："此是救命之計，不得不爾。"湛復曰："凡舉大事，當得天下奇士。今但共長安博徒小兒輩爲此計，豈有辦哉。湛不忍見荆棘生王户庭也。願賜骸骨還舊里，庶歸全地下，無愧先人。”寶夤素重之，知必不爲己用，遂聽還武功。寶夤後果敗。

孝莊帝即位，徵拜尚書郎。帝嘗謂之曰：“聞卿答蕭寶夤，甚有美辭，可爲我説之也。”湛頓首謝曰：“臣自惟言辭不如伍被遠矣，然始終不易，竊謂過之。但臣與寶夤周旋契闊，言得盡心，而不能令其守節，此臣之罪也。”孝莊大悦，加授散騎侍郎。遷中書侍郎。

孝武初，以疾還鄉里，終於家。贈散騎常侍、鎮西將軍、雍州刺史。

讓字景恕。幼聰敏，好學，頗有人倫鑒識。初爲本州主簿，稍遷別駕、武都郡守、鎮遠將軍、金紫光禄大夫。宇文泰[三〇]爲丞相，引爲府屬，甚見親待。出爲衛將軍[三一]、南汾州刺史。治有善政。尋卒官。贈車騎大將軍、儀同三司、涇州[三二]刺史。

柳虯字仲盤[三三]，河東解人也。五世祖恭，仕後趙爲河東郡[三四]守。後以秦、趙喪亂，率人南徙，居汝、潁間，遂仕江表。祖輯[三五]，宋司州別駕、宋安郡守。[三六]父僧習，善隸書，敏於當世。與豫州刺史裴叔業據州來歸，歷北地潁川二郡守、揚州大中正。

虯年十三，便專精好學。時貴游子弟就學者，并車服華盛，唯虯不事容飾。遍受《五經》，略通大義，兼涉子史，雅愛屬文。孝昌中，揚州刺史李憲舉虯秀才，兖州刺史馮儁引虯爲府主簿。既而樊子鵠爲吏部尚書，其兄義爲揚州刺史，乃以虯爲揚州中從事，加鎮遠將軍。非其好也，並棄官還洛陽。屬天下喪亂，乃退耕於陽城，有終焉之志。

大統三年，馮翊王元季海、領軍獨孤信鎮洛陽。時舊京荒廢，人物罕存[三七]，唯有虯在陽城，裴諏在潁川。信等乃俱徵之，以虯爲行臺郎中，諏爲北府屬[三八]，並掌文翰。時人爲之語曰：“北府裴諏，南省[三九]柳虯。”時軍旅務殷，虯勵精從事，或通夜不寢。季海常云：“柳郎中判事，我不復重看。”四年入朝，宇文泰欲官之，虯辭母老，乞侍醫藥。許焉。久之，爲獨孤信開府從事中郎。信出鎮隴右，因爲秦州刺史，以虯爲二府司馬。雖處元僚，不總府事，唯在信左右譚論而已。[四〇]因使見宇文泰，被留爲丞相府記室。

追論歸朝功，封美陽縣男。

虯以史官密書善惡，未足懲勸，乃上疏曰：

古者人君立史官[四一]，非但記事而已，蓋所以爲鑒誡也。[四二]動則左史書之，言則右史書之，彰善癉惡，以樹風聲。故南史抗節，表崔杼[四三]之罪；董狐書法，明趙盾之愆。是知直筆[四四]於朝，其來久矣。而漢、魏已還，密爲記注，徒聞後世，無益當時。非所謂將順其美，匡救其惡者也。且著述之人，密書其事，縱能直筆，人莫知之。[四五]何止物生横議，亦自異端互起。故班固致受金之名，陳壽有求米之論。著漢、魏者非一氏，造晉史者至數家。後代紛紜，莫知準的。

伏惟陛下則天稽古，勞心庶政。開誹謗之路[四六]，納忠讜之言。諸史官記事者，請皆當朝顯言其狀，然後付之史閣。庶令是非明著[四七]，得失無隱。使聞善者日修，有過者知懼。

事遂施行。

十四年，除祕書丞，領著作。舊丞不參史事，自虯爲丞，始令監掌焉。十六年，遷中書侍郎，脩起居注，仍領丞事。時人論文體者，有古今之異。虯又以爲時有古今，非文有古今，乃爲《文質論》。文多不載。廢帝初，遷祕書監，加車騎大將軍、儀同三司。

虯脱略人間，不事小節，弊衣蔬食[四八]，未嘗改操。人或譏之。虯曰："衣不過適體，食不過充飢，孜孜營求，徒勞思慮耳。"恭帝元年冬，卒，時年五十四。贈兖州刺史，謚曰孝。有文章數十篇行於世。子鴻漸嗣。

吕思禮，東平壽張人也。性温潤，不雜交游。年十四，受學於徐遵明。長於論難，諸生爲之語曰："講《書》論《易》，其[四九]鋒難敵。"十九，舉秀才，對策高第，除相州功曹參軍。葛榮圍鄴，思禮有守禦勛，賜爵平陸縣伯，除欒城令。

普泰中，僕射司馬子如薦爲尚書二千石郎中。尋以地寒被出，兼國子博士。乃求爲關西大行臺郎中，與姚幼瑜、茹文就俱入關。爲行臺賀拔岳所重，專掌機密，甚得時譽。岳爲侯莫陳悦所害，趙貴等議遣赫連達迎宇文泰，思禮預其謀。及泰爲關西大都督，以思禮爲府長史，尋除行臺右丞。以迎孝武功，封汶陽縣子[五〇]，加冠軍將軍，拜黄門侍郎。文帝即位，領著作郎，除安東將軍、都官尚書，兼七兵、殿中二曹事。從禽竇泰，進爵爲侯。大統四年，以謗訕朝政賜死。

思禮好學有文才，雖務兼軍國，而手不釋卷。晝理政事，夜即讀書，令蒼頭執燭，燭盡夜有數升。沙苑之捷，命爲露布，食頃便成，宇文泰嘆其工而且速。所爲碑誄表頌，並傳於世。七年，追贈車騎將軍、定州刺史。

子亶嗣，仕周。

時有博陵崔騰，早有名譽，歷職清顯，爲丞相府長史，亦以投書謗議賜死。

論曰：周惠達見禮寶貪，遂契闊於戎寇，不以夷險易志，斯固篤終之士也。[①] 辛慶之……之徒，並關右之舊族。或紆組登朝，獲當官之譽，……既茂國猷，克隆家業，美矣！[②] 蘇亮等並學稱該博，文擅雕龍，或揮翰鳳池，或著書麟閣，咸居禄位，各逞琳琅。擬彼陳、徐，慚後生之可畏；論其任遇，實當時之良選也。魏文帝有言："古今文人，類不護細行。"其吕思禮……之謂也？[③]

【校注】

［一］周辛蘇柳吕列傳十　西魏書二十一　通議大夫浙江按察使司按察使加二級南康謝啓昆撰："樹經堂本"作"卷二十一　周辛蘇柳吕列傳十"，"中華本"作"西魏書卷二十一　周辛蘇柳吕列傳十"。又，卷末"論曰"乃校注者

---

① 《北史》卷六三"論曰"，頁二二五三。又，《周書》卷二二"史臣曰"："周惠達見禮於寶貪，……既而蕭氏獲罪，……遂能契闊寇戎，不以興（王）（亡）革慮；崎嶇危難，不以夷險易心。斯固篤終之士。"

② 《北史》卷七〇"論曰"，頁二四四四～二四四五。並見《周書》卷三九"史臣曰"，頁七〇四。

③ 《周書》卷三八"史臣曰"，頁六九〇。又，《北史》卷七〇"論曰"："魏文帝云：'文人不護細行。'其吕思禮之謂乎！"

所彙聚。

［二］歷樂鄉、平舒、平成三縣令：《北史》卷六三《周惠達傳》“平成”作“成平”。考《魏書》卷一〇六上《地形志上》瀛洲章武郡領縣有“成平”“平舒”，周惠達既爲章武文安人，其父歷任本郡二縣令，似較可信，疑此“平成”乃“成平”之倒誤。又經比對，似可以確定《西魏書·周惠達傳》本諸《周書》卷二二《周惠達傳》，并間或參考《北史》卷六三《周惠達傳》。

［三］元叉：原本誤作“元义”，兹據《周書》卷二二《周惠達傳》及“樹經堂本”“中華本”改正。下文凡有此誤，皆徑改。

［四］虎口：《通志》卷一五七《周惠達傳》同，當從《周書》及《北史》周惠達本傳，改作“獸口”。

［五］憂國：“樹經堂本”誤作“愛國”。

［六］我：《周書》卷二二《周惠達傳》作“吾”。

［七］及泰爲大都督總管兵起雍：《周書》卷二二校勘記［三］疑“管”字衍，“起”當作“赴”，并推斷：“宇文泰本在秦隴，孝武帝爲了牽制高歡，‘命太祖稍引軍而東’，得了雍州，被任爲關西大都督，即在長安開府，所以説‘爲大都督，總（管）兵（起）［赴］雍’。”甚是。

［八］大將軍府司馬封文安縣子：“樹經堂本”，“馬”“子”各誤作“爲”“于”。

［九］四年，兼尚書右僕射：《周書》卷二二校勘記［四］：“《北史》本傳‘四年’上有‘大統’二字。這裏不標明年號，不知是何四年。疑上有脱文。”然下文又謂“其年，泰與文帝東征”，而《北史》卷五《魏本紀五》云：“（大統四年）秋七月，東魏將侯景等圍洛陽，帝與安定公宇文泰東伐。”兩相比對，足以確定此必大統四年。

［一〇］著姓：“樹經堂本”“中華本”誤作“著性”。經比對，可確認《西魏書·辛慶之傳》以《周書》卷三九《辛慶之傳》爲藍本。

［一一］顯崇：《周書》卷三九《辛慶之傳》同，《北史》卷七〇《辛慶之傳》作顯宗。

［一二］文學：“樹經堂本”作“文章”。

［一三］太中大夫：原作“大中大夫”，兹據《周書》卷三九《辛慶之傳》及“樹經堂本”“中華本”改。

［一四］掾：“樹經堂本”誤作“據”。

［一五］從：《北史》卷七〇《辛慶之傳》同，《周書》卷三九《辛慶之傳》作“後”，其校勘記［九］稱當改作“從”。

［一六］占募：原作“招募”，《北史》卷七〇《辛慶之傳》作“占募”，《周書》卷三九《辛慶之傳》作“召募”，但其校勘記［一〇］，以“占募”屢見於《三國志》卷五八《陸抗傳》及南北諸史，疑當改作“占募”。此從其説。

［一七］魏都督：《周書》卷三九中華書局校勘記［一一］稱“魏”字疑是衍文，并謂：“卷二四《盧辯傳》末輔國將軍和都督同在七命。下文説‘遷梓潼郡守，進位帥都督’，帥都督是正七命，升遷次序正合。”

［一八］勉：“樹經堂本”誤作“免”。

［一九］父：宋本、南本、北本、汲本《周書·辛慶之傳》皆作“父”，惟殿本《周書·辛慶之傳》疑據《北史》卷七〇《辛慶之傳》，補作“父老”。

［二〇］祖權：《北史》卷六三《蘇綽傳附蘇亮傳》作“祖稚，字天祐”，《魏書》卷四五《蘇湛傳》作“父擁，字天祐”。《北史》卷六三校勘記［三一］云：“按：蘇湛即亮弟，而一以爲祖，一以爲父，其名又作‘稚’作‘權’作‘擁’不同。……作‘稚’必誤。作‘權’作‘擁’，未知孰是。……魏收爲北齊人，記關中人物世系，可能不甚確切，故以祖爲父，而‘父祐’誤作‘字天祐’。《北史》既從《周書》分爲祖父兩代，又從《魏書》增‘字天祐’三字，遂致抵牾。”

［二一］關西大行臺：《周書》卷三八《蘇亮傳》、《北史》卷六三《蘇綽傳附蘇亮傳》皆作“關西行臺”。按：《周書》卷一《文帝紀上》云：“太昌元年，岳爲關西大行臺，以太祖爲左丞，領岳府司馬，加散騎常侍。”是知當作“關西大行臺”。

［二二］宜都王：“樹經堂本”誤作“官都王”。

［二三］出藩：《周書》卷三八《蘇亮傳》作“出蕃”。

［二四］勿以爲恨：原脱“以”字，兹據《周書》卷三八《蘇亮傳》、《北

史》卷六三《蘇綽傳附蘇亮傳》補。

［二五］領著作：原作“令領著作”，“令”字顯係衍文，徑删。

［二六］弗及：“樹經堂本”“中華本”皆作“不及”。

［二七］作牧本州：據鍾盛考察，此制在西魏的大規模推行，既滿足了正在崛起的地方豪族的政治需求，又順利地將這些勢力轉化爲政權的統治基礎，成爲西魏北周由弱變强的重要因素；宇文泰雖高調任命功臣出任本州刺史，但對這些豪族又嚴加防範，故有不少“作牧本州”者，在任期間就被改任它職；世襲本州郡者雖不乏其例，但這種情形僅出現在關隴邊緣，且是否真正世襲，亦不無疑問；地方豪族在“作牧本州”后，仍能不斷升遷，甚至進入政權核心，參與政治決策，最終促成了關隴集團的塊然崛起與西魏北周政權的“關隴化”。①

［二八］加：“樹經堂本”“中華本”皆誤刻爲“如”。

［二九］今魏德既衰：《周書》卷三八《蘇亮傳》“今”“既”各作“令”“雖”。

［三〇］宇文泰：“樹經堂本”誤作“宇文泰”。

［三一］衛將軍：原作“衛軍將軍”，兹據《周書》卷三八《蘇亮傳》改正。其實《西魏書》蘇亮傳以《周書》此傳爲藍本。

［三二］涇州：“樹經堂本”誤作“經州”。

［三三］仲盤：《北史》卷六四《柳虯傳》同，《周書》卷三八《柳虯傳》作“仲蟠”。又，《魏故使持節車騎大將軍儀同三司散騎常侍兖州刺史美陽縣開國男乙弗君志》云：“曾祖紹，鍾離太守、假節、隋郡太守、監隋郡諸軍事。祖緝，宋安太守、義陽内史。祖母清河崔氏。父僧習，撫軍將軍、揚州刺史。母天水趙氏。君諱虬，字仲磐，本姓柳，河東解人。周之胤，下惠后，今上元年，詔改姓乙弗。君少好學，五經略通大義，百家覽其綱目。十五能屬文，舉秀才，兖州安東府主簿、揚州治中、隴右開府司馬、相府記室、秘書丞、中書侍郎、秘書監、車騎大將軍、儀同三司、散騎常侍，仍監典國史。君

① 鍾盛：《西魏北周“作牧本州”考析》，《魏晉南北朝隋唐史資料》二〇〇九年第一期（總第二十五輯），頁八五～一〇四。

（姓）［性］耿直，交游不苟，安貧賤，淡榮利，從微至著，皆以道義見升。元年十二月二日，薨于長安，時年五十四。詔贈兗州刺史，謚曰孝。二年歲次乙亥正月廿七日，窆于小陵原太夫人壽昌君墓次。夫人安定席氏，父景通，司空掾、乘氏縣開國伯。祖法友，濟、豫、并三州刺史，乘氏縣開國伯。世子鴻漸，輔國將軍、瓜州長史。第二子蔡年，秘書郎中。第三子止戈，輔國將軍、都督、相府行參軍。第四子山甫。第五子逢恩。第六子御天，早亡。第七子乃文。女静女，適吏部郎中京兆韋孝固。"①

［三四］郡："樹經堂本"誤作"那"。

［三五］輯：《周書》卷二二《柳慶傳》作"緍"，《北史》卷六四《柳虯傳》作"緝"，"緍""緝"未知孰是，但絶非"輯"字。

［三六］宋司州别駕、宋安郡守：原作"宋州别駕、宋安郡守"，《北史》卷六四校勘記［二四］斷定"柳緝是以司州别駕帶宋安郡守"，兹從之，補入"司"字。

［三七］罕存：《北史》卷六四《柳虯傳》同，《周書》卷三八《柳虯傳》作"罕極"。

［三八］北府屬：《北史》卷六四《柳虯傳》同，《周書》卷三八《柳虯傳》作"都督府屬"。

［三九］南省：原作"南府"，此從《周書》卷三八《柳虯傳》。《北史》卷六四校勘記［二五］以爲當作"南省"："按'府'指都督府，'省'指行臺省。當時並無'北府''南府'之官，南北乃指行臺省與都督府相對位置而言。"

［四〇］不總府事，唯在信左右譚論而已：《周書》卷三八《柳虯傳》、《北史》卷六四《柳虯傳》"總"作"綜"，"譚論"作"談論"。當是《西魏書》誤抄所致。

［四一］史官：原僅作"官"，兹據《周書》《北史》柳虯本傳補。

［四二］蓋所以爲鑒誡也：《周書》卷三八《柳虯傳》作"蓋所以爲監誡

---

① 可見《陝西西安西魏乙弗虬及夫人隋代席氏合葬墓發掘簡報》，《考古與文物》二〇二〇年第一期，頁三三～四八。

也”，《北史》卷六四《柳虯傳》作“蓋所爲鑒誡也”。

［四三］崔杼：原誤“崔抒”，兹據《周書》《北史》柳虯傳改正。

［四四］直筆：原與《北史》卷六四《柳虯傳》俱作“執筆”。考上引南史、董狐皆直筆之例，故當從《周書》卷三八《柳虯傳》作“直筆”。

［四五］知之：《周書》卷三八《柳虯傳》倒作“之知”。

［四六］路：原誤“論”，兹據《周書》《北史》柳虯傳改正。

［四七］明著：“樹經堂本”“中華本”誤作“名著”。

［四八］蔬食：《北史》卷六四《柳虯傳》同，《周書》卷三八《柳虯傳》作“疏食”。

［四九］其：此從《周書》卷三八《吕思禮傳》，《北史》卷七〇《吕思禮傳》無此字。

［五〇］汶陽：此從《北史》卷七〇《吕思禮傳》，《周書》卷三八《吕思禮傳》則作“汝陽”。

毛泉趙王列傳十一　西魏書二十二

通議大夫浙江按察使司按察使加二級南康謝啓昆撰[一]

毛鴻賓，遐之弟也。大鼻眼，多鬚鬚，黑而且肥，狀貌頗異，氐、羌見者皆畏之。加膽略騎射，倜儻不拘小節。昆季之中，尤輕財好施。遐雖云早立，而名出其下。及賊起，鄉里推爲盟主，常與遐一守一戰。後拜岐州刺史、散騎常侍、開國縣侯。遐笑謂鴻賓曰：“擊賊之功，吾不居汝後，至於受賞，汝在吾前，當以德濟物，不及汝故。”明帝以鴻賓兄弟所定處多，乃改北地郡爲北雍州，鴻賓爲刺史。詔曰：“此以晝錦榮卿也。”改三原縣爲建中郡[二]，以旌其兄弟。

後爾朱天光自關中還洛，夷夏心所忌者，皆將自隨。鴻賓亦領鄉中壯武二千人以從。洛中素聞其名，衣冠貧冗者，競與之交。尋拜西兖州刺史。羈寓倦游之輩，四座常滿，鴻賓資給衣食，與己悉同，私物不足，頗有公費。轉南青州刺史。未幾，徵還，爲有司所糾，鴻賓遂逃匿人閒。月餘，特詔原之。

及孝武帝與高歡有隙，令鴻賓鎮潼關，爲西道之寄。車駕西幸，漿糗乏絶，侍官三二日閒，唯飲澗水，鴻賓奉獻酒食，迎於稠桑，文武從者，始解飢渴。帝把其手曰：“寒松勁草，所望於卿也。事平之日，寧忘主人。”仍留守潼關。後高歡來寇，見禽至并州，憂恚卒。

鴻賓弟鴻顯，位[三]散騎常侍，封縣侯。遐乳母所産也，一字七寶。遐養之爲弟，因姓毛氏。勁悍多力。後隨諸兄戰鬬，多先鋒陷陣。大統四年，爲廣州刺史，與駱超鎮東陽[四]，陷東魏。卒。子野叉。

泉企[五]字思道，上洛豐陽人也。世雄商洛。自晉東度，常貢屬江東。曾祖景言，太延[六]五年率鄉里歸化，仍引王師平商洛，拜建節將軍，假宜陽郡守，世襲本縣令，封丹水侯。父安志，復爲建節將軍、宜陽郡守，領本縣令，降爵爲伯。

企九歲喪父，哀毁類於成人。服闋襲爵，年十二。鄉人皇平、陳合等三百餘人詣州，請企爲縣令。州爲申上。時吏部尚書郭祚以企年少，請别選遣，終此一限，令企代之。宣武帝詔曰："企向成立，且爲本鄉所樂，何爲捨此世襲，更求一限。"遂依所請。企雖童幼，而好學恬静，百姓[七]安之。尋以母憂去職。縣中老父復表請，詔許之。起復本任，加討寇將軍。

孝昌[八]初，又加龍驤將軍、假節，防洛州别將，尋除上洛郡守。及蕭寶夤反，遣其黨郭子恢襲據潼關。企率鄉兵三千人拒之，連載數日，子弟死者二十許人，遂大破子恢。以功拜征虜將軍。寶夤又遣兵萬人趣青泥，圖取上洛。上洛豪族泉、杜二姓密應之。企與刺史董紹宗[九]掩襲，二姓散走，寶夤軍亦退。遷左將軍、淅州[一〇]刺史，别封涇陽縣伯，邑五百户。

永安中，梁將王玄真[一一]入寇荆州。加企持節、都督，率衆援之。大破玄真於順陽。除撫軍將軍、使持節，假鎮南將軍、東雍州刺史，進爵爲侯。部民楊羊皮，太保椿之從弟，恃椿侵害百姓，凌辱守宰，皆畏不敢言。企收之，將加極法，於是楊氏慚懼，宗族詣閤請恩。自此豪右屏迹，無敢犯者。性又清約，纖毫不擾於民。在州五年，每於鄉里運米以自給。梁魏興郡與洛州接壤，表請内屬，詔企爲行臺尚書以撫納之。大行臺賀拔岳以企昔莅東雍，爲吏民所懷，乃表企復爲刺史，詔許之。蜀民張國雋聚黨剽劫，州郡不能制。企命收而戮之，闔境清肅。孝武初，加車騎大將軍[一二]、左光禄大夫。

及高歡專政，帝有西顧之心，欲委企以山南之事，乃除洛州刺史、當州都督。未幾，帝西遷，高歡率衆至潼關，企遣其子元禮督鄉里五千人，北出大谷以禦之。歡不敢進。上洛人都督泉岳、其弟猛略與順陽人杜窋[一三]等謀翻洛州，以應東軍。企知之，殺岳及猛略等，傳首詣闕，而窋亡投東魏。録前後勛，授車騎大將軍、儀同三司。大統初，加開府儀同三司，兼尚書右僕射，進爵上洛郡公，增邑通前千户。企志尚[一四]廉慎，每除一官，憂見顔色。至是頻讓，帝手詔不許。

三年，高敖曹率衆圍逼州城，杜窋爲其鄉導。企拒守旬餘，矢盡援絶，城乃陷焉。企謂敖曹曰："泉企力屈，志不服也。"及竇泰被擒，敖曹退走，遂執企而東，以窋爲刺史。企臨發，密誡二子元禮、仲遵曰："吾生平志願，不過令長耳。幸逢聖運，位亞台司。今爵禄既隆，年齒又暮，前途夷險，抑亦可知。汝等志業方彊，堪立功效。且忠孝之道，不可兩全，宜各爲身計，勿相隨寇手。但得汝等致力本朝，吾無餘恨。不得以我在東，遂虧臣節也。爾其勉之！"乃揮淚而訣，聞者莫不憤嘆。尋卒於鄴。

元禮少有志氣，好弓馬，頗嫺草隸，有士君子之風。釋褐奉朝請、本州别駕。累遷員外散騎侍郎、洛州大中正、員[一五]外散騎常侍、安東將軍、持節、都督，賜爵臨洮縣伯，進征東將軍、金紫光禄大夫，加散騎常侍。及洛州陷，與企俱被執而東。元禮於路逃歸。時杜窋雖爲刺史，然巴人素輕杜而重泉。及元禮至，與仲遵相見，感父臨别之言，潛與豪右結托。信宿之閒，遂率鄉人襲州城，斬窋，傳首長安。朝廷嘉之，拜衛將軍、車騎大將軍，世襲洛州刺史。從戰沙苑，爲流矢所中，遂卒。子貞嗣，官至儀同三司。

仲遵少謹實，涉獵經史。年十三，州辟主簿。[一六]十四，爲本縣令。及長，有武藝。遭世離亂，每從父兄征討，以勇決聞。高敖曹攻洛州，企令仲遵率五百人出戰。時以衆寡不敵，乃[一七]退入城，復與企力戰拒守。矢盡，以杖棒扞之，遂爲流矢中目，不堪復戰。及城陷，士卒嘆曰："若二郎不傷，豈至於此。"企之東也，仲遵以被傷不行。後與元禮斬窋，以功封豐陽縣伯，邑五百户。加授征東將軍、豫州刺史。[一八]及元禮於沙苑戰没，復以仲遵爲洛州刺史，頗得嘉譽。

東魏北豫州刺史高仲密舉成皋入附，宇文泰遣仲遵隨于謹攻柏谷塢。仲遵力戰先登，擒其將王顯明。柏谷既拔，復會大軍戰於邙山。十三年，王思政改鎮潁川[一九]，以仲遵行荆州刺史事。十五年，加授大都督，俄進車騎大將軍、儀同三司。

梁司州刺史柳仲禮每爲邊寇，仲遵率鄉兵從開府楊忠討之。梁隨郡守桓和拒守不降。忠謂諸將曰："先取仲禮，則桓和可不攻自服。"仲遵對曰："蜂蠆有毒，何可輕也。若棄和深入，仲禮未即就擒，首尾受敵，此危道也。"[二〇]

忠從之。仲遵以計由己出，乃率先登城，遂擒和。從擊仲禮，又獲之。進驃騎大將軍、開府儀同三司，領本州大中正，復爲三荆二廣南雍平信江隨二郢淅[二一]等十三州諸軍事，行荆州刺史。尋遭母憂，請終喪制，不許。

大將軍王雄南征上津、魏興，仲遵率所部兵從雄討平之。遂於上津置南洛州，以仲遵爲刺史。仲遵留情撫接，百姓安之，流民歸附者，相繼而至。初，蠻帥杜清和自稱巴州刺史，以州入附。朝廷因其所據授之，仍隸東梁州都督。清和以仲遵善於撫御，請隸仲遵。朝議以山川非便，弗之許也。清和遂結安康酋帥黄衆寶等，舉兵共圍東梁州。復遣王雄討平之。改巴州爲洵州，隸於仲遵。先是，東梁州刺史劉孟良在職貪婪，民多背叛。仲遵以廉簡處之，羣蠻率服。

仲遵雖出自巴夷，而有方雅之操，歷官之處，皆以清白見稱。朝廷又以其父臨危抗節，乃令襲爵上洛郡公，舊封聽回授一子。恭帝初，徵拜左衛將軍。尋出爲都督金興等六州諸軍事、金州刺史。後仕周。

趙善字僧慶，太傅、楚國公貴之從祖兄也。祖國，官龍驤將軍、洛州刺史。父更，安樂太守。

善少好學，涉獵經史，美容儀，沈毅有遠量。永安初，爾朱天光爲肆州刺史，辟爲主簿，深器重之。天光討邢杲及万俟醜奴，以善爲長史。軍中謀議，每參預之。天光爲關右行臺，表善爲行臺左丞，加都督、征虜將軍。普泰初，賞平關、隴功，拜驃騎將軍、大行臺、散騎常侍，封山北縣伯，邑五百户。俄除持節、東雍州諸軍事、雍州刺史。天光東拒高歡，軍於寒陵，善又以長史從。及天光敗見殺，善請收葬其屍，歡義而許之。

賀拔岳總關中兵，乃遣迎善，復以爲長史。岳爲侯莫陳悦所害，善共諸將翊戴宇文泰，仍從平悦。

孝武西遷，除都官尚書，改封襄城縣伯，增邑五百户。頃之，爲北道行臺，與儀同李虎等討曹泥，克之。遷車騎大將軍、儀同三司、尚書右僕射。兼侍中[二二]，監著作，領太子詹事。善性温恭，有器局，雖位居端右，而逾自謙退。其職務克舉，則曰某官之力；若有罪責，則曰善之咎也。時人稱其公輔之量。

九年，從戰邙山，屬大軍不利，善爲敵所獲，遂卒於東魏。後周與齊通好，齊人乃歸其柩。其子度、絢，仕周。

王思政，太原祁人，漢司徒允之後也。自魏太尉凌誅後，冠冕遂絶。父祐，州主簿。

思政容貌魁梧，有籌策，解褐員外散騎侍郎。屬万俟醜奴、宿勤明達[二三]等擾亂關右，北海王顥討之，聞思政壯健，啓與隨軍，所有謀議，並與參詳。時孝武在藩，素聞其名，乃引爲賓客，遇之甚厚。及登大位，委以心膂。預定策功，封祁縣侯，爲武衛將軍。俄而高歡潛有異圖，帝以思政可任大事，拜使持節、中軍大將軍、大都督，總宿衛兵。思政乃言於帝曰："洛陽四面受敵，非用武之地。關中有崤函之固，且士馬精彊。宇文夏州糾合同盟，願立功効，若聞車駕西幸，必當奔走奉迎。藉天府之資，因已成之業，一二年脩復舊京[二四]，何慮不克。"帝深然之。及歡兵至河北，帝乃西遷。進爵太原郡公，拜光禄卿、并州刺史，加散騎常侍、大都督。

大統之後，思政雖被任委，自以非相府之舊，每不自安。宇文泰曾在同州，與羣公宴集，出錦罽及雜綾絹數千段，[二五]令諸將摴蒱取之。物已盡，泰又解所服金帶，令諸人遍擲，曰："先得盧者即與之。"羣公擲將遍，莫有得者。次至思政，乃斂容跪而誓曰："王思政羈旅歸朝，蒙宰相國士之遇，方願盡心効命，上報知己。若此誠有實，令宰相賜知者，願擲即爲盧；若内懷不盡，神靈亦當明之，使不作也，便當殺身以謝所奉。"辭氣慷慨，一座盡驚。即拔所佩刀，横於膝上，攬摴蒱，拊髀擲之。比泰止之，已擲爲盧矣。徐乃拜而受帶。自此朝寄更深。

及河橋之戰，思政下馬，用長矟左右横擊，一擊踣數人。時陷陣既深，從者死盡，思政被重創悶絶。會日暮，敵亦收軍。思政久經軍旅，每戰唯著破衣弊甲，敵人疑非將帥，故得免。有帳下督雷五安於戰處哭求思政，會已蘇，遂相得。乃割衣裹創，扶思政上馬，夜久方得還軍。仍鎮弘農[二六]，除侍中、東道行臺。思政以玉壁地險要，請築城。即自營度，移鎮之。還汾晉并三州諸軍事、并州刺史，行臺如故，仍鎮玉壁。八年，東魏復來寇，卒不克。以全城功，授驃騎大將軍、開府儀同三司。

高仲密以北豫州來附，宇文泰親接援之，乃驛召思政，將鎮成皋。未至而班師，復命思政鎮弘農。[二七]思政入弘農[二八]，令開城門，解衣而卧，慰勉將士，示不足畏。數日後，東魏將劉豐生率數千騎至城下，憚之，不敢進，乃引軍還。於是脩城郭，起樓櫓，營田農，積芻秣，凡可以守禦者皆具焉。弘農之有備[二九]，自思政始也。

十二年，加特進，兼尚書左僕射、行臺、都督、荆州刺史。境内卑溼，城塹多壞。思政乃命都督藺小歡督工匠繕脩之。掘得黄金三十斤，夜中密送之。至旦，思政召佐史，以金示之曰："人臣不宜有私。"悉封金送上。賜錢二十萬。思政之去玉壁也，命舉代人，思政乃進所部都督韋孝寬。其後東魏來寇，孝寬卒能全城，時論稱其知人。

十三年，侯景叛東魏，請援乞師。當時未即應接。思政以爲若不因機進取，後悔無及，即率荆州步騎萬餘，從魯關向陽翟。宇文泰聞思政已發，乃遣太尉李弼赴潁川。東魏將高岳等聞大兵至，收軍而遁。思政入守潁川，景引兵向豫州，外稱略地，乃密遣送款於梁。先是，宇文泰遣帥都督賀蘭願德助景扞禦，景既有異圖，因厚撫願德等，冀爲己用。思政知景詭詐，乃密追願德。思政分布諸軍，據景七州十二鎮。泰乃以所授景使持節、太傅、大將軍、兼尚書令、河南大行臺、河南諸軍事，回授思政，思政並讓不受。頻使敦喻，唯受河南諸軍事。

十四年，拜大將軍。九月，東魏太尉高岳、行臺慕容紹宗、儀同劉豐生等率步騎十萬來攻潁川，殺傷甚衆。岳又築土山以臨城中，飛梯火車，盡攻擊之法。思政亦作火穳，因迅風便投之土山。又射以火箭，燒其攻具。[三〇]仍募勇士，縋而出戰，據其兩土山，置樓堞以助防守。高澄更益兵，堰洧水以灌城。時有怪獸，每衝壞其堰。然城被灌已久，多亦崩頹。岳悉衆苦攻。思政身當矢石，與士卒同勞苦。岳乃更脩堰，作鐵龍雜獸，用厭水神。堰成，水大至。城中泉涌溢，懸釜而炊，糧力俱竭。慕容紹宗、劉豐生及其將慕容永珍共乘樓船以望城内，令善射人俯射城中。俄而大風暴起，船乃飄至城下。城上人以長鉤牽船，弓弩亂發。紹宗窮急，投水而死。豐生浮向土山，復中矢而斃。禽永珍，并獲船中器械。思政謂永珍曰："僕之破亡，在於晷漏。誠知殺卿無益，然人臣之節，守之以死。"乃流涕斬之。并收紹宗等尸，以禮埋瘞。

岳既失紹宗等，志氣沮喪，不敢逼城。高澄聞之，乃率步騎十萬來攻。思政知不濟，率左右據土山，因仰天大哭，左右皆號慟。思政西向再拜，便欲自刭。先是，高澄告城中人曰："有能生致王大將軍者，封侯重賞。若大將軍身有損傷，親近左右皆從大戮。"都督駱訓謂思政曰："公常語訓等，但將我頭降，非但得富貴，亦足活一城人。今高相既有此言，豈不哀城中士卒也！"[三一]固共止之，不得引決。高澄遣其常侍趙彦深就土山[三二]遺以白羽扇而説之，牽手以下。引見澄，辭氣慷慨，涕淚交流，無撓屈之容。澄以其忠於所事，起而禮之，接遇甚厚。其督將分禁諸州地牢，數年盡死。

思政初入潁川，士卒八千人。被圍既久，城中無鹽，腫死者十六七，及城陷之日，存者纔三千人。雖外無救援，卒無叛者。思政常以勤王爲務，不營貲産。嘗被賜園地[三三]，思政出征後，家人種桑果雜樹。及還，見而怒曰："匈奴未滅，去病辭家。況大賊未平，欲事産業，豈所謂憂公忘私邪！"命左右拔而棄之。故身陷之後，家無蓄積。及後齊，以爲都官尚書。[三四]

初，思政在荆州，自武關以南延袤一千五百里，置三十餘城，并當衝要之地。凡所舉薦，咸得其才。

子康[三五]，沈毅有度量。思政陷後，詔以因水城陷，非戰之罪，增邑三千五百户，以康襲爵太原公，除驃騎大將軍、侍中、開府儀同三司。康弟揆，先封中都縣侯，增邑通前一千五百户，進爵爲公。揆弟邗，封西安縣侯。邗弟恭，忠誠縣伯。恭弟幼，顯親縣伯。康姊封齊郡君。康兄元遜亦陷於潁川，封其子景晉陽縣侯。康抗表固讓，不許。十六年，王師東討，加康使持節、大都督，以思政所部兵皆配之。廢帝二年，隨尉遲迥征蜀，鎮天水郡，尋賜姓拓王氏，爲酈州刺史，後仕周。

論曰：事君致身，見危授命。故或從容抗節，或慷慨捐軀，衡其氣量，豈不偉哉！然而勢窮力蹙，陷身異國。君子論其世，未嘗不悲其志焉。鴻賓諸人，乃心王室，不幸名位不終，朝廷亦不之罪。泉企、思政，子孫封爵，尤爲赫奕。含容悖大，二十餘年，將帥効命，卒闢四方，有以也。[三六]

【校注】

［一］毛泉趙王列傳十一　西魏書二十二　通議大夫浙江按察使司按察使加二級南康謝啓昆撰："樹經堂本"作"卷二十二　毛泉趙王列傳"，"中華本"作"西魏書卷二十二 毛泉趙王列傳十一"。

［二］建中郡：《北史》卷四九校勘記［二〇］以爲當作"建忠郡"。

［三］位："樹經堂本"誤作"立"。

［四］東陽：按：《北齊書》卷二二《盧文偉傳附盧勇傳》，有元象元年廣州守將駱超以城降東魏事。考《魏書》卷一〇六中《地形志中》，廣州治魯陽，則此"東陽"當是"魯陽"之訛。

［五］泉企：《周書》卷二校勘記［四］："《周書》卷四四、《北史》卷六六都有傳，《周書》作'企'，《北史》作'仚'，卷三一《高允附高昂傳》作'仚'，而《北齊書》卷二一《高乾附弟昂傳》作'企'。二字常相混，未知孰是，今悉仍其舊。"經比對，可確定《西魏書》泉企傳取材於《周書》卷四四《泉企傳》。

［六］太延：太武帝拓跋燾的第四個年號，原作"大延"，兹徑改。

［七］百姓："樹經堂本"誤作"百性"。

［八］孝昌："樹經堂本"誤作"考昌"。

［九］董紹宗：《北史》卷六六《泉仚傳》作"董紹"；或疑"宗"字乃衍文，《周書》卷四四校勘記［二］卻以爲："按《魏書》之董紹自與本條之董紹宗爲一人，但也可能《魏書》《北史》爲雙名單稱。"

［一〇］淅州："樹經堂本"誤作"浙州"。

［一一］玄真：《西魏書》爲避諱而作"元真"，兹徑改。下同。

［一二］車騎大將軍：左右光禄大夫是驃騎、車騎將軍的加官，若是車騎大將軍，則例加儀同三司。下文"録前後勛，授車騎大將軍、儀同三司"，可證此"大"乃衍文，宜改作"車騎將軍"。

［一三］順陽人杜窋：《周書》卷四四校勘記［四］："按：《魏書》卷一〇六下《地形志》下洛州上洛郡有拒陽縣。上云'上洛豪族泉杜二姓'，杜窋應爲拒陽人。若順陽則是荊州屬郡，安能'謀翻洛州'。知作'拒'是。……'杜窋'，卷二《文帝紀》下作'杜密'。"

［一四］尚："樹經堂本"誤作"佝"。

［一五］員："樹經堂本"誤作"負"。

［一六］年十三州辟主簿：《北史》卷六六《泉佡傳》作"年十三爲郡主簿"。

［一七］乃："樹經堂本"誤作"及"。

［一八］豫州刺史：《北史》卷六六《泉佡傳》作"東豫州刺史"。

［一九］潁川："樹經堂本"誤作"穎川"。

［二〇］《周書》卷四四《泉企傳》云："忠謂諸將曰：'本圖仲禮，不在隨郡。如即攻守，恐引日勞師。今若先取仲禮，則桓和可不攻自服。諸君以爲何如？'仲遵對曰：'蜂蠆有毒，何可輕也。若棄和深入，遂擒仲禮，和之降不，尚未可知。如仲禮未獲，和爲之援，首尾受敵，此危道也。若先攻和，指麾可剋。剋和而進，更無反顧之憂。'"两相比對，可知《西魏書》删略不无可議。

［二一］淅："樹經堂本"誤作"浙"。

［二二］兼侍中：《周書》卷三四《趙善傳》在"兼侍中"之前，尚有"進爵爲公，增邑并前一千五百户。大統三年，轉左僕射"句。

［二三］宿勤明達：原作"宿勤明遠"，兹據《周書》卷一八《王思政傳》及點校本《北史》卷六二《王思政傳》改。

［二四］一二年脩復舊京：《周書》卷一八《王思政傳》作"一二年間，習戰陣，勸耕桑，修舊京"，《北史》卷六二《王思政傳》作"二年修復舊京"，《册府元龜》卷四〇四作"一二十年間，習戰陣，勸耕桑，脩舊京"。《西魏書》此文當雜取《周書》《北史》而成。

［二五］數千段：《周書》卷一八《王思政傳》作"數段"，當以"數千段"爲是。

［二六］［二七］［二八］［二九］弘農：原爲避諱而改作“宏農”，今回改。

［三〇］攻具：“樹經堂本”誤作“攻真”。

［三一］駱訓此語，當改編自《周書》卷一八《王思政傳》。《西魏書·王思政傳》除此句外，餘皆取材於《北史》卷六二《王思政傳》。

［三二］土山：“樹經堂本”誤作“十山”。

［三三］園地：《太平御覽》卷二七六作“園池”。

［三四］及後齊，以爲都官尚書：《北史》卷六二《王思政傳》云：“及齐文宣受东魏禅，以思政为都官尚書、仪同三司。”《西魏書》此文，删略過簡。

［三五］康：《北史》卷六二《王思政傳》爲“避唐諱改”作“康”，《周書》卷一八校勘記以爲當作“秉”。

［三六］《北史》卷四九“論曰”：“雷紹馳騖雲雷之秋，毛遐兄弟致力經綸之日，乙弗朗展轉擾攘之中，卒獲歸順，美矣。”

《周書》卷三四“史臣曰”：“趙善等或行彰於孝友，或誠顯於忠槩，咸躬志力，俱徇功名。兵凶戰危，城孤援絶。楊敷、趙善，類龐德之勢窮；……王旅不振，非其罪也。”

卷四四“史臣曰”：“泉企長自山谷，素無月旦之譽，而臨難慷慨，有人臣之節，豈非蹈仁義歟。元禮、仲遵，聿遵其志，卒成功業，庶乎克負荷矣。”

卷一八“史臣曰”：“王思政驅馳有事之秋，慷慨功名之際。及乎策名霸府，作鎮潁川，設縈帶之險，修守禦之術，以一城之衆，抗傾國之師，率疲乏之兵，當勁勇之卒，猶能亟摧大敵，屢建奇功。忠節冠於本朝，義聲動於隣聽。雖運窮事蹙，城陷身囚，壯志高風，亦足奮於百世矣。”

楊乙弗李蔣檀特趙陳高列傳十二　西魏書二十三

通議大夫浙江按察使司按察使加二級南康謝啓昆撰[一]

楊騰，弘農[二]人，文帝之舅也。父貴，琅邪郡守，封華陰男。騰妹爲京兆王愉妃，故騰得處貴游。景明初，襲爵。後爲襄城太守，甚有聲稱。文帝即位，位開府儀同三司，出鎮河東。薨，贈司空、雍州刺史，謚曰貞襄。子盛。

乙弗繪，河南洛陽人，文帝皇后之兄也。文帝即位，位開府儀同三司、侍中、中書監、魏昌縣公，又爲吏部尚書。[三]

李順興，京兆杜陵人也。年十餘，乍智乍愚，時莫識之。其言未來事，時有中者。盛冬單布衣，跣行冰上及入洗浴，略不患寒。家嘗爲齋，方食，器用不周。順興言："昆明池中有大荷葉，可取盛餅食。"其所居去池十數里，日不移影，順興負荷葉而歸，脚猶泥，舉坐驚異。後稍出城市，常冠道士冠，人有憶者，不過數日，輒至其家。號爲李練。[四]好飲酒，但不至醉。貴賤并敬之。得人所施，輒散乞貧人。

蕭寶夤反，召順興問曰："朕王可幾年？"對曰："爲天子自有百年者，十年者，一年者，百日者，事由可知。"及寶夤敗，裁百日也。有侯終德者，寶夤之黨，寶夤敗後，收集反者。順興稱其必敗，德乃棒殺順興，置城隍中，頃之，起活如初。後賀拔岳北征，順興與魏收書，上爲毛鴻賓等九人姓名者悉得放還。[五]順興從後提一河東酒甌，以繩繫之，於城巷牽行，俄而蒲坂降。又無何，至太傅梁覽家庭中卧，以布衫倒覆身上。後覽於趙青雀反，通使東魏，事泄被誅，以衣倒覆，果如順興之形。宇文泰嘗至温泉，順興求乞温泉東閒驪山下二畝地，泰曰："李練用此何爲？"對曰："有用。"未幾，至温湯遇患，卒於其地。

初，高歡興軍數十萬次沙苑，泰以地狹兵少，懼不敢敵。須臾，順興來，泰詢其策謀，更無餘語，直云："黄狗逐黑狗，急走出筋斗。一個出筋斗，黄狗夾尾走。"語訖便去。於是東軍旗幟、服色尚黄，西兵用黑。泰悟其言，遂力戰，大破歡軍於沙苑。[六]大統十三年，順興謂宇文泰曰："可於沙苑北作一老君象，面向北，作笑狀。"泰曰："何爲？"答曰："令笑破蠕蠕。"時甚惑，未解其意。及蠕蠕國滅，遂作順興象於老君側。或曰漢築長城時，順興已爲北面軍主，或隱或見，愚聖莫之測云。《長安志》："雲際山大定寺寺内有《李順興先生石[七]記》，云：'順興初居長安大統鄉昆明池南居賢村，爲周太祖所重，令以所居村置寺，以居賢人，名居賢寺，因名村爲居賢村。順興自魏武之始，隱居此山念持《金剛經》，聚疊瓦塔，以記經數。南北三嶺，時稱爲中南仙也。'[八]其地舊有寺，周武末寺廢，至大業中，乃以此地賜駙馬都尉、吴國公尉遲安爲柴莊。安嘗見一老人，素服，謂安曰：'此古寺地，何不再葺之？'安遂求置寺，因掘地得順興石像焉。"又臨潼縣有李真人廟，《兩京道里記》曰："真人名順興，後魏時得道於此。《津陽門詩》注曰：'順興後周時修道此山，神堯傳禪，真人潛告符契。'至今山下有祠宇。"

蔣昇字鳳起，楚國平河人也。少好天文玄象[九]之學，宇文泰雅信待之。大統三年，東魏竇泰頓軍潼關，泰出師馬牧澤。時西南有黄紫氣抱日，從未至酉。泰謂昇曰："此何祥也？"昇曰："西南未地，主土。土王四季[一〇]，秦分。今大軍既出，喜氣下臨，必有大慶。"於是與泰戰，禽之。自後遂降河東，尅弘農[一一]，破沙苑，由此愈被親禮。

九年，高仲密以北豫州來附，泰欲遣兵援之，昇曰："春王在東，熒惑又在井鬼分，行軍非便。"泰不從，軍至芒山，不利而還。太師賀拔勝怒曰："蔣昇罪合萬死。"泰曰："蔣昇固諫曰：'師出不利。'此敗也，孤自取之。"

恭帝元年，以前後功，授車騎大將軍、儀同三司，封高城縣子。後除太史中大夫[一二]，以年老請致事，詔許之，加定州刺史，卒於家。

檀特師者，名惠豐，身爲比丘[一三]，不知何處人。飲酒啖肉，語默無常，逆論來事，後皆如言。居於涼州，宇文仲和爲刺史，請之至州内，歷觀廄庫。乃云："何意畜他官馬官物！"仲和怒，不聽住涼州。未幾，仲和拒不受代，朝廷令獨孤信禽之，仲和身死，資財没官。宇文泰遣書召之，檀特發至岐州，會高歡來寇玉壁，檀特曰："狗豈能至龍門也？"歡果不至龍門而還。侯景未叛東魏之前，忽捉一杖，杖頭刻爲獼猴[一四]，令其面常向西，日夜弄之。又牽一角弓，牽挽之。俄而景啓降，尋復背叛，人皆以爲驗。

至大統十七年春初，忽著一布帽，宇文泰左右驚問之。檀特曰："汝亦著，王亦著也。"至三月而帝崩。復取一白絹帽著之，左右復問之。檀特云："汝亦著，王亦著也。"未幾，丞相夫人薨。後又著白絹帽，左右復問之。云："汝不[一五]著，王亦著也。"尋而丞相第二兒武邑公薨。其事驗多如此也。俄而疾死。

宇文輔政，喜崇信異術，李順興、蔣昇及惠豐，言事尤奇中。

武功縣孫道温妻趙氏者[一六]，安平人也。万俟醜奴之反，圍岐州，久之無援。趙乃謂城中婦女曰："今州城方陷，義在同憂。"遂相率負土，晝夜培城，城竟免賊。大統六年，贈夫岐州刺史，贈趙安平縣君。

河北孫神妻陳氏者，河北郡人也。神當遠戍，主吏配在夏州，意難其遠，有孤兄子，欲以自代。陳曰："爲國征戍，道路遼遠，何容身不肯行，以孤侄自代！天下物議，誰其相許？"神感其言，乃自行。在戍未幾，便喪。櫓柩至，陳望而哀慟，一哭而卒。文帝詔表其閭。

永熙之季，寰宇崩析。人之捐親戚，仗策以從王於艱阻，其志亦難矣。然以簡册所紀，聲稱無聞，猶不若術士、女婦之顯著者，是可悲已。今録其名位可考者，列諸卷末。

高慎字仲密，渤海蓨人。父翼，孝昌末，拜渤海太守。慎頗涉文史，與兄弟志尚不同，偏爲父所愛。歷位滄州刺史、東南道行臺尚書、光州刺史，加驃騎大將軍、開府儀同三司。時天下初定，聽慎以本鄉部曲數千自隨。爲政嚴酷，又縱左右，吏人苦之。兄乾既死，慎棄州，將歸高歡。武帝敕青州斷其歸路，慎間行至晉陽。歡以爲大行臺左丞，轉尚書。當官無所回避。累遷御史中尉，選用御史，多其親戚鄉閭，不稱朝望，高澄奏令改選焉。

慎前妻，吏部郎中崔暹妹，爲慎棄。暹時爲澄委任，乃爲暹高嫁其妹，禮夕，親臨之。慎後妻趙郡李徽伯女，豔且慧，兼善書記，工騎乘。慎之爲滄州[一七]，甚重沙門顯公，夜常[一八]語，久不寢。李氏患之，構之於慎，遂被拉殺。澄聞其美，挑之，不從，衣盡破裂。李以告慎，慎由是積憾，且謂暹構己，遂罕所糾劾，多行縱捨。歡嫌責之，彌不自安。出爲北豫州刺史，遂據虎牢來降。慎先入關，芒山之敗，慎妻子盡見擒。高歡以其家勛，啓慎一房配没而已。慎妻在逆口行中，高澄盛服見之，乃從焉。帝以慎爲侍中、司徒，遷太尉。[一九]

鄭敬道，父幼儒，丞相、高陽王雍女夫也。位司州别駕，有當官稱。卒，贈散騎常侍、兖州刺史，謚曰肅。[二〇]幼儒亡後，妻淫蕩兇悖，肆行無禮。幼儒時望甚優，其從兄伯猷每謂所親曰："從弟人才，足爲令德，不幸得如此婦。今死復重死，可爲悲歎。"敬道位巴、開、新州刺史。弟敬德，并仕關西。子正則，仕周。

鹿悆字永吉，濟陰乘氏人也。祖壽興，沮渠氏庫部郎。父生，再爲濟南太守，有政績。獻文嘉其能，特徵赴季秋馬射，賜以驄馬，加以青服，彰其廉潔。時三齊始附，人懷苟且，蒱博終朝，頗廢農業。生立制斷之，聞者嗟善。後卒於淮陽太守，追贈兖州刺史。[二一]

悆好兵書、陰陽、釋氏之學，彭城王勰召爲館客。嘗詣徐州，馬疲，附船而至大梁。夜睡，從者上岸，竊禾四束飼馬。船行數里，悆覺，即停船至取禾處，以縑三丈置禾束下而反。

初爲真定公子直國中尉，恒勸以忠廉之節。嘗[二二]賦五言詩曰："嶧山萬丈樹，雕鏤作琵琶。由此材[二三]高遠，絃響藹中華。"又曰："援琴起何調？幽蘭與白雪。絲管韻未成，莫使絃響絶。"子直少有令問，悆欲其善終，故以諷焉。後隨子直鎮梁州，州有兵糧和糴[二四]，和糴者靡不潤屋[二五]，悆獨不取。子直强之，終不從。

孝莊爲御使中尉，悆兼殿中侍御使，監臨淮王彧軍。時梁遣其豫章王綜據徐州，綜密信通悆，云欲歸款。衆議謂不然，悆遂請行，曰：“綜若誠心，與之盟約；如其詐也，豈惜一人命乎！”時徐州始陷，邊方騷擾，綜部將成景儁、胡龍牙並總强兵，内外嚴固。悆遂單馬間出，徑趣彭城。未至之間，爲綜軍主程兵潤所止，問其來狀。悆曰：“我爲臨淮王所使。”兵潤遣人白龍牙等。綜既有誠心，聞悆被執，語景儁等曰：“我每疑元略規欲叛城，將驗虚實，宜[二六]遣左右爲元略使，入魏軍中唤彼一人，其使果至。可令人詐作略身，在一深室，托爲患狀，呼使户外，令人傳語。”時略始被梁武帝追還。綜又遣心腹人梁話迎悆，密語意狀，令善酬答。引悆詣龍牙所。龍牙語悆曰：“元中山甚欲相見，故令唤卿。”又曰：“安豐、臨淮，將少弱卒，規復此城，容可得乎？”悆曰：“彭城，魏之東鄙，勢在必争，可否在天，非人所測。”龍牙曰：“當[二七]如卿言。”復詣景儁住所，停悆外門，久而未入。時夜已久，有綜軍主姜桃來與悆言，謂曰：“元法僧魏之微子，拔城歸梁，梁王待物有道。”乃上指曰：“今歲星在斗，吴之分野，君何不歸梁國？”悆答曰：“法僧，莒僕之流，而梁納之，無乃有愧於季孫也！今月建鶉首，斗牛受破，歲星木也，逆而尅之，吴國敗喪不久。且衣錦夜游，有識不許。”言未盡，乃引入見景儁。景儁良久謂曰：“卿不爲刺客也？”答曰：“今者爲使，欲反命本朝，相刺之事，更卜後圖。”爲設食，悆强飲多食，向敵數人，微自夸矜。諸人相謂曰：“壯哉！”乃引向元略所，一人引入户，指牀令坐。一人别在室中，出謂悆曰：“中山王有教：‘我昔有以向南，且遣相唤，欲問卿事。晚來患動，不獲相見。’”悆遂辭而退。須臾天曉，綜軍王范勖、景儁、司馬楊嘌[二八]等競問北朝士馬多少，悆陳士馬之盛。尋而與梁話盟契訖。未旬，綜降。詔封悆定陶縣子，除員外散騎常侍。

永安中，爲右將軍、給事黄門侍郎，進爵爲侯。雖任居通顯，志在謙退，迎送親賓，加於疇昔。而[二九]自無屋宅，常假賃居止，布衣糲食，寒暑不變。孝莊嘉其清潔，時復賜以錢帛。

及東徐城人吕文欣殺刺史元大賓，南引梁人，詔悆以使持節、散騎常侍、安東將軍爲六州大使，與行臺樊子鵠討破之。悆又購斬文欣。還，拜金紫光禄大夫，兼尚書右僕射[三〇]、東南道三徐行臺。與都督賀拔勝等拒爾朱仲遠，軍敗還京。

大統初[三一]，除梁州刺史。時滎陽人鄭榮業反，圍州城，城降。榮業送悆於關西。

寇彌[三二]，上谷人。父臻，弘農[三三]太守。彌尚書郎。爲城陽王徽所親待。永安末，徽避爾朱兆禍脱身南走，歸命於彌。不納，遣人加害，時論深責之。後入關西。[三四]

韋榮茂字子曄，[三五]京兆杜陵人。父儁，都水使者。榮茂以幹局知名。歷侍御史、尚書考功郎中。出爲征虜將軍、東秦州刺史。永熙末，入關西。弟子粲，南汾州刺史。

韋義遠，父祉，太府少卿。永熙時，義遠爲岐州刺史，入關。[三六]

韋彪，父彧，陰盤縣男。彪襲爵。歷本州治中、轉别駕。孝莊末，藍田太守。入關。[三七]

杜景仲，京兆人。父顒[三八]，東荆州刺史。以守岐州勛，封平陽伯。後又以勛賞安平縣伯，因以平陽伯轉授景仲。景仲後爲征西將軍、金紫光禄大夫，入關西。[三九]

裴子袖，父聿，平秦郡太守。子袖入關西。[四〇]

劉洪業，廣平易陽人，尚書郎。大統中，率衆攻善見邊境。時洪業父紹珍仕東魏，爲黎陽太守，遂伏法。[四一]

裴測，字伯源，河東聞喜人。父譚，肅宗時，遷輔國將軍、中散大夫。卒，贈平南將軍、豫州刺史。測襲。歷通直散騎侍郎。大統初，入關。[四二]

席鷗，安定人也。父景通，鎮軍將軍。鷗，永安末，尚書郎。入關。[四三]

李綱，隴西狄道人。父琰之，永熙初，車騎大將軍、左光禄大夫、儀同三司。二年薨，綱與弟惠[四四]，並從帝入關。綱宜州刺史。

鄭文寬，滎陽人。父儼，以見幸於靈太后，位通顯，死爾朱之亂。文寬後從孝武入關。[四五]

裴諏之，字士正，河東聞喜[四六]人。父佗，東荆州刺史。諏之早有才學，司徒記室參軍。大統中入關。

崔仲讓，鴻臚少卿。[四七]

楊瑄，字宣和，度支尚書。[四八]

柳仲禮，梁司州刺史。入關爲侍中。[四九]

喬勤，平原内史，從孝武入關。勤姓從橋，宇文泰命橋去“木”，義取高遠也。[五〇]

万俟洛干[五一]，大統元年，命爲司空。七月，遷司徒。

越勒肱，大統元年，命爲司空。[五二]

樊保周，河東猗氏人。孝武西遷，與弟歡周舉義，爲高歡所害。大統中，贈保周郢州刺史，歡周儀同三司。[五三]

秦灌，上郡洛川人。大統中，鄜城郡守。[五四]

郭崇，太原介休人。以舍人從孝武入關，位侍中。[五五]

鄭顒，滎陽人，蘭陵太守，從孝武入關。[五六]

劉孟良，博陵望都人，大司農。從孝武入關，官東梁州刺史。[五七]

曹恪字祅樂[五八]，沛國譙人，譙郡太守。大統十年卒，年九十有七。《譙郡太守曹祅樂碑》：君[五九]諱恪，字祅樂，沛國譙人也。其先黄帝，當高陽之世，陸終之子曰安，是爲曹姓。周武王克殷，存先世之後，又封曹俠於邾。[六〇]漢室龍興，曹參爲相。魏武皇帝以英傑[六一]之上才，□挺之睿哲，□爲魏祖，歷載彌長，君即其後。□□□□□□□□□霖，黄初三年，立爲河東王[六二]，食邑六千二百户。[六三]太和六年[六四]，改封東海王。[六五]嘉平元年，薨，謚曰定□[六六]，禮也。子啓嗣[六七]，君即□□□□□□□□□□□移，逢兹不造，□深思遠大，慮後變起，遂令夫人達，攜二子長道真、次[六八]道英，微行避難，變稱[六九]姓木，以求万全。□□□□□□□□□□民□。後魏太和三年，旨復曹氏[七〇]焉。祖□□孫也，僞姚鄉郡太守，雅望淵邃，博愛文豔，稟[七一]德齊禮，善脩政化。字□□□□□□又協[七二]，志尚清靜，好學經誥。[七三]矯然挺立，不可以非義虧其性；孝德慈風，稟大氣[七四]而自遠。文流洞照之藝，因事以發[七五]，□□□□□□□□□於[七六]途致，惟安神奉養，不慕榮貴。逢太武皇帝[七七]親總六戎討逆，破薛永宗、蓋吳[七八]，駕幸大州，下召卿儁，導引前驅，□□□□□□□護已，從駕西行，□平凶醜，隨赴北代，遂充殿會土豪，國有大議，必使參焉。□欲還緒，請乞歸侍，聖上加愍，假安邑□□□□□。□□積□，稟質秀靈。幼[七九]懷廉雅之風，長標[八〇]獨善之策。抱藴德於奇年，立成名於冠歲。太和之季，馬圈殲覆，孝文皇帝威□□□□奮[八一]指麾□□□□國誌，兵法優長，乃勇略奮發，遂提戈投募[八二]，先鋒擊賊，前無横陣，搴旗斬馘。皇上自臨，即[八三]補千人軍將，授綏遠將軍。駕還宫闕[八四]，策勛□至。殿會[八五]之初，以□彌逆□□。皇帝臨軒，宣敕褒賚，賞帛及綵兩百餘段，歌勞止之詩，聽歸侍養，使得盡歡膝下。□其孝德光於事親，忠誠□於接物[八六]，穆穆閨庭之際[八七]，恂恂鄉黨之閒。文麗雕篆，學贍博通。思入玄門，性□天道[八八]，翱翔詩書之苑，游息禮樂之場。若乃□□□□主，泛愛以親仁。[八九]□里結諧密之懽，朋故廣篤誠之信。輕財若水，重義如山。一言可懷，千金不悋。景明中，會安邑府君卒，君居廬□禮，至[九〇]□□□，哀慟□中，茹憂毁骨，服勲雖閔，餘痛在心。每仰凱風以長鶩，遡[九一]寒泉而不息。三年泣血，□□□也；五十猶慕，方□舜焉。[九二]至延昌二年[九三]，□遭母憂，君扣后土以窮號，仰蒼天而自訴。水漿不進口四晨，哭泣不絶聲踰月。喪過於[九四]哀，有感行路。毁□之至，殆將滅性。[九五]雖高[九六]柴泣血於□辰，王脩[九七]□慕於社日，無以過[九八]也。去魏大統初，君齒班踰矩，旨授本土譙郡太守。君妙□元□，深入佛惠□□□□□□淨名[九九]，超遥解脱之門，放浪清曠之域。君雖老而敬信愈篤，年將暮而脩崇無怠。於是□竭□資□□□，身闡融教，造浮圖一區。□□□□□□□相，□寫《法華》《涅槃》，常奉讀誦，恒持齊戒，罔有勞倦。方分彼景福，貽我遠年之壽，永究懸□之禮。□大統[一〇〇]十年秋，忽遭[一〇一]疢疾□□世，□□□□苓。泛泛之影已淪，滔滔之波不住。春秋九十有七，終於臨民□。□質既殞，□識懷悲，[一〇二]豈□輟杵停歌云爾而已哉！君有六子，長回歡，次遵歡，[一〇三]次驃騎將、右光禄大夫、都督、漢陽太守，又任虞州别駕、長史、□中□□，次夏縣[一〇四]功□□賓□□□，次[一〇五]宣威將軍、隴州治中司馬、汧陽太守、河北大郡主簿弼等。太和五年十月，卜葬[一〇六]乎夏禹城之西、□□□原之南。君爰自□擴□□□□，姻□聞[一〇七]窀穸以涕零，□□臨穴而灑泣，悲夫痛切也！人孝至深□，刊名而存□者，子孫□慕之而已。仰感音儀之[一〇八]寂，□慮□□□□□。□至德以作頌，鐫崇碑以銘烈。其詞曰：

恢恢譙郡，鬱鬱神區。懷負□□，□人□□。□建魏胤[一〇九]，九服康衢。

黔□□□，易代□譽。宏濟六合，繼響唐虞。穆穆□□，兹嗣倚如。

惟□□雅，言滿州閭，□誠内外，□□□踰。秉直[一一〇]□□，豈獨史魚。

□□□矜，式□□□。□□□□，□□□□。□□入□，兇首□擒。

罷戎歸侍，□□□心。□翔書苑，文麗詞林[一一一]。①

① 《西魏書》自注：“案：碑末缺四十餘字。碑在今安邑縣東北境石碑莊。”

曹續生，大統五年，官威烈將軍、富平令、頻陽縣開國男。[一一二]續生[一一三]有《造象記》，在今富平縣。

【校注】

［一］楊乙弗李蔣檀特趙陳高列傳十二　西魏書二十三　通議大夫浙江按察使司按察使加二級南康謝啓昆撰："樹經堂本"作"卷二十三　楊乙弗李蔣檀特趙陳高列傳十二"，"中華本"作"西魏書卷二十三　楊乙弗李蔣檀特趙陳高列傳十二"。

［二］弘農：原作"宏農"，兹據《北史》卷八〇《外戚傳》改。《西魏書》此文即録自《外戚傳》。

［三］《西魏書》此文録自《北史》卷八〇《外戚傳》。并見《册府元龜》卷三〇一《外戚部·封拜》。

［四］《周書》卷四七《藝術傳》云："魏時有李順興者，語默不恒，好言未然之事，當時號爲李練。"除此而外，《西魏書》李順興傳皆取材於《北史》卷八九《藝術傳上》。

［五］上爲毛鴻賓等九人姓名者悉得放還：《北史》卷八九校勘記［一〇］云："按，'賀拔岳北征'，疑當作'西征'，但據本書卷四九《毛鴻賓傳》，鴻賓與賀拔岳無甚關聯，此處文意不明，當有訛脱。"

［六］自"高歡興軍數十萬次沙苑"至此：顯然取材於《太平廣記》卷一三五《徵應一》"後周太祖"條引《廣古今五行記》，其詞云："後周太祖時，有李順興者，世傳漢築長安城之日，已爲北面軍主，或隱或見，愚聖莫測。魏自永熙之後，權雄分據，齊神武興軍數十萬次沙苑，太祖地狹兵少，懼不當敵，計盡力窮。須臾，興來，太祖請其策謀，更無餘語，直云：'黄狗逐黑狗，急走出筋斗。一過出筋斗，黄狗夾尾走。'語訖便去。於時東軍旗幟服色尚黄，西兵用黑，太祖悟其言，遂力戰，大破神武於沙苑。"

［七］石：原誤作"古"，兹據文淵閣《四庫全書》本《長安志》卷一五改正。

［八］聚疊瓦塔，以記經數於南北三嶺，時稱爲中南仙也：原作"聚疊瓦

塔，以記經數。南北三嶺，時稱爲中脆士嶺也”，兹據文淵閣《四庫全書》本《長安志》卷一五改正。

［九］玄象：原作“元象”，兹據“樹經堂本”“中華本”改。

［一〇］土王四季：原作“土旺四季”，兹據《北史》卷八九《藝術傳上》、《周書》卷四七《藝術傳》改。

［一一］［三三］弘農：原爲避諱而改作“宏農”，今回改。

［一二］太史中大夫：原作“太中大夫”，考《北史》卷八九校勘記［三〇］云：“諸本無‘史’字，《周書》卷四七《蔣昇傳》有。按：《通典》卷三九《後周官品》見‘太史中大夫’，當即太史令之改名。蔣昇好天文玄象之學，故任此職。今據補。”

［一三］比丘：原作“比邱”，兹據《北史》卷八九《藝術傳上》改。

［一四］獼猴：《北史》卷八九《藝術傳上》、《宋高僧傳》卷一八《後魏西涼府檀特師傳》同，“樹經堂本”“中華本”則作“獮猴”。

［一五］不：原作“亦”，兹據《北史》卷八九《藝術傳上》改正。

［一六］《西魏書》有關孫道温妻趙氏及孫神妻陳氏的記載，皆取材於《北史》卷九一《列女傳》。

［一七］滄州：《北史》卷三一校勘記［三二］稱係“兖州”之誤，甚是。

［一八］常：“樹經堂本”“中華本”皆作“嘗”。

［一九］高慎生平，附見於《北齊書》卷二一《高乾傳》、《北史》卷三一《高允傳》。經比對，可確定《西魏書》高慎傳取材於《北史》卷三一《高允傳》。

［二〇］肅：《北史》卷三五《鄭義傳》同，《魏書》卷五六《鄭義傳》作“景”，此從《北史》卷三五《鄭義傳》，而整篇《西魏書》鄭敬道傳，實亦係據《北史》卷三五《鄭義傳》改編而成。

［二一］《西魏書》鹿悆傳取材於《北史》卷四六《鹿悆傳》，而非《魏書》卷七九《鹿悆傳》。

［二二］嘗：原作“常”，兹據《北史》卷四六《鹿悆傳》改。

［二三］材：原作“才”，兹據《北史》卷四六《鹿悆傳》改。

［二四］和糴：原闕，兹據《北史》卷四六《鹿悆傳》及“樹經堂本”補。

［二五］屋：“樹經堂本”誤作“尾”。

［二六］宜：《册府元龜》卷六五二同，《北史》卷四六《鹿悆傳》及《魏書》卷七九《鹿悆傳》皆作“且”，《魏書》卷七九校勘記［九］更疑“且”係“旦”字之形訛。

［二七］當：“樹經堂本”誤作“常”。

［二八］楊睕：原作“楊膘”，兹據《魏書》卷七九《鹿悆傳》、《北史》卷四六《鹿悆傳》改。

［二九］而：“樹經堂本”脱。

［三〇］右僕射：《北史》卷四六《鹿悆傳》同，《魏書》卷七九《鹿悆傳》作“左僕射”。

［三一］大統初：《魏書》《北史》鹿悆本傳皆作“天平中”，用“大統初”取代“天平中”，正是《西魏書》以西魏爲正統的具體表現。

［三二］寇彌：原作“寇彌兼”，兹據《魏書》卷四二《寇讚傳》删“兼”字。此下徑删，不再出注。

［三四］後入關西：《魏書》卷四二《寇讚傳》作“後没關西”，其校勘記［一一］云：“疑此句上或下有脱文。按城陽王徽爲‘故吏寇彌’所殺，見本書卷一九下《城陽王長壽傳》附《元徽傳》。《洛陽伽藍記》卷四城西宣忠寺稱：城陽王徽投前洛陽令寇祖仁家，祖仁貪其所攜金，且欲邀賞，‘斬而送之’。後爾朱兆捕祖仁而逼取金，‘懸首高樹，大石墜足，鞭捶之，以及於死’。並稱‘假手於兆，還以斃之’。寇臻諸子字皆有‘祖’字，寇祖仁當即此寇彌，然既已被殺，焉能‘後没關西’。《周書》卷三七《寇儁傳》稱儁字祖儁，祖讚，父臻，儁大統五年於東魏洛州刺史任上‘將家及親屬四百餘口入關’，則‘没關西’者乃寇彌兄或弟寇儁。《儁傳》稱‘兄祖訓、祖禮及儁，並有志行’，不及祖仁，當是諱言之。此處疑脱寇儁事略。”準此，則《西魏書》不當有“後入關西”四字。

［三五］子曄：原作“子華”，兹據《魏書》卷四五《韋閬傳》改正。經比對，可確定《魏書》此傳實乃《西魏書·韋榮茂傳》之藍本。

［三六］考《魏書》卷四五《韋閬傳》云：“閬兄子真喜，起家中書博士，遷中書侍郎、馮翊太守。子祉，卒於太府少卿。祉子義遠，出帝時，爲岐州刺史，没關西。”此即《西魏書》韋義遠傳之所本。

［三七］考《魏書》卷四五《韋閬傳》云：“閬族弟珍，……（珍）長子纘，字遵彦。……纘弟彧，字遵慶，……以功封陰盤縣開國男，……子彪，襲。歷本州治中、轉别駕。孝莊末，藍田太守。没於關西。”《西魏書》韋彪傳即取材於此。

［三八］顒：原作“容”，兹據《魏書》卷四五《杜銓傳》改。

［三九］考《魏書》卷四五《杜銓傳》云：“顒，字思顔，頗有幹用。……孝昌二年，爲西征軍司，行岐州事。蕭寶夤起逆，顒據州不從。還，除征虜将軍、東荆州刺史。以守岐州勛，封平陽縣開國伯，邑五百户。……以勛又賞安平縣開國伯，食邑五百户。以平陽伯轉授弟二子景仲。後爲征西将軍、金紫光禄大夫，没於關西。”據此可知“後爲征西将軍、金紫光禄大夫，没於關西”者，實乃杜顒而非杜景仲；也因此，《西魏書》的作傳對象，理當由杜景仲改爲杜顒。

［四〇］考《魏書》卷六九《裴延儁傳》云：“延儁族兄聿，字外興。以操尚貞立，爲高祖所知。自著作佐郎出爲北中府長史。……轉尚書郎，遷太尉諮議参軍，出爲平秦太守。卒，贈冠軍將軍、洛州刺史。子子袖，歿關西。”《西魏書》裴子袖傳即據此改編而成。

［四一］考《魏書》卷七〇《劉藻傳》云：“劉藻，字彦先，廣平易陽人也。……子紹珍，無他才用，善附會，好飲酒。……出爲黎陽太守。所在無政績。天平中，坐子尚書郎洪業入於關中，率衆侵擾，伏法。”《北史》卷四五《劉藻傳》近似，兩相比對，《西魏書》劉洪業傳當是據《魏書》改編而成。

［四二］考《魏書》卷七一《裴叔業傳》云：“裴叔業，河東聞喜人也。……（孫）譚，麤險好殺，……然孝事諸叔，盡於子道，……肅宗踐祚，轉員外常侍。遷輔國將軍、中散大夫。卒，贈平南将軍、豫州刺史，謚曰敬。子測，字伯源，襲。歷通直散騎侍郎。天平中，走於關西。”《北史》卷四五《裴叔業傳》近似，兩相比對，可確定《西魏書》裴測傳取材於《魏書》卷

七一《裴叔業傳》。

［四三］考《魏書》卷七一《席法友傳》云："席法友，安定人也。……子景通，……後加右軍將軍、鎮軍將軍，卒官。贈輔國將軍、衛尉少卿。子鷗，襲。永安末，尚書郎。走關西。"《北史》卷四五《席法友傳》近似，兩相比對，可知《西魏書》席鷗傳乃據《魏書》卷七一《席法友傳》改編而成。

［四四］慧：原作"惠"，[①] 兹據《北史》卷一〇〇《序傳》及"中華本"改。揆諸史傳，不難發現《西魏書》此文取材於《北史》卷一〇〇《序傳》。

［四五］考《魏書》卷九三《恩倖傳》云："鄭儼，字季然，滎陽人。容貌壯麗，初爲司徒胡國珍行參軍，因緣爲靈太后所幸，時人未之知也。……孝昌初，太后反政，儼請使還朝，復見寵待。……肅宗崩，事出倉卒，天下咸言儼計也。爾朱榮舉兵向洛，……儼走歸鄉里。儼從兄仲明先爲滎陽太守，至是，儼與仲明欲據郡起衆。尋爲其部下所殺，與仲明俱傳首洛陽。子文寬，從出帝歿關西。"《北史》卷三五《鄭羲傳附鄭儼傳》所載，與此近似。《西魏書》此段文字，兼取《魏書》和《北史》。

［四六］聞喜："樹經堂本""中華本"皆誤作"聞善"。考《魏書》卷八八《良吏·裴佗傳》云："裴佗，字元化，河東聞喜人。……（子）諏之，字士正，早有才學。司徒記室參軍。天平末，入於關西。"《西魏書》此段文字，顯然取材於此傳，但裴諏之生平事迹，《北史》卷三八《裴佗傳》載之甚詳。[②]

［四七］考《北史》卷三二《崔鑒傳附兄孫伯謙傳》云："伯謙字士遜，……弟仲讓爲北豫州司馬，與高慎同叛。……以弟仲讓在關中，不復居内任，……伯謙弟仲讓，仕西魏，位至鴻臚少卿。"《西魏書》有關崔仲讓的記載，蓋取材於此。

［四八］考《魏書》《北史》無楊瑄，僅《北史》卷四一《楊敷傳》有"字宣和"者，其詞云："父暄，字宣和，性通朗，强識有學。位諫議大夫，以别將從廣陽王深征葛榮，遇害，贈殿中尚書、華州刺史。"疑《西魏書》所載

---

① 《魏書》卷八二《李琰之傳》作"惠"，但鑒於《魏書》該卷"當是後人以《北史》相同諸人傳補，而增入他書中文句"而成（《魏書》卷八二校勘記［一］），故不足以爲據。此外，"樹經堂本"亦作"惠"。

② 今點校本《北齊書》卷三五《裴讓之傳》亦附載其生平，但該卷其實早已散佚，故不予述及。

有誤。

［四九］考《南史》卷三八《柳元景傳附仲禮傳》云："會岳陽王詧南寇，湘東王以仲禮爲雍州刺史，襲襄陽。……岳陽王詧告急於魏，魏遣大將楊忠援之。仲禮與戰於㴍頭，大敗，并弟子禮没於魏。魏相安定公待仲禮以客禮。"參此，則柳仲禮似未嘗在西魏任職侍中。

［五〇］考《新唐書》卷七五下《宰相世系五下》云："喬氏出自姬姓，本橋氏也。漢太尉玄六世孫勤，後魏平原内史，從孝武入關，居同州，生朗，朗生達，後周文帝命橋氏去'木'，義取高遠也。"《西魏書》此文即取材於《新唐書》卷七五下《宰相世系五下》。

［五一］考《北史》卷五《魏本紀五》云："大統元年春正月……以儀同三司万俟壽樂干爲司空。……（秋七月）以司空万俟壽樂干爲司徒，以開府儀同三司越勒肱爲司空。……（二年三月）以司徒万俟壽樂干爲大宰。夏五月，司空越勒肱薨。秦州刺史、建忠王万俟普撥及其子太宰壽樂干率所部奔東魏。"又，卷五三《万俟普傳附子洛傳》云："洛字受洛干，隨孝武入關，除尚書左僕射。天平中，隨父東歸，封建昌郡公，再遷領軍將軍。"是知万俟壽樂干即万俟受洛干，《西魏書》作"万俟洛干"，顯誤。

［五二］按：《北史》卷五《魏本紀五》："（大統元年）秋七月，以開府儀同三司念賢爲太尉，以司空万俟壽樂干爲司徒，以開府儀同三司越勒肱爲司空。"

［五三］考《周書》卷四五《儒林·樊深傳》云："樊深字文深，河東猗氏人也。……魏孝武西遷，樊、王二姓舉義，爲東魏所誅。深父保周、叔父歡周並被害。……太祖平河東，贈保周南郢州刺史，歡周儀同三司。"《北史》卷八二《儒林下·樊深傳》同。《西魏書》當以此爲據。郢州刺史，當從《周書》、《北史》、《册府元龜》卷七五五，改作"南郢州刺史"。

［五四］考《周書》卷四六《孝義·秦族傳》云："秦族，上郡洛川人也。祖白、父雚，並有至性，聞於閭里。魏太和中，板白潁州刺史。大統中，板雚鄜城郡守。"《北史》卷八四《孝行·秦族傳》同，皆係《西魏書》此説之淵源。

［五五］考《北史》卷七四《郭衍傳》云："郭衍字彦文，自云太原介休人也。父崇，以舍人從魏孝武帝入關，位侍中。"《隋書》卷六一《郭衍傳》則

云："郭衍字彦文，自云太原介休人也。父以舍人從魏武帝入關，其後官至侍中。"兩相比較，大抵《北史》卷七四《郭衍傳》乃《西魏書》之所本。

［五六］鄭顒：考《北史》卷一〇〇《序傳》云："禮成字孝諧，年七歲，與姑之子蘭陵太守滎陽鄭顥隨魏武帝入關。"由此，既知"鄭顒"乃"鄭顥"之誤，又足以確認《西魏書》此説本諸《北史》卷一〇〇《序傳》。

［五七］考《隋書》卷三八《劉昉傳》云："劉昉，博陵望都人也。父孟良，大司農。從魏武入關，周太祖以爲東梁州刺史。"而《北史》卷七四《劉昉傳》則曰："劉昉，博陵望都人也。父孟良，仕魏位大司農卿。從武帝入關，爲梁州刺史。"又，《周書》卷四四《泉企傳》云："東梁州刺史劉孟良在職貪婪，民多背叛。"較諸《北史》，《隋書》所載無疑更爲準確。

［五八］衩樂："樹經堂本"誤作"袄樂"。此下，凡"衩樂"誤作"袄樂"者，徑改。

［五九］君：原□，玆據《全後周文》卷二一《魏故譙郡太守曹衩樂碑》補。

［六〇］本句原作："其先皇帝，當高陽之世，陸終之子曰安，是爲曹□。□□□□□□□□之後，又封曹□於□。"玆據《三國志》卷一《武帝紀》注引王沈《魏書》① 補正。

［六一］傑：原作"稟"，玆據《全後周文》卷二一《魏故譙郡太守曹衩樂碑》改。

［六二］王：原□，考《三國志》卷二〇《魏書·武文世王公傳》云："東海定王霖，黄初三年立爲河東王。"玆據補。

［六三］食邑六千二百户：此説顯然有誤，因爲《三國志》卷二〇《魏書·武文世王公傳》明確記載："東海定王霖，黄初三年立爲河東王。……太和六年，改封東海。……景初、正元、景元中，累增邑，并前六千二百户。"

［六四］《三國志》卷三《魏書·明帝紀》云："（太和）六年春二月，詔曰：'古之帝王，封建諸侯，所以藩屏王室也。……大魏創業，諸王開國，隨時之宜，未有定制，非所以永爲後法也。其改封諸侯王，皆以郡爲國。'"準

① 《三國志》卷一《魏書·武帝紀》注引王沈《魏書》，頁一。

此，曹恪之改封東海王，當在太和六年二月。

［六五］王：原脱，今據文意補。

［六六］王：原脱，兹據《全後周文》卷二一《魏故譙郡太守曹衩樂碑》補。

［六七］啓：原脱，考《三國志》卷二〇《魏書·武文世王公傳》云："東海定王霖，嘉平元年，薨。子啓嗣。"兹據以補正。又，嘉平元年當係"嘉平二年"之誤，按《三國志》卷四《魏書·齊王紀》云："（嘉平元年）十二月甲辰，東海王霖薨。"

［六八］次：原脱，兹據《全後周文》卷二一《魏故譙郡太守曹衩樂碑》補。

［六九］變稱：原作"私稱"，兹據《全後周文》卷二一《魏故譙郡太守曹衩樂碑》改正。

［七〇］曹氏：原作"曹戊"，兹據文意改。

［七一］禀：原作"導"，兹據《全後周文》卷二一《魏故譙郡太守曹衩樂碑》改。

［七二］字□□□□□□又協：《全後周文》卷二一《魏故譙郡太守曹衩樂碑》作"□□□□□□□□父協"。

［七三］誥：原脱，兹據《全後周文》卷二一《魏故譙郡太守曹衩樂碑》補。

［七四］大氣：原作"天氣"，兹據《全後周文》卷二一《魏故譙郡太守曹衩樂碑》改。

［七五］文流洞照之藝，因事以發：原作"文流洞照之□，□事以發"，兹據《全後周文》卷二一《魏故譙郡太守曹衩樂碑》補。

［七六］於：《全後周文》卷二一《魏故譙郡太守曹衩樂碑》作"□"。

［七七］太武皇帝：原作"大武皇帝"，兹徑改。

［七八］破薛永宗、蓋吴：原作"□薩永宗、□吴"，《全後周文》卷二一《魏故譙郡太守曹衩樂碑》作"□薩永宗、蓋吴"。考《魏書》卷四《世祖紀下》云："（太平真君六年）九月，盧水胡蓋吴聚衆反於杏城。……（十一月）河東蜀薛永宗據黨盜官馬數千匹，驅三千餘人入汾曲，西通蓋吴，受其位號。……七年春正月戊辰，車駕次東雍州。庚午，圍薛永宗營壘。永宗出戰，大敗，……男女無少長赴汾水死。辛未，帝臨戲水。蓋吴退走北地。二

月丙戌，幸長安，存問父老。……北道諸軍乙拔等大破蓋吴於杏城，吴棄馬遁走。”兹據其文意補。

［七九］幼：原脱，兹據《全後周文》卷二一《魏故譙郡太守曹敉樂碑》補。

［八〇］標：原作摽，此從《全後周文》卷二一《魏故譙郡太守曹敉樂碑》。

［八一］奮：原脱，兹據《全後周文》卷二一《魏故譙郡太守曹敉樂碑》補。

［八二］募：“樹經堂本”誤作“慕”。

［八三］即：原脱，兹據《全後周文》卷二一《魏故譙郡太守曹敉樂碑》補。

［八四］宫闕：原作“宫開”，此從《全後周文》卷二一《魏故譙郡太守曹敉樂碑》。

［八五］殿會：原脱，此從《全後周文》卷二一《魏故譙郡太守曹敉樂碑》。

［八六］忠誠□於接物：原作“忠□□於□物”，此從《全後周文》卷二一《魏故譙郡太守曹敉樂碑》補。

［八七］穆穆閨庭之際：原作“□穆門庭□際”，此從《全後周文》卷二一《魏故譙郡太守曹敉樂碑》補。

［八八］思入玄門，性□天道：原作“思入元□，□□天□”，此從《全後周文》卷二一《魏故譙郡太守曹敉樂碑》補。

［八九］仁：原脱，兹據《全後周文》卷二一《魏故譙郡太守曹敉樂碑》補。

［九〇］至：原脱，兹據《全後周文》卷二一《魏故譙郡太守曹敉樂碑》補。

［九一］逝：原作“逕”，此從《全後周文》卷二一《魏故譙郡太守曹敉樂碑》改。

［九二］方□舜焉：原脱，此從《全後周文》卷二一《魏故譙郡太守曹敉樂碑》補充。

［九三］至延昌二年：原作“□□昌二□”，此從《全後周文》卷二一《魏故譙郡太守曹敉樂碑》補。

［九四］於：原脱，此從《全後周文》卷二一《魏故譙郡太守曹敉樂碑》補。

［九五］滅性：原作“及□”，此從《全後周文》卷二一《魏故譙郡太守曹敉樂碑》。

［九六］雖高：原脱，兹據《全後周文》卷二一《魏故譙郡太守曹衽樂碑》補。

［九七］王脩：原脱，兹據《全後周文》卷二一《魏故譙郡太守曹衽樂碑》補。

［九八］過：原作“踰”，此從《全後周文》卷二一《魏故譙郡太守曹衽樂碑》。

［九九］淨名：原脱，兹據《全後周文》卷二一《魏故譙郡太守曹衽樂碑》補。

［一〇〇］大統：“樹經堂本”誤作“太統”。

［一〇一］遭：原脱，兹據《全後周文》卷二一《魏故譙郡太守曹衽樂碑》補。

［一〇二］□質既殞，□識懷悲：原作“□質既□，□識□悲”，兹據《全後周文》卷二一《魏故譙郡太守曹衽樂碑》補。

［一〇三］遵歡：原作“導歡”，此從《全後周文》卷二一《魏故譙郡太守曹衽樂碑》。

［一〇四］縣：“樹經堂本”誤作“懸”。

［一〇五］次：原脱，兹據《全後周文》卷二一《魏故譙郡太守曹衽樂碑》補。

［一〇六］葬：原作“措”，兹據《全後周文》卷二一《魏故譙郡太守曹衽樂碑》改。

［一〇七］聞：“樹經堂本”誤作“間”。

［一〇八］之：原作“文”，兹據《全後周文》卷二一《魏故譙郡太守曹衽樂碑》改。

［一〇九］魏胤：原作“魏晉”，此從《全後周文》卷二一《魏故譙郡太守曹衽樂碑》。

［一一〇］秉直：原脱，兹據《全後周文》卷二一《魏故譙郡太守曹衽樂碑》補。

［一一一］文麗詞林：原作“文麗詞”，此從《全後周文》卷二一《魏故譙郡太守曹衽樂碑》。

［一一二］考曹續生《造像碑》云：“大魏大統五年，歲次己未，二月乙酉朔，廿五日己酉。威烈將軍、富平令、頻陽縣開國男曹續生，……夫至道空玄，非言無以申其宗；真容絶相，非刑像何以表其算。是以現治富平令曹并

邑子卅四人等，各減割家珍，造像四堰。上爲帝王永隆、諸王公長壽，下及邑子（下闕）。”[①]《西魏書》此段記載，當取材於此。

［一一三］績生：“樹經堂本”既前有“案”字，又誤“績生”爲“绩生”。

① （清）嚴可均校輯：《全上古三代秦漢三國六朝文·全後魏文》卷五五，中華書局，一九五八年，頁三七九〇上。

善見蕭詧載記一　西魏書二十四

通議大夫浙江按察使司按察使加二級南康謝啓昆撰[一]

善見，清河文宣王亶之世子也。① 永熙三年八月，拜開府儀同三司。孝武帝既入關，高歡乃與百僚會議，推善見爲主，時年十一，改元天平。十月，北遷都於鄴。令高歡留後部分。改司州爲洛州，以尚書令元弼爲儀同三司、洛州刺史，鎮洛陽。既至鄴，居北城相州之廨。改相州刺史爲司州牧，魏郡太守爲魏尹。徙鄴舊人西徑百里，以居新遷人。分鄴置臨漳縣。以魏郡、林慮、廣平、陽丘、汲郡、黎陽、東濮陽、清河、廣宗等郡爲皇畿。[二] 初置四中郎將，礓石橋爲東，蒲泉爲西，濟北爲南，洺水爲北。

大統元年夏，大旱，勒城門、殿門及省府、寺署、坊門澆人，不簡王公，無限日，得雨乃止。八月，發衆七萬六千人營新宫。十月[三]，閶闔門灾。龍見并州人家井中。

二年八月，并、肆、涿[四]、建四州隕霜，大饑。

三年秋，我師尅陝州，殺其刺史李徽伯。[五] 十月，高歡及我師戰於沙苑，歡大敗。行臺宫景壽、都督陽白駒攻[六] 善見洛州，大行臺元季海、大都督獨孤信逼洛州，刺史廣陽王湛棄城遁，季海、信遂據金墉。

四年春正月，有巨象自至碭郡陂[七] 中，南兖州獲送於鄴。丁卯，大赦，改元元象。是夏，山東大水，蝦蟆鳴於樹上。

---

① 對於《西魏書》將東魏孝靜帝列入載記一事，周中孚《鄭堂讀書記》卷一八頗不以爲然："惜其以孝靜爲載記，直稱其名，與蕭詧同爲一卷，較諸伯起出帝之紀，更爲已甚。不知蘇潭何恨于孝靜，而以之續貂也。高歡罵孝靜爲狗脚朕，蘇潭罵孝靜爲狗脚癡人。平心而論，本爲西魏作史，可不必及孝靜，如必欲連類而及，將高歡、高澄當亦入傳矣，可乎？不可也。"

五年，立高氏爲皇后。發畿内十萬人城鄴，四十日罷。以新宫成，大赦，改元興和。

六年，行臺宫延和、陜州刺史宫元慶叛降善見。

九年，又大赦，改元武定。北豫州刺史高仲密據虎牢來降。高歡及我戰於邙山。

十三年，高歡死，善見爲舉哀於東堂，服緦衰。[八]司徒侯景來降，求救，遣李弼、王思政赴之。思政等入據[九]潁川，景乃出走豫州。

十五年，立子長仁爲太子。踰年，遜位於齊，封爲中山王。

十七年冬，殂，時年二十八。謚曰孝静，葬於鄴西漳北。其後發其陵，投骨於漳水中。[一〇]

善見好文，美容儀，力能挾石師子以踰墻，射無不中。嘉辰宴會，多命羣臣賦詩，從容沈雅，有孝文風。勃海王高澄嗣事，甚忌焉，以大將軍中兵參軍崔季舒爲中書黄門侍郎，令監察動静，小大皆令季舒知。澄與季舒書曰："癡人復何似？癡勢小差未？"善見嘗與獵於鄴東，馳逐如飛。監衛都督烏那羅受工伐從後呼善見曰："天子莫走馬，大將軍怒！"澄嘗侍飲，大舉觴曰："臣澄勸陛下酒。"[一一]善見不悦，曰："自古無不亡之國，朕亦何用此活！"澄怒曰："朕！朕！狗脚朕！"澄使季舒毆[一二]善見三拳，奮衣而出。明日，澄使季舒勞善見，善見亦謝焉。賜絹，季舒未敢受，以啓澄，澄使取一段。善見束百匹以與之，曰："亦一段爾。"

善見不堪憂辱，詠謝靈運詩曰："韓亡子房奮，秦帝魯連耻。本自江海人，忠義[一三]動君子。"常侍侍講荀濟知善見意，乃與華山王大器、元瑾密謀，於宫中僞爲山，而作地道向北城。至千秋門，門者覺地下響動，以告澄。澄勒兵入宫，曰："陛下何意反耶？臣父子功存社稷，何負陛下耶？"及將殺諸妃嬪，善見正色曰："王自欲反，何關於我？我尚不惜身，何況妃嬪！"澄下牀叩頭，大啼，謝罪。於是酣飲，夜久乃出。居三日，幽善見於含章堂。大器、瑾等皆見烹於市。

及將禪位於高洋，襄城王昶[一四]及司徒潘相樂、侍中張亮、黄門侍郎趙彦深等求入奏事。昶曰："五行遞運，有始有終。齊王[一五]聖德欽明，萬姓歸仰，臣等昧死聞奏，願陛下則堯禪舜。”善見便斂容答曰：“此事推挹已久，謹當遜避。”又云：“若爾，須作詔書。”侍郎崔劼、裴讓之奏云：“詔已作訖。”即付楊愔進於帝，凡十條。[一六]書訖，曰：“將安朕何所？復若爲而去？”楊愔對曰：“在北城，别有館宇，還備法駕，依常仗衛而去。”善見乃下御座，步就東廊，口詠范蔚宗《後漢書・贊》云：“獻生不辰，身播國屯，終我四百，永作虞賓。”所司奏請發，善見曰：“古人念遺簪敝履，欲與六宫别，可乎？”高隆之曰：“今天下猶陛下之天下也，況在後宫！”乃與妃嬪以下訣[一七]，莫不欷歔掩涕。嬪趙國李氏誦陳思王詩云：“王其愛玉體，俱享黄髮期。”皇后已下皆哭。直長趙德以故犢車一乘候於東上閣，善見上車，德超上車持之。善見肘之曰：“朕畏天順人，授位相國，何物奴，敢逼人！”趙德尚不下。及出雲龍門，王公百僚衣冠拜辭，善見曰：“今日不減常道鄉公、漢獻帝。”衆皆悲愴，高隆之泣灑。[一八]遂入北城下司馬子如南宅。

及高洋行幸，常以善見自隨。后封太原公主，常[一九]爲善見嘗食以護視焉。竟遇酖而殂。

蕭詧字理孫，蘭陵[二〇]人也，梁武帝之孫，昭明太子統之第三子。幼而好學，善屬文，尤長佛義，特爲梁武帝所嘉賞。梁普通六年，封曲江[二一]縣公。中大通三年，進封岳陽郡王。歷官宣惠將軍，知石頭戍事，南琅邪[二二]、彭城二郡太守，東揚州刺史。初，昭明卒，梁武帝捨詧兄弟而[二三]立簡文，内常愧之，故寵亞諸子。以會稽人物殷阜，一都之會，故有此授，以慰其心。詧既以其昆弟不得爲嗣，常懷不平。又以梁武帝衰老，朝多秕政，有敗亡之漸[二四]，遂蓄聚貨財，交通賓客，招募輕俠，折節下之。其勇敢者多歸附，左右遂至數千人，皆厚加資給。

中大同元年，除持節，都督雍梁東益南北秦五州、郢州之竟陵、司州之隨郡諸軍事，西中郎將，領寧蠻校尉，雍州刺史。詧以襄陽形勝之地，又是武帝創基之所，時平足以樹根本，世亂可以圖霸功，遂尅己勵節，樹恩於百姓，務修刑政，志存綏養。乃下教曰：

昔之善爲政者，不獨師所見。藉聽衆賢，則所聞自遠；資鑒外物，故在矚致明。是以龐參恤民，蓋訪言於高逸；馬援居政，每責成於掾史；王沉[二五]爰加厚賞；吕虔功有所由：故能顯美政於當年，流芳塵於後代。

吾以陋識，來牧盛藩。每慮德不被民，政道或紊。中宵拊枕，對案忘飢，思納良謨，以匡弗逮。雍州部内有不便於民，不利於政，長吏貪殘，戍將懊弱，關市恣其裒刻，豪猾多所苞藏，并密以名聞，當加釐正。若刺史治道之要，弛張未允，循酷乖理，任用違才，或愛狎邪佞，或斥廢忠謇，彌思啓告，用祛未悟。鹽梅舟檝，允屬良規，苦口惡石，想勿余隱。并廣示鄉閭，知其款意。

於是境内稱治。

太清二年，梁武帝以詧兄河東王譽爲湘州刺史，徙湘州刺史張纘爲雍州以代詧。纘恃其才望，志氣矜驕，輕譽少年，州府迎候有闕。譽深銜之。及至鎮，遂托疾不與纘相見。後聞侯景作亂，頗陵蹙纘。纘懼爲所擒，乃輕舟夜遁，將之雍部，復慮詧拒之。梁元帝時鎮江陵，與纘有舊，纘將因之以斃詧兄弟。會梁元帝與譽及信州刺史、桂陽王[二六]慥各率所領，入援金陵。慥下峽至江津，譽次江口，梁元帝屆郢州之武城。[二七]屬侯景已請和，梁武帝詔罷援軍。譽自江口將旋湘鎮，慥欲待梁元帝至，謁督府，方還州。纘時在江陵，乃貽梁元帝書曰："河東戴[二八]檣上水，欲襲江陵。岳陽在雍，共謀不逞。"江陵游軍主朱榮又遣使報云："桂陽住此，欲應譽、詧。"梁元帝信之，乃鑿船沈米，斬纜而歸。至江陵，收慥殺之，令其子方等、王僧辯等相繼攻譽於湘州。譽又告急於詧，詧聞之大怒。

初，梁元帝將援建業，令所督諸州，並發兵赴國難。詧遣府司馬劉方貴領兵爲前軍，出漢口。及將發，元帝又使諮議參軍劉穀喻詧，令自行。詧辭頗不順，元帝又怒。而方貴先與詧不協，潛與元帝相知，剋期襲詧。未及發，會詧以他事召方貴，方貴疑謀泄，遂據樊城拒命。詧遣使魏益德、杜岸等衆軍攻之。方貴窘急，令其子遷超乞師於江陵。元帝乃厚資遣纘，若將述職，而密援方貴。纘次大隄，樊城已陷。詧擒方貴兄弟及黨與，並斬之。

纘因進至州。詧遷延不受代，乃以西城[二九]居之，待之以禮。軍民之政，猶歸於詧。詧以搆[三〇]其兄弟，事始於纘，將密圖之。纘懼，請元帝召之。元帝乃徵纘於詧，詧留不遣。杜岸兄弟紿纘曰："民觀岳陽殿下，勢不仰容。不如且往西山，以避此禍。使君既得物情，遠近必當歸集，以此義舉，事無不濟。"纘深以爲然，因與岸等結盟誓。纘又要雍州人席引等於西山聚衆。纘乃服婦人衣，乘青布輿，與親信十餘人出奔。引等與杜岸馳告詧。詧令中兵參軍尹正共岸等率兵追討，並擒之。纘懼不免，因請爲沙門。

詧時以譽危急，乃留諮議參軍蔡大寶守襄陽，率衆二萬、騎千匹伐江陵以救之。于時江陵立柵，周遶郭邑，而北面未就。詧因攻之。元帝大懼，乃遣參軍庾奐謂詧曰："正德肆亂，天下崩離。汝復效尤，將欲何謂？吾蒙先宮[三一]愛顧，以汝兄弟見屬。今以侄伐叔，逆順安在？"詧謂奐曰："家兄無罪，累被攻圍。同氣之情，豈可坐觀成敗。七父若顧先恩，豈應若是。如能退兵湘水，吾便旋旆襄陽。"

詧既攻柵不尅，退而築城。又盡銳攻之。會大雨暴至，平地水四尺，詧軍中霑漬，衆頗離心。其將杜岸、岸弟幼安及其兄子龕，懼詧不振，以其屬降於江陵。詧衆大駭，其夜遁歸襄陽，器械輜重，多没於湕水。初，詧囚張纘於軍，至是，先殺纘而後退焉。

杜岸之降也，請以五百騎襲襄陽。去城三十里，城中覺之。蔡大寶乃輔詧母保林龔氏，登陴閉門拒戰。會詧夜至，龔氏不知其敗，謂爲賊也，至曉見詧，乃納之。岸等以詧至，遂奔其兄巘於廣平。詧遣將尹正、薛暉等攻拔之，獲巘、岸等，并其母妻子女，並於襄陽北門殺之。盡誅諸杜宗族親者，其幼稚[三二]疏屬下蠶室。又發掘其墳墓，燒其骸骨，灰而揚之。

詧既與江陵搆隙[三三]，恐不能自固，大統十五年，乃遣使稱藩，請爲附庸。宇文泰令丞相府東閣祭酒榮權使焉。詧大悦。是歲，梁元帝令柳仲禮[三四]率衆進圖襄陽。詧懼，乃遣其妻王氏及世子嶚爲質以請救。宇文泰又令榮權報命，仍遣開府楊忠率兵援之。十六年，楊忠擒仲禮，平漢東，詧乃獲安。時朝議欲令詧發喪嗣位，詧以未有璽命，辭不敢當。榮權時在詧所，乃馳還，具言其狀。宇文泰遂令假散騎常侍鄭穆[三五]及榮權持節策命詧爲梁王。詧乃於襄陽置百官，承制封拜。十七年，詧留蔡大寶居守，乃自襄陽來朝。[三六]宇文泰謂詧曰：“王之來此，頗由榮權，王欲見之乎？”詧曰：“幸甚。”泰乃召榮權與詧相見。仍謂之曰：“榮權，吉士也，寡人與之從事，未嘗見其失信。”詧曰：“榮常侍通二國之言無私，故詧今者得歸誠魏闕耳。”

恭帝元年，柱國于謹伐江陵，詧以兵會之。及江陵平，立詧爲梁主，居江陵東城，資以江陵一州之地。其襄陽所統，盡歸於我。詧乃稱皇帝於其國，年號大定。追尊其父統爲昭明皇帝，廟號高宗，統妃蔡氏爲昭德皇后。又尊其所生母龔氏爲皇太后，立妻王氏爲皇后，子巋爲皇太子。其慶賞刑威，官方制度，并同王者。唯上疏則稱臣，奉朝廷爲[三七]正朔。至於爵命其下，亦依梁氏之舊。其戎章勛級，則又兼用柱國等官。又追贈叔父劭陵王綸太宰，謚曰壯武。贈兄河東王譽丞相，謚曰武桓。宇文泰乃置江陵防主，統兵居於西城，名曰助防。外示助詧備禦，内實兼防詧也。

初，江陵滅，梁元帝將王琳據湘州，志圖匡復。及詧立，琳乃遣其將潘純陁、侯方兒來寇。詧出師禦之，純陁等退歸夏口。詧之四年，詧遣其大將軍王操[三八]率兵略取王琳之長沙、武陵、南平等郡。五年，王琳又遣其將雷又柔[三九]襲陷監利郡，太守蔡大有死之。尋而琳與陳人相持，稱藩乞師於詧。詧許之。師未出而琳軍敗，附於齊。是歲，其太子巋來朝京師。詧之六年夏，震，其前殿崩，壓殺二百餘人。

初，江陵平，詧將尹德毅説詧曰：“臣聞人主之行，與匹夫不同。匹夫者，飾小行，競小廉，以取名譽。人主者，定天下，安社稷，以成大功。今魏虜貪惏，罔顧弔民伐罪之義，必欲肆其殘忍，多所誅夷，俘囚士庶，並爲軍實。然此等戚屬，咸在江東，念其充餌豺狼，見拘異域，痛心疾首，何時能忘！殿下方清宇宙，紹兹鴻緒。悠悠之人，不可門到户説。其塗炭至此，咸謂殿下爲之。殿下既殺人父兄，孤人子弟，人盡讎也，誰與爲國。但魏之精鋭，盡萃於此。犒師之禮，非無故事。若殿下爲設享會，因請于謹等爲歡。彼無我虞，當相率而至，預伏武士，因而斃之。分命果毅，掩其營壘，斬馘逋醜，俾無遺噍。[四〇]江陵百姓，撫而安之，文武官寮，隨材[四一]銓授。既荷更生之惠，孰不忻戴聖明。魏人懾息，未敢送死。王僧辯之徒，折簡可致。然後朝服濟江，入踐皇極，纘堯復禹，萬世一時。晷刻之間，大功可立。古人云：‘天與不取，反受其咎，時至不行，反受其殃。’願陛下恢宏遠略，勿懷匹夫之行。”詧不從，謂德毅曰：“卿之此策，非不善也。然魏人待我甚厚，未可背德。若遽爲卿計，則鄧祁侯所謂人將不食吾餘也。”

既而闔城長幼，被擄入關，又失襄陽之地。詧乃追悔曰：“恨不用尹德毅之言，以至於是。”又見邑居殘毀，干戈日用，耻其威略不振，常懷憂憤。乃著《愍時賦》以見意。[四二]其詞曰：

嗟余命之舛薄，實賦運[四三]之逢屯。既殷憂而彌歲，復坎壈以相鄰。晝營營而至晚，夜耿耿而通晨。望否極而云泰，何杳杳而無津。悲晉璽之遷趙，痛漢鼎之移新。無田、范之明略，愧夷、齊之得仁。遂胡顔而苟免，謂小屈而或申。豈妖沴之無已，何國步之長淪。

恨少生而輕弱，本無志於爪牙。謝兩章之雄勇，恧二東之英華。豈三石於杜鄠，異五馬於琅邪。直受性而好善，類蓬生之在麻。冀無咎而霑慶，將保靜而蠲邪。何昊穹之弗惠，值上帝之紆奢。神州鞠爲茂草，赤縣遶於長蛇。徒仰天而太息，空撫衿而咨嗟。

惟古人之有懷，尚或感於知己。況托萼於霄極[四四]，寵渥流於無已。或小善而必褒，時片言而見美。昔待罪於禹川，歷三考而無紀。獲免戾於明時，遂超隆於宗子。始解印於稽山，即驅傳於湘水。彼南陽之舊國，實天漢之嘉祉。既川岳之形勝，復龍躍之基趾。此首賞之謬及，謂維城之足恃。值諸侯之攜貳，遂留滯於樊川。等勾踐之絶望，同重耳之終焉。望南枝而灑泣，或東顧而潺湲。歸歟之情何極，首丘之思邈然。

忽值魏師入討，於彼南荆。既車徒[四五]之赩赫，遂一鼓而陵城。同瘠生之舍許，等小白之全邢。[四六]伊社稷之不泯，實有感於恩靈。矧吾人之固陋，迥飄薄於流萍。或沈滯於兹土，復期月而無成。昔方千而畿甸，今七里而盤縈。[四七]寡田邑而可賦，闕丘井[四八]而求兵。無河内之資待，同滎陽之未平。夜騷騷而擊柝，晝孑孑而揚旌。烽凌雲而迥照[四九]，馬伏櫪而悲鳴。既有懷於斯日，亦焉得而云寧。

彼雲夢之舊都，乃標奇於昔者。驗往記而瞻今，何名高而實寡。寂寥井邑，荒涼原野。徒揄揚於宋玉，空稱嗟於司馬。南方卑而歎屈，長沙溼而悲賈。余家國之一匡，庶興周而祀夏。忽縈憂而北屈，豈年華之天假。

加以狗盜鼠竊，蜂蠆狐狸。羣圉隸而爲寇，聚臧獲而成師。窺覦津渚，跋扈江眉。屢征肇於殷歲，頻戰起於軒時。有扈興於《夏典》，《採芑》著於《周詩》。[五〇]方叔振於蠻貊，伯禽捷於淮夷。在逋穢其能幾，會斬馘而搴旗。彼積惡之必稔，豈天靈之我欺。交川路之云擁，理惆悵而未怡。

詧在位八載，年四十四，周保定二年二月，薨。其羣臣等葬之於平陵，謚曰宣皇帝，廟號中宗。太子巋嗣位。

詧少有大志[五一]，不拘小節。雖多猜忌，而知人善任使，撫將士有恩，能得其死力。性不飲酒，安於儉素。事其母以孝聞。又不好聲色，尤惡見婦人，雖相去數步，亦云遥聞其臭。[五二]經御婦人之衣，不復更著。又惡見人髮，白事者必方便以避之。[五三]其在東揚州頗放誕，省覽簿領，好爲戲弄之言，以此獲譏於世。

及在江陵，有何山者善射，人莫能及。有烏巢庭樹，詧惡之，謂山曰："射中賜一車穀。"其雛並在一枝，山曰："脱一箭兩中，請賜兩車。臣無車牛，願官爲送。"詧許之。於是射中其二項，詧甚欣悦，即令載穀送之。[五四]其曠略如此。

篤好文義，所著文集十五卷[五五]，内典《華嚴》《般若》《法華》《金光明義疏》四十六卷[五六]，並行於世。詧疆土既狹，居常怏怏。每誦"老馬伏櫪，志在千里。烈士暮年，壯心不已"，未嘗不盱衡扼腕，嘆咤者久之。遂以憂憤發背而殂。

論曰：親戚所以爲藩屏也，古未有支姓凋殘，而國能久立者矣。善見利孝武之出，踐極稱尊。未幾，狗脚癡人，至不能長保身命。蕭詧援敵國以賊

宗親，稱快一時，懷憂畢世。讀《愍時賦》，攬其詞旨，良可哀悼。然原其初志，不已愚乎！[五七]

【校注】

［一］善見蕭詧載記一　西魏書二十四　通議大夫浙江按察使司按察使加二級南康謝啓昆撰："樹經堂本"作"卷二十四　善見蕭詧載記一"，"中華本"作"西魏書卷二十四　善見蕭詧載記一"。

［二］以魏郡、林慮、廣平、陽邱、汲郡、黎陽、東濮陽、清河、廣宗等郡爲皇畿：《魏書》卷一二《孝靜紀》"陽邱"作"陽丘"。① 今點校本《北史》卷五《魏本紀五》已從錢大昕《廿二史考異》，改正爲"以魏郡、林慮、廣平、陽平、頓丘、汲郡、黎陽、東郡、濮陽、清河、廣宗等郡爲皇畿"。

［三］十月：《北史》卷五《魏本紀五》亦繫其事於"十月甲寅"，而《魏書》卷一二《孝靜紀》則作"十一月甲寅"。按：是年十月甲戌朔，無甲寅。今點校本《北史·魏本紀五》已更正爲"十一月甲寅"。

［四］涿：《北史》卷五《魏本紀五》及《魏書》卷一二《孝靜紀》校勘記，皆稱當改作"汾"。

［五］李徽伯："樹經堂本"誤作"李徽怕"。

［六］攻："樹經堂本"誤作"改"。

［七］陂：原作"陵"，兹據《魏書》卷一二《孝靜紀》、《北史》卷五《魏本紀五》改正。

［八］服緦衰：原作"服綢衰"，兹據《魏書》卷一二《孝靜紀》、《北史》卷五《魏本紀五》改正。

［九］入據："樹經堂本"誤作"人據"。

［一〇］葬於鄴西漳北。其後發其陵，投骨於漳水中：《魏書》卷一二《孝靜紀》作"葬於漳西山崗。其後發之，陵崩，死者六十人"；《北史》卷五

---

① 諸本目録此卷注"闕"，百衲本、南本卷末後附宋人校語云："魏收書《孝靜紀》亡，後人補以《北史》，又取《高氏小史》《修文殿御覽》附益之。"

《魏本紀五》作“葬於鄴西漳北。其後發之，陵崩，死者六十人”，然則“投骨於漳水中”之説，未知何據。

［一一］臣澄勸陛下酒：《魏書》卷一二《孝靜紀》同，《北史》卷五《魏本紀五》無“酒”字。

［一二］毆：《北史》卷五《魏本紀五》同，《魏書》卷一二《孝靜紀》作“歐”。

［一三］忠義：《魏書》卷一二《孝靜紀》、《北齊書》卷三《文襄紀》及《宋書》卷六七《謝靈運傳》同，《北史》卷五《魏本紀五》作“志義”。

［一四］襄城王昶：《北史》卷五《魏本紀五》校勘記［五一］云：“諸本‘旭’作‘昶’，《魏書》作‘旭’。按襄城王旭見《魏書》卷一九下《城陽王長壽傳》。‘旭’誤，今據改。”

［一五］齊王：原脱“王”字，兹據《魏書》卷一二《孝靜紀》、《北史》卷五《魏本紀五》補。

［一六］凡十條：《北史》卷五校勘記［五三］引李慈銘《北史札記》云：“按《北齊書》卷三〇《高德政傳》作‘凡有十餘條’，此當脱‘餘’字。”

［一七］訣：“樹經堂本”誤作“決”。

［一八］泣灑：“樹經堂本”“中華本”作“灑泣”。

［一九］常：原作“嘗”，兹據《魏書》卷一二《孝靜紀》、《北史》卷五《魏本紀五》改。《西魏書・善見載記》便以此兩傳爲藍本。

［二〇］蘭陵：“樹經堂本”誤作“蘭陸”。

［二一］曲江：張熷《讀史舉正》以中大通三年六月詔立“曲阿公詧爲岳陽郡王”爲據（《梁書》卷三《武帝紀下》），稱以作“曲阿”爲正。①

［二二］南瑯琊：原作“琅邪”，考《梁書》卷三《武帝紀下》大同四年條云：“秋七月己未，以南瑯琊、彭城二郡太守岳陽王詧爲東揚州刺史。”兹據改。

［二三］而：原闕，兹據《周書》卷四八《蕭詧傳》、《北史》卷九三《僭僞・蕭氏傳》補。

---

① 《周書》卷四八校勘記［一］引張熷《讀史舉正》卷六，頁八七七。

［二四］有敗之之漸：“樹經堂本”脱“漸”字。

［二五］王沉：“樹經堂本”“中華本”作“王沈”。

［二六］桂陽王：《周書》卷四八《蕭詧傳》作“柱陽王”。揆諸《梁書》卷二三《桂陽嗣王象傳》、《南史》卷五一《梁宗室傳上》、《南史》卷五六《張弘策傳附張纘傳》、《南史》卷八〇《賊臣·侯景傳》皆以“桂陽王”相稱，故“柱陽王”必誤。

［二七］武城：原作“武成”，考《梁書》卷三四《張緬傳附張纘傳》、《南史》卷五六《張弘策傳附張纘傳》、《資治通鑑》卷一六二，皆作“武城”，又，《水經注》卷三五《江水注》“南至武城，俱入大江”。故改。

［二八］戴：原作“載”，《周書》卷四八校勘記［四］以爲宜作“戴”，此從之。

［二九］西城：“樹經堂本”“中華本”誤作“西域”。

［三〇］［三三］搆：原作“構”，兹據《周書》卷四八《蕭詧傳》改。

［三一］先宫：原作“先帝”，在《周書》卷四八校勘記［五］看來，此所謂“先宫”，即指詧父昭明太子統，故後文稱“以汝兄弟見託”，只因後人不解“先宫”之意，遂改“宫”爲“帝”。甚是，今據改。

［三二］幼稚：“樹經堂本”“中華本”皆作“幼穉”。

［三四］柳仲禮：“樹經堂本”“中華本”誤作“柳中禮”。

［三五］鄭穆：《北史》卷九三《僭僞·蕭氏傳》作“鄭孝穆”；《周書》卷四八《蕭詧傳》校勘記以爲當從《資治通鑑》卷一六三，繫其事於大統十六年。

［三六］十七年，詧留蔡大寶居守，乃自襄陽來朝：《周書》卷四八校勘記［七］以爲當從《資治通鑑》卷一六三，繫其事於大統十六年。

［三七］奉朝廷爲正朔：“樹經堂本”脱“爲”字。

［三八］王操：“樹經堂本”誤作“工操”。

［三九］雷又柔：《周書》卷四八校勘記［八］：“《北史·蕭氏傳》‘又柔’作‘文柔’，《通鑑》卷一六七作‘文策’。按：‘又’疑當作‘文’。‘柔’‘策’，不知孰是。”

［四〇］遺噍：“樹經堂本”誤作“遺唯”。

［四一］隨材：《周書》卷四八《蕭詧傳》作“隨即”。

［四二］謝啓昆《西魏樂府四首》之四《江陵火》云：“龍光殿，講《老子》。枇杷門，督戰士。御史中丞作降表，天子巡城詩句好。韜於文學愧武夫，亡國正坐多讀書。書能資治亦可寶，莫悔焚之不及早。玉節金鉦臨漢水，深宫盡日親圖史。四方多難誤虚談，誰云識字憂患始。敵騎如飛鳳掖愁，芙蓉閣上玉煙浮。咸陽而後禍更烈，十四萬卷無人收。文武之道墜於地，聯璧遺編不可求。昔日青絲壽陽來，今日白馬東門開。士林館散已成灰，龍文擊柱聲哀哀。玉尺銅儀不足惜，埋金未信主衣側。南風絶唱西陵悲，寂寞軒臺賦幽逼。樓閣殘基弔渚宫，緑窗朱户閉春風。七瑞碑文何處覓？《金樓》一卷剩湘東。”[①]

［四三］運：“樹經堂本”誤作“連”。

［四四］況托萼於霄極：《文苑英華》卷一二九引作“況華萼聯於霄極”，與下“寵渥流於無已”句對，疑是。

［四五］徒：“樹經堂本”誤作“往”。

［四六］邢：原作“那”，兹據《周書》卷四八《蕭詧傳》及“樹經堂本”“中華本”改。

［四七］盤縈：《周書》卷四八《蕭詧傳》作“磐縈”。

［四八］邱井：《周書》卷四八《蕭詧傳》作“丘井”。

［四九］烽淩雲而迥照：《周書》卷四八《蕭詧傳》校勘記：“《英華》‘淩’作‘連’。‘迴’原作‘迥’，誤，《英華》作‘迴’，今徑改。又疑‘迥’‘迴’皆‘回’之訛。”“樹經堂本”“中華本”亦引作“迴”。

［五〇］周詩：原誤作周時，兹據《周書》卷四八《蕭詧傳》徑改。

［五一］詧少有大志：“樹經堂本”脱“詧”字。

［五二］亦云遥聞其臭：原作“遥聞其臭”，兹據《北史》卷九三《僭僞·蕭氏傳》補。

---

① 《樹經堂詩初集》卷一〇《補史亭草上》，《續修四庫全書》册一四五八，上海古籍出版社，二〇〇二年，頁一二四～一二五。其内“聯璧遺編不可求”小字夾注：“簡文帝有《元帝法寶聯璧序》。”

［五三］白事者必方便以避之：《北史》卷九三《僭僞·蕭氏傳》續云："擔輿者，冬月必須裹頭，夏月則加蓮葉帽。"

［五四］考《太平御覽》卷八三七引《三國典略》云："後梁有何山者，其射之妙，人莫能及。有鳥巢於庭樹，蕭詧惡之，謂山曰：'射中賜一車穀。'其鳥雛并於枝上，山曰：'脱一箭中兩，請賜兩車。臣無車牛，願官爲送。'詧許之。於是山射中其二項，詧甚欣悦，即令載穀送之。"此即《西魏書》之所據。

［五五］所著文集十五卷：《隋書》卷三五《經籍志四》有"《梁岳陽王詧集》十卷"。

［五六］四十六卷：《北史》卷九三《僭僞·蕭氏傳》作"三十六卷"。

［五七］《北史》卷五"論曰"："自兹（莊帝遇弑）之後，魏室土崩，始則制屈强胡，終乃權歸霸政。主祭祀者不殊於寄坐，遇黜辱者有甚於弈棊。……静、恭運終天禄，高蹈唐、虞，各得其時也。"

《周書》卷四八"史臣曰"："梁主任術好謀，知賢養士，蓋有英雄之志，霸王之略焉。及淮海板蕩，骨肉猜貳，擁衆自固，稱藩内款，終能據有全楚，中興頹運。雖土宇殊於舊邦，而位號同於曩日。貽厥自遠，享國數世，可不謂賢哉。嗣子纂承舊業，增修遺構，賞罰得衷，舉厝有方。密邇寇讐，則威略具舉；朝宗上國，則聲猷遠振。豈非繼世之令主乎。"

西魏書附録

一、謝啓昆：與趙雲松書[一]

承教《西魏書》挂漏一則[二]，若宗室内少元育、元贊、元廓三人[三]，八柱國内少李弼、獨孤信等，十二大將軍内少侯莫陳順、宇文遵等。按：育、贊二人已載《宗室傳》，惟“贊”誤作“替”，元廓即恭帝也。

至斷代爲書，列傳自有限斷。嘗怪漢之陶謙、臧洪、荀彧、公孫瓚、董卓、二袁諸人皆未臣魏，陳壽載之《國志》，殊失史裁，范蔚宗悉收入《後漢書》，是也。然黄初諸臣曾仕建安者甚多，使俱入漢書，則無此義例矣。作書之初[四]，搜羅周、隋兩朝之曾仕西魏者，凡三百餘人。《周書》列傳中非西魏臣者，十無一二，勢難廢《周書》而改爲《西魏》，故拙撰列傳，以宇文受禪爲斷，其下仕周、隋者，即不立專傳，雖尉遲迥、獨孤信輩功業燦然，亦從删削。然《封爵表》載其爵秩，《大事》《異域》載其勛略。柱國大將軍之制，載於《百官考》，似可與列傳互爲補苴，不致闕漏矣。此區區作書之旨，不識以爲然否？

大抵吾輩著書，得失必各參半。蓋一人識見既單，且精力有限，顧此失彼之處誠所不免，不得良友補正之，則疑誤終無從改訂矣！昔子建歎敬禮之達言，吴縝糾歐陽之新著，先賢風尚，竊希慕之，尚祈不惜教言，俾得遵以刊改，尤荷高誼無既。近今著作如已脱稿，亦希寄示，以供校字之役，或可進一得之愚也！春寒初解，諸惟慎護，不宣，啓昆頓首。[五]

二、趙書松：《西魏書》書後[六]

魏自胡太后臨朝，孝明帝崩後，爾朱榮起兵，沈太后、少主[七]於河，立長樂王子攸，是爲孝莊帝。帝以榮肆横，手殺之，爾朱兆等稱兵害帝，立長廣王奕[八]，又以奕[九]詔禪位於廣陵王恭，是爲節閔帝。《魏書》謂前廢帝高歡起兵討爾朱氏，廢節閔而立平陽王脩，是爲孝武帝。未幾，帝與歡不協，乃西遷關中，依宇文泰。歡立[一〇]清河王亶子善見爲帝，是爲東魏，而孝武爲西魏。

按歡廢節閔時，會朝臣議，僉謂孝文不可無後，故立孝武，天下共以爲主已三年，始西遷，是魏統自應屬孝武。孝武崩，文帝立；文帝崩，廢帝、恭帝繼之，皆魏之正統也。

魏收在北齊修《魏書》，欲以齊繼魏爲正統，故自孝武後，即以東魏孝靜帝繼之，而孝武後諸帝不復作紀，此收之私見也。魏澹作《魏書》，以西魏爲正統，自是正論，惜其書不傳，故西魏文帝等紀年紀事，轉見於周文帝即宇文泰《紀》内。幸《北史》增文帝諸紀，名分始正，而《魏書》究不得爲完書。

近日謝藴山藩伯另撰《西魏書》，以次於《魏書》之後，誠得史裁之正也。其採掇亦甚詳，可稱良史，惟列傳尚有遺漏，如宗室内少元育、元贊、元廓[一一]；八柱國内少李弼、獨孤信、趙貴、侯莫陳崇；十二大將軍内少侯莫陳順、宇文導、達奚武、李遠、豆盧寧、宇文貴、楊忠、王雄。按柱國本爾朱榮官號，榮敗後，此官遂廢，魏文帝以宇文泰功大，始命爲之，其後功参佐命、望實俱重者，亦居此職。自大統十六年以前，任者凡八人，泰統百揆，元欣皇族，其餘六人各督二大將軍，分掌禁旅，出則征伐。是諸臣乃大統十六年以前功臣，雖皆宇文泰擢用，然是時魏祚未移，泰亦尚爲魏臣，諸人方與泰比肩事魏，則皆西魏臣也，豈得無傳。又蘇綽在魏，仿《周禮》定官制，與盧辨[一二]同事，今綽有傳而辨[一三]無傳，亦屬挂漏。曾囑補之[一四]，未知增入否。

三、謝啓昆：復趙雲松書[一五]

拙著屢承指正，足徵知愛良深，惟鄙見有與尊意不盡合者，敢布陳之。

來書云：陳壽作《三國志》時，後漢未有正史，故列漢臣於《魏志》，及范蔚宗出，悉收入《後漢書》。按陳壽晉人也，漢劉珍之《東觀記》，吴謝承之《後漢書》，皆在晉前勒成漢史，且後漢著述，晉代尚有六家，唐、宋俱存，非創始范氏也。

來書云：荀彧參曹操軍，始終爲其謀主，佐成大業，則聽其傳於《魏志》可矣，而范蔚宗入於漢臣内，此於限斷之中，寓變通之法。按：文若始則見漢室崩亂，申其匡振之義，繼則阻魏公九錫，勉以忠貞之節，遂至見忌阿瞞，壽春仰藥，彧卒而操始稱公，乃知彧之爲操謀者，皆爲漢謀也，終始漢臣，捐軀明志，《漢書》立傳，義固當然，蓋人心天理之公，非遷就節取之謂也。

來書云：李弼、侯莫陳順當周閔帝受禪之年即卒，趙貴、獨孤信并以謀殺宇文護被害，不得盡指爲周臣，不爲立傳。按弼、順以垂死之歲，貪佐命之勛，使因其早没，恕彼二臣，則錢謙益、龔鼎孳輩卒於順治之初，將登諸故明之史矣。至貴、信謀殺權凶，義匡周室，此宇文[一六]之忠臣，於魏何與乎？

來書云：唐臣趙光允[一七]、王處直二人歷任朱梁、後唐，而《新唐書》仍爲立傳。按：光允[一八]父隱，處直兄處存，《唐書》本有專傳，光允[一九]、處直不過憑藉餘光，附見父兄傳末，目並無名，非爲彼立傳也。且以彼二人官知制誥，爵晉郡王，代受唐恩，而屈膝篡賊，耻孰甚焉。薛《史》所載，於義爲允矣。

來書云：隋裴矩入唐爲民部尚書，唐修《隋書》特爲立傳，後宋祁又爲立傳於《唐書》。按唐初五史並修，陳、隋舊族布在朝廷，撰録諸臣遂多枉曲。姚察，隋祕書丞也，以其子思廉之故，復入《陳書》。裴矩，唐民部尚書也，以其子宣機之故，仍列《隋傳》。夫舊國新朝，義無兩可，察、矩諸人，生則托名堂阜之囚，死則高抗首陽之節，既保富貴於一身，更盜清忠於汗史。使貞觀當日窮其欺罔之私，治以舞文之罪，恐思廉、魏、孔，難邀寬典矣。宋氏載裴矩於《唐書》，所以糾正之也。

來書云：五代時張全義附梁最密，而薛居正以其再仕後唐，入於《唐臣傳》；馮道歷仕數朝，居正以其没於周，入於《周臣傳》，終覺未妥，故歐陽另立《雜傳》以處之。按張、馮頑鈍寡廉，行同狗彘，居正安置二人最合史法，猶之文姬失節，晚嫁董夫，范書《列女》，只標董祀之妻，不聞更稱衛婦也。歐陽《雜傳》之立，則謂其不能定爲何代之臣，亦若北里平康，不能定爲誰妻誰妾矣，深惡痛絶，於斯爲甚。

至于史册義法，書人記事，各有攸宜，有詳略之方，有互見之例，當合紀、表、志、傳而統論之，不可沾沾僅求之列傳也。來書所云趙貴諸臣功績，拙著業已載之《大事》《異域》兩表，並散見各傳，似亦不爲挂漏，又豈在專傳之有無乎。凡此皆僕平日尚論之私，輒敢質之左右。恃在同心，略無隱飾，伏惟垂督，不宣，啓昆頓首。[二〇]

四、趙書松：答謝藴山藩伯書[二一]

承示《西魏書》斷自宇文受禪，而以翼[二二]所指八柱國、十二大將軍有不能盡入《西魏》者，具見斟酌苦心，翼[二三]深愧考核未精，妄參末議矣。

漢以後數朝皆以禪代爲革命，其臣多歷仕前後兩朝者[二四]，故作史[二五]必先立限斷。晉武時議立《晉書》限斷，荀勗欲以魏正始爲斷，王瓚欲以嘉平爲斷，賈謐欲以泰始爲斷，後因張華言，宜用正始[二六]，其議遂定。徐爰《宋書》舊本有[二七]晉末諸臣及叛賊，並劉毅等與宋武同起義者，沈約修《宋書》，以桓元、焦縱、盧循[二八]，身爲晉叛賊[二九]，無關後代；吴隱、郗僧施，義止前朝，不宜入宋；劉毅、何無忌、諸葛長民、魏詠之、檀憑之，志在匡晉，亦非宋臣，遂一概删卻。此皆古人先立限斷之法。先生[三〇]《西魏書》以宇文受禪爲斷，可謂扼要矣，然亦有未可盡拘者。

陳壽《魏志》列入漢末諸臣董卓、陶謙、吕布、二袁、劉表等，誠有如先生[三一]所云，殊失史裁。然壽作《三國志》時，後漢尚未有正史，而諸臣事多與曹操相涉，不立傳則記載不明，故仿《史記》[三二]項羽、陳涉之例，遂列漢臣於《魏志》。及范蔚宗出，悉收入《後漢書》，而後漢、魏兩朝人物，燦若列眉。先生[三三]《西魏書》列斛斯椿、賈顯度、賀拔勝等傳，正用范《書》例也。而范《書》中有《荀彧》一傳，彧出仕即參曹操軍[三四]，始終爲其謀主，佐成大業，則聽其傳於《魏志》可矣，而蔚宗以其心存漢朝，阻魏九錫，特入於漢臣内，此又作史者於限斷之中寓變通之法。[三五]

今西魏八柱國、十二大將軍，雖多宇文泰擢用，其後又多仕於周者，然其先則與泰同官魏朝，且泰於魏文帝[三六]尚不失臣節，出師則奉魏帝以行[三七]，所仿《周禮》六官亦必奏而後著爲令，非如操之目無漢獻也，則與泰同立功於魏[三八]者尚皆魏臣。況李弼、侯莫陳順，當周閔帝受禪之年即卒；趙貴、獨孤信，並以謀殺宇文護而被害，似不得盡指爲周臣，而《西魏書》不立傳也。

如以仕周者不終於魏，則有《新唐書》傳[三九]趙光允、王處直之例在。二人皆唐臣，後歷仕朱梁、後唐，而《新唐書》仍爲立傳。光允則叙其歷官知制誥而止[四〇]，處直則叙其封太原郡王而止[四一]，以此官猶是唐所授，以後則不復叙也。否則有《隋》《唐》二書各傳裴矩之例在。矩入唐爲民部尚書，唐人修《隋書》，以其在隋朝事蹟最多，特爲立傳。後宋祁以其説曹旦舉山東之地歸唐，又爲立傳於《唐書》。是一人兩傳，古亦有此例。

西魏達奚武入周，有迎齊[四二]司馬消難、拒斛律敦等功，而其先戰沙苑，戰河橋，斬齊將高敖曹，敗梁將蕭循，皆魏朝事也。豆盧寧入周，有討稽胡劉桑德等功，而其先從擒竇泰，復弘農[四三]，破沙苑，平梁仚定，討乙鐵忽[四四]，皆魏朝事也；楊忠入周，有晉陽破齊等功，而其先從平潼關、破回洛城、斬齊將辛纂、擒梁將柳仲禮，皆魏朝事也。宇文貴入周，但有討吐谷渾之功，而其先從爾朱榮擒葛榮，平邢杲，拒元顥，則尚在孝武以前，及從孝武入關，援賀若統，敗堯雄、走任祥，降是云寶，亦皆魏朝事。魏文帝以金巵置侯上，射中者賜之，貴一發而中，帝即賜貴，且奬諭之，則更爲魏帝所寵任者。竊意此諸人仍應補傳於《西魏》，但叙其在魏立功之處，而入周後事迹，《周書》本有傳，固不妨並存，似與《隋》《唐》二書傳裴矩、趙光允、王處直之例相合，不必以其曾仕周，遂不入《魏書》也。

前、後五代之人，多歷仕數朝，最難位置。如後五代時，張全義附梁最密，而薛居正以其再仕後唐，則入於《唐臣傳》；馮道歷仕數朝，居正以其没[四五]於周，亦入於《周臣傳》，終覺未妥，故歐陽修另立《雜傳》以處之。今以仕周者遂不入於[四六]《魏書》，意雖嚴而事究[四七]未備也。且前代各史，凡手創帝業，身未爲帝，至其子孫始禪代者，皆聽其入新朝紀内，不復立傳於前朝。[四八]如《後漢書》不立《曹操傳》，《魏志》不立《司馬懿父子傳》，《後魏書》不立《高歡傳》是也。今《西魏書》以宇文泰爲西魏功臣之首，特爲立傳，此與《後周書》立《楊忠傳》同一卓識。泰既立傳於《西魏》，而與泰同仕魏朝、同受魏封之人，反以其仕周而[四九]遺之，轉不免留全書之缺矣。

承諭著書必資朋友訂正，此誠大人先生虚懷集益之雅量，故[五〇]敢再進瞽説，以就正有道焉。趙翼頓首。[五一]

五、顧宗泰：謝蕴山方伯見眎所著《西魏書》題後得六首却寄

其一

西竄驚心賀六渾，關中元魏統猶存。彦深史佚將無考，伯起書傳未足論。
十載編摩勤虎觀，于秋進退接龍門。補亡平繪中興後，手筆南康洞本原。

其二

詔稱安定册諸王，筮卜登天位洛陽。南斗星流熒惑犯，西闕月入蒺藜亡。
非狐索斷謡空怨，斯馬鞭驚事暗傷。即使君臣無少忌，雲陵爭奈逆藩强。

其三

天拜清暉號中興，華州巡後政觀成。御香萬貫錢停給，門鼓三條事許行。
率舊彝章裁禮樂，更新令則定權衡。崖龕斷爲柔然寇，悵望嵯峨詎損名。

其四

黑獺乘權運未休，廢將年號禮依周。叙官西魏空存典，出帥東梁有叛州。
怨起宫庭羣掩泣，辱居廨舍獨包羞。前塵佛寺同遺恨，積弱偏忘禍患由。

其五

置君如奕數將終，巢幕依然讌饗同。廣武豈成追寇略，江陵漫詡滅梁功。
太師遷鼎封岐壤，帝子分茅辱宋公。厭魏天心久已去，徒延虚號式微中。

其六

鄴都僭號永熙年，作史須操南董權。名正東西垂大法，卷成廿四挈宏篇。
虞初采博稗官合，刦後搜精牌版傳。涑水昔稱延壽筆，視公著作孰推賢。①

① （清）顧宗泰撰：《月滿樓詩文集·詩集》卷三七《嶺南集》，清嘉慶八年刊本。

六、李富孫：謝方伯啓昆見贈近集《西魏書》賦謝二首

八甎吟舫拓明窗，退食含豪鬬酒缸。自昔風流傳太傅，由來詩派屬西江。
鴻文似錦霞初散，健筆如椽鼎可扛。海内何人追媕雅，紛紛那不令心降。
彦深菑史已無傳，孰與重操筆削權。特係太和西竄曰，爲餘孝武僭稱年。
正名定分扶君實，謹例嚴凡接馬遷。不獨遠文堪補闕，千秋公論賴斯編。[①]

七、焦循：西魏書論

《西魏書》，謝蘊山先生所撰也。乾隆乙卯秋，遇桐城胡雒君於金陵，雒君以是書見遺。於時譚者或疑之，蓋未識著書之體也，因爲之辨。議者云：正統之傳，自漢、魏而晉、宋、齊、梁以至於陳，作《西魏書》，是無梁、陳也。夫如是，是不獨《西魏書》可不作，而魏收之《魏書》、李百藥之《北齊書》、令狐德棻之《周書》均可以廢。何也？非正統之所在也。夫魏自晉世開基，歷年永久，與有河洛，視梁、陳以篡竊得國、短促偏安，有以過之，豈梁、陳所得而統之乎！亦猶遼之承於唐、傳金及元，非宋所得而統也。且《春秋》魯史也，孔子修之，内魯而外諸國，豈謂魯可以統諸國乎？主客之勢然也。推之以言乎説 經，唐人撰《正義》，於鄭康成、王弼、杜預諸君，主此則客彼，主彼則客此，其體有如是也。下之如元人之曲、近代之時文，無不以主客爲體裁。學究衍陽虎、淳于髡之言，未有不以孔、孟爲外者，豈真敢外孔、孟哉？其體然也。乃獨於《西魏書》疑之，亦爲不善悟矣。司馬遷漢人也，作《項羽本紀》，陸游宋人也，作《南唐書》，況生千百年後而作《西魏書》乎。正統之辨，莫嚴於昭烈之於孫、曹，余嘗以是通諸後世，以爲蕭詧猶在，不可帝陳，晉立太原，未當尊郭。以是言之，則姚氏之《陳書》可廢矣；唐得天下於隋，隋承魏、周者也，宜内魏而外梁、陳。唐時，南北諸史並列，不使偏廢，又何疑於《西魏書》之作乎？況《西魏書》之作，所以奪北齊之統，無與

① （清）李富孫撰：《校經廎文稿》卷二，小字夾注："公有八甎書舫齋。"

於梁、陳。祖梁、陳之篡竊而外魏，復祖高氏之篡竊而外西魏，爲此論者，不獨於著書主客之體有不明，並大公大義之所在，亦不暇顧也。①

八、法式善:《西魏書》書後

魏收作《魏書》，世多薄之。然微獨後世之人云爾，當孝昭皇建中，命更加審覈，武成復敕更易刊正，是齊之君臣，亦不以收爲是矣。隋文帝命魏澹重纂，以西魏爲正，東魏爲僞，義例簡要，司馬温公、朱文公作史因之，惜其書不傳。張大素《後魏書》、裴安時《元魏書》又皆不傳，考古者傷之。南康謝藴山先生作《西魏書》，可謂有志于古者矣。正收之謬，删補《北史》之蕪漏，而義例一仿澹書。其曰《西魏書》者，蓋因收書之失在孝武遷關中以後。兹依《太平御覽》，特著之曰孝武帝，曰文帝，曰廢帝，曰恭帝，而繫之以紀。列傳則以宇文泰標首，清河王世子善見並爲立傳，皆卓識也。若夫典章名物，辨核詳確，足以饜學古者之心，是又其餘事矣。②

九、姚鼐：廣西巡撫謝公墓志銘並序[五三]

公諱啓昆，字藴山，世居江西南康之蘇步，公後徙居南昌南郭，乃以蘇潭爲自號云。公於乾隆二十五年庚辰科會試中式，次年殿試，以朝考第一名選庶吉士，年二十五。乾隆三十一年授編修，既而充國史纂修官，日講起居注官，出爲鎮江府知府，又知揚州府、寧國府，擢授江南河庫道、浙江按察使、山西布政使，調浙江布政使。今上親政，命爲廣西巡撫，凡三載，嘉慶七年六月乙丑終於位，年六十六。

公爲知府時，即明決於吏事，所持堅正，上官雖異意而不能奪，屢以善

① （清）焦循撰:《雕菰集》卷八,《續修四庫全書》册一四八九，上海古籍出版社，二〇〇二年，頁一八六～一八七。

② （清）法式善撰:《存素堂文集》卷三,《續修四庫全書》册一四七六，上海古籍出版社，二〇〇二年，頁七一四。洪稚存論曰:“似南宋人文字。”

績稱於江、淮矣。及爲藩司，其時各省官帑多缺，或公私相晉，閲歷數官，前後援倚，所虧愈多，不可補復。公持身廉潔，而智能究郡縣利病之多寡，立法以其贏絀相補，任使盡其能，操縱當其時，故所蒞不數年，無造怨於吏民，而能完久虧之額。他人或欲效公所爲，輒中窒而不能遂。故公爲藩司多美政，而世尤稱公理財爲最善。及至廣西，内治吏民，外撫夷獠，筑湘、灕之隄以爲民利，民呼曰謝公隄。又嘗興學校，飭營伍，文武皆懷愛之。其卒也，以盛暑步禱雨致疾。上聞甚悼惜，賜金治喪，又詔賜祭葬。其後廣西士民呈於大府，請以公入祀名宧之祠。

公自少本以文學名，博聞强識，尤善爲詩，其才宏瞻精麗，兼具唐、宋名家之體。所爲《樹經堂集》若干卷，雜古文四卷，《西魏書》若干卷，《小學考》若干卷，晚成《廣西通志》若干卷，則士謂公文學吏治蓋兼存於其中焉。

曾祖諱茂偉，祖諱希安，考諱恩薦，皆以公貴贈資政大夫，妣皆贈夫人。公娶某縣李夫人，生女。繼娶某縣劉夫人，生子學增，候補主事，先公卒。側室四，盧孺人生子二：學崇，嘉慶壬戌科進士，庶吉士；學坰，候選府同知。女一。衛孺人生子學培，候選府同知。管孺人生女三。高孺人生女一。

公在翰林時，爲乾隆庚寅恩科河南鄉試正考官，辛卯會試同考官，多得賢才。其最者巡撫會稽陳永文、布政使歷城方昂，以吏績名，而檢討曲阜孔廣森以文學顯。其在浙舉孝廉方正，亦多名士。生平重交遊，獎氣類，居廣西作懷人詩數十篇，首其座師大興翁學士方綱，次桐城姚鼐也。遺命其子，必使鼐爲墓銘。嘉慶□年□月□日，學崇葬公□□。鼐爲銘曰：

儒者之風，退然其中。剛果有能，作吏見功。北徇汾、洮，南及嶺嶠。没而民思，生被其曜。惟其多才，文武惟試。講藝賦詩，異於俗吏。帝褒良績，天祐厥家。妥奉椑居，銘幽詔遐。[1]

---

① （清）姚鼐著，劉季高標校：《惜抱軒詩文集·惜抱軒文集後集》卷七，上海古籍出版社，一九九二年，頁三三六～三三八。

十、凌廷堪：祭廣西巡撫謝蘇潭先生文

嘉慶七年，六月乙丑。公薨於位，吏民奔走。天子震悼，褒功獨厚。賜金三千，俾返江右。嗚呼哀哉！時維仲秋，江城重陰。得公兇問，南望驚心。士伸知己，涕淚沾襟。自忘卑賤，聊寫哀思。

公之政績，寰區所知。蘭臺紀載，史官職司。緊我不文，但述己私。昔我從師，負笈擔簦。羞澀空囊，失路廣陵。感公邂逅，引作有朋。乾隆丁未，翁覃溪師招廷堪往南昌，始遇公於揚州。彭蠡如鏡，長風偕乘。計公之年，長我二十。許我同門，時相講習。獎之掖之，如恐不及。師承文章，約共編輯。時公擬仿任天社選《山谷精華録》例，輯覃谿師詩爲《學古編》，要余共爲之。時我將游，大河之南。感公留我，宿於蘇潭。痛飲十日，日日沉酣。都忘名輩，靡所不談。在昔朱季，見重君游。先達真賞，寸心綢繆。今我冷官，浮沉可羞。平生之言，何時能酬。上章閹茂，律中蕤賓。我舉禮部，公覲紫宸。及公巡河，招我淮濱。下榻官齋，其情逾親。我得博士，公已廉訪。太歲在卯，餞我湖上。解推肫摯，中心是貺。孰知永訣，回思悽愴。嗚呼哀哉！

丹陽劇郡，公有甘棠。我挾一氈，往憩其旁。居民愛之，無敢或傷。公之遺惠，江流湯湯。是年徂暑，旬宣三晉。公發之頃，遣人問訊。貽我朝服，勉我登進。霍、太爭高，長、汾比潤。維兹東南，公所經營。重蒞於浙，父老歡迎。政餘著書，恆念鄙生。咫尺莫就，此心怦怦。天子神聖，久契於公。在浙未幾，命撫粤中。路雖萬里，魚素屢通。考經證史，時見郵筒。昨公書來，春水始波。憶我新詩，繾綣孔多。置之懷袖，我勞如何。屈指數月，邈若山河。嗚呼哀哉！

莫爲之後，雖盛弗彰。公之哲嗣，方躋玉堂。公猶見之，爲善必昌。公所未竟，繼起彌光。公之精爽，上爲列星。懷德未報，且失典型。無由鼓楫，一酹公靈。敬將絮酒，少致微馨。尚饗。[①]

① （清）凌廷堪著，王文錦點校：《校禮堂文集》卷三六，中華書局，一九九八年，頁三二五～三二六。

十一、周中孚:《鄭堂讀書記》卷一八《西魏書》條

《西魏書》二十四卷，樹經堂刊本，國朝謝啓昆撰。啓昆，字蘊山，南康人。乾隆二十五年進士，三十一年授編修，歷官浙江布政使、廣西巡撫。蘇潭以元魏東西對峙，而西魏後亡七八年，魏伯起之書加孝武以出帝之稱，而直斥西主之名，李延壽《北史》先西後東，差强人意，而列傳猶承《周史》舊文，因斟酌義例，排次成編，爲帝紀一，表三，考四，列傳十二，載記一，凡二十一篇，二十四卷。卷帙不廣，條目悉具，自正史、傳記、輿地、金石之文，以及郡邑之志，流覽者殆數千卷，其搜剔補綴之功，最爲勤密。凡所增益改易處，皆有本原，雖所紀止四帝二十五年，然固已卓然爲一家史矣。惜其以孝靜爲載記，直稱其名，與蕭詧同爲一卷，較諸伯起出帝之紀，更爲已甚。不知蘇潭何恨於孝靜，而以之續貂也。高歡罵孝靜爲狗脚朕，蘇潭罵孝靜爲狗脚癡人。平心而論，本爲西魏作史，可不必及孝靜，如必欲連類而及，將高歡、高澄當亦入傳矣，可乎？不可也。前有自序及錢竹汀、姚姬傳二序，翁覃溪、畢秋帆二書，後有凌次仲序、胡雒君跋。[①]

十二、李慈銘:《越縵堂讀書記》史部別史類《西魏書》條

閱謝蘊山氏《西魏書》，體例謹嚴，自爲佳作，惜其紀傳，疏略相仍，亦有彼此不相照應者，固由其時記載散亡已盡，别無他書可資掇拾，故其五考，如禮樂刑法等，僅存大略。然細求之《册府元龜》《太平御覽》《通典》《通考》諸書，當有更可搜尋者。惟《封爵》《百官》兩表，最爲精覈可傳。其《曆法考》《百官考》，亦補綴細密，至謂文帝以柔然告警，賜文后死，其英斷有足難者，則大謬之言。魏之結援蠕蠕，本爲失策，觀其與鄴中高氏交隙之故，利害已明，究之周武滅齊，何嘗藉其犄角之力？文帝始則廢賢后以結狄親，繼則因邊氛以除故劍，忍心害理，冤酷異常！黑獺以操、莽之姿，粉飾《周禮》，

---

① （清）周中孚著，黄曙輝、印曉峰標校，《鄭堂讀書記》，上海書店出版社，二〇〇九年，頁三三八～三三九。

而令武王廢其邑姜，請昏獯鬻，古今可耻，孰甚於斯！文帝逼於强臣，蓋非得已，以此稱之，無識甚矣。同治丙寅十一月初一日[①]。

【校注】

［一］與趙雲松書：除見録於《樹經堂文集》卷三並被題作《答趙雲松觀察》外，《廿二史劄記》亦收録，并明言“附謝蘊山答書”，[②]但文字出入甚大，此從《樹經堂文集》。

［二］在“承教《西魏書》挂漏一則”之前，《樹經堂文集》卷三《答趙雲松觀察》尚有兩句：“昨接手書，一切過蒙，期許拙詩，復寵以序文。太冲三賦藉士安而增重矣，感何如之。”

［三］若宗室内少元育、元贊、元廓三人：《樹經堂文集》卷三《答趙雲松觀察》作“極費清心，所示宗室内少元育、元贊、元廓”。

［四］作書之初：《樹經堂文集》卷三《答趙雲松觀察》作“爲作此書之初”。

［五］春寒初解，諸惟慎護，不宣，啓昆頓首：《樹經堂文集》卷三《答趙雲松觀察》無此句。

［六］原作“附趙雲松觀察《〈西魏書〉書後》”，《廿二史劄記》題曰“西魏書”，今雜取兩者而名之。又，《廿二史劄記》王樹民按語云：“此與趙氏評論謝啓昆《西魏書》所寫之書後，《西魏書》收爲《附録》，文字與本書略有異同，當爲本書收入時已作修訂。謝氏見此文時曾致書於趙氏，即本篇後面所附者，因而趙氏有《答謝蘊山藩伯書》之作，本書亦收爲一篇。其後謝又作答書，本書未載而《西魏書·附録》中載之。謝氏二文又皆收入《樹經堂文集》（卷三）中，注明‘丁巳’，即嘉慶二年也。”[③]

［七］少主：《廿二史劄記》作“少帝”。

---

① （清）李慈銘著，由雲龍輯：《越縵堂讀書記》，上海書店出版社，二〇〇〇年，頁四〇五。

② （清）趙翼著，王樹民校證：《廿二史劄記校證》（訂補本）卷一三“西魏書”條，中華書局，一九八四年，頁二六五～二六六。

③ 《廿二史劄記校證》（訂補本），頁二八四六。

［八］［九］奕：《廿二史劄記》作“曄”。揆諸《魏書》卷一一《前廢帝紀》，知“曄”是“奕”非。

［一〇］立：當從《廿二史劄記》作“别立”。

［一一］宗室内少元育、元贊、元廓：《廿二史劄記》無。

［一二］［一三］辨：當從《廿二史劄記》作“辯”。按：《周書》卷二四有《盧辯傳》。

［一四］曾囑補之：《廿二史劄記》作“曾囑蘊山補之”。

［一五］復趙雲松書：謝啓昆《樹經堂文集》卷三題作“再答趙雲松觀察”。①

［一六］宇文：“中華本”作“字文”，當係誤刻所致。

［一七］［一八］［一九］光允：揆諸《新唐書》卷一八二《趙隱傳》，可知顯係“光胤”之誤。

［二〇］不宣，啓昆頓首：《樹經堂文集》卷三無此六字。

［二一］原作“附趙雲松觀察《書》”，此從《廿二史劄記》。②

［二二］［二三］翼：《廿二史劄記》作“僕”。

［二四］者：《廿二史劄記》無。

［二五］作史：《廿二史劄記》作“作史者”。

［二六］後因張華言，宜用正始：《廿二史劄記》作“後因張華謂宜用（正）［泰］始”。正始，理當改作“泰始”。

［二七］有：《廿二史劄記》作“列”。

［二八］桓元、焦縱、盧循：《廿二史劄記》作“桓玄、焦縱、盧循”，《西魏書》僅爲避諱而改“玄”爲“元”，其實更應改“焦”爲“譙”。今《廿二史劄記校證》已改“焦”爲“譙”。

［二九］叛賊：《廿二史劄記》無“叛”字。

［三〇］［三一］［三三］先生：《廿二史劄記》作“足下”。

---

① 王樹民先生在校證《廿二史劄記》時，亦嘗全文迻録《再答趙雲松觀察》，但存在個别字詞誤抄、漏抄、妄改、顛倒等現象。詳參《廿二史劄記校證》（訂補本），頁二八四～二八六。

② 《廿二史劄記校證》（訂補本）卷一三“答謝藴山藩伯書”條，頁二六七～二六九。

［三二］史記:《廿二史劄記》原同，今校證本已改作“漢書”。

［三四］軍：當從《廿二史劄記》作“軍事”。

［三五］法:《廿二史劄記》作“例”。

［三六］魏文帝:《廿二史劄記》作“魏文帝時”。

［三七］出師則奉魏帝以行:《廿二史劄記》作“其出師嘗奉魏帝以行”。

［三八］魏:《廿二史劄記》作“西魏”。

［三九］傳：原無此字，兹據《廿二史劄記》補。

［四〇］《廿二史劄記》王樹民校證云:“《新唐書》無《趙光胤傳》，卷一八二《趙隱傳》後附記其子光逢、光裔及光胤之名，並記光逢爲翰林學士，光裔知制誥，未記光胤之事，此處引述有誤。”① 趙翼此説固然有誤，《西魏書》將“趙光胤”寫作“趙光允”，同樣需要更正。

［四一］處直則叙其封太原郡王而止:《廿二史劄記》作“處直則叙其天復初封太原郡王而止”。

［四二］齊:《廿二史劄記》“齊”後又有“將”字。

［四三］弘農：原爲避諱而作“宏農”，兹據《廿二史劄記》改。

［四四］討乙鐵忽:《廿二史劄記》原刻本亦作“討乙鐵忽”，今王樹民校證本已改從西畬本作“討傍乙鐵忽”。

［四五］没:《廿二史劄記》作“殁”。

［四六］於:《廿二史劄記》無此字。

［四七］究:《廿二史劄記》無此字。

［四八］不復立傳於前朝:《廿二史劄記》作“而前朝不復立傳”。

［四九］而:《廿二史劄記》無此字。

［五〇］故:《廿二史劄記》“故”後又有“僕”字。

［五一］趙翼頓首:《廿二史劄記》無此四字。

---

① 《廿二史劄記校證》（訂補本），頁二八四。

西魏書跋[一]

一、凌廷堪跋

南康謝藴山先生撰《西魏書》二十四卷，凡《紀》一、《表》三、《考》四、《傳》十二、《載記》一。[二]既成，以示廷堪，命爲後序。廷堪受而讀之終篇，乃作序曰：

夫班、馬以降，紀載迭興，自宋逮元，史法漸失。主文辭者，其弊或至於空疏；寄褒貶者，厥咎遂鄰於僭妄。雖家自謂繼龍門之軌，人自謂續《麟經》之筆，然求諸體例，尋其端委，罕有當焉。

先生以金匱之才，歷石渠之選，網羅放失於千數百載以上，編次事實於二十餘年之中，有休文、伯起之明備，無子京、永叔之簡陋，卷帙不廣，條目悉具，編年紀月以經之，旁行斜[三]上以緯之，詳於因革損益，著其興衰治亂，洵足以存南、董之權度，爲東觀之規矩者矣。約舉大綱，其善有六，載繹微旨，可得言焉。

夫承祚以武王[四]作《紀》，而孝獻孱主，范《史》自升之；房喬以文帝繫年，而高貴沖人，陳《志》自進之。良以帝系所關，義無漏略。未聞拓跋末造，附載於宇文，水運季朝，借垂於木德，而長安四主，竟乏專書，豈因有延壽總録之北朝，遂可置佛助就删[五]之西國乎？是曰補闕，其善一也。

寶符已禪於延康，志士猶尊章武；神器久移於天祐，後人尚右昇元。何者？聊紹劉宗，暫延唐祚。况夫出帝儼存，清河遽立，永熙未改，天平遂元，然則抑彼鄴下，扶兹關中，齊寶炬於天王，厠善見於列國，方之蕭常、謝陛之表章西蜀，陸游、馬令之纂輯南唐，孰短孰長，必能辨之。是曰存統，其善二也。

至於仲達、子上，篇不見於當塗，獻武、文襄，傳不列於元魏。功業雖著，人臣以終，圖籙詎膺，帝制乃僭，按其時世，固有依違，揆諸史裁，寧云允協？於是除太祖之追美，大書黑獺；削《唐紀》之溢稱，直登李虎。發古人未發之公，抉前史未抉之隱。是曰正名，其善三也。

若乃卿士之設，悉倣《周官》；詔令所頒，咸規《大誥》。始祖配帝，聿崇郊祀之儀；屬國來王，爰脩聘覲之典。或同時所未遑，或前代[六]所希有。講明古禮，尤宜愛惜，而令狐乏志，湮墮良多。[七]所幸者，杜君卿《典》標八目，偶存棠谿之碎金；于志寧《志》貫五朝，間具崑山之片玉。裒集狐腋，冠聚鷸毛。是曰蒐軼，其善四也。

管幼安誤收《國志》，本未仕曹；嵇叔夜濫入《晉書》，何嘗臣馬。又若齊社屋而叔朗西行，陳鼎遷而德章北面，而王晞仍存於河朔，袁憲莫擯於江左。凡此之類，更僕難終，徒豐其蔀，未艮其限。故万紐效績於荆襄，究非魏之勛舊；尉遲建功於庸蜀，自屬周之臣子。但録其事，不載其人。是曰嚴界，其善五也。

毌丘[八]、諸葛，魏室之藎臣；劉秉、袁粲，宋家之誼士。以及子勛舉義，攸之勤王，衡其終始，都無可議。乃或以忠作叛，以順號逆，皆是曲筆，豈爲讜言！猶之孝武謀去彊臣[九]，非爲失德，而横謂斛斯椿爲羣小、王思政爲諂佞。巧言亂其皂白[一〇]，俗語流爲丹青，不合不公，未足爲訓。今一洗之，概從其實。是曰辨誣，其善六也。

因斯[一一]六善，運厥三長，集簡册之遺聞，闡古今之通論。其考紀象也，兼《正光》之推步，較《天象》而益精焉。其考《疆域》也，訂大統之版圖，較《地形》而更密焉。其考氏族也，釐代都之門望，較《官氏》而尤詳焉。其《封爵》《大事》[一二]諸表也，則於《魏書》所未備者，取法於遷、固而加覈焉。是書也，雖劉知幾之苛於論世，必當首肯；鄭漁仲之嚴以律人，亦爲心折者矣。

夫八代之書具存，南北之史復撰。宋景文之新書，洎劉昫同著；薛子平之舊史，與歐陽並傳。矧紹統《續志》，可輔范詹事之全書；太素逸篇，曾入魏著作之闕卷。行見儲於中祕，彙在上庠，夫豈柯奇純之等所能望其肩背，王損仲之徒所能規其堂户也哉！用是撮其體要，綴諸簡末，俾後之讀是書者，有所考焉云爾。乾隆五十七年，歲次壬子六月朔，歙凌廷堪次仲氏謹序。[一三]

二、胡虔《跋》

昔干令升論《左氏》，張世偉論班、馬，要以簡煩爲優劣。蓋記載有體，實録、長編之例不可施於史裁，而雜書、小説之徒又多委巷不經之論，使必採以爲書，纖悉畢登，漫無區擇。其自詡爲詳贍者，實蕪累自穢而已。雖然，簡不易言也！高談筆削，刻意文辭，慮摭實之難工，而事少謂足以見書法，於是刊除事蹟，勒爲空文，後之搜討者，竟至百無一徵，陋略若此，安所貴史乎？故《晉書》、歐《史》，其失均也。至於尚論千載以前，搜集舊聞，尋拾遺逸，以補前史之闕，其義故以詳盡爲宗矣！然編纂刊勒，自有鎔裁通貫之理，非若市儈之記録簿帳，銖兩不遺也。然則酌煩簡之中，無陋略蕪累之過者，亦必有道矣。

南康謝藴山先生，咎《魏書》之乖謬，嘅《北史》之不能正其失，乃作《西魏書》二十二篇。凡《帝紀》一，《表》三，《考》四，《列傳》十二，《載記》一，又《敘録》一。義嚴而才博，思密而體備，蓋無愧於古之作者，而《大事表》尤足爲史法。

《史記》之《將相名臣表》，雖爲記事權輿，第以一朝政要僅附録於表内，而不立專篇，則創造之初，爲義猶未審也。夫國之大事，在祀與戎。封禪、郊祀，既志其儀，至振武功、戡禍亂，兵戎之略亦當敘論其成敗得失之迹，條具終始，別爲《大事志》，使一卷之約，括囊一代之事，明易若指掌，則後世紀事本末之書可以不作。劉知幾欲爲都邑、氏族、方物三志，此方志矩矱耳，豈史部之通裁哉！

先生之爲是書也，自正史、傳記、輿地、金石之文以及郡邑之志，流覽者殆數千卷，昨官南河，復討論《四庫書》於揚州[一四]，其搜剔補綴之功，最爲勤密。凡所增益改易者，皆有本原。如據庾信《陸逞碑》補《陸政傳》，庾信《辛威碑》補《公主傳》，庾信《請襲封表》補文帝大統十六年格，庾信《鄭常碑》正《周書》本傳“饒陽侯”之誤。據楊炯《宇文彪碑》補《封爵表》。據《元龜》補《李虎傳》及《五行》。據《御覽》引《典略》補《孝武紀》及《蕭詧傳》。據《長安志》及《陜西志》引《廣五行記》，補《李順興傳》。據《金石録·唐瑾碑跋》正《周書》本傳“姑臧子”之誤。一部之中，此類甚衆。以著作之體，不能復稱引書目也。雖所紀只四帝二十餘年，然固已卓然爲一家史矣！近代姚士粦嘗撰《西魏春秋》而未就，其體例不知視此爲何如也？先生創稾於丁未秋，時虔主蘇潭，今來武林，復樂見其書之成也，輒叙其顛末於後。虔侍先生久，故知之爲切近云。乾隆六十年正月，桐城胡虔雒君謹跋。

【校注】

［一］西魏書跋："中華本"作"跋"。"一、凌廷堪《後序》"及"二、胡虔《跋》"皆校注者所加。凌氏此文又可見其《校禮堂文集》卷二七，并題作《西魏書後序》。①

［二］凡《紀》一、《表》三、《考》四、《傳》十二、《載記》一：《校禮堂文集》卷二七《西魏書後序》作"凡《紀》一、《考》五、《表》四、《傳》十三、《載記》一"。

［三］斜：《校禮堂文集》卷二七《西魏書後序》作"邪"。

［四］武王：《校禮堂文集》卷二七《西魏書後序》作"武皇"。

［五］刪：《校禮堂文集》卷二七《西魏書後序》作"刪"。

［六］前代：《校禮堂文集》卷二七《西魏書後序》作"後代"。

［七］湮墮良多：《校禮堂文集》卷二七《西魏書後序》作"湮墜良多"，且後續"鉅鹿懷私，刊落都盡"。

［八］毌丘：原作"母邱"，"中華本"作"毋邱"，揆諸《三國志》卷二八《毌丘儉傳》，显係"毌丘"之誤。兹徑予改正。《校禮堂文集》卷二七《西魏書後序》無誤。

［九］彊臣：《校禮堂文集》卷二七《西魏書後序》作"疆臣"。

［一〇］皂白：《校禮堂文集》卷二七《西魏書後序》作"皁白"。

---

① （清）凌廷堪著，王文錦點校：《校禮堂文集》卷二七《西魏書後序》，頁二四七～二四八。

［一一］斯："中華本"誤作"思"。

［一二］大事：《校禮堂文集》卷二七《西魏書後序》作"征伐"。

［一三］乾隆五十七年，歲次壬子六月朔，歙凌廷堪次仲氏謹序：《校禮堂文集》卷二七《西魏書後序》無。

［一四］考鄒炳泰《午風堂叢談》卷二云："《四庫全書》於乾隆三十八年二月初啓書局，於四十七年七月告成，計書三萬六千册，繕寫四分，特建文淵、文溯盛京、文源圓明園、文津熱河四閣藏庋。四十七年七月，又命於揚州大觀堂建文滙閣，鎮江口金山寺文淙閣，杭州聖因寺文瀾閣，發帑續繕《四庫全書》各一分安貯，俾江浙士子得以就近觀摩、謄録。嘉惠學林，洵爲盛事。"① 是知文滙閣始建於乾隆四十七年七月。

① 《續修四庫全書》册一四六二，頁一六八。

附録

謝啓昆行迹與詩文繫年

唐燮軍

乾隆二年（一七三七）丁巳

◎秋，謝啓昆生於江西南康。世居南康城内蘇步坊（後改稱蘇步潭）。

按：謝啓昆《題馮鷺庭所藏〈田漪亭秋桂觴詠圖〉兼簡星石》云："題爲康熙丁巳年，我生六十載之前。"且小字夾注："余生乾隆丁巳，距此圖之作，今百廿年矣。"[①] 又，謝氏《壬寅初度日自述二首》之二云："秋風生早桂，夜雨聽枯荷。此會非人力，孔懷唐棣歌。"[②] 是知謝氏生於秋日，但具體日期，似乎無從考證。

又，翁方綱《蘇潭圖歌》小字夾注："藴山所居南康縣城内有蘇步坊，坡公游蹟也，有井存焉。予戊申過此，重勒其石曰'蘇步潭'。"[③]

◎謝啓昆曾祖茂偉，祖希安，父恩薦。

按：姚鼐《廣西巡撫謝公墓志銘並序》："公諱啓昆，字藴山，世居江西南康之蘇步，公後徙居南昌南郭，乃以蘇潭爲自號云。……曾祖諱茂偉，祖諱希安，考諱恩薦，皆以公貴贈資政大夫，妣皆贈夫人。"[④] 又，

---

① （清）謝啓昆撰：《樹經堂詩初集》卷一四《蓬巒軒草》，《續修四庫全書》册一四五八，上海古籍出版社，二〇〇二年，頁一六九～一七〇。

② 《樹經堂詩初集》卷三《蘇潭草上》，頁六一。

③ （清）翁方綱撰：《復初齋詩集》卷五一《蘇潭小草七》，《續修四庫全書》册一四五五，上海古籍出版社，二〇〇二年，頁一三六～一三七。

④ （清）姚鼐著，劉季高標校：《惜抱軒詩文集·惜抱軒文集後集》卷七，上海古籍出版社，一九九二年，頁三三六～三三七。

謝啓昆《拜四世遺像敬題十六韻》云："我之高曾祖，兩世皆不仕。……大父生昌期順治七年庚寅生，嘉行紀惇史。"[①]又據《樹經堂詩初集》卷三所録《六月十四日先嚴誕辰》，可知乃父恩薦生於六月十四日。

乾隆五年（一七四〇）庚申　三歲

◎三月廿五日，謝啓昆胞弟啓昺生。

按：謝啓昆《亡弟砥山墓誌銘丙辰》有云："弟諱啓昺，字徽逸，號砥山，先封公通奉大夫之三子也。伯兄啓晨，府學生；余居次；君奉封大夫命，後伯父聖著公。……君生於乾隆五年三月二十五日。"[②]

乾隆十二年（一七四七）丁卯　十歲

◎因幼年瘦弱多病，謝啓昆十歲那年方始入學。

按：《哀慕詩五首》之二云："憶昔繈褓時，阿三呼我名。繞膝索棗栗，瘛瘲恆心驚。瘍瘰及頭項，憐我臞且清。十歲就外傅，誦讀寬課程。"[③]

乾隆十六年（一七五一）辛未　十五歲

◎約從本年起，謝啓昆與伯兄穎園同受知於秀水葛懷古先生。

按：謝啓昆《瑞露軒》有云："秋露空庭懷舊澤，春風帶草没晴蕪。"又其小字夾注："在南康署。昔啓昆與伯兄穎園同受知於縣尹秀水葛懷古先生，忽忽三十年。偶過軒頭，懷人感舊，情見乎詞。"[④]準此，則《瑞露軒》詩當作於謝啓昆因丁母憂而閒居故鄉南康之初，即乾隆四十六年；由此逆推三十載，則爲本年。

---

① 《樹經堂詩初集》卷三《蘇潭草上》，頁六一。

② （清）謝啓昆撰：《樹經堂文集》卷二，《續修四庫全書》册一四五八，上海古籍出版社，二〇〇二年，頁二九七。

③ 《樹經堂詩初集》卷三《蘇潭草上》，頁五六。

④ 《樹經堂詩初集》卷三《蘇潭草上》，頁五八。

乾隆十八年（一七五三）癸酉　十七歲

◎胡虔生。

按：魯仕驥《山木居士文集》卷一一《胡母墓誌銘》云："雒君之父諱承澤，……年幾六十，始得朱太孺人而生雒君，雒君名虔。後六年，又生一子，曰懷。懷九歲而朱太孺人卒，年三十有八。"而《章氏遺書》卷一六《胡母朱太孺人墓表》云："虔十歲而孤，（弟）懷甫四齡。懷九齡而母逝，乾隆三十二年也。"[①] 據此推算，可知胡虔生於乾隆十八年。

乾隆二十一年（一七五六）丙子　二十歲

◎謝啓昆與宋雨宜同師沈泊村先生於豫章書院。

按：謝氏《和宋雨宜見懷之作》小字夾注："余與君丙子歲同師沈泊村先生於豫章書院，蓋卅年矣。"[②]

◎謝啓昆赴京應試。

按：謝氏《永福庵千葉蓮花二首》小字夾注："余丙子、己卯應秋試，屢主是庵。今忽忽三十餘年矣！"[③]

又，謝氏《哀慕詩五首》之二云："十歲就外傅，誦讀寬課程。忽忽策名後，寒暑二十更。"[④]

乾隆二十三年（一七五八）戊寅　二十二歲

◎謝啓昆與鉛山程夔同學於豫章書院。

按：謝啓昆《新建縣訓導程君墓志銘丁巳》云："君姓程氏，諱夔，字體和。……戊寅、己卯間，君與余同肄業豫章書院。"[⑤]

---

① （清）章學誠：《章氏遺書》，漢聲出版社，一九七三年，頁三五六。

② 《樹經堂詩初集》卷八《補梅軒草下》，頁一一二。

③ 《樹經堂詩初集》卷五《蘇潭草下》，頁八〇。

④ 《樹經堂詩初集》卷三《蘇潭草上》，頁五六。

⑤ 《樹經堂文集》卷三，頁三〇七。

乾隆二十四年（一七五九）己卯　二十三歲

◎謝啓昆岳母王太孺人卒。

按：謝氏《外舅李淡初先生暨外姑王太孺人像贊壬寅》云：“外姑之殁，歲在己卯，啓發昆時客豫章，及歸，泣拜其遺像。”[①]

◎秋，謝啓昆鄉試告捷。

按：謝氏《辛酉再入文闈監臨，復成四律，柬李耐堂、平竹懷兩主司暨王梅岑、陳耐齋兩觀察、張柟軒太守，兼寄錢裴山學使》之四小字夾注：“余己卯鄉榜，越今四十二年矣。”[②]

◎冬，謝啓昆隨伯丈李鏡亭赴京趕考。

按：謝氏《李大外姑王孺人遺像贊壬寅》云：“己卯冬，余隨伯丈鏡亭先生計偕入都。”[③]又，《釣臺二首》之二小字夾注：“余己卯入都，與王丈儀楷、李丈鏡亭同過此，有‘江邊漢月照，亭上客星孤’之句，同人嘆賞。今詩稿無存，而二丈亦云去世矣！”[④]

乾隆二十五年（一七六〇）庚辰　二十四歲

◎謝啓昆考中進士，同年者有畢秋帆、韓東篔、王夢樓、陳東浦、馮星實。

按：姚鼐《廣西巡撫謝公墓志銘並序》云：“公諱啓昆，字蘊山，……公於乾隆二十五年庚辰科會試中式。”《清史稿》卷四八四《文苑傳一》作“乾隆二十五年進士”，同書卷三五九《謝啓昆傳》則誤稱時在乾隆二十六年。

又，謝啓昆《輓畢秋帆制府二首》之二小字夾注：“余與公庚辰

---

① 《樹經堂文集》卷一，頁二八八。

② （清）謝啓昆撰：《樹經堂詩續集》卷六《清風堂草上》，《續修四庫全書》册一四五八，上海古籍出版社，二〇〇二年，頁二四七。考謝啓昆《送裴山學使入都四首》小字夾注：“己酉會元……戊午典試四川……次兒學崇受業門下……與裴山同出覃溪師門。”（《樹經堂詩續集》卷六，頁二五一）又，謝氏《覃溪師去秋得裴山學使手書，兼聞啓昆擢粵撫之信，作詩見寄，隔歲始到。和韻二首，兼柬裴山》之二小字夾注：“余庚辰會試，裴山癸卯鄉試，先後同出師門。”（《樹經堂詩續集》卷五，頁二三六）是知錢裴山既與謝啓昆同爲翁方綱弟子，又是謝學崇的業師。

③ 《樹經堂文集》卷一，頁二八七。

④ 《樹經堂詩初集》卷一三《浙東小草》，頁一五六。

同年。”[①]

又，謝氏《九月初五日同錢裴山學使、清平階方伯、公晴巖廉使、王梅岑陳耐齋兩觀察、邱芷房張枬軒兩太守，餞送主司汪厚夫、韓湘帆於棲霞寺，即席得詩四首》小字夾注：“湘帆令伯東筼爲余庚辰同年。”[②]

又，謝氏《兑麗軒集》有詩名《王夢樓同年自吴門過訪，一夕返棹，賦贈二首》。[③]

又，謝氏《補梅軒集下》有詩名《題陳東浦方伯同年詩集後二首》。[④]

又，謝氏《補史亭草上》有詩名《夢蘇草堂歌爲馮星實同年賦》。[⑤]

◎謝啓昆入職翰林院，其間深得汪持齋先生之眷顧。

按：謝氏《外舅李淡初先生暨外姑王太孺人像贊》云：“歲在己卯，……逾年，余官翰林。”[⑥]而翁方綱丁丑那年所作一詩，卻稱“辛巳，謝藴山入翰林”，[⑦]顯然有誤。

又，《九月初五日同錢裴山學使、清平階方伯、公晴巖廉使、王梅岑陳耐齋兩觀察、邱芷房張枬軒兩太守，餞送主司汪厚夫、韓湘帆於棲霞寺，即席得詩四首》小字夾注：“厚夫令祖持齋先生，余爲翰林時，屢承緒論。”[⑧]

◎謝啓昆始從翁方綱學詩，深得翁氏之賞識。

按：己未年所作《上覃溪師》云：“啓昆學詩於門下者，四十年矣。”[⑨]又，其《講筵四世詩鈔序丁巳》曰：“余庚辰通籍，出大興翁覃溪學

---

① 《樹經堂詩初集》卷一四《蓬戀軒草》，頁一七一。

② 《樹經堂詩續集》卷五《銅鼓亭草下》，頁二四〇。

③ 《樹經堂詩續集》卷一《兑麗軒集》，頁一九九。又，其小字夾注：“是日留君午飯，君匆匆返寓，云要看晴湖光景。”從該詩在《樹經堂詩續集》所處位置來看，大體可以確定作於嘉慶三年八月下旬。此外，同卷所録《〈西湖鑒春圖〉二首爲頻伽作》詩，當同時所作。

④ 《樹經堂詩續集》卷八《補梅軒集下》，頁一一〇。

⑤ 《樹經堂詩續集》卷一〇《補史亭草上》，頁一二八～一二九。

⑥ 《樹經堂文集》卷一，頁二二。

⑦ 《復初齋詩集》卷六九《石畫軒艸十二》，頁三二七。

⑧ 《樹經堂詩續集》卷五《銅鼓亭草下》，頁二四〇。

⑨ 《樹經堂文集》卷四，頁三二一。

士之門。”[①]而翁方綱《樹經堂詩初集序》亦云：“予與藴山論詩四十年矣，始自庚辰春，藴山與大庾楊鈍夫計偕北上，予讀二君之詩而異之。昔漁陽與海内賢豪論詩，獨推蓮洋、丹壑二家，有與君代興之嘆，予時於鈍夫，欲目以蓮洋，而於藴山，欲目以丹壑。此意耿耿，未質言也。”[②]

◎在謝啓昆任職翰林院後，其岳父李淡初將其家眷送至北京。兩年後，李淡初卒於京城。

按：《樹經堂文集》卷一《外舅李淡初先生暨外姑王太孺人像贊》云：“余官翰林，外舅偕余眷北行。居二載，卒於京邸。”

◎李鏡亭母（即謝啓昆髪妻之祖母）卒。

按：謝啓昆《李大外姑王孺人遺像贊》云：“己卯冬，余隨伯丈鏡亭先生計偕入都。……先生汲汲以違色養爲憂，及不第，歸爲母稱九十，觴未達里門而訃聞。明年，余自翰林假歸。屬題木主，展像拜，泣不自禁，忽忽二十有一年矣。”[③]兹由《李大外姑王孺人遺像贊》作年（其小字夾注明言作於壬寅）前推二十一年，可知李母卒於乾隆二十五年。

乾隆二十六年（一七六一）辛巳　二十五歲

◎謝啓昆以殿試第一名被選爲庶吉士。翁方綱贈以印章，上刻“侍從西清”。

按：姚鼐《廣西巡撫謝公墓志銘並序》云：“公諱啓昆，字藴山，……公於乾隆二十五年庚辰科會試中式，次年殿試，以朝考第一名選庶吉士，年二十五。”考謝氏《初習國書》云：“齒序分班左右居，鴻文一卷發蒙初。慚爲上國無雙士，來讀西清未見書。字母華嚴頒十二，官師館課趁三餘。娵隅自笑多蠻語，悟徹源流實啓予。”且其小字夾注：“是科朝考第一。”[④]是知謝氏被選爲庶吉士後，曾被要求學習滿文。

又，謝氏《覃溪師新充文淵閣校理刻章寄呈系以詩》小字夾注：“予

---

① 《樹經堂文集》卷三，頁三一二。

② 《樹經堂詩初集》卷一四《蓬巒軒草》，頁三〇。

③ 《樹經堂文集》卷一，頁二八七。

④ 《樹經堂詩初集》卷一《初桄草上》，頁三四。又，法式善《槐廳載筆》卷八《掌故二》云：“朝考：……二十六年辛巳科，……第一名謝啓昆。”

入詞館，師以‘侍從西清’印章見贈。”①

乾隆二十七年（一七六二）壬午　二十六歲

◎翁方綱作《春日懷謝藴山》詩。

按：翁氏《復初齋詩集》卷一加以收録，且明言該詩作於壬午年。②

乾隆二十八年（一七六三）癸未　二十七歲

◎夏，翁方綱與謝啓昆爲欣賞明人沈度所書《法華經陽識大鐘》，同游北京城北覺生寺。

按：翁氏《予入都而藴山出守鎮江賦别三首》之三小字夾注：“癸未夏，與藴山觀明學士沈度書《法華經陽識大鐘》於城北覺生寺。寺僧謂藴山當官外任，且屬以‘慈祥體會’。予有‘晚涼新侣子，同聽一樓鐘’之句。”③

◎秋，謝啓昆隨翁方綱至北京城北大鐘寺，拜會秀山和尚。

按：翁方綱《送藴山之浙江臬司任》（甲寅年作）小字夾注：“癸未秋，於城北大鐘寺晤秀山和尚，語藴山‘當爲外吏’，囑以‘慈祥愷惠’。今三十一年矣。”④

乾隆三十年（一七六五）乙酉　二十九歲

◎謝啓昆任職翰林院編修。

按：謝氏《明閣部史公墓祠記乙未》：“今上御極之三十年，啓昆以編修入史館。”⑤而姚鼐《廣西巡撫謝公墓志銘并序》誤繫其事於乾隆三十一年（詳下）。

---

① 《樹經堂詩初集》卷二《初桄草下》，頁五〇。

② 《復初齋詩集》卷一《課餘存稿》，《續修四庫全書》册一四五四，頁三七〇。

③ 《復初齋詩集》卷九《藥洲集八》，頁四四三。

④ 《復初齋詩集》卷四六《蘇齋小草二》，頁九一。此一記載與前説雷同，且又皆出諸翁氏，故不無可疑。

⑤ 《樹經堂文集》卷一，頁二七九。《明閣部史公墓祠記》，《兩淮鹽法志》卷一五九題作《史忠正祠記》，且文字略有差異。

乾隆三十一年（一七六六）丙戌　三十歲

◎謝啓昆充任國史纂修官。

按：姚鼐《廣西巡撫謝公墓志銘並序》云："公諱啓昆，字蘊山，……乾隆三十一年授編修，既而充國史纂修官，日講起居注官。"其《初入國史館作》詩，[①] 當作於稍後。

◎謝啓昆將所作新詩，寄予任職惠州的恩師翁方綱。

按：翁氏《藥洲集二》有詩名《蘊山以近詩寄惠州，舟中點定，漫書紙尾》，且明言該詩作於丙戌年。[②]

乾隆三十三年（一七六八）戊子　三十二歲

◎謝啓昆與袁春圃等同人共游愍忠寺。其《憫宗寺》一詩[③]，或當作於此時。

按：謝啓昆《題袁春圃〈鴦湖茶舫圖〉四首》之四小字夾注："戊子歲，與春圃邀同館諸公愍忠寺看海棠，刻燭賦詩，忽忽三十年，舊交零落，惟春圃與余在。"[④]

乾隆三十四年（一七六九）己丑　三十三歲

◎二月，乾隆帝釋奠文廟；謝啓昆既參與其事，復又作《文廟工成，聖駕親詣釋奠恭紀》及《釋奠禮成，襄事恭紀二十六韻》。

按：謝氏《文廟工成，聖駕親詣釋奠恭紀》自序："乾隆三十有四年二月上丁，皇帝釋奠於太學，禮也。……臣恭逢盛典，……撰四言詩十六章，謹拜手稽首以獻。"[⑤]

乾隆三十五年（一七七〇）庚寅　三十四歲

◎元旦，乾隆帝賜宴太和殿，謝啓昆亦有幸參與其事。彼時，謝氏自乾隆

---

① 《樹經堂詩初集》卷一《初桄草上》，頁三三～三四。
② 《復初齋詩集》卷三《藥洲集二》，頁三八四。
③ 《樹經堂詩初集》卷一《初桄草上》，頁三五～三六。
④ 《樹經堂詩初集》卷一四《蓬巒軒草》，頁一六八。
⑤ 《樹經堂詩初集》卷一《初桄草上》，頁四〇。

二十五年入職翰林院，至今已有十年。

按：謝氏《庚寅元日，太和殿賜宴，恭紀二首》云："龍飛甲子周三紀，鵠立班聯已十春。今日傳餐榮侍從，他時話舊艷鄉鄰。"[①]

◎八月十三日前，謝啓昆作《恭祝皇上六旬萬壽詩》九首。[②]

按：《清史稿》卷十《高宗紀一》明言乾隆帝生於康熙五十年八月十三日，由此下推六十載，正是本年。

◎秋，謝啓昆受詔主持河南鄉試，并作《金斗歌》以紀其事。

按：謝啓昆《金斗歌》序："庚寅歲，典河南鄉試，依例有簪花兩宴，得純金花四枝，因范爲斗，以傳示來兹。既爲之銘，復繫以詩。"且該詩内有"時維壯月歲在寅"云云。[③]又，謝氏《至公堂即事四首》小字夾注："庚寅與試中州。"[④]

乾隆三十六年（一七七一）辛卯　三十五歲

◎謝啓昆與吴白華等十八人同時受命主持"會試"（亦即"禮部試"）。

按：謝氏《姚姬傳自金陵來訪，飲於湖上，賦贈二首，兼以送别》詩小字夾注："辛卯分校禮闈者十八人，今惟君與余及吴白華、秦芝軒、祝芷塘、姚佃芝在。白華官都御史，芷塘、佃芝均官御史。芷塘以言事鐫秩，芝軒則開府關中，剿辦教匪也。"[⑤]

乾隆三十七年（一七七二）壬辰　三十六歲

◎正月，謝啓昆被任命爲鎮江知府。

按：謝氏《後較射篇并序》云："余年三十有六，出守鎮江。一時賓

---

① 《樹經堂詩初集》卷一《初桄草上》，頁三五。

② 《樹經堂詩初集》卷一《初桄草上》，頁三七～三九。

③ 《樹經堂詩初集》卷二《初桄草下》，頁四九。

④ 《樹經堂詩續集》卷五《銅鼓亭草下》，頁二三八。

⑤ 《樹經堂詩續集》卷一《兑麗軒集》，頁二〇〇。此外，見諸《樹經堂詩初集》卷七所録趙翼《補梅軒草序》，亦有"主試中州，分校禮闈，人頌其公明，而羨其所得皆佳士"之説。

朋稱極盛，公餘，較射於紅雨軒，日落繼之以燭。”[①] 又，《重修鎮江府署記癸巳》云：“壬辰歲，予以翰林奉命來守鎮江，見其山川雄深，經塗輻湊，闤闠人物之繁盛，未嘗不歎此邦形勝之美，畢萃於府治。”[②] 又，《揚州府知府題名碑記甲午》云：“余以乾隆壬辰春，由翰林出守鎮江。”[③]

◎正月，翁方綱作《予入都而蘊山出守鎮江，賦别三首》，賦詩感懷，爾后又與謝啓昆、欽州馮魚山（敏昌）聯句三首。

按：翁氏《復初齋詩集》卷九自稱該詩作於壬辰正月，[④] 而謝啓昆《覃溪師甫入都，啓昆出守鎮江，話别聯句三首》之一有云：“後逢難定是何年，握手春風各黯然。粤嶠車還疑夢寐，京江人去隔風煙。”[⑤]

◎春，謝啓昆與戴可亭在程園宴請袁枚。

按：袁枚既明確交代《小倉山房詩集》卷三〇所録諸詩皆作於壬辰，而《謝蘊山、戴可亭兩太史招集程園》又云：“五奧三菁春滿家，重重樓閣貯煙霞。當筵兩個鳳池客，繞砌萬枝蝴蝶花。”[⑥] 故繫其事於本年春。

◎二月初九，謝啓昆離京赴任，出知鎮江府。途中作詩若干。

按：翁氏《復初齋詩集》卷九有詩名《二月八日西苑夜宿，蘊山明日出都》，且明言該詩作於壬辰年。[⑦]

◎十一月，謝啓昆就任鎮江知府，從此與幕僚吴夔庵相識、相知。

按：謝氏《南泉幕游記庚戌》：“吾友吴夔庵，名克諧，浙之石門人，南泉其號也。……三十七年，高令（即華亭縣令高辰）以卓薦擢禮部主政，余適奉命來守鎮江，訪幕友於胡雲坡先生。先生曰：‘非吴夔庵不可。’冬月抵署，見其貌瀟洒不羈，聆其言和易近人，與商古今利弊、時

---

① 《樹經堂詩續集》卷一二《晉陽草》，頁一四七～一四八。

② 《樹經堂文集》卷一，頁二七七。

③ 《樹經堂文集》卷一，頁二七八。

④ 《復初齋詩集》卷九《藥洲集八》，頁四四三。

⑤ 《樹經堂詩初集》卷一《初桄草上》，頁四四。

⑥ （清）袁枚撰：《小倉山房詩集》卷三〇，《續修四庫全書》册一四三一，上海古籍出版社，二〇〇二年，頁五六〇。

⑦ 《復初齋詩集》卷九《藥洲集八》，頁四四三。

務緩急，片言居要，決策無遺，余心折服，遂訂金石交。”[①]

乾隆三十八年（一七七三）癸巳　三十七歲

◎謝啓昆任職鎮江期間，屢至隨園。

按：謝氏《隨園雅集圖跋乙卯》云：“簡齋先生弱冠策高第，壯年即解組以終白華之志。逍遥山水，選勝金陵，得焦弱侯故宅，擴而葺之，高下曲直，一出心匠。於是園亭沼沚，極一時之盛。名公鉅卿之至白下者，無不造廬請謁，以得見爲幸。余在京口（刊）[邗]江時，亦屢至隨園，連蘉題襟，或流連竟日。”[②]

◎在謝啓昆的主持下，鎮江府署得以重修，歷經三月而告成於謝氏離任之際。

按：謝氏《重修鎮江府署記癸巳》云：“壬辰歲，予以翰林奉命來守鎮江。……署廨卑陋，……予將整理而未遑。越期年，政平訟簡，乃請於大吏，支廉奉若干，鳩工庀材，……凡梁楝、楹桷、門壁、級甎之類，皆易其蔽壞而更新之。……而内宅之東，舊有堂五楹，堂前壘石爲臺，老桂森立，望城南諸山，尤歷歷如畫，亦繕治之，顔曰‘天香書屋’。宅西隙地有桃一隅，作‘紅雨亭’，辟其前爲射圃。循隅北折而東，再上至最高處，得‘望海樓’‘萬松亭’故址，删薙蓁莽，補建一亭，繞亭種竹，顔曰‘有斐’。……是役也，用錢一百萬有奇，三閱月而訖工，……予奉職二年，日以隕越爲懼，今量移揚州，將去而爲此記，以質後賢。”[③]

又考《初桄草上》録詩四，名《望海樓今圮》《有斐亭即萬松樓舊址》《紅雨軒校射處》《天香榭》[④]，諸詩顯然作於本年謝啓昆重修鎮江府署之時。

◎謝啓昆在即將離開鎮江、調任揚州之際，既曾應丹徒尹徐玉濱之請，爲徐氏詩集《浣塵草》《銜恤草》題詠，又嘗賦詩作別僚屬與書院諸生。

按：謝氏《書丹徒尹徐玉濱詩後》云：“三沐三薰浣塵草，可歌可泣

---

① 《樹經堂文集》卷二，頁二九〇。
② 《樹經堂文集》卷二，頁二九四。
③ 《樹經堂文集》卷一，頁二七七。
④ 《樹經堂詩初集》卷二《初桄草下》，頁四七。

述哀篇。……文章政事如君少，感念同袍意惘然。”且其小字夾注：“《浣塵草》四卷，《銜恤草》一卷。”“時余將量移邗江。”[1] 又，其《將赴維揚留别僚屬暨書院諸生》云：“襄事感同心，……三吴吏治醇，……多士鍾其靈，文明甲吴會。……諸生四民首，型俗信超邁。居游慎所趨，經義攻匪懈。”[2]

◎謝啓昆應乃師翁方綱之命，作《焦山鼎銘考跋》。其跋表明謝氏對此幾無所知。

按：王昶《金石萃編》卷三“焦山鼎銘”條引曰：“昆守鎮江之明年，拓此鼎銘，呈覃溪先生。踰月，先生以《銘考》相示，且曰：‘卷中於詩僅録數首者，以其有關考據爾。若薛鉉歌云：千年自鎮隱君山，一銘猶識宣王字。郭梅歌云：維昔宣王振周紀，傾側弗作天顔喜。湯之龍歌云：‘憶昔周宣中興年，吉甫爲作崧高篇。方叔召虎得見否，圭瓚秬鬯今猶傳。嘉爾世惠有成績，用作尊鼎藏圖室。太史端册跪陳詞，九月既望惟甲戌。是竟以此鼎爲宣王時作矣。今年夏，袁州李莫基進士謁來京，與共論此。莫基博稽羣書，謂此九月既望甲戌是成王初年，而愚終弗敢信也。子盍爲我跋之？’昆不敏，因述來書，語以爲跋。乾隆三十八年，謝啓昆。”

乾隆三十九年（一七七四）甲午　三十八歲

◎甘露寺自去年夏季倡議重修，十二月正式動工，至今歲春末，方始落成，共計耗資六千金。謝啓昆特此賦詩以誌其事。

按：謝啓昆《重修北固山甘露寺落成三十六韻》云：“鳴鼙纔臘節，斷手及春融。”又，其小字夾注：“癸巳夏日，高節相偕屬吏登此，始議重修。”“是役也，費用六千金，擇邑紳董其事。”[3]

---

① 《樹經堂詩初集》卷二《初桃草下》，頁四七。
② 《樹經堂詩初集》卷二《初桃草下》，頁四七～四八。
③ 《樹經堂詩初集》卷二《初桃草下》，頁四六。

◎謝啓昆調任揚州知府。

按：謝啓昆《揚州府知府題名碑記甲午》云："余以乾隆壬辰春，由翰林出守鎮江。又二年，調揚州。"又，其《明閣部史公墓祠記乙未》："歲甲午，余守揚州。"又，其《禪智倡和詩跋丙申》："乾隆甲午，余從京江移守揚州。"①

◎謝啓昆將其姪綬亭帶至揚州官署，尚膝下無子的他，將之視同已出。

按：謝氏《哭綬亭侄四首》之三："昔余未有嗣，視汝等親生。安定三餘課，追隨十載情。"又，其小字夾注："侄從官維揚，肄業安定書院。"②

◎秀水人沈德鴻（秋渚）始入謝氏幕府任職，并在此後近三十年間（一七七四年至一八〇二年），長期追隨謝啓昆。

按：秦瀛《沈秋渚墓表》云："君諱德鴻，字磐谷，秋渚其號。……家貧，累丁内外艱，乃以幕游江南。時謝公自翰林出守揚州，延爲書記，而君於刀筆筐篋之學無不通。其後，公罷官再起，君雖嘗游歷他幕，大抵從公之日爲多。"③

◎謝啓昆作《揚州府知府題名碑記》與《邗江録别詩小引》。

按：兩文見録於《樹經堂文集》卷一，且其小字夾注明言作於甲午年。

◎謝啓昆作詩三首，寄予翁方綱。

按：翁氏《復初齋詩集》卷一一有詩名《次韻蘊山見寄三首，兼示雪門》，并明確交代此詩作於甲午年。④

乾隆四十年（一七七五）乙未　三十九歲

◎春，胡虔師從姚鼐。

按：胡虔究竟何時從姚鼐受業，史無明言。考《劉大櫆集》卷二

---

① 《樹經堂文集》卷一，頁二八〇。

② 《樹經堂詩初集》卷七《補梅軒草上》，頁九五。

③ （清）秦瀛撰：《小峴山人詩文集·文集》卷五，《續修四庫全書》册一四六四，上海古籍出版社，二〇〇二年，頁二三八～二三九。

④ 《復初齋詩集》卷一一《寶蘇室小草一》，頁四五二。

《朱子穎詩序》，稱“乙未之春，姬傳以壯年自刑部告歸田里”，[①] 從此講學授徒，不復入仕，故繫之。

◎謝啓昆作《明閣部史公墓祠記》。

按：此文見録於《樹經堂文集》卷一，且其小字夾注明言作於乙未年。

◎秋，謝啓昆出示當年任職鎮江時所作之《金焦攬勝圖小照》，邀其同人酬唱。

按：謝氏《初桄草下》有詩名《〈金焦攬勝圖小照〉余守鎮時作也，既調揚之二載，出以索同人題詩，因書四律於上方》，且其詩末有云：“桂樹又驚秋。”[②]

乾隆四十一年（一七七六）丙申　四十歲

◎夏，謝啓昆召集同好游禪智寺，偶然間訪得蘇東坡送李孝博一詩的石刻，遂將之寄給翁方綱，同時作詩以紀其事。

按：謝氏《夏日招同人游禪智寺，訪東坡送李孝博詩石刻，寄懷覃溪師，即用東坡韻二首》之二小字夾注：“覃溪師寓齋續禪智唱和故事，迄今三年矣。”[③] 而謝氏《禪智倡和詩跋丙申》則又明言：“乾隆甲午，余從京江移守揚州，座師翁覃溪學士寓書續禪智倡和故事[④]，余方鞅掌未暇也。”

◎謝啓昆作《禪智倡和詩跋》，詳細交代刊印該詩卷的來龍去脈。

按：謝氏《禪智倡和詩跋丙申》：“國初，王文簡司李揚州，游禪智寺，得蘇文忠送李孝博詩石刻於榛莽中，拂拭，陷之東壁，賦詩紀事，有《禪智倡和詩》一卷，傳播藝林。乾隆甲午，余從京江移守揚州，座師翁覃溪學士寓書續禪智倡和故事，余方鞅掌未暇也。丙申夏，乃乘輿

---

① （清）劉大櫆著，吴孟復標點：《劉大櫆集》卷二《朱子穎詩序》，上海古籍出版社，一九九〇年，頁六四。又，姚鼐在所作《劉海峯先生傳》中自稱“鼐於乾隆四十年自京師歸”，可見《劉大櫆集》附録（三），頁六二二。又，姚鼐《復法梧門》開篇即云：“鼐自乙未出都門，屏迹江津廿餘年矣。”此外，《惜抱軒詩文集·惜抱軒詩集》卷八又有詩名《乙未春出都，留别同館諸君》，亦其佐證。

② 《樹經堂詩初集》卷二《初桄草下》，頁四九。

③ 《樹經堂詩初集》卷二《初桄草下》，頁五〇。

④ 此即《復初齋詩集》所録之《揚州禪智寺蘇詩，蘊山既拓寄，予裝爲卷。而漁洋詩未拓來，問之，蘊山則曰：‘泐甚矣！’海鹽張芑堂明經忽於瑠璃廠肆買得初拓本，見贈。漁洋、西樵及同時諸人唱和之作皆在焉，文字精靈，信若有使之者。仍用蘇韻二首贈芑堂，兼寄蘊山》。

招同人往游，訪文忠石刻，宛然在壁，輒次韻作二首，奉寄學士京師。學士喜余之能游也，亦作二首，大書寄示跋語，考校尤詳。是歲十月，復陪轉運思堂朱公重游，朱公亦和二首，因並鎸於石而拙作附焉。朱公復搆數楹砌石於壁。諸名士和者數十家。余自出承明，承乏劇郡三年，始踐前諾，書此以誌。余拙，非敢與漁洋比也。"①

◎翁方綱作詩遥寄謝啓昆、姚鼐等人。

按：翁氏《復初齋詩集》卷一四有詩名《祝芷塘編修以王蓬心、錢籜石、俞養喜合作畫册屬題，即用册中蓬心〈臨董書儲〉詩韻二首。前一首懷蘊山、姬川，後一首懷籜石、心齋也》，并明確交代此詩作於丙申年。詩内有云："三載不見君，接葉已移屋。語我邗江上，挂帆昨信宿。宣城懷謝守，禪榻誰杜牧？"②

◎今明二年，謝啓昆在揚州與姚鼐、朱子潁過從甚密。

按：姚鼐《謝蘊山詩集序》云："南康謝蘊山先生，奮迹江湖、洄翔詞館者十餘年，出而分符秉節者又二十餘年。鼐初識之於庶常館中，時先生之年尚少，而文采已雄出當世矣。自是與先生屢有離合，惟丙申、丁酉之歲，遼東朱子潁轉運淮南，邀鼐主梅花書院，適先生來守揚州。其時相從最久，游蓋接影於山水之區，三人屢以酬詠相屬。"③

乾隆四十二年（一七七七）丁酉　四十一歲

◎翁方綱作《題蘊山〈郡齋唱和詩卷〉二首》，並有意往訪謝啓昆於揚州。

按：翁氏《復初齋詩集》卷一五收録此詩，並明言此詩作於丁酉年。又，翁氏丁酉年所作《贈吴舜華製墨歌》一诗的小字夾注中，自稱"將訪蘊山於揚州也"。④

---

① 《樹經堂文集》卷一，頁二八〇。

② 《復初齋詩集》卷一四《寶蘇室小草四》，頁四八一。

③ 《惜抱軒詩文集·惜抱軒文集》卷四《謝蘊山詩集序》，上海古籍出版社，一九九二年，頁五四。據清人鄭福照所編《姚惜抱先生年譜》，是年朱子潁任職兩淮鹽運使，興建梅花書院，延請姚鼐主之。

④ 《復初齋詩集》卷一五《祕閣集一》，頁四八九～四九〇。

◎對於謝啓昆撮集、纂述揚州歷代郡守事迹的做法，翁方綱頗予讚賞，並爲作《送謝蘊山之任揚州序》。

按：翁氏《送謝蘊山之任揚州序》云："南康謝子良璧，以翰林編修出守鎮江，越二年，移守揚州。又四年，秩滿入覲，出其公暇所爲筆記相質。予最取其郡守題名記，深感於化民成俗之不易，謝子可謂知治本矣。"[①] 兹經推算，似可確定《送謝蘊山之任揚州序》作於丁酉。

◎八月，謝啓昆於小蓬萊閣拓得三段漢石經遺文。

按：謝啓昆《南昌學宫摹刻漢石經殘字歌，應覃溪師命》云："小蓬萊閣初刻石，歲在丁酉秋八月。十年校士來洪都，重泐經文采遺佚。昔惟三段今十二，金匱本繼研山出。"[②]

乾隆四十三年（一七七八）戊戌　四十二歲

◎謝啓昆幸獲俞子中所書《白居易〈廬山草堂記〉墨蹟》。

按：謝氏《春風樓草》有詩名《舊藏俞子中書白居易〈廬山草堂記〉墨蹟，覃溪師題詩其上，約攜此卷同游廬山，已而不果。今歲主講鹿洞，謹和元韻》。

◎春末，謝啓昆自揚州離任，返歸京城。

按：謝氏曾作《秩滿入覲，郡人士餞别，即席口占四首》，且其四曰："壺觴徵樂歲，升邑駐餘春。父老牽裾别，湖山入夢頻。虹橋今夜月，相送到淮濱。"[③]

◎謝啓昆行將入京，翁方綱作《蘊山將入都，題其〈禪智寺和蘇韻詩〉〈刻用王文簡韻〉二首，示芝巖和》。

按：翁氏《復初齋詩集》卷一六收録此詩，並明言此詩作於戊戌年。[④]

---

① 《復初齋文集》卷一二《送謝蘊山之任揚州序》，頁四六三～四六四。

② 《樹經堂詩初集》卷五《蘇潭草下》，頁八〇。

③ 《樹經堂詩初集》卷二《初桃草下》，頁五一。

④ 《復初齋詩集》卷一六《祕閣集二》，頁四九八。

◎冬十月，謝啓昆受“東臺書案”之牽連，革職後被押往北京。[①] 彼時正在故鄉丁艱的僚友吴夔庵，聞訊後特地追隨至京城，其真誠令謝氏終身難忘。事後，謝啓昆留在江南“勾當差務”，而吴夔庵則賦閒家居。

按：謝啓昆《南泉幕游記庚戌》云：“四十三年，君丁内艱，旋里。余以東臺書案，逮入京師質訊。君聞之，奔赴偕至京，艱難扶持，有踰骨肉。事釋，蒙恩發往軍臺效力，准以鍰贖。余留江南勾當差務，君返石門，居南泉書屋。……有來聘者，輒拒之曰：‘余與謝公約，勿他往。’蓋君之意不在幕也。”[②]

又，謝氏《題吴夔庵〈玉照圖〉》：“出示舊圖名玉照，是爲戊戌嚴冬辰。忽憶風波吹噩夢，初救急難還柴門。”且其小字夾注：“是年余緣事赴京，君千里同行。冬月賜環，君亦返石門。”[③]

◎謝啓昆訪翁方綱於寶蘇室。

按：翁方綱在作於乙巳年的《蘇潭歌寄藴山》詩中，聲稱：“戊戌訪我寶蘇室，擘窠爲爾拈瓣香。”[④]

◎翁方綱作《揚州禪智寺蘇詩，藴山既拓寄，予裝爲卷，而漁洋詩未拓，來問之，藴山則曰“石泐甚矣”，海鹽張芑堂明經忽於琉璃廠肆買得拓本，見贈漁洋、西樵及同時諸人，唱和之作皆在焉，文字精靈，信若有使之者。仍用蘇韻二首，贈芑堂，兼寄藴山》。

按：翁氏《復初齋詩集》卷一六收録此詩，並明言此詩作於戊戌年。[⑤]

---

① 《清史稿》卷三五九《謝啓昆傳》：“治東臺徐述夔詩詞悖逆獄遲緩，褫職戍軍臺。尋捐復原官，留江南。”又，王先謙《東華續録（乾隆朝）》乾隆八十八：“徐述夔身係舉人，乃敢編造詩詞，肆其狂悖，實爲罪大惡極，雖已伏冥誅，亦當按律嚴懲，以彰國法。其孫徐食田久匿伊祖逆詞，且有賄屬縣書捏控自首情節，其罪不止於大逆緣坐，昨已傳諭將徐食田解京審訊。涂躍龍接據呈控逆詞，不即通詳嚴緝，又不查明是否自首，抑係被人呈控，分别究辦。陶易接據縣禀悖逆詩文，並不立時嚴究，就近禀知督臣奏辦，均出情理之外，顯有袒護消弭情節。知府謝啓昆接奉司批，不即通詳審究，其罪亦無可逭。陶易、謝啓昆、涂躍龍俱著革職。著該督等派委妥員，隔别押解來京，交大學士、九卿會同該部嚴審，定擬具奏。”

② 《樹經堂文集》卷二，頁二九〇。

③ 《樹經堂詩初集》卷七《補梅軒草上》，頁九六。

④ 《復初齋詩集》卷三一《晉觀稿四》，頁六三五。翁方綱此詩，又見録於《樹經堂詩初集》卷四，頁六六。

⑤ 《復初齋詩集》卷一六《祕閣集二》，頁五〇〇。

◎年末，謝啓昆、吴夔庵等人離京；翁方綱作《與蘊山話别兼贈其幕友吴夔庵、宋瑞屏及其兄子綬庭凡四首》。

按：翁方綱《復初齋詩集》卷一八收録此詩，並明確交代此詩作於戊戌年末。[①]

乾隆四十四年（一七七九）己亥　四十三歲

◎謝啓昆自稱在其父卒後三十六日方得知此噩耗。

按：謝氏《哀奠文己亥》云："維大人之捐館舍，隔千里以阻長。逾三旬有六日，訃始達於維揚。"[②]

◎謝啓昆長子學增（一七七九～一七九九年）生。

按：謝氏《寶研圖自識戊午》云："往得永平甎八，命工製爲研。既以名齋，復作此圖，曰寶研。頽然箕踞乎上者，老夫也；執余手者，長孫晉；奉研者，第三子學垌；試研者，二子學崇；視研者，則長子學增也。……時嘉慶三年八月二十六日，余年六十有二，學增二十……蘇潭老人記。"[③]

◎九月廿三日，謝啓昆行至淮浦，賦詩感懷。

按：謝氏《初桄草下》有詩名《己亥九月二十三日，舟次淮浦，寄懷吴四夔菴、宋大瑞屏，兼示家姪綬庭二首》。[④]

乾隆四十五年（一七八〇）庚子　四十四歲

◎"父憂，奪情署安徽寧國知府"。[⑤]春，謝啓昆在赴任寧國知府途中，作《宣州書屋老梅二首》《春日赴皖途中口占八首》。

按：《宣州書屋老梅二首》之一小字夾注："自維揚量移。"而《春日

---

① 《復初齋詩集》卷一八《祕閣集二》，頁五一五。

② 《樹經堂文集》卷一，頁二八一。

③ 《樹經堂文集》卷三，頁三一七。

④ 《樹經堂詩初集》卷二《初桄草下》，頁五三。

⑤ 趙爾巽等撰：《清史稿》卷三五九《謝啓昆傳》，中華書局，一九七七年，頁一一三五六。光緒《重修安徽通志》卷三七誤繫於"乾隆四十六年"。

赴皖途中口占八首》詩名，更予以明確交代。[①]

◎謝啓昆任職寧國知府時，吴夔庵應邀再至謝氏幕府。

按：謝啓昆《南泉幕游記庚戌》云："四十五年，余奉命守寧國，遣价延君，……即登舟偕至寧國。……君不憚煩勞，佐余整理，未匝歲，倉廪實，百務興。"[②]

◎長兄穎園病卒，謝啓昆作《哭伯兄穎園二首》。

按：謝氏《哭伯兄穎園二首》之二小字夾注："時將赴宣州之任。"[③]

乾隆四十六年（一七八一）辛丑　四十五歲

◎謝啓昆作《書宣城詩石刻後》。

按：《書宣城詩石刻後辛丑》云："吾宗能詩者，六朝時爲最勝，而康樂、宣城二公爲之冠。……余刺郡一載，自愧日給不暇，坐對敬亭，未嘗點筆，古今人不相及，豈不信然！爲録宣城詩十四首，勒諸樂石，冀以志紹聞之私，而後之繼余守是土者，讀公是詩，必有與余同深慕古之懷者已。"[④]

◎謝啓昆作《重修北樓記》，詳細交代重修北樓的緣起。

按：《重修北樓記辛丑》云："余治郡之明年，值郡事少，因其舊制而少新之，……宣上澤而紹前修，固守土者之所興念，而兹地自余家元暉以文章吟詠臨之而名著，自齊迄今千餘年，謝氏復有余履其舊地。余何人，敢希蹤元暉，而以爲謝氏之故事不可不記也。況有修復之工，宜識其歲月乎。"[⑤] 此所謂"余家元暉"，亦即南齊詩人謝朓。

◎四、五月間，翁方綱作《宣城北樓歌寄蘊山》。

按：翁方綱《復初齋詩集》卷二三收録此詩，並明確交代此詩作於

---

① 《樹經堂詩初集》卷二《初桃草下》，頁五四。
② 《樹經堂文集》卷二，頁二九〇。
③ 《樹經堂詩初集》卷三《蘇潭草上》，頁五六。
④ 《樹經堂文集》卷一，頁二八二。
⑤ 《樹經堂文集》卷一，頁二八一。

辛丑年四、五月間。[①]

◎七月二日，謝啓昆妾蔡氏難産而卒，年僅二十四。七月六日，其母又卒。謝氏賦詩抒懷。

按：謝氏《哭蔡氏女一首》云："廿四韶光一霎吹，三千里外夢魂飛。"又其小字夾注："辛丑七月二日以産難亡，先吾母四日。"[②]

又，謝氏《哀慕詩五首》："前年喪我父，今年喪我母。麻衣淚未乾，繭足奔恐後。"[③]又，《七夕二首》之一："含愁弟妹感先秋，世事真如水上浮。慈母手中衣綫在，那堪重上曝衣樓。"[④]

◎謝啓昆以丁母憂卸任寧國知府。離任時，謝氏與僚友吴夔庵訂立了"十年息壤之盟"。[⑤]此後十年，吴夔庵始則繼續在寧國任職七年，爾後又應邀任職泰安。

按：《樹經堂文集》卷二《南泉幕游記庚戌》云："四十五年，余奉命守寧國，……明年，予以憂去。其後蕭、孫二太守俱挽留之，……以是先生在寧國者七年。孫太守病假歸，和州牧宋君思仁新授泰安守，慕君名，敦請至署。泰安之清苦過於宣州，而繁劇不減揚、鎮，君劻勷不遺餘力。"

◎十月十八日，謝啓昆奔喪返里，爲其父母營建墳墓於蛇坑。

按：謝啓昆《蛇坑新塋記壬寅》云："鳩工於辛丑十一月初十日，落成於十二月十六日。……是地在郭東五里，山中人未識爲吉卜也。十月十八日，啓昆自宣州奔喪返里，偕弟姪輩相得其地。"[⑥]

乾隆四十七年（一七八二）壬寅　四十六歲

◎謝啓昆葬其父母於蛇坑，作《琵琶亭》詩。

按：謝啓昆《蛇坑新塋記壬寅》云："先考朝議大夫暨先妣王太夫人，

---

① 《復初齋詩集》卷二三《石蘭集》，頁五六一～五六二。
② 《樹經堂詩初集》卷三《蘇潭草上》，頁五六。
③ 《樹經堂詩初集》卷三《蘇潭草上》，頁五六。
④ 《樹經堂詩初集》卷三《蘇潭草上》，頁五九。
⑤ 《樹經堂文集》卷二《南泉幕游記》，頁四。
⑥ 《樹經堂文集》卷一，頁二八三。

合兆於蛇坑之原。”又，《琵琶亭》小字夾注：“時新葬二親。”[①]

◎三月三日，謝啓昆自題《家園修禊圖》二首，與胞弟砥山相唱和。

按：謝啓昆《自題〈家園修禊圖〉二首，同舍弟砥山賦》云：“壬寅三月三，記取勿草草。……兹與永和異，皆我同氣親。……已見三世聚，未奉雙親輪。春暉報罔極，掩卷一愴神。”[②]又，《蘭亭二首》之二小字夾注：“余壬寅家居，繪《家園修禊圖》，弟姪子女俱在。今四弟砥山、大姪丹鳳、三姪綬亭、女玉華相繼去世，思之惘然。”[③]

◎謝啓昆丁憂，居故鄉，作《秋日閒居雜詠八首》等詩文。

按：《秋日閒居雜詠八首》之七：“家園風味好，晚食少逢迎。蕹菜和青煮，瓠瓜帶苦烹。紅蓮收稻穟，碧乳點茶鐺。感物因時薦，潸然痛易生。”[④]

又，《訓子姪文》《家廟條規序》《品如字説》《李懷止字説》《夫字疊韻詩跋》《李大外姑王孺人遺像贊》《外舅李淡初先生暨外姑王太孺人像贊》諸文，《樹經堂文集》卷一既皆予以收録，又明言作於壬寅年。這其中，《家廟條規序》自稱“我謝氏自明宏治閒居南康，迄今數百年”。[⑤]

◎秋，謝啓昆生日，賦詩感懷。

按：謝氏《壬寅初度日自述二首》有云：“過鳥光陰速，蹉跎四十餘。主恩身未報，子舍職全虚。……今日家庭集，翻添别緒多。……此會非人力，孔懷唐棣歌。”[⑥]

◎中秋夜，謝啓昆與弟姪、友朋聚會於蘇潭書屋。

按：《蘇潭草上》有詩曰《壬寅中秋夜，招集弟姪飲蘇潭書屋。陳東川、宋雨宜在座。即席賦長歌，並邀和作》。

---

① 《樹經堂詩初集》卷三《蘇潭草上》，頁五七。

② 《樹經堂詩初集》卷三《蘇潭草上》，頁七〇。

③ 《樹經堂詩初集》卷一三《浙東小草》，頁一六五。

④ 《樹經堂詩初集》卷三《蘇潭草上》，頁五九。

⑤ 《樹經堂文集》卷一，頁二八三～二八七。此外，見録於《樹經堂詩初集》卷三的《家廟初成致祭》《拜四世遺像敬題十六韻》《六月十四日先嚴誕辰》諸詩，大抵亦作於乾隆四十七年賦閑家居期間。

⑥ 《樹經堂詩初集》卷三《蘇潭草上》，頁六一。

◎除夕，謝啓昆作《壬寅除夕》："自笑攜孥如蝜蝂，相依儆屋似盤蝸，田無半頃炊常冷。"[①]

按：詩載《樹經堂詩初集》卷三《蘇潭草上》，其詩名明確交代了寫作時間。

乾隆四十八年（一七八三）癸卯　四十七歲

◎十月，服除。謝啓昆與弟儆逸等人親往墓地祭祀，并作詩四首，藉以表達對雙親的思念。

按：自前年七月至今，閱月二十有七，且謝氏《釋服日上塚，愴然有作，示儆逸弟及諸子四首》云："昨發南浦濱，言尋故山路。跋涉輕千里，星廻已三度。……昔往冬未徂，今來及兹晨。同行二三輩，又作泉下人。……再拜訂後期，享祀祈没齒。攬涕辭高阡，日暮悲風起。"[②]

◎謝啓昆次子學崇出生。

按：謝氏《寶研圖自識戊午》云："往得永平甎八，命工製爲研。既以名齋，復作此圖，曰寶研。頹然箕踞乎上者，老夫也；……試研者，二子學崇；……時嘉慶三年八月二十六日，余年六十有二，……學崇十六……蘇潭老人記。"[③]

◎十一月十八日，謝啓昆游杭州西湖；二十日，游龍井、天竺、靈隱、南屏。

按：《樹經堂詩初集》卷四《蘇潭草中》録有兩詩，名曰《癸卯十一月十八日冒雪至西湖》《二十日游龍井，遂至天竺、靈隱，由南屏而歸》。

◎在分别三年後，謝啓昆與吴夔庵短暫重逢又相離别。

按：謝氏《留别吴夔庵》云："一日不見如三秋，何況别子歲一周。朔風斜日暮潮上，打槳迎我吴江頭。……何日結鄰遂初約，白水青松信有托。此後相思何處寄，珠簾暮雨倚高閣。"[④]又，《農政全書》卷七《農

① 《樹經堂詩初集》卷三《蘇潭草上》，頁六二。
② 《樹經堂詩初集》卷三《蘇潭草上》，頁六三。
③ 《樹經堂文集》卷三，頁三一七。
④ 《樹經堂詩初集》卷四《蘇潭草中》，頁六四。

事曾治下》云："三歲一周。"

乾隆四十九年（一七八四）甲辰　四十八歲

◎三月二十六日，謝啓昆與蔣心餘、袁枚同賞牡丹於香雲書屋。

按：謝啓昆《輓蔣心餘先生八首》之二小字夾注："去年三月二十六日，先生與袁簡齋先生集余香雲書屋賞牡丹，先生以筆代舌，觀賞竟日而罷，今牡丹開而先生逝矣。"[①] 考蔣心餘《九日靈巖寺登高二首》詩小字夾注："甲子，時年二十。"[②] 據此推算，可知蔣氏生於雍正三年（一七二五）。又，袁枚《翰林院編修候補御史蔣公墓誌銘》稱蔣氏病卒時"年六十一"，[③] 是知蔣氏卒於乾隆五十年（一七八五）。兹據《輓蔣心餘先生八首》小字夾注文義而繫之。

◎謝啓昆作《以牡丹酥餉友人啓》。

按：此文見録於《樹經堂文集》卷一，且小字夾注明言作於甲辰年。[④]

◎翁方綱應邀爲謝啓昆詩集作序。

按：翁方綱《謝蘊山詩序》云："予與蘊山相劘切爲詩者十有二年，乃蘊山出守，予以其宜勤職務也，又相誡不爲詩者十年。今則舊學之懷復積成卷軸者，又十有二年矣。此中甘苦相喻之微，弗能一言盡也。蘊山今將裒其近數歲之作，彙爲帙，欲予一言以序之。"[⑤] 又，考翁氏《樹經堂詩集序》云："予與蘊山論詩四十年矣，始自庚辰春。"[⑥] 兩相比對，則繫其事於本年，庶幾無誤。

---

① 《樹經堂詩初集》卷四《蘇潭草中》，頁六六。

② （清）蔣士銓撰：《忠雅堂文集》卷一，《續修四庫全書》册一四三六，上海古籍出版社，二〇〇二年，頁五五〇。

③ （清）袁枚撰：《小倉山房文集》卷二五，《續修四庫全書》册一四三二，上海古籍出版社，二〇〇二年，頁二八三。

④ 《樹經堂文集》卷一，頁二八八。

⑤ 《復初齋文集》卷四《謝蘊山詩序》，頁三八一。

⑥ 《樹經堂詩初集》卷首翁方綱《樹經堂詩序》，頁三〇。

乾隆五十年（一七八五）乙巳　四十九歲

◎春，翁方綱作《蘇潭歌寄藴山》："彈指七春不相見，……吾友亦到知非歲，……何論官舍與僑寓，日日千里如同堂。"

按：翁方綱《復初齋詩集》卷三一收録此詩，並明確交代此詩作於乙巳年。[①]又，其《蘇潭圖歌》小字夾注："乙巳春，予作《蘇潭歌寄藴山》。"[②]

◎五月，老友蔣士銓卒，病逝那天雷轟三聲。謝啓昆作詩悼念。

按：謝氏《輓蔣心餘先生八首》："今日牡丹花事盡，……天邊册府墮文星。電光下徹香車擁，驗取驚雷第幾聲。"又其小字夾注："公之生也冬雷鳴，卒之日，雷轟三聲而逝。"[③]可知時屬五月。又，袁枚《翰林院編修候補御史蔣公墓誌銘》云："待死之夕無雲而雷者三，相傳君生時亦然。"

乾隆五十一年（一七八六）丙午　五十歲

◎謝啓昆寄花酥予侯心齋。

按：謝啓昆《以牡丹酥餉蘭雪兼柬侯心齋二首》之二小字夾注："丙午歲，曾以花酥致侯心齋，并作四六啓。"[④]

◎風聞乃師將典試江西，謝啓昆遂於七月間致信翁方綱。九月，詔令翁方綱視學江西。

按：謝啓昆《寄和翁覃溪師蘇潭歌》小字夾注："詩作於丙午又七月，時有夫子典試西江之信，既而不果，故末段及之。越兩月，而有視學此邦之命，詩若有讖然。"[⑤]又，翁方綱《錢生裴山以禮闈第一人入翰林，出錢湘舲修撰之門，賦此奉寄，兼示湘舲》小字夾注："丙午秋，予奉使出

---

① 《復初齋詩集》卷三一《晉觀稿四》，頁六三五。此詩亦見録《樹經堂詩初集》卷四《蘇潭草中》，頁六六。

② 《復初齋詩集》卷五一《蘇潭小草七》，頁一三六。

③ 《樹經堂詩初集》卷四《蘇潭草中》，頁六六。

④ 《樹經堂詩續集》卷一《兑麗軒集》，頁一九〇～一九一。

⑤ 《樹經堂詩初集》卷四《蘇潭草中》，頁六六。

京。生繪《匡廬秋色圖》以贈行。”①

◎九月後，翁方綱作《題謝藴山〈三山攬勝圖〉》。

按：翁方綱《復初齋詩集》卷三三收録此詩，並明確交代此詩作於丙午九月後。②

◎冬，嘉興吴映帆在與翁方綱校士西江期間，出示所藏吴淵穎《詩卷真蹟》并索題詠。謝啓昆作詩以紀其事。

按：謝啓昆《題吴淵穎先生〈詩卷真蹟〉後》詩小字夾注：“先生廿四世孫嘉興吴映帆，得此卷於邗江。丙午冬，映帆從覃溪師校士西江，出此卷索題。”③

乾隆五十二年（一七八七）丁未　五十一歲

◎春，翁方綱作《藴山和前作，再疊奉酬》。

按：翁方綱《復初齋詩集》卷三三收録此詩，既明確交代此詩作於丁未年，又將之置於《春日登滕王閣，同濟之，用東字》詩之前。④

◎春，謝啓昆重游浙江雲林寺。

按：謝氏《蘇潭草中》有詩曰《丁未春日重游浙江雲林寺》。⑤

◎春，謝啓昆行至杭州。

按：謝啓昆《後樂園記》云：“丁未之春，一至武林，愛其山水。”

◎謝啓昆校刻《山谷集》於蘇潭。

按：謝啓昆《重修慶遠黄山谷先生祠記辛酉》云：“啓昆嘗校刻任史所註《山谷集》，……回憶蘇潭校詩時，忽忽十四年，嚮往悲悒之懷，於是少慰焉已。”⑥由“辛酉”上推十四載，正是本年。

---

① 《復初齋詩集》卷三八《谷園集六》，頁二一。
② 《復初齋詩集》卷三三《谷園集一》，頁六六四。
③ 《樹經堂詩初集》卷四《蘇潭草中》，頁六九。
④ 《復初齋詩集》卷三三《谷園集一》，頁六六五。
⑤ 《樹經堂詩初集》卷四《蘇潭草中》，頁六八。
⑥ 《樹經堂文集》卷四，頁三三二～三三三。

◎謝啓昆第三子學坰出生。

按：謝氏《寶研圖自識戊午》云："往得永平甎八，命工製爲研。既以名齋，復作此圖，曰寶研。頹然箕踞乎上者，老夫也……奉研者，第三子學坰……時嘉慶三年八月二十六日，余年六十有二……學坰十二……蘇潭老人記。"[①]

◎謝啓昆始與凌廷堪相遇於揚州。七月，原本相約陪翁方綱同游廬山，終因凌氏臨時有事而作罷。

按：凌廷堪《祭廣西巡撫謝蘇潭先生文》小字夾注："乾隆丁未，翁覃溪師招廷堪往南昌，始遇公於揚州。"[②]

又，謝啓昆《宿試院嵐漪軒，奉懷覃溪師二首》之二小字夾注："前年七月，師約游廬山，不果。今主講鹿洞，寄宿於此。"[③]

又，謝氏《送凌仲子之河南》小字夾注："時約從覃溪師游廬山，仲子以往中州，不果。"[④]

又，阮元《次仲凌君傳》云："五十一年，復入都應試，不中。明年，從翁先生於江西。又明年，寄河南。"[⑤]

◎八月，謝啓昆應邀作《兕觥歸趙詩四首》。

按：謝氏《兕觥歸趙詩四首》小字夾注："趙者庭自湖南走南康，求學使翁覃溪師爲詩文，易觥以歸，丐同人題之。時丁未秋八月。"[⑥]

◎謝啓昆題咏《對床聽雨圖》以和翁方綱。

按：謝氏《奉和覃溪師〈對床聽雨圖〉元韻六首》之六小字夾注："師前年作《蘇潭歌》見贈。"[⑦]而翁氏《蘇潭圖歌》小字夾注："乙巳春，

---

① 《樹經堂文集》卷三，頁三一七。
② （清）凌廷堪著，王文錦點校：《校禮堂文集》卷三六，中華書局，一九九八年，頁三二五。
③ 《樹經堂詩初集》卷六《春風樓草》，頁八八。
④ 《樹經堂詩初集》卷四《蘇潭草中》，頁六八。
⑤ （清）阮元撰，鄧經元點校：《揅經室集》一集卷二，中華書局，一九九三年，頁四六五。
⑥ 《樹經堂詩初集》卷五《蘇潭草下》，頁七六。
⑦ 《樹經堂詩初集》卷五《蘇潭草下》，頁七七。

予作《蘇潭歌寄蘊山》。”[1] 兩相比對，足以確定《奉和覃溪師〈對床聽雨圖〉元韻六首》作於本年。

◎秋，胡虔求職於江西學政翁方綱幕府。翁氏作《胡雒君〈匡廬識面圖〉》詩，内稱胡君“買舟渡江來，訪我洪與袁”；而姚鼐在所作《有懷雒君》詩中，對於胡虔的離開，則黯然神傷。

按：翁方綱《復初齋詩集》卷三五收録此詩，並明言作於丁未年。[2] 又，姚鼐《有懷雒君》云：“秋陰不成雨，黯黯望空津。楓落初寒水，帆行失意人。……安得將尊酒，相邀慰此辰。”[3]

◎胡虔入職翁氏幕府時，恰好謝啓昆亦居南昌蘇潭，兩人因此得以訂交。

按：方東樹《儀衛軒文集》卷一〇《先友記》云：“胡虔字雒君。……家貧，客游爲養。乾隆丙午，翁學士方綱視學江西，君在其幕。時南康謝公啓昆居憂在籍，因得與訂交。謝固學士門生也。”[4] 考翁方綱奉命視學江西，時在上年秋九月，本年冬始至南昌，其時胡虔尚未至幕中，此則謝氏詩句“胡君去秋來，與余數晨夕”[5] 可證。

◎翁方綱先後作《次答蘊山借鶴》《蘊山疊前韻，申借鶴之約，再賦。此索幕中諸君共和之》。

按：翁氏《復初齋詩集》卷三五收録兩詩，並明言皆作於丁未年。[6]

◎九月二日，謝啓昆和萬伊田等人同賞桂花於程氏園。

按：謝氏《蘇潭草中》有詩曰《九月二日同萬伊田、熊蔚亭程氏園探桂花》，且其小字夾注：“伊田與余方賦閒居，而蔚亭將出而爲世用也。”[7]

◎九月七日，謝啓昆收到其弟砥山的來信。

按：謝氏《蘇潭草中》有詩曰《重陽前二日得舍弟砥山書，詩以報之》。

---

① 《復初齋詩集》卷五一《蘇潭小草七》，頁一三六。
② 《復初齋詩集》卷三五《谷園集三》，頁六八六。
③ 《惜抱軒詩文集・惜抱軒詩集》卷九，頁五九二。
④ 此段文字又可見方損之《柿葉軒筆記・胡虔傳》。
⑤ 《送胡雒君還江南鄉試》，《樹經堂詩初集》卷五《蘇潭草下》，頁七九。
⑥ 《復初齋詩集》卷三五《谷園集三》，頁六八五、六八六。
⑦ 《樹經堂詩初集》卷四《蘇潭草中》，頁六八。

◎九月八日，謝啓昆邀集萬伊田等人同賞桂花，並爲即將赴京的蔣湘雪餞行。

按：謝氏《蘇潭草中》有詩曰《重陽前一日邀萬伊田、陳丹山、熊蔚亭、蔣氏兄弟集香雲書屋看桂花，即送蔣大湘雪赴都》。

◎九月九日，謝啓昆邀胡虔、朱瑶圃等人小飲，稍後，又同胡虔去鄰園賞菊。

按：謝氏《蘇潭草中》有詩曰《重陽日邀胡雒君、朱瑶圃小飲，即席口占兼示外甥應三、兒子學增》與《同胡雒君鄰園看菊，購數本以歸，口占二首》。

◎九月九日稍後，謝啓昆作詩辨證錢大昕對大安寺及鐵香爐來歷的誤讀。

按：謝氏《大安寺鐵香爐歌》云："竹垞譏評笑耳食，誤認洪州作昇州。譌將鐵及書鐵仄。……登高節過尋招提，……捨宅仍傳晉鎮西。"[①]

◎謝啓昆爲胡虔《匡廬識面圖》題詠："君寡宦情何太忙，盍不停驂聊淹駐。……《尚書·禹貢》君能注，與君試尋敷淺原。"[②]

按：謝氏此詩理當作於翁方綱《胡雒君〈匡廬識面圖〉》之後，又當在胡虔答應助其編纂《西魏書》之前。

◎謝啓昆邀胡虔助其完成編纂西魏國史的夙願。

按：謝啓昆《贈胡雒君二首》之一云："賸欲與君商夙業，魏收穢史要重删。"且其小字夾注："時與君有補《魏書》之約。"[③]又，胡虔《西魏書跋》云："先生創稟於丁未秋，時虔主蘇潭。"

乾隆五十三年（一七八八）戊申　五十二歲

◎春，南昌知府陳蘭森設志局，延訪士紳名宿纂修府志。彼時，謝啓昆被聘爲總修，胡虔與萬廷蘭、蔣知讓等七人亦參與其事。

按：陳蘭森《南昌府志》卷首《序》："南昌舊有志，修於康熙二年，漫漶闕略，久無完本。乾隆丁酉，前守湯公創議重輯，越四年而黄公芝

---

① 《樹經堂詩初集》卷四《蘇潭草中》，頁七〇。

② 《題胡雒君〈匡廬識面圖〉》，《樹經堂詩初集》卷四《蘇潭草中》，頁六九。

③ 《樹經堂詩初集》卷四《蘇潭草中》，頁七一。

雲始立局纂修，闢門别類，未竟而去。丙午春，予始調兹郡，……乃於公暇，圖所以竣厥事者。於是延訪士紳名宿，於戊申春重爲置局，取芝雲舊本，詳加訂正，有仍舊文不改者，有參衆議更訂者，複者删之，缺者增之。其自乾隆壬寅至今者，亦爲補載。”又，謝啓昆《和萬芝堂見贈元韻二首》之二小字夾注：“時與芝堂同修《南昌郡志》，局設南昌縣學。……同事八人，令弟伊田與焉。”[1] 又，胡虔《柿葉軒筆記》云：“乾隆戊申，余與修《南昌府志》。”

◎胡虔因修《南昌府志》而作《春秋豫章考》，據《春秋》傳注及諸家之説，斷定豫章郡並非春秋時之豫章。

按：焦循《雕菰集》卷一五《豫章沿革考序》云：“吾友胡雒君客江西時與修郡志，因爲《豫章沿革考》二卷，列之爲表，而繫之以説，明今之所稱豫章，非春秋時之豫章。既有裨於史書，尤有補於經注，吾信其必傳也。……嘉慶丙辰夏四月。”[2]

◎三月三日，應萬芝堂之邀，謝啓昆與胡虔等人褉飲於東湖。

按：謝啓昆《蘇潭草中》有詩名《上巳日萬芝堂招同人褉飲東湖拈韻得“之”字二首》。[3]

◎四月七日，謝啓昆邀集諸友到鴻雪舫賞桃花。數日後，又與萬芝堂、胡虔等人游北蘭寺，其間或作詩紀事，或題詠唱和。

按：謝氏《蘇潭草中》有四詩，各名《清明後二日，邀同人集鴻雪舫看桃花，用萬芝堂〈畫桃花詩〉韻三首》《同萬芝堂、伊田、鄒西麓、朱章浦、鏡雲、蔣秋竹、胡雒君游北蘭寺》《題朱鏡雲〈天際歸舟圖〉》《鴻雪舫嫩緑歌次萬芝堂韻》，且《同萬芝堂、伊田、鄒西麓、朱章浦、鏡雲、蔣秋竹、胡雒君游北蘭寺》小字夾注：“鏡雲新作《天際歸舟圖》。”[4]

---

① 《樹經堂詩初集》卷四《蘇潭草中》，頁七一。

② （清）焦循撰：《雕菰集》卷一五，《續修四庫全書》册一四九八，上海古籍出版社，二〇〇二年，頁二六八～二六九。

③ 《樹經堂詩初集》卷四《蘇潭草中》，頁七一。

④ 《樹經堂詩初集》卷五《蘇潭草下》，頁七八～七九。

◎春，姚鼐自桐城致信謝啓昆，稱《西魏書》“序例”“極爲允協”，同時對胡虔至贛省“覓館”表示關切，請謝氏鼎力相助。

按：《惜抱先生尺牘》卷一《與謝蘊山之一》云：“《西魏書》雖未獲捧讀，然其言真天下万世之公論，三長之中已見其識矣，序例極爲允協。命鼐序首，殊非所任。坿名其間，則又所甚願。但鼐甫度禫纖，神志猶耗，欲俟精神少佳時執筆，……雒君來貴省覓館，鼐甚憂其後，時惟鼎力，多方助之。……鼐二月底當赴金陵，賤狀備細，雒君可爲悉陳左右也。春寒未解，惟慎護，不具。”[①]

◎秋，胡虔參加江南鄉試，謝啓昆作詩相送。

按：謝氏《送胡雒君還江南鄉試》云：“胡君去秋來，與余數晨夕。並坐蘇潭上，題詩畫舫側。披豁皆天真，談深勝前席。拓跋書千年，豫章志幾冊。搜討窮原委，校勘等讎敵。勝迹欣同探，疑義必分析。嗜書如脈望，引我若針石。……送君鮮譽詞，章門悵脈脈。”[②]

◎謝啓昆在南昌学宮拓得十二段漢石經遺文，奉師命賦詩紀事。

按：謝氏《南昌學宫摹刻漢石經殘字，歌應覃溪師命》云：“小蓬萊閣初刻石，歲在丁酉秋八月。十年校士來洪都，重泐經文採遺佚。昔惟三段今十二，金匱本繼研山出。……墨本攜歸貽子弟，鐵擿韋編守毋失。”[③]

◎老友盧青柯贈青松一株，謝啓昆作詩一首，答謝這位相交三十年的“石交”。

按：謝氏《移松十六韻賦贈盧七青柯》有云：“草木生光輝，冬日變喧美。緬昔養蒼鱗，托根歲在已。我方通桂籍，汝亦謝蓬藟。忽忽三十年，人老樹如此。投分感石交，含貞悟生理。”又其小字夾注：“青柯已卯歲植小松於地，今已長二丈餘，移以贈余。”[④]兹由“己卯”下推三十年而繫之。

---

① 《惜抱先生尺牘》，海源閣叢書高均儒手寫本，咸豐五年（一八五五）。

② 《樹經堂詩初集》卷五《蘇潭草下》，頁七九～八〇。小字夾注：“是歲以《毛詩》取士。”

③ 《樹經堂詩初集》卷五《蘇潭草下》，頁八〇。

④ 《樹經堂詩初集》卷五《蘇潭草下》，頁八一。

乾隆五十四年（一七八九）己酉　五十三歲

◎謝啓昆主持鹿洞書院講席。翁方綱作《蘊山應聘主鹿洞講席賦寄》，[①] 謝啓昆次韻答謝。

按：謝氏《春風樓草》有詩名《己酉主鹿洞講席，翁覃溪師賦詩寄贈，次韻奉答，兼示諸生二首》。[②]

◎盧青柯親至鹿洞書院探訪，謝啓昆賦詩送別。

按：謝氏《春風樓草》有詩名《盧青柯訪余於鹿洞，喜贈以詩，即送歸南昌二首》，且其小字夾注："去歲以青松贈余。"

◎五月，謝啓昆去秀峰寺觀畫寫經，見到寺内所藏《佛説十王預修經並圖》《大威德熾盛光陀羅尼經》並題詩，其友趙翼賦詩唱和。

按：謝氏《題秀峰寺所藏〈佛説十王預修經並圖〉及〈陀羅尼經〉後并序》云："禪堂五月風泠泠，來觀圖畫兼寫經。經寫兩卷共一軸，中幅畫現閻羅形。"且詩後附有趙翼的和作。[③]

◎五月廿六日，謝啓昆獲悉其姪謝綬庭在會試中名列前茅的消息，甚喜。

按：謝氏《春風樓草》有詩名《五月二十六日得舍姪綬庭與選拔之信，喜成一律，寄示兼呈覃溪師》。又，謝氏《哭綬亭姪四首》之二："廷试列名初"。[④]

◎仲夏，謝啓昆弟徹逸來訪鹿洞書院。

按：謝氏《喜舍弟徹逸至鹿洞》云："子來及春杪，執手已夏仲。濡滯百里間，況隔章與貢。"[⑤]

◎執教一百三十天後，謝啓昆作別鹿洞書院。

按：謝氏《留別鹿洞肄業諸生三首》之三："寄榻十三旬，風雨數晨夕。……慚余一日長，對此函丈席。討論同懇懇，含情悵脈脈。松風吹

---

① 《復初齋詩集》卷三六《谷園集四》，頁七；又可見《樹經堂詩初集》卷六《春風樓草》，頁八二。

② 《樹經堂詩初集》卷六《春風樓草》，頁八二。小字夾注："鹿洞有'古國學'之名。"

③ 《樹經堂詩初集》卷六《春風樓草》，頁八五～八六。

④ 《樹經堂詩初集》卷七《補梅軒草上》，頁九五。

⑤ 《樹經堂詩初集》卷六《春風樓草》，頁八八。

別袂，諸子各有適。行者應秋試，居者返舊宅。”①

◎《南昌府志》成書，分門二十，凡七十六卷。

按：陳蘭森《南昌府志》卷首《序》云：“中分門二十，得卷七十有六。歲方一周，而郡志於是裒然成書。顧思志之爲志，所以資掌故，備採訪也。郡志與省志體制異，亦與縣志繁簡殊。蒐討舊章，鉤稽近事，斟酌盡善，良非易易。今志本粗成，條目井井，雖未敢謂辭臻美備、事無遺佚，然索圖徵獻於土宜風俗之略，興革損益之大，已犁然具舉。……乾隆五十四年歲次己酉，……前南昌府知府陳蘭森序。”

◎八月底，謝啓昆於揚州得知其姪謝綬亭在京城舊病復發的消息。

按：謝氏《哭綬亭姪四首》之一：“離别才三月，沈淪抱宿痾。”且其小字夾注：“舟至揚州得兇問。”②

◎九月九日，即江西鄉試放榜前一日，謝啓昆陪翁方綱及諸同門共游北蘭寺。稍後翁氏返京。

按：謝氏《九日陪覃溪師偕門下諸生游北蘭寺，午飯蘇潭，同賦二律。是時，師將北上》云：“潭上題詩已三載。”又其小字夾注：“丙午，師作《蘇潭歌》見寄。”“明日放秋試榜。”③

又，翁氏《復初齋詩集》卷三八有詩曰《諸生同餞於北蘭寺，晚飯蘇潭，次蘊山韻二首》，並明言作於己酉九月。④

◎翁方綱返京之前，將所養二鶴轉贈給謝啓昆，並作《題〈假鶴圖〉爲蘊山别》。謝氏遂作《來鶴亭和覃溪師韻二首》以和之。

按：謝氏《來鶴亭和覃溪師韻二首》詩後附録翁方綱《諸生同餞於北蘭寺，晚飯蘇潭，次蘊山韻二首》之序：“丙午冬，予來南昌，何中丞惺庵以二鶴見贈，蓄於使院後之友善堂，且有諾‘贈吾蘊山’之語。唱酬屢作，幕中諸友屬而和之。丁未冬，借蓄於蘇潭。戊申初夏，復還。

---

① 《樹經堂詩初集》卷六《春風樓草》，頁八九。

② 《樹經堂詩初集》卷七《補梅軒草上》，頁九五。

③ 《樹經堂詩初集》卷六《春風樓草》，頁九〇。謝氏此詩後，附録翁方綱的和作。

④ 《復初齋詩集》卷三八《谷園集六》，頁二四。

今將北歸，以歸蘊山，爲扁其亭曰‘來鶴’，而題於此卷以記之。”[1]

◎黄山谷生日那天，翁方綱在江西使院蓬鶴軒設宴祭奠，謝啓昆亦參與其事。

按：謝氏《覃溪師六十壽詩》小字夾注：“己酉歲，山谷生日，於江西使院之蓬鶴軒薦脯筍，啓昆亦與焉。”[2]

◎十一月己亥，翁方綱由詹士遷内閣學士。

按：《東華續録（乾隆朝）》乾隆一百十：“（五十四年十一月）己亥，以翁方綱爲内閣學士。由詹事遷。”

乾隆五十五年（一七九〇）庚戌　五十四歲

◎二月，謝啓昆奉詔入京。

按：謝氏《庚戌二月將赴都，留别諸同好四首》之一云：“重逢草木沾春露，仍許漁樵近聖顔。恩詔幾行甦久蟄，驚回舊夢繞朝班。”[3]

◎三月間，謝啓昆取道安慶、江寧進京。四月，謝氏途經泰安，與吴夔庵會面。六月七日，陛見乾隆帝於灤陽行宫，“特擢爲江南河庫道”。[4]

按：《樹經堂文集》卷二《南泉幕游記庚戌》云：“余入都，赴部引見，道出泰安，復與君踐十年息壤之盟，時爲五十五年四月也。”

又，謝氏《春風樓草》有詩曰《六月七日灤陽行宫引見，奉旨仍發江南，以知府用。次日具摺謝恩，召對良久。感恩紀事，兼别京邸諸同好，即用前韻四首》，且其小字夾注：“今年三月，道安慶、江寧入都。”“時高郵、句容有書役侵蝕錢糧之案，上諄諄以除弊、安民爲訓。”[5]

又，其《南泉幕游記庚戌》云：“六月，奉旨仍發江南，以原官補用。”

◎謝啓昆在就任江南河庫道之初，即招凌廷堪至其幕府任職。

按：凌廷堪《祭廣西巡撫謝蘇潭先生文》：“及公巡河，招我淮濱。”[6]

---

① 《樹經堂詩初集》卷六《春風樓草》，頁九一。
② 《樹經堂詩初集》卷七《補梅軒草上》，頁一〇二。
③ 《樹經堂詩初集》卷六《春風樓草》，頁九一。
④ 《清史稿》卷三五九《謝啓昆傳》，頁一一三五六。
⑤ 《樹經堂詩初集》卷六《春風樓草》，頁九一。
⑥ 《校禮堂文集》卷三六，頁三二五。

◎謝啓昆南下任職江南河庫道。八月行經濟寧，吴夔庵如約同行，九月抵達江南河庫道署所在地清江浦。[①]

按：《樹經堂文集》卷二《江南河庫道題名碑記辛亥》云：“乾隆五十五年，啓昆奉命來涖斯任。”又，同書卷二《南泉幕游記庚戌》：“（五十五年）八月，自京南來至濟寧，邀召同行。九月抵清江，十月勘災至睢陽，宿書院，挑燈談往事。”

◎十月三日，謝啓昆作《南泉幕游記》，追述僚友吴夔庵的游幕經歷及兩人的密切關係。大約同時，又欣然为吴氏门人王沛堂新作的吴夔庵《玉照圖》題詠。

按：《樹經堂文集》卷二《南泉幕游記庚戌》云：“君今年五十有六，余少君二歲，未知將來事業作何，究竟後死者誰，是不可以無記也。……立冬後二日，謝啓昆記。”

又，謝氏《題吴夔庵〈玉照圖〉》：“弟子王蒙寫生面，……我昨題軒更繪像。……他日兩家傳畫本，拈花一笑參前因。”又其小字夾注：“門人王沛堂更作新圖也。”“署西軒曰‘補梅’，沛堂爲余作圖。”[②]

◎在王沛堂爲范芳谷畫《索笑圖》後，謝啓昆爲該圖題詠。

按：謝氏《補梅軒草上》有詩名《寄題范二芳谷〈索笑圖〉，兼懷范大芝巖二首》，且其小字夾注：“王沛堂爲吴夔庵圖《玉照》，爲余圖《補梅》，今更爲芳谷作《索笑圖》。”

乾隆五十六年（一七九一）辛亥　五十五歲

◎翁方綱作《次答純之見謝詩境墨兼寄蘊山之作》。

按：翁方綱《復初齋詩集》卷四一收録此詩，並明言作於辛亥初。其内有云：“不在區區一點螺，所矜十載寸陰過。……莫追往日揚州守，

---

① 按：《樹經堂文集》卷二《江南河庫道題名碑記辛亥》云：“治河之任，古今稱難。我朝受天寵命，奄有萬方。漕東南之粟，以實神運。黄、運兩河治法，視前代加詳。初，河道總督行署駐山東濟寧州，康熙十六年，聖祖仁皇帝以江南工程重大，特令移駐淮安清江浦。雍正三年，世宗憲皇帝添設北河總督，分駐濟寧，而南河總督仍駐清江。……雍正七年，以南河工程既大，出納愈繁，允河臣孔毓珣之請，復設河庫道一員，以綜其成。”

② 《樹經堂詩初集》卷七《補梅軒草上》，頁九六。

我對蘇潭媿已多。”①

◎二月，謝啓昆在江南河庫道官署中種植梅樹。王沛堂爲謝氏畫《種梅圖小影》。

按：謝氏《種梅二首》自序：“河儲壁有畫梅而署中無梅樹，辛亥二月，補植，邀同人賦之。”又，《補梅軒草上》有謝啓昆所作《王沛堂爲余畫〈種梅圖小影〉，自題長句》。②

◎胡虔任職畢沅幕府期間，與章學誠同纂《湖北通志》。

按：方損之《柿葉軒筆記·傳》云：“畢尚書沅督兩湖日，聘君纂修《兩湖通志》及《史籍考》等書。”又，蕭穆《校刊湖北通志檢存藁序》：“畢公以雍正以來將六十年，湖北事蹟又多缺略，更慮年湮代遠，文獻無徵，乃集同官及巨紳，倡議開局，纂修《湖北通志》。……於是畢公特聘會稽章實齋先生學誠總辦其事，更延一時名俊，分纂各類，以期早爲竣工。章先生……别裁獨斷，創體立例，往往出於前人意慮之表。乃爲旁預其事者及同事諸人所駭，腹誹心謗，匪朝伊夕。而章先生視同事諸人，除其老友桐城胡雒君徵士虔志同道合外，概以庸材馭之。”③又，《惜抱先生尺牘》卷一《與謝蘊山之三》云：“胡生雒君在楚中甚爲章實齋所苦，餘人多去之，雒君勉留以終其事。”④

◎夏，姚鼐寄信武昌，詢問胡虔至鄂後修書情形，並請代爲問候總督畢沅與章學誠；爾後在初秋寄信給謝啓昆，既交代《西魏書》相關事宜，又稱胡虔將於今冬或明春來客謝氏幕府。

按：《惜抱先生尺牘》卷三《與胡雒君》之一云：“自去里中，何日至鄂？甚念，甚念！入夏來，想佳勝，書局之事畢未？鼐於二月晦出門，三月望始至江甯，近平安耳。謝公有書來，翁覃谿令其處有事考稽於石

① 《復初齋詩集》卷四一《石墨書樓集三》，頁五〇。詩中小字夾注：“蘊山爲予造此墨，今十有五年矣。”

② 《樹經堂詩初集》卷七《補梅軒草上》，頁九四。謝氏在就任江南河庫道後，又先後作《木龍》《土牛》《放淤》《下埽》《築堤》《截柳》《浦莊挑水壩》，此七詩既與其工作職責緊密相關，又皆見録於《補梅軒草上》。

③ （清）蕭穆撰，項純文點校：《敬孚類稿》卷二，黄山書社，一九九二年，頁二六。

④ 《惜抱先生尺牘》，海源閣叢書高均儒手寫本，咸豐五年（一八五五）。

刻，然魏人石刻既少有，又不足資考異，恐無益也。見秋帆制軍、實齋先生，均爲道候。餘不一一。”又，《惜抱先生尺牘》卷一《與謝藴山之三》云：“秋初，餘暑未退，惟起居萬福。大著《西魏書》敬讀一過，意有所見，妄以記之簡端，伏聽裁定。承命作序已就，便冠良史之首，惶悚惶悚。至于書中誤字，不可勝校。鼐隨以朱筆改定者，恐不過十之二三耳，尚須更命人一番細校也。胡生雒君在楚中甚爲章實齋所苦，餘人多去之，雒君勉留以終其事。秋冬之間或來鈴閣，未可知也，計此時其書亦嚮成矣。若今冬不來，必於明春。爾公事勤勩之餘，伏惟慎護率候，不具。”①

◎六月，謝啓昆與宋雲亭初相遇於山東境内，但當時公務繁忙，未及深談。

按：謝氏《宋雲亭〈竹梧清嘯圖〉》云：“山東轉漕如梭織，我初識君濟泉側。六月河堤高柳風，車困馬煩休不得。”且其小字夾注曰：“時雪亭督理山東糧儲。”②

◎七月，姚鼐《西魏書敘》成。

按：《西魏書》卷首《西魏書敘》云：“南康謝藴山觀察，舊居史職，出剖郡符，間以退處數年之暇，慨魏收之失當，撰《西魏書》二十四卷以正其失，……讀者知其綱羅放失，述作之志，存焉可也。乾隆五十六年七月，桐城姚鼐序。”

◎謝啓昆作《江南河庫道題名碑記》。

按：該文不但明言作於辛亥年，而且自我交代了其作旨：“乾隆五十五年，啓昆奉命來蒞斯任，深念朝廷所以設官之意，而思是職之不易稱也，夙夜兢兢，罔敢遐逸，於勾稽案牘之餘，歷考前人名姓，詳其始末，勒之於石，時時省覽，用以自鏡，亦俾後之人有所考證焉。”③

◎謝啓昆遣僕入京，將其姪綬亭遺體送歸故土。

按：謝氏《哭綬亭姪四首》序：“是詩作於去冬，不忍録也。今將遣

---

① 《惜抱先生尺牘》，海源閣叢書高均儒手寫本，咸豐五年（一八五五）。
② 《樹經堂詩初集》卷一五《後樂園草》，頁一八二。
③ 《樹經堂文集》卷二《江南河庫道題名碑記辛亥》，頁二九二。

僕赴京舉櫬，書以焚之。”[①]

乾隆五十七年（一七九二）壬子　五十六歲

◎春，謝啓昆題詠《桃花流水圖》並示其次子學崇。

按：謝氏《〈桃花流水圖〉題示學崇》云：“我昔蘇潭上，種桃花始舒。記兒纔頫面，光澤最憐余。兒已十年長，花圍半畝居。春風吹作浪，點點到清渠。”[②] 據謝氏《寶研圖自識戊午》，可知謝學崇生於乾隆四十八年，[③] 本年正好十歲。故繫之。

◎胡虔客謝氏江南河庫道署，續撰尚未定稿的《西魏書》。因有文滙閣本《四庫全書》可資參考，故進展順利。

按：《西魏書》書末胡虔《跋》云：“先生之爲是書也，自正史、傳記、輿地、金石之文以及郡邑之志，流覽者殆數千卷，昨官南河，復討論四庫書於揚州，[④] 其搜剔補綴之功，最爲勤密。”

◎凌廷堪客謝啓昆幕，相繼作《題謝藴山觀察〈種梅圖〉》《藴山觀察以〈官齋種梅詩〉索和，次韻四首》《題謝砥山明經〈藝蘭圖〉》《藴山觀察以公子益之、崇之昆季〈常棣圖〉見示，漫書四首》《留别藴山觀察，即次〈見送〉元韻二首》。[⑤]

按：凌廷堪《校禮堂詩集》卷七收録諸詩，且明言皆作於壬子年。[⑥]

◎應府主謝啓昆之請，凌廷堪爲作《西魏書後序》。六月初一日，《後序》成，

---

① 《樹經堂詩初集》卷七《補梅軒草上》，頁九五。

② 《樹經堂詩初集》卷八《補梅軒草下》，頁一〇六。

③ 《樹經堂文集》卷三，頁三一七。

④ 尚小明《胡虔生平繫年》誤以爲文瀾閣本《四庫全書》。考《柿葉軒筆記》有云：“文瀾閣《四庫全書》，書皆鈔本，每葉十六行，行二十一字，長六寸，寬三寸七分。每本用寶二，前曰‘古稀天子之寶’，後曰‘乾隆御覽之寶’。每部首載提要及總纂名，而列總校名於每本之末。其面籤皆用絹，經以緑，史以赤，子以碧，集以淺絳，梠木匣盛之。”然則胡虔雖曾經眼文瀾閣《四庫全書》，但在重纂《西魏書》初稿時，所用卻是藏於揚州的文匯閣本《四庫全書》，絶非遠在杭州的文瀾閣本。

⑤ 其二有云：“那堪分袂正新秋，幸邀海内存知己。”故疑該詩作於壬子初秋。

⑥ （清）凌廷堪撰：《校禮堂詩集》，《續修四庫全書》册一四八〇，上海古籍出版社，二〇〇二年，頁五三～五五。

内稱《西魏書》有“補闕”“存統”“正名”“搜軼”“嚴界”“辨誣”等六善。

按：凌廷堪《西魏書後序》云：“南康謝藴山先生撰《西魏書》二十四卷，……既成，以示廷堪，命爲後序。廷堪受而讀之終篇，乃作序曰：……約舉大綱，其善有六，……是書也，雖劉知幾之苛於論世，必當首肯；鄭漁仲之嚴以律人，亦爲心折者矣。……乾隆五十七年，歲次壬子，六月朔，歙凌廷堪次仲氏謹序。”[①]

◎七月六日夜，謝啓昆夢中與翁方綱同登岱山，且與吴蘭學討論爲詩之道，醒後，即將所夢録爲《書〈岱雲會合圖〉後》。

按：謝氏《補梅軒草下》有詩名《七月六日夜，夢同覃溪師登岱，與蘭雪論詩，覺而紀之，即〈書岱雲會合圖後〉》。[②]

◎乃師翁方綱年將六十，[③]謝啓昆作《覃溪師六十壽詩》。[④]

按：凌廷堪《校禮堂詩集》卷七録有《寄壽翁覃溪師六十生日四首》，且明言此詩作於壬子年。[⑤]彼時凌氏正客謝啓昆幕府，故疑謝氏《覃溪師六十壽詩》與凌氏《寄壽翁覃溪師六十生日四首》作於同期。

◎謝啓昆通過翁方綱乞序於錢大昕。十一月，錢氏所作《西魏書》序成。

按：《西魏書》卷首《西魏書敘》云：“觀察謝藴山先生曩在史局，編摹之暇，與閣學翁公議補是書。洎宛陵奉諱家居，乃斟酌義例，排次成編，……既蕆事，介翁公屬序於予。……乾隆壬子十一月，嘉定錢大昕序。”

乾隆五十八年（一七九三）癸丑　五十七歲

◎六月，英國遣使來華，謝啓昆特作《英咭唎貢使歌》以紀其事。

按：《英咭唎貢使歌》小字夾注：“乾隆五十八年六月，英咭唎國

---

① 《西魏書》附録，臺灣鼎文書局，一九八三年，頁一七六～一七七。

② 《樹經堂詩初集》卷八《補梅軒草下》，頁一〇七。

③ 按：《復初齋詩集》卷二五有詩名曰《壬寅八月十六日方綱五十初度之辰，恭奉先大夫〈記彌月賀客贈物手迹册〉，以示坐客魚門，有詩感賦》，是知翁氏生於雍正十一年八月十六日（一七三三年九月二十三日）。

④ 《樹經堂詩初集》卷七《補梅軒草上》，頁一〇一～一〇二。

⑤ 《校禮堂詩集》，頁五四。

納貢，情詞極爲恭順。貢物十九件：一、西洋布蠟尼大和翁大架一座；二、坐鐘一架；三、大球全圖；四、地球全圖；五、雜樣器具；六、試探氣候架一座；七、銅炮；八、奇巧椅子；九、自然火；十、圖畫國王全家像；十一、玻璃影燈；十二、金綫氈；十三、大絨氈；十四、馬鞍；十五、涼暖車；十六、軍器；十七、益力架子；十八、大小金銀船；十九、雜貨。天津太守李程蓮郵書，言甚悉。因爲詩，以紀之。”[①]

◎夏，《欽定四庫全書附存目録》十卷刊行於世。

按：胡虔《欽定四庫全書附存目録》卷首《跋》言之甚明。

◎姚鼐應謝啓昆之請，爲作《謝蘊山詩集序》。

按：姚鼐《謝蘊山詩集序》云：“南康謝蘊山先生，……今者觀察河、淮，自定其詩集成若干卷，……鼐於前歲見先生著《西魏書》，博綜辯論，可謂富矣！乃今示以詩集，……余又以是知先生所藴之深且遠，非如淺學小夫之矜於一得者。……是爲序。”[②] 兹據其“鼐於前歲見先生著《西魏書》”云云，繫其事於此。

◎秋，師弟凌廷堪將行經金陵去安慶拜謁朱石君先生，謝啓昆作詩送别。

按：謝氏《補梅軒草下》有詩名《送凌仲子之金陵兼往安慶謁朱石君先生》。

◎九月廿一日，王沛堂爲謝啓昆畫《貓圖》一幅，謝氏遂在畫上題詠三首。

按：謝氏《補梅軒草下》有詩名《舊傳危危日畫貓能辟鼠，見於〈東坡自題〉。癸丑九月二十一日蓋危危日也，王沛堂爲余作此圖，因題三絶於上方》。

乾隆五十九年（一七九四）甲寅　五十八歲

◎熊謙山來邀去鄧尉賞梅花，謝啓昆因故未能成行，二月間作詩致謝。

按：謝氏《熊謙山廉訪約鄧尉探梅花不果，作歌解嘲兼誌别忱》云：

---

① 《樹經堂詩初集》卷八《補梅軒草下》，頁一〇七。

② 《惜抱軒詩文集·惜抱軒文集》卷四《謝藴山詩集序》，頁五四～五五。

“衆香作國雪作島，見説梅花鄧尉好。……招我汎海八百里，春風十日游姑蘇。……春回蓓蕾舍姿致，客不能來豈花意。……二月春深花事濃，看花不與蘇潭同。”①

◎老友宋雨宜爲其族寡婦宋謝氏作《貞女傳》，三月初，謝啓昆特作《宋謝氏貞女詩》，稱《貞女傳》真實可信。

按：謝氏《宋謝氏貞女詩》云：“吾宗有女名順姑，……年未及笄歸其夫。厥夫爲誰宋氏雛，……八歲夫殤涕漣如。……針者貞也守不渝，……四十年來甘茹荼，贛江石爛贛水枯，之死靡他義不誣。廣文立傳詞無諛。作詩仍付問史書，乾隆甲寅三月初。”②

◎謝啓昆作《蘇潭吟》十首，藉以表達對家鄉的思念。

按：謝氏《補梅亭草下》云：“去蘇潭五載矣，作《蘇潭吟》十首以寄余思。”自乾隆五十五年二月奉詔入京，③至本年恰滿五載，故繫之。

◎谷雨時節牡丹開，謝啓昆既與幕中諸友宴飲於李公祠，數日後又邀陳松山偕同人看芍藥。

按：謝氏《補梅亭草下》有詩名《同幕中諸友飲李公祠牡丹花下兼示學增、學崇》《署齋邀陳松山先生偕同人看芍藥》，又後詩小字夾注：“數日前與同人賞牡丹。”④

◎夏，謝啓昆將新著《補梅軒詩集》寄予趙翼。七月，趙氏作成序文。

按：趙翼《補梅軒草序》云：“同年謝觀察藴山先生，年二十餘登進士第，以制藝傾一時。……論東南賢太守者，必首及先生。……乃酬唱贈答、登臨感興之篇，時時流播藝林，爭誦傳抄，始知先生才分學養之閎且邃如此，文學、政事，蓋以一人兼之。今年夏，以所著《補梅軒詩集》郵寄示余，其格律渾成雄逸，深造古人，不特情韻清穎，華綵鮮潔

① 《樹經堂詩初集》卷八《補梅軒草下》，頁一一〇～一一一。

② 《樹經堂詩初集》卷八《補梅軒草下》，頁一一二。位於《宋謝氏貞女詩》之後的《和友人淮上清明之作》，顯然作於清明時節。

③ 謝啓昆：《庚戌二月將赴都，留别諸同好四首》，《樹經堂詩初集》卷六《春風樓草》，頁九一。

④ 《樹經堂詩初集》卷八《補梅亭草下》，頁一一四。

而已。……讀是集，私心爲之傾盡焉。乾隆五十九年秋七月，趙翼序。”[1]

又，翁方綱《樹經堂詩初集·序》云：“至甲寅夏，予扈從灤陽，始爲蘊山序其初稿，直以丹壑目之。”翁氏所序“初稿”，疑係《補梅軒詩集》。

◎五月戊戌，謝啓昆由江南河庫道遷浙江按察使，并於八月十五日抵任。其間，翁方綱作《送蘊山之浙江臬司任》。[2]

按：《東華續録（乾隆朝）》乾隆一百十九：“（五十九年五月）戊戌，以田鳳儀爲浙江布政使，謝啓昆爲浙江按察使。由江南河庫道遷。”

又，謝啓昆《補史亭四首》之一小字夾注：“甲（辰）[寅]中秋日抵任。”[3]

又，謝氏《乙卯仲秋，將赴晉藩之任，同人餞余於湖上，即席成詩二首，書以誌别》小字夾注：“余以去年中秋日視臬”。[4]

◎謝啓昆就任浙江按察使後，嚴令下屬各州縣，自行革除强拉殷户充當地保、莊長之弊政。

按：《樹經堂文集》卷二既稱《禁止殷户充當保長檄》作於甲寅年，又載其詞：“今訪得浙西杭嘉湖三府屬州縣，將地保一役不許鄉中無業之人充當，每歲底擇圖中田多殷實之良民，號曰殷户，押令充保，如有躲避推辭，非提本人究處，即拏家屬凌辱，令人有不得不當之勢。……至浙東寧温等八府屬，又於地保之外，更設莊長一役，均係勒點殷實生監充當。……充當之年，日無寧晷，而生監之有志舉業者，每因此廢時失事，阻其上進之路。……各府縣嗣后不許殷户充當地保、莊長，更不許僉點圖差到圖滋擾、勒派索詐等弊。如敢故違，定即差拏書役，從重嚴辦，並將該州縣嚴揭請參。”[5]

---

① 《樹經堂詩初集》卷七，頁九三。

② 《復初齋詩集》卷四六《蘇齋小草二》，頁九一。翁氏明確交代《蘇齋小草二》所録諸詩，皆作於甲寅四月至十月間。

③ 《樹經堂詩初集》卷一〇《補史亭草上》，頁一二一。

④ 《樹經堂詩初集》卷一二《晉陽草》，頁一四三。

⑤ 《樹經堂文集》卷二，頁二九二～二九三。

◎九月三十日，謝啓昆於公務之餘，在杭州進香、遊覽。

按：凌廷堪《校禮堂詩集》卷九有詩名《次廉使謝蘊山先生〈九月晦日行香天竺，遂至龍井，由瑪瑙寺放舟而回四首〉元韻》。[①]

◎秋，凌廷堪作《題胡雒君〈環山舊隱圖〉》《次韻答謝公子崇之時年十二》《次謝蘊山先生〈湖上看紅葉〉二首》。

按：《校禮堂詩集》卷九收録諸詩，且明言諸詩皆作於甲寅年。[②]除凌廷堪所作《題胡雒君〈環山舊隱圖〉》外，秦瀛也曾作《爲胡雒君題〈環山舊隱圖〉》詩，[③]兩詩理當同期而作。

◎胡虔助謝啓昆纂輯《小學考》，以補朱彝尊《經義考》之不足。

按：謝啓昆《小學考》卷首自序云："乾隆乙卯，啓昆官浙江按察使，得觀文瀾閣中秘之書，經始採輯爲《小學考》。"尚小明《胡虔生平繫年》則據謝啓昆《新作廣經義考齋既成，賦詩紀事》"裒輯始甲寅"云云，[④]斷定《小學考》始纂於乾隆五十八年。此從其説。

◎謝啓昆長孫謝晉出生。

按：《寶研圖自識戊午》云："往得永平甎八，命工製爲研。既以名齋，復作此圖，曰寶研。頽然箕踞乎上者，老夫也；執余手者，長孫晉……時嘉慶三年八月二十六日，余年六十有二，……晉才五齡。蘇潭老人記。"[⑤]據此推算，是知謝晉生於乾隆五十九年。

◎《西魏書》行將定稿之際，謝啓昆作《西魏樂府四首》（即《王思飯》《麥積雲》《沙苑樹》《江陵火》），評論西魏的歷史與人物。

按：《王思飯》云："洛陽城西天子氣，……天柱將軍專廢置，……六軍親總次河橋，百牛犒士渡函峭。……豈識長安皆菜色，從而還者僅

① 《校禮堂詩集》，頁六八～六九。

② 《校禮堂詩集》，頁六八。考《次謝蘊山先生〈湖上看紅葉〉二首》內有"幾樹澹横秋水外""一夜清霜秋滿湖"之句，故而斷定此詩作於甲寅秋。

③ （清）秦瀛撰：《小峴山人詩文集·文集》卷九，頁五九六。

④ 《樹經堂詩初集》卷一四《蓬戀軒草》，頁一六七。

⑤ 《樹經堂文集》卷三，頁三一七。

萬人。太倉儲粟無擔石，黑獺解貪迎帝功。”[①]又，邵志純《識》：“《補史亭草》者，公補《西魏書》時之所作也。”[②]《西魏樂府四首》既被列入《補史亭草上》，亦當作於纂述《西魏書》之際。

◎本年，謝啓昆與浙江按察使秦瀛等人上書巡撫吉慶，恭請刊印杭州文瀾閣所藏《四庫全書提要》，以嘉惠士林。

按：阮元《浙江刻四庫書提要恭跋》：“欽惟我皇上稽古右文，恩教稠疊，乾隆四十七年，《四庫全書》告成，特命如内廷四閣所藏，繕寫全册，建三閣於江、浙兩省，諭士子願讀中祕書者就閣傳寫，所以嘉惠藝林，恩至渥，教至周也。《四庫》卷帙繁多，嗜古者未及遍覽，而《提要》一書，實備載時地姓名及作書大旨，承學之士，鈔録尤勤，毫楮叢集，求者不給。乾隆五十九年，浙江署布政使司臣謝啓昆、署按察使司臣秦瀛、都轉鹽運使司臣阿林保等請於巡撫兼署鹽政臣吉慶，恭發文瀾閣藏本校刊，以惠士人，貢生沈青、鮑士恭等咸願輸資鳩工集事，以資流傳。”[③]

乾隆六十年（一七九五）乙卯　五十九歲

◎正月，胡虔爲《西魏書》作跋。

按：《西魏書》書末胡虔《跋》云：“南康謝藴山先生，咎《魏書》之乖謬，嘅《北史》之不能正其失，乃作《西魏書》二十二篇。……雖所紀只四帝二十餘年，然固已卓然爲一家史矣！……先生創稾於丁未秋，時虔主蘇潭，今來武林，復樂見其書之成也，輒敘其顛末於後。虔侍先生久，故知之爲切近云。乾隆六十年正月，桐城胡虔雒君謹跋。”

◎二月庚申，翁方綱由内閣學士降補内閣侍讀學士。

按：《東華續録（乾隆朝）》乾隆一百二十：“（六十年二月庚申，詔曰）：内閣學士翁方綱前在山東學政，並不能約束家人，近看其和詩學問亦屬平常，俱著交部議處。……翁方綱著降補内閣侍讀學士，仍帶降二

---

① 《樹經堂詩初集》卷一〇《補史亭草上》，頁一二三～一二四。

② 《樹經堂詩初集》卷一〇《補史亭草上》，頁一三一。

③ 《揅經室集》二集卷八，頁五六五。

級，從寬留任。”

◎六月三十日，胞弟謝啓昺卒，享年五十有六。

按：謝啓昆《亡弟砥山墓誌銘丙辰》有云：“弟諱啓昺，字儆逸，號砥山，先封公通奉大夫之三子也。……君生於乾隆五年三月二十五日，卒於乾隆六十年六月三十日，年五十有六。”[①]

◎《西魏書》付梓。

按：翻刻本《西魏書》卷首謝維會“識”：“右《西魏書》，……共二十二篇，先曾祖中丞公在史館時屬稿也。及奉諱家居，乃排次成編，於乾隆乙卯年付雕。”張之洞《書目答問》别史第五：“《西魏書》二十四卷，謝啓昆，乾隆（己）［乙］卯刻本。”[②]

◎謝啓昆作《補史亭四首》，以記《西魏書》之撰著。其第四首，述及胡虔協助編纂之功。

按：謝啓昆《補史亭四首》之四云：“胡君耽史籍，蘇潭共風雨。廢簏攜一編，青燈照江浦。君爲風月賓，我又湖山主。編年紀四帝，空齋匯萬古。涑水書法在，紫陽義竊取。山翠收小樓，此亭恰可補。勿學籌蛺蝶，移牀坐清署。”[③]

◎有感於《隨園雅集圖》與己淵源頗深，謝啓昆特作《隨園雅集圖跋》。

按：《隨園雅集圖跋》既自我交代作於乙卯年，又稱：“圖之作，距今三十又二年。卷中題詠半爲余師友，存亡聚散，感慨繫之。昔昌黎作《滕王閣記》，以列三王之次爲榮耀，今余得附諸賢之末，側名其閒，將與此圖長存天壤，詎非至幸與！”[④]

◎謝啓昆在得知表忠觀落成後，特意往觀肅拜，並思撰文表彰吴越國諸王功德。

按：謝氏《吴越錢氏志序戊午》云：“乾隆乙卯，啓昆備官浙江按察使，時方葺表忠觀，既落成，乃得肅拜五王遺像，退而歎王之功德貽於

---

① 《樹經堂文集》卷二，頁二九七。

② 苑書義、孫華峰、李秉新主編：《張之洞全集》册一二，河北人民出版社，一九九八年，頁九八七六。

③ 《樹經堂詩初集》卷一〇《補史亭草上》，頁一二一。

④ 《樹經堂文集》卷二，頁二九四。

越者固大，亦其裔嗣之賢達彬雅足以振其緒業，而紀載之以傳於無窮。”①

◎七月戊寅，謝啓昆被任命爲山西布政使。

按：《東華續録（乾隆朝）》乾隆一百二十：“（六十年七月）戊寅，以謝啓昆爲山西布政使，調張曾誼爲浙江按察使。”

◎謝啓昆在離任浙江按察使之前，應邀爲錢泳《金塗銅塔考》作序。

按：《金塗銅塔考敘乙卯》云：“錢忠懿王承武肅之業，歸土中朝，尤崇信佛事。……（後周顯德二年）王范銅爲塔，塗之以金，……内有文曰：‘吴越國王錢弘俶敬造八萬四千寶塔，乙卯歲記。’……塔之造，距今凡十五乙卯，而金塔鐵券光耀千古，王之功德，豈不偉哉！王裔孫泳，作《金塗銅塔考》，請序於余，乃書以弁其簡端。”②

◎翁方綱作《〈西泠别意圖〉爲蘊山題二首》。

按：翁方綱《復初齋詩集》卷四八收録此詩，並明言作於乙卯年。③

◎得知謝啓昆即將轉任山西布政使，其幕僚在中秋日設宴餞行於西湖之畔。

按：謝氏《晉陽草》有詩名《乙卯仲秋，將赴晉藩之任，同人餞余於湖上，即席成詩二首，書以誌别》。

◎謝啓昆在即將離任浙江按察使之際，特作《莊保吟》，希望繼任者繼續推進禁止殷户充當保長之政令。

按：謝氏《莊保吟》云：“我行禦兒鄉，父老訴荼苦。云曾充地保，不得安樂土。……聆汝言娓娓，感我心惻惻。興利未敢詡，除害實所職。……蠹吏聞之懼，令下復藏匿。良民喜且憂，官遷恐變異。治浙著成規，此例登簡册。我將赴晉陽，祖餞開瑶席。作詩告後來，大書鐫樂石。”④

---

① 《樹經堂文集》卷三，頁三一六。

② 《樹經堂文集》卷二，頁二九三～二九四。

③ 《復初齋詩集》卷四八《蘇潭小草四》，頁一〇六。又，謝啓昆《己未三月七日，同覃溪師飯於莫京兆韻亭三花樹齋，賦詩贈行，和韻二首》小字夾注：“乙卯歲，師以《嵩嶽雙柏圖歌》送行。”（《樹經堂詩續集》卷二，頁二〇七）

④ 《樹經堂詩初集》卷一一《補史亭草上》，頁一三〇。

◎謝啓昆在離任浙江按察使之際，作詩留別；秦瀛遂作《送謝蘇潭之山右》以贈。

按：秦瀛《小峴山人詩文集·文集》卷一〇載其詩云："仕宦到西湖，人生偶然耳。……經術本漢儒，著作補魏史。君新成《西魏書補》。……皇恩只一年，踪迹雪泥似。君留别詩有'鴻泥曾印六橋來'句。……冀州古名区，上黨天下脊。……矧余忝同岑，握手情脈脈。他時寄我詩，春流晉祠碧。"①

◎八月廿二日，謝啓昆正式卸任浙江按察使。

按：謝氏《乙卯仲秋，將赴晉藩之任，同人餞余於湖上，即席成詩二首，書以誌别》小字夾注："余以去年中秋日視臬，今以八月二十二日卸篆。"②

◎胡虔以山西道遠未與謝啓昆同行，轉入杭嘉湖道秦瀛幕府。③

按：方東樹《儀衛軒文集》卷一〇《先友記》云："其後謝官江南河庫道、浙江按察使，絜邀君至其署，惟任山西藩司，以道遠不獲同行，遂入秦觀察瀛幕。"

◎九月初八，謝啓昆在北赴山西途中，時隔二十三年再登靈巖，并賦詩紀事。

按：謝氏《晉陽草》有詩名《重陽前一日登靈巖作歌》《靈巖别館二首》。④

◎九月十三日，謝啓昆途經鎮江，故地重游，不禁愴然，便請現任鎮江知府修葺當日所建之天香書屋，并重懸題額。

按：謝氏《晉陽草》有詩名《九月十三日重過鎮江府治，愴然有作，簡賀虚齋太守》，且其小字夾注云："余搆望海樓、紅雨軒、有斐亭，今皆圮。天香書屋題額亦已换去，因屬虚齋爲余重裝懸之。"⑤

---

① 《小峴山人詩文集·文集》卷一〇，頁六〇二～六〇三。

② 《樹經堂詩初集》卷一二《晉陽草》，頁一四三。

③ 《小峴山人詩文集·文集》卷一〇所録《偕胡雒君登冷泉亭，觀飛來峰，探呼猿洞》詩，顯然作於胡虔轉入秦瀛幕府後，但未知究竟作於何時。

④ 《樹經堂詩初集》卷一二《晉陽草》，頁一四三。

⑤ 《樹經堂詩初集》卷一二《晉陽草》，頁一四三～一四四。

◎九月十五日，鎮江故舊設宴於康山草堂，爲謝啓昆餞行。

按：謝啓昆《晉陽草》内有詩名《九月望日邗上同人餞余於康山草堂，即席得詩二首》。[①]

◎九月十八日，江南河庫道蘭素亭在官署宴請謝啓昆。

按：謝氏《晉陽草》有詩名《九月十八日舟泊袁浦，河帥蘭素亭先生偕僚屬宴余於官署，感賦二百四十字》。[②]

◎謝啓昆行經邳州，入住岔河，江蘇巡撫陳禹門派人安排食宿。

按：謝氏《晉陽草》有詩名《過邳州》，且其小字夾注云："州牧陳禹門爲余授館餐，送至岔河。"[③]

◎大約九月下旬，謝啓昆得知其弟謝啓勛病故之噩耗，作《哭砥山弟四首》。

按：謝啓昆《哭砥山弟四首》之二云："昔守宣州日，傷心伯子亡。今銜晉藩命，痛矣季之喪。"又，其小字夾注曰："壬子歲省予於河庫，今三年矣。"[④]

◎謝啓昆作《後較射篇并序》。

按：謝氏《後較射篇并序》云："余年三十有六，出守鎮江。……今忽閲廿五年矣，幕中賓從都非昔人，惟夔菴與余在。暇日，諸公復習射於德圃，而余二人老矣，無能爲役。因用其韻，作《後較射篇》，雜以唐風。"[⑤]

◎九月，謝啓昆邀同都尉游崇善寺、小五臺。

按：謝氏《晉陽草》有詩名《丙辰九日邀同賡都尉秉鑑遊崇善寺，登小五臺，得詩四首》。[⑥]此"九日"當是"九月"之訛。

◎臘月，胡虔主紹興書院講席。

按：《惜抱先生尺牘》卷三《與胡雒君》之六云："去臘聞雒君就紹

---

① 《樹經堂詩初集》卷一二《晉陽草》，頁一四四。

② 《樹經堂詩初集》卷一二《晉陽草》，頁一四四。

③ 《樹經堂詩初集》卷一二《晉陽草》，頁一四四。

④ 《樹經堂詩初集》卷一二《晉陽草》，頁一四五。又，《哭砥山弟四首》之一小字夾注："予兄弟三人，伯兄先去世。"

⑤ 《樹經堂詩續集》卷一二《晉陽草》，頁一四七～一四八。

⑥ 《樹經堂詩續集》卷一二《晉陽草》，頁一四九。

興書院，不得歸里，甚以不晤爲悵。”[①]

◎胡虔與凌廷堪同游天竺。

按：凌廷堪《校禮堂詩集》卷九有詩名《同胡雒君游天竺》，且明言此诗作於乙卯年。[②]

◎冬十月，錢塘人吴錫麟應邀爲作《〈樹經堂詠史詩〉序》。

按吴錫麟《〈樹經堂詠史詩〉序》云：“藴山先生螭陛舊臣，麟臺老輩，肄長書而練志，綜洞記以研心。證渡河之文，能知己亥；定藏山之業，自作陽。秋所撰《西魏書》新刊行。間嘗覼縷遺函，……著詠史詩若干首，權輿秦、楚之際，……先生智珠善記，古尺工量，抉皮里之書，制胸中之錦。全鉤秘隱，旁晰沈疑，不嫌組織之勤，惟以勸懲爲主。屬以移藩山右，入覲京師，念下走而枉存，出新編而督序。……乾隆乙卯冬十月，錢塘後學吴錫麟序。”[③]

嘉慶元年（一七九六）丙辰　六十歲

◎正月，胡虔被舉爲孝廉方正，賜六品頂戴，辭謝不與試。[④]

按：《仁宗實録》卷一：“每府、州、縣、衛各舉孝廉方正，暫賜六品頂戴，榮身以備召用。務期採訪真確，毋得濫舉。”[⑤]又，方損之《柿葉軒筆記·傳》云：“嘉慶元年，恩詔保舉孝廉方正。時朱文正公爲安徽巡撫，儀徵阮相國爲浙江學政，同謝公首致書推薦。君以不與試，賜六品頂戴。”[⑥]又，馬其昶《桐城耆舊傳》卷一〇《許胡左劉張五先生傳》云：“嘉慶元年舉孝廉方正，謝不與試。朱文正、阮文達諸公皆貽書推薦，時謂其舉足光盛典。”[⑦]

---

① 《惜抱先生尺牘》，海源閣叢書高均儒手寫本，咸豐五年（一八五五）。

② 《校禮堂詩集》卷九，頁六九。

③ 吴錫麟此文，亦見録其《有正味齋集》駢體文卷六《序四》，題作《謝藴山前輩詠史詩序》。

④ 《樹經堂詩續集》卷四有詩名《胡雒君以〈賜秩述懷詩〉見貽，奉答四章兼志賀》，疑胡氏《賜秩述懷詩》及謝氏答詩，皆作於嘉慶元年正月。

⑤ 《清實録》第二八册，中華書局，一九八六年，頁七二。

⑥ 《柿葉軒筆記》卷首方損之《傳》，咸豐六年（一八五六）崑山趙飴琛重刻本。

⑦ （清）馬其昶撰，彭君華校點：《桐城耆舊傳》，頁三一五。

◎三月初，袁枚八十壽辰，謝啓昆作《袁簡齋先生八十壽》以賀之（詩載《樹經堂詩初集》卷八《補梅軒草下》）。

按：袁枚《小倉山房詩集》卷一九既明確交代卷中所録諸詩皆作於乙酉年，又録一詩名《五十歲生日舟中作》，[①]是知袁氏生於康熙五十五年（一七一六），由此下推八十年，正是本年；又，袁枚《八十自壽》有云："牡丹艷艷開三月，聖世看看歷四朝。"[②]此所謂"四朝"，即康熙、雍正、乾隆、嘉慶。

◎大約春末，姚鼐自南京致信胡虔，詢問近況。

按：《惜抱先生尺牘》卷三《與胡雒君》之二云："久未得消息，想佳好，尚在秦觀察署中邪？貴宅一切安善，……鼐去冬喪弟婦而次子生一孫，……三月初八日始自家動身來南京，……鍾山監院鄒學博是秦觀察之舅，可因寄信。居越中，近有所聞見，不曾遇佳士，足與言者不？叔固屬爲刻海峰集，成邪？未邪？"[③]

◎五月間，胡虔自紹興書院致信姚鼐；姚鼐則於"早稻登場"時復信。

按：《惜抱先生尺牘》卷三《與胡雒君》之四云："昨得五月見寄書，具審佳好，主紹興書院，千巖萬壑，固宜多勝覽矣。……故鄉昨友人來，雨水甚足，早稻登場，米價大減，兹可慶也。春間舍姪騤赴浙，鼐有一書奉候，而前書來時似未達，當由杭越相隔故邪。"[④]

◎謝啓昆年將六十，凌廷堪作詩祝壽。

按：凌廷堪《校禮堂詩集》卷一〇有詩名《寄祝山西方伯謝蘊山先生六十壽二十四韻》，且明言該詩作於丙辰年。[⑤]

◎凌廷堪作《謝山西方伯謝蘇潭先生惠朝服啓》。

按：詩載《校禮堂文集》卷九，[⑥]今據其"山西方伯"云云，繫於本年。

---

① 《小倉山房詩集》卷一九，頁四一八。
② 《小倉山房詩集》卷三八，頁六五二。
③ 《惜抱先生尺牘》，海源閣叢書高均儒手寫本，咸豐五年（一八五五）。
④ 《惜抱先生尺牘》，海源閣叢書高均儒手寫本，咸豐五年（一八五五）。
⑤ 《校禮堂詩集》，王文錦點校，頁七三。
⑥ 《校禮堂文集》卷九，王文錦點校，頁六九。

◎秋，胡虔回桐城，作廬山之游。

按：秦瀛《小峴山人詩文集·詩集》卷一〇有詩名《爲胡雒君題〈匡廬識面圖〉，時雒君將歸桐城，重作廬山之游，即以送之》。[①]

◎卒於去年六月的謝啓勗，將在十一月二日下葬於東山之甲岡孜嶺。謝啓昆應其從侄之請，爲作墓誌銘。

按：《樹經堂文集》卷二《亡弟砥山墓誌銘丙辰》云："予弟砥山之亡也，既哭之以詩矣，踰年猶子學任以書來乞銘。嗚呼！晉水、章江，相隔數千里，不獲執紼視窆，更何忍銘予弟！雖然，弗爲銘，則予弟之潛德曷彰？……君生於乾隆五年三月二十五日，卒於乾隆六十年六月三十日，年五十有六。娶賴氏。子一：學任，附貢生。孫三：振鸞、振鵬、振鷺。曾孫一：世享。將以嘉慶元年十一月二日，葬於東山之甲岡孜嶺。乃涕泣而爲之銘曰：修德者報，不於其身，爾昌爾熾，卜我後人。"[②]

◎在揚州謝安祠擴建之後，謝啓昆應前兵部侍郎謝溶生之邀，作《揚州晉太傅文靖公祠記》。

按：《樹經堂文集》卷二《揚州晉太傅文靖公祠記丙辰》云："揚州於晉爲廣陵郡，吾遠祖太傅文靖公之鎮廣陵也，筑新城，創城北之埭。後人追思之，比於召伯。……公子孫有居於揚者，嘗即宅以爲公祠，繚之以垣，中垣而設之門，顔其門曰'謝太傅祠'云。其後有姑氏爲尼，遂分其宅之一隅以爲寺，曰法雲。迨子姓衰，復以餘宅鬻於他氏，存者獨祠與門而已。……夫人之愛其祖也，苟有所遺，必思有以保之。……於是公之裔孫前兵部侍郎溶生，遍告於公裔之散處於四方者，合錢得若干，遂盡贖門以内之宅於他氏，且鬻祠側地，改建法雲寺，而以寺之址復歸於祠，爲門爲堂，爲庭爲廡，爲寢爲塾，得若干所。經始某年月日，落成某年月日。既乃爲書述顛末以告於裔孫啓昆曰：'君其爲文以記之。'啓昆不獲辭也，謹次敘之，以郵致焉。"[③]

---

① 《小峴山人詩文集·詩集》卷一〇，頁六一一。

② 《樹經堂文集》卷二，頁二九七。

③ 《樹經堂文集》卷二，頁二九五。

◎謝啓昆作《上翁覃溪師》，并在這篇作於丙辰年的信件中，既探討了詠史詩的緣起與流變，也婉拒其座師翁方綱的建議，轉而明確表達了他創作詠史詩的初衷和決心。

按：《樹經堂文集》卷二載曰："昨者附呈啓昆所作詠史詩八卷，求訓誨而賜之序。辱夫子垂教，以謂'古人已往，各有應指應摘處，非身當史局，不必作爲論斷'。且以啓昆所作，'視唐、胡、曾更精工矣，愈精工則所指愈甚凡，以明詠史詩可以無作'云爾。……啓昆才力淺薄，平日所爲詩，平平無奇語，輒復自病，因思託於詠史詩，以稍變其面目。此不過掇拾詞藻以作詩料而已，吾夫子顧病其指摘古人，是則夫子所以愛我者過厚，故期之過深，而實非啓昆所敢居也。……啓昆才力萬不及夫子，惟幸夫子不肯爲，故得閒而爲之。若并此禁之，則啓昆所能爲者，亦僅矣。惟夫子察焉。"①

◎山東按察使孫渊如在八月、十月先後兩次來信質疑商湯陵墓之所在，謝啓昆旁徵博引，論定湯陵就在山西汾陰。

按：《移署山東按察司孫牘丙辰》云："嘉慶元年八月間，準貴司於兗沂曹道任内咨，稱訪得殷湯陵在山東曹縣之土山集。……嗣於十月間復準貴司咨，……湯陵之見於傳記，《皇覽》爲先，杜預、臣瓚、裴駰、伏滔皆出其後，自當以去古近者爲得其真。古帝王陵廟列在常祀，自隋爲始，即定湯祀於汾陰，已歷千有餘年。……伏祈查照施行。"②

◎十一月癸丑，謝啓昆由山西布政使調補浙江布政使。

按：《東華續録（嘉慶朝）》嘉慶二："（嘉慶元年十一月）癸丑，降汪志伊爲江西按察使，調謝啓昆爲浙江布政使，以司馬騊爲山西布政使。"

又，謝啓昆《嘉慶二年正月十日，抵浙藩之任，紀恩二首》之一小字夾注："嘉慶元年十一月，奉上諭：'浙江爲財賦之區，藩司員缺，緊要。謝啓昆曾任浙江臬司，署理藩篆。聞伊在山西辦事頗屬認真，著調

① 《樹經堂文集》卷二，頁二九六。
② 《樹經堂文集》卷二，頁二九八～二九九。

補浙江布政使，以資駕輕就熟。欽此。’”①

又，《清史稿》卷三五九本傳云：“六十年，遷山西布政使。州縣倉庫積虧八十餘萬，不一歲悉補完。高宗異其才，以浙江財賦地虧尤多，特調任。歷三歲，亦彌補十之五。”

◎得悉謝啓昆又將任職浙江，秦瀛特作詩一首表示歡迎。

按：秦瀛《小峴山人詩文集·詩集》卷一〇有詩名《謝蘇潭移任浙藩，聞其將至，以詩迎寄》。②

◎在得知胡虔回鄉後，姚鼐從江寧返歸桐城，但兩人仍然未能會面。於是姚鼐致信胡虔，既告以故鄉近況，又請代爲問候謝啓昆、錢晦之、陳仲魚。

按：《惜抱先生尺牘》卷三《與胡雒君》之八云：“在江寧接前月手書，知在里逗留。鼐於此月初六日歸家，駕於初八日發，不知江中於何處相蹉過，竟不得見爲悵。……致候蘇潭方伯，不及另書，有書從陳方伯寄去，當已達邪？致候晦之、仲魚兩先生。賤體尚如故狀，里中亢陽不雨，不知杭州何似？惟珍重千萬。”

嘉庆二年（一七九七）丁巳　六十一歲

◎正月十日，謝啓昆抵任浙江布政使。到任伊始，就決意纂成《小學考》。此外，謝氏又將嘉慶二年正月以後所作諸詩，皆編入《蓬巒軒草》。

按：《嘉慶二年正月十日，抵浙藩之任，紀恩二首》之二小字夾注：“余任臬司時輯《西魏書》，作《補史亭》，復補朱竹垞《經義考》，未就。今將續成之。”又，《蓬巒軒草》自序：“浙江藩署，南宋秘書省也。著作郎木待問嘗書‘蓬巒’額於省中，今久失之，乃取以名吾軒。丁巳正月以後詩，都繫於此。”③

◎正月，謝啓昆寫信答覆孫淵如，堅持湯陵位於山西汾陰之説。

按：《復孫淵如觀察丁巳》云：“齊魯名賢輩出，代不乏人。其在炎

① 《樹經堂詩初集》卷一四《蓬巒軒草》，頁一六六。
② 《小峴山人詩文集·詩集》卷一〇，頁六一四。
③ 《樹經堂詩初集》卷一四《蓬巒軒草》，頁一六六。

漢，若伏子賤之傳《尚書》，鄭康成之通六藝，尤卓卓者。……竊以我朝五經博士之設，所以崇報儒先者甚至，而伏、鄭兩氏，未與褒榮，似當上聞，請立博士各一人，以章傳經之功。閣下官於此，豈有意乎？至殷湯陵墓，終不敢雷同。另備公牘，移咨不既。”[①]

◎正月，謝啓昆就湯陵位置，再次寫信答覆孫淵如。

按：《移署山東按察司孫牘丁巳》云：“嘉慶二年正月，準貴司咨覆本司在山西布政司任内所考滎河縣湯陵指正錯誤二事，貴司深以爲當，……兹貴司復相詰難，必欲伸曹縣湯陵之説，則貴司與本司所考皆一隅之見，非通方之論也。……本司近作《湯陵考》一卷，[②]持論頗平，所願貴司以大公爲懷，毋爭勝於方隅，毋求多於口舌。大著《湯陵考》存入文集以備一説，可也，倘仍執前見，不可轉移，則不妨各行其是，無庸紛糾辨論矣。”[③]

◎正月十七，章學誠上書安徽巡撫朱珪，懇請朱氏致信阮元，使之能與胡虔合作完成《史籍考》之續纂。章氏信中對胡虔治學優劣短長之概括，至今無出其右者。

按：《章氏遺書補遺·又上朱大司馬書》：“昨桐城胡太學虔有書來，伊不日赴浙，且云阮學使將與謝方伯合夥輯《兩浙金石考》，又將西湖設局，借看四庫秘副，補朱竹垞《經義考》中未輯之《小學》一門。……蓋小子自終《史考》之役，胡君自補《經考》諸書，同看四庫秘副，便取材料，彼此互收通力合作之益。又，胡君於襞績編纂之功，比小子爲縝密，而小子於論撰裁斷，亦較胡君稍長。……但胡君膺聘而去，自不患無安頓，而小子未與諸公交涉，必須閣下專書托阮學使，爲之地步。阮雖素知小子，而未知目下艱難，又未悉伊等所辦之事，於《史考》有互資之益。須閣下詳論已上情形，則彼必與謝藩伯、張運臺通長計較

---

① 《樹經堂文集》卷二，頁三〇〇。

② 丁巳年謝啓昆此作，題爲《殷湯陵考》，見録於《樹經堂文集》卷二，頁三〇一～三〇五。

③ 《樹經堂文集》卷二，頁三〇〇～三〇一。

矣。……學誠不勝翹企之至。謹稟，十七日。”[①]

◎正月二十六日，老友程燮卒，謝啓昆應邀爲作《新建縣訓導程君墓志銘》。

按：謝啓昆《新建縣訓導程君墓志銘丁巳》云：“君姓程氏，諱燮，字體和。……戊子，舉於鄉，例選知縣。辛丑，以大挑授新建訓導。……君以嘉慶三年正月二十六日卒於任，年六十有九。其孤企曾兄弟將歸葬鉛山，乞誌墓，誼不可辭，乃爲之銘。”[②]此“嘉慶三年”顯係“嘉慶二年”之誤，不然，則與該文作年（丁巳/嘉慶二年）相矛盾。

◎胡虔復至謝氏幕府，利用《四庫全書》秘副，增訂前所未竟之《小學考》。

按：謝啓昆《新作廣經義考齋既成，賦詩紀事》云：“經義補吾師，竹垞所未備，我今更廣之，未成卷帙彙。……裒輯始甲寅，我初來此地。……故人重把臂，……衆美翩聯至。朝夕惠討論，朱墨較同異。……政學本相資，同文天下治。補史既有亭，廣經焉可廢。浙水盛人文，西山培士氣，落成繫以詩，聊附張老義。”[③]

◎謝啓昆再次寫信答覆孫淵如，在信中既特意推崇孫氏所作《舉孝廉方正議》，同時又建議在湯陵方位這一問題上，雙方姑且存而不論。

按：《再答孫淵如觀察丁巳》云：“大著《舉孝廉方正議》，深珮精博明晰，……閣下所論，洵至當之論。……鄙意不若宗子政之言，一切存而不論可也。……不過姑存其説云爾，非欲閣下竟屈而從我也。”[④]

◎三月，在藩署後圃得古磚八枚，皆楷書陰文，經胡虔考證，定爲晉惠帝時物。於是，謝啓昆、秦瀛等二十餘人皆詠詩紀事。[⑤]其後，胡虔輯爲一册，題作《晉磚酬唱集》，隨即刊行。

按：凌廷堪《校禮堂詩集》卷一〇《晉甎歌》序：“浙江布政使謝蘇潭先生葺衙齋，得古甎八枚，甎側有‘永平’字者七，‘永興’字者一。

① （清）章學誠：《章氏遺書》，頁一三六四。當時，因湖廣總督畢沅降補山東巡撫，《史籍考》已中止編纂多年，故章氏作此動議，以期完成未竟之業。
② 《樹經堂文集》卷三，頁三〇七～三〇八。
③ 《樹經堂詩初集》卷一四《蓬巒軒草》，頁一六七～一六八。
④ 《樹經堂文集》卷三，頁三〇五～三〇七。
⑤ 秦瀛所作詩見載於《小峴山人詩文集·詩集》卷一一，名曰《永平磚歌爲蘇潭方伯作》。

胡維君、徵君定爲晉惠帝時物。丁巳七月，拓以見寄，爲賦此詩。”[①]又，謝啓昆《永平甎歌》小字夾注：“藩署後圃得殘甎，其厚二寸，長倍之，旁有‘永平’字，楷書陰文，余與維君定爲晉時甎。作歌記之。”[②]

◎三月，南宋鐵鑊重見天日，謝啓昆作《宋淳祐鐵鑊歌》以誌其事。

按：《宋淳祐鐵鑊歌》云：“我守潤州憩甘露，蕭梁古鑊空團團。我藩武林訪遺器，南宋鐵鑊文斑斑。”且其小字夾注曰：“嘉慶二年三月，余始移於庭，既爲作歌，因附志於後。”[③]

◎春，阮元爲作《謝蘇潭詠史詩序》：“未有上下一千六百四載，臚叙五百二十六人，揚清風以作誦，激濁流而成諷，如蘇潭先生之以律詠史者也。……嘉慶二年，移治兩浙，以詩示元。元出按婺栝，南極永嘉，山水方滋，芳草未歇，每手兹編，情賞逾美……君子於此，得經世之大端焉。……安得李善、胡三省之徒，爲此五百章疏證之哉！”[④]

按：《揅經室集》四集詩卷三《將由温州至台州，過雁蕩山前一日，宿扶容村》有云：“永嘉山水滋，康樂尤清放。……今春渡甌江，百里山海上。”且阮氏註明該卷所録諸詩皆作於丁巳。[⑤]是知阮氏“出按婺栝，南極永嘉”，時在嘉慶二年春。

◎四月，胡虔寄書姚鼐。姚鼐隨即復信，告知其妹夫亡故的消息，並贈以新出詩集。

按：《惜抱先生尺牘》卷三《與胡雒君》之九云：“得四月十八日所寄書，具審近佳，又得實參諸賢共朝夕，亦今時難遇之事，良可喜也。……令妹夫吴五哥於三月十四日終壽，誠可傷嘆。……拙詩以十卷付雕，今甫成，聊以一部奉寄閲之，不堪多示人也。又一部寄藴山方伯者，在方坳堂處。去歲曾有寄方伯及小峴觀察《九經説》，而皆無回信，

---

① 《校禮堂詩集》，頁七四。又，《校禮堂詩集》目録亦明言《晉甎歌》作於丁巳年。

② 《樹經堂詩初集》卷一四《蓬巒軒草》，頁一六七。又，姚鼐也曾作《謝藴山方伯得晉永平八磚，以爲〈研作賓圖〉，圖中三子侍》詩，惟不知其作年。詳參《惜抱軒詩文集·惜抱軒詩集》卷一〇，頁六〇九。

③ 《樹經堂詩初集》卷一四《蓬巒軒草》，頁一六八。

④ 《揅經室集》四集卷二，頁七三七。

⑤ 《揅經室集》四集詩卷三，頁七九二～七九三。

不知曾到未邪？煩爲一問之。已熱，保重千萬。”

◎四月十六日，謝啓昆收到錢梅溪所寄數十字篆文搨本。

按：《緣督廬日記抄》卷三甲申四月十七日條：“謝蘊山詩二首：‘仙童迹邈三茅觀，道士名留七寶山。仿佛石經題篆好，數行蒼玉刻孱顔。’‘武肅裔孫真好事，題詩直上最高峰。岳雲觸石仙凫現，千百年來喜再逢。’錢梅溪先生搨得《唐開成題名》南岳道士邢金、錢唐令錢華記，道士諸鑑元書數十字篆文，在今城隍山青衣泉上，以一紙貽予，並邀作書。率成二絶，書以奉政，時嘉慶二年四月十六日也。南康謝啓昆。”

◎門人陳大文赴任粵東後，寄來當地特産硯。六月初八，謝啓昆因此賦《硯銘》。

按：《硯銘丁巳》明確交代此文作於“嘉慶丁巳六月初八日”。[①]

◎閏六月十一日，謝啓昆前往天竺求雨。

按：《樹經堂詩初集》卷一四《蓬巒軒草》有詩名《嘉慶二年閏六月十一日，禱天竺，得雨，志喜。越五日，立秋》。[②]

◎謝啓昆作《荔支桃核二石歌》以贈陳桂堂。

按：《樹經堂詩初集》卷一四《蓬巒軒草》有詩名《〈荔支桃核二石歌〉爲陳太守桂堂賦》，且其小字夾注曰：“余將有浙東之行。”[③]

◎七月初三，同年畢沅病卒於辰州軍中，謝啓昆作《輓畢秋帆制府二首》加以悼念。[④]

按：《兵部尚書都察院右都御史湖廣總督贈太子太保畢公神道碑》：“嘉慶二年七月，兵部尚書、都察院右都御史、湖廣總督畢公，卒於湖南辰州。……公遵旨留駐辰州，綜攬南北諸軍事。羽檄紛沓，心規手畫，久歷蠻荒，炎天瘴毒，積勞成疾。初患眩暈，手足不仁，繼瘍生於背。

---

① 《樹經堂文集》卷三，頁三一一。

② 《樹經堂詩初集》卷一四《蓬巒軒草》，頁一六九。小字夾注：“杭俗祈雨天竺，過三日則請大士下山。今未及期，而甘霖大沛。”

③ 《樹經堂詩初集》卷一四《蓬巒軒草》，頁一七〇～一七一。

④ 《樹經堂詩初集》卷一四《蓬巒軒草》，頁一七一。

病聞，降旨慰問，命以安心調攝，賜之丹藥而已，莫能療矣。七月初三日，卒於官舍，年六十有八。”①

◎七月初七，謝啓昆與阮元同游定香亭并作詩二首。

按：謝啓昆《題定香亭》見載於阮元《定香亭筆談》卷一，詩後有阮元題識：“華亭張子白若采至杭州，七夕攜蘀石翁畫荷花，展讀於定香亭上。池荷瀉露，盆蘭吐芬，把酒論詩，極一時清興。余題畫云：‘蓮花過雨清宜畫，蘭箭臨風韻似詩。記取丁年秋七夕，定香亭上晚涼時。’定香亭在池中央，由石橋三折乃達。余名石橋曰‘影橋’，作文記之，以其爲衆影所聚也。”②

◎秋七月，台州遭遇台風，謝啓昆親往勘災。也就在謝氏巡視温州、台州期間，其次子學崇一度得病。

按：謝氏《台州勘災紀實》詩云：“嘉慶二載秋七月，……沿海居民遭蕩析。……我職旬宣亟命駕，星言不辭道路躓。周巡回浦歷章安，……分遣掾屬勤撫恤。……祇宣上德布仁風，匪博羣黎誦生佛。”③又，《台州使院與沈磐谷夜話》附録沈磐谷唱和詩，其小字夾注云：“去年温屬風災，民未復業。今秋，台屬民竈被風潮尤盛，公請於大吏，撫恤、緩徵備至。”④

又，謝氏《〈觀潮圖〉二首示學崇》小字夾注：“時崇養疴湖上，余方按部至温、台也。”⑤

◎夏，謝啓昆游杭州秦少游先生祠，作詩二首。

按：《冷廬雜識》卷七“龍井寺”條：“余於咸豐元年重九日往游，寺宇全圮，殘碑斷碣，偃仆荒草間，僅存秦淮海祠廡三楹，壁間刊《龍井題名記》及無錫秦小峴侍郎瀛一跋一記、謝蘊山中丞二詩。因恐數年

① （清）王昶撰：《春融堂集》卷五二，清嘉慶十二年塾南書舍刻本，南開大學圖書館藏。
② （清）阮元撰：《定香亭筆談》卷一，嘉慶五年阮氏刻本，南開大學圖書館藏。
③ 《樹經堂詩初集》卷一三《浙東小草》，頁一六一～一六二。
④ 《樹經堂詩初集》卷一三《浙東小草》，頁一六二。
⑤ 《樹經堂詩續集》卷二，頁二〇四。

之後并此亦毁，急録之以備湖山掌故。……《丁巳夏日謁少游先生祠二首》，南康謝啓昆。”[①]

◎九月，胡虔爲謝啓昆《浙東小草》作跋（後被用作《樹經堂詩初集》之跋）。

按：《樹經堂詩初集》卷首録曰：“藴山先生勾當公事於浙東，僕從僅數人，芻薪之用皆自己出，吏民不知有迎候之煩，而浙東名蹟之最著者，已游歷殆遍。得詩八十餘首，大抵惓念民生、感懷往哲之篇爲多，而摹狀山水、副其幻譎者，亦盛焉。先生素嗜詩，政暇輒吟哦不輟，今江山之勝與其高懷逸興，足相感發，宜詩之多且工矣。是行也，所得廣於靈運而無其探索之勞，詩又足與之埒，是誠曩余所謂卿大夫之游者與？亟書之以爲世法。時嘉慶二年九月，桐城胡虔雒君謹跋。”[②]

又，秦瀛《小峴山人詩文集》所録《浙東小草序》云：“……今南康謝藴山先生方爲浙江布政使，素工詩而又嗜詩，治事之暇，爲之不已。會以勾當公事之浙東，過富春，歷婺州、括蒼諸郡，渡甌江，登江心寺，陟雁蕩，觀龍湫瀑布，經天台、四明，汎越江而還。凡一越月，得詩若干首，彙而存之，曰《浙東小草》。……抑聞先生所過郡縣，減輿從撤供億，惟亟亟於民事是務，而猶能以其餘發爲吟咏。蓋先生之詩本乎性情而關乎民物，非廑區區流連寄興者之所爲。”[③]兩相比對，秦瀛《浙東小草序》亦當作於九月。

◎阮元受謝啓昆之托，爲其《蘇潭圖》題詠。

按：《揅經室集》四集詩卷三《謝藴山前輩屬題蘇潭圖》序：“謝藴山前輩啓昆自南康遷居南昌别業，有池，翁覃溪先生名之曰‘蘇潭’。先是，覃溪先生視學江西，曾名南康蘇步坊之井曰‘蘇潭’，故藴山前輩即以自號，且繪《蘇潭圖》屬題。”又，阮氏註明該卷所録諸詩皆作於丁

---

① （清）陸以湉撰：《冷廬雜識》，咸豐六年刻本，南開大學圖書館藏。

② 此外，《樹經堂詩初集》卷首尚録有桐鄉馮浩（孟亭）和東鄉吴嵩梁（蘭雪）所作的兩篇題辭，前者有云：“浙東名勝開天巧。……一片清風來案部，……八詠東陽沈隱侯，東甌更説謝公樓。”後者内稱：“永嘉山水天下奇，康樂守此傳清詩。……二千年後繼者誰，蘇潭先生公裔孫。按部來持白虎旛，……江山主客前無儔，惜哉我未從公游。”觀其所述，顯然亦當作於謝啓昆巡視浙東後。

③ 《小峴山人詩文集·文集》卷三，頁一六六。

巳，[1] 故繫之。

◎十月十二日，謝啓昆陪同張穆菴、阮元等人游杭州龍井。

按：《樹經堂詩初集》卷一五《後樂園草》有詩，名曰《丁巳十月十二日，同張穆菴都轉、恩遠亭、秦小峴二監司，陪阮芸臺學使、成翰札都統龍井看紅葉，晚飯花神廟》。

◎冬，謝啓昆録其任職山西布政使時所作諸詩爲《補史亭草》，共二卷。胡虔爲之作序。

按：胡虔《補史亭草序》云："補史亭者，《西魏書》成於署亭，所以誌也。是時虔居署齋，日與先生論元魏及古昔事。先生洞燭機理，議皆中其窾亥曲。或發爲詩歌，今集中所載樂府諸篇是也。……虔侍先生十餘年，《西魏書》之作，虔實佐之。"

◎謝啓昆就《西魏書》的限斷、體例、旨趣及入傳人物，與趙翼往復辯論。

按：謝氏《答趙雲松觀察丁巳》："承教《西魏書》掛漏一則，極費清心。所示宗室内少元育、元贇、元廓，八柱國内少李弼、獨孤信等，十二大將軍内少侯莫陳順、宇文導等。按育、贇二人已載《宗室傳》，惟'贇'誤作'替'，廓即恭帝也。至斷代爲書，列傳自有限斷。……爲此書之初，搜羅周、隋兩朝之曾仕西魏者凡三百餘人，《周書》列傳中非西魏臣者十無一二，勢難廢《周書》而改爲《西魏》，故拙撰列傳以宇文受禪爲斷，其下仕周、隋者即不立專傳，雖尉遲迥、獨孤信輩功業燦然，亦從刪削，然《封爵表》載其爵秩，《大事》《異域》載其勛略。柱國大將軍之制，載於《百官考》，似可與列傳互爲補苴，不致闕漏矣。此區區作書之旨，不識以爲然否？"

又，謝氏《再答趙雲松觀察丁巳》："拙著屢承指正，足徵知愛良深，惟鄙見有與尊意不盡合者，敢布陳之。……至於史册義法，書人記事，各有攸宜，有詳略之方有互見之例，當合紀、表、志、傳而統論之，不可沾沾僅求之列傳也。來書所云趙貴諸臣，功績卓著，業已載之《大事》

① 《揅經室集》四集詩卷三，頁八〇三。

《異域》兩表，并散見各傳，似亦不爲掛漏，又豈在專傳之有無乎！凡此皆僕平日尚論之私，輒敢質之左右，恃在同心，略無隱飾，伏惟垂詧。”①

◎謝啓昆應張蠡秋之請，爲作《講筵四世詩鈔序》。

按：謝氏《講筵四世詩鈔序丁巳》云：“余庚辰通籍，出大興翁覃溪學士之門，而桐城張侍郎中畯先生實爲學士師，故常得備聞先生遺事及詩章甚多。其後備員詞館，與先生令嗣橿亭少詹共事講筵，日在起居注館中。少詹獨嫻體例，每稱述館中掌故，若數其家事然者，蓋張氏至少詹直講筵者已四世，……少詹弟蠡秋司訓游武林，以所輯《講筵四世詩鈔》屬序於余，春容莊雅，渢渢乎盛世之音也。而余與少詹橐筆禁廷，忽忽已三十餘年，讀少詹詩，尤不能無感云。”②

◎謝啓昆在指令下屬建成後樂園後，特作《後樂園記》，用以交代重建後樂園的來龍去脈。

按：謝氏《後樂園記丁巳》云：“浙江布政司署之西，舊有園曰後樂，……蓋昔人公暇燕息之地，今亦頹然將傾矣，余乃爲集工。修葺之事既竣，遂以‘後樂’名此園。……夫物之顯晦有時，而事之興廢在人，園亭其小者也。爰記之，以告後來。”③

◎十一月十五日，杭州發生火災，幸得當日下雪，這才没有釀成大禍。

按：謝氏《後樂園草》有詩曰《十一月十五日得雪志喜》，且其小字夾注云：“是日民間火起，賴雪得滅。”④

◎謝啓昆與次子學崇共讀翁方綱文集，作《冬夜偶書》詩二首。

按：謝氏《後樂園草》有詩曰《冬夜偶書》，且其小字夾注云：“時與奎兒讀覃溪師《復初齋集》。”⑤奎兒乃學崇之乳名，見《二十九日得次兒學崇改庶常之信，紀恩志感，恭賦四律，書以示勗》之一小字自注。⑥

---

① 《樹經堂文集》卷三，頁三〇八～三一〇。
② 《樹經堂文集》卷三，頁三一二。
③ 《樹經堂文集》卷三，頁三一一。
④ 《樹經堂詩初集》卷一五《後樂園草》，頁一八二。
⑤ 《樹經堂詩初集》卷一五《後樂園草》，頁一八二。
⑥ 《樹經堂詩續集》卷八《清風堂草下》，頁二七二。

◎章學誠撰《婦學》篇，請正於胡虔。

按：章學誠《與胡雒君》云："前撰《婦學》之篇，請正而賜正頗略，恐尊意有所嫌，而不盡其辭，故言此以解尊疑。"[①] 胡適《章實齋先生年譜》謂章氏此文作於嘉慶二年，意在抨擊本年剛去世的袁枚。[②] 此從之。

◎除夕，謝啓昆賦詩抒懷："屠蘇甌宴主恩深，……椒頌如聞往日吟。數遍蓮壺添鬢雪，抛殘錦瑟不成音。"

按：謝氏《後樂園草》有詩曰《除夕書懷》。[③] 此外，在《冬夜偶書》與《除夕書懷》之間，《後樂園草》又編入《宋雲亭〈竹梧清嘯圖〉》《於潛木》《天目笋》《龍井茶》《紹興酒》諸詩，疑當皆作於嘉慶二年末。

嘉慶三年（一七九八）戊午　六十二歲

◎正月初四，謝啓昆邀集陸璞堂等人泛舟西湖，後因湖風太大，改去瑪瑙寺賞梅。

按：謝氏《後樂園草》有詩名《戊午新正四日邀陸璞堂、張穆菴、恩遠亭小飲湖上二首》《是日湖舫阻風，因陸行，詣瑪瑙寺看梅花，得詩二首，柬呈諸公》。[④]

◎正月十四日，謝啓昆等人按原定計劃去龍井賞梅。

按：謝氏《後樂園草》有詩曰《十四日龍井採梅二首》。又，《戊午新正四日邀陸璞堂、張穆菴、恩遠亭小飲湖上二首》之二小字夾注："約龍井探梅。"[⑤]

◎謝啓昆得悉袁枚病故後，即作《哀散仙》詩二首加以悼念，但對袁氏評價不高。

按：周春《耄餘詩話》卷二："袁簡齋之歿也，蘇潭方伯聞之，作

---

① 《章氏遺書》卷九，頁一八六。
② 胡適：《戴東原的哲學　章實齋先生年譜》，北京師範大學出版社，二〇一四年，頁二六六～二六八。
③ 《樹經堂詩初集》卷一五《後樂園草》，頁一八三。
④ 《樹經堂詩初集》卷一五《後樂園草》，頁一八三。
⑤ 《樹經堂詩初集》卷一五《後樂園草》，頁一八三。

《哀散仙》詩。幕中輒未能解，鈔以寄余，因亦作一首云：'輕薄文章論最公，才名却擅出羣雄。孤高敢望林和靖，快活真如李笠翁。晚歲門徒巾幗盛，平生口腹食單豐。自憐曾被山膏詈，佳句長吟思不窮。'簡齋續詩話曾詆拙著《杜詩雙聲疊韻譜》，故有第七句云。方伯見之曰：'松靄解也。'"

◎正月十六日，謝啓昆與同人夜宴亦云園，阮元作詩二首以和。

按：謝氏《後樂園草》有詩曰《元夕後一日，同人夜宴亦云園，觀燈火二首》。[1]

又，《揅經室集》四集詩卷四有詩名《上元後一日春讌和謝蘇潭方伯韻二首》，且阮氏註明該卷所録諸詩皆作於戊午，[2] 故繫之。

◎正月廿一日，謝啓昆賦詩感懷。

按：謝氏《後樂園草》有詩曰《正月廿一日感懷》。此外，在《正月廿一日感懷》《後樂園草·跋》之間，《後樂園草》又録有《題郭祥伯〈靈芬館詩草〉四首》《題宋左彝〈茗香詩選〉》《題陳仲魚〈歲寒耽讀圖〉》《題陳默齋〈望雲圖〉》《〈北園圖〉四首爲陳默齋題》。[3]

◎春，同門師弟吴蘭雪自揚州取道杭州回家，謝啓昆爲其《香蘇山館詩集》題詠，并相約五月間再聚杭州。

按：謝氏《後樂園草》有詩曰《蘭雪自揚來浙，將歸里，詩以送之》與《題蘭雪〈香蘇山館詩集〉即送南歸》，且前詩小字夾注云："約五月重來。"[4]

◎三月初三，謝啓昆與吴蘭雪修禊於西湖。

按：謝氏《上巳日湖上修禊四首》之四云："天涯來舊雨，兑麗富多聞。"且其小字夾注："謂蘭雪。""新作《兑麗軒雅集圖》"。[5]

---

① 在《十四日龍井採梅二首》《元夕後一日，同人夜宴亦云園，觀燈火二首》之間，《後樂園草》又録有《哀散仙二首》，疑《哀散仙二首》作於十四日或十五日。

② 《揅經室集》四集詩卷四，頁八〇五。

③ 《樹經堂詩初集》卷一五《後樂園草》，頁一八四～一八五。

④ 《樹經堂詩初集》卷一五《後樂園草》，頁一八六。

⑤ 《樹經堂詩初集》卷一五《後樂園草》，頁一八六。

◎謝啓昆將後樂園建成以來所作諸詩編爲《後樂園草》一卷；正月，吴文溥受邀爲《後樂園草》作跋。

按：吴文溥《後樂園草·跋》云："方伯謝公涖浙之年，政成事舉，乃葺廨東書舍爲游息之所，而以廨西之廢園曰後樂者名之。園成，紀以詩，且編其所製詩一卷，曰《後樂園草》。文溥既謁公，進而觀乎園之勝，爰示斯編，命以作序。……嘉慶三年春正月，檇李後學吴文溥。"

◎春，姚鼐寄《五七言今體詩鈔》兩部給胡虔，要胡虔將其中一部轉交謝啓昆，并請代爲問候錢大昭。

按：《惜抱先生尺牘》卷三《與胡雒君》之十云："大概今年赴金陵當少遲，昨陳碩士有書來，説伊二月必過桐城見訪，固亦須候之也。今日石君先生已過此入都，此後又當景象一新矣。《五七言今體詩鈔》二部，一以奉寄，一以寄方伯，希轉呈之。仲魚當已入都，望致意晦之也。數日極寒，今日稍晴和。作此奉候，餘續聞，不具。"①

◎謝啓昆覆信姚鼐（字姬傳，一字夢穀），既略論漢宋小學之書，又述及己作《小學考》之不足，並請姚氏爲作序文。請姚鼐爲《蘇潭圖》作記題詩，也是此信的重要内容。

按：謝氏《與姚夢穀比部戊午》云："漢宋小學之書，塗殊徑異，或者互爲尊抑，不知各有本源。……宋以來，師氏之職大明，而小學掩晦，近儒乃講求之。僕於公暇，輯古今書爲《小學考》五十卷，源流略具，惟甫經脱稿，急於就正，未能細校，且體例參差之處正多。諸祈削正，並求大序以光斯録。又附呈《蘇潭圖》，乞爲作記與詩也。聞大集刻成，雒君回杭時希賜讀。"②

◎謝啓昆致信錢大昕，懇請錢氏爲《小學考》作序、爲《蘇潭圖》題句。

按：謝啓昆《樹經堂文集》卷三《與錢竹汀少詹》云："《小學考》已匆匆卒業，朱氏《經義》固不及《小學》。……近世著書，精審無過閣下，敢以拙撰，敬求是正，更乞寵以序文。又有《蘇潭圖》一軸在東浦

---

① 《惜抱先生尺牘》，海源閣叢書高均儒手寫本，咸豐五年（一八五五）。

② 《樹經堂文集》卷三，頁三一七。

方伯處，屬其交存尊齋，祈爲題句，庶續《方輿勝覽》者，藉大詩以存此圖也。”①

◎章學誠爲續撰《史籍考》事，特入謝啓昆幕，旋因與謝氏意見不合而辭去。

按：胡適《章實齋先生年譜》嘉慶三年條云：“此年，在杭州，借謝啓昆（蘊山，蘇潭）之力，補修《史籍考》（據王宗炎記在《兩浙輶軒録補遺》的話，及吴蘭庭《復章實齋書》，阮亨《瀛洲筆談》卷八頁五、卷十頁二）。助手有袁鈞（陶軒）、胡虔等（《瀛洲筆談》，《柿葉軒筆記》卷首方損之所作《胡虔傳》）。……是年吴蘭庭有《答章實齋書》（見《族譜稿存》），云：‘……《史籍考》經所裁定，足爲不刊之典。然恐亦未能悉如所擬。蓋意見參差，不無遷就，天下事大抵如斯矣！’……是年冬，在揚州，主於曾燠官署。”②

◎胡虔與陳鱣合纂《史籍考》，時錢大昭、袁鈞、邵志純、鄭勳等人亦來相助。

按：朱文藻《邵志純行狀》云：“方伯謝蘇潭先生究心經史之學，浙藩官廨西偏葺治餘屋，聚江浙諸名士下榻其中，儲書數萬卷，相與參校，顔其室曰‘兑麗軒’。君與同人分布研席，編纂之勤，終歲不輟。”③鄭勳《戊午上巳西湖修禊，和謝方伯蘇潭夫子》亦云：“蘇潭夫子時開兑麗軒，集同人以文瀾閣藏書增訂《史籍考》。”④

◎四月二日，謝啓昆與陸璞堂、張穆庵同到海寧勘察工程。三日，登尖山。返杭途中，順帶觀潮。

按：謝氏《兑麗軒集》有詩名《清和月之二日，同陸璞堂廉訪、張穆庵都轉勘工海寧，宿安瀾園。次日，登尖山。歸途，觀潮，得詩四首》。⑤

◎六月，劉誠甫任職福建，謝啓昆作詩相送。

按：謝啓昆《送劉誠甫之任閩臬兼請入覲四首》之四云：“火雲忘六

---

① 《樹經堂文集》卷三，頁三一八。

② 胡適：《戴東原的哲學　章實齋先生年譜》，頁二六九～二七三。

③ （清）阮元、楊秉初輯，夏勇等整理：《兩浙輶軒録》第十册，浙江古籍出版社，二〇一二年，頁二六六七～二六六八。

④ （清）鄭勳撰：《二硯窩詩稿偶存》，寧波天一閣博物院藏，稿本，索書號“馮善 2681”。

⑤ 考白居易《初夏閑吟兼呈韋賓客》詩云：“孟夏清和月，東都閑散官。”後因以爲夏曆四月之别稱。

月，冰殿早朝天。”又其小字夾注：“去秋勘事至永嘉，君飲我於且圃。”[①]

◎六月，胡虔與陳鱣、錢大昭、袁鈞、邵志純、鄭勛同游杭州吴山。

按：陳鱣《簡莊文鈔》卷五《吴山雅集圖記》云：“嘉慶三年夏六月，鱣與嘉定錢晦之大昭、桐城胡雒君虔、鄞縣袁秉谷鈞、仁和邵懷粹志純、慈谿鄭書常勛同在杭州，時歙程易疇遥田適至，遂相約游於吴山之上。”

◎七月，胡虔與陳鱣、錢大昭共繪《説經圖》。秦瀛特地作詩加以勸勉。

按：謝啓昆《三子説經圖》詩云：“方今詔令徵醇儒，東南藪澤多璠璵。其尤著者越與吴，舉三君可概其餘。東浦先生今大蘇，搜羅奇士及菰蘆。鼎足之語非虚譽。”又，其小字夾注云：“東浦先生每語人曰：‘有好古之學者，必有高世之行，如可廬、雒君、仲魚，可稱鼎足。’三君感其言，因繪此圖。”[②]

又，秦瀛《小峴山人詩文集》所録《〈説經圖〉爲錢可盧大昭胡雒君虔陳仲魚鱣作》詩，内稱：“三人不同方，道合互勸獎。説經繪作圖，一一肖形像。……錢君我未識，……胡陳偕吾游，……期爲有用學，用之視所養。”[③]

◎七月，胡虔至蘇州，拜見布政使陳奉兹，轉交謝啓昆書信，并請陳氏爲《樹經堂詩初集》作序，爲《説經圖》題詩。八月，陳氏覆信，以抱恙爲由，婉拒作序之托。

按：謝啓昆《樹經堂文集》卷三《與陳東浦方伯戊午》云：“去秋往浙東勾當公事，得詩一卷，初付剞劂，繼復刊甲寅以後詩四卷，……近又删訂庚辰以來所作，……凡五章，彙合爲《樹經堂初集》十卷，……近以已刻五卷奉呈大教，並乞作敘。……僕所作《小學考》昨甫脱稿，《史籍考》年内亦可告竣。……雒君與錢晦之、陳仲魚共繪《説經圖》，

---

① 《樹經堂詩續集》卷一《兑麗軒集》，頁一九四。

② 《樹經堂詩續集》卷一《兑麗軒集》，頁一九四。

③ 《小峴山人詩文集·詩集》卷一二，頁六三四。又，姚鼐也曾作《爲胡雒君題〈説經圖〉二首，圖三人，一雒君，一錢晦之，一陳仲魚》詩，惟不知其作年。詳參《惜抱軒詩文集·惜抱軒詩集》卷一〇，頁六一一。

以誌知己之感。僕題詩以頌先生公明愛士之誼，雒君來謁，必見之。又《蘇潭圖》求題句，題畢轉交竹汀少詹是荷。”

又，《樹經堂文集》卷三所附《東浦方伯答書》云：“七月中，胡雒君過蘇，承示書，……蓋某自八月感暑而病，心常有怔忡之疾，不能少用思，……《樹經堂初集》誠得作序附之以傳，豈非大幸，而某尤不能也。……《蘇潭圖》奉納希檢收，八月前尚能題雒君《説經圖》，其中即有傾寫於閣下者。録稿呈教，如明春賤體少健，尚不敢忘前命也。”

◎七月，謝啓昆弟子邵志純建議將《論宋絶句》編録於《補史亭草》後，以寓“詩通於史”之義，其文後被用作《補史亭草下》之“序”。

按：《樹經堂詩初集》卷一一：“吾師方伯謝公，嘗有《論唐詩絶句》一百首，近讀《全宋詩》，又得《論詩絶句》二百首，選言居要，記事鉤元，渢渢乎皆大雅之音！……公之誦詩而論世，殆與史學相表裏歟。……《論唐絶句》已編於前，因請編《論宋絶句》於《補史亭草》後，以寓‘詩通於史’之義。《補史亭草》者，公補《西魏書》時之所作也。……嘉慶三年秋七月，受業仁和邵志純謹識。”[①]

◎七月，侯鳳苞爲謝啓昆《唐史絶句》作序，此文後又被用作《樹經堂詩初集》之序。

按：《樹經堂詩初集》卷首載其詞曰：“蘇潭先生任河儲觀察，公餘既得詠史五百章，又讀《全唐詩》，仿遺山論詩，得百絶句。……先生論唐人詩至此，毋亦怡然有得於心乎？苞辱先生杯酒論文之雅十餘年，不敢僅以詩人望先生，尤不敢僅以詩人之達者擬先生也。嘉慶三年戊午秋七月，金匱侯鳳苞書。”

◎七月初一，謝啓昆到天竺寺求雨，天遂人願。

按：謝氏《兑麗軒集》有詩名《七月朔日禱天竺得雨志喜二首》。[②]

---

① 《樹經堂詩初集》卷一一，頁一三一。

② 《樹經堂詩續集》卷一《兑麗軒集》，頁一九五。小字夾注：“乙卯歲與田碧波方伯、秦蓉莊都轉屢祈禱於此。”

◎七月，謝啓昆爲浙江學政阮元所作《修書圖》題詩四首。

按：謝氏《兑麗軒集》有詩名《題阮芸臺學使〈修書圖〉四首》。

◎七月，謝啓昆應邀爲《二老重逢圖》題詩二首。

按：謝氏《題二老圖像二首》小字夾注："鄭簡香既築二老堂以祀竹垞、寒村，復繪〈二老重逢圖〉，蓋取竹垞'久别重逢轉傾倒'之句也。今年兩家子弟合祭於吴山，屬余題句。"①

◎七月廿七日，謝啓昆應張穆菴之邀，與陸璞堂等人同游韜光寺。

按：謝氏《兑麗軒集》有詩名《嘉慶三年七月廿七日，張穆菴邀同陸璞堂、札稼田、蔣培元、李石農游韜光，秦小峴以事不至》。②

◎八月，應謝啓昆之請，姚鼐爲作《小學考序》。

按：《惜抱軒文集》卷四《小學考序》云："秀水朱錫鬯檢討，嘗作《經義考》，載説經之書既備，而不及小學。今南康謝藴山方伯，以爲小學實經義之一端，……因輯漢以來言文字訓詁形音之書，至於今日英才博學所撰，舉載於編，凡若干卷，名之曰《小學考》，以補朱氏之所未備。……《考》成，以其書示某。某誠嘉方伯有不遺衆善採輯之美意，又以爲能盡大人君子之心，乃能授其教於小子。方伯之用心如此，異日助成國家禮樂之修，其亦有望也與！嘉慶三年八月，桐城姚某序。"③

對於姚鼐此序，周中孚有所異議："《小學考》五十卷嘉慶丙子樹經堂刊本，國朝謝啓昆撰。……前又有翁覃溪、姚姬傳二序，姬傳稱《經義考》載説經之書既備，而不及小學，蓋未知《爾雅》即小學之書而云然，否則行文偶誤耳。"④

◎劉澄齋自晉陽來杭。八月十八日，謝啓昆偕張穆菴等人祭祀秋濤宫，禮畢，設宴秋濤宫樓上，爲劉澄齋餞行。

按：謝氏《兑麗軒集》有詩曰《劉澄齋太史過訪武林，以拙集六種

---

① 《樹經堂詩續集》卷一《兑麗軒集》，頁一九七。

② 《樹經堂詩續集》卷一《兑麗軒集》，頁一九七～一九八。

③ 《惜抱軒詩文集》，頁六三。

④ （清）周中孚著，黄曙輝、印曉峰標校：《鄭堂讀書記》卷三二，上海書店出版社，二〇〇九年，頁四九六～四九七。

貽之，猥賜題章，作此答謝，即以贈行》，且其小字夾注云：“君居昭慶寺，約八月十八日觀湖，次日即啓行也。”[①] 其後，《兑麗軒集》又録詩曰《戊午八月十八日偕張穆菴、陸璞堂、秦小峴禮秋濤宫，禮成，邀吴穀人、劉澄齋同飲樓上，即送澄齋還晉陽》。[②]

◎約秋間，《小學考》定稿，并首次付梓刊行。

按：楊鍾羲《雪橋詩話》卷十云：“朱竹垞《經義考》博稽傳注，作述源流最爲賅洽。《爾雅》二卷外，凡形聲訓詁之書，闕焉未録。翁覃谿作《補正》十二卷，又欲廣小學一門。謝藴山中丞，其門下士也，因輯《小學考》五十卷。書成於嘉慶戊午，版藏於廣陵寓宅。道光戊申，燬於火。咸豐壬子，其孫質卿重爲勘校，付版削焉。”

◎八月下旬，謝啓昆在秦瀛官署見到《碧山吟詩卷》，遂題詠其上。

按：謝氏《兑麗軒集》有詩曰《題碧山吟詩圖二卷，爲小峴賦》；[③] 又，《樹經堂詩續集》卷七《論明詩絶句九十六首》之三十七小字夾注：“余戊午年曾觀《碧山吟詩卷》於秦小峴觀察署，題詩其上。”[④]

◎八月二十五日，謝啓昆一行訪馮鷺庭于項氏小園，爾後同游景霞莊。

按：謝氏《兑麗軒集》有詩曰《嘉慶三年八月廿五日，訪馮鷺庭於項氏小園，約陸璞堂、秦小峴、沈青齋、龔匏伯同游景霞莊，因過匏伯居，得詩三首。莊本名金衙，以不雅馴，故易之》。[⑤]

◎八月二十六日，謝啓昆作《寶研圖自識》。

按：謝氏《寶研圖自識戊午》：“往得永平甎八，命工製爲研。既以名齋，復作此圖，曰寶研。……時嘉慶三年八月二十六日，……蘇潭老人記。”[⑥]

◎八月二十八日，謝啓昆陪阮元祀蘇東坡祠，爾後設宴於西湖柏堂竹閣，餞别即將在九月初離任的阮元。席間，阮元亦作《秋日任滿還朝，同人餞於西湖竹

---

① 《樹經堂詩續集》卷一《兑麗軒集》，頁一九八～一九九。
② 小字夾注：“乙卯、丙辰及今，三祭潮神。”
③ 《樹經堂詩續集》卷一《兑麗軒集》，頁一九八。
④ 《樹經堂詩續集》卷七《清風堂草中》，頁二六〇。
⑤ 《樹經堂詩續集》卷一《兑麗軒集》，頁一九九。小字夾注：“園有祝枝山‘溪山深秀’題額。”
⑥ 《樹經堂文集》卷三，頁三一七。

閣，賦詩誌别》："誰家有此好湖山，况是西風竹閣間。秋水正寬情共遠，賓鴻初到客將還。汪倫潭上舟迎岸，辛漸樓頭酒照顔。爲問淨慈古開士，再來我可不緣慳。"①

按：謝氏《兑麗軒集》有詩曰《八月廿八日陪芸臺先生祀蘇文忠祠，先生將北行，是日餞於湖上》。又，同卷《奉和芸臺先生留别之作》小字夾注："重陽次日啓行。""是時飲於柏堂竹閣間也。"②

◎八月底，姚鼐自金陵來訪，謝啓昆餞别於西湖。

按：謝氏《兑麗軒集》有詩曰《姚姬傳自金陵來訪，飲於湖上，賦贈二首，兼以送别》。

◎夏末，程易疇自新安來杭，謝啓昆極盡地主之誼。

按：謝氏《題〈吴山雅集圖〉二首》小字夾注："圖中七人程易疇、錢可廬、袁陶軒、胡雒君、陳仲魚、邵懷粹、鄭書常，皆以孝廉方正徵者。易疇自新安來杭，諸君俱居余幕也。時戊午季夏。"③

◎姚鼐應邀於九月間抵達杭州，爾後游飛來峰、靈隱寺、北高峰等勝迹。

按：其間姚鼐作有《題謝藴山方伯〈蘇潭圖〉》《觀飛來峰，入靈隱寺，由寺西上韜光菴，乃北高峰上也》《戊午九月十四日出雲棲寺作》《次韻答秦小峴觀察贈别並以别謝藴山方伯》四詩。④諸詩内容尤其是《戊午九月十四日出雲棲寺作》這一詩題，更透露出姚氏做客杭州的確切時間。

◎在胡虔赴金陵應試之前，謝啓昆作《答東浦方伯》，其内容多爲客套語。

按：謝氏《答東浦方伯戊午》云："伻來，展誦手教，古雅淵茂，……僕在浙，勤思供職，年來頗爲吏民所諒，是以少能藏拙而以其餘從事翰墨，……題《説經圖》，風格蒼古遒上，拙詩自慚歎易矣。雒君得詩，感

① 《揅經室集》四集詩卷四，頁八一六。

② 《樹經堂詩續集》卷一《兑麗軒集》，頁二〇〇

③ 《樹經堂詩續集》卷六《清風堂草》，頁二五二。

④ 《惜抱軒詩文集·惜抱軒詩集》卷五，頁五〇八～五一二。同書卷一〇尚録有兩詩，分别題作《將去杭州，項秋子墉邀餞余及持衡於其宅，同會者孫心莳侍講效曾、孫貽穀觀察嘉樂、潘蘭垞道長庭筠，以一詩留别諸君》《戊午八月廿六日過蘇州，忽忽一詣虎丘，後二十五日自杭州回，與馬雨耕及持衡重往，竟日登覽，因題八韻》（頁六一五～六一六），據此可知姚鼐此行，由蘇州至杭州，爾後又從杭州返回蘇州，行程共計二十五日。

謝之至，日來病目，故未能即作報也。”[①]

◎秋，胡虔赴金陵應試，鄭勛有詩相送。

按：鄭勛《二硯窩偶存稿》有詩名《次蘇潭夫子韻，題胡雒君同年〈環山小隱圖〉，暨送應試金陵》。

◎謝啓昆撰文交代編纂《兑麗軒集》的來龍去脈。

按：謝氏《兑麗軒集》云：“竹垞《經義考》之闕，予既作《小學考》以補之，成五十卷矣。又擴史部之書爲《史籍考》，以匹經義。因葺官廨西偏屋數十楹，聚書以居友人，庭故有高梧二株。予每以公暇，對梧編勘，欣然忘疲。凡古來政治之得失，山川人物之同異，上下數千年間，得諸友人，相與商校，又深契乎麗澤講習之意，遂以名西偏之廨曰‘麗軒’。余是年於軒中梧下作詩若干，因以名其詩爲《兑麗軒草》。嘉慶三年秋日，南康謝啓昆題於浙江布政使官廨。”[②]

◎十一月，南匯人吴省蘭作《〈樹經堂詠史詩〉序》。

按：吴省蘭《〈樹經堂詠史詩〉序》云：“詠史原於陳思王，厥後間有作者，然……詠詩之作，古人亦不易求工乎！蘇潭先生湛深經術，尤熟於史，著述等身，公餘作詠史詩五百首，體皆七律，精深華妙，獨出冠時，可謂擅場已。……蘭讀先生詩，議論間以奇采，氣體之高，幾欲追蹤杜老，使茶陵復起而見之，當亦俯首下心，自悔其所作之徑捷而步窘也。嘉慶戊午十一月，朏館後學南滙吴省蘭。”[③]

---

① 《樹經堂文集》卷三，頁三二〇。

② 《樹經堂詩續集》卷一《兑麗軒集》，頁一九〇。

③ 彭元瑞《恩餘堂輯稿》卷一《謝蘊山詠史詩序》：“漢魏間人詠史，如陳思王之賦《三良》，諸葛武侯之吟《三士》，皆直指本事，鋪陳始末，有涵泳而無褒貶。若古圖畫《元女兵符》《文姬歸漢》《元達鎖諫》，但採典寔、垂鑑誡而已。是爲古體。洎太冲有作，假言寓意，不盡述古，其一變矣。其以詠史專行者，唐末周曇有《詠史詩》八卷，……而曇詩雖存，卒亦無稱述者。南康謝蘊山方伯，作《詠史詩》八卷，上自秦、漢，下迄宋、元，凡七言律詩若干首，網羅浩博，斷制精嚴，……攝全局而不冗，舉偏端而靡遺，以温柔敦厚之旨，而兼屬辭比事之長，其庶幾有得乎立言之體矣。……方伯舊撰《西魏書》二十三篇，得《通鑑》之遺意，較近世陳霆之《唐餘紀傳》、姚士蕓之《後梁春秋》，更爲稱名正而取類宏。載觀是編，而益知方伯史學之全矣。”

◎謝啓昆以浙江布政使的身份，發文要求省内各地切實採取措施，嚴厉打擊阻葬攔喪之惡習。

按：謝啓昆《禁止地棍阻葬檄戊午》云："葬親，人子之大禮；攔喪，國憲所不容。浙省嘉興府屬地方，遇有葬事，近村鄉民，環索演戲，藉稱平安。此風相沿已久，詎近年以來，詭歧百出，刁悍尤甚。……除杭嘉湖三府屬縣業經本司出示嚴禁并飭令訪拘究詳外，合亟飛檄敕查，……毋任地保胥役人等狥庇揜攔。該府縣亦不得任意寬縱，有干忝處。"①

◎謝啓昆作《答馮鷺庭編修戊午》，爲馮氏考辨浙東、浙西之分野。

按：謝氏《答馮鷺庭編修》云："承示'嚴州應屬浙西，其稱浙東者，流俗之失'，具見考古雅懷。……一朝之設官分地，因勢利便，具有經緯，其分東西者，統計大勢如此，非沾沾僅以浙江一水定數千里方位也。故稱嚴州爲浙東者乾元之制，稱浙西者貞元之制，皆無不可，豈必乾元誤而貞元是哉！……國朝本無東西浙之制，不過相沿舊稱，未爲大失。惟謂嚴州在浙江之東，此不達地形之言，誠有如閣下所譏也。故欲正今日之方域，必以浙水之來處爲西，則金、衢亦在浙西；浙水之入海處爲東，則杭、嘉亦在浙東耳。"②

◎謝啓昆應邀爲常熟掃葉山房席某所刻《東都事略》《南宋書》《契丹國志》《大金國志》《元史類編》五書作序，并在序中稱此五書爲"别史"。

按：謝氏《宋遼金元别史序戊午》云："常熟席君子，博聞好古，藏書尤富。因錢梅溪索余《西魏書》，曰：'將以翼正史也。'余甚愧其意。一日，以所刻宋遼金元五書來質於余。《東都事略》《南宋書》者，宋别史也；契丹、大金兩《國志》者，遼、金之别史也；《元史類編》者，元别史也。其爲書，或先正史，或在史後，要其詳贍典則足與正史補苴參正，則一也。余以此嘆席君之能識其大矣。近代刻書家，毛氏最盛，以經史有功於藝林甚鉅。今毛氏十七史板，席君既購藏之，又將廣搜别史開雕，爲

① 《樹經堂文集》卷三，頁三一二～三一三。
② 《樹經堂文集》卷三，頁三一三～三一四。

諸正史之附庸，吾知掃葉山房之名與汲古閣並壽於世，甚爲席君期之。”①

◎謝啓昆應其門人汪煥章之請，爲汪氏所撰《廿四史同名録》作序。

按：謝氏《汪煥章〈廿四史同名録〉戊午》云：“至於同姓名録，（仿）［昉］於蕭梁，其始不過徵事比類，供辭章用，踵而起者數家，雖多有所增，大指仍不外乎徵事，未有專攻其事爲史學也。及門蕭山汪君煥，曾以名進士爲循良吏，直道彈冠，杜門著述，專以姓名攻史，補前人之所無。既著《史姓韻編》以括全史之人名矣，復搜同姓名者，於前人所忽，摘抉無遺，且爲考其似異而同、似同而異，無名存姓、失姓徒名，罔不訂正。蓋實爲史學辯證之書，而非前人比類徵材之用，其有功載筆爲獨絶矣。汪君問序於余，余謂《韻編》正也，《同名》窮其變也，一經一緯，反復貫之，二十四家充棟之書，指諸掌矣。”②

◎謝啓昆爲錢偕仲所編《吴越錢氏志》作序。

按：謝氏《吴越錢氏志序戊午》云：“宋之世，婺州刺史儼作《英政録》，記其兄忠懿事蹟，而希聖樞密復有《家王故事》及《貢舉録》二書，要以載揚先德。自是代有偁述，不獨錢愐私誌而已。前者，立羣上舍作《金塗塔考》，余既爲之序③，竊以五王勛績以武肅射潮捍海事爲最鉅，不可無專書，……欲上舍廣輯之。既而余遷晉藩，及復移浙水，上舍亦尋歸梁溪。余方以不得見錢氏之備志爲憾，而偕仲奉其叔萼園之命，編爲《吴越錢氏志》，……凡十六卷，秩然有理，燦乎其大備矣。……啓昆少出毘陵文敏之門，實溯源於文端，今與武林錢氏爲婚亞。是志也，固余所樂得敘之以爲光耀者也，於是乎書。”④

◎十二月十九日，謝啓昆率僚屬祭祀蘇東坡。

按：謝氏《就瞻草》有詩曰《嘉慶三年十二月十九日祀蘇文忠，作

---

① 《樹經堂文集》卷三，頁三一四。

② 《樹經堂文集》卷三，頁三一五。

③ 《樹經堂文集》卷二《金塗銅塔考叙》，頁二九三～二九四。時在乾隆六十年（一七九五）八月二十二日之前。

④ 《樹經堂文集》卷三，頁三一六。

詩紀事，邀同人共和之》。[①]

◎大約年底，陳仲魚入京以備明年會試，謝啓昆特作《送陳仲魚北上》詩。

按：謝氏《送陳仲魚北上》小字夾注："今年主司評君文'熟於訓詁，簇簇生新，如見其人也。'"[②]

嘉慶四年（一七九九）己未　六十三歲

◎謝啓昆致信山東按察使孫淵如，既自我交代續纂《史籍考》之進程，又對孫氏輯録李悝《法經》之舉深表崇敬之意。

按：謝氏《復孫淵如觀察己未》云："畢宫保《史籍考》之稿，將次零散，僕爲重加整理，更益以文淵閣《四庫全書》，取材頗富，視舊稿不啻四倍之，臘底粗成五百餘卷，修飾討論，猶有待焉。……搜逸之法，始自王伯厚，近日東南學者往往從事於此。先生於唐律中録出李悝《法經》，真先秦古書，不可不專行於世者。文旌何時來浙，思得快讀之也。"[③]

◎春，謝啓昆爲諸麓泉題詠《鑑湖卜居圖》。

按：謝氏《就瞻草》有詩名《追題諸桐嶼〈鑑湖卜居圖〉六首，爲令嗣麓泉作》。[④]

◎春，謝啓昆入京朝覲。在此前後，作詩多首，爾後輯成《就瞻草》一卷。胡虔爲之作序。

按：《就瞻草》卷首："嘉慶四年春，方伯謝公入覲於朝。時上方居苫盧，召見者四，敷奏數千言，大抵皆國賦盈絀、民生休戚之要。上嘉歎久之。及公回浙閲月，復有'勉爲好官，以佐朕治'之訓。……公於世俗之好無所嗜，獨喜爲詩，國計、民隱，往往於詩中見之。……公彙刻入都及前後所作詩爲一卷，曰《就瞻草》，蓋以誌近光之恩云。桐城胡虔雒君謹敘。"[⑤]

---

① 《樹經堂詩續集》卷二《就瞻草》，頁二〇二～二〇三。
② 《樹經堂詩續集》卷二《就瞻草》，頁二〇三。
③ 《樹經堂文集》卷四，頁三二一。
④ 《樹經堂詩續集》卷二《就瞻草》，頁二〇一～二〇二。
⑤ 《樹經堂詩續集》卷二，頁二〇一。

◎翁方綱應胡虔之請，爲《説經圖》題詞。

按：翁方綱《復初齋詩集》卷五三既稱《寄題胡雒君〈説經圖〉》作於己未初，又録其詞云："胡君老經師，别來餘十年。書屬題其圖，……此圖雖未見，展書已欣然。……欲因謝方伯，以訊姚姬川。"[①]

◎三月七日，翁方綱在莫京兆韻亭三花樹齋，爲即將離京的謝啓昆餞行。

按：謝氏《就瞻草》有詩曰《己未三月七日，同覃溪師飯於莫京兆韻亭三花樹齋，賦詩贈行，和韻二首》。[②]

◎在謝啓昆的主持下，位於長興的晉太傅謝文靖公祠墓，迭經數月之重修，至五月而告成。

按：謝氏《重修晉太傅謝文靖公祠墓碑己未》云："嘉慶三年秋，長興令邢君澍以其境三鵶岡謝文靖公祠墓傾頽，將率士民修治之，而請春秋致祀之禮於啓昆。……啓昆適承宣斯土，宜申崇報之義，爰買田於縣之尚吴區，得十一畝八分，用歲縮入租爲有司春秋祀事，而以其餘営繕祠墓，使永無圮壞。……以四年五月告成事，於是爲文，勒之貞石，以詔來者。"[③]

◎六月，謝啓昆爲陸祁生《拂珊亭集》題詠。

按：謝氏《爲陸祁生〈拂珊亭集〉題》云："東南詩卷數袁趙，陸生年少得名早。……今年買棹游杭州，阮公好士情相投。過從示我詩一册，蓬巒六月風颼颼。"[④]

◎翁方綱應謝啓昆之請，爲作《小學考序》："《小學考》者，補秀水朱氏《經義考》而作也。……夫學問之實，惟在識力正定而已。……如其氣足以内養，力足以自充，則與其陋也，寧博，與其臆斷也，無寧稽古矣！曩在館下，每以此事諗吾謝子，今三十餘年，而謝子從政之餘，果克裒輯成書，是其養氣有餘

---

① 《復初齋詩集》卷五三《嵩緣草一》，頁一五七。小字夾注："胡君姚之高弟，館於謝。"

② 《樹經堂詩續集》卷二《就瞻草》，頁二〇六～二〇七。

③ 《樹經堂文集》卷四，頁三二二。

④ 《樹經堂詩續集》卷二《就瞻草》，頁二〇二。

而識力正定之驗也。讀是編者，幸勿忘其爲解經而作，則得之矣。”[①]

按：嘉慶二十一年樹經堂刊本《小學考》所録翁方綱序文，明言作於嘉慶四年。

◎謝啓昆致信翁方綱，既直抒四十年來的學詩心得，又懇請乃師爲其十七卷本的詩集作序，更在文末以蘇門六君子之首自居。

按：謝氏《上覃溪師己未》云：“啓昆學詩於門下者，四十年矣。詩之律欲其細，句欲其安，章法欲其渾成。……蓋律不老則不細，句不横則不穩，字不險則不安，章法不潑辣則不渾成。啓昆之學力，何能追造此境，然數年來遍覽唐宋諸大家，又閲歷世事已深，頗於撒手空行、往來無礙之諦稍有所得。昔者屢承明訓，今日忽然貫通。……前求作序，遽以丹壑比之，誠非啓昆所敢當。今特大加删改，尚不敢以丹壑自甘，且妄謂奪其席矣。全集十七卷，今已刻成，吾師視之，以爲何如？倘較曩時過之，則敢乞再作序文，爲啓昆晚年定論。蘇門六君子，誰爲之長，小子未遑多讓焉。”[②]

◎謝啓昆長子學增年方二十，在爲其亡母營建墓穴時不慎溺亡。

按：謝啓昆《自遣四首爲亡兒學增作》云：“江水蛟龍真狡怪，奪我癡兒奪我愛。游戲人間二十年，便欲超然謝塵海。……汝歸爲母營窀穸，窀穸未成汝命畢。”[③]

◎七月二十五日夜，謝啓昆難以入眠；明日，將去天竺寺懇求佛祖放晴。

按：謝氏《就瞻草》有詩曰《和胡雒君，七月二十五日夜雨中不寐》，且其小字夾注云：“明日將禱晴於天竺。”[④]

◎在山東按察使孫淵如作成《禮堂寫經圖》後，胡虔應邀作文考察禮堂的前世今生。

按：胡虔《柿葉軒筆記》：“鄭君《戒子益恩書》云：‘所好羣書，

① 《復初齋文集》卷二，頁三六三。

② 《樹經堂文集》卷四，頁三二一。

③ 《樹經堂詩續集》卷二《就瞻草》，頁二一〇。

④ 《樹經堂詩續集》卷二《就瞻草》，頁二一一。

率皆腐敝，不得於禮堂寫定，傳於其人。’按禮堂即禮殿也。……蓋學校中之堂通稱禮殿。……鄭君之意，謂私書不得於學官寫定耳。世俗因《曲禮》‘居喪’‘讀禮’之文，誤以喪居爲禮堂，不知喪者居廬及堊室，無居堂之事。嘉慶己未，孫淵如觀察作《禮堂寫經圖》，屬爲考訂之如此。”

◎九月，謝啓昆奏修范公塘埽工及海甯東石塘坦水。

按：李楁《民國杭州府志》卷五〇：“（四年）九月，署巡撫事、布政使謝啓昆奏修范公塘埽工及海甯東石塘坦水。”

◎九月，謝啓昆奉命巡撫廣西。胡虔與之同行。

按：《東華續録（嘉慶朝）》嘉慶八：“（八月）調臺布爲陝西巡撫，以謝啓昆爲廣西巡撫，劉烒爲浙江布政使，瞻柱爲福建按察使。”又，謝氏《驂鸞草》有詩名《己未九月奉命巡撫廣西，留别浙中諸同好，用吴穀人贈行原韻二首》，且小字夾注：“八月奉旨護浙篆，踰月，即有是命。”①

斷定胡虔同行的依據，便是謝啓昆在輾轉南下期間，曾作《和雒君七里瀧之作》《桐廬道中和雒君韻》諸詩（皆見載於《驂鸞草》）。

◎周春在得知謝氏轉任廣西巡撫之際，作詩相送。

按：周春《耄餘詩話》卷二：“方伯謝蘇潭先生以所著《西魏書》六册、《樹經堂詠史詩》二册寄贈，索觀余舊著《遼詩話》，題絶句二十四首，補詠史之闕，刻《蓬巒軒集》中。先生在浙，每有新刻，必行寄贈。《廣經義考》採及拙著後，擢撫粵西，余以詩送行，有云‘此是庚桑尸祝地，望公拂拭到羅池’。”

◎秋，翁方綱得知謝啓昆升任廣西巡撫，賦詩寄懷。

按：翁方綱《復初齋詩集》卷五三有詩名《九日得裴山桂林書，賦此兼寄蘊山，時聞蘊山擢廣西巡撫》，並稱該詩作於己未年。②

---

①《樹經堂詩續集》卷三《驂鸞草》，頁二一三。其次詩小字夾注：“今春陛見，蒙聖訓‘求治毋太亟’。”

②《復初齋詩集》卷五三《嵩緣草一》，頁一六六。

又，謝氏《銅鼓亭草下》有詩名《覃溪師去秋得裴山學使手書，兼聞啓昆擢粤撫之信，作詩見寄，隔歲始到。和韻二首，兼柬裴山》。①

◎十月底或十一月初，謝啓昆抵達桂林。

按：謝氏《己未除夜雪至元旦未已，志喜二首，柬學使錢裴山》小字夾注："視事兩月矣。"② 據此推算，足以得悉謝啓昆的到任時間，亦即嘉慶四年十月底或十一月初。

又，錢楷《駿鸞草·敘》云："中承蘇潭先生前輩，西州儒素，東觀老蒼，……以仲冬之序，涖玆憲府之堂。……嘉慶己未小除日，館後學錢楷敘於桂林學舍。"③

◎謝啓昆此次南下，取道常山，經由江西、湖南而至廣西，途中作詩六十餘首，編爲《驂鸞集》。

按：楊倫《驂鸞草·跋》云："中丞南康謝公，……頃自浙藩來撫粤西，由常山取道，歷蘇潭之舊居，登滕閣之高榭，涉湘沅，望衡岳，得詩一編，仍……名其所作爲《驂鸞集》。"④

◎謝啓昆到任後，既曾提議各省如何彌補財政虧空，又致力於安撫土司、興建水利。

按：謝氏《抵桂林視事紀恩述懷四首》之二小字夾注："奉御批，以安邊撫土司爲務。嚴飭客民剥削土民，一視同仁。"⑤

又，《清史稿》卷三五九《謝啓昆傳》曰："嘉慶四年，擢廣西巡撫。上疏。略曰：'各省倉庫積弊有三變。……彌補之法，……惟在因地制宜。……多分年限，……按月交庫，於交代時有不足者，即以虧空論劾。'疏入，仁宗嘉納焉。"

---

① 《樹經堂詩續集》卷五《銅鼓亭草下》，頁二三六。

② 《樹經堂詩續集》卷四《銅鼓亭草上》，頁二二四。

③ 《樹經堂詩續集》卷三《驂鸞草》，頁二一二～二一三。

④ 《樹經堂詩續集》卷三，頁二二三。

⑤ 《樹經堂詩續集》卷三《驂鸞草》，頁二二二。

◎謝啓昆在任職廣西巡撫後不久，收到柳州知府宋本敬所送當地産黄芽菜，隨即批示：“本部院初揚粃而去薤，願諸君共茹蘗而飲冰。”[①]

按：《樹經堂文集》卷四録有謝氏《批答柳州守宋本敬送黄芽菜》，且明確交代此文作於己未年。

◎謝啓昆作《送沈秋渚黄芽菜啓》。

按：《樹經堂文集》卷四既録之，又明言此文作於己未年。

嘉慶五年（一八〇〇）庚申　六十四歲

◎正月初二，廣西大雪紛飛。謝啓昆與學政錢裴山詩歌唱和。

按：謝氏《銅鼓亭草上》有詩名《初二日夜復得大雪連旦，積厚三寸許。裴山學使疊前韻索和，率成二首》。[②]

◎正月初八，在謝啓昆的主持下，迎喜神於郊外。

按：謝氏《銅鼓亭草上》有詩名《正月八日迎喜神於郊外。是日，三營合陣紀事二首》。

◎正月十四日，謝啓昆與楊馥齋、王梅岑等人同游七星崖，晚聚棲霞寺，并作詩二首。[③]

按：謝氏《銅鼓亭草上》有詩名《正月十四日偕楊廉訪馥齋、王觀察梅岑暨邱、崔二太守登七星崖，晚飯棲霞寺，裴山學使以微恙不至，即席口占二律，即柬裴山》。

◎正月十六日，謝啓昆開廣西通志局於桂林秀峰書院，以胡虔爲總纂，朱依真、張元輅等分纂。

按：謝氏《銅鼓亭草上》有詩名《正月十六日開志局於秀峰書院，志

---

① 《樹經堂文集》卷四《批答柳州守宋本敬送黄芽菜》，頁三二三。《樹經堂詩續集》卷四《銅鼓亭草上》所録《柳州蘇軍門毓菴以黄芽菜及名駒見貽，答之以詩四首》，其事疑當亦在嘉慶四年末謝啓昆任職廣西巡撫之初。

② 《樹經堂詩續集》卷四《銅鼓亭草上》，頁二二四。其一小字夾注：“時上方恭謁裕陵。”

③ 其《棲霞寺和壁間陳文簡公韻二首》與陳元龍原作，皆見録於《樹經堂詩續集》卷四《銅鼓亭草》，頁二二六～二二七。

事二首，柬裴山》[①]；又，胡虔《粵西金石略敘》云："南康謝公巡撫廣西之明年，以《通志》成於雍正中，七十年文獻放佚，慨然思重輯之，而辱以虔少知地理之學，命爲總纂，自豫章載書數千卷，開局於秀峰書院。……《通志》之修，始於庚申正月，竣於辛酉四月，……小岑名依真，臨桂人，石猗名元輅，虔同縣人，同局編校，於是書皆有助焉。嘉慶六年十一月朔，桐城胡虔雒君謹敘。"[②]又，蕭穆《記〈廣西通志〉謝中丞啓昆所修本》云："《廣西通志》，明代修本不可見，國朝郝公浴、李公紱、金公鉷嘗遞修之，今亦不多見。今通行者爲嘉慶六年廣西巡撫南昌謝公啓昆所修本，……爲篇二十有二，爲卷二百七十有九。時吾鄉胡徵士虔爲總纂，體例皆其手定，論者以爲可與阮文達公所修《廣東通志》相匹。"[③]

◎正月十六日，謝啓昆在貢院會考秀峰書院諸生。

按：謝氏《銅鼓亭草上》有詩名《正月十六日開志局於秀峰書院，志事二首，柬裴山》《是日同裴山學使會考書院諸生於貢院，復和前韻二首》。[④]而《秀峰書院祀陳祭酒記庚申》更是明確交代："嘉慶四年冬，奉命來撫粵西。踰年春，課士秀峰書院。"[⑤]

◎正月，楊倫爲謝啓昆《驂鸞草》作跋。

按：楊倫《驂鸞草·跋》："嶺右介在荒服，與南、交接壤，非得文武兼資之大臣，不足以撫瑤、侗。……中丞南康謝公，……頃自浙藩來撫粵西，由常山取道，歷蘇潭之舊居，登滕閣之高樹，涉湘沅，望衡嶽，得詩一編，仍……名其所作爲《驂鸞集》。……今讀公集，如聞鈞天廣樂，其聲動心，不覺其手之舞之、足之蹈之也。又聞公之爲詩也，思類

---

① 《樹經堂詩續集》卷四《銅鼓亭草上》，頁二二七。

② （清）謝啓昆撰，常懷穎校勘：《粵西金石略》卷首，可見於《中國西南文獻叢書》第七輯《西南考古文獻》第八卷，羅二虎主編，蘭州大學出版社，二〇〇三年，頁三～五。

③ （清）蕭穆撰，項純文點校：《敬孚類稿》卷八，頁二二二。

④ 據該詩末句"昨宵燈火剩樓臺"及其小字夾注"裴山飲余於使院"，可知正月十四日晚，謝啓昆應廣西學政錢楷之邀而至使院赴宴。

⑤ 《樹經堂文集》卷四，頁三二四。《秀峰書院祀陳祭酒記》，嘉慶《廣西通志》引作《祀漢經師陳君記》，詳參《廣西通志》卷一三三《建置略八·學校一》小字夾注，《續修四庫全書》冊六七八，上海古籍出版社，二〇〇二年，頁八二一。

湧泉，文成翻水，初若不甚措意，而格律精嚴，會蓄深遠，他人縱琢腎雕肝，終莫能逮此，蓋有得之於天者。……嘉慶庚申春正月，陽湖屬吏楊倫謹跋。”①

◎胡虔因屢與《臨桂縣志》總纂朱依真商榷義理、結構，也被臨桂知縣蔡呈韶聘爲總纂。

按：朱依真《臨桂縣志序》：“嘉慶戊午，奉新蔡侯來宰斯邑，懼文獻久而放佚也，慨然倡修，邑紳士咸踴躍從事。侯以予爲地人且多暇，遂命與族人芝圃檢討分任編纂事。予方自揆弇陋，無以副侯意，既而芝圃服闋，入都補官，未克卒事，裒其草以畀，予於是益懼其不勝也。會謝蘊山中丞來撫粵西，開通志局，復不棄譾劣，使預分纂，統其事者爲桐城胡孝廉雒君。雒君工古文辭，精考據，尤長地理學，與予最爲親密，隙日以縣志相商榷，而侯亦屬雒君裁訂焉。”②

◎謝啓昆修繕秀峰書院，並將漢儒陳元木主立於書廳，用以激發粵西崇儒之風；山長胡虔亦親筆題寫“儀陳”二字於書廳。

按：謝啓昆《秀峰書院祀陳祭酒記庚申》：“粵西自昔稱荒服，然漢時陳君父子崛起蒼梧，傳《左氏》絶學，南方州郡經學之盛，未有先於粵西者。……院之講堂後有廳五楹，所以居山長者。又其後有房室將傾圮，……余爲撤而新之，凡十有一楹，以爲寢室。而於廳事中立陳祭酒、長孫氏木主，率諸生以時致祀，使有所矜式。”

又，謝氏《雜詠八首》之五小字夾注：“余今年奉蒼梧漢祭酒陳長孫神位於秀峰書院，春秋以時導祭，著爲例。”③

又，《廣西通志》卷一三三《建置略八・學校一》云：“雍正十一年奉旨，令各省會建書院，……嘉慶四年，巡撫臺布貯書籍。五年，巡撫謝啓昆修建寢室五楹，東西廂各三楹，立漢司空南閣祭酒陳元木主於書

---

① 《樹經堂詩續集》卷三《驂鸞草》，頁二二三。

② （清）蔡呈韶等修，（清）胡虔等纂：《臨桂縣志》卷首，臺灣成文出版社，一九五七年，頁一。又《臨桂縣志銜名》云：“總纂：孝廉方正六品頂帶安徽桐城胡虔、布衣臨桂朱依真。”

③ 《樹經堂詩續集》卷五《銅鼓亭草下》，頁二三九。

廳之中，爲多士式。院長胡虔顔其堂曰‘儀陳’。”

◎謝啓昆將粵西金石文拓寄給翁方綱。

按：翁方綱《復初齋詩集》卷五五有詩名《藴山拓寄粵西金石文，賦此奉酬，兼寄裴山》，並稱該詩作於庚申年。[①]

◎謝啓昆飭令廣西各地官府自即日起從速嚴格辦案。

按：謝氏《通飭各屬辦案檄庚申》：“矧粵西瘠陋邊疆，州縣官幕庸劣，吏治廢弛，由來已久。歷視辦案爲畏途，專恃捺擱爲長技，竟有要案壓至數十年。……今屢奉嚴旨，清釐積案，正宜誘掖奬勸，督其大綱，宥其小疵，恕其既往，勉其將來，……此與吏治、民生大有關係，即如地方官於命盗案件，果有賄縱情弊，自當嚴參示懲。……惓惓之忱願，（誼）［宜］在同舟者共留意焉。”[②]

◎謝啓昆飭令廣西各地嚴禁增報陞科。

按：謝氏《嚴禁增報陞科積弊檄庚申》：“自嘉慶五年爲始，無論山頭地角何項科則，均准爾等自行開墾，毋庸給與司頒墾照，一概免其陞科。……此後新墾之地，或有豪强惡棍，明知並無墾照，肆行爭佔者，該廳州縣研訊得實，從重究治不貸。”[③]

◎大約六七月間，謝啓昆要求廣西各地官府在一個月内清理積案。

按：謝氏《清理積案檄庚申》：“即如本部院下車七月，閲所接呈詞，不下數百件，批准發審者不及十紙，……若不嚴示創懲，吏治將不可復問。……札到該道府州，立即嚴飭所屬振刷精神，再限一月内，將積案趕緊審明，全行詳結。……倘再狃於積習，全不寓目，本部院惟有按册嚴參，勿謂告戒之不早也。”[④]

◎九月初五，謝啓昆與錢裴山等人餞送汪厚夫、韓湘帆於棲霞寺。

按：謝氏《銅鼓亭草下》有詩名《九月初五日同錢裴山學使、清平

① 《復初齋詩集》卷五五《嵩緣草三》，頁一八〇。
② 《樹經堂文集》卷四，《續修四庫全書》册一四五八，頁三二五～三二六。
③ 《樹經堂文集》卷四，《續修四庫全書》册一四五八，頁三二六～三二七。
④ 《樹經堂文集》卷四，《續修四庫全書》册一四五八，頁三二八。

階方伯、公晴巖廉使、王梅岑陳耐齋兩觀察、邱芷房張梠軒兩太守，餞送主司汪厚夫、韓湘帆於棲霞寺，即席得詩四首》。[1]

◎九月初九，謝啓昆與汪文軒等人游劉仙巖、銅鼓亭。

按：謝氏《銅鼓亭草下》有詩名《九日同汪文軒、韓湘帆、李松圃、朱芝圃登劉仙巖，歸飲銅鼓亭。裴山以恙不至，得詩二首，柬裴山》。

◎九月十九日之前，謝啓昆致信翁方綱，一則自称短於經史之學而善作詠史詩，二則期望師友能施以援手，助其次子學崇來年得意科場、任職京城。

按：謝啓昆《上翁覃溪師庚申》云："啓昆廁師門四十年矣，……經史載籍，浩無涯畔，非不欲從事考據，惟性所不近，抑且功無餘暇，……數年以來，因作咏史詩，徧閲二十一史，又將唐宋金元詩全閲一過，于作官行事及詩文之道，頗覺别有會心。……次兒學崇，頗自愛、知向學，因攻舉業，未敢令其作詩。若得僥倖春官，授一京秩，尚有受教之資。裴山有體有用，衡文不足以盡之，必將大展其才也。"[2]

◎九月十八日，謝啓昆將其次子學崇的答題卷寄給廣西學政錢裴山等人，衆人皆謂學崇必將中舉。

按：謝啓昆《九月十八日盼家書不至，賦示學崇》小字夾注："場中三藝寄呈裴山學使、汪韓二主司及同考官八人，皆以爲必售。"[3]

◎九月十九日，次子學崇在江西鄉試中舉，謝啓昆作詩加以勉勵。同時中舉者，尚有吴蘭雪。

按：謝啓昆《次早得捷音志喜，疊前韻再示學崇》："射策金門須努力，春官桃李看扶疎。"[4]

又，謝啓昆《吴蘭雪以詩册見贈，題其後二首》小字夾注："次兒學崇今歲與蘭雪同登秋薦。"[5]

---

① 《樹經堂詩續集》卷五《銅鼓亭草下》，頁二三九。
② 《樹經堂文集》卷四，頁三二九。
③ 《樹經堂詩續集》卷五《銅鼓亭草下》，頁二四一。
④ 《樹經堂詩續集》卷五《銅鼓亭草下》，頁二四一。
⑤ 《樹經堂詩續集》卷六《清風堂草上》，頁二四二。

又，《清代硃卷集成》道光丙午科順天鄉試："謝質卿，父學崇，嘉慶庚申恩科舉人，壬戌進士。"[1]

◎十月初一前，謝啓昆飭令廣西各地官府，從此務必廣收孤貧並贈給口糧。

按：謝氏《飭各屬收孤貧增給口糧檄庚申》："粤西地瘠人貧，窮民無告者甚多，雖有收養孤貧、給予口糧、報部核銷之例，但限於額數，勢難廣爲收育。……本部院上體聖天子視民如傷痌瘝在抱之至意，特再捐貲，廣爲收養，倍給口糧，……以本年十月初一日爲始，……倘有假手書役以致需索扣剋，及將可以食力之人冒濫充數者，定皆嚴參，斷不寬貸。"[2]

◎十月初一，翁方綱爲謝啓昆《樹經堂詩初集》作序。

按：《樹經堂詩初集》卷首載其詞云："予與蘊山論詩四十年矣，始自庚辰春，……至甲寅夏，予巵從灤陽，始爲蘊山序其初稿，直以丹壑目之，今又七年，而蘊山裒輯前後所作得二十卷，寄予論次，則縱横排奡，前無古人，其觀風化俗、行政莅民，一寓之於詩，始不僅以丹壑概之也。……適蘊山抵任桂林，山川奇鬱之氣，與其詩筆足以相發，事之不謀而合，有如斯者乎。四十年來，可與焚香對論者，更有幾人？豈惟不僅以蓮洋、丹壑相期而已哉！嘉慶五年，歲在庚申，冬十月朔，北平翁方綱序。"

◎謝啓昆爲《廣西武鄉試録》作序，在縱論歷代武士選拔制度之得失的基礎上，簡述并剖析當前廣西武舉現狀。

按：謝氏《廣西武鄉試録序庚申》："古者諸侯歲獻貢士於天子，試之於射宫。漢以六郡良家子選給羽林、期門，……唐之取武舉，以勇力爲尚，而宋之建武學，以肄業爲先。考其制固各有攸宜，而究其弊則慮或偏廢也。我朝立學講武，法制周詳，……粤西僻在南荒，武生之隸學籍者九百餘人，其應鄉舉者亦數百人，材力技能魁傑可觀者甚衆。蓋其山

---

① 顧廷龍編：《清代硃卷集成》，臺灣成文出版社，一九九二年，册一〇〇，頁一。

② 《樹經堂文集》卷四，頁三二四～三二五。

川峻削，關隘險阻，生其間者類皆尚義好勇，……臣於考閱時，進其藝之疏者，勉其奮力於技能，而毋思倖獲。其合格取中者，益策勵以忠君親上之古訓。”①

◎謝啓昆復信謝薌泉，主要交代奉寄詩文集的原因，同時附帶提及已樂助李松圃二百金一事。

按：謝氏《復謝薌泉儀部庚申》：“又拙詩稿已有八册，知無足觀，且訛錯尚多，無暇校正，是以都内諸同好尚未致送，因中有題《西涯圖》及積水潭之作，用先奉正。又聞先生搜羅海内古文，細大不捐，妍媸并進，僕竊不自量，抄呈散行文二十篇，……伏祈郢削是幸。此聞李五兄名秉禮號松圃者，乃春湖學士之尊人，風雅好義，昨以尊札示之，樂助二百金，今并附上。”②

嘉慶六年（一八〇一）辛酉　六十五歲

◎次子謝學崇北上參加會試。元旦，謝啓昆作詩，預估學崇已舍舟登陸。

按：《樹經堂詩續集》卷六《辛酉元日》小字夾注：“次兒學崇北上，舍舟登陸，此其時也。”③

◎廣西學政張南坡行將“按試外郡”。二月十九，謝啓昆邀集張南坡、胡虔等人同游竟日，作成《伏波山》《還珠洞》《龍隱巖》等四詩。

按：謝氏《清風堂草下》有詩名《二月十九日，邀同張南坡、李松圃、胡雒君登洑波巖，泛舟還珠洞，遂至龍隱巖，歸飲銅鼓亭，得詩四首，即送南坡按試外郡》《伏波山》《還珠洞》《龍隱巖》。④

◎二月廿日，謝啓昆邀集李送圃、胡虔等人小飲。

按：謝氏《清風堂草上》有詩名《二月廿日，邀李松圃、沈秋渚、胡雒君小飲牡丹花下，得詩二律，次首誌舊感也》。⑤

---

① 《樹經堂文集》卷四，頁三三〇。

② 《樹經堂文集》卷四，頁三三一。

③ 《樹經堂詩續集》卷六《清風堂草上》，頁二四三。

④ 《樹經堂詩續集》卷八《清風堂草下》，頁二六九～二七〇。

⑤ 《樹經堂詩續集》卷六《清風堂草上》，頁二四四。

◎三月初一，謝啓昆率衆祭祀虞帝廟。

按：謝氏《清風堂草下》有詩名《三月朔日祀虞帝廟，坐南薰亭，看新緑，得長句，柬松圃、雒君》。

◎四月，《廣西通志》成，凡二百七十九卷。此志影響甚巨，就連《廣東通志》主編阮元也曾稱其“可爲省志法”[①]，但胡虔同鄉蕭穆，卻有所異議。

按：《廣西通志》書末識語：“嘉慶五年正月十六日開通志局於秀峰書院，六年四月成志稿二百八十卷。恭寫正本進呈。七年二月開彫，九月竣工。”[②]又，蕭穆《記〈廣西通志〉謝中丞啓昆所修本》云：“《廣西通志》，明代修本不可見，國朝郝公浴、李公紱、金公鉷嘗遞修志，今亦不多見。今通行者爲嘉慶六年廣西巡撫南昌謝公啓昆所修本，爲典一，……爲表四，……爲略九，……爲録二，曰《宦績》、曰《謫宦》；爲列傳六，……爲篇二十有二，爲卷二百七十有九。時吾鄉胡徵士爲總纂，體例皆其手定，論者以爲可與阮文達公所修《廣東通志》相匹。……惟姚公若水，明萬曆辛丑進士，曾官廣西布政使參贊，頗有惠政，……今不見此志，蓋明代修志多疏略，至國朝郝、李、金三公之《志》無由紀載，胡君雖爲吾邑人，亦未詳姚公之政績故耳。”[③]

◎五月初一，謝啓昆擔憂其次子學崇會試結果，吟詩寫字以打發時間。

按：謝氏《清風堂草上》有詩名《五月朔日，盼學崇捷音不至，書以自遣》。

◎五月某日，謝啓昆作詩五首以示諸子。

按：謝氏《自題〈啖荔圖〉五首，示兒子學崇、學坰、學培》之一

---

① 《清史稿》卷四八四《文苑傳一》，頁一三三四九。而在道光二年閏三月所作《重修〈廣東通志〉序》中，阮元亦嘗推崇之：“元涖兩廣，閱《廣西通志》，乃嘉慶初謝中丞啓昆所修，喜其載録詳明，體例雅飭。”詳參《揅經室集》二集卷八，頁五八八。

② （清）謝啓昆修，胡虔纂：《廣西通志》，《續修四庫全書》册六七八，頁八四三。

③ （清）蕭穆撰，項純文點校：《敬孚類稿》卷八，頁二二二～二二三。而在同書卷六《跋柿葉軒筆記四則》中，蕭氏對胡虔《柿葉軒筆記》“五代以前未有以‘南昌’爲郡稱者，王勃《滕王閣序》用‘南昌故郡’誤”之論斷，更是不以爲然：“亭林先生有云：‘讀書不多而輕言著述，必誤後學。吾之跋《廣韻》是已。’愚則以爲：見舊槧書不多而輕議古人，如雒涒先生以王勃《滕王閣序》用‘南昌故郡’爲誤，是已。”

有云："六經課罷渴思漿，謖謖松風五月涼。"[①]

◎秋，謝啓昆再度主持廣西鄉試，題爲"行不由徑"，[②] 拔貢士四十五人。

按：謝氏《清風堂草上》有詩名《辛酉再入文闈監臨，復成四律，柬李耐堂、平竹懷兩主司暨王梅岑、陳耐齋兩觀察、張枏軒太守，兼寄錢裴山學使》，且其四有小字夾注曰："學使拔貢士四十五人，適符中額之數。"

◎連續兩年在闈中過生日，謝啓昆賦詩感懷。

按：謝氏《連年誕日俱在闈中，率爾書懷，柬沈秋渚》有云："未必昨非今更是，應嫌髪短齒全虛。明年宦迹知何處，桂醑同斟興不孤。"[③]

◎秋，謝啓昆再次主持廣西武鄉試，爾後在放榜日賦詩《揭曉日作》。

按：謝氏《清風堂草上》有詩名《辛酉再典武鄉試，即事二首，柬清平階方伯、公晴巖廉訪，王梅岑、陳耐齋兩觀察》《揭曉日作》。

◎八月十五日，謝啓昆作《中秋二首，柬耐堂、竹懷》，懷念去年中秋三人相對而坐的情景。

按：謝氏《清風堂草上》載曰："去年今日感同情，三人座隔重簷影。"

◎八月十六日，夜雨，謝啓昆與沈秋渚相唱和。

按：謝氏《清風堂草上》有詩曰《十六夜雨，同秋渚作，兼懷夔庵》。

◎九月初四，謝啓昆招集李約庵等人小飲，并與李氏賦詩作别。

按：謝氏《清風堂草上》有詩曰《九月初四日，招約庵、松圃小飲，約庵有詩述懷，兼以誌别，次韻三首》《和約庵見贈二首，即送歸蜀》。

◎九月初五，謝啓昆招集諸友宴飲於棲霞寺，意慾明年夏日進京述職。

按：謝氏《清風堂草上》有詩曰《九月五日，同人宴飲耐堂、竹懷於棲霞寺，即席成詩四首》，且其四小字夾注："明夏當入覲。"

---

① 《樹經堂詩續集》卷六《清風堂草上》，頁二四四。同卷《揭曉日作》小字夾注："文武榜俱前一日朱書中字，謂之簽榜。""第一名張志鳳，二名陳良珠，三名陳天龍，四名雷國寶。"

② 按：《樹經堂詩續集》卷六《行不由徑》小字夾注："鄉試題。"

③ 《樹經堂詩續集》卷六《清風堂草上》，頁二四七。又，同卷所録《雨後二首》，亦當作於謝氏主持廣西鄉試期間。

◎在慶遠縣建成黄山谷先生祠堂後，謝啓昆特令有司將成都人范信中配祀祠内，並計劃明年親往祭拜。

按：謝氏《重修慶遠黄山谷先生祠記辛酉》云：“啓昆謂先生之生也，信中左右之，其卒也，信中賻殯之，是先生於信中氣誼之感召、精神之依結，必有逾於尋常者矣！兹以祠成，特立信中位，配祀於左。明年將按部至宜，爇香酹酒，敬拜祠下。”[①]

◎重陽日，謝啓昆設宴餞别李耐堂、平竹懷於清風堂；廣西學政錢裴山因故未能參與。

按：謝氏《清風堂草上》有詩名《重九日餞别耐堂、竹懷於清風堂二首》《是日裴山以病足不至，賦長句見貽，和韻答之》。[②]

◎十月朔日，文昌廟葺成，謝啓昆率僚屬行香。

按：謝氏《清風堂草上》有詩名《辛酉十月朔日，文昌廟成，率僚屬行香，恭紀二首》。

◎冬，謝啓昆以《廣西通志》之《金石略》可自爲一書，故先由銅鼓亭刊板，題名《粤西金石略》。胡虔作序，詳述編撰緣起及成書過程。

按：胡虔《粤西金石略敘》：“南康謝公巡撫廣西之明年，以《通志》成於雍正中，七十年文獻放佚，慨然思重輯之，而辱以虔少知地理之學，命爲總纂，……桂林山水奇絶，暇日輒偕朱君小岑、張君石倚拄杖荷笠，登陟嶺巘，求古昔磨厓之作，往往攀籐捫蘚，危至不能容足，意猱狖所不到者，而題刻在焉。每嘆昔人好事之奇，而亦老路不自矜其能游也。公聞之，欣然命工遍搨諸厓洞古刻，且檄郡縣，訪求金石文，顧俗工不甚解其事，凡氈錘麝煤之法、架巖涸之方，虔爲親指示之。……其後椎拓日多，郡縣之以脱本來者亦日衆。於是摹寫於紙，分件繫年，自晉至元，得四百八十餘種。仿《隸釋》之例，全録其文，復作《銅鼓考》。及金石之待訪者，存其目於末。因文考事，即事證人，有裨於史者，十常

① 《樹經堂文集》卷四，頁三三二～三三三。

② 《樹經堂詩續集》卷六《清風堂草上》，頁二五〇。

二三，皆公所是正而裁定者也。明萬曆中，制府劉公繼文嘗令人齎楮墨，拓厓壑之文以貽，張羽王爲作《桂勝》，距今一百九十年，而公繼之，且統粵西金石之全畢登於書，可謂盛矣。……《通志》之修，始於庚申正月，竣於辛酉四月，凡二百八十卷，《金石略》得十五卷，可自爲一書者，公故先刻之以質同好，而命虔敘其緣起如此。……嘉慶六年十一月朔，桐城胡虔雒君謹敘。”[1]

◎冬，謝啓昆致信秦瀛，一則力勸秦氏放棄致仕之意，二則懇請秦氏爲其文集作序，三則暢論康乾兩朝之文壇。

按：謝氏《與秦小峴廉使辛酉》：“昨奉書，具審閣下臂痛未已，欲爲乞身之舉。僕意長沙卑下，或爲氣濕所致，非血氣之衰，加意治之，自愈。方今吏治清肅，正吾輩陳力之時，未可遽作九龍隱客也。僕近裒癸巳以來文，得四卷，……復以文集呈正，求鴻製以光卷首。……康熙己未以鴻博中選者，蒼峴先生暨汪鈍翁、朱竹垞、潘次耕、毛西河諸公，皆以古文辭售知傳後，若湯潛菴並不以詞章見，其爲駢體纖麗者，五十人中，陳迦陵、尤西堂二人而已。乾隆丙辰如杭堇浦、齊次風，亦皆古文巨伯。蓋其時於詩賦之外，試以經解策問，則春華秋實兼收並重，尤非浮詞不根者所能副其名。……因論文，遂縱言之，閣下當以鄙議爲然也。冬寒，惟爲道自愛。”[2]

嘉慶七年（一八〇二）壬戌　六十六歲

◎元旦，謝啓昆有意進京陛見皇上。

按：謝氏《壬戌元日試筆四首，兼柬張南坡學使》詩云：“六十行年又六春，佩韋誠服敬書紳。籌邊馭遠思尤切，對劾恩應及雁臣。”且其小字夾注：“啓昆辦事有過急之病，奉旨訓飭，謹志之，不敢忘。”“春間將

---

① （清）謝啓昆撰，常懷穎校勘：《粵西金石略》卷首，可見於《中國西南文獻叢書》第七輯《西南考古文獻》第八卷，頁三～五。

② 《樹經堂文集》卷四，頁三三一～三三二。

奏請陛見。”[①]

◎立春日（正月初二），謝啓昆與新任廣西學政張南坡同游韋廬。

按：謝氏《清風堂草下》有詩名《立春日同南坡學使過訪韋廬，得詩四首》，且其小字夾注云：“南坡初至，未習水土。”

◎正月初八，謝啓昆邀歐陽澗東、朱小岑至清風堂小飲。

按：謝氏《清風堂草下》有詩名《正月八日邀歐陽澗東、朱小岑清風堂小飲，即席成詩二首》。

◎正月初八至十三日間，謝啓昆作《懷人詩二十首》。

按：詩序云：“春晝正長，四十年來，師弟朋友之誼，偶觸於懷，輒成短詠，略依年次寫之。”又，組詩位列《正月八日邀歐陽澗東、朱小岑清風堂小飲，即席成詩二首》與《十三日，清平階方伯、公晴巖廉訪、王梅岑觀察招同張南坡學使，燕飲於棲霞寺，即席成詩二首》之間。列名組詩者，有翁方綱、姚鼐、秦瀛、沈德鴻、吴夔庵、章學誠、胡雒君、凌廷堪等二十人。[②]

◎正月十三日，謝啓昆與諸同僚宴飲於棲霞寺。

按：謝氏《清風堂草下》有詩名《十三日，清平階方伯、公晴巖廉訪、王梅岑觀察招同張南坡學使燕飲於棲霞寺，即席成詩二首》。

◎正月，外甥李頡飛將赴慶江書院，謝啓昆賦詩相送，并預約李甥五月回廣西。

按：謝氏《李甥頡飛將赴慶江書院，詩以送之，兼訊任春海，叠前韻二首》之二有云：“龍水諸生今接席，廬山十載昔傳衣，三秋楓陛深余戀。五月榴樽佇汝歸。”且其小字夾注：“予十年前主講鹿洞。”“予將奏請陛見，約頡飛五月回署。”[③]

◎正月，謝啓昆視事秀峰書院，作《毋雷同》《秀峰書院開館，柬雒君山長》。

按：兩詩皆見録於《清風堂草下》，前詩小字夾注：“甄别秀峰書院

---

① 《樹經堂詩續集》卷八《清風堂草下》，頁二六三。

② 《樹經堂詩續集》卷八《清風堂草下》，頁二六四～二六六。

③ 《樹經堂詩續集》卷八《清風堂草下》，頁二六七。

諸生。”後詩小字夾注：“昨以‘毋雷同’命題，而諸生雷同者尚多。”①

◎二月十五日，秦瀛應邀爲《樹經堂文集》作序。

按：秦氏《樹經堂文集序》：“……南康謝公，儒者也。其學非必盡師文正，而生平好治經義，枕藉諸史，務爲有用之學。……會公以文集寓余并屬爲敘，余疵陋，雖好爲文辭，遠出汪（堯峰）、姜（西溟）諸君子下，何足以序公之文，而特以公知余最深，余亦有以窺公之大，遂舉所得於公者著於篇，俾世之讀公文者，知得位行道之君子，其文固不同於處幽居下之士，而公之自處，亦不在區區文辭之末。……嘉慶七年二月望，無錫秦瀛譔。”②

◎二月十九日，謝啓昆邀同張南坡、胡雒君等人春游。

按：謝氏《清風堂草下》有詩名《二月十九日邀同張南坡、李松圃、胡雒君登洑波巖，泛舟還珠洞，遂至龍隱巖，歸飲銅鼓亭，得詩四首，即送南坡按試外郡》。③

◎四月初二，謝啓昆閱兵南郊。

按：謝氏《清風堂草下》有詩名《初二日南郊閱兵即事二首》。

◎四月初五，謝啓昆行耕藉禮，用以表示對農業的重視。

按：謝氏《初五日耕藉禮成恭紀》：“今年行大禮，邊吏敢辭劬。山國諸侯重，獞苗左右趨。一犁煙雨外，家世本農夫。”④

◎四月二十一日夜，廣西大雨，謝啓昆作詩記事。

按：謝氏《清風堂草下》有詩名《二十一日夜大雨，喜而有作》。⑤

◎五月十五日，廣西久旱得雨，謝啓昆特此作《五月十五日得雨志喜》。

按：詩載《樹經堂詩續集》卷八《清風堂草下》，其寫作時間如詩名所示。

---

① 《樹經堂詩續集》卷八《清風堂草下》，頁二六六～二六七。

② 《小峴山人詩文集·文集》卷三所載《樹經堂文集序》未嘗交代寫作時間。

③ 《樹經堂詩續集》卷八《清風堂草下》，頁二六九。

④ 《樹經堂詩續集》卷八《清風堂草下》，頁二七一。小字夾注：“國服除後，始行此禮。”亦即時在嘉慶七年四月太上皇駕崩後。

⑤ 《樹經堂詩續集》卷八《清風堂草下》，頁二七一。小字夾注：“前年誦《大雲龍經》，得雨。”

◎五月二十九日，謝啓昆得知次子謝學崇改任庶常，特作詩四首加以勉勵。

按：謝氏《清風堂草下》有詩名《二十九日得次兒學崇改庶常之信，紀恩志感，恭賦四律，書以示昺》。

◎六月十四日，謝啓昆口念佛經求雨，竟得如願，遂作《六月十四日步禱得雨志喜二首》詩。

按：該詩之二云："初聞淅瀝漸滂沱，使者軒渠一放歌。六月千年同此日，粤西萬户頌維摩。"又其小字夾注："嘉慶五年六月十四日，誦《大雲輪經》，得雨，與今年正同。"①

◎六月二十六日，廣西巡撫謝啓昆卒。②秋，凌廷堪作《祭廣西巡撫謝蘇潭先生文》。姚鼐受託，爲撰墓誌銘。

按：《清史稿》卷三五九《謝啓昆傳》曰："七年，卒於官，詔嘉其廉潔，於所節省潯、梧兩關盈餘項下賜銀三千兩治喪。廣西士民請祀名宦祠。"

又，凌廷堪《祭廣西巡撫謝蘇潭先生文》："嘉慶七年，六月乙丑。公薨於位，吏民奔走。天子震悼，褒功獨厚。賜金三千，俾返江右。嗚呼哀哉！時維仲秋，江城重陰。得公兇問，南望驚心。士伸知己，涕淚沾襟。自忘卑賤，聊寫哀思。"③

又，姚鼐《惜抱軒文集後集》卷七《廣西巡撫謝公墓誌銘並序》云："公諱啓昆，字蘊山，……今上親政，命爲廣西巡撫，凡三載，嘉慶七年六月乙丑終於位，年六十六。……遺命其子，必使鼐爲墓銘。嘉慶□年□月□日，學崇葬公□□。鼐爲銘曰：儒者之風，退然其中。剛果有能，作吏見功。……帝褒良績，天祐厥家。妥奉榫居，銘幽詔遐。"④

---

① 《樹經堂詩續集》卷八《清風堂草下》，頁二七三。同卷有詩曰《前歲盆中荔支移載於地，得二十四顆，各以一枚分餉幕中諸友，繫之以詩四首》，其二小字夾注云："時禱雨得雨。"是知此詩亦當作於嘉慶七年六月中旬。在此兩詩之間，《清風堂草下》又録有《荔支爲鼠所盜，戲成一律》，疑該詩亦作於嘉慶七年六月中旬。

② 《東華續録（嘉慶朝）》嘉慶十四稱卒於七月己卯，蓋清廷得知之時。此從凌廷堪《祭廣西巡撫謝蘇潭先生文》。

③ （清）凌廷堪著，王文錦點校：《校禮堂文集》卷三六，頁三二五。

④ 《惜抱軒詩文集》卷七，頁三三六～三三八。

◎趙翼在得悉謝啓昆病卒後，即作輓詩二首加以祭奠。

按：《謝蘊山中丞輓詩》：“久把彭殤付幻緣，斯文深契獨難捐。千秋勉我垂成業，君見余《廿二史劄記》，以爲必傳，趣付梓一榜推君最少年。正喜書生開府貴，曾招老友對牀眠。西湖游醼渾如昨，誰料歡場即別筵。”“粵嶠三年愷澤濡，仍兼風雅領羣儒。蒼生共望相司馬，青史幾愁鬼董狐。君有《樹經堂咏史詩》，論古最典核寶炬春秋新補缺，謂所著《西魏書》嵇含草木待增圖。遥知桂管高名在，長繼驂鸞范石湖。”①

◎十一月，《臨桂縣志》成，凡三十二卷。其體裁皆係胡虔所定。

按：朱依真《臨桂縣志序》：“《通志》告成之明年，縣志始竣事，時侯已遷任歸順，繼者上元金侯踵成之。志凡三十二卷，别爲三十五類，雖未能畢揚先德之休光、備一邑之掌故，其規模（效）［較］舊志闊矣。是役也，始終閱定則二侯，體裁筆削則出於雒君。若夫蒐羅采訪，又周肯之、蔡方城諸君之力，予僅事編輯如抄胥耳，不惟不敢比於古之以地人撰地志者，即列名於簡末，亦赧焉而已。嘉慶壬戌十一月，小岑朱依真撰。”②

後續

◎嘉慶九年（一八〇四）甲子，胡虔卒於廣東南海，享年五十二。

按：陳鱣《簡莊文鈔》卷五《吴山雅集圖記》：“嘉慶三年夏六月，……相約游於吴山之上，……迄今吴山風景宛在目前，而懷粹、雒君已不可作矣，……嘉慶十年夏六月陳鱣記。”是知胡虔在嘉慶十年六月之前業已去世。

又，姚鼐《惜抱軒文集後集》卷三《復姚椿木書》云：“鼐頃自皖移來金陵，主鍾山書院，……胡雒君所欲爲書皆未成，而於去年已病喪矣，甚可傷。”而該書卷五《吴石湖家傳》則云“嘉慶十年，余再至江寧”。

① （清）趙翼撰：《甌北集》卷四四。

② 《臨桂縣志》卷首，臺灣成文出版社，一九五七年，頁一。又，《臨桂縣志銜名》云：“總纂：孝廉方正六品頂帶安徽桐城胡虔、布衣臨桂朱依真。”

是知姚鼐於嘉慶十年來主鍾山書院，而胡虔卒於嘉慶九年。[①]

又，秦瀛《小峴山人詩文集·文集》卷二《與姚姬傳書》云："甲子之夏，雒君仲子赴南海。……絜非、雒君先後化去，……某不自揣量，歸而復出，在粤一年。"[②] 據此，疑胡虔卒於嘉慶九年春或夏，其仲子當是爲經理喪事而赴南海[③]。

◎道光十九年（一八三九）四月，方損之刊行《柿葉軒筆記》，並在所作《柿葉軒筆記·胡虔傳》中，嘗試分析胡虔生平著述不多的内因外緣。

按：《柿葉軒筆記·胡虔傳》："君生平（饌）[撰] 述多他人主名，故（巳）[己] 所私箸罕卒業。嘗刻《識學録》一卷，其餘殘稿散佚，盡爲鄉里小生竊去，今其家藏書、手墨蓋無隻字存者。君爲學，留心掌故，桐城道光新修邑志所載《藝文目録》一卷，亦本君稿。……往年，君仲子以君所箸《柿葉軒筆記》一卷見示，損之鈔而藏之，以君之著罕存也，輒代付梓，並撰君行歷以傳學者。道光己亥四月，通家子方損之謹記。"[④]

◎咸豐六年（一八五六）六月上旬，崑山趙飴琛重刻胡虔《柿葉軒筆記》，并嘗試總結胡虔的學術成就。

按：趙飴琛《柿葉軒筆記·跋》："《柿葉軒筆記》一卷，桐城胡雒君先生撰。昔年，余友江浦陳君珠泉得方氏刻本，擬重刻行世，遭亂，乃止。余惜此書之罕覯也，因刻入《峭帆樓叢書》中。胡君學問淵博，熟悉掌故，其名不著於江南，平生著述多他人主名。私著零種，如《識學録》，余幼時曾向君同鄉蕭敬孚先生借鈔備刻，癸丑之亂失去，今刻成《筆記》而《識學録》不知尚能再遇，爲之刻行否？不禁感慨繫之。丙辰夏六月上旬，崑山趙飴琛識於蘇城干將坊寓廬。"[⑤]

---

① （清）姚鼐著，劉季高標校：《惜抱軒詩文集》，頁二九二、三一三～三一四。
② 《小峴山人詩文集·文集》卷二，頁一一五。
③ 據方東樹《儀衛軒集》卷一〇《先友記》所載，可知胡虔膝下有三子：長子久困於粤，不能自拔；次子出繼其弟，奔走無定所；少子依其婦家在楚北，數十年未返鄉里。
④ 《柿葉軒筆記》卷首方損之《傳跋》，咸豐六年崑山趙飴琛重刻本。
⑤ 《柿葉軒筆記》卷末趙飴琛《跋》，咸豐六年崑山趙飴琛重刻本。

引用文獻

一、著作（按書名首字漢語拼音字母排序）

《北齊書》，（唐）李百藥撰，中華書局，一九七二年。

《北史》，（唐）李延壽撰，中華書局，一九七四年。

《北周六典》，王仲犖著，中華書局，一九七九年。

《北周地理志》，王仲犖著，中華書局，一九八〇年。

《册府元龜》，（北宋）王欽若等編，中華書局，一九六〇年。

《存素堂文集》，（清）法式善撰，《續修四庫全書》册一四七六，上海古籍出版社，二〇〇二年。

《東觀漢記校注》，（東漢）劉珍等撰，吴樹平校注，中華書局，二〇〇八年。

《漢魏六朝百三家集》，（明）張溥輯，影印文淵閣《四庫全書》本。

《讀史糾謬》，（清）牛運震著，李念孔等點校，齊魯書社，一九八九年。

《雕菰集》，（清）焦循撰，《續修四庫全書》册一四八九，上海古籍出版社，二〇〇二年。

《東華續録（乾隆朝）》，（清）王先謙撰，光緒十年長沙王氏刻本。

《章實齋先生年譜　戴東原的哲學》，胡適著，北京師範大學出版社，二〇一四年。

《二硯窩詩稿偶存》，（清）鄭勛撰，寧波天一閣博物院藏稿本，索書號“馮善 2681”。

《復初齋詩集》，（清）翁方綱撰，《續修四庫全書》册一四五五，上海古籍出版社，二〇〇二年。

《廣西通志》，（清）謝啓昆修，（清）胡虔纂，《續修四庫全書》册六七八，上海古籍出版社，二〇〇二年。

《關隴集團的權力結構演變——西魏北周政治史研究》，吕春盛著，臺灣稻鄉出版社，二〇〇二年。

《漢書》，（東漢）班固撰，（唐）顔師古注，中華書局，一九六二年。

《後漢書》，（南朝宋）范曄撰，（唐）李賢等注，中華書局，一九六五年。

《晉書》，（唐）房玄齡等撰，中華書局，一九七四年。

《舊唐書》，（後晉）劉昫等撰，中華書局，一九七五年。

《困學紀聞》（全校本），（南宋）王應麟著，（清）翁元圻等注，欒保羣、田松青、吕宗力校點，上海古籍出版社，二〇〇八年。

《敬孚類稿》，（清）蕭穆撰，項純文點校，黄山書社，一九九二年。

《劉大櫆集》，（清）劉大櫆著，吴孟復標點，上海古籍出版社，一九九〇年。

《臨桂縣志》，（清）蔡呈韶等修，（清）胡虔等纂，臺灣成文出版社，一九五七年。

《兩浙輶軒録》，（清）阮元、楊秉初輯，夏勇等整理，浙江古籍出版社，二〇一二年。

《梅邊吹笛譜》，（清）凌廷堪著，商務印書館叢書集成初編本，一九三七年。

《南史》，（唐）李延壽撰，中華書局，一九七五年。

《南北史合注》，（清）李清撰，《續修四庫全書》册二八一，上海古籍出版社，二〇〇二年。

《廿二史劄記校證》（訂補本），（清）趙翼著，王樹民校證，中華書局，一九八四年。

《廿二史考異》（附《三史拾遺》《諸史拾遺》），（清）錢大昕著，方詩銘、周殿傑校點，上海古籍出版社，二〇〇四年。

《潛研堂集》，（清）錢大昕撰，吕友仁校點，上海古籍出版社，二〇〇九年。

《全上古三代秦漢三國六朝文》，（清）嚴可均校輯，中華書局，一九五八年。

《清史紀事本末》，黄鴻壽著，上海書店，一九八六年。

《三國志》，（西晉）陳壽撰，中華書局，一九八二年。

《宋書》，（南朝梁）沈約撰，中華書局，一九七四年。

《隋書》，（唐）魏徵等撰，中華書局，一九七三年。

《史通通釋》，（唐）劉知幾撰，（清）浦起龍釋，上海古籍出版社，一九七八年。

《宋本輿地廣記》，（北宋）歐陽忞撰，國家圖書館出版社，二〇一七年。

《四庫全書總目》，（清）永瑢等撰，中華書局，一九六五年。

《樹經堂詩初集》，（清）謝啓昆撰，《續修四庫全書》册一四五八，上海古籍出版社，二〇〇二年。

《樹經堂詩續集》，（清）謝啓昆撰，《續修四庫全書》册一四五八，上海古籍出版社，二〇〇二年。

《樹經堂文集》，（清）謝啓昆撰，《續修四庫全書》册一四五八，上海古籍出版社，二〇〇二年。

《柿葉軒筆記》，（清）胡虔撰，咸豐六年（一八五六）崑山趙飴琛重刻本。

《隋書經籍志考證》，（清）章宗源撰，《二十五史補編》本，中華書局，一九五五年。

《隋書經籍志考證》，（清）姚振宗撰，《二十五史補編》本，中華書局，一九五五年。

《書林清話　書林餘話》，葉德輝著，岳麓書社，一九九九年。

《水經註校釋》，陳橋驛著，杭州大學出版社，一九九九年。

《通典》，（唐）杜佑撰，王文錦等點校，中華書局，一九八八年。

《太平寰宇記》，（北宋）樂史撰，王文楚等點校，中華書局，二〇〇七年。

《太平御覽》，（北宋）李昉等撰，中華書局，一九六〇年。

《通志》，（南宋）鄭樵編撰，中華書局，一九八七年。

《田亭草　嘉靖大政類編》，（明）黄鳳翔著，林中和校，商務印書館，二〇一八年。

《桐城耆舊傳》，（清）馬其昶撰，毛伯舟点注，黄山書社，一九九〇年。

《魏書》，（北齊）魏收撰，①中華書局點校本，一九七四年；②中華書局點校本二十四史修訂本，二〇一七年。

《文苑英華》，（北宋）李昉等編，中華書局，一九六六年。

《文獻通考》，（元）馬端臨撰，中華書局，一九八六年。

《午風堂叢談》，（清）鄒炳泰撰，《續修四庫全書》册一四六二，上海古籍出版社，二〇〇二年。

《文史通義校注》，（清）章學誠著，葉瑛校注，中華書局，一九八五年。

《小倉山房詩集》，（清）袁枚撰，《續修四庫全書》册一四三一，上海古籍出版社，二〇〇二年。

《小倉山房文集》，（清）袁枚撰，《續修四庫全書》册一四三二，上海古籍出版社，二〇〇二年。

《惜抱軒全集》，（清）姚鼐著，中國書店，一九九一年。

《惜抱軒詩文集》，（清）姚鼐著，劉季高標校，上海古籍出版社，一九九二年。

《惜抱先生尺牘》，（清）姚鼐著，海源閣叢書高均儒手寫本，咸豐五年（一八五五）。

《小峴山人詩文集》，（清）秦瀛撰，《續修四庫全書》册一四六四，上海古籍出版社，二〇〇二年。

《校禮堂文集》，（清）凌廷堪著，王文錦點校，中華書局，一九九八年。

《校禮堂詩集》，（清）凌廷堪撰，《續修四庫全書》册一四八〇，上海古籍出版社，二〇〇二年。

《校經廎文稿》，（清）李富孫撰，《續修四庫全書》册一四八九，上海古籍出版社，二〇〇二年。

《學人游幕與清代學術》，尚小明著，社會科學文獻出版社，一九九九年。

《藝文類聚》，（唐）歐陽詢撰，汪紹楹校，上海古籍出版社，一九八二年。

《元和郡縣圖志》，（唐）李吉甫撰，賀次君點校，中華書局，一九八三年。

《元和姓纂》（附四校記），（唐）林寶撰，岑仲勉校記，中華書局，一九九四年。

《新唐書》，（北宋）歐陽修、宋祁撰，中華書局，一九七五年。

《玉海》，（南宋）王應麟輯，廣陵書社，二〇〇三年。

《粵西金石略》，（清）謝啓昆撰，常懷穎校勘，見《中國西南文獻叢書》

第七輯《西南考古文獻》第八卷，羅二虎主編，蘭州大學出版社，二〇〇三年。

《禹貢長注》，（清）朱鶴齡撰，影印文淵閣《四庫全書》本。

《月滿樓詩集》，（清）顧宗泰撰，清嘉慶八年刊本。

《儀衛軒文集》，（清）方東樹撰，清同治七年刻本。

《揅經室集》，（清）阮元撰，鄧經元點校，中華書局，一九九三年。

《越縵堂讀書記》，（清）李慈銘著，由雲龍輯，上海書店出版社，二〇〇〇年。

《緣督廬日記抄》，（清）葉昌熾撰，王季烈輯，臺灣學生書局，一九六四年。

《藝風堂文集》，（清）繆荃孫著，朝華出版社，二〇一七年。

《周書》，（唐）令狐德棻等撰，中華書局，一九七一年。

《資治通鑑》，（北宋）司馬光編著，（元）胡三省音注，中華書局，一九五六年。

《直齋書録解題》，（南宋）陳振孫著，徐小蠻、顧美華點校，上海古籍出版社，一九八七年。

《忠雅堂文集》，（清）蔣士銓撰，《續修四庫全書》册一四三六，上海古籍出版社，二〇〇二年。

《章氏遺書》，（清）章學誠著，臺灣漢聲出版社，一九七三年。

《鄭堂讀書記》，（清）周中孚著，黄曙輝、印曉峰標校，上海書店出版社，二〇〇九年。

《中國文物地圖集·河南分册》，國家文物局主編，中國地圖出版社，一九九一年。

《中國文物地圖集·四川分册》，國家文物局主編，文物出版社，二〇〇九年。

《中國文物地圖集·甘肅分册》，國家文物局主編，測繪出版社，二〇一一年。

《中國文物地圖集·重慶分册》，國家文物局主編，文物出版社，二〇一〇年。

《中國行政區劃通史·十六國北朝卷》（第二版），牟發松、毋有江、魏俊杰著，復旦大學出版社，二〇一七年。

二、論文（按發表時間排序）

張孟倫：《隋代史學》，《史學史研究》一九八二年第三期。

袁行雲：《謝啓昆〈西魏書〉等書爲胡虔代撰》，《文史》第十四輯，中華書局，一九八二年。

朱仲玉：《試論謝啓昆的〈西魏書〉》，《贛南師範學院學報》一九八五年第三期。

黄曙光：《謝啓昆〈廣西通志〉考略》，《學術論壇》一九八五年第八期。

陳錦釗：《古籍整理雜記》，《圖書館界》一九八六年第二期。

謝保成：《隋代史學淺議》，《晉陽學刊》一九八九年第二期。

王明蓀：《郝經之史學》，臺灣《興大歷史學報》創刊號，一九九一年二月。

簡碩：《謝啓昆與〈小學考〉》，《古漢語研究》一九九七年第三期。

楊緒敏：《論王劭魏澹修史》，《史學史研究》二〇〇〇年第三期。

吴中勝：《謝啓昆生平、著述略考》，《贛南師範學院學報》二〇〇四年第二期。

尚小明：《胡虔生平繫年》，《中國典籍與文化》二〇〇五年第四期。

石冬梅：《西魏北周六官制度新探》，《西南大學學報》二〇〇七年第一期。

王昭義：《隋朝重修〈魏書〉述略》，《隴東學院學報》二〇〇七年第一期。

王德毅：《蕭常〈續後漢書〉及其影響》，臺灣《東吴歷史學報》二〇〇七年第十七期。

張振廣：《胡虔學術研究》，廣西師範大學碩士學位論文，二〇〇八年。

鍾盛：《西魏北周"作牧本州"考析》，《魏晉南北朝隋唐史資料》，二〇〇九年。

穆從賀：《光緒〈重修安徽通志〉研究》，安徽大學碩士學位論文，二〇一一年。

柯璟霖：《趙翼史學“斷限”觀念述評——以魏晉南北朝史書爲中心》，臺灣《東吴中文綫上學術論文》第二十六期，二〇一四年六月三十日。

解潔瓊：《〈西魏書〉校勘與研究》，寧波大學人文學院碩士學位論文，二〇一五年。

陳居淵：《清代乾嘉學者的正統觀念與歷史意識——以謝啓昆〈西魏書〉爲中心》，《南國學術》二〇一七年第四期。

瞿林東：《關於魏澹〈魏書〉義例之批評思想的批判》，《四川師範大學學報》二〇一八年第四期。

唐燮軍：《〈西魏書〉作年與宗旨及其他》，《社會科學戰綫》二〇一九年第四期。

西安市文物保護考古研究院：《陝西西安西魏乙弗虬及夫人隋代席氏合葬墓發掘簡報》，《考古與文物》二〇二〇年第一期。